La Communauté andine
variante du droit communautaire
sous le prisme de l'Union européenne

Logiques Juridiques

Fondée par Gérard Marcou

Dirigée par Jean-Claude Némery et Thomas Perroud

Le droit n'est pas seulement un savoir, il est d'abord un ensemble de rapports et pratiques que l'on rencontre dans presque toutes les formes de sociétés. C'est pourquoi il a toujours donné lieu à la fois à une littérature de juristes professionnels, produisant le savoir juridique, et à une littérature sur le droit, produite par des philosophes, des sociologues ou des économistes notamment.

Parce que le domaine du droit s'étend sans cesse et rend de plus en plus souvent nécessaire le recours au savoir juridique spécialisé, même dans des matières où il n'avait jadis qu'une importance secondaire, les ouvrages juridiques à caractère professionnel ou pédagogique dominent l'édition, et ils tendent à réduire la recherche en droit à sa seule dimension positive. À l'inverse de cette tendance, la collection « Logiques juridiques » des éditions L'Harmattan est ouverte à toutes les approches du droit. Tout en publiant aussi des ouvrages à vocation professionnelle ou pédagogique, elle se fixe avant tout pour but de contribuer à la publication et à la diffusion des recherches en droit, ainsi qu'au dialogue scientifique sur le droit. Comme son nom l'indique, elle se veut plurielle.

Dernières parutions

Alice PHILIPPE, *Le monopole de fait*, 2020.

Matthieu ZOLOMIAN, *Le contrôle de la gestion des sociétés cotées,* 2020.

Yingyi LI, *Les contrats administratifs en Chine, Une perspective comparative,* 2020.

Basile MERAND, *Les fonctions du consentement des administrés en droit administratif français*, 2020

Amer TABBARA, *Les actions de groupe dans le contentieux international*, 2020.

Mathieu BAUCHARD, *Emmanuel Macron et l'imposition de la richesse, La politique fiscale des hauts revenus et patrimoines entre 2019 et 2019*, 2020.

Newton Tavares FILHO, Juger les lois, *L'activisme du Tribunal suprême au Brésil*, 2020.

BALLA CISSÉ, *Le juge, la doctrine et le contrôle des lois de révision de la constitution,* 2020.

Boris BARRAUD, *La prospective juridique*, 2020.

Virginie LANCERON, *La fonction de coordination en droit public,* 2019.

Abir ELMEKKI, Les réserves aux traités relatifs aux droits de l'homme : évolutions récentes, 2019.

Jackeline Patricia CÉSPEDES ARTEAGA

La Communauté andine variante du droit communautaire sous le prisme de l'Union européenne

Préface de Chahira BOUTAYEB

L'Harmattan

Prix international attribué
par l'European Public Law Organisation
(EPLO) 2017

5-7, rue de l'École-Polytechnique – 75005 Paris

www.editions-harmattan.fr

ISBN : 978-2-343-10862-9
EAN : 9782343108629

« *Je vais voir, du moins en idée, les hommes s'unir et s'aimer ;*
je vais penser à une douce et paisible société de frères,
vivants dans une concorde éternelle »

Abbé Charles-Irénée Castel de Saint-Pierre,
Projet pour rendre la paix perpétuelle en Europe,
1713.

À la mémoire de
mon grand-père Humberto
À mes parents,

età tous les lecteurs qui prendront
le temps de découvrir ces pages.

REMERCIEMENTS

Je remercie tout particulièrement mes parents, Javier et Yolanda, pour leur amour inconditionnel et leur soutien infinis. Ils ont su donner des ailes à mes rêves. Sans leur exemple, leurs sacrifices et amour, ce travail n'aurait pas été possible. *Deseo expresar mi agradecimiento especialmente y profundo a mis papitos Javier y Yolanda, que supieron dar alas a mis sueños, porque sin su apoyo, sacrificios y amor incondicional este trabajo no habría sido posible.* Je tiens à remercier chaleureusement ma famille en Bolivie, leur exprimer mon amour.*Deseo agradecer a mi familia entrañable en Bolivia, y expresarles mi amor.*

J'adresse aussi mes remerciements à ma directrice de thèse Mme Chahira Boutayeb qui m'a fait confiance en acceptant de m'accompagner tout au long de ces années.

Je souhaite remercier également M. Denis Jacquat, député de la Moselle, qui m'a accueillie à l'Assemblée nationale. Il asu m'enseigner de nombreuses leçons de vie nourries de son expérience.

J'exprime mes sincères remerciements à la famille Coiffe, ma famille de cœur en France, pour leur soutien et amour sincères. Et à tous mes amis qui m'ont soutenu toutesces années.

J'adresse toute ma gratitude à Virginie Lanceron qui a accepté avec patience et constance de réaliser un travail minutieux de relecture.

Je tiens à remercier la France qui m'a accueillie depuis le premier jour.

PRÉFACE

Il est souvent admis que l'Union européenne constitue un modèle unique dans son genre, notamment au regard de son exceptionnel degré d'intégration.

L'immense travail doctoral ici mené par Madame CÉSPEDES ARTEAGA vient nuancer cette affirmation un peu hâtive, et démontrer qu'il existe, dans d'autres régions du monde, des systèmes juridiques aussi intégrés.

Certes, le modèle de l'Union européenne représenteune source d'inspiration majeure pour les différents systèmes d'intégration qui tendent à sedévelopper sur la scène internationale. Son rayonnement peut s'expliquer par son raffinement institutionnel, maiségalement par lajurisprudence intégrative de sa juridiction, la Cour de justice de l'Union européenne.

L'ouvrage de Madame CÉSPEDES ARTEAGA démontre habilement que la jurisprudence de la Cour de justice de l'Union européenne est devenue, au fil du temps, un repère précieux pour le Tribunal de justice de la Communauté andine, sur lequel il prend appui. C'est sur ce point majeur que se concentre opportunément le présent travail de recherche à la faveur d'une abondante culture juridique.

Le choix du sujet est judicieux, car la construction communautaire andine, inspirée de l'expérience européenne, est encore méconnue en Europe eten particulier en France.

Aussi, l'ouvrage de Madame CÉSPEDES ARTEAGA présente-t-il le grand mérite de mettre à la disposition des juristes européens une documentation fort utile, mais difficile d'accès, notamment en raison du fait qu'elle n'est produite qu'en langue espagnole.

En effet, il existe hélas trop peu d'études françaises sur ces questions. Il en ressort une réelle marginalisation du droit de la Communauté andine au profit, par exemple, de celui du MERCOSUR, lequel est davantage étudié et jouit d'un véritable tropisme, notamment en Europe. Il est pourtant pertinent d'engager une recherche doctorale sur un système juridique aussi intégré que celui que présente la CAN. Il y a là une nécessité découlant de l'ouverture de la doctrine française à d'autres systèmes d'intégration, la comparaison permettant alors d'améliorer notre propre système au sein de l'Union européenne. La thèse de Madame CÉSPEDES ARTEAGA est assurément un travail d'un grand sérieux, qui comble un évidentvide au sein de la littérature juridique francophone.

Le lecteur ne pourra qu'apprécier l'importance du travail du recensement de jurisprudence qui confirme qu'un travail de recherche comme celui-ci était nécessaire en langue française. En effet, Madame CÉSPEDES ARTEAGA a su rassembler et analyser une vaste bibliographie, jurisprudence et législation. La tâche était d'autant plus ardue que le Tribunal constitue aujourd'hui le troisième tribunal dans le monde en termes de nombre d'affaires contentieuses. De plus, l'auteur a su prendre en compte les risques linguistiques inhérents aux sources francophones et hispanophones, qui sont des terreaux potentiels de contresens et de mauvaises interprétations.

Nous savons tous que le droit comparé est une discipline difficile. Sur ce point, l'apport de la thèse est important. En effet, l'un des grands mérites de l'ouvrage, et non des moindres, est le recours à la méthode comparatiste qui implique une fine connaissance des deux systèmes juridiques mis en parallèle.

Le lecteur ne pourra alors être que séduit par la présente recherche doctorale en raison précisément de l'approche comparatiste qui y est menée. Madame CÉSPEDES ARTEAGA démontre avec constance une grande capacité à maîtriser les deux systèmes juridiques étudiés, le droit de l'Union européenne, et le droit communautaire andin qui a accueilli et intégré certains éléments particulièrement importants du droit européen, raison pour laquelle il s'agit d'une importante thèse de droit comparé.

La démarche comparatiste trouve donc ici une expression originale et indispensable, en démontrant l'influence de la construction européenne sur celle de la Communauté andine.

L'étude insiste tout particulièrement sur le phénomène d'appropriation par le juge andin de certains éléments significatifs, notamment sur le rôle de la Commission dans les deux systèmes, l'absence d'équivalent aux directives de l'Union dans le système andin, ainsi que sur le mécanisme des voies de recours.

La thèse analyse avec habileté le rôle prépondérant du juge communautaire dans les deux systèmes juridiques étudiés. La démonstration, toujours à l'aide d'une méthode comparatiste maîtrisée, est particulièrement convaincante dans la première partie qui aborde les questions de principe, lesquelles ont structuré les deux systèmes juridiques, européen et andin : les principes de la primauté et de l'effet direct/applicabilité directe.

Le TJCA constitue, à l'heure actuelle, l'artisan essentiel d'une dynamique intégrative qui fait de lui le tribunal le plus actif et expérimenté du continent sud-américain. À cet égard, l'auteur met en exergue le rapprochement opéré entre la CAN et le MERCOSUR et la manière dont la jurisprudence de la CAN est susceptible de pénétrer d'autres systèmes régionaux.

Il est notamment démontré l'affermissement d'un ordre juridique communautaire andin indépendant de l'ordre juridique de l'Union, qui s'est néanmoins construit à la lumière des apports unionistes du droit de l'Union européenne. De manière subtile, l'auteur s'attache à démontrer qu'il s'agit en réalité de la jurisprudence unioniste qui a été transposée par la voie jurisprudentielle au contexte andin.

Pour autant, les arrêts de la Cour de justice de l'Union ont contribué matériellement à la consécration d'un ordre communautaire, bien que distinct de celui de l'Union. Des arrêts comme *Van Gend & Loos* ou *Costa c. ENEL* ont occupé une place majeure dans la réflexion des juges andins, et ce même si la Communauté andine adapte son développement au contexte propre aux États membres andins.

La deuxième partie de l'ouvrage met en lumière l'émergence d'une protection des droits de l'Homme à l'aune de certains droits, notamment en matière de droits sociaux, plaçant le citoyen andin au cœur du processus d'intégration. Les ressortissants andins sont devenus pour la législation communautaire andine, en tant que consommateurs d'une part et travailleurs d'autre part, des acteurs d'un processus d'intégration. Madame CÉSPEDES ARTEAGA se livre ainsi à une analyse pointue du cadre juridique contribuant au renforcement des droits des citoyens, tout en procédant à des allers-retours appropriés entre le droit de l'Union et le droit andin, ce qui permet systématiquement d'illustrer les propos de l'auteur.

En soubassement, la thèse aborde la question de l'influence du facteur humain dans un tel processus d'appropriation. Il existe une inspiration explicite liée à la formation des certains magistrats andins en Europe. En effet, nombre d'entre eux ont été formés dans plusieurs branches du droit sur le continent européen. À cet égard, lors de la consécration du principe de primauté au sein de la Communauté andine, les juges andins étaient alors d'anciens magistrats des Cours suprêmes, qui avaient précisément reçu leur formation au sein des universités des États membres de l'Union européenne : France, Allemagne et Espagne principalement. Le facteur humain et sociologique constitue un ressort important dans l'évolution du processus d'intégration andin que l'auteur a su ne pas mésestimer.

De même, le contexte politique dans la région est un autre facteur de l'avancée ou la stagnation de la Communauté andine. En effet, la logique d'intégration est apparue comme une réponse pertinente à la nécessité pour le continent sud-américain de faire face aux crises économiques régionales.

Il reste que l'influence de l'Union européenne sur la construction de l'ordre juridique andin s'explique essentiellement par la force et l'attractivité du modèle européen, lequel a été aussi exporté au gré de l'action extérieure de l'Union.

Au-delà de la grande qualité scientifique du travail doctoral accompli, cette thèse souligne l'intérêt que l'Université française porte à l'Amérique latine. Cela ne doit nullement nous surprendre. La France a été et demeure une source d'inspiration majeure pour le droit de nombreux pays andins.

À la faveur de ce travail magistral, Madame CÉSPEDES ARTEAGA apparaît comme une pionnière pour l'Amérique latine dans les domaines délicats qu'elle a su étudier. Il s'agit du premier travail universitaire qui compare, avec pareille minutie, la jurisprudence de l'Union avec celle des pays andins. Cette thèse est également la première analyse exhaustive de l'évolution de l'ordre juridique de la Communauté andine et du Tribunal de justice.

Le présent ouvrage est en ce sens un référent doctrinal pour celles et ceux soucieux d'approfondir le processus d'intégration andin. Il est aussi un point de départ pour de nouvelles recherches académiques sous un angle comparatiste avec le droit de l'Union européenne.

Puisse la réflexion, qui y est brillamment menée, ouvrir la voie à la recherche dans ce domaine afin de promouvoir le droit de l'intégration comparé.

Chahira BOUTAYEB
Maître de conférences
à l'Université Panthéon-Sorbonne (Paris 1)
École de droit de la Sorbonne

PRINCIPALES ABRÉVIATIONS, SIGLES ET ACRONYMES

ORGANISMES ET INSTITUTIONS

ADP	Alliance du Pacifique
ADPIC	Accords sur les aspects des droits de propriété intellectuelle qui touchent au commerce
AELE	Association européenne de libre-échange
AFTA	Zone de libre-échange pour l'ASEAN
ALADI	Association latino-américaine d'intégration
ALALC	Association latino-américaine de libre commerce
ALBA	Alliance bolivarienne pour les Amériques
ALBA-TPC	Traité de commerce des peuples de l'Alliance bolivarienne pour les Amériques
ALCA ou ZLEA	Zone de libre-échange des Amériques
ANASE ou ASEAN	Association des Nations de l'Asie du Sud-Est
APEC	Forum de coopération économique Asie Pacifique
ASA	Organisation du sud-est d'Asie
ASINFAR	Association des industries pharmaceutiques colombiennes
ATPDEA	Accord-cadre sur les préférences tarifaires andines et l'éradication de la drogue
BID	Banque interaméricaine pour le développement
BIRPI	Bureaux internationaux réunis pour la protection de la propriété intellectuelle
BM	Banque mondiale
CAF	Corporation andine de développement
CAN	Communauté andine
CAPRADE	Comité andin pour la prévention et la réparation des désastres
CARICOM	Communauté caribéenne
CCAL	Conseil consultatif andin du travail
CCEA	Conseil consultatif andin des entreprises
CDS	Conseil sud-américain de défense
CE	Communauté européenne
CECA	Communauté européenne du charbon et de l'acier
CEDEAO	Communauté économique des États de l'Afrique de l'Ouest

CEE	Communauté économique européenne
CEEA	Communauté européenne de l'énergie atomique
CELAC	Communauté des États latino-américains et des Caraïbes
CEPAL	Commission économique pour l'Amérique latine et la Caraïbe
CES	Conseil énergétique sud-américain
CEU	Conseil électoral de l'UNASUR
CIG	Conférence intergouvernementale
Com. E.	Commission européenne
COSIPLAN	Conseil sud-américain d'infrastructure et de planification
COSUCTI	Conseil sud-américain de la science, de la technologie et de l'innovation
CSC	Conseil sud-américain de la culture
CSDS	Conseil sud-américain du développement social
CSEF	Conseil sud-américain de l'économie et des finances
CSN	Communauté sud-américaine des nations
CSPMD	Conseil sud-américain sur le problème mondial des drogues
CSS	Conseil sud-américain de santé
DML	Direction des migrations de travail
DOT	Conseil sud-américain en matière de sécurité citoyenne, de justice et de coordination des actions contre la délinquance organisée et transnationale
ESUDE	École sud-américaine de défense
EUIPO	Office de l'Union européenne pour la propriété intellectuelle
EURATOM ou CEEA	Communauté européenne de l'énergie atomique
FGV	Fondation Getulio Vargas
FLAD	Fonds latino-américain de réserves
FMI	Fonds monétaire international
GA	Groupe andin
GATT	Accord général sur les tarifs douaniers et le commerce
IEPI	Institut équatorien de propriété intellectuelle
IGE	Groupe intergouvernemental d'experts
IIRSA	Initiative pour l'intégration de l'infrastructure régionale sud-américaine
INDECOPI	Institut national pour la défense de la concurrence et la protection de la propriété intellectuelle
INE	Institut national des statistiques
INOMIGRA	Service d'information et orientation de migration Pérou

INTAL	Institut pour l'intégration de l'Amérique latine et la Caraïbe
IREDIES	Institut de recherche en droit international et européen de la Sorbonne
ITT	Exploitation de pétrole Ishpingo, Tambococha et Tiputini (Initiative Yasuni ITT).
MERCOSUR	Marché commun du sud
MTPE	Ministère duTravail et promotion de l'emploi
OEB	Office européen des brevets
OBPI	Office Benelux de la propriété intellectuelle
OCDE	Organisation de coopération et de développement économiques
OEA	Organisation des États américains
OHMI	Office de l'harmonisation dans le marché intérieur
OLA	Observatoire du travail andin
OMC	Organisation mondiale du commerce
OMPI	Organisation mondiale de la propriété intellectuelle
ONU	Organisations des Nations Unies
OUA	Organisation de l'Unité africaine
SAPI	Service autonome de propriété intellectuelle
SELA	Système économique latino-américain
SENAPI	Service national de propriété intellectuelle
SG	Secrétariat général
SIA	Système d'Intégration Andin
SIC	Surintendance d'industrie et commerce
SICA	Système d'intégration centraméricain
UA	Union africaine
UASB	Université Andine Simon Bolivar
UE	Union européenne
UNAM	Université nationale autonome du Mexique
UNASUR	Union des Nations du Sud
UNHCR ou ACNUR	Agence des Nations Unies pour les réfugiés
UPOV	Union internationale pour la protection des obtentions végétales
VDDUC	Vice ministère de la défense des droits des utilisateurs et des consommateurs

JUDICIAIRES

aff.	Affaire
aff. jtes	Affaires jointes
c/	contre
Cass.	Cour de cassation
CE, Ass.	Conseil d'État, Assemblée
CCC	Cour constitutionnelle de Colombie

CCJ	Cour centraméricaine de justice
CE	Conseil d'État
CEDH	Cour européenne des droits de l'Homme
CIDH	Cour interaméricaine des droits de l'Homme
CIJ	Cour internationale de justice
CJCE	Cour de justice des Communautés européennes
CJUE	Cour de justice de l'Union européenne
Cons. Const.	Conseil constitutionnel
Cour IDH	Arrêt de la Cour interaméricaine des droits de l'homme
CPJI	Cour permanente de justice internationale
Déc.	Décision
Gd ch.	Grande chambre
JO	Journal officiel
R.	Recueil des arrêts du Conseil d'État
Rec. p.	Recueil des arrêts de la Cour de Justice de l'Union européenne
TFP	Tribunal de la fonction publique
TJCA	Tribunal de Justice de la Communauté andine
TPR	Tribunal permanent de révision

PUBLICATIONS

(dir.)	Sous la direction de
AFRI	Annuaire français des relations internationales
AJDA	Actualité juridique droitadministratif
BDA	Bibliothèque digitale andine
CEDIN	Centre de droit international
CIPE	Centre de recherche des affaires spéciales
CLACSO	Conseil latino-américain de sciences sociales
coll.	Collection
D. Chron.	Chroniques de droit
EAFIT	Revue Université EAFIT
éd.	Edition
Ibidem	même référence
Ibid.	Ibidem
IDEI	Institut d'études internationales du Pérou
LGDJ	Librairie générale de droit et de jurisprudence
not.	notamment
op.cit.	*opus citatum* (ouvrage précité)
p.	page citée
pp.	pages citées
PUAM	Presses universitaires d'Aix-Marseille
PUCP	Université catholique pontificale du Pérou (publications)
PUF	Presses universitaires de France
PUP	Presses universitaires de Perpignan
PUPS	Pressesde l'universitéParis-Sorbonne

RAE	Revue des affaires européennes
RBDI	Revue belge de droit international
RCADI	Recueil des cours de l'Académie de droit international
RE	Revue Europe
RFDA	Revue française de droit administratif
RFDC	Revue française de droit constitutionnel
RIDC	Revue internationale de droit comparé
RMC	Revue du marché commun
RMUE	Revue du marché unique européen
RTD eur.	Revue trimestrielle de droit européen
SFDI	Société française pour le droit international
s.	suivants (index)
suiv.	suivantes (pages)
Suppl.	supplément
t.	tome
V.	voir
vol.	volume

TEXTES JURIDIQUES ET AUTRES

AC	Accord de Carthagène
ACE	Accords de complémentarité économique
BioCAN	Programme régional de biodiversité de la Communauté andine
C. Civ.	Code civil
DUDH	Déclaration universelle des droits de l'Homme
GOAC	Gazette officielle de l'Accord de Carthagène
IPCA	Indice harmonisé des prix à la consommation de la Communauté andine
JO	Journal officiel de l'Union européenne
JOCE	Journal officiel des Communautés européennes
NALADISA	Nomenclature du système harmonisé de désignation et de codification des marchandises
NANDINA	Nomenclature commune andine
PA	Pacte andin
PD	Plan de développement
PEA	Population économique active
PLADES	Plan intégré de développement social
MIPYMES	Micro, petites et moyennes entreprises andines
PPDDHH	Programme présidentiel des droits de l'Homme et du droit international humanitaire
PPDH	Plan de politique plurinationale des droits de l'Homme
Rés.	Résolution
SG/di	Document informatif du Secrétariat général
SG/dt	Document de travail du Secrétariat général
TCE	Traité de la Communauté européenne

TFUE	Traité sur le fonctionnement de l'Union européenne
TUE	Traité sur l'Union européenne
TVA	Taxe sur la valeur ajoutée

SOMMAIRE

INTRODUCTION GÉNÉRALE

Les sociétés actuelles vivent une époque de transformations constantes et complexes qui s'inscrivent dans un processus qualifié de globalisation[1] dont il résulterait de nouvelles formes de gouvernance[2] mettant en cause la souveraineté des États.

La mondialisation[3] des marchés, qui est l'un des traits majeurs de ce Nouveau Monde globalisé, se caractérise notamment par un développement des échanges commerciaux à l'échelle régionale appelant de nouveaux

---

[1] Le terme globalisation « désigne une politique économique visant à unifier le champ économique par tout un ensemble de mesures juridico-politiques destinées à abattre toutes les limites à cette unification, tous les obstacles pour la plupart liés à l'État-nation » (BOURDIEU (P.), *« Le double sens de la "globalisation" », Contre-feux 2*, Paris, Raison d'Agir, 2001, p. 95. Le terme globalisation vient « de l'anglais globalisation, issu du latin *globus*, globe, sphère, boule » (ARNAUD (A.-J.), *Dictionnaire de la globalisation*, Paris, Lextenso-LGDJ, 2010, p. 530). La globalisation « évoque incontestablement les nouvelles modalités de l'interdépendance des économies ainsi que des cultures » (MATTELART (A.), « Vers une globalisation ? », *Réseaux*, série thématique : « Communiquer à l'ère des réseaux », vol. 18, n° 100, 2000, p. 83). « La globalisation peut être saisie comme une "nation" unique qui se forme en billes de mercure par attraction et regroupements successifs. Mais elle peut aussi être un regroupement confédéral de petites régions indépendantes issues de la dislocation des grandes nations existantes » (SIROEN (J.-M.), « Globalisation et taille optimale des nations », *Revue française d'économie*, vol. 17, n° 2, 2002, p. 73).

[2] « Gouvernance est un terme de prestige aujourd'hui en faveur (not. Dans le discours politique et l'économie de l'entreprise), véhiculant un concept anglo-saxon, actuellement étranger au droit positif français, mais qui, interférant avec les notions de pouvoir dans l'État et au sein d'une entreprise, nourrit une réflexion en vogue sur une certaine façon de prendre les décisions et d'harmoniser les intérêts, moyennant un renforcement de la concertation et de la négociation entre partenaires sociaux, et pour le bien commun de la transparence et du contrôle » (CORNU (G.), Vocabulaire juridique, Paris, PUF, 9ème éd., 2011, p. 986). Dans le cadre de l'Union européenne, la Commission a publié en 2011 un document portant sur la gouvernance européenne présentant des principes de bonne gouvernance : *Livre blanc sur la gouvernance* (Com (2001) 428 final).

[3] La mondialisation du point de vue économique est un « phénomène qui tend à accroître l'interdépendance des économies dans un système de marché à dimension mondiale. Elle affecte la sphère réelle de l'économie, c'est-à-dire la production et la consommation des biens et des services, de même que la sphère financière (monnaies et capitaux.) », *in Dictionnaire Le Petit Larousse illustré 2015*, vol. 1, Paris, Larousse, 2014, p. 2016.

modes de « reconnaissance par le droit »[4] ou « régulation par le droit »[5]. Le modèle classique des conventions internationales a atteint ses limites.

La création d'« organisations d'intégration économique »[6] en Europe et sur d'autres continents vise à répondre aux nouvelles exigences juridiques du monde contemporain[7]. Les motivations de l'engagement dans un processus d'intégration[8]sont diverses : pour les États européens, « l'intégration s'inspire des penseurs de l'arbitrage international, et pour les autres, l'intégration est rattachée au principe de solidarité Sud-Sud »[9]. En dépit de ces différences de fondements et de circonstances, l'essor d'un

---

[4] JACQUÉ (J.-P.), « Le rôle du droit dans l'intégration européenne », *Revue internationale de philosophie politique*, n° 1, 1991, pp. 119-134.

[5] Voir : ARNAUD (A.-J.), « De la régulation par le droit à l'heure de la globalisation. Quelques observations critiques », *Droit et société*, n° 35, 1997, pp. 11-35.

[6] « Une organisation d'intégration économique est considérée comme une organisation que vise d'une part à l'instauration d'un marché commun ou d'une union économique (c'est-à-dire qui a un domaine d'action unitaire qui concerne l'ensemble des relations économiques), et d'autre part, elle est caractérisée par le dynamisme, c'est-à-dire contrainte "à un constant effort d'approfondissement" », DUPUY (R.-J.) (dir.), *Manuel sur les organisations internationales*, Leiden, Martinus Nijhoff, 1998, p. 660. Voir aussi : SIROEN (J.-M.), *La régionalisation de l'économie mondiale*, Paris, La Découverte, coll. « Repères », 2004, p. 123. Il convient de noter que les expressions « d'intégration économique » est distincte de la notion de « coopération régionale », la « coopération régionale » est vêtue d'un caractère ponctuel et temporaire, défini dans le cadre de projets c'est temporalité et son caractère ponctuel le différencie de l'intégration économique (LAVERGNE (R.), « Champ d'action pour l'intégration et la coopération régionales en Afrique de l'Ouest », in LAVERGNE (R.), *Intégration et coopération régionales en Afrique de l'Ouest*, Paris, Karthala-CRDI, 1996, pp. 12-38). L'intégration elle est plus utilisée dans la forme surtout des communautés européennes actuelle Union européenne elle s'étend actuellement à l'Amérique latine, ou elle inspire les mouvements de regroupement régional.

[7] D'après Laurence Jourdain « Les nouveaux processus d'intégration régionale ne peuvent dès lors être analysés comme des remèdes à ce qu'on identifie comme un état de désordre international ». Pour cet auteur, « la régionalisation est d'une efficacité pratique indéniable : parce qu'il se place dans le domaine de l'inévitable et du nécessaire » (JOURDAIN (L.), « Les nouveaux processus d'intégration régionale : vers la restauration d'un "ordre" dans les relations internationales », *Désordre(es)*, Paris, PUF, 1997,p. 373).

[8] On peut distinguer plusieurs étapes ou stades dans un processus d'intégration : une zone de libre-échange, une union douanière, un marché commun, une union économique et monétaire et une union politique. Ces schémas d'intégration régionale ont été conceptualisés pour la première fois par l'économiste hongrois Béla Balassa dans son ouvrage *The Theory of Economic Integration* publié en 1962. Voir aussi sur les différents types de régionalisme : REGNAULT (H.), « Libre-échange nord-sud et typologie des formes d'internationalisation des économies », *Région et développement*, n° 22, 2015, p. 22-26.

[9]HANNEQUART (I.), « Union européenne-Mercosul deux intégrations dans la mondialisation », *in* HANNEQUART (I.), *Union européenne-Mercosul entre concurrence et solidarité*, Paris, L'Harmattan, 2008, p. 7.

« modèle »[10] intégrateur régionalaccompagnant l'évolution des sociétés actuelles est aujourd'hui indéniable dans diverses parties du monde.

L'INTÉGRATION COMME MODÈLE

Il est évident que le modèle d'intégration développé en Europe, aujourd'hui connu sous le nom d'« Union européenne »[11], acquiert une signification particulière en tant qu'expérience historique originale : ses réalisations juridiques, idéologiques et institutionnelles ont créé la forme la plus achevée d'organisation régionale dotée d'un « droit de l'intégration »[12] propre et novateur. L'Union européenne a représenté une source essentielle de questionnements nouveaux pour la doctrine réfléchissant à l'action d'« institutions atypiques » inspirées tant par les institutions nationales que par les organisations internationales. Qualifiées « d'institutions communautaires »[13], il s'agit de véritables systèmes[14] articulés et connectés avec les États membres prenants au mouvement intégrateur et les uns avec les autres.

Le processus d'intégration de l'Union « est un processus de déjà plus d'un demi-siècle, voulu et perpétué par un nombre toujours plus élevé d'États membres, processus qui a indiscutablement affecté la manière de

---

10 Étymologiquement, ce terme fait référence à « ce qui est donné pour servir de référence, de type. Ce qui est donné pour être reproduit : copier un modèle », *in Dictionnaire Le Petit Larousse illustré 2015*, *op. cit.*

11 Actuellement l'Union européenne est considérée comme une association politico-économique *sui generis* composée par vingt-huit États européens. Elle fut créée le 1er novembre de 1993 (se substituant aux Communautés européennes) avec la signature du Traité de Maastricht. Voir : CLERGERIE (J.-L.), GRUBER (A.), RAMBAUD (P.), *L'Union Européenne*, Paris, Dalloz, 9ème éd., 2012, p. 950.

12 Voir : PESCATORE (P.), *Le droit de l'intégration. Émergence d'un phénomène nouveau dans les relations internationales selon l'expérience des Communautés européennes*, Bruxelles, Bruylant, coll. « Droit de l'Union européenne - Grands écrits », 2005, p. 100.

13 Les systèmes d'intégration ressemblent à une « constellation organique hybride » inspirée des institutions classiques du droit international, mais aussi composée d'organes nouveaux méconnus par le droit international. Ces institutions évoluent bien évidemment en présentant des dysfonctionnements, mais en acquérant une légitimité institutionnelle propre adaptée aux défis particuliers du processus communautaire comme celui de l'élargissement par exemple. Voir à ce sujet : GUIGOU (É.), « La légitimité des institutions européennes : l'impact de l'élargissement sur le déficit démocratique de l'Union européenne », *Reflets et perspectives de la vie économique*, t. XLII, 2003, p. 103-108.

14 « Un système est l'ensemble d'éléments considérés dans leurs relations à l'intérieur d'un tout fonctionnant de manière unitaire : le système nerveux, les différents systèmes politiques », *in Dictionnaire Le Petit Larousse illustré 2015*, *op. cit.*

concevoir la souveraineté des États qui y participent »[15]. Ce système d'intégration a crée en plus d'une normative propre aussi une culture juridique nouvelle. En effet, les systèmes d'intégration se donnent pour tâche la création d'un nouveau droit et de nouvelles structures fonctionnelles qui entrent parfois en confrontation avec la dynamique souveraine des États membres[16].

Première expérience d'intégration économique à la base, l'expérience de l'Union européenne a su inspirer intégralement ou en partie les créations ultérieures de systèmes d'intégration en Afrique[17], en Asie[18] ou encore en Amérique latine. Aussi divers soient-ils, les systèmes d'intégration existants ont donc comme modèle commun le schéma intégrateur européen qu'ils ont adapté en fonctions des caractéristiques propres à la région du monde dans laquelle ils se sont construits. Tous ont cherché l'approfondissement des relations entre États en privilégiant dans un premier temps la création d'une intégration économique et commerciale[19] censée ouvrir la voie à une intégration plus politique et sociale.

Toutefois, bien que l'Union européenne soit le fondement de l'intégration institutionnalisée telle que nous la connaissons aujourd'hui, il est intéressant de noter que l'idée d'intégration en Amérique latine[20] n'est pas récente. Sur

---

[15] CONSTANTINESCO (V.), « La souveraineté est-elle soluble dans l'Union européenne ? », *L'Europe en Formation*, vol. 2, n° 368, 2013, p. 119.

[16] La dynamique souveraine des États membres au sein de l'Union Européenne a été récemment constatée avec le Brexit. Voir : BARBOU DES PLACES (S.), PERALDI-LENEUF (F.), « Le Brexit, un retrait vraiment ordonné ? Premier bilan des négociations et réflexions prospectives », *Europe*, n° 2, février 2018 ; BRAY (R.), RODRIGUES (S.), « L'impact du Brexit sur le fonctionnement des institutions de l'UE. Aspects relatifs à la fonction publique européenne », *Europe* n° 2, février 2018.

[17] L'Union africaine (UA) remplace l'Organisation de l'Unité africaine (OUA) créée en 2002 avec l'objectif de promouvoir la démocratie, les droits de l'homme et le développement à travers l'Afrique ; la Communauté économique des États de l'Afrique de l'Ouest (CEDEAO), organisation intergouvernementale de l'Ouest africain, a été créée le 28 mai 1975 avec l'objectif de coordonner les actions des pays de l'Afrique de l'Ouest.

[18] Sur le continent asiatique, citons l'Association des Nations de l'Asie du Sud-Est (ANASE ou ASEAN), organisation politique, économique et culturelle créée le 8 août 1967 qui a été précédée par l'Organisation du Sud-est d'Asie (ASA). L'ASEAN a comme objectif ambitieux de donner naissance au projet de création d'une communauté économique avec libre circulation des personnes et des capitaux. Cette association a donné naissance à une zone de libre-échange (AFTA) en 2003. Une autre association d'États, non moins importante, est le Forum de Coopération économique Asie Pacifique (APEC) crée en 1989 à l'initiative de l'Australie.

[19] « La théorie de l'intégration commerciale est apparue sous sa forme moderne dans les années 1950. Elle accompagnait la première vague d'accords régionaux et, notamment, la formation attendue d'une grande zone d'intégration en Europe » (SIROEN (J.-M.), *La régionalisation de l'économie mondiale*, Paris, La Découverte, 2004, p. 26.

[20] Depuis deux décennies les négociations économiques en Amérique latine sont constantes. Selon l'ancien Directeur du développement au Secrétariat permanent du Système économique latino-américain (SELA), « l'espace économique latino-américain a permis la convergence

la base de récits historiques qui datent de 1815[21], certains auteurs ont en effet relevé que « l'idée d'intégration des États est aussi ancienne que l'Amérique latine »[22] ; elle est « indissociable de l'histoire même de l'Amérique latine »[23].

L'idée d'intégration latino-américaine était déjà dans les esprits des pères fondateurs des nouvelles Républiques indépendantes. Cet idéal émerge après la colonisation espagnole au moment de la reconfiguration territoriale postcoloniale. Les libérateurs avaient à l'esprit de construire une « Union des nouvelles Républiques »[24], projet qui a cependant échoué, car la volonté de créer de nouveaux États souverains et indépendants l'a emporté sur tout le continent, non sans affrontements belliqueux à caractère géopolitique qui ont finalement abouti à des décisions historiques délimitant des frontières nationales.

Après cette époque de distribution territoriale, l'Amérique latine a néanmoins su développer tout au long de son histoire une stratégie de rapprochement entre États : « les intégrations latino-américaines »[25] sont nombreuses et diverses. On peut notamment citer le système d'intégration de la Communauté caribéenne (CARICOM)[26] créée en 1973 par le Traité de Caguaramas. Regroupant quinze pays, il est le plus riche et le plus important

---

des États latino-américains au niveau régional et sous-régional » (VACCHINO (J. M.), *Integración Economica regional*, Caracas, Universidad Central de Venezuela, 1981, p. 34.

[21] L'histoire de l'Amérique latine est marquée par des révoltes indépendantistes contre les colonies qui ont débuté en 1809 et 1810, promues par les élites. Ces révolutions continueront de manière latente sur le continent durant presque 150 ans. Pour en savoir plus : KOFFLER (S.) (dir), « L'Amérique latine 150 ans d'indépendance », Numéro spécial, *Le Courrier de l'UNESCO*, n° 6, 1961, p. 43 ; CHAUNU (P.), *Histoire de l'Amérique latine*, Paris, PUF, coll. « Que sais-je? », 2009, pp. 55-84.

[22] COLOMER VIADEL (A.), « Soberanía e integración en Iberoamérica: una perspectiva histórica y jurídica »,*Cuadernos de la Cátedra Fabrique Furio Ceriol*, n° 7, 1994, p. 96.

[23] SBERRO (S.), « L'intégration régionale en Amérique latine : le mythe de Sisyphe », *Pouvoirs*, section : « L'Amérique latine », n° 98, 2001, p. 61.

[24] Le Libérateur Simón Bolívar a eu l'idée d'intégrer les nouvelles Républiques nées du mouvement d'indépendance. Cet idéal, connu sous le nom de « Mythe Bolivarien »,consistait de former une « Confédération des Nations » sans entendre nier leurs propres individualités comme l'exprime la « Carta de Jamaica » (Lettre de Jamaïque) de 1815 : « C'est une grandiose idée que de prétendre former de tout le Nouveau Monde une seule nation avec un unique lien qui ligue les parties entre elles et avec le tout. Étant donné qu'elles possèdent déjà une origine, des coutumes, une religion, elle devrait par conséquent également disposer d'un seul gouvernement qui confédérerait les différents États qui se formeront… Il serait merveilleux que l'isthme de Panamá soient pour nous ce que Corinthe est aux Grecs ! Avec l'espoir qu'un jour nous ayons la fortune d'installer ici un auguste Congrès des représentants des Républiques, Royaumes et Empires pour traiter et discuter des hauts intérêts de la paix et de la guerre avec les nations des trois autres parties du monde » (Traduction libre).

[25] BANSART (A.), « Les intégrations latino-américaines », *in* HANNEQUART (I.) (dir.), Union Européenne-Mercosul entre concurrence et solidarité, Paris, L'Harmattan, 2008, p. 31.

[26] La Communauté caribéenne est une organisation supranationale qui regroupe des États principalement des Caribes

du continent en termes de nombre d'États membres. Mentionnons également : l'Union des nations sud-américaines (UNASUR) fondée le 17 avril de 2007 et héritière de la Communauté sud-américaine des nations (CSN)[27]; le Système d'intégration centraméricain (SICA) institué par le Protocole de Tegucigalpa le 13 décembre de 1991 ; l'Alliance bolivarienne pour les peuples de notre Amérique (ALBA) créée à l'initiative de l'ancien président du Venezuela Hugo Chavez en 2004 ; l'Alliance du Pacifique (ADP) mise en place en 2011 et constituée formellement en 2012 après la signature de l'Accord d'alliance du Pacifique ; ou encore la Communauté des États latino-américains et caribéens (CELAC) formée en décembre 2011 au moment du Sommet de l'Amérique latine et de la Caraïbe.

Outre ces organisations, citons deux initiatives qui ont tenté une intégration plus poussée : le Marché commun du sud plus connu sous le nom de MERCOSUR[28] créé le 26 mars de 1991 par le Traité d'Asunción et la Communauté andine (CAN)[29] instituée par l'Accord de Carthagène en 1969[30] puis refondée en 2013 avec des objectifs moins ambitieux que ceux définis à ses débuts lorsqu'elle était encore connue sous le nom de Pacte andin[31] ou Communauté andine des nations[32]. Les priorités de cette dernière sont aujourd'hui l'intégration commerciale, le développement des petites et moyennes entreprises, l'extension des interconnexions électriques et la question d'une citoyenneté andine[33].

---

[27]Processus d'intégration en sommeil depuis deux ans, notamment en raison de la crise politique du Venezuela et la possibilité de nouvelles initiatives d'intégration dans la région (Voir l'initiative Prosur).

[28] Pour en savoir plus : MEDEIROS (M.), QUERMONNE (J.-L.), *La genèse du MERCOSUR : un dynamisme interne, influence de l'Union européenne et insertion internationale*, Thèse en sciences politiques, Université Grenoble 2, 1997, p. 885. HANNEQUART (I.), « Union européenne-Mercosul deux intégrations dans la mondialisation », *op. cit.*, p. 32 ; DESSE (R.-P.), DUPUY (H.), *Mercosur : vers la « grande Amérique latine » ?*, Paris, Ellipses, 2008, p. 205 ; GIL MASCOLO (T.), *La place des droits de l'Homme dans le Mercosur à la lumière de l'expérience européenne. Les enjeux au regard du système interaméricain de protection des droits de l'Homme*, Thèse en droit, Université de Strasbourg, 2013, p. 516.

[29] Voir : Annexe n° 1 (Chronologie de la construction de la Communauté andine).

[30] Voir : Annexe n° 2 (Accord de Carthagène, version en espagnol).

[31]Voir sur le Pacte andin, actuelle Communauté andine, SUKUP (V.), *L'intégration « volontariste » comme accélérateur du développement : le Pacte andin, une expériencelimite qui contredit les théories libérales*, Thèse en études sur l'Amérique latine, Université Paris 3, 1987, p. 618.

[32] Voir : IBARGUEN RUIZ (P. F.), *Le régionalisme en Amérique latine : la Communauté andine des nations et l'importation d'un modèle d'intégration*, Mémoire en relations internationales, Institut d'études politiques de Paris, 2003, p. 80.

[33] Pour en savoir plus : Portail de la Communauté andine, http://www.comunidadandina.org/ .

Parmi toute cette constellation intégratrice latino-américaine qui a émergé au cours des quarante-cinq dernières années, la Communauté andine[34] attire plus particulièrement l'attention sur son évolution normative et jurisprudentielle. De notre point de vue, elle relève d'un processus d'intégration économique, mais surtout répond aux caractéristiques reconnues d'un véritable système communautaire.

La Communauté andine, de par son évolution institutionnelle[35], le développement d'un droit communautaire andin (ou droit andin) et la constitution d'une jurisprudence[36] communautaire, s'est construite comme une entité fondée sur des règles de droit spécifiques régissant divers domaines, mais principalement l'économie et la protection des droits de l'Homme ; une dualité qui n'est pas sans rappeler le système de l'Union européenne.

Cette Communauté andine constitue le mécanisme d'intégration communautaire le plus ancien du continent latino-américain, le plus abouti au niveau institutionnel et celui qui s'adapte le plus facilement aux exigences étatiques tout en s'affirmant au plan international et régional. Depuis près d'un demi-siècle, la CAN a donc su construire un système différentié d'intégration communautaire.

Partant de ce constat, l'objectif principal de cet ouvrage sera de proposer une analyse de certains aspects juridictionnels et normatifs de deux modèles communautaires : l'Union européenne et la Communauté andine, toutes deux dotées de la personnalité juridique[37]. La Communauté andine a acquis

---

[34] Le 16 août 1966, les présidents de Colombie, du Chili et du Venezuela ainsi que les délégués des présidents du Pérou et de l'Équateur ont signé la déclaration de Bogotá dans laquelle ils déclarent le besoin de donner une nouvelle orientation à l'intégration latino-américaine. Cette Déclaration permet en 1967 que les pays andins s'organisent en Commission mixte pour étudier l'établissement d'un groupe subrégional d'intégration. Dans le cadre de cette Commission mixte, l'initiative de la création de l'actuelle Communauté andine (CAN) vient du Président colombien Carlos Lleras Restrepo, appuyé par le président chilien Eduardo Frei Montalvo. Leur but était d'élargir le marché à l'échelle régionale pour ensuite envisager un échange plus mondial en vue de surmonter les défis du développement de leurs pays. La CAN a été créée en 1969 par l'Accord de Carthagène.

[35] D'après Gárate Salmon Elizabeth, l'évolution institutionnelle de la Communauté andine peut se diviser en trois périodes : la première est celle de la recherche d'objectifs initiaux pour une organisation commune et d'avancées pionnières institutionnelles ; une deuxième correspond à la survenance de crises économiques touchant les États membres ; et une troisième est caractérisée par une volonté claire de renforcement de l'intégration. V. SALMON GARATE (E.), « Evolución institucional de la Comunidad andina: Perspectivas y problemas », *in* BREWER CARIAS (A.-R.) (dir.), *Derecho comunitario andino*, Lima, PUCP, 2003, p. 24-26.

[36] En termes généraux, la jurisprudence désigne « l'ensemble des décisions judiciaires et administratives, qui constituent une source du droit ». Le terme vient du latin *jurisprudentia* : science du droit, *inDictionnaire Le Petit Larousse illustré 2015*, *op. cit.*

[37] Dans le cas de l'Union européenne, elle se construit à « petits pas » suivant la « méthode Monnet-Schuman ». Les deux fondateurs ont voulu une construction progressive et non

dès l'origine une personnalité juridique propre, alors même qu'elle se dénommait encore « Pacte andin ». Selon l'article 48 de l'Accord de Carthagène signé le 26 mai 1969, son acte de naissance, il s'agit en effet d'« une organisation subrégionale avec une personnalité juridique internationale » ; un statut encore renforcé par le Protocole de Trujillo de 1996[38].

Nous considérons que la Communauté andine et l'Union européenne sont aujourd'hui les systèmes d'intégration les plus avancés et les plus complexes qui ont pu être créés dans le contexte du droit communautaire, d'où

---

réalisée « par le haut » en décidant tout de suite d'un fédéralisme européen. Robert Schuman dans sa Déclaration du 9 mai 1950 signale ainsi que « L'Europe ne se fera pas d'un coup ni dans une construction d'ensemble, elle se fera par des réalisations concrètes, créant d'abord une solidarité de fait ». Malgré le ralentissement du processus de constitutionnalisation de l'Union, la réalité mondiale a demandé une réforme des communautés et c'est dans ce cadre évolutif que les institutions de l'Union vont jouer un rôle très important en tant que parties représentantes de l'ensemble de la volonté de l'Union elle-même, en dehors des exigences nationalistes des États membres qui augmenteront au fur et à mesure du temps, car d'une Communauté de six états membres à l'origine elle est passée à une Union aujourd'hui de vingt-huit États membres. Elle peut conclure des accords internationaux en vertu de l'article 216 du Traité sur le fonctionnement de l'Union européenne. Cette disposition permet à l'Union d'être actrice sur la scène internationale en matière de politique extérieure commune, de sécurité commune, ou encore de politique commerciale commune ; tout en établissant des rapports avec les États membres et les organismes internationaux. L'UE peut négocier des accords en son nom propre qui vont avoir des effets juridiques sur l'ensemble de l'Union européenne. Voir : VAN DE KERCHOVE (G.), MARQUARD (S.), « Les accords internationaux conclus par l'Union européenne », *AFRI*, vol. 50, n° 1, 2004, pp. 803-825.
Depuis le Traité de Lisbonne, la situation de l'Union au regard des États membres peut être considérée comme plus avantageuse. Cela ira plus loin dans le contexte international au moment où l'Union sera dotée d'un statut international : dotée de la personnalité juridique internationale, ses droits vont au-delà des droits octroyés par les États aux organismes internationaux classiques. L'article 47 indique explicitement que « l'Union à la personnalité juridique ». Voir : BROSSET (E.), CHEVALIER-GOVERS (C.), EDJAHARIAN (V.), SCHNEIDER (C.), *Le Traité de Lisbonne reconfiguration ou déconstitutionnalisation de l'Union européenne*, Bruxelles, Bruylant, 2009, p. 352.

[38] Le changement de nom du « Groupe andin » pour « Communauté andine » a été réalisé par le Protocole modificatif de Trujillo du 10 mars 1996 entré en vigueur en juin 1998. Ce protocole modifie l'Accord de Carthagène de 1969 qui est le texte fondateur de la Communauté andine envisagé comme un accord d'intégration subrégionale entre le Pérou, le Chili, la Bolivie, l'Équateur, la Colombie et le Chili.
Le Venezuela y adhère en 1973, mais quitte officiellement la Communauté andine en 2011 après six ans de préparation de ce retrait au motif d'une opposition entre les accords de libre-échange signés entre le Pérou et les États-Unis et la politique économique et internationale du Venezuela. Cependant, à la suite de son retrait, le Venezuela adhèrera au MERCOSUR.
Le Chili a aussi quitté le Groupe andin dès 1976, durant la dictature de Pinochet. La raison de ce départ était d'après le régime chilien : les incompatibilités des politiques économiques du Chili et du bloc intégrationniste andin. Depuis 2006, le Chili jouit du statut de pays associé au sein de la Communauté andine et de membre du MERCOSUR.

la pertinence et l'intérêt de les comparer en tentant de mettre en lumière une nouvelle dimension de l'évolution des processus d'intégration[39].

Ces deux entités sont tiraillées entre d'une part les forces souveraines des États membres et d'autre part la logique du droit international classique. Cette confrontation fortifie un mouvement de reconnaissance légitime de l'existence même des systèmes communautaires, une question qui a agité la doctrine internationaliste et de l'Union pendant de longues années et qui sera abordée de manière plus pragmatique s'agissant de la Communauté andine.

Autre point commun, les processus d'intégration européen et andin ont conduit à la formation d'un droit propre : l'un qualifié de droit de l'Union[40] ; l'autre de droit communautaire andin. Ces deux corpus juridiques se fondent sur des principes et des intérêts similaires et évoluent lentement selon leurs propres besoins qui semblent être les mêmes touts au début de leur construction et qui se différentient avec les années et les attentes de chaque organisation. Cela sans empecher la possibilité d'une « internationalisation du dialogue des juges »[41] participant plus largement d'un phénomène de « globalisation juridique »[42].

Bien que l'Europe soit à l'origine d'un processus qui a abouti à la création du droit communautaire aujourd'hui Droit de l'Union, il semble indispensable que la doctrine juridique se tourne aussi vers l'étude d'autres systèmes d'intégration en faisant preuve d'une curiosité intellectuelle riche

---

[39] Pour la doctrine communautaire andine, l'expression « processus d'intégration sert à identifier toute organisation menée par l'action d'un ensemble d'États, hors de la conception classique de la simple coopération bilatérale. Ce processus doit permettre des rapports d'égalité entre les États membres qui par leurs propres caractéristiques ont des niveaux différents d'évolution » (NAVARRETE BARRERO (O. I.), « El papel del juez comunitario andino en la tutela de los derechos de los ciudadanos », *Foro*, n° 6, 2006, p. 28).

[40] Pour le présent travail de recherche, nous utiliserons l'expression « droit de l'Union » qui est l'expression la plus exacte pour signaler actuellement le droit qui émane des institutions de l'Union Européenne. On évitera d'utiliser l'expression « droit européen » parce qu'il comprend le droit de l'Union, mais aussi le droit qui relève du Conseil de l'Europe, à savoir lié à la Convention européenne des droits de l'Homme et à la jurisprudence de la Cour européenne des droits de l'Homme. L'ancienne expression « droit communautaire » n'est plus le terme à retenir depuis l'entrée en vigueur du Traité de Lisbonne en 2009. Cependant, la doctrine communautaire andine utilise toujours cette expression pour évoquer le droit de l'Union en termes généraux.

[41] BURGORGUE-LARSEN (L.), « De l'internationalisation du dialogue des juges, missive doctrinale à l'attention de Bruno Genevois », *in* BADINTER (R.), SAUVE (J.-M.) (dir.), *Mélanges en l'honneur du président Bruno Genevois. Le dialogue des juges*, Paris, Dalloz, 1998, pp. 95-130.

[42] « Pour la doctrine internationaliste, la mondialisation recouvre encore des processus et des réalités fort disparates qui demandent à repenser la finalité des instruments du droit » (CHARTOUNI-DUBARRY (Al R.), « Droit et mondialisation », *Politique étrangère*, n° 4, 1999, p. 942. Ceci n'est pas le cas pour le droit communautaire puisque celui-ci a démontré sa capacité à adapter la norme nationale, ce qui est l'un des aspects les plus intéressants de ces droits communautaires, européen ou andin.

d'enseignements. Par conséquent, ce travail de recherche vise à analyser, au prisme d'une approche comparée, l'expérience communautaire de l'Union européenne afin d'appréhender et de mettre en perspective le dynamisme de la construction de la Communauté andine.

Cette dernière a particulièrement attiré notre regard, car elle s'est révélée être un exemple « d'un processus latino-américain d'intégration régionale » qui, d'après le politologue Giovanni Molano Cruz, a été victime d'une « mauvaise presse »[43]. Nous partageons cette position corroborée par le constat de l'existence, au sein de la doctrine communautaire en général, d'une tendance symptomatique à réaliser des études comparatives avec l'Union européenne en mettant uniquement en relief les crises et déficiences de la Communauté andine, sans souligner l'importance du contenu et de l'essor de ce processus d'intégration communautaire amorcé depuis des décennies[44].

L'un des aspects majeurs de la Communauté andine est sa participation à la consolidation d'un régionalisme latino-américain, un continent caractérisé par une revendication des souverainetés nationales qui continue de nos jours à être forte[45]. Aussi est-il intéressant de remarquer que la Communauté andine a su petit à petit s'adapter aux réalités des États membres andins en constante évolution.

Pour illustrer cette réflexion, citons notamment le cas de l'État plurinational de Bolivie. Le pays a modifié sa Constitution en 2008 en précisant dans son article 265 que « l'État plurinational de Bolivie doit, sur la base des principes d'équité et d'égalité et en reconnaissant les asymétries économiques et sociales de chaque pays de la région, promouvoir les relations d'intégration sociale, politique, culturelle et économique avec les autres États, nations et peuples du monde » et en particulier « promouvoir l'intégration latino-américaine »[46]. Par ailleurs, l'article 257 du texte

---

[43] MOLANO CRUZ (G.), « La Communauté andine : trajectoire d'un processus latino-américain d'intégration régionale, Le régionalisme international dans les Amériques : dynamique interne et projection internationale », *Fédéralisme Régionalisme*, vol. 11, n° 1, 2011, disponible sur : http://popups.ulg.ac.be/1374-3864/index.php?id=977.

[44] Cela représente l'un des défis majeurs de ce travail de recherche puisqu'on a pu constater un décalage entre la vision sceptique de la littérature communautaire andine pourtant enthousiaste du développement de l'Union européenne, position qui contraste avec l'enthousiasme fréquent des responsables politiques andins qui malgré les crises ont insisté pour continuer le chemin de l'intégration communautaire andine.

[45] En Amérique du Sud d'après le journaliste Raul Zibechi « l'intégration régionale se trouve à la croisée des chemins » avec des changements politiques importants. Il cite la position du Venezuela qui a mené une politique assez controversée durant le gouvernement du Président Hugo Chavez. V. : ZIBECHI (R.), « Amérique du Sud : l'intégration régionale à la croisée des chemins », RISAL info, 2005, disponible sur : http://www.risal.collectifs.net/spip.php?article1500.

[46] Article 265: « *I. El Estado promoverá, sobre los principios de una relación justa, equitativa y con reconocimiento de las asimetrías, las relaciones de integración social, política, cultural*

constitutionnel ajoute : « Les Traités internationaux ratifiés font partie de l'ordre juridique national et ont caractère de loi » ; tout en indiquant toutefois « qu'il sera nécessaire de passer par un référendum pour toute demande de cession de compétences institutionnelles à des organisations internationales et supranationales, dans le cadre du processus d'intégration auquel la Bolivie est partie »[47]. Il s'agit ici d'une manifestation explicite de la reconnaissance de l'importance de la Communauté andine en tant que processus d'intégration de la part d'un de ses États membres.

Bien que la Communauté andine ait dû procéder à une redynamisation institutionnelle d'envergure pendant les années 1980[48] et que le nombre de ses États membres[49] ne soit pas encore comparable à celui des États membres de l'Union européenne[50], il nous semble très utile d'étudier la Communauté andine plutôt que l'« intégration du MERCOSUR »[51] qui a déjà fait l'objet de nombreuses analyses[52]. Le choix de ce sujet vise à proposer une réflexion sur un système d'intégration véritablement communautaire au regard de ses caractéristiques et de ses évolutions.

Notre intention n'est pas de déprécier la place du MERCOSUR qui reste toujours « le moteur économique de la région »[53] et qui avait quelques

---

y económica con los demás estados, naciones y pueblos del mundo y, en particular, promoverá la integración latinoamericana. II. El Estado fortalecerá la integración de sus naciones y pueblos indígena originario campesinos con los pueblos indígenas del mundo ».

[47] Article 257: « *I. Los tratados internacionales ratificados forman parte del ordenamiento jurídico interno con rango de ley*».

[48] En 1989, la réunion des Galápagos qui eut lieu à l'occasion du 20e anniversaire de la CAN a été un tournant important qui impulsa pour les années suivantes une série de mesures portant réforme de l'organisation de la Communauté et convergence des politiques.

[49] La Communauté andine comprend actuellement la Bolivie, la Colombie, l'Équateur, et le Pérou ; quatre pays qui n'ont pas réussi à atteindre des niveaux de développement économique et social identiques. La stratégie de la CAN se tourne ouvertement vers une intégration continentale en accentuant leurs relations avec les pays voisins, puisqu'elle compte aussi le Chili, l'Argentine, le Brésil, le Paraguay et l'Uruguay comme États associés ainsi que le Mexique et le Panamá, le Maroc comme pays observateurs.

[50] Pour en savoir plus : CHOPIN (T.), FOUCHER (M.), « L'état de l'Union 2013. Rapport Schuman sur l'Europe », Paris, Lignes de repères, Fondation Robert Schuman, 2013. p. 278.

[51] Le Marché Commun du Sud (Mercosur) représente aujourd'hui 82,3 % du PIB total de l'Amérique du Sud. Il constitue la zone économique et la plateforme industrielle la plus dynamique et compétitive de l'Amérique du Sud. Il est considéré comme le 4ème bloc économique du monde en termes de volumes d'échange. (SCHVARZER (J.), « El Mercosur: un bloque económico con objetivos a precisar», *CLACSO*, 2001, p. 25).

[52] Voir : MORA-BURBANO (C.), « L'intégration régionale au sein du MERCOSUR » in GRARD (L.), *Les intégrations régionales, L'Union européenne –et après ?*, Coll. « Droits européens », 2015, pp. 59-67.

[53] D'un point de vue économique, le Mercosur constitue un moteur important pour la dynamique intégrationniste sur le continent latino-américain, puisque derrière la puissance économique régionale du Mercosur se place le Brésil, un pays qui a utilisé pendant des décennies cet organe international économique pour élargir sa propre politique extérieure.

ressemblances avec la construction de l'Union[54], il est pertinent de rappeler que ce système d'intégration économique n'a pas évolué vers une communauté de droit uniforme comme celle que nous retrouvons au sein de la Communauté andine. D'où l'intérêt d'étudier et comparer de manière plus approfondie la Communauté andine et l'Union européennee. De notre point de vue, le MERCOSUR reste un système d'intégration économique dont l'objet essentiel est l'établissement d'un marché commun[55]. Autrement dit, il cherche à approfondir une intégration de nature économique sans développer d'aspects institutionnels et juridiques comme en témoigne le fait qu'il soit toujours régi par des règles du droit international classique, à la différence de la CAN et de l'Union européenne qui ont élaboré un droit spécifique.

Selon Pierre Pescatore, la méthode comparative « influence pratiquement chaque affaire déposée à la Cour tant dans les conclusions que dans les délibérés, ainsi le juge se doit d'adopter une attitude comparatiste, car les situations ont été déjà connues par les juges nationaux ». L'auteur assimile la méthode comparative scientifique à une osmose, car selon lui « il s'opère entre les différents systèmes juridiques de la communauté un transfert en continu d'analyses juridiques qui se font à travers les hommes »[56]. Bien évidemment, Pierre Pescatore fait ici référence à l'application d'une grille d'analyse de droit comparé pour étudier les droits nationaux des États membres de l'Union européenne[57] ; cependant est-il aussi pertinent de parler d'une méthode comparative pour étudier les différents systèmes d'intégration communautaires ?

Nous considérons que la construction d'un droit de l'Union comme d'un droit communautaire andin à laquelle prennent aussi part les juridictions

---

Voir à ce sujet : JEDLICKI (C.), « Le Mercosur dans la politique extérieure brésilienne de ces dernières décennies », *Tiers-Monde*, t. 42, n° 168, 2001, pp. 817-840.

[54] YVARS (B.), « L'Union européenne et le Mercosur : deux voies spécifiques d'intégration et d'insertion dans la mondialisation des activités », in KAUFFMANN (P.), YVARS (B.) (dir.) *Intégration de l'Union européenne et expériences de régionalisme dans les pays en développement. Actes des Ières Journées internationales d'Études Jean Monnet*, Paris, L'Harmattan, 2004, pp. 201-230.

[55] Un marché commun peut se définir comme « un espace géographique regroupant deux ou plusieurs États, à l'intérieur duquel les conditions des échanges se déroulent dans des conditions analogues à celles d'un marché intérieur, sous réserve des restrictions que ces États sont autorisés à imposer pour des motifs d'intérêt général » (SALMON (J.) (dir.), *Dictionnaire de droit international public*, Bruxelles, Bruylant, 2001, p. 1198.)

[56] PESCATORE (P.), « *Le recours, dans la jurisprudence de la Cour de justice des Communautés européennes, à des normes déduites de la comparaison des droits des États membres* », *RIDC*, vol. 32, n° 2, avril-juin 1980, p. 337-359.

[57] *Ibidem*.

nationales participe d'un mouvement de « métissage des droits nationaux »[58] dont l'analyse appelle effectivement une approche en termes de droit comparé. Les systèmes d'intégration sont devenus une « matière d'échange »[59] non seulement entre droits nationaux, mais également entre droits communautaires[60] dans un monde globalisé. En l'occurrence, nous utilisons la méthode comparative pour proposer une étude de deux institutions, l'Union européenne et la Communauté andine, distantes géographiquement, mais dont la proximité de leurs principes fondateurs et de leurs structures organiques est le fruit d'échanges juridiques intercontinentaux.

Le choix d'une analyse de droit comparé pour l'ouvrage permet de mettre en lumière l'influence, « incidence »[61] ou répercussion d'un droit sur l'autre paraît justifié en ce qui concerne l'Union européenne et la Communauté andine.

Cette perspective comparatiste n'est pas sans difficultés ; cependant il nous semble qu'elle pourrait apporter à la doctrine de l'Union un point de vue novateur qui propose d'étudier un système communautaire d'intégration en le comparant à celui dont il tire ses origines. Nous voulons suivre ici les mots de Léontin-Jean Constantinesco qui nous rappelle que « connaître veut dire sortir de son droit pour pénétrer dans un autre »[62]. Plus précisément, il ne s'agit pas d'une étude comparée au sens strict du terme, mais d'une analyse inspirée de la méthode comparée qui permet de mettre en lumière les similitudes, mais aussi les divergences qui existent entre la Communauté andine et l'Union européenne.

L'approche comparative en droit doit être appréhendée avec précaution, notamment en restant vigilant quant aux risques linguistiques, sources potentielles de contresens ou de mésinterprétations. Une attention particulière doit être portée au sens des termes employés afin de rester fidèles à la lettre et à l'esprit des droits étudiés, ce qui semble plus aisé en ce

---

[58] CHRISTIANOS (V.), *Le rôle du droit comparé dans l'avènement du droit européen*, in Actes du Colloque, Lausanne, 14-15 avril 2000, Zürich, Publications de l'Institut suisse de droit comparé, 2002, p. 129.

[59] ALLARD (J.), GARAPON (A.), *Les juges dans la mondialisation. La nouvelle révolution du droit*, Paris, Seuil-La République des idées, 2005, p. 5.

[60] Bien qu'il existe un seul droit communautaire comme il existe un seul droit civil, parler du droit de l'Union et du droit de la Communauté andine ou droit andin nous sert à différencier, pour leur étude spécifique, les droits de ces systèmes d'intégration qui relèvent tout deux du droit communautaire entendu au sens large.

[61] Voir plus précisément au sujet de l'incidence de la jurisprudence de la CJUE sur la jurisprudence du TJCA : NAPOLETANO (N.), « L'incidenza della giurisprudenza della corte di giuistizia dell'Unione europea sul Tribunal de Justicia de la Comunidad Andina », in PENNETTA (P.) (dir.), *L'evoluzione dei sistema giurisdizionali regionali e influenze comunitarie*, Bari, CACUCCI Editore, 2010, pp. 247-282.

[62] CONSTANTINESCO (L.-J.), *Traité de Droit comparé*, t. II, Paris, LGDJ, 1974, p. 150.

qui concerne la Communauté andine dans la mesure où tous ses États membres répondent à une tradition civiliste du droit et ont comme langue commune l'espagnol.

La comparaison générale entre les jurisprudences de la CJUE et du TJCA envisagée initialement s'est révélée délicate aussi avons-nous privilégié une analyse mettant en lumière les principales contributions de la CJUE à la construction d'une intégration andine largement modelée, surtout en matière de propriété intellectuelle, par le TJCA.

Les évolutions propres à chaque système, notamment en matière jurisprudentielle, font de l'étude comparative un exercice difficile à réaliser pour l'ensemble des domaines d'activité de l'UE et de la CAN. Nous nous concentrons ainsi sur une comparaison des éléments clés communs aux deux systèmes, à l'instar des principes de droit qui sont devenus des principes essentiels façonnant les deux processus d'intégration sous l'impulsion de la CJUE et du TJCA.

Ce choix se justifie par le peu d'études qui ont été réalisées en France sur l'intégration andine, et encore moins sur l'office jurisprudentiel du Tribunal andin. Plusieurs travaux abordent la Communauté andine en privilégiant un point de vue économique de l'intégration[63] ; d'autres adoptent le prisme classique des relations internationales ou des sciences politiques et sociales[64]proposant tout simplement une étude des débuts de la construction politique communautaire andine.

---

[63] Voir notamment : PRADO ESPINOZA (M. M.), *La Communauté andine de Nations : quelle intégration économique régionale ?*, Thèse en économie, Université de Grenoble, 2014, p. 354 ; SUKUP (V.), *L'intégration « volontariste » comme accélérateur du développement, Le Pacte andin, une expérience limitée qui contredit les théories libérales*, Thèse en sciences économiques, Université Paris 3, 1987, p. 618 ; JARA DELGADO (S.), *Évaluation du groupe andin et ses résultats pour la Colombie*, Thèse en économie, EHESS, 1980, p. 278 ; DELAS-MEDINA (A.), *Le Groupe andin et le CAEM : analyse comparative de deux processus d'intégration économique*, Thèse en économie, Université Paris 1, 1977, p. 389 ; CÓRDOVA ROMERO (C. A.), Intégration et commerce extérieur : le cas du Groupe andin et la Communauté économique européenne, Thèse en économie rurale, Université Montpellier 1, 1985, p. 391 ; HIGUERA-O'CAMPO (J.), *Les Conditions du développement économique des pays du groupe andin : l'exemple de la Colombie*, Thèse en économie du développement, Université Paris 1, 1974, p. 392 ; MOLINA RIVERO (G.), *Le Groupe andin : l'intégration et le développement dans les pays en voie de développement*, Thèse en sciences économiques, Université Paris 1, 1975, p. 317.

[64] Voir notamment : PRIALE UGAS (M.), *Réforme de l'État, intégration économique et relations économiques entre la Communauté andine et l'Union européenne*, Mémoire en sciences politiques, Institut d'études politiques de Paris, 2001, p. 92; IBARGUEN RUIZ (P. F.), *Le régionalisme en Amérique andine : la Communauté andine des nations et l'importation d'un modèle d'intégration*, Mémoire en relations internationales, Institut d'études politiques de Paris, 2003, p. 80 ; LOPEZ DAWSON (C.), *Les problèmes politiques du Pacte andin: pour une sociologie politique de l'intégration économique*, Thèse en sciences politiques, Institut d'études politiques Paris, 1980, p. 515 ; BORDES (R.), *Le groupe andin et ... le social* , Mémoire en relations internationales, Université Strasbourg 3, 1983, p. 154 ;

Quant aux études juridiques relatives à l'évolution du droit communautaire andin et à l'action du TJCA, nous avons pu constater qu'elles portent sur des matières très précises et datent pour l'essentiel des années soixante-dix, une époque où la Communauté andine n'était encore que le Groupe andin et où la jurisprudence de son tribunal n'était pas aussi florissante qu'aujourd'hui[65]. Nous avons cependant relevé l'existence d'études en droit comparé[66] qui apportent quelques connaissances intéressantes relatives au droit de la Communauté andine en privilégiant une approche large et une réflexion complexe impliquant une comparaison des droits communautaires de l'UE et de la CAN, mais aussi une étude de l'internationalisation du droit administratif[67].

En contre-plan d'une bibliographie française lacunaire qui ne met pas en évidence le développement institutionnel, normatif et jurisprudentiel connu par la Communauté andine, nous nous retrouvons face à une autre difficulté : le corpus doctrinal andin est riche de travaux relatifs à l'évolution de l'Union européenne, mais manque paradoxalement d'études sur la CAN. Cette situation s'explique notamment par le regard pessimiste de certains auteurs andins[68] à l'égard de l'intégration andine perçue comme moindre en comparaison du système européen.

STEINITZ (A.), *La stratégie du groupe andin en matière de technologie : une solution à la dépendance*, Thèse en science politique, Université Paris 11, 1982; KINNON (C.), *L'intégration à l'épreuve du développement économique : l'Équateur et les contre-performances du Groupe andin*, Thèse en sciences sociales, Université Paris 3, p. 418.

[65] Voir notamment : SOTOMONTES (S. S.), *Les problèmes de l'harmonisation de la législation des sociétés anonymes dans les pays du groupe andin*, Thèse en droit, Université Paris 1, 1970, p. 259 ; MARTINEZ (T.), *Étude de la primauté et de l'applicabilité directe du droit communautaire dans le système CEE et le système du Pacte andin*, Thèse en droit, Université Paris 2, 1977, p. 143; CARRAUD (M.), *Les tentatives d'intégration sous régionale sur le continent latino-américain : l'exemple du Groupe andin*, Thèse en droit, Université de Reims, 1978 ; COLINEAU-VILLEGAS (M.), *La marque dans la Communauté andine*, Mémoire en droit, Université Panthéon-Assas, 2003, p. 53 ; RICON-SALCEDO (J. G.), *L'influence de la globalisation sur les activités économiques des collectivités publiques : l'exemple de la Communauté andine des Nations*, Thèse en droit, Université de Poitiers, 2007, p. 329, CÉSPEDES ARTEAGA (J. P.), *La Communauté andine : un processus d'intégration communautaire en Amérique du Sud*, Mémoire en droit, Université Montesquieu Bordeaux IV, 2009, p. 104 (Cette dernière étude est une présentation de la structure institutionnelle et normative de la Communauté andine).

[66] AHIN (M.-A.), *Communauté économique de l'Afrique de l'Ouest-Groupe andin : analyse juridique et réflexions pour une revitalisation institutionnelle du processus d'intégration régionale*, Thèse en droit, Université Paris 11, 1997, vol. 2, p. 637.

[67] SIERRA CADENA (G. de J.), *Internationalisation pluraliste du droit public de l'intégration régionale, une comparaison d'après la jurisprudence de la CJUE et du TJCA*, Thèse en droit, Université Paris 1 Panthéon-Sorbonne ; publiée dans la collection des Thèses, Institut Universitaire Varenne-LGDJ, 2015, p. 528.

[68] La doctrine communautaire andine est en processus de construction, la plupart des auteurs sont des spécialistes en droit international plutôt que des spécialistes en droit communautaire, des économistes, mais aussi des anciens magistrats du Tribunal andin, ces derniers

La réalité d'une doctrine andine restreinte et très peu objective quant à l'évolution propre de la CAN nous a conduits à consulter des sources directes, en particulier les documents élaborés par les organes de la Communauté andine, ce qui a permis de donner une dimension factuelle et concrète au processus d'intégration andin étudié. Mais cette approche directe nous a menés à un autre obstacle, celui de l'accès aux documents ; surtout aux arrêts du TJCA en principe publiés, mais très peu répertoriés sur le site du Tribunal et sur celui du Secrétariat général de la Communauté andine pourtant chargé de leur publication[69].

Enfin, l'étude comparée de l'Union européenne et de la Communauté andine est aussi caractérisée par un certain déséquilibre des sources bibliographiques consultées. Celles relatives à la CAN restent limitées en nombre, moins abouties et insistent souvent sur les avancées de l'UE, du MERCOSUR et de l'UNASUR plutôt que de se consacrer à une analyse détaillée de la réalité juridique de l'intégration andine.

Pour toutes ces raisons, un travail de recherche avant tout dédié à la Communauté andine à travers l'étude de la contribution de la jurisprudence de la CJUE à l'élaboration et la confirmation de l'ordre juridique[70] andin semble répondre à un besoin académique.

Ce travail prétend modestement contribuer à l'enrichissement des connaissances sur l'évolution des systèmes d'intégration qui se sont inspirés de la construction de l'Union, mais qui ont su construire une structure et un droit spécifiques. L'intérêt de la présente recherche est ainsi de contribuer à la compréhension et au rapprochement de deux systèmes d'intégration communautaire en partant de l'apport indéniable de la CJUE

---

représentent le groupe d'auteurs les plus enthousiastes et les plus constructifs dans leurs réflexions concernant le travail du Tribunal et l'évolution graduelle et fortement influencée par les volontés gouvernementales des États membres de la CAN.

[69] Pour cette étude un travail de recompilation jurisprudentiel a été élaboré afin de fixer de manière la plus cohérente et précise les citations des arrêts du Tribunal andin, le travail investi pour compléter les références jurisprudentielles a permis d'identifier l'absence d'une seule forme de citation jurisprudentielle dans la propre doctrine communautaire andine. L'apporte du recueil de jurisprudence facilitera l'information concernant les arrêts du Tribunal andin.

[70] D'après Gérard Cornu, la notion d'ordre juridique s'entend comme « relativement à une entité (État, groupe d'États, etc.), l'ensemble des règles de droit qui la gouvernent. Ex. l'ordre juridique français, international, mais aussi d'après les conceptions de l'institutionnalisme italien (Santi Romano), ordre juridique de l'Église, d'une commune, d'une entreprise. Comp. Droit objectif, système juridique, corpos des règles, loi, régime, code, codification ». La notion d'ordre juridique sera entendue dans cette étude comme partie de l'expression « système juridique ». Selon le même auteur, « le droit d'un État ou d'une société territoriale ou personnelle, considéré, pour l'application de conflit de lois, ou en législation comparée, dans sa totalité. Ex. le système juridique allemand, californien, musulman » (CORNU (G.), *Vocabulaire juridique*, *op. cit.*). Ainsi, comme il existe un ordre juridique national, il existe aujourd'hui un ordre juridique de l'Union européenne et un ordre juridique de la Communauté andine composant un véritable système juridique propre à échelle régionale.

qui a permis la consécration de principes repris dans le cadre du processus andin, mais aussi en mettant en relief les initiatives jurisprudentielles du TJCA largement méconnues en Europe bien qu'elles aient largement contribué à l'essor d'un modèle communautaire andin propre.

Il est ainsi important de clarifier que dans cette étude, l'expérience de l'Union européenne sert de point de repère et d'éclairage, mais l'essentiel de l'analyse porte sur le droit et la jurisprudence de la Communauté andine.

Laurence Burgorgue-Larsen signale « qu'il est possible d'affirmer que les droits communautaires ont alors subrepticement, mais immanquablement pris de l'essor, promus par des Cours de justice communautaires conscientes de leur rôle dans l'effectivité et la viabilité des systèmes régionaux d'intégration »[71]. Selon cette auteure, « la viabilité des objectifs assignés aux organisations régionales à vocation économique est étroitement liée à l'existence d'une instance juridictionnelle »[72] ; les juridictions permettent donc une accentuation du processus d'intégration.

Il est bien connu que la CJUE a su valoriser l'importance de sa jurisprudence dans le processus d'intégration : « ses arrêts ont permis une définition précise de la nature juridique des normes communautaires face à la législation nationale des États membres et aussi de l'ordre juridique international »[73]. De manière comparable, il nous semble que les décisions de la CJUE ont contribué à façonner la Communauté andine qui s'inspire effectivement de son homologue européen.

De ce fait, l'analyse portera sur les règles édictées par la Communauté andine, et de la jurisprudence la plus remarquable du Tribunal de Justice de la Communauté andine (TJCA), organe juridictionnel[74] créé en 1979, et de la Cour de Justice de l'Union européenne[75] (CJUE), ancienne Cour de justice des Communautés européennes (CJCE) créée en 1952.

---

[71] « La Cour de Luxembourg n'est donc plus la seule à incarner le bras judiciaire d'un système juridique axé autour d'une communauté économique. Il faut compter désormais avec les Cours d'Ouagadougou (Burkina Faso), d'Abidjan (Côte d'Ivoire), de Managua (Nicaragua) et de Quito (Équateur), elles toutes président respectivement les destinées du droit de l'Union économique et monétaire » (BURGORGUE-LARSEN (L.), « Le fait régional dans la juridictionnalisation du droit international. La juridictionnalisation du droit international », *in* SFDI, *La juridictionnalisation du droit international* - Colloque de Lille, Paris, Pedone, 2003, p. 212).

[72] *Ibidem*

[73] BENLOLO-CARABOT (M.), CANDAS (U.), CUJO (É.) (dir.), *Union européenne et droit international en l'honneur de Patrick Daillier*, Paris, Pedone, coll. « CEDIN », 2012, p. 63.

[74] D'après l'article 40 de l'Accord de Carthagène du 26 mai 1969 et l'article 5 du Traité constitutif du Tribunal de justice de la Communauté andine du 28 mai 1976.

[75] Voir : VON BARDELEBEN (É.), DONNAT (F.), SIRITZKY (D.), *La Cour de justice de l'Union européenne et le droit du contentieux européen*, Paris, La documentation française, coll. « Réflexe-Europe », 2012, p. 328.

Il est pertinent de souligner que créant ses propres références juridiques, le TJCA a manifesté une volonté de construire un modèle d'intégration particulier. Le juge andin considère en effet « qu'il est de sa fonction de base en tant que protecteur indispensable de la légalité du processus d'intégration andin de préserver la validité du principe de légalité dans le processus d'intégration andin et d'adapter de manière fonctionnelle son ordre juridique complexe pour assurer son application uniforme »[76].

Il ressort de la lecture de diverses affaires présentées devant le TJCA une inclination à l'harmonisation juridique conformément aux principes de « primauté du droit communautaire »[77] et de « l'effet direct de la norme communautaire »[78] ; deux principes primordiaux dans la construction d'un nouveau droit dégagé par la juridiction de l'Union européenne et repris par le juge andin.

Pour sa part, l'ancien magistrat et président du Tribunal de la Communauté andine Ricardo Vigil Toledo considère que « l'application du modèle européen » au sein de la CAN « permet même de nos jours de se tourner pour la consulter vers la jurisprudence européenne qui évolue » et que cela « implique une coopération mutuelle entre les deux juridictions »[79]. Le juge andin porte donc un regard constant sur la doctrine et la jurisprudence de l'Union au moment de prendre une décision ou un avis portant sur une affaire relevant du droit de la Communauté andine.

Il convient de souligner qu'il ne s'agit pas d'une importation passive de techniques et principes juridiques de l'Union et de sa jurisprudence. D'une part, rappelons que les États d'Amérique du Sud se sont inspirés du droit

---

[76] TJCA, arrêt n° 1-IP-87, publié au GOAC n° 28 du 15 février 1988: « *Es función básica de este Tribunal, indispensable para tutelar la vigencia del principio de legalidad en el proceso de integración andina y para adaptar funcionalmente su complejo ordenamiento jurídico, a fin de asegurar su aplicación uniforme en el territorio de los Países miembros* ».

[77] Jean Claude Gautron signale que le droit communautaire emprunte ce principe du droit fédéral (GAUTRON (J.-C.), *Droit européen*, Paris, Dalloz, coll. « Mémentos », 1999, p. 117.)

[78] Principe consacré dans les arrêts « *van Gend en Loos* » (1963), « *Flaminio Costa* » (1964) et « *Simmenthal* » (1978). Dans ce travail ne seront pas abordés les développements jurisprudentiels de la CJCE sur l'effet direct oblique, l'effet direct démembré, l'effet direct inversé (voir à ce sujet : SIMON (D.), *Le système juridique communautaire*, Paris, PUF, coll. « Droit fondamental. Droit international », 3ème éd., 2001, p. 779 ; SIMON (D.), « Cour de justice et Tribunal de première instance des Communautés européennes », *Annuaire français de droit international*, vol. 50, 2004, pp. 510-533 ; SIMON (D.), « Effet vertical démembré », *Revue Europe*, n° 4, 2004, pp. 93-94; SIMON (D.), « Obligation du juge national », *Revue Europe*, n° 3, 2012, pp. 115-116), en raison du déséquilibre à ce sujet entre l'évolution jurisprudentielle du Tribunal andin et la jurisprudence plus avancée de la Cour de l'Union européenne.

[79] VIGIL TOLEDO (R.), *El Tribunal andino en perspectiva*, Thèse en droit, Universidad autónoma de Madrid, 2010, p. 226.

romain[80] qui est aussi l'un des fondements du droit de l'Union. D'autre part, bien que l'influence soit évidente en ce qui concerne sa création et son évolution jurisprudentielle, le système communautaire andin présente des caractéristiques propres qui le différencient du système de l'Union. Mentionnons, par exemple, l'introduction de certaines voies de recours devant le TJCA par le Protocole de Cochabamba[81], porteuses d'un sens plus étendu au regard de la possibilité offerte aux citoyens andins de présenter directement un recours auprès du Tribunal pour la résolution de conflits mettant en cause un État membre en infraction avec le droit communautaire andin[82]. Ces différences feront l'objet d'une attention particulière dans le présent travail de recherche.

Il est nécessaire dans l'introduction à l'ouvrage de faire quelques remarques préalables sur les « organes judiciaires »[83] eux-mêmes à l'origine d'un « miracle jurisprudentiel »[84]. S'agissant tout d'abord de la CJUE, il est important de relever l'étendue de son action. Le juge de l'Union développe en effet des positions tranchées et constantes à l'occasion d'affaires portant sur des questions commerciales[85] ou des sujets plus délicats comme les droits sociaux[86]. Le TJCA a quant à lui dès l'origine joué un rôle de constructeur et de protecteur de l'ordre juridique communautaire andin.

---

[80] «Le droit romain désigne le droit édicté dans la République romaine et l'Empire romain ainsi que les textes des jurisconsultes qui s'y rapportent. Du fait de son influence multiséculaire et de son intégration dans les ordres juridiques européens, on utilise aussi l'expression pour désigner la technique juridique issue de cette tradition romaniste », ALLAND (D.), RIALS (S.) (dir.), *Dictionnaire de la culture juridique*, Paris, PUF, 2003, p. 1680.

[81] Décision n° 472, Protocole modificatif du Traité constitutif du Tribunal de justice de la Communauté andine du 28 mai 1996, dit « Protocole de Cochabamba ».

[82] Parmi les auteurs les plus prolifiques en droit communautaire andin, nous pouvons citer deux grands défenseurs du droit de la Communauté andine pionniers de l'essor de la doctrine communautaire andine : Galo Paco Mantilla et Ricardo Vigil Toledo anciens magistrats du TJCA.

[83] Gérard Cornu définit les organes judiciaires comme « l'ensemble des organes chargés d'assurer le fonctionnement du service public de la justice » (CORNU (G.), *Vocabulaire juridique*, *op. cit.*).

[84] L'ancien juge Pierre Pescatore, l'un des auteurs les plus partisans de l'œuvre jurisprudentielle de la CJUE, se réfère au « miracle » du processus d'intégration considérant que la jurisprudence de la Cour est un véritable miracle qui a permis de développer l'Union européenne. V. PESCATORE (P.), *Études de droit communautaire européen 1962-2007*, Bruxelles, Bruylant, coll. « Droit de l'Union Européenne - Grands écrits », 2008, p. 1006.

[85] L'arrêt « *Cassis de Dijon* » (CJUE, 20 février 1979, *ReweZentral AG c/ Bundesmonopolverwaltungfür Branntwein*, aff. 120/78, Rec. p. 649) détermine le principe de la reconnaissance mutuelle, par les États membres de l'Union européenne, de leurs réglementations respectives, en l'absence d'harmonisation communautaire.

[86] CJUE (Gde. ch.), 11 décembre 2007, « *International Transport Workers' Federation & Finnish Seamen's Union c/Viking Line ABP et OÜ Viking Line Eesti* », aff. C-438/05, Rec. p. I-10779 ; CJUE (Gde Ch.), 18 décembre 2007, « *Laval un Partneri Ltd c/Svenska* », aff. C-341/05, Rec. p. I-11767 met en perspective l'engagement syndical pour la protection des

LE FIL CONDUCTEUR DE L'ETUDE : LES ORGANES JURIDICTIONNELS DE CONTROLE DE L'UNION EUROPEENNE ET DE LA COMMUNAUTE ANDINE

La Cour de justice de l'Union européenne, pièce maîtresse du système juridique de l'Union

L'ancien avocat général auprès de la CJUE Maurice Lagrange s'interrogeait déjà en 1963 sur la nature de la Cour de justice : « qu'est-ce donc que cette Cour de justice ? Cour internationale ? Cour fédérale ? Juge administratif ? Juge constitutionnel ? Probablement une combinaison de tous ces caractères »[87].

La particularité de la juridiction européenne est précisément de ne relever d'aucune des catégories mentionnées par Maurice Lagrange. Il est vrai que la Cour emprunte certains traits caractéristiques aux juridictions internationales cependant elle appartient à un ordre juridique complexe et inédit, d'où sa nature hybride. Par ailleurs, certains commentateurs considèrent qu'il serait plus opportun de l'apparenter, au regard de ses fonctions[88], aux cours constitutionnelles des États membres[89]. Il convient d'autre part relever que la Cour existe grâce à l'action de fonctionnaires de justice venant des États membres qui ont su s'inspirer des systèmes judiciaires nationaux.

---

droits des travailleurs d'une part, et la libre prestation de service dans le marché commun d'autre part.

[87] LAGRANGE (M.), « La Cour de justice des Communautés européennes », *Études et documents du Conseil d'État*, fasc. 17, 1964, p. 55. Voir aussi du même auteur : « La Cour de Justice des Communautés européennes du Plan Schuman à l'Union Européenne », *in* TEITGEN (P. H.) (dir.) *Mélanges Fernand Dehousse. La construction européenne*, Paris, Nathan, vol. 2, 1979, pp. 127-135.

[88] L'expression de juridiction constitutionnelle « désigne l'ensemble des juridictions chargées de la justice constitutionnelle : sont ainsi des juridictions constitutionnelles aussi bien, dans le système américain, les tribunaux et les cours investis de cette mission (et au premier rang de ceux-ci la Cour suprême) que, dans le système européen, les cours, tribunaux, et les conseils constitutionnels » (DUHAMEL (O.) (dir.), *Dictionnaire constitutionnel*, Paris, PUF, 1992, p. 1120).

[89] Voir GAUDIN (H.), « La Cour de justice, juridiction constitutionnelle ? », *RAE*, n° 3, 2000, p. 209-222 ; PESCATORE (P.), « La Cour en tant que juridiction fédérale et constitutionnelle », *inDix ans de jurisprudence de la Cour de Justice des Communautés européennes*, Institut de l'Université de Cologne, Berlin, Heymanns Verlag KG, 1965, p. 519-566. ; MEDE (L.), La Cour de Justice de l'Union Européenne, cour constitutionnelle ? , Mémoire en droit, Université de Toulouse, 2014, p. 84.

La Cour est ainsi dotée d'une « originalité », d'une « singularité »[90], d'une exclusivité et joue un rôle dynamique dans la construction de l'Union mesurable à travers l'implication et la réflexion des juges chargés d'apporter une réponse juridique aux affaires qui se présentent à eux. En ce sens, la CJUE joue un rôle de premier plan pour garantir l'approfondissement du processus d'intégration de l'Union européenne, un modèle exemplaire exporté au-delà de ses frontières.

Le « juge »[91] de l'Union ne peut donc être considéré comme un simple opérateur de justice pour des problématiques économiques ; son action va au-delà de ses seules fonctions juridictionnelles[92]. Il doit aussi corriger les insuffisances et les excès des droits nationaux et de l'Union elle-même, tout en assurant la conciliation des différents systèmes juridiques de chaque État membre, la résolution de conflits normatifs et la consécration d'un ordre juridique propre.

La CJUE telle qu'elle existe aujourd'hui est le fruit d'une succession de traités et d'accords internationaux. Elle n'était pas encore mentionnée dans la Déclaration Schuman[93] qui portait l'espoir d'une fédération européenne, mais ne proposait pas la création d'un système juridictionnel propre. La Déclaration envisageait plutôt de confier la fonction de juger à la Cour permanente de justice internationale[94], une hypothèse finalement écartée par le Traité de Paris[95]. Cette absence de mention d'un organe juridictionnel dans le texte considéré comme l'un des principaux actes fondateurs des Communautés européennes peut s'expliquer par la crainte de « l'installation d'un gouvernement des juges » tel que l'indiquent les documents préparatoires à la Déclaration Schuman[96].

---

[90] MOUTON (J.-D.), SOULARD (C.), *La Cour de justice des Communautés européennes*, Paris, PUF, coll. « Que sais-je ? », 2004, p. 5-6.

[91] Étymologiquement, le terme juge vient du latin *judex, judicis*. Au sens générique, il désigne « le magistrat chargé de rendre la justice en appliquant les lois : un juge est la personne qui est appelée à servir d'arbitre dans une contestation, à donner son avis », *in Dictionnaire Le Petit Larousse illustré 2015*, *op. cit.*

[92] Les fonctions juridictionnelles sont « les fonctions exercées par toute juridiction, quel que soit son niveau intervention (juge de première instance, juge d'appel, juge de cassation), son pouvoir (juge du droit, juge du fond, juge du provisoire), l'origine de son investiture (juge de l'état, ou nommé par les parties), sa composition (collégiale ou non), tout organe doté d'un pouvoir juridictionnel » (V. CORNU (G.), *Vocabulaire juridique*, *op. cit.*).

[93] Alors ministre français des Affaires étrangères.

[94] Inexistante depuis 1946 dans le contexte international, car remplacée par la Cour internationale de justice.

[95] Traité de Paris du 18 avril 1951.

[96] BOERGER-DE SMEDT (A.), « La Cour de Justice dans les négociations du Traité de Paris instituant la CECA », *Revue d'Histoire de l'Intégration européenne* Groupe de liaison des professeurs d'histoire contemporaine auprès de la Commission européenne), vol. 18, n° 2, 2008, pp. 7-33.

Il est possible de déceler dans cette Déclaration formulée le 9 mai 1950 la volonté de former un accord entre pays européens[97] fondé sur une mise en commun de la production du charbon et de l'acier[98] et qui serait ultérieurement ouvert à d'autres pays d'Europe désireux d'y prendre part. Ce qui était envisagé était la création à terme d'une communauté politique européenne encadrée par une institution disposant de pouvoirs supranationaux réels. Ainsi, la « Haute autorité » imaginée avait pour objectif de renforcer, au sortir du deuxième conflit mondial, les liens directs entre l'Allemagne et la France en vue d'éviter une nouvelle guerre. Les pères fondateurs[99] des Communautés européennes, en particulier Robert Schuman et Jean Monnet, considéraient en effet qu'au vu des événements qui s'étaient produits quelques années plus tôt, « jamais les peuples n'arriveront à s'entendre si ce n'est sur la base d'une action commune dans le cadre de leur souveraineté nationale »[100].

On peut ici relever la référence faite à la « souveraineté nationale »[101], question faisant toujours l'objet de débats lorsqu'il s'agit de construction communautaire ce qui révèle une tension permanente et persistante entre les États et la communauté politique supranationale à laquelle ils appartiennent. Cependant, comme le souligne Fabrice Picod[102], au sujet des premières idées de construction de l'actuelle Union européenne, « les mots, État et Souveraineté n'apparaissent pas dans ces discussions préparatoires » ; le mot le plus récurrent est celui d'« union », un terme indispensable pour la préservation de la paix dans la région et dont l'usage est aujourd'hui confirmé dans la qualification même du système communautaire européen : l'Union européenne.

À la suite de longues délibérations porteuses de controverses, mais aussi d'innovations juridiques, la Communauté européenne du Charbon et de l'Acier (CECA)[103] est instituée par le Traité de Paris signé le 18 avril 1951

---

[97] La France, l'Allemagne, l'Italie, les Pays-Bas, la Belgique et le Luxembourg.

[98] Un « marché commun » des matières premières du charbon et de l'acier.

[99] Robert Schuman (homme politique français), Jean Monnet (économiste et homme politique français), Hermann Mosler (juriste allemand), André Gros (jurisconsulte français), Maurice Lagrange (magistrat français).

[100] Déclaration de Robert Schuman du 9 mai 1950.

[101] « Caractère suprême d'une puissance (*summa potestas*) qui n'est soumise à aucune autre et qui se traduit par un ensemble de compétences et privilèges susceptibles d'être exercés par un être souverain, dans ce cas l'État » (V. CORNU (G.), *Vocabulaire juridique*, *op. cit.).*

[102] PICOD (F.), « Préface », *in* LECOURT (R.), *L'Europe des juges,* Bruxelles, Bruylant,Coll. « Droit de l'Union européenne - Grands écrits », 2008, p. 334.

[103] La Communauté européenne du charbon et de l'acier (CECA) était une organisation internationale fondée par le Traité de Paris et entrée en vigueur le 23 juillet de 1952. C'est avec la Déclaration de Schuman que l'unification de l'Europe prit une nouvelle tournure à l'époque de la Guerre froide entre l'Est et l'Ouest. Cet organisme international prévu pour une durée de 50 ans regroupait l'Allemagne, la Belgique, la France, l'Italie, le Luxembourg et les Pays-Bas.

pour une durée limitée à cinquante ans[104]. Son entrée en vigueur le 23 juillet de 1952 marque la naissance de la Cour de Justice qui est installée à Luxembourg en décembre 1952. Cette création est emblématique : la Cour est le symbole d'une nouvelle forme d'organisation juridictionnelle qui germe en Europe, loin des habitudes connues jusque-là en droit international.

L'unification de l'Europe est un concept nouveau impulsé par des politiques communes, d'abord économiques, associées à des normes communautaires. Certains auteurs insistent pour parler d'une « tradition européenne »[105] fondée sur des traits constitutionnels communs aux États membres ; une convergence entre la tradition de la « *Common Law* »[106] et la tradition « romano-germanique »[107] réconciliées par l'office de la Cour.

Quelques années plus tard, les Traités de Rome du 25 mars de 1957 signés par la Belgique, la France, l'Italie, le Luxembourg, les Pays-Bas et la République Fédérale d'Allemagne instituent deux communautés : la Communauté économique européenne (CEE)[108] et la Communauté européenne de l'énergie atomique (EURATOM ou CEEA)[109]. Avec leur entrée en vigueur le 14 janvier 1958, la Cour se voit reconnaître des compétences élargies et devient la juridiction de la CECA, de la CEE et de la CEEA.

---

[104] Le Protocole n° 3, annexe du Traité de Nice signé le 26 février 2001, détermine qu'à l'expiration du Traité CECA son patrimoine devra passer aux fonds de recherche du charbon et de l'acier de la communauté.

[105] Des traditions constitutionnelles communes aux Étatsmembres, une convergence entre la tradition de la « *Common Law* » et la tradition « romano-germanique » qui sont loin d'être unifiées ; des divergences sources de controverses résolues par la Cour de Justice de l'Union Européenne.

[106] « La notion de « *Common Law* » désigne l'ensemble du système juridique qui est né en Angleterre il y aura bientôt mille ans, qui s'y applique toujours et qui, depuis lors, s'est répandu, selon des modalités bien diverses, dans une grande partie du monde celle qui correspond à l'ancien Empire britannique. Il est essentiellement basé sur un droit issu des tribunaux : les magistrats doivent appliquer la même solution que celle qui a été prise par ses collègues ou par une juridiction supérieure dans des circonstances identiques » (ALLAND (D.), RIALS (S.) (dir.), *Dictionnaire de la culture juridique, op. cit.*).

[107] « Le droit romano-germanique est influencé par le droit romain, il est marqué par prédominance de l'écrit-formalisé dans la loi- une tendance qui a fortement influencé les traditions juridiques en Amérique latine, dans les anciens pays de l'Est et dans les pays africains francophones et lusophones » (PISSOORT (W.), SAERENS (P.), *Initiation au droit commercial international*, Louvain la Neuve, De Boeck Université, 2004, p. 39.

[108] La Communauté économique européenne (CEE) était considérée comme une organisation chargée de mener une intégration économique entre l'Allemagne de l'Ouest, la Belgique, la France, l'Italie, le Luxembourg et les Pays-Bas. Elle a été créée en 1957 et dissoute le 1er novembre 1993.

[109] L'Euratom ou Communauté européenne de l'énergie atomique (CEEA) était un organisme public européen chargé de coordonner les programmes de recherche sur l'énergie nucléaire. Il a été institué pour une durée « illimitée » par le traité Euratom signé le 25 mars 1957 par les six pays membres de la Communauté européenne du charbon et de l'acier (CECA) et est entré en vigueur le 1er janvier 1958.

C'est grâce à ces traités que la Cour a pu trouver une place centrale dans la sphère institutionnelle communautaire et jouer un rôle important dès le début de la construction de l'Union à travers l'audace de ses juges en matière d'interprétation des traités. Sa fonction principale parmi les attributions qui lui ont été reconnues est d'assurer le respect du droit de l'Union dans son application et dans l'interprétation des traités. Rappelons que c'est à Maurice Lagrange, conseiller d'État français et premier avocat général de la CJCE, à qui l'on doit la brillante idée de créer une juridiction de l'Union qui a notamment pris pour modèle le Conseil d'État français.

Aux termes du Protocole portant statut de la Cour[110] et du Règlement de procédure[111], elle est composée d'un juge par État membre, d'avocats généraux et de greffes qui ont pour mission de veiller au bon déroulement de l'instance. À noter qu'une modernisation des règles de procédure a été opérée avec l'entrée en vigueur du Règlement de procédure de la Cour de justice en 2012, en remplacement du Règlement additionnel datant du 4 décembre 1974. Les juges et les avocats généraux dont le mandat est de six ans renouvelables sont en principe choisis parmi les juristes les plus aguerris des États membres. La Cour siège en chambres de trois ou cinq juges ou en grande chambre si l'un des États membres ou une institution de l'Union le demande. Depuis sa création, le nombre de juges et d'avocats généraux (neuf aujourd'hui)[112] a sensiblement augmenté, conséquence des élargissements successifs.

Afin d'améliorer la pratique juridictionnelle, le Traité de Maastricht sur l'Union européenne du 7 février 1992 a institué un Tribunal de première instance (TPI) aujourd'hui prévu à l'article 254 du Traité sur le fonctionnement de l'Union européenne (TFUE) (ex-art. 225 CE). Des tribunaux spécialisés sont créés par le Parlement et le Conseil adjoints au Tribunal ; ainsi le 2 novembre 2004 a été créé le Tribunal de la fonction publique (TFP) dont la mission était de trancher les litiges entre l'Union européenne et ses agents. Ce tribunal a été dissous le 1er septembre 2016[113]. Puis, avec l'entrée en vigueur du Traité de Lisbonne le 1er décembre 2009 (article 13, paragraphe 1, traité sur l'Union européenne [TUE]), la Cour de Justice des Communautés européennes devient la Cour de Justice de l'Union européenne (article 19, paragraphe 1 du Traité sur l'Union européenne [TUE]).

---

[110] Annexé aux trois traités et ayant la même valeur juridique que ces derniers.

[111] Règlement de procédure de la Cour de justice du 25 septembre 2012 (version consolidée) qui comprend 210 articles.

[112] Décision n° 2013/336/UE du Conseil, du 25 juin 2013, portant augmentation du nombre d'avocats généraux à la Cour de justice de l'Union européenne.

[113] Au cours de son existence, le Tribunal de la fonction publique a accueilli, un total de 14 juges issus de 14 États membres différents et a rendu 1549 arrêts.

Aux termes de l'article 256 du TFUE, le TPI connaît quelques similitudes avec la Cour en ce qui concerne la nomination et le nombre des juges qui le composent. Le Tribunal est devenu le « juge de droit commun »[114] traitant en première instance des recours en annulation, en carence, en indemnité et du contentieux des agents de l'Union ainsi que du contentieux en matière de clauses compromissoires. Ces fonctions, qui relevaient auparavant des compétences de la Cour, ont effectivement été transférées au Tribunal le 1er juillet 2014.

Néanmoins, bien que le Tribunal de première instance dispose de nombreuses attributions, il n'est pas une institution au sens formel du terme, mais une instance adjointe à la Cour. L'organe juridictionnel le plus important de l'Union reste la CJUE qui, comme l'indique l'article 19 du TUE, doit « assurer le respect du droit dans l'interprétation et l'application des traités »[115]. À cet effet la Cour est dotée d'un système de recours « diversifiés et articulés entre eux » partagés avec les juridictions nationales selon un véritable « système général »[116]. Les fonctions de la Cour sont de type consultatif, de contrôle, contentieux et préjudiciel. Ces fonctions ont servi de sources d'inspiration aux créateurs du TJCA qui lui ont octroyé des attributions similaires.

L'un des aspects les plus intéressants de la Cour est la discrétion de son office en comparaison des autres organes de l'Union européenne. Jean Monnet décrit dans ses *Mémoires* « le caractère de travail en sourdine de la Cour » en précisant qu'il n'a « jamais entendu dire qu'un arrêt de la Cour ait été contesté et non appliqué sur l'ensemble du territoire de la Communauté. Cette institution exemplaire continue à travailler dans le calme à Luxembourg, discrètement et fermement, à l'image des hommes qui s'y succèdent »[117].

Pourtant, ainsi que le relève Vassilios Skouris, président de la CJUE d'octobre 2003 à octobre 2015, « la Cour de justice de l'Union européenne a vu le rythme de son activité juridictionnelle s'intensifier de manière remarquable. D'une part, le système juridictionnel de l'Union a connu le nombre le plus élevé d'affaires introduites depuis sa création »[118]. En effet, « avec 1691 affaires au total introduites devant les trois juridictions, avec

---

[114] D'après le magistrat français Guy Canivet, « le droit communautaire présente une originalité qui fait sa force et qu'il a paru intéressant d'étudier à partir de l'office du juge national dans sa compétence communautaire » (CANIVET (G.), « Le droit communautaire et l'office du juge national », *Droit et société*, n° 20-21, 1992, p. 133).

[115] ISAAC (G.), BLANQUET (M.), *Droit communautaire général*, Paris, Armand Colin, coll. « U », 8ème éd., 2001, p. 236.

[116] CJUE, 16 juin 1966, *« Firma Alfons Lütticke GmbH c/Hauptzollamt de Sarrelouis »*, aff. 57/65, *Rec.* p. 293.

[117] MONNET (J.), *Mémoires*, Paris, Fayard, 1976, p. 449.

[118] Rapport annuel 2013 de la Cour de Justice de l'Union européenne, Préface, Luxembourg 2014, p. 5.

1685 affaires clôturées, la productivité de l'institution a également enregistré la performance la plus élevée de son histoire »[119].

Notons que la Cour de justice de l'Union européenne a soumis une proposition de réforme du système judiciaire européen qui est actuellement examinée par le Parlement européen. La Cour considère cette réforme « d'une importance cruciale »[120] pour le renforcement de l'efficacité de la justice dans l'intérêt du citoyen européen. Dans cette proposition, la Cour propose la création de vingt-et-un postes de juges afin de renforcer le Tribunal, en trois étapes, en prenant en compte la constante augmentation du nombre d'affaires pendantes devant la Cour.

Le Tribunal de justice de la Communauté andine, régulateur de la souveraineté des États

En Amérique du Sud, une dynamique jurisprudentielle communautaire comparable à celle initiée par la CJUE se retrouve au sein de la structure institutionnelle de la Communauté andine. Bien qu'elle se soit inspirée de l'Union européenne, la création d'un Tribunal de Justice de la Communauté andine répond à une logique particulière. Sa mise en place répond à un besoin fonctionnel ; celui d'intégrer un « organe juridictionnel »[121] capable de permettre le respect de l'application de la norme communautaire andine.

La naissance tardive du Tribunal

Créé le 28 mai 1979, soit dix ans après la création de la Communauté andine, le TJCA a été incorporé à la sphère institutionnelle communautaire andine de laquelle il était absent au moment de la signature de l'Accord de Carthagène en 1969[122]. Il s'agissait bien évidemment d'un oubli volontaire

---

[119]Rapport annuel 2014 de la Cour de Justice de l'Union Européenne, Préface, Luxembourg 2015, p. 5.

[120]Cour de justice de l'Union européenne, « *La réforme du système judiciaire de l'Union Européenne* », Communiqué de presse, 28 avril 2015.

[121] Le Tribunal de justice de la Communauté andine est institué en tant qu'organe juridictionnel à l'article 5 du Traité de constitutif du Tribunal de justice de la Communauté andine du 28 mai 1976 modifié par le Protocole de Cochabamba du 28 mai 1996, renforcé par la Décision n° 184 de la Commission de l'Accord de Carthagène du 19 août 1983; adoption du statut du TJCA partiellement modifié par la Décision n° 394 de la Commission, il est aussi régi par le Règlement interne du Tribunal du 19 juin 1985.

[122] Cet Accord a été signé au Palais de San Carlos de Bogotá, le 26 mai 1969 avec comme objectif de consolider le processus d'intégration subrégional des pays andins dans le cadre de l'Association latino-américaine de libre commerce (ALALC) régie par le traité de Montevideo signé le 18 février en 1960 par l'Argentine, le Brésil, le Chili, le Mexique, le Paraguay, le Pérou et l'Uruguay. Voir à ce sujet : DAGNINO PASTORE (J. M.), « Les antécédents et les perspectives de l'Association latino-américaine de libre commerce.

de la part des États fondateurs qui ont intentionnellement écarté ce type d'organe. Ils se sont en effet rendu compte du développement rapide des actions portées devant la CJUE et ont persisté dans une vision internationaliste classique des juridictions. Il en est résulté un *statu quo* bloquant la résolution de conflits avec les États membres au sujet de questions portant un conflit entre la souveraineté étatique et l'action de la nouvelle Communauté.

La volonté de sauvegarder le caractère suprême du pouvoir étatique au moment de la rédaction de l'Accord de Carthagène a été encore plus forte que celle exprimée dans la Déclaration de Schuman au niveau européen prononcée quelques années auparavant. Dans la tradition du droit international en Amérique latine, la perte de la souveraineté est une question très sensible du fait de l'histoire de ses États qui ont été confrontés à des périodes de dictature durant lesquelles la violation des principes étatiques et de l'État de droit a été difficile à surmonter pour pouvoir arriver à une liberté démocratique et souveraine. Cela expliquerait la position politique tendant à écarter l'instauration d'un organe de contrôle commun.

Cette erreur, ou plus précisément cet oubli volontaire, sera réparée en 1978 lorsque les présidents du Groupe andin, ancêtre de l'actuelle Communauté andine, réunis en Colombie, sont « arrivés à la conclusion que les avancées enregistrées dans le processus d'intégration andin » ont « démontré l'importance de compter avec un organe juridictionnel pour contrôler la légalité des normes édictées par la Commission et la Junte[123], et

---

Industrialisation et intégration en Amérique latine, le cas de l'Argentine, *Tiers-Monde*, t. 7, n° 2, 1966, pp. 35-47.
En outre, l'Accord de Carthagène a fait l'objet de divers ajouts à travers des protocoles modificatifs et des protocoles additionnels visant à faire évoluer les aspects structurels de la CAN.
Parmi les plus importants, citons :
- Le Protocole additionnel de Lima du 5 octobre de 1976 qui prévoit la sortie du Chili présente les caractéristiques du tarif extérieur commun andin, un programme de libéralisation et des programmes d'industrialisation.
- Le Protocole de Quito de 1988 qui cherche une actualisation et une flexibilisation de la CAN visant à surmonter les difficultés connues par le processus d'intégration et institue une législation commerciale prenant en compte des sujets comme la propriété industrielle et la libéralisation des transports communs.
- Le Protocole de Trujillo de 1996 change le nom de Pacte andin pour celui de Communauté andine, opère une modification du cadre juridique de l'Accord de Carthagène et rend plus forte la coopération des États membres surtout dans le domaine de la démocratie et de la préservation de l'environnement. Ce protocole ordonne aussi la réforme institutionnelle de la Communauté andine.

[123] Actuellement, selon l'article 6 de l'Accord de Carthagène, le Système d'intégration andin est constitué par le Conseil présidentiel andin (voir : Annexe n° 3 : Historique des réunions du Conseil présidentiel andin), le Conseil andin des ministres des Affaires étrangères, la Commission, le Secrétariat général, le Tribunal de Justice, le Parlement andin , le Conseil consultatif des entreprises, le Conseil consultatif du travail, la Corporation andine pour le

pour résoudre les conflits en ce qui concerne le manquement aux obligations par les États membres et interpréter les principes qui forment la structure juridique de l'Accord de Carthagène ». Les Présidents représentants des États membres du Groupe andin ajoutèrent qu'ils étaient « conscients que l'intégration constitue un mandat historique, politique, économique, social et culturel des États membres avec l'objectif de préserver leur souveraineté et leur indépendance »[124]. Dès lors, après une décennie de construction andine, « les États membres de la CAN considèrent qu'il est pertinent de créer un troisième organe qui complète la structure d'intégration à l'image des trois branches classiques des pouvoirs publics »[125].

La volonté souveraine des États fondateurs de la CAN, à compter de la fin des années 1970, de se constituer en tant que véritable « Communauté » a été confirmée en mai 1979 par le Conseil des ministres des Affaires étrangères à travers la signature de la Décision n° 472[126] qui acte dans le droit communautaire andin le Traité constitutif du Tribunal de justice de l'Accord de Carthagène, devenu Tribunal de justice de la Communauté andine[127]. La création du TJCA peut être perçue comme l'événement le plus marquant de l'intégration andine dans la mesure où son action a permis la progression du processus d'intégration communautaire sur le continent latino-américain. Comme le souligne en effet l'ancien magistrat du TJCA Ricardo Vigil Toledo, « en Amérique du Sud le paradigme intergouvernemental et de la supranationalité ont été résolus dans la région andine au sein de la CAN à partir de la création du TJCA »[128] qui a permis de solidifier les bases juridiques communautaires de la région andine.

Installé à Quito en Équateur[129], le Tribunal n'est effectivement entré en fonction que quatre ans plus tard, soit le 2 janvier 1984, en raison de problèmes budgétaires auxquels la Communauté andine[130] a dû faire face et de la lenteur du processus de ratification du Traité constitutif.

---

développement, le Fonds latino-américain de réserves, la Convention Simon Rodriguez, l'Université andine Simon Bolívar.

[124] Préambule du Traité constitutif du Tribunal de Justice de la Communauté andine.

[125]BERNAL FANDINO (M.), GARNICA DE LA ESPRIELLA (L.), *El Tribunal Andino de Justicia*, Mémoire en droit, Universidad Javeriana, Facultad de ciencias jurídicas, Bogotá, 2001, p. 18.

[126]Décision n° 472 portant codification du Traité constitutif du Tribunal de Justice de la Communauté andine du 17 septembre 1999.

[127] Ce changement de nom du Tribunal est acté par le Protocole de Cochabamba en vigueur depuis le 28 mai 1996. Il change le nom de « Tribunal de justice de l'Accord de Carthagène » pour celui de « Tribunal de Justice de la Communauté andine ».

[128] VIGIL TOLEDO (R.), *El Tribunal andino en perspectiva*, *op. cit.*, p. 104.

[129] Article 5 du Traité constitutif du Tribunal de Justice de la Communauté andine.

[130] Selon l'article 26 du Statut du Tribunal de Justice de la Communauté andine, le budget du Tribunal provient de contributions annuelles des États membres, chaque contribution étant fixée de manière proportionnelle par décision de la Commission.

Depuis sa création, le Tribunal andin s'est singularisé par « son autonomie » et sa « supranationalité »[131] ce qui le différencie d'autres instances de type juridictionnel présentes dans la région, à savoir les organes d'arbitrage du GATT (OMC)[132] et du MERCOSUR[133]. Plus précisément, le TJCA est consacré en tant « qu'organe juridictionnel de la Communauté andine » par l'article 40 de l'Accord de Carthagène. À ce titre, il est chargé de « garantir la légalité et l'application du droit communautaire andin et de résoudre les différends entre États membres »[134]. Il est régi par l'Accord de Carthagène, son traité constitutif, et ses protocoles modificatifs[135].

On trouve dans le préambule du Traité constitutif du TJCA[136] le « fondement philosophique et la nécessité de la création du Tribunal »[137] :

a) Le besoin de garantir l'exécution stricte des engagements issus directement ou indirectement de l'application de l'Accord de Carthagène ;

---

131 À l'intérieur de la structure institutionnelle de la Communauté andine, le TJCA est le seul organe à l'époque à caractère supranational, jusqu'à l'entrée en vigueur du Protocole rectificatif de l'Accord d'intégration andin de 10 mars de 1996 qui élargit la supranationalité au Conseil andin des ministres des Affaires étrangères et à la Commission.

132 Le GATT (Accord général sur les tarifs douaniers et le commerce) est un accord conclu à Genève en 1947 en vue d'organiser la coopération internationale en matière commerciale (réduction des tarifs douaniers, élimination des restrictions quantitatives et des mesures discriminatoires, règlement des conflits commerces entre États). Il laisse la place en 1995 à l'Organisation mondiale du commerce (OMC), un organisme international créé suite aux négociations du Cycle d'Uruguay (1986-1994). Elle a comme fonction principale de faire des règles régissant le commerce entre les pays avec l'objectif de favoriser autant que possible, la prévisibilité et la liberté des échanges.

133 Le MERCOSUR est doté d'un Tribunal d'arbitrage *ad hoc* pour la résolution de conflits survenant entre États contractants et d'un Tribunal permanent de révision (TPR). Voir : KASMI (J.), « Le système de règlement des différends du Mercosur. Le rôle du « Juge Mercosurien » dans le processus d'intégration régionale », in FLAESCH-MOUGIN (C.), LEBULLENGER (J.) (dir.), *Regards croisés sur les intégrations régionales : Europe, Amérique, Afrique*, Bruxelles, Bruylant, 2010, p. 89.

134 PEJOVES MACEDO (J. A.), *El sistema de solución de controversias en la Comunidad Andina. VIII° Seminario Internacional sobre la Dimensión Jurídica de integración*, Montevideo, Publicación de l'ALADI, 2003, p. 47.

135 Traité constitutif du Tribunal de justice de la Communauté andine du 28 mai 1976 modifié par le Protocole de Cochabamba du 28 mai 1996, renforcé par la Décision n° 184 de la Commission de l'Accord de Carthagène du 19 août 1983; adoption du statut du TJCA partiellement modifié par la Décision n° 394 de la Commission, il est aussi régi par le Règlement interne du Tribunal du 19 juin 1985.

136 Traité plus connu comme « Le traité du Tribunal ».

137 SANCHEZ MIRALLES (S.), « Interpretación del derecho comunitario: la Interpretación prejudicial por el TJCA », *Revista de la Fundación Procuraduría General de la República de Venezuela*, n° 22, 1999, p. 44.

b) La prise en considération de la complexité de l'ordre juridique communautaire et du rapport difficile avec les ordres juridiques nationaux des États membres de la Communauté andine ;
c) La sauvegarde de l'ordre juridique communautaire andin par un organe juridictionnel de haut niveau, qui soit surtout indépendant des gouvernements des États membres et des autres organes institués par l'Accord de Carthagène.

Le TJCA a commencé ses activités juridictionnelles en janvier 1984, mais s'est auparavant vu confier la tâche préliminaire d'informer les administrations nationales et les opérateurs économiques de ses compétences et de son rôle en tant qu'organe juridictionnel commun de contrôle. Cette mission d'information, qui se distingue des véritables fonctions juridictionnelles du Tribunal, avait pour objet d'inciter une coordination plus étroite avec les organes juridictionnels des États membres[138]. Malgré cet effort, son implantation n'a pas été facile. Ce début peu glorieux caractérisé par un manque d'intérêt de la part des juridictions nationales a rendu nécessaires plusieurs modifications de son Traité constitutif visant à s'adapter aux besoins des États membres en veillant à ne pas mettre en cause l'équilibre et l'existence même du processus d'intégration andine.

Au cours des années 1990, le Tribunal, avec l'appui des autres organes du Système d'intégration andin (SIA)[139], procéda à un rappel à l'ordre des États membres récalcitrants à coopérer. En 1990, la Commission[140] a émis une déclaration concluant au besoin de mettre en œuvre des mécanismes normatifs afin de parer aux manquements à la norme communautaire des États membres. L'année suivant cette déclaration, le Conseil des ministres des Affaires étrangères[141] présenta aux États membres un Projet de modification du Traité constitutif du TJCA introduisant un procédé

[138] Favorisant la diffusion du droit communautaire, le TJCA a organisé et participé à diverses conférences et forums. Actuellement, il développe un programme de diffusion du droit communautaire qui depuis 1995 est soutenu par la Commission européenne, et a l'appui de la Cour de Luxembourg dans le cadre de la coopération entre tribunaux dédiés au droit de l'intégration.

[139] Voir Annexe n° 5 Composition du système d'intégration andin (SIA).

[140] La Commission de la Communauté andine est l'un des organes normatifs du Système d'intégration andin. Elle émet des décisions à caractère contraignant surtout dans le domaine du commerce et des investissements. Elle est régie par l'Accord de Carthagène, à ses articles 6, 21-26 et son Règlement édicté par la Décision n° 471 du 12 août 1999.

[141] « Le Conseil andin des ministres des Relations extérieures est l'organe de direction politique de la Communauté andine. Il est chargé d'assurer l'accomplissement du processus d'intégration sous-régional, d'exécuter et de formuler la politique extérieure de la Communauté andine ». Régi par l'Accord de Carthagène, à ses articles 15- 21 et son Règlement édicté par la Décision n° 407 du 25 juin 1997. Pour en savoir plus: QUINDIMIL LOPEZ (J. A.), *Instituciones y derecho de la Comunidad Andina*, Valencia, Tirant Lo Blanch, 2006, p. 35.

permettant de mettre en cause le manquement des États membres.Puis, le 28 mai 1996, la signature du Protocole modificatif du Traité constitutif du TJCA révéla une volonté de renforcer encore le rôle du Tribunal au sein de la Communauté andine.

Ce Protocole prévoit principalement :

- « L'établissement d'un nouvel ordre juridique communautaire andin et l'inclusion de nouveaux moyens de protection dudit ordre juridique tel qu'indiqué dans l'article 1er du Protocole modificatif du Traité constitutif du TJCA » ;
- « L'amélioration de la participation des personnes morales (chefs d'entreprises) conscientes des bénéfices du développement du système juridictionnel andin, en ce qui concerne l'utilisation du recours en cas de manquement, de l'action en nullité ou de l'interprétation préjudicielle » ;
- « L'élargissement de l'intervention de l'organe juridictionnel de la Communauté andine, afin de rendre effectif le contrôle de la légalité dans le processus d'intégration sous-régional qui introduit de nouveaux dispositifs de protection pour le nouvel ordre juridique communautaire et les intègre dans le Traité constitutif du TJCA : le recours en omission ou inactivité, la fonction arbitrale et la faculté de résoudre des questions relatives au travail et administratives du système d'intégration andin »[142].

Durant les années 2000, le Conseil de ministres des Affaires étrangères décida de réaffirmer la nature et les objectifs du Tribunal. Ainsi, l'article 4 de la Décision n° 500 du Conseil des ministres des Affaires étrangères[143] a rappelé les raisons de l'existence du Tribunal[144] ; une confirmation de l'importance du rôle du juge andin nécessaire à une nouvelle impulsion non seulement du Tribunal et de son statut d'organe de contrôle, mais aussi de la Communauté andine elle-même. Ces diverses modifications ont doté le TJCA des moyens juridiques appropriés pour agir en tant qu'institution légitime veillant à la réalisation des objectifs fixés par le Traité fondateur de la CAN : l'Accord de Carthagène.

---

[142] VIGIL TOLEDO (R.), *El Tribunal andino en perspectiva*, *op. cit.*, p. 89. Voir aussi : Annexe n° 6 (Recours auprès du Tribunal de justice de la Communauté andine).

[143] Statut du Tribunal de Justice de la Communauté andine, Décision n° 500, 8ème Réunion du Conseil andin des ministres des Affaires étrangères du 22 juin 2001.

[144] « Le Tribunal est l'organe juridictionnel de la Communauté, de caractère supranational et communautaire, institué pour déclarer le droit andin et assurer son application et son interprétation uniforme dans tous les États membres ».
« Le Tribunal doit sauvegarder les intérêts communautaires et les droits des États membres dans l'ordre juridique andin ».

L'élargissement des compétences du Tribunal andin

Actuellement, les compétences du Tribunal sont régies par le Traité constitutif du TJCA[145] signé à Trujillo au Pérou et le Protocole modificatif de ce Traité constitutif[146] signé à Cochabamba en Bolivie. Le juge andin se prononce sur les recours en annulation, les recours en manquement, les renvois préjudiciels (ou en interprétation préjudicielle), les recours en carence (ou recours en omission ou inactivité), les recours relatifs aux agents et fonctionnaires des organes de la Communauté andine et exerce une fonction arbitrale. Ces attributions sont notamment précisées aux articles 17 et suivants du Traité constitutif du TJCA. L'ensemble de ces recours feront l'objet d'une analyse insistant sur leur importance dans la construction communautaire andine.

Le Tribunal est par ailleurs composé de quatre magistrats[147] dont la nomination relève de la compétence du Conseil des ministres des Affaires étrangères qui les désigne parmi des candidats présentés par chaque État membre. D'après le statut du TJCA, les magistrats sont nommés pour une période de six années renouvelable une fois, avec un renouvellement partiel au bout de trois ans de la même manière que pour les juges de la Cour de justice de l'Union européenne. Des magistrats remplaçants devant réunir toutes les caractéristiques des magistrats titulaires sont par ailleurs nommés en même temps que ces derniers[148]. Le mandat des magistrats peut être révoqué à la demande d'un État membre seulement s'ils ont commis une faute grave, telle que prévue dans le statut du TJCA, et dans le respect des procédures indiquées. L'article 6 du traité constitutif du Tribunal exige également que les candidats qui souhaitent devenir magistrats fassent preuve d'une grande indépendance et de considérations morales indispensables pour accéder à de telles fonctions. Le Président du tribunal est quant à lui élu pour une période d'un an parmi tous les magistrats membres du TJCA.

Il est à noter que la nomination des magistrats du Tribunal andin reste encore aujourd'hui très politique puisqu'elle relève de la décision du Conseil de ministres des Affaires étrangères, organe qui exprime directement la

[145] Traité constitutif du Tribunal de justice de la Communauté andine du 28 mai 1996.

[146] Protocole modificatif du Traité constitutif du Tribunal de justice de la Communauté andine du 25 août 1999

[147] Léonor Perdomo Perdomo pour la République de Colombie, Hernan Romero Zambrano pour la République de l'Équateur, Cecilia Luisa Ayllón Quinteros pour l'État Plurinational de Bolivie, et Luis José Diez-Canseco Nuñez pour la République du Pérou. Ces magistrats ne sont pas seulement les personnes en charge de garantir la continuation du processus d'intégration, mais aussi de promouvoir le rôle important du TJCA à l'intérieur et en dehors des frontières de la CAN.

[148] Le TJCA est actuellement composé de quatre magistrats et les magistrats remplaçants n'ont pas pu exercer leurs fonctions depuis la création du Tribunal.

volonté des gouvernements des États membres. Cette particularité peut nuire à l'autonomie que l'on attend des juges parfois conduits à prononcer une décision contre un État membre. Le Conseil des ministres des Affaires étrangères est aussi chargé de nommer les avocats généraux en vertu de l'article 6 du Traité constitutif du TJCA, le nombre d'avocats généraux variant en fonction des activités du Tribunal[149]. Le Tribunal est aussi composé d'un secrétaire général qui, aux termes de l'article 29 du Statut du Tribunal, a la charge de relever les actes à la fin des sessions et de communiquer les décisions du Tribunal aux instances du Secrétariat général pour publication dans la Gazette officielle de l'Accord de Carthagène (GOAC).[150] Le traité constitutif du Tribunal prévoit le versement aux magistrats et aux fonctionnaires administratifs du Tribunal de privilèges et immunités prévues par la Convention de Vienne[151] ; sachant que ces privilèges et immunités peuvent être annulés en séance plénière par les magistrats du Tribunal en cas d'infraction au règlement interne du TJCA.

Le TJCA est aujourd'hui reconnu comme une véritable juridiction[152] s'inscrivant dans une tradition communautaire dont l'importance sur le continent américain n'est plus à démontrer, mais reste méconnue au-dehors de ses frontières. La juridiction communautaire andine est actuellement le deuxième tribunal le plus ancien en Amérique après la Cour centraméricaine de Justice (CCJ)[153] et la première instance communautaire sud-américaine. En termes quantitatifs, au 31 décembre 2013, le TJCA avait émis 2444 interprétations préjudicielles sur demande des juridictions nationales. Il avait par ailleurs traité 119 recours en manquement contre des États membres, 54 recours en carence, 17 recours relatifs aux agents et fonctionnaires communautaires, et 6 recours pour omission ou inactivité des organes communautaires[154]. Ainsi, le TJCA se classe au troisième rang des tribunaux les plus actifs dans le monde après la Cour européenne des droits de

[149] Article 142 du Statut du Tribunal de justice de la Communauté andine du 22 juin 2001. Signalons cependant que jusqu'à aujourd'hui aucun avocat général n'a été nommé.

[150] Article 24 et suivants du Statut du Tribunal.

[151] Convention de Vienne sur les relations diplomatiques du 18 avril 1961.

[152] La synthèse des recours auprès du Tribunal de justice de la Communauté andine est disponible à l'Annexe n° 6 (Recours auprès du Tribunal de justice de la Communauté andine).

[153] Cette Cour, plus connue comme la Cour de Managua ou Tribunal Centroaméricain, a été créée le 20 décembre 1907. Il s'agit d'une cour de justice arbitrale pour l'Amérique centrale qui fait aujourd'hui partie du Système d'Intégration Centroaméricain (SICA) et a pour objet d'assurer l'interprétation et l'application du Protocole de Tegucigalpa, acte fondateur du SICA. Elle entretient des relations de coopération en tant qu'entité autonome avec l'ONU, mais aussi avec les autres organisations régionales des Amériques, dont la Communauté andine.

[154] Voir : *Informe Unificado final 1984-2014*, Tribunal de Justice de la Communauté andine, Quito, 2014, p. 38.

l'Homme (CEDH)[155] et la Cour de justice de l'Union européenne[156]. L'instauration et la consolidation de deux instances juridictionnelles supranationales -la CJUE et le TJCA- n'ont pas toujours été simples. Ce sont en effet des organes dont la nature et l'action dénotent avec les schémas juridiques habituels. Pour remplir leur mission de garants du respect du droit de l'Union et du droit communautaire andin, la Cour comme le Tribunal ont dû consacrer des valeurs et des règles ayant pour objet la préservation de l'ordre juridique établi. Leurs interventions jurisprudentielles respectives ont été à l'origine de batailles avec les États membres donnant comme résultat la consécration des principes de primauté, d'effet directet d'applicabilité directe des normes communes. Les juges de l'Union et andins se sont confrontés aux ordres juridiques nationaux des États membres soucieux de défendre vigoureusement leur « identité constitutionnelle »[157] et peu disposés à accueillir ce nouveau droit transformateur du rapport qui les lient à une nouvelle organisation dont ils sont pourtant à l'origine (PREMIÈRE PARTIE).

À cet égard, l'étude de l'évolution du droit de l'Union depuis le début de la construction de l'Union européenne nous semble vitale pour comprendre les bases de la construction communautaire andine. L'existence première du droit de l'Union et sa reprise et adoption par la Communauté andine ont permis de placer cette dernière dans le groupe des systèmes communautaires s'éloignant d'un schéma juridique purement internationaliste. Ainsi a-t-elle pu avancer, lentement mais sûrement, vers une maturité juridique qui se manifeste par l'existence d'un droit communautaire andin et d'un système d'intégration propre.

Aujourd'hui il s'avère que cette maturité est encore plus complète. Nous pouvons déceler une progression normative, sociale et politique révélatrice d'un engagement renforcé entre États membres. Il est possible d'identifier deux éléments essentiels accompagnant l'évolution de la CAN : le premier est la multiplication d'initiatives visant un approfondissement de la

---

[155] La Cour européenne des droits de l'Homme est une juridiction internationale qui a été instituée en 1959 par le Conseil de l'Europe. Sa mission est d'assurer le respect des engagements souscrits par les États signataires de la Convention européenne des droits de l'Homme du 4 novembre 1950 (Le Conseil de l'Europe est une organisation intergouvernementale instituée le 5 mai 1949 par le Traité de Londres).

[156] Voir : *Rapport annuel 2014 de la Cour de Justice de l'Union Européenne*, Luxembourg, 2015.

[157] Voir : MILLET (F.-X.), *L'Union européenne et l'identité constitutionnelle des États membres*, Paris, LGDJ Lextenso, coll. « Thèses », 2013, p. 365 ; CONSTANTINESCO (V.), *« La confrontation entre identité constitutionnelle européenne et identités constitutionnelles nationales : convergence ou contradiction ? Contrepoint ou hiérarchie ? »*, in MASCLET (J.-C.), RUIZ FABRE (H.), BOUTAYEB (C.), RODRIGUES (S.) (dir.), *L'Union européenne : Union de droit, union des droits, Mélanges en l'honneur de Philippe Manin*, Paris, Pedone, 2010, p. 79-94.

construction communautaire andine en privilégiant une approche plus sociale et humaine, sans toutefois mépriser les questions économiques qui restent le moteur principal de tout système communautaire d'intégration ; le second est un lent rapprochement avec les autres systèmes d'intégration de la région, ce qui demande une reformulation du système communautaire andin et une rénovation de ses politiques communes ayant comme aspiration probable la perspective de voir renaître le rêve du libérateur Simón Bolivar, c'est-à-dire l'unification du continent, mais de manière plus fonctionnelle et adaptée à la réalité actuelle des États sud-américains (DEUXIÈME PARTIE).

PREMIÈRE PARTIE

LA CONSTRUCTION D'UN ORDRE JURIDIQUE « HORS NORME »

« Ni État ni organisation internationale ; mi-État, mi-organisation internationale »[158]

Jean Carbonnier nous apprend avec justesse que « dans les sciences juridiques plus que dans les autres, seule la discussion est féconde, parce que, seule elle permet de faire sortir de la loi ou de la sentence, les contraires dont elles ne sont que le provisoire repos »[159]. À la lumière de cette réflexion, nous nous sommes posé plusieurs interrogations quant à l'importance des principes[160] dégagés par le CJUE et le TJCA et les conséquences de leur consécration sur les rapports entre l'ordre juridique communautaire et les ordres juridiques nationaux ; rapports quiconstituent l'une des questions-clés du droit de l'Union, mais aussi du droit communautaire andin.

À l'instar du droit international classique, le droit de l'Union, et par analogie le droit de la Communauté andine se caractérisent par la

---

[158] PLIAKOS (A.), « La nature juridique de l'Union européenne », *RTD eur.*, n° 29, 1993, p. 187.
L'expression « hors norme » répond au « romantisme qui a animé les premiers auteurs du droit de l'Union –Leontin-Jean Constantinesco, Pierre Pescatore, Robert Lecourt- venus vers ce droit nouveau et prometteur, porteur de promesses, tant politiques que juridiques » (BERTRAND (B.), « La nouvelle approche du droit de l'intégration », in BERTRAND (B.) (dir.), *Mélanges en l'honneur de Claude Blumann. L'identité du droit de l'Union européenne*, Bruxelles, Bruylant, 2015, p. 553). Bien que ce romantisme du début de la construction contraste avec les troubles qui se succèdent avec l'évolution récente de la construction de l'Union une situation qui peut être identifié aussi au sein de la CAN, la doctrine de tout au début de la construction de l'Union sera reflétée dans le choix des titres de cette première partie qui est dédié à constater et réaffirmer l'existence d'un droit original correspondant aux deux systèmes d'intégration analysés.

[159] CARBONNIER (J.), « Le silence et la gloire », *D. Chron. XXVIII*, Recueil Dalloz, n° 32, Chronique, 1951, pp. 119-122.

[160] « Un principe (lat. *principium* : ce qui vient en premier, à l'origine). Règle ou norme générale, de caractère non juridique d'où peuvent être déduites des normes juridiques. Ex. Le principe des nationalités, de la souveraineté nationale. Élément essentiel qui caractérise un régime, une Constitution. Ex. le principe du régime parlementaire est la responsabilité politique du cabinet. Règle juridique établie par un texte en termes assez généraux destinée à inspirer diverses applications et s'imposant avec une autorité supérieure reconnue par les lois ». V. CORNU (G.), *Vocabulaire juridique*, *op. cit.*

reconnaissance de « principes généraux du droit »[161] ayant comme principal dessein de protéger ces nouveaux droits. L'effectivité de ces principes est cependant plus importante en droit de l'Union et en droit de la Communauté andine grâce à l'intervention de juridictions supranationales qui, à travers leurs jugements, définissent et tracent les contours d'un droit de l'Union et de la Communauté andine dans le respect de valeurs partagées par tous les États membres. Ainsi, comme le souligne Jean Paul Jacqué, « la source privilégiée des principes généraux reste le droit interne des États membres »[162].

Ces principes participent à la structuration et au bon fonctionnement des institutions communautaires de la même manière qu'ils encadrent le droit interne des États membres. Nous retrouvons ici une distinction avec le droit international classique. Dans le cadre de l'Union, ces principes généraux du droit sont intégrés aux traités pour convenir à des objectifs précis, notamment aux exigences de marchés économiques, mais le pouvoir créateur de la Cour de justice de l'Union européenne permettra aussi l'incorporation de principes dans bien d'autres différents domaines qui s'étendent au fur et à mesure de la construction commune. Les juges de l'Union ont ainsi su s'approprier nombre de principes généraux tels que le principe de l'équilibre institutionnel[163], le principe de coopération loyale entre institutions[164], le principe de transparence[165], ou encore le principe de l'autonomie institutionnelle[166].

---

161 « Les principes généraux du droit sont des règles non écrites de portée générale, dont l'existence est affirmée de manière prétorienne par le juge. Leur respect s'impose à toutes les autorités administratives, même dans les matières où le gouvernement est investi par la Constitution d'un pouvoir réglementaire autonome non subordonnée à la loi » (GUINCHARD (S.), DEBARD (T.), *Lexique des termes juridiques*, Paris, Dalloz, 21ème éd., 2014, p. 993). Pour le droit communautaire, les principes généraux du droit peuvent être considérés comme les « règles juridiques qui constituent l'un des instruments du contrôle de légalité » (JACQUÉ (J.-P.), *Droit institutionnel de l'Union européenne*, Paris, Dalloz, coll. « Cours Dalloz », 4ème éd., 2006, p. 526.

162 *Ibidem*, p. 528.

163 Article 13, paragraphe 2 du TUE : « Chaque institution agit dans les limites des attributions qui lui sont conférées dans les traités, conformément aux procédures, conditions et fins prévues par ceux-ci ».

164 Article 13 paragraphe 2 du TUE : « Les institutions pratiquent entre elles une coopération loyale ». Ce principe a été posé pour la première fois par la Cour à l'occasion d'une affaire portant sur le dialogue interinstitutionnel : CJUE, 27 septembre 1988, « *Parlement européen c/ Conseil des communautés européennes* », aff. 302/87, Rec. p. 05615.

165 Ce principe figure pour la première fois dans la Déclaration n° 17 jointe au Traité de Maastricht relative au droit d'accès à l'information : « La transparence du processus décisionnel renforce le caractère démocratique des institutions, ainsi que la confiance du public envers l'administration ». Le même principe se retrouve dans le droit de la CAN.

166 La Cour consacre ce principe qui signifie que dans le cadre de leurs attributions, les institutions ont le pouvoir d'organiser librement leurs travaux de la façon la plus adaptée à leur mission. V. : CJUE, 10 février 1983, « *Grand-Duché de Luxembourg c/ Parlement européen* », aff. 230/81, Rec. p. 255.

Ces principes assurent la fonctionnalité des institutions communautaires ; d'autres régissent plus particulièrement la répartition et l'exercice des compétences comme le principe de subsidiarité[167], le principe deproportionnalité[168], le principe decohérence[169], les principes inhérents la nature de l'Union, le principe d'égalité ou de non-discrimination[170], le principe d'unité et de liberté[171], ou bien le principe de solidarité[172].

De même, la Communauté andine a adopté plusieurs principes tels que le principe de responsabilité pour non-application du droit communautaire

---

[167] La première référence à ce principe figure dans l'Acte unique européen, dans le chapitre consacré à la protection de l'environnement. Introduit ensuite dans le Traité de Maastricht, il visa à définir le partage des compétences entre les États membres et l'actuelle Union européenne.
Le TJCA fait aussi référence au principe de subsidiarité ou principe d'attribution de compétences au sein de la CAN. Dans l'arrêt n° 1-IP-96, publié au GOAC n° 256 du 14 avril 1997 il signale ainsi que « Les chef des États membres, en tant que porte-paroles des États, et dans l'exercice de leur pouvoir souverain individuel, manifestent leur disposition à s'associer avec d'autres États dans un effort commun... dans ce processus les nations, plus que limiter leur souveraineté, exercent leur pouvoir par délégation d'une partie de leurs compétences, les transférant du cadre d'action étatique interne à un cadre d'action communautaire ». La Communauté andine n'a pas encore consacré le principe de subsidiarité véritablement dans l'ordre communautaire andin. Ce principe considéré comme essentiel au sein de l'Union européenne reste encore très peu étudié dans le cadre andin ; une seule étude ayant été élaborée à ce sujet : ACHÁ LEMAITRE (D.), *Los principios de subsidiariedad y proporcionalidad de la Unión Europea y su posible proyección en el ámbito de atribución de competencias de la Comunidad Andina*, Mémoire en droit, Universidad Andina Simón Bolívar, 2008, p. 101.

[168] Consacré par la jurisprudence communautaire, ce principe exige que « les actes des institutions communautaires ne dépassent pas les limites de ce qui est approprié et nécessaire pour atteindre le but recherché ». V : CJUE, 20 février 1979, «*SA Buitoni c/Fonds d'orientation et de régularisation des marchés agricoles* », aff. 122/78, Rec., p. 677.

[169] Ce principe assure l'unité de l'action de l'Union européenne dans le contexte de la structure en piliers, il apparaît dans le traité de Maastricht et a été maintenu par le Traité de Lisbonne.

[170] Aux termes de l'article 1 bis du Traité de Lisbonne, ce principe est confirmé et renforcé : « L'Union est fondée sur les valeurs de respect de la dignité humaine, de liberté, de démocratie, d'égalité, de l'État de droit, ainsi que de respect des droits de l'Homme, y compris des droits des personnes appartenant à des minorités. Ces valeurs sont communes aux États membres dans une société caractérisée par le pluralisme, la non-discrimination, la tolérance, la justice, la solidarité et l'égalité entre les femmes et les hommes ».

[171] Principalement orienté vers le marché unique dans un espace sans frontières pour permettre la libre circulation des marchandises, services et personnes.

[172] La Cour fait de ce principe une valeur fondamentale, incarnant la solidarité entre les États membres. V. CJUE, 7 février 1973, «*Commission des Communautés européennes c/République italienne* », aff. 39/72, Rec. p. 101 : « en permettant aux États membres de profiter des avantages de la Communauté, le traité CE leur fait aussi l'obligation d'en respecter les règles et qu'en rompant unilatéralement l'équilibre entre les charges et les avantages découlant de celui-ci, un État met en cause légalité des États membres et de leurs ressortissants devant le droit communautaire et manque aux devoirs de solidarité ».

andin[173] ou de tutelle judiciaire effective[174], ou encore le principe du complément indispensable[175] ; principes adaptés à ses caractéristiques propres. La Communauté andine a aussi consacré d'autres principes que nous considérons plutôt comme des valeurs[176] orientant les objectifs que l'organisation commune s'est fixée. Ces valeurs sont inscrites dans le préambule de l'Accord de Carthagène. Il s'agit de la justice, de la paix, de l'égalité, de la solidarité et de la démocratie[177].

Par ailleurs, cherchant à consolider l'existence de l'ordre juridique de l'Union, la Cour de Luxembourg a dégagé des principes propres en vue de préserver l'intégration des États. Ces « principes généraux du droit communautaire »[178], qui sont le résultat d'une réflexion prétorienne, sont essentiels au processus. Autrement dit, ces principes constituent l'épine dorsale de l'ordre juridique communautaire –de l'Union et de la CAN– et guident l'action quotidienne de leurs organes. L'application concrète de ces principes dépend des audaces juridictionnelles. Le destin de l'UE et de la CAN a été modelé à partir des arrêts de la CJUE : l'arrêt « *Costa c/ENEL* »[179], qui donne naissance au principe de primauté (TITRE 1), et l'arrêt « *van Gend en Loos* »[180], qui introduit pour la première fois le principe de l'effet direct (TITRE 2).

---

173 Principe contenu pour la Communauté andine à l'article 30 de l'Accord de Carthagène qui oblige le Secrétariat général à veiller à l'application de l'Accord et à l'observation des normes communautaires andines. Cet article est complété par les articles 23 et 37 du Traité constitutif du TJCA.

174 Établie à l'article 27 du Traité constitutif du TJCA.

175 Principes traités en détail dans le chapitre traitant de l'applicabilité directe (Titre 2 de la première partie de ce travail de recherche)

176 Une « valeur fondamentale » est considérée comme un principe de vie en société, une valeur commune à ceux qui, ensemble, « la réclament comme base de leurs relations ». Ex. : La liberté, l'égalité, la solidarité proclamées par les Nations-Unies (Déclaration du millénaire, 8 février 2000) » V. CORNU (G.), *Vocabulaire juridique*, *op. cit.*

177 Préambule de l'Accord de Carthagène: « *Fundados en los principios de igualdad, justicia, paz, solidaridad y democracia* », Le principe de solidarité est introduit aux articles 121, 122, et 129 de l'Accord de Carthagène qui se réfèrent au développement de programmes et d'actions conjoints en matière économique, sociale et tout autre domaine d'intérêt commun pour la Communauté andine.

178 Pour en savoir plus : PAPADOPOULOU (R.-E.), *Principes généraux du droit et droit communautaire, origines et concrétisation*, Bruxelles, Bruylant, 1996, p. 319.

179 CJUE, 15 juillet 1964, « *Flamino Costa c/ E.N.E.L.* », aff. 6/64, Rec. p. 1141 affirmant que « le droit du Traité ne peut, en raison de sa nature spécifique originale, se voir judiciairement opposer un texte interne quel qu'il soit ». S'agissant de la CAN, ce principe est contenu à l'article 4 du Traité constitutif du Tribunal de Justice de la Communauté andine : « Les États membres sont obligés à adopter les mesures nécessaires pour assurer l'application des normes qui font partie de l'ordre juridique de la Communauté andine ».

180 CJUE, 5 février 1963, « *NV Algemene Transport- en Expeditie Onderneming van Gend & Loos contre Administration fiscale néerlandaise* »,aff. 26/62, Rec. p. 3 dans lequel la Cour a affirmé que « la Communauté constitue un nouvel ordre juridique de droit international, au profit duquel les États ont limité, bien que dans des domaines restreints, leurs droits

TITRE 1

LA PRIMAUTÉ : UN PRINCIPEEXISTENTIEL POUR L'ORDREJURIDIQUE COMMUNAUTAIRE ANDIN

Avant d'apprécier la portée juridique du principe de primauté, il convient de procéder à une explication terminologique basique de ce terme. Le mot primauté dérive du latin *primus* qui signifie « premier ». Il s'accompagne d'un grand nombre de synonymes comme « la prééminence, le premier rang, la prédominance »[181].

En termes juridiques, la primauté peut être définie comme « une autorité supérieure d'où résulte parfois, pour la norme qui en est dotée, la vocation à s'appliquer, en cas de contrariété, de préférence à une norme inférieure »[182]. Le synonyme le plus répandu dans le cadre communautaire est le terme « suprématie »[183].

Il s'agira en premier lieu de revenir à la naissance de ce principe dans la jurisprudence de la Cour de justice des Communautés européennes, actuelle Cour de Justice de l'Union européenne, représentant une source d'inspiration pour le Tribunal de justice de la Communauté andine qui a incorporé ce principe au sein de la Communauté andine (CHAPITRE 1), permettant ainsi de développer un ordre juridique propre superposé aux ordres juridiques nationaux préexistants dans la région (CHAPITRE 2).

---

souverains, et dont les sujets sont non seulement les États membres, mais également leurs ressortissants ». La Cour a en outre considéré que « l'objectif du Traité est d'instituer un marché commun dont le fonctionnement concerne directement les justiciables ».

181 V. *Dictionnaire Le Petit Larousse illustré 2015, op. cit.* Le dictionnaire des synonymes propose d'autres termes équivalents au terme primauté tels que : « avantage, précellence, préexcellence, prépondérance, priorité, supériorité et suprématie » (MACE (P.-A.), GUINARD (M.), *Dictionnaire des synonymes*, Fernand Nathan, 1990, p. 444.)

182 V. CORNU (G.), *Vocabulaire juridique, op. cit.*

183 V. DEGRYSE (C.), *Dictionnaire de l'Union européenne, op. cit.*

CHAPITRE 1

LA GENÈSE D'UN ORDRE JURIDIQUE DOTÉ DE LA PRIMAUTÉ

Pour la doctrine communautaire, le terme de primauté a une acception précise : « la primauté d'une règle communautaire sur une règle interne de sens contraire »[184]. En ce sens, il s'agit « d'une véritable nécessité fonctionnelle et d'une exigence essentielle »[185] pour la construction juridique d'une communauté supranationale. Ce principe vise à garantir que les États membres qui ont renoncé à certaines de leurs compétences continuent sur la voie de l'intégration en assurant une homogénéité du droit qui doit s'imposer en cas de règles juridiques nationales contraires.

Selon Pierre Pescatore, la primauté serait ainsi une « condition existentielle »[186] et « indispensable à la conservation de l'ordre juridique communautaire du droit communautaire »[187]. Celui-ci ne serait en effet guère digne d'intérêt aujourd'hui si sa primauté n'avait pas été consacrée il y a un peu plus de cinquante ans par la Cour de Justice de l'Union[188] et reconnue en tant que caractéristique « existentielle » de l'ordre juridique communautaire andin par le Tribunal andin.

Cependant, la contribution jurisprudentielle à la consolidation des modèles d'intégration n'a été possible que grâce à la mise en place de mécanismes participants d'un véritable système contentieux

---

184 GAUTRON (J.-C.), *Droit européen, op. cit.,*p. 182.

185 GARRON (R.), « Réflexions sur la primauté du droit communautaire », *RTD eur.*, n° 1, 1969, pp. 28-49.

186 PESCATORE (P.), *L'ordre juridique des Communautés européennes,* Liège,Presses universitaires de Liège, 1975, p. 227.

187 GAUDIN (H.), « Primauté « Absolue » ou primauté « relative ? » », *in* GAUDIN (H.) (dir.), *Droit constitutionnel, droit communautaire, vers un respect constitutionnel réciproque ?*, Aix-Marseille, Economica, PUAM, coll. « droit public positif », 2001, pp. 92-121.

188 En 2013, le principe de primauté de l'ordre juridique communautaire européen a fêté ses 50 ans. Voir : MEUNIER (P.), LEPERS (J.), « La primauté du droit de l'Union Européenne : intégration et valorisation du principe 50 ans après l'arrêt de la CJCE *Costa c/Enel.* Colloque du 31 mars 2014 à l'Université Lille 2, *RE*, suppl. n° 7, Actes du colloque, juillet 2014, p. 35.

communautaire[189] visant à garantir la légitimité[190] et la légalité d'un nouvel ordre juridique surplombant les États. Progressivement s'est construit un « État de droit »[191] à dimension régionale.

Quel visage aurait aujourd'hui le droit de l'Union sans ces principes ; la primauté et l'effet direct ? On peut répondre : « Certainement de simples règles conventionnelles que les États se sauraient ingéniés, par mille et une astuces, à contourner, détourner à leur profit, remettant ainsi en cause l'existence même de l'Union »[192]. L'ordre juridique communautaire existe aujourd'hui grâce à ces principes et à l'action des tribunaux qui assurent leur respect.

À cet égard, l'arrêt « *Costa c/ENEL* » mérite une attention particulière dans la mesure où il s'agit du premier arrêt à dégager de manière claire et méthodique le principe de primauté indispensable à l'existence d'un droit de l'Union. Consacré par la CJUE, il a également été confirmé par le TJCA qui en fait un principe fondamental en matière de droit communautaire andin (Section 1). Il est l'un des fondements d'un ordre juridique andin *sui generis* doté de caractéristiques propres (Section 2).

SECTION 1 : LE TRAVAIL PRÉTORIEN, SOURCE DE LA CONSÉCRATION DU PRINCIPE DE PRIMAUTÉ

« Que serait aujourd'hui l'Union européenne privée des arrêts van Gend en Loos, Costa c/ENEL, Dassonville, Cassis de Dijon ou Reyners ? »[193]. Très probablement l'Union européenne, et par analogie la Communauté andine,

---

[189] Un système contentieux désigne « l'ensemble des litiges susceptibles d'être soumis aux tribunaux, soit globalement, soit dans un secteur déterminé. La fonction contentieuse fait partie de la fonction de juger consistant à trancher une contestation par application du droit (en disant le droit) soit au fond (par décision ayant autorité de chose jugée), soit à titre provisoire » (V. CORNU (G.), *Vocabulaire juridique*, *op. cit.*; DEGRYSE (C.), *Dictionnaire de l'Union européenne*, *op. cit.*).

[190] Voir au sujet de la notion de la légitimité : BOUTAYEB (C.), « De la notion de légitimité en droit de l'Union européenne », *in* BOUTAYEB (C.) (dir.), *Mélanges en l'honneur de Jean-Claude Masclet. La Constitution, l'Europe et le droit*, Paris, Université de Paris-Sorbonne PUPS, 2013, pp. 463-490.

[191] L'expression « État de droit » vient de l'allemand *Rechtsstaat*, comp. de l'anglais *Rules of law*, qui signifie *Règne du droit*. Il s'agit de la situation résultant, pour une société, de sa soumission à un ordre juridique excluant l'anarchie et la justice privée. Dans un sens plus restreint, « qualification d'un ordre juridique dans lequel le respect du droit est réellement garanti aux sujets de droit, notamment contre l'arbitraire (concept dominant dans le discours philosophique et politique renvoyant à l'affirmation idéale de la subordination de l'État au droit) » (V. CORNU (G.), *Vocabulaire juridique*, *op. cit.*).

[192] BOUTAYEB (C.) (dir.), *Les grands arrêts du droit de l'Union européenne. Droit institutionnel et matériel de l'Union européenne*, Paris, LGDJ, coll. « Les grandes décisions », 2014, p. 1110 ; LECOURT (R.), « Quel eût été le droit des Communautés sans les arrêts de 1963 et 1964 ? », *in Mélanges en l'honneur de Jean Boulouis*, Paris, Dalloz, 1991, p. 350.

[193] *Ibidem*.

aurait disparue ou serait devenue une organisation relevant du droit international classique.

L'action de la Cour de justice de l'Union a été indispensable à la construction des Communautés, puis de l'Union européenne. Parmi les arrêts fondateurs[194], l'un des plus déterminants est indiscutablement l'arrêt *« Costa c/ENEL »* rendu le 15 juillet 1964 sur renvoi préjudiciel[195] (§1). Le raisonnement déployé dans cette décision par le juge unioniste, aboutissant à la reconnaissance du principe de primauté du droit de l'Union, a ensuite été repris par le TJCA (§2) qui en a fait une pièce essentielle de l'ordre juridique communautaire andin (§3).

§ 1 Le fondement jurisprudentiel du principe de primauté : l'arrêt « Costa c/ENEL » de la CJUE

La primauté du droit de l'Union dégagée par la Cour de Luxembourg à l'occasion de l'arrêt « *Costa c/ENEL* » du 15 juillet 1964 est un « principe fondamental »[196] (A) d'une portée essentielle pour le droit de l'Union (B).

A. Une affaire portant sur la contestation d'une facture d'électricité

En l'espèce, par une loi du 6 décembre 1962, l'État italien avait décidé de nationaliser plusieurs entreprises privées d'énergie électrique en les regroupant au sein de l'*Ente Nazionale per l'Energia Elettrica* (ENEL) qui monopolisa la production et la distribution de l'énergie électrique. M. Costa, avocat à Milan et actionnaire d'une société affectée par la nationalisation, contesta une facture d'électricité d'un montant de 1925 lires dont le paiement lui était réclamé par ENEL.

Dans son recours devant le *Giudice Concilatore* (juge de paix) de Milan, compétent en premier et dernier ressort en raison de la modicité de la somme en jeu, M. Costa demanda que la Cour de justice soit saisie d'une question préjudicielle portant sur l'interprétation des articles 37, 53, 93 et 102 du Traité CEE que la loi de nationalisation avait selon lui violés. Le *Giudice Concilatore* interrogea en ce sens la Cour de justice de l'Union (en saisissant

[194] « À la différence d'un arrêt d'espèce, un arrêt de principe, au-delà de la solution qu'il donne au litige, modifie le droit positif pour l'avenir. Il énonce dans des termes généraux, plus ou moins explicitement, un principe nouveau permettant de résoudre les litiges concernés par la même question » (BROS (S.), GRIGNON-DERENNE (F.-X.), *Méthodes d'exercices juridiques*, Paris, Francis Lefebvre, 2007, p. 220.)

[195] CJUE, 15 juillet 1964, « *Flaminio Costa c/E.N.E.L.* », aff. 6/64, Rec. p. 1141.

[196] CJUE, 10 octobre 1973, « *Fratelli Variola S.p.A. c/Administration des finances italienne* », aff. 34/73, Rec. p. 981.

simultanément la Cour constitutionnelle italienne sur la question de la constitutionnalité de la loi de nationalisation)[197].

B. La portée d'un arrêt unique en son genre

Cette saisine donna l'occasion au juge de l'Union d'expliquer qu'« à la différence des Traités internationaux ordinaires, le Traité de la CEE a institué un ordre juridique propre, intégré au système juridique des États membres lors de l'entrée en vigueur du Traité, et qui s'impose à leurs juridictions ».

La volonté de la Cour de différencier l'ordre juridique de l'Union de l'ordre juridique international est explicite : « du fait de sa nature spécifique, le droit produit par la Communauté ne peut se voir opposer aucun texte juridique national. Au cours des cinquante dernières années, cet arrêt de principe a été confirmé à plusieurs reprises par le juge européen qui veille constamment à son respect par les États membres ».

La Cour signale par ailleurs qu'« en instituant une Communauté de durée illimitée, dotée d'institutions propres, de la personnalité, de la capacité juridique, d'une capacité de représentation internationale et plus particulièrement de pouvoirs réels issus d'unelimitation de compétences ou d'un transfert d'attributions des États à la Communauté, ceux-ci ont limité, bien que dans des domaines restreints, leurs droits souverains et créé ainsi un corps de droit applicable à leurs ressortissants et à eux-mêmes… ».

Il convient ici de souligner l'importance de la mention du caractère « illimité » de la Communauté, actuelle Union européenne. Déclarer dans un arrêt la durabilité d'une institution est une prise de position astucieuse et audacieuse de la part de la Cour. Ce faisant, elle enjoint indirectement les États membres de respecter l'engagement de limitation de leurs compétences qu'ils ont pris en transférant non pas leur souveraineté, mais certaines de leurs attributions aux institutions de l'Union européenne ; un respect qui fait l'objet d'un contrôle régulier par le juge de l'Union.

La Cour cherche à fournir de solides bases à un nouveau droit qui ne pourra disparaître par la seule volonté des États, comme cela est possible en droit international classique. Les organisations internationales peuvent en effet se voir attribuer une durée d'existence expressément indiquée par les États contractants. Ou bien, sans disparaître officiellement de l'ordre international, elles peuvent s'éteindre par inaction des États contractants ; un phénomène qui crée une incertitude quant à la validité et la valeur de certaines institutions dans le contexte international. Une autre raison plus

---

[197] DUBOUIS (L.), GUEYDAN (C.), *Les grands textes du droit de l'Union européenne, Traités-Droit dérivé-Jurisprudence*, coll. « Grands textes », Paris, Dalloz, 8ème éd., 2010, p. 321-322.

directe de la disparition d'une institution internationale peut être la réalisation des objectifs et des missions en vue desquels elle avait été créée[198].

Pour en revenir à l'arrêt de 1964, La Cour poursuit en indiquant qu'« attendu que cette intégration au droit de chaque pays membre de dispositions qui proviennent de source communautaire, et plus généralement les termes et l'esprit du Traité, ont pour corollaire l'impossibilité pour les États de faire prévaloir, contre un ordre juridique accepté par eux sur une base de réciprocité, une mesure unilatérale ultérieure qui ne saurait ainsi lui être opposable… ». Le juge de l'Union exige donc de la part des États membres le respect d'une volonté commune qu'il se doit de garantir pour que prévale l'esprit du Traité parmi les États membres.

Il est toutefois intéressant de relever que la logique du droit international classique n'est pas totalement absente de l'arrêt. Ainsi, la Cour rappelle que « la force exécutive du droit communautaire ne saurait, en effet, varier d'un État à l'autre à la faveur des législations internes ultérieures, sans mettre en péril la réalisation des buts du Traité… » ; de plus, « la Cour restera aussi vigilante sur le fait de bien conserver des principes du droit international comme celui de la réciprocité »[199] et de renforcer les liens et les engagements étatiques.

La Cour persiste néanmoins dans la reconnaissance de la spécificité juridique de l'Union en affirmant que « la prééminence du droit communautaire est confirmée par l'article 189 du Traité CE »[200] aux termes duquel les règlements ont une valeur « obligatoire » et sont « directement applicables dans tout État membre ». Enfin, la Cour indique « qu'il résulte de l'ensemble de ces éléments, qu'issu d'une source autonome, le droit né du Traité ne pourrait donc, en raison de sa nature spécifique originale, se voir judiciairement opposer un texte interne quel qu'il soit, sans perdre son caractère communautaire et sans que soit mise en cause la base juridique de la Communauté elle-même ».

C'est en raison de cette spécificité *sui generis* et de son unicité que « le transfert opéré par les États, de leur ordre juridique interne au profit de l'ordre juridique communautaire, des droits et obligations correspondants aux dispositions du Traité, entraîne donc une limitation définitive de leurs

---

198 Voir à ce sujet l'analyse sur la recherche des valeurs de l'ONU après presque un siècle d'existence : BOUTROS-BOUTROS (G.), « Le droit international à la recherche de ses valeurs : paix, développement, démocratisation », *RCADI*, vol. 286, 2000, p. 28.

199 DECAUX (E.), « La réciprocité en droit international », *Politique étrangère*, vol. 45, n° 2, 1980, p. 536-537.

200 L'article 288 du TFUE (ex-article 249 TCE) stipule dans son alinéa 2 : « Le règlement a une portée générale. Il est obligatoire dans tous ses éléments et il est directement applicable dans tout État membre ».

droits souverains contre laquelle ne saurait prévaloir un acte unilatéral ultérieur incompatible avec la notion de Communauté ».

La notion de « Communauté »[201] et d'appartenance à cette communauté est essentielle. Un État ne peut y être admis que s'il respecte « l'acquis communautaire »[202] qui peut se définir comme « l'ensemble des conditions qui visent principalement la garantie quant à l'existence d'un État démocratique, la capacité de l'État à assumer une économie de marché »[203]. Le respect de ces éléments conditionne l'élargissement de l'Union et l'appartenance des États à cette dernière[204]. La Communauté ou l'Union n'est donc pas un processus fini et son expansion géographique n'est pas préalablement déterminée[205].

Dans son ouvrage sur *L'Europe des juges*, Robert Lecourt indique que « toute construction juridique qui permettrait à un État de profiter des avantages de la règle commune que les autres auraient l'obligation d'appliquer, mais qu'il ne se réserverait pas en cas de besoin d'écarter de sa propre autorité serait et devrait être considérée comme « singulière »[206]. Cette singularité reconnue pour le droit de l'Union constituera aussi un trait

---

[201] L'idée de base fondée dans la Déclaration de Robert Schuman de « Communauté » a évolué : l'Europe a voulu avancer vers une « Union » dont les motifs significatifs se trouvent dans le Préambule au Traité de Lisbonne.

[202] L'acquis communautaire peut être qualifié de « socle de droit et d'intégration ». V. AUDEOUD (O.), « L'acquis communautaire, du « mythe » à la pratique », *Revue d'études comparatives Est-Ouest*, vol 33, n° 3, 2002, pp. 67-77.

[203] BOUTAYEB (C.), *Droit institutionnel de l'Union européenne. Institutions, ordre juridique, contentieux*, Paris, LGDJ-Lextenso, coll. « Systèmes. Droit », 3ème éd., 2014, p. 50.

[204] Selon le glossaire des termes communautaires (disponible sur : http://eur-lex.europa.eu/summary/glossary/acquis.html) : « L'acquis communautaire correspond au socle commun de droits et d'obligations qui lie l'ensemble des États membres au titre de l'Union européenne. Il est en évolution constante et comprend :

- la teneur, les principes et les objectifs politiques des traités;
- la législation adoptée en application des traités et la jurisprudence de la Cour de justice;
- les déclarations et les résolutions adoptées dans le cadre de l'Union;
- les actes relevant de la politique étrangère et de sécurité commune;
- les actes convenus dans le cadre de la justice et des affaires intérieures;
- les accords internationaux conclus par la Communauté et ceux conclus par les États membres entre eux dans le domaine des activités de l'Union.

Les pays candidats doivent accepter cet acquis communautaire avant d'adhérer à l'Union. Les dérogations à l'acquis sont exceptionnelles et de portée limitée. Pour intégrer l'Union, les pays candidats se trouvent dans l'obligation de transposer l'acquis dans leurs législations nationales et de l'appliquer dès leur adhésion effective ».

[205] Pour savoir plus : DEVRET (J.-F.), *L'élargissement de l'Union européenne, jusqu'où ?* Paris, L'Harmattan, 2001, p. 386 ; DU REAUX (É.) (dir.), *L'élargissement de l'Union européenne : quels enjeux ? Quels défis ?*, Paris, Presse de la Sorbonne Nouvelle, 2001, p. 232.

[206] LECOURT (R.), *L'Europe des juges, Bruxelles*, Bruylant,Coll. « Droit de l'Union européenne. Grands écrits », 2008, p. 285.

distinctif du système communautaire andin qui à son tour reconnaîtra et fera sien le principe de primauté perçu comme permettant la sauvegarde de l'ordre juridique communautaire andin.

§ 2 L'arrêt du TJCA dégageant le principe de primauté, un emprunt à la jurisprudence de l'Union nécessaire

Comme nous avons déjà pu le relever, la Communauté andine existe depuis 1969, mais le Tribunal de justice andin n'est entré en fonction qu'en 1984. Depuis, grâce aux procédés juridictionnels à sa disposition, le Tribunal s'est toujours efforcé à travers ses arrêts de mettre en valeur, structurer et faire prévaloir l'ordre juridique propre à la Communauté andine. Cette ambition prétorienne prenant comme modèle le système d'intégration de l'Union a rencontré de nombreuses difficultés en raison du peu d'engagement et de soutien de la part des États membres de la région andine.

Ainsi que le précise l'ancien magistrat andin Galo Pico Mantilla, ce n'est qu'« à partir de janvier 1984 que les activités du TJCA ont réellement commencé, ayant pour but le plus important et le plus crucial celui de garantir avant tout le respect de l'ordre juridique communautaire »[207]. Entre 1984 et 1985, le Tribunal rend d'importants arrêts visant à parer à toute violation de la norme andine par les États membres. Ces jurisprudences viennent consolider et donner une forme propre au droit andin.

Le premier arrêt que l'on peut qualifier de fondateur a été rendu le 16 avril 1986[208]. Le juge supranational consacre ici pour la première fois dans le cadre andin le principe de primauté ou prééminence du droit communautaire andin. Cet arrêt « n° 2 -N-86 » est la deuxième affaire contestée devant le Tribunal au moyen d'un recours en annulation[209]. Il porte sur la « non-

[207]PICO MANTILLA (G.), *Código de la Comunidad Andina,* Málaga,EUMED.NET, Universidad de Málaga, 2ème éd., 2008, p. 12.

[208]Publié au GOAC n° 21 du 15 juillet 1987. Cet arrêt a fait l'objet des nombreuses confirmations de la part du Tribunal : TJCA, arrêt n° 2-IP-88 publié au GOAC n° 33 du 26 juin 1998 ; TJCA, arrêt n° 2-IP-90 publié GOAC n° 69 du 11 octobre 1990 ; TJCA, arrêt n° 10-IP-94 publié au GOAC n° 177 du 20 avril 1995 ; TJCA, arrêt n° 7-AI-98 publié au GOAC n° 490 du 4 octobre 1999 ; TJCA, arrêt n° 34-AI-2001 publié au GOAC n° 839 du 25 septembre de 2002 ; TJCA, arrêt n° 43-AI-2000 publié au GOAC n° 1079 du 7 juin 2004 ; TJCA, arrêt n° 117-AI-2003 publié au GOAC n° 1156 du 10 janvier 2005 ; TJCA, arrêt n° 118-AI-2003 publié au GOAC 2308 du 26 février 2014.

[209] Il existe une première demande d'annulation présentée par la République de Colombie contre une autre Résolution de la Junte, aussi résolue par le Tribunal, mais qui n'est pas aussi intéressante s'agissant de la reconnaissance du principe de primauté que celle-ci. Toutefois, cet arrêt non moins important attire notre attention quant à son raisonnement sur la conception que le Tribunal a du processus d'intégration, car il signale que « tout processus d'intégration consiste, fondamentalement, à surmonter les limites nationales des États qui essayent de s'intégrer pour aboutir à une plus grande unité qui fonctionne en tant qu'ensemble ». Le juge andin considère aussi que le processus de « libération interne » qui s'opère pour

conformité d'un État membre à la norme communautaire » (A). Le principe de primauté fondamental pour l'ordre juridique communautaire andin sera plusieurs fois confirmé (B).

A. Une affaire portant sur la constitutionnalité de mesures correctrices en matière d'importation

En l'espèce, Rafael Calcedo Espinosa, en sa qualité d'Ambassadeur de la République de Colombie en Équateur et de représentant de son pays, présenta un recours auprès du TJCA concernant la Résolution n° 253 de la Junte de l'Accord de Carthagène[210] (actuel Secrétariat général de la CAN) prise le 16 avril 1986. Ce texte prévoyait pour les importations originaires de l'Équateur des « mesures correctrices transitoires » en conformité à l'article 80 de l'Accord de Carthagène[211]. La République de Colombie demandait l'annulation du paragraphe b) de l'article 1er de la Résolution n° 253 de la Commission du 16 avril 1986 et de la dernière partie de son article 4 considérant que leur rédaction était attentatoire à la Constitution colombienne.

La Résolution n° 253 autorisait l'adoption d'indicateurs économiques prenant en compte les variations des taux de change réels des monnaies de l'Équateur et de la Colombie. La situation économique était favorable à l'économie colombienne qui restreignait les importations de produits en provenance de l'Équateur. La Résolution adopta des mesures correctrices transitoires, parmi lesquelles l'élargissement du régime d'autorisation des importations en provenance de pays tiers. Compte tenu

---

l'ensemble des États est « un processus de libération automatique et irrévocable ». V. aussi : TJCA, arrêt n° 1-N-86, publié au GOAC n° 21 du 15 juillet 1987. Cette position du Tribunal laisse entrevoir le chemin de la reconnaissance du principe de primauté, car il révèle l'importance du processus d'intégration qui s'opère dans la région andine.

[210] La Junte de l'Accord de Carthagène est devenue le Secrétariat général de la Communauté andine en 1996 avec le Protocole modificatif de l'Accord de Carthagène (Protocole de Trujillo). Depuis le début de la création de la Communauté andine, la Junte a été conçu comme l'organe technique de l'Accord de Carthagène ; il constitue « l'organe communautaire par excellence » (BUSTAMANTE (A. M.), « Desarrollo Institucional de la Comunidad Andina », *Revista Aldea Mundo*, n° 16, 2004, p. 18.)
Le Secrétariat général de la Communauté andine est considéré aujourd'hui encore comme « l'organe communautaire par excellence » aujourd'hui, car il a comme fonction essentielle d'assurer le respect et la pleine application de l'ordre juridique communautaire andin établi par l'article 72 de l'Accord de Carthagène pour le bon déroulement du processus d'intégration ; fonction qui est rappelée par le Tribunal dans l'arrêt n° 1-AN-97 publié au GOAC n° 340 du 13 mai 1998 : « *una de sus funciones esenciales para la buena marcha del proceso de integración, como es la de velar por el cumplimiento y cabal aplicación de las normas que conforman el ordenamiento jurídico de la comunidad andina* ».

[211] Résolution n° 253 sur l'application de l'article 80 de l'Accord de Carthagène à la demande du Gouvernement de Colombie a été dérogée par la Résolution n° 285 du 14 avril de 1989.

de la concentration des exportations de l'Équateur et de la nécessité de préserver l'équilibre commercial de la région, la Junte demanda des rapports mensuels aux deux pays indiquant les variations commerciales selon les types d'échanges passés et les indices de prix proposés aux consommateurs.

À l'appui de sa requête, la Colombie insistait sur le fait que la Junte[212] n'avait pas compétence pour fixer dans un même acte l'application de mesures de sauvegarde et leur durée au motif qu'il s'agissait d'une action dépourvue d'objectivité : cela impliquait de juger de la disparition ou de l'aggravation des causes qui donnaient lieu aux mesures de sauvegarde. La Colombie considérait que la compétence de la Junte était limitée à la simple observation de l'évolution de la situation, notamment au constat des différences de taux de change des monnaies entre l'Équateur et la Colombie, et souhaitait le retrait des mesures de sauvegarde une fois prouvées les causes de la distorsion de concurrence entre ces deux États membres de la Communauté andine.

B. La reconnaissance de la primauté du droit communautaire andin

À l'occasion de l'arrêt n° 2 -N-86[213], le Tribunal andin rappelle tout d'abord qu'à la demande de la Colombie, il avait déjà eu l'occasion de se prononcer sur une question semblable dans un arrêt antérieur[214]. Il avait en effet statué au sujet d'une requête présentée contre une résolution portant sur les mêmes questions de taux de change et d'importations de produits, mais cette fois entre la Colombie et le Venezuela. Le Tribunal confirme ici le jugement qu'il avait pris et réaffirme les compétences de la Junte en refusant l'annulation de la Résolution n° 253.

Mais ce qui fait toute l'importance de cet arrêt de 1986 est la précision faite par le juge andin que « l'ordre juridique de l'Accord de Carthagène est impératif, d'application obligatoire dans tous les États membres et il doit être respecté par les États membres et les institutions de l'Accord »[215]. Le Tribunal andin ajoute par ailleurs que « ledit ordre -juridique- régule le processus d'intégration qui doit s'effectuer dans une communauté de droit

---

[212] L'actuel Secrétariat général de la Communauté andine après le Protocole de Trujillo, un organe d'appui technique et exécutif.

[213] Publié au GOAC n° 21 du 15 juillet 1987.

[214] TJCA, arrêt n° 1-N-86, publié au GOAC n° 21 du 15 juillet 1987.

[215] « *El ordenamiento jurídico del Acuerdo de Cartagena es imperativo, de aplicación obligatoria en todos los Países Miembros, y que debe ser respetado y cumplido por todos ellos y por supuesto por los Órganos del Acuerdo* ».

telle qu'elle est constituée par le Pacte andin »[216], l'actuelle Communauté andine. Le Tribunal andin précise aussi pour la première fois l'importance du Traité constitutif du TJCA, mais aussi de son propre travail, quand il signale « que le Traité constitutif du Tribunal l'institue en tant qu'organe juridictionnel avec la capacité de déclarer le droit communautaire, résoudre des conflits au moment de son interprétation uniforme, c'est-à-dire qu'il est l'organe de contrôle de la légalité de l'Accord »[217].

Un autre arrêt important rendu quelques mois plus tard mérite d'être mentionné. En l'espèce, deux citoyens colombiens, Germán et Ernesto Cavelier, formèrent un recours constitutionnel contre l'article 454 de la loi colombienne 9 a. de 1979[218] au motif que cette disposition dépassait les attributions prévues à l'article 84 de la Décision n° 85 de la Commission du 27 mai 1975 de l'Accord de Carthagène[219] et violait les articles 56, 58, 76, 77 et 84 de cette même décision (recours n° 1772). La chambre constitutionnelle de la Cour suprême de justice de la République de Colombie décida alors d'initier un recours en interprétation[220] devant le Tribunal andin qui se déclara compétent conformément à l'article 28 du Traité constitutif du Tribunal de Justice de l'Accord de Carthagène. Il s'agissait ici de se prononcer sur un conflit normatif qui opposait une loi nationale à une règle communautaire andine.

Dans son arrêt, le Tribunal andin commence par indiquer la « prééminence du droit andin »[221] en expliquant « qu'avant tout il fallait déterminer la valeur normative et l'effet juridique des normes de l'ordre andin face aux normes du droit interne des États membres de l'Accord »[222].

---

[216] Les expressions « Accord » et « Pacte andin » font indifféremment référence à l'Accord de Carthagène. Ainsi, «... *dicho ordenamiento, el cual regula el proceso de la integración que se cumple en una comunidad de derecho cual es la constituida en el Pacto Andino* ».

[217] «... *las previsiones del Tratado Constitutivo del Tribunal, que al haberlo instituido como el órgano jurisdiccional con capacidad para declarar el derecho comunitario, dirimir controversias que surjan del mismo e interpretarlo uniformemente, es decir, como órgano del control de la legalidad en el Acuerdo* ».

[218] 9ème loi du 24 janvier 1979 sur les mesures sanitaires en Colombie, publié au Diario Oficial n° 35308 du 16 juillet 1979. Son article 454 dispose que « Le ministère du Développement ne pourra pas enregistrer un produit pharmaceutique sans un rapport préalable d'autorisation qui émane du Ministère de la Santé pour sa validation ».

[219] Décision n° 85 portant règlement pour l'application des normes sur la propriété industrielle du 5 juin 1974.

[220] Recours prévu aux articles 32 au 36 du Traité constitutif du Tribunal de Justice de la Communauté andine (dit Protocole de Cochabamba).

[221] Comme nous l'avons signalé, le mot « prééminence » est un synonyme de primauté. Dans les arrêts du Tribunal andin, jusqu'à environ l'année 2009, les deux termes ont été utilisé indifféremment, mais on compte cependant plus d'occurrences du terme « prééminence ».

[222]« *Conviene por lo tanto reiterar antes que nada los principios generales que determinan el valor normativo y el consiguiente efecto jurídico de las normas del ordenamiento andino, frente a las normas del derecho interno en los Países Miembros del Acuerdo* ».

Selon le juge, « s'il y a la possibilité d'une collision de normes, elle doit se résoudre sans hésitation ni réticence en faveur du droit de l'intégration, en vertu de la primauté de la norme communautaire »[223]. Puis le Tribunal rappelle que « la Cour de Justice des Communautés européennes, dans ses arrêts, a affirmé la prééminence absolue du droit communautaire sur le droit interne, situation également applicable pour l'ordre juridique de l'intégration andine »[224]. Le TJCA fait ainsi du principe de primauté un socle de la construction andine comme la Cour de justice de Luxembourg l'avait fait pour les Communautés européennes (actuelle Union européenne) vingt-quatre ans plus tôt. Le juge andin montre, en citant la CJUE, l'attention particulière qu'il porte à sa jurisprudence ; une preuve explicite de la contribution importante de cette dernière dès le début de l'activité du TJCA.

Autrement dit, nous pouvons constater que le droit communautaire andin ne peut exister pour le juge andin sans l'application du principe de primauté sur les droits des États membres, ce qui fait dire à Galo Pico Mantilla que « la communauté organisée envahit ou occupe, pour ainsi dire, le territoire législatif national, par des motifs matériels, déplaçant de cette manière le droit interne »[225]. Cet arrêt a constitué l'occasion pour le Tribunal andin d'établir que la confrontation entre les ordres juridiques communautaire et nationaux ne relève pas d'un conflit de normes, mais plutôt d'un conflit entre différentes « sources normatives »[226].

Pour le juge communautaire andin comme pour le juge de l'Union, la primauté représente « un concept fondamental »[227], car il s'agit d'un élément cardinal dans la consécration d'un ordre juridique communautaire en surplomb des droits nationaux. Le Tribunal andin considère même dans un

---

223 « *La posible colisión de normas, en consecuencia, ha de resolverse sin vacilaciones ni reticencias en favor del derecho de la integración... y ello en virtud de la primacía que tiene la norma comunitaria* ».

224 « *El Tribunal de Justicia de las Comunidades Europeas, en las sentencias antes citadas, ha afirmado la preeminencia absoluta del derecho comunitario sobre el interno, tesis que resulta ser también aplicable en el ordenamiento jurídico de la integración andina* ».

225 PICO MANTILLA (G.), *Jurisprudencia andina,* Málaga, EUMED.NET, Universidad de Málaga, 2ème éd., 2008, p. 37-38.

226 « Ensemble des règles émanant des diverses autorités auxquelles est reconnue, dans un ordre juridique déterminé, la compétence pour régler ou réglementer, sous la sanction de la contrainte publique les multiples expressions de la vie sociale ressortissant du domaine juridique » V. CORNU (G.), *Vocabulaire juridique*, *op. cit.*

227 La primauté est reconnue comme « principe fondamental » par le TJCA dans l'arrêt n° 2-IP-90, publié au GOAC n° 69 du 11 octobre 1990. La CJUE a reconnu la primauté en tant que « principe fondamental » de l'ordre juridique communautaire dans l'arrêt CJUE, 10 octobre 1973, « *Fratelli Variola S.p.A. c/ Administration des finances italienne* », aff. 34/73, Rec. p. 981.

arrêt postérieur le principe de primauté comme une « vertu »[228] de l'ordre juridique communautaire andin parce qu'il s'antépose au droit interne et rappelle à nouveau que « le fondement jurisprudentiel de la primauté est l'arrêt « *Costa c/ENEL* ».

Jusqu'à présent, le juge andin a toujours confirmé sa jurisprudence : sa « position n'a pas changé sur la consolidation du principe fondamental de la primauté de l'ordre juridique communautaire andin »[229]. Une analyse d'arrêts plus récents révèle en effet les références constantes du TJCA à la jurisprudence de la CJUE[230] pour faire du principe de primauté un élément essentiel de protection de l'ordre juridique communautaire incorporé dans l'ordre juridique andin lui-même.

§ 3 L'incorporation du principe de primauté dans l'ordre juridique communautaire andin

L'expérience de l'Union montre, nous l'avons vu, que l'initiative de la Cour de consacrer le principe de primautéest en avance pour son époque ; une période qui se caractérise par la prédominance du droit international classique dans l'esprit des États.

Cependant, bien que le principe de primauté ait été acté par les arrêts de la CJUE, il n'a cependant pas encore trouvé de véritable place dans les traités de l'Union européenne (A). À l'inverse, ce principe a été reconnu dans le droit communautaire andin (B).

A. Le défaut d'inscription de la primauté dans les traités de l'Union européenne

Au moment de l'incorporation du principe de primauté dans le droit primaire, le Traité de Lisbonne[231] resta plus prudent que le projet de « Traité

---

228 TJCA, arrêt n° 3-AI-96, publié au GOAC n° 423 du 31 mars 1999: « *definen a aquella como la virtud que tiene el ordenamiento comunitario de primar sobre una norma de derecho interno que se le oponga, cualquiera sea el rango de esta última* ».

229 TJCA, arrêt n° 43-IP-2014, publie au GOAC n° 2373 du 11 août 2014.

230 Nous voulons souligner encore une fois la présence de la jurisprudence de l'Union dans l'esprit du Tribunal. Par exemple dans l'arrêt du TJCA, arrêt n° 03-AI-96, publié au GOAC n° 261 du 29 avril 1997, le Tribunal porte un regard très didactique sur la jurisprudence de l'Union pour appuyer sa position en matière de principe de primauté, car il signale explicitement que le fondement jurisprudentiel de la doctrine sur la primauté a été l'arrêt « *Costa c/Enel* : *La base jurisprudencial de la doctrina está dada por la sentencia del Tribunal de las Comunidades Europeas de 15 de julio de 1964 en el caso Costa c/Enel, según el cual "...al derecho nacido del Tratado, en razón de su naturaleza específica original, no puede oponérsele judicialmente un texto interno, de cualquier clase que sea, sin perder su carácter comunitario y sin que se cuestione la propia base jurídica de la Comunidad*».

231 Entré en vigueur le 1er décembre 2009.

constitutionnel européen »[232] qui l'avait précédé avant d'être abandonné[233]. Les États ont voulu que les rédacteurs du Traité de Lisbonne gardent une certaine prudence à l'égard du principe de primauté, bien évidemment pour maintenir le respect des souverainetés nationales. Ainsi, le principe de primauté sera simplement inscrit dans un document secondaire : la Déclaration n° 17 « Relative à la primauté » annexée à l'Acte final de la Conférence intergouvernementale (CIG) à l'issue de laquelle a été adopté le Traité de Lisbonne signé le 13 décembre 2007. Cette démarche a fait l'objet de quelques réflexions critiques de la part de la doctrine de l'Union[234].

La Conférence intergouvernementale de 2007[235] a toutefois permis que les États reconnaissent explicitement que « selon une jurisprudence constante

---

[232] Traité de Rome de 2004.

[233] Le Traité établissant une Constitution pour l'Europe devait régir le fonctionnement de l'Union européenne à compter du 1er novembre 2006, mais il n'est pas en vigueur, car la France et les Pays-Bas ont refusé ce Traité par voie référendaire en 2005. Pour apaiser la situation, un traité simplifié a été adopté le 13 décembre 2007, le Traité de Lisbonne entré en vigueur le 1er décembre 2009.

[234] Voir : SIMON (D.), « Mini-traité, traité simplifié ou traité mutilé : l'Europe entre le possible et le souhaitable », *Europe*, n° 7, 2007, p. 1-2.

[235] La Conférence intergouvernementale (CIG) ou plénipotentiaire est la « réunion de personnes ayant reçu pouvoir de représenter leur État ». (V. CORNU (G.), *Vocabulaire juridique*, *op. cit.*).

La Conférence intergouvernementale (CIG) en droit communautaire européen est étroitement liée à la procédure de révision des traités. L'article 48 du Traité de Lisbonne adopte une position plus souple pour cette procédure. Il rend cette réunion mixte et publique, les participants sont les délégués des États membres, mais aussi un représentant de la Commission européenne. Dans l'histoire de l'Union Européenne, six Conférences intergouvernementales se sont réunies et ont réalisé de grands changements pour la construction européenne : l'Acte unique européen de 1986 sur la réalisation du marché intérieur au 1er janvier 1993, le Traité de Maastricht ou Traité sur l'Union Européenne de 1992, le Traité d'Amsterdam de 1997 avec l'objectif de préparer le terrain pour l'élargissement, le Traité de Nice de 2001, le Traité établissant une Constitution pour l'Europe de 2004 ou « Traité constitutionnel » et le Traité de Lisbonne de 2007.

La Communauté andine reste davantage sous l'influence du droit international classique concernant la révision et modification de l'Accord de Carthagène, car l'initiative de l'élaboration des protocoles modificatifs et la délibération relève encore de la totale volonté des États membres, même si la Commission et le Secrétariat général peuvent conseiller la préparation et ratification d'un protocole modificatif. La procédure s'initie avec une proposition du Conseil andin des ministres des Affaires étrangères selon l'article 20 de l'Accord de Carthagène. Pour en savoir plus: CARMONA ESTANGA (P.), « El Protocolo Modificatorio del Acuerdo de Cartagena: negociación y características », *Revista Integración latinoamericana,* n° 134, año 13, 1988, pp. 3-13.

L'Accord de Carthagène a été modifié trois fois depuis sa signature en 1969 qui ont fait l'objet de codifications approuvées par des Décisions de la Commission de la Communauté andine. Ainsi la première modification a été le Protocole de Quito en 1987, protocole codifié par la Décision n° 236 sur la Codification de l'Accord de Carthagène de 1988. Ce protocole apporte au processus d'intégration des changements substantiels concernant essentiellement le

de la Cour de justice de l'Union européenne, les Traités et le droit adopté par l'Union sur la base des Traités priment le droit des États membres, dans les conditions définies par ladite jurisprudence ».

Notons en outre qu'a été annexé à cette Déclaration un avis du Service juridique du Conseil précisant « qu'il découle de la jurisprudence de la Cour de justice que la primauté du droit communautaire est un principe fondamental dudit droit. Selon la Cour, ce principe est inhérent à la nature particulière de la Communauté européenne. À l'époque du premier arrêt de cette jurisprudence constante (« *Costa c/ENEL* »), la primauté n'était pas mentionnée dans le Traité. Tel est toujours le cas actuellement ».

Le défaut d'inscription du principe de primauté dans le Traité de Lisbonne lui-même s'explique par une opposition encore forte des États membres attachés au respect de leur souveraineté et de leur « identité nationale »[236]. C'est plus précisément à la demande du Royaume-Uni que ce principe a été écarté du droit primaire. La reconnaissance de la primauté par les États membres n'implique donc pas son acceptation sans réserve de la part des juges nationaux au moment de résoudre les conflits entre l'ordre juridique communautaire européen et les normes constitutionnelles nationales qui peuvent se présenter à eux.

Une déclaration annexée à un traité est *a priori* de moindre valeur que le traité lui-même. Sa portée est plus limitée, car elle est dépourvue de valeur juridique contraignante. Cependant, les déclarations peuvent être considérées, ainsi que l'indique Emmanuel Decaux, comme « un phare qui éclaire la pratique »[237]. On peut dès lors considérer que la Déclaration n° 17 renforce le principe de primauté consacré par la Cour en 1964, certes de manière moins forte que s'il avait été expressément indiqué dans le traité, mais de façon certaine. En outre, l'Avis du Service juridique du Conseil juridique signale que « le fait que le principe de primauté ne soit pas inscrit dans le futur Traité ne modifiera en rien l'existence de ce principe ni la jurisprudence en vigueur de la Cour de Justice ».

---

programme de libéralisation et de programmation industrielle. Puis, a été signé le Protocole de Trujillo en 1997, codifié par la Décision n° 406 sur la Codification de l'Accord d'intégration Subrégional andin (Accord de Carthagène) de 1997 a permis une réorganisation du cadre institutionnel andin et octroyé à la Communauté une connotation politique. Enfin, le Protocole de Sucre de 1997, codifié par la Décision n° 563 du 25 juin 2003 sur la Codification de l'Accord d'intégration subrégional andin (Accord de Carthagène) de 2003, a consolidé le Système d'Intégration Andin (SIA) et permis à la Communauté andine de développer une intégration sociale.

236 MARTIN (S.), « L'identité de l'État dans l'Union européenne : entre "identité nationale" et "identité constitutionnelle" », *RFDC*, n° 91, juillet 2012, pp. 13-44.

237 DECAUX (E.), « Déclarations et conventions en droit international », *Cahiers du Conseil constitutionnel*, n° 21, janvier 2007, disponible sur : http://www.conseil-constitutionnel.fr/conseil-constitutionnel/francais/nouveaux-cahiers-du-conseil/cahier-n-21/declarations-et-conventions-en-droit-international.50561.html.

En conséquence, nous considérons que la Déclaration n° 17 annexée au Traité confirme malgré tout la jurisprudence sur la primauté du droit de l'Union et qu'elle n'entame pas la portée du principe. Le droit n'étant pas parfait sinon perfectible, à l'avenir cette Déclaration pourrait finalement devenir du droit primaire comme cela est déjà le cas pour la Communauté andine.

B. L'incorporation simplifiée de la primauté dans les traités de la CAN

La Commission de l'Accord de Carthagène composée des représentants plénipotentiaires des États membres a, à l'occasion d'une session ordinaire (29 mai-5 juin 1980)[238] réunie à Lima, statué sur la « validité pleine » de l'ordre juridique communautaire. Dans un Acte final, la Commission andine a confirmé les principes mis en exergue par le TJCA en déclarant que « l'ordre juridique communautaire porte la primauté dans son application sur les normes internes du fait de ses caractéristiques ». L'organe administratif andin ajoute que « cet ordre commun a pour caractéristique une identité et une autonomie propres : deux caractéristiques qui vont le différencier du reste des normes émises au sein de chaque État membre ».

Puis, dans les années 1990, la Communauté andine a consacré le principe de primauté aux articles 1 à 4 du Traité constitutif du TJCA du 28 mai 1979 (modifié par le Protocole de Cochabamba du 28 mai de 1996) considéré comme une norme primaire du droit communautaire andin. Les articles signalés portent sur l'ordre juridique andin et le respect de cet ordre par les États membres en application du principe de primauté du droit communautaire andin[239].

---

[238] *XXIX Período de sesiones ordinarias*, 28 de mayo al 5 de junio de 1980, Lima Perú,Decisiones de la Commission de l'Accord de Carthagène

[239] « *Artículo 1.- El ordenamiento jurídico de la Comunidad Andina, comprende:*
a) El Acuerdo de Cartagena, sus Protocolos e Instrumentos adicionales;
b) El presente Tratado y sus Protocolos Modificatorios;
c) Las Decisiones del Consejo Andino de Ministros de Relaciones Exteriores y la Comisión de la Comunidad Andina;
d) Las Resoluciones de la Secretaría General de la Comunidad Andina; y) Los Convenios de Complementación Industrial y otros que adopten los Países Miembros entre sí y en el marco del proceso de la integración subregional andina.
Artículo 2.- Las Decisiones obligan a los Países Miembros desde la fecha en que sean aprobadas por el Consejo Andino de Ministros de Relaciones Exteriores o por la Comisión de la Comunidad Andina.
Artículo 3.- Las Decisiones del Consejo Andino de Ministros de Relaciones Exteriores o de la Comisión y las Resoluciones de la Secretaría General serán directamente aplicables en los Países Miembros a partir de la fecha de su publicación en la Gaceta Oficial del Acuerdo, a menos que las mismas señalen una fecha posterior.

La Communauté andine adopte ce faisant une position plutôt pragmatique et communautaire. Si les rédacteurs du Traité constitutif du TJCA ont inscrit ce principe dans une norme communautaire primaire, c'est surtout pour obliger les États membres à respecter leur engagement commun de créer un système d'intégration dans la région andine. L'article 4 indique en ce sens : « Les États membres doivent adopter les mesures nécessaires pour assurer la conformité aux normes de l'ordre juridique de la Communauté andine »[240].

Nous comprenons par cette rédaction que le droit andin est désormais revêtu d'un caractère de primauté dans l'ensemble de la Communauté qui lui permet de s'imposer face aux possibles oppositions des États membres invités à modifier leur Constitution en cas de contradiction avec le droit communautaire andin. Cet ordre juridique supranational correspond à une nouvelle configuration juridique dotée de traits spécifiques et conduit à des modifications nécessaires des textes juridiques nationaux, y compris les constitutions, pour la prise en compte du droit communautaire andin. Ces changements ont été réalisés selon des procédés et à des moments différents pour chaque État membre de la CAN.

SECTION 2 : UN ORDRE JURIDIQUE NOVATEUR : UNE COMMUNAUTÉ DE DROIT

La consécration du principe de primauté par le Tribunal de justice et les modifications apportées à l'Accord de Carthagène ont permis de consacrer la Communauté andine en tant que véritable ordre juridique disposant de caractéristiques propres (§1).

Ce nouveau système de droit peut être considéré comme un « outil pour garantir la redistribution des pouvoirs étatiques andins »[241] et permettre l'approfondissement du processus d'intégration. Dotée d'une hiérarchie juridique propre (§2) confirmée par le Tribunal, la Communauté andine fait désormais figure de communauté de droit à part entière (§3).

Cuando su texto así lo disponga, las Decisiones requerirán de incorporación al derecho interno, mediante acto expreso en el cual se indicará la fecha de su entrada en vigor en cada País Miembro».

[240]«*Artículo 4.- Los Países Miembros están obligados a adoptar las medidas que sean necesarias para asegurar el cumplimiento de las normas que conforman el ordenamiento jurídico de la Comunidad Andina.*

Se comprometen, asimismo, a no adoptar ni emplear medida alguna que sea contraria a dichas normas o que de algún modo obstaculice su aplicación».

[241] TOBAR SUBIETA CONTENTO (M. I.), « Ordenamiento jurídico andino: Apreciación general a la evolución del derecho en la Comunidad andina », *Axioma*, n° 7, 2011, p. 25.

§1 Les aspects génériques de l'ordre juridique communautaire andin

Entendu dans un sens général, un ordre juridique peut être défini comme « l'ensemble des règles de droit qui gouvernent une entité »[242]. Dans le cadre international, l'ordre juridique est envisagé comme « un ensemble de normes juridiques articulées entre elles et tirant toutes leur origine du même système de référence, ce qui précisément les réunit en un système unique »[243].

Dans le contexte communautaire, l'ordre juridique est défini en tenant compte de certaines spécificités (A) qui permettent de dégager des caractéristiques juridiques propres (B) adaptées au contexte régional (C) en s'appuyant sur l'action d'organes de contrôle communautaire (D).

A. La définition des ordres juridiques de l'Union européenne et de la Communauté andine

Au niveau européen, la doctrine de l'Union considère, que les « Communautés européennes forment un nouvel ordre juridique qui s'écarte à la fois du droit international de type classique et des modèles connus de droit fédéral tout en empruntant cumulativement aux deux »[244].

Jean-Claude Gautron ajoute que l'ordre juridique de l'Union est « un ordre juridique intermédiaire », qui se positionne entre l'ordre juridique international et les ordres juridiques nationaux. Il cite à ce sujet l'arrêt de la CJUE « *van Gend en Loos* » de 1963, un arrêt qui « contenait en germe l'arrêt *Costa c/ENEL* »[245].

Il nous semble cependant aujourd'hui que cette analyse est dépassée. L'ordre juridique de l'Union n'occupe plus une position intermédiaire comme l'a imaginé Jean-Claude Gautron qui décrivait les premiers moments de la construction de l'Union. Désormais, cet ordre juridique se positionne face au droit international classique qui régit les relations entre les États, mais aussi face à l'ordre juridique interne ou national. Le système unioniste a acquis des caractéristiques propres ; il n'est plus uniquement un échelon de droit intermédiaire, mais une entité juridique spécifique.

En effet, « l'Union européenne et la Communauté andine sont deux systèmes organiques fondés par des traités, dotés de compétences

---

[242] CORNU (G.), *Vocabulaire juridique*, *op. cit.*

[243] BASDEVANT (J.) (Dir.), *Dictionnaire de la terminologie du droit international*, Union Académique internationale, Paris, Sirey, 1960, p. 756.

[244] GAUTRON (J.-C.), *Droit européen, op. cit.*, p. 110.

[245] LOUIS (J.-V.), « La primauté du droit de l'Union, un concept dépassé ? », in COHEN-JONATHAN (G.), CONSTANTINESCO (V.), VALERIE (M.) (dir.), *Mélanges Jean Paul Jacqué*, Paris, Dalloz, 2010, p. 443.

et fonctions pour créer et interpréter l'ordre juridique de l'intégration »[246]. Selon Jean-Victor Louis, l'ordre juridique de l'Union est ainsi « une manifestation très avancée du droit des organisations internationales »[247]. Son origine est conventionnelle, mais qualifiée d'ordre juridique autonome par la Cour, il se détache de la logique juridique internationaliste pour se voir reconnaître une nature propre.

Quant à l'ordre juridique communautaire andin, César Montaño Galarza a pu le définir comme « l'ensemble des dispositions contenues dans les traités, les conventions, les accords, les protocoles et autres traités d'intégration signés par les États, et celles qui émanent des organes et institutions de la Communauté, édictées pour renforcer la coopération et l'intégration entre les États, et éventuellement concrétiser l'unité économie, sociale et politique dans une zone géographique déterminée ». L'auteur ajoute que « l'ordre juridique communautaire peut être aussi défini comme celui dérivé des traités d'intégration qui ont créé des organes et institutions communs ou communautaires supranationaux »[248].

Le droit de l'UE, comme celui de la CAN, sont donc tous deux caractérisés par des spécificités consacrées dès leur origine par l'activité prétorienne, au premier rang desquelles figure la primauté sur les droits nationaux. Dans le cadre andin, ce principe a très tôt été reconnu pour sauvegarder l'esprit d'une construction juridique commune dans une région où l'observance des accords internationaux et la question de la souveraineté des États étaient source de constantes divergences.

B. La caractérisation doctrinale

D'après Ernesto Rengifo Garcia, « l'ordre communautaire andin se caractérise par son autonomie, son effet coercitif, sa capacité à intégrer les ordres juridiques nationaux. Le droit de la CAN produit des effets juridiques directs et prévaut sur le droit des États membres, il représente un droit unique pour toute la communauté, car il est d'application uniforme »[249]. De notre point de vue cette définition n'est pas tout à fait convaincante pour caractériser l'ordre juridique communautaire andin, car elle s'appuie sur la notion de force et de coercition de la norme alors que le droit communautaire andin n'est que la consécration de la pure et simple volonté des États

246 MONTANO GALARZA (C.), « Comentarios y reflexiones sobre el derecho comunitario », *Foro*, n° 1, 2003, p. 210.

247 LOUIS (J.-V.), *L'ordre juridique communautaire*, Bruxelles, Office des Publications officielles des Communautés européennes, 1986, p. 78.

248 MONTANO GALARZA (C.), « Comentarios y reflexiones sobre el derecho comunitario », *op. cit.*, p. 210.

249 RENGIFO GARCÍA (E.), *Propiedad intelectual: El moderno derecho de autor*, Universidad Externado de Colombia, 1996, p. 123.

membres de s'engager pour créer un système durable qui surplombe, mais qui doit aussi s'intégrer, à leur ordre juridique national.

La doctrine andine considère que le développement commun de valeurs dans le cadre de l'ordre juridique communautaire andin octroie par ailleurs aux institutions du Système andin d'intégration l'autonomie nécessaire face aux autorités nationales[250]. Selon Éric Tremolada Alvarez, « l'autonomie de l'ordre juridique communautaire, en plus de sa primauté à l'égard des États membres, devra être considérée aussi vis-à-vis des tiers »[251]. Il s'agit par conséquent d'un ordre indépendant, soumis simplement aux règles qui ont été adoptées d'un commun accord par les États, mais opposable aux tiers, y compris les entreprises qui s'installent sur le territoire de la Communauté alors assujetties à la norme juridique commune.

C. La caractérisation du point de vue latino-américain

En Amérique latine, la présence de systèmes régionaux d'intégration créés dès les années 1960 a exercé une influence sur les instances de la Communauté andine, surtout à travers les études doctrinales qui se sont intéressées à ce phénomène. Ainsi, selon l'Institut pour l'Intégration de l'Amérique latine (INTAL)[252], le système juridique communautaire se distingue par « quatre traits caractéristiques : le pragmatisme, l'opérabilité, la transitionnalité, et la souplesse ou flexibilité »[253]. Pour l'INTAL le droit de l'intégration en général se spécifie en effet par sa nature utilitaire, qu'il s'agisse de son élaboration ou de son contenu. C'est sur la base d'intérêts économiques, sociaux et politiques communs que l'ordre juridique commun est explicité dans le cadre d'un processus d'intégration qui n'a pas pour but d'apporter une riposte à tous les conflits qui se présentent, mais de proposer des réponses juridiques pratiques à travers des normes simplement

---

[250] TREMOLADA ÁLVAREZ (E.), « El derecho andino: una sistematización jurídica para la supervivencia de la Comunidad Andina de Naciones », *Cuadernos constitucionales de la Catedra Fadrique Furio Ceriol*, Universitat de Valencia, Departamento de derecho constitucional y ciencia política y de la Administración, n° 57, 2006, p. 56-57.

[251] *Ibidem*, p. 64.

[252] L'Institut pour l'Intégration de l'Amérique latine et la Caraïbe (INTAL) est une unité qui fait partie de la Banque interaméricaine pour le développement (BID). Depuis sa création par la résolution du 3 décembre 1964 et la date du début de ses activités un an après, l'INTAL promeut des actions d'intégration régionale dans le cadre de la stratégie du BID. L'INTAL a rempli son objectif de générer et de diffuser des connaissances sur les avantages des processus d'intégration. Depuis l'année 2000, quatre priorités sont poursuivies pour accomplir ses objectifs : l'appui à la coopération et à la programmation régionale, l'appui au processus d'intégration physique par le développement d'une infrastructure, la capacitation et le renforcement institutionnel sur le commerce et l'intégration et l'appui à la création et la diffusion de la connaissance sur l'intégration et le commerce.

[253] Instituto por la Integración de América Latina, *El papel del derecho en un proceso de integración económica*, New York, INTAL, 1966, p. 23-25.

formulées. Autrement dit, l'ordre juridique commun est opératif dans la mesure où il est destiné à permettre des actions qui produisent des effets concrets.

En ce sens, l'ordre juridique commun peut être conçu comme un ordre juridique transitoire. L'INTAL l'envisage comme un instrument au service d'un processus : l'ordre juridique commun existera tant que l'avancement intégrateur n'aura pas rempli son objectif. Ce n'est qu'une fois que ce dernier s'accomplira que l'ordre communautaire pourra se transformer en ordre public interne d'une nouvelle communauté politique autonome. Cette position nous paraît néanmoins contestable. En postulant le caractère transitoire de l'ordre juridique communautaire en général, l'INTAL a été influencée par la logique du droit international classique qui laisse peu de place à l'idée d'un nouveau système politique instauré précisément depuis sa fondation comme un système dans lequel les États ne resteraient pas les acteurs privilégiés comme sur la scène internationale. Pour appuyer son argumentation, l'INTAL donne l'exemple de normes édictées en vue de la mise en place d'un marché commun destinées à disparaître une fois ce marché instauré et en capacité de fonctionner. De fait, l'établissement du droit communautaire andin est considéré par le Tribunal andin comme un ordre juridique commun aux États membres doté d'une durabilité qui dépasse la simple création d'un marché commun.

Un autre caractère important de l'ordre juridique communautaire relevé par l'INTAL est la souplesse ou flexibilité de ses normes primaires et de leurs mécanismes d'élaboration. L'ordre juridique commun doit en effet s'adapter aux différentes phases du processus d'intégration et à la variabilité juridique de chaque État membre. Cet aspect est aussi une réalité pour la CAN dont le droit primaire est ajustable et souple, ce qui a notamment permis, comme nous l'avons déjà indiqué, d'y incorporer des principes communautaires comme celui de la primauté qui figure désormais dans les traités fondateurs.

Ces quatre caractéristiques sont identifiables dans le système juridique communautaire andin qui a démontré son pragmatisme au moment de l'adoption du Traité constitutif du Tribunal andin apportant des précisions sur l'ordre juridique communautaire lui-même. Les normes secondaires andines font en effet preuve d'une opérationnalité et d'une flexibilité, surtout dans le domaine du droit de la propriété intellectuelle. Comme nous le verrons dans la seconde partie de cette étude, ces normes ont dû être souples pour permettre les adaptations exigées par les instances internationales compétentes en matière de propriété intellectuelle.

Pour revenir au caractère transitionnel de l'ordre juridique commun, certes le droit de l'intégration établit des normes qui visent un objectif précis, mais ce droit ne disparaît pas avec le temps. Le processus d'intégration andin a été constitué pour durer. Il s'opère toutefois une évolution constante de l'intégration qui requiert une adaptation des normes indispensable à son approfondissement. Force est de constater que la Communauté andine se situe aujourd'hui à un niveau médian d'intégration économique : zone de libre-échange et union douanière, elle n'a pas encore réussi à former un marché commun bien que cet objectif ait été inscrit à l'agenda andin par les présidents des États de la région depuis les années 2000[254].

Comme nous le verrons dans une seconde partie, le processusd'intégration andin a cependant connu depuis une quinzaine d'années un approfondissementen matière sociale. Ce constat permet de confirmer la flexibilité et la vertu d'adaptation de l'ordre juridique communautaire andin qui reprend et fait une relecture plus contextuelle des traités fondateurs selon les besoins du processus d'intégration andin. D'après César Montaño Galarza, une « capacité d'adaptation de l'*acervo comunitario*[255] donne la qualité de mutant aux dispositions d'intégration »[256]; une métamorphose de normes éminemment économiques vers des normes plus sociales est effectivement en cours.

D. La caractérisation prétorienne de la primauté

Le Tribunal andin a également eu l'opportunité, dès ses premiers arrêts, de se prononcer sur les caractéristiques de l'ordre juridique communautaire andin de la même manière que son homologue en Europe. Il a tracé, au fil de sa jurisprudence, les contours juridiques de la Communauté andine en reconnaissant notamment « l'autonomie », mais aussi le caractère « impératif » de son droit. Pour garantir l'existence et le respect de celui-ci, le TJCA a plusieurs fois insisté sur le « respect indispensable » de l'ordre juridique communautaire andin[257], surtout par les États membres qui l'ont créé.

---

[254] Le 30 janvier 2002 s'est tenue la Réunion Extraordinaire du Conseil présidentiel andin durant laquelle les États membres de la Communauté andine ont fixé des actions prioritaires pour approfondir le processus vers un marché commun. Conscients que la zone de libre-échange et l'union douanière andine n'étaient pas encore réalisées, les États membres ont insisté pour agir concomitamment en vue de la mise en place d'un marché commun. Toutefois, la situation reste aujourd'hui toujours la même du fait des divergences économiques entres les États membres.

[255] L'expression « *acervo comunitario* » qui signifié « l'héritage réglementaire » est utilisée par la doctrine communautaire andine de manière très récurrente pour se référer de manière plus solennelle à l'importance octroyée à l'ordre juridique communautaire andin et le différencier des ordres juridiques des États membres.

[256]MONTANO GALARZA (C.), «Comentarios y reflexiones sobre el derecho comunitario », *op. cit.*, p. 226.

[257] TJCA, arrêt n° 2-N-86, publié au GOAC n° 21 du 15 juillet 1987 ; TJCA, arrêt n° 1-AN-98, publié au GOAC n° 631 du 10 janvier 2001 ; TJCA, arrêt n° 4-AN-97, publié au GOAC n° 373 du 21 septembre 1998; TJCA, arrêt n° 1-IP-96, publié au GOAC n° 257 du 14 avril 1997 ; TJCA, arrêt n° 7-AI-99, publié au GOAC n° 520 du 20 décembre 1999 ; TJCA, arrêt

C'est notamment à l'occasion des arrêts rendus en 1986[258] que le Tribunal a rappelé « l'importance de l'engagement dans une construction régionale tout particulièrement novatrice et par conséquent l'application générale par les États signataires de l'Accord de Carthagène caractérisé par son autonomie à l'égard de l'ordre national et international »[259]. Le Tribunal a d'autre part souligné, dans un second arrêt, que « l'ordre juridique de l'Accord de Carthagène est impératif et obligatoire dans tous les États membres ».

On note ici la volonté des magistrats andins de consacrer la primauté de la norme commune andine, qu'elle soit primaire ou dérivée, à l'égard de tous les sujets de droit qui composent cette communauté, c'est-à-dire aussi bien les personnes physiques que morales, publiques que privées, nationales que communautaires ; sans exception[260].

Le Tribunal rappelle en outre dans le même arrêt « qu'un aspect primordial du système communautaire de droit est la transmission souveraine d'une partie des compétences régulatrices dans l'orbite communautaire pour la mise en place de normes communautaires afin de remplir les objectifs d'une intégration subrégionale ».

Cependant, même si la Communauté andine a octroyé au droit communautaireandinune nature impérative en plus du caractère obligatoire de son application, elle reste encore une expérience d'intégration limitée, car elle ne dispose pas d'une autonomie budgétaire. L'actuel directeur général du Centre pour l'intégration et le droit public colombien, Jorge Luis Suarez Méjias, explique que « ce défaut financier peut être dû, dans beaucoup de circonstances, à l'intérêt qu'un État membre nourrit pour un sujet déterminé »[261], ce qui limite l'action de la Communauté andine et altère le respect de l'ordre juridique commun. La CAN reste politisée : la prise de décisions par les organes andins n'est pas exempte d'une influence des gouvernements des États membres.

D'autre part, il est nécessaire que le droit communautaire dérivé andin soit reconnu en tant que source essentielle du droit de la Communauté andine, comme dans le cadre de l'Union européenne, car il permet « de combler les insuffisances ou les silences des Traités qui ne peuvent pas

---

n° 34-AI-2001, publié au GOAC n° 839 du 25 septembre 2002 ; TJCA, arrêt n° 75-IP-2005, publié au GOAC n° 1233 du 18 août 2005.

[258] TJCA, arrêt n° 01-AN-86, et TJCA, arrêt n° 02-AN-86, publiés au GOAC n° 21 du 15 juillet 1987.

[259] TJCA, arrêt n° 02-AN-86, publié au GOAC n° 21 du 15 juillet 1987.

[260]TJCA, arrêt n° 02-AN-86, publié au GOAC n° 21 du 15 juillet 1987: « Or, cet ordre communautaire sera obligatoire par extension aux personnes physiques, juridiques, publiques et privées, nationales ou communautaires sans exception ».

[261]SUAREZ MEJÍAS (J. L.), « La comunidad andina: un proceso de integración en constante evolución », *Revista de la Facultad de Ciencias Jurídicas y Políticas*, Universidad Central de Venezuela, Caracas, n° 111, 1999, pp. 109-144.

naturellement prétendre à l'exhaustivité »[262]. À ce sujet, le Tribunal estime qu'en « cas de vides juridiques à l'intérieur du système juridique andin, elles peuvent être comblées avec une autre norme andine »[263], sans spécifier laquelle.

Le TJCA considère par ailleurs que « l'autonomie de l'ordre juridique communautaire andin correspond à une précision juridique, c'est-à-dire, elle est le support de base pour l'intégration andine ». L'autonomie de cet ordre a été rappelée à plusieurs reprises dans la jurisprudence andine[264]. Sur ce point nous voulons spécifier que selon Pierre Pescatore, « si l'autonomie a été voulue au niveau institutionnel, il s'avère évident que l'ordre juridique communautaire portera aussi cette autonomie caractéristique de ce nouveau système dit communautaire ou d'intégration ». Ainsi, d'après ce même auteur, « la primauté confère au droit communautaire une efficacité bien supérieure à celle du droit international »[265]. Ce caractère est assez ambigu dans le cadre andin, non pour le Tribunal ni pour les organes communautaires, mais pour les États membres.

De ce fait, si la primauté, d'après le Tribunal andin, confère à l'ordre juridique andin une nature impérative et une autonomie propre, ces caractéristiques valent pour l'ensemble de la hiérarchie de cet ordre juridique ; deux aspects régulièrement rappelées par la jurisprudence du Tribunal soucieux que les États membres respectent effectivement leurs engagements communs.

§ 2 Hiérarchie de l'ordre juridique communautaire andin

L'expression « hiérarchie des normes »[266] se réfère à la conception pyramidale de l'ordre juridique proposée par Hans Kelsen en 1934[267]. Dans le contexte communautaire, cette notion prend une acception particulière

---

262 BOUTAYEB (C.), *Droit institutionnel de l'Union européenne. Institutions, ordre juridique, contentieux*, *op. cit.*, p. 155.

263 TJCA, arrêt n° 10-IP-94, publié au GOAC n° 177 du 20 avril 1995

264 TJCA, arrêt n° 5-IP-89, publié au GOAC n° 50 du 17 novembre 1989 ; TJCA, arrêt n° 89-AI-2000, publié au GOAC n° 722 du 12 octobre 2001.

265 PESCATORE (P.), « Droit communautaire et droit national », *Recueil Dalloz*, Chroniques XXXIII, 1969, p. 179.

266 « La hiérarchie des normes ou des règles est une représentation de l'ensemble des composantes d'un système juridique (Constitution, loi, règlement) considérées dans leur coordination qui se fonde sur le principe selon lequel la norme d'un degré inférieur doit respecter et mettre en œuvre celle du degré supérieur (structure d'ensemble métaphoriquement nommée pyramide des normes) ». V. CORNU (G.), *Vocabulaire juridique*, *op. cit.*

267 KELSEN (H.), *Théorie pure du droit*, Paris, LGDJ, 1999, p. 367. Voir aussi : KELSEN (H.), « Qu'est-ce que la théorie pure du droit ? », *Droit et société*, vol. 22, n° 1, 1992, pp. 551-568.

(A), déterminée dans le cas de la Communauté andine par le Tribunal andin (B). À l'instar de l'Union européenne, la Communauté andine distingue un droit originaire (C) et un droit dérivé (D).

A. La définition de la hiérarchie des normes

Dans l'ordre juridique andin, il est possible de mettre en évidence une hiérarchie entre règles communes ; la question est plus complexe s'agissant du rapport entre le droit commun et les droits nationaux qui correspondent à deux ordres juridiques intercalés.

Dans l'Union européenne comme dans la Communauté andine, la hiérarchie des normes communautaires a d'abord été établie par voie prétorienne. Le TJCA a dégagé l'existence d'une hiérarchie entre la norme originaire et la norme dérivée dans l'arrêt n° 01 -IP-96 rendu le 9 décembre 1996 à la suite d'un recours en interprétation préjudicielle présenté par la Cour constitutionnelle de la République de Colombie et portant sur les articles 1, 2, 4, 6 et 7 de la Décision n° 344, ainsi que 2 et 3 de la Décision n° 345 de la Commission andine. D'après la Cour colombienne, ces deux décisions communautaires étaient contraires à l'article 1, alinéa 3 de la Convention de Paris relative à la protection de la propriété industrielle.

Dans cette affaire, le juge andindécida de se prononcer quant à la valeur de la norme communautaire andine au regard de la norme internationale et décida finalement de considérer qu'« au sommet de tout ordre juridique communautaire se trouvent les Traités constitutifs, ainsi que ses Protocoles modificatifs » et que l'observation de ce droit doit être uniforme pour tous les États membres de la CAN »[268]. Le TJCA ajoutera quelques années plus tard que « l'ordre juridique primaire est assujetti au principe de la hiérarchie normative et prime sur toute autre norme communautaire, même de droit dérivé, et sur les Traités qui ont été inscrits dans le cadre des relations extérieures de la communauté »[269].

De manière comparable au juge de l'Union dans l'arrêt « *Costa c/ENEL* », le Tribunal énonce ici que le droit de la Communauté andine est « l'ensemble du droit né du traité » et rappelle l'importance de son observance, en précisant que « tous les États membres sont obligés de respecter l'ordre juridique communautaire indiqué à l'article 1er du Traité constitutif du Tribunal »[270]. À noter que le juge andin ne distingue pas

---

[268] TJCA, arrêt n° 01-IP-96, publié au GOAC n° 257 du 14 avril 1997: « *El caso en estudio abre por primera vez ante este tribunal, la oportunidad de analizar dos órdenes jurídicos diferentes para establecer las relaciones entre el sistema jurídico comunitario, como el Acuerdo de Cartagena, y aquel derivado de un tratado internacional convencional, como el Convenio de París para la Protección de la Propiedad Industrial* ».

[269] TJCA, arrêt n° 07-AI-99, publié au GOAC n° 520 du 20 décembre 1999.

[270] TJCA, arrêt n° 5-IP-89, publié au GOAC n° 50 du 17 novembre 1989.

ici les normes primaires des normes dérivées, mais attire l'attention des États membres sur le nécessaire respect de l'ensemble de l'ordre juridique andin.

B. L'incorporation de la position du Tribunal sur la hiérarchie normative andine

L'article 1er de l'actuel Traité constitutif du TJCA[271] précise le contenu global de l'ordre juridique communautaire andin qui comprend : l'Accord de Carthagène et ses protocoles et instruments additionnels ; le Traité constitutif du Tribunal andin et ses protocoles modificatifs ; les décisions du Conseil andin des ministres des Affaires étrangères et de la Commission de la Communauté andine ; les résolutions du Secrétariat général et les accords de complémentarité dans le secteur industriel et autres conventions conclues par les États membres entreeux et dans le cadre du processus d'intégration andin.

Sur ce point, relevons toutefois une différence entre l'Union et la CAN. À l'instar de l'Union européenne, la Communauté andine procède à une distinction entre normes originaires ou directes et normes secondaires ou dérivées bien identifiées dans son article 1er du Traité constitutif du TJCA. Dans le même sens, l'article 4 du Traité constitutif du TJCA rappelle l'obligation pour les États membres de ne pas faire obstacle, avec une mesure nationale, à l'application de l'« héritage juridique communautaire »[272] qui est entendu dans un sens large. Enfin, le Tribunal rappelle que le mot « intégration » acquiert une signification quand la volonté des États est reflétée dans les traités constitutifs, l'ensemble de la réglementation de la Commission et du Secrétariat général dotés de prééminence »[273].

C. Le droit originaire andin

Les normes originaires sont envisagées par la doctrine communautaire andine comme formant la « Constitution communautaire »[274]. Dans cette catégorie figure le Traité fondateur qu'est l'Accord de Carthagène[275] et les autres traités ou protocoles modificatifs. Ces textes se placent au sommet de la pyramide normative andine que le Tribunal andin désigne de manière

---

[271] Modifié par le Protocole de Cochabamba du 28 mai 1996.

[272] L'expression « *acervo comunitario andino* » fait référence à l'ensemble des normes andines.

[273] TJCA, arrêt n° 01-IP-96, publié au GOAC n° 257 du 14 avril 1997

[274] PLATA LOPEZ (L. C.), YEPES CEBALLOS (D.), « Naturaleza jurídica de las normas comunitarias andinas », *Revista de derecho*, Universidad del Norte, n° 31, 2009, p. 219.

[275] Cette qualification « Accord de Carthagène » est maintenue jusqu'à aujourd'hui. Elle a été établie par la Décision n° 1 de la Commission de la Communauté andine.

explicite en tant que normes « primaires, institutionnelles, constitutionnelles, basiques, originaires »[276].

L'Accord de Carthagène a été signé le 26 mai 1969, à l'origine par la Bolivie (actuel État plurinational de Bolivie), la Colombie, le Chili et l'Équateur[277]. Il est un instrument juridique fondateur du processus d'intégration andin. Il s'agit d'un « traité-cadre » dont, selon le Tribunal, « les normes positives ne contiennent pas la totalité du panorama complexe et le développement progressif auquel est confronté le processus d'intégration »[278]. Il constitue cependant l'essence même de la construction communautaire andine. Le TJCA a en effet pu préciser que ce Traité contient les objectifs que la Communauté doit chercher à atteindre et les principes que les institutions du Système d'intégration andin doivent appliquer.

Le Traité comprend ainsi des normes pragmatiques qui déterminent leur finalité et leurs objectifs comme, entre autres, la stratégie en matière de programmes de développement industriel, de liberté commerciale, de développement agroalimentaire et de tarif extérieur commun. Outre des dispositions « pragmatiques », le texte comprend des règles de nature institutionnelle qui ont permis l'établissement d'organes propres à la Communauté andine dotés de compétences spécifiques.

Il ressort d'une analyse de l'Accord de Carthagène que ses dispositions forment une sorte de « base obligatoire » que les États membres doivent respecter. À ce titre, chaque État membre peut en principe exiger d'un autre État membre, mais aussi des institutions communautaires, et réciproquement, une action conforme aux règles communautaires ainsi posées.

En raison de la présence de principes et d'objectifs, d'articles « pragmatiques » et de dispositions plutôt institutionnelles, l'Accord de Carthagène est considéré comme une « norme fondamentale et complète »[279]. Cependant, Jorge Antonio Quindimil remarque que « ce traité manque d'aspects essentiels comme la reconnaissance des sources du droit communautaire et de principes essentiels du droit communautaire andin »[280]. Ces deux aspects seront précisés par le Tribunal qui rappellera

---

276 TJCA, arrêt n° 01-AI-97, publié au GOAC n° 329 du 9 mars 1998.

277 Cet accord est aujourd'hui reconnu et ratifié par l'État plurinational de Bolivie, la Colombie l'Équateur et le Pérou.

278 SALMON GARATE (E.), « Evolución institucional de la Comunidad andina: Perspectivas y problemas », *in* BREWER CARIAS (A.-R.) (dir.), *Derecho comunitario andino*, *op. cit.* p. 25.

279 TREMOLADA ÁLVAREZ (E.), « El derecho andino: una sistematización jurídica para la supervivencia de la Comunidad Andina de Naciones », *op. cit.*, p. 38.

280 QUINDIMIL LOPEZ (J. A.), *Instituciones y derecho de la Comunidad Andina*, *op. cit.*, p. 171. Dans le même sens, voir: GÓMEZ JUTINICO (Á.), « Institucionalidad y problemáticas de la Comunidad andina de Naciones », *Revista Poliantea*, 2010, pp. 31-50. Sur la nature pragmatique et institutionnelle, voir aussi: TANGARIFE TORREZ (M.), *Derecho de la Integración en la Comunidad Andina*, Madrid, Mckenzie, 1re éd., 2002, p. 171.

dans sa jurisprudence leur nécessaire respect ; une jurisprudence reprise dans le Traité constitutif du TJCA considéré lui-même comme une norme primaire dans la hiérarchie de l'ordre juridique communautaire andin.

L'Accord de Carthagène n'est en effet pas la seule norme primaire du droit communautaire andin. Entrent dans cette catégorie ses protocoles modificatifs et donc le Traité constitutif du TJCA signé le 28 mai 1979. Ces textes additionnels clarifient certains vides de l'Accord de Carthagène et sont caractérisés, par le principe de primauté et ont une durée d'application indéfinie. Ils constituent l'essence du droit communautaire andin ; autrement dit, selon Tribunal, la « Constitution communautaire »[281].

D. Le droit dérivé andin

L'ordre juridique communautaire andin comprend principalement des normes « dérivées » de l'Accord de Carthagène. Ce sont des dispositifs normatifs d'application directe soumis à l'ordre primaire communautaire[282]. Ces règles sont considérées en tant que « produits des pouvoirsnormatifs accordés directement par les États membres par l'attribution de compétences »[283] aux institutions communautaires andines.

Le droit dérivé andin comprend l'ensemble des décisions du Conseil andin des ministres des Affaires étrangères et de la Commission de la Communauté andine, ainsi que les résolutions du Secrétariat général (1). Ces normes sont pour la plupart encore limitées aux activités commerciales de la Communauté andine. S'y ajoutent les accords de complémentarité industrielle conclus entre États membres, qui sont des normes internationales incorporées à l'ordre juridique communautaire andin (2).

1. Les normes communautaires andines dérivées principales : les décisions et résolutions

Le Tribunal rappelle que le droit dérivé communautaire est « l'ensemble législatif qui permet l'application et l'exécution des normes originaires, dans le but de devenir effectives dans les États membres. Ces normes devront s'ajuster aux Traités qui se trouvent au sommet de la pyramide juridique. L'élaboration législative est une attribution de la Commission de la Communauté andine et le Conseil andin des ministres des Affaires étrangères produit des décisions andines »[284].

---

[281] TJCA, arrêt n° 1-IP-96, publié au GOAC n° 257 du 14 avril 1997.
[282] TJCA, arrêt n° 01-IP-1987, publié au GOAC n° 28 du 15 février 1988.
[283]TREMOLADA ÁLVAREZ (E.), « El derecho andino: una sistematización jurídica para la supervivencia de la Comunidad Andina de Naciones », *op. cit.*, p. 43.
[284] TJCA, arrêt n° 1-AN-97, publié au GOAC n° 340 du 13 mai 1998.

Les décisions andines sont des normes émises exclusivement par le Conseil andin des ministres des Affaires étrangères[285] et par la Commission de la Communauté andine, conformément aux articles 17 et 21 de l'Accord de Carthagène. Le Conseil andin des ministres des Affaires étrangères se prononce aussi par le biais de déclarations qui n'intègrent cependant pas l'ordre juridique andin. Ses décisions peuvent porter sur la politique extérieure de la Communauté andine, la politique générale d'intégration en coordination avec la Commission[286], des propositions de modification de l'Accord de Carthagène, l'élection du Secrétaire général ou encore l'approbation du règlement du Secrétariat général.

Les décisions du Conseil andin des ministres des Affaires étrangères sur la politique extérieure par exemple, portaient sur l'octroi du titre d'observateur de la Communauté andine au Royaume d'Espagne[287], le suivi de la politique extérieure commune[288], les principales lignes de la politique extérieure commune[289]. S'agissant des décisions relatives à la politique générale d'intégration, le Conseil a notamment édicté des décisions sur la participation de certains États membres du MERCOSUR en tant que membres associés de la Communauté andine[290], les relations commerciales avec des États tiers[291], ou bien le règlement des procédures administratives du Secrétariat général de la Communauté andine[292].

Les décisions de la Commission sont pour l'essentiel à caractère commercial et quand le Conseil andin des ministres des Affaires étrangères le demande, elles peuvent porter sur l'investissement de la Communauté

---

[285] Cet organe communautaire a été créé le 12 novembre 1979 avec la signature de l'Acte de Lima. Il fait partie aussi du Système d'intégration andin (SIA) depuis la mise en vigueur du Protocole de Trujillo de 1996. Il est considéré comme l'organe de direction politique de la Communauté andine assurant la concrétisation des objectifs du processus d'intégration subrégional. Ses compétences sont déterminées à l'article 16 de l'Accord de Carthagène. V. aussi : Décision n° 470 portant Règlement du Conseil andin des ministres des Affaires étrangères du 12 août 1999.

[286] La Commission de la Communauté andine créée par l'Accord de Carthagène est considérée comme un organe qui remplit des fonctions politiques, normatives, et administratives. Ses compétences sont déterminées de l'article 21 à l'article 28 de l'Accord de Carthagène et précisées par le Protocole de Trujillo. V. aussi : Décision n° 471 portant règlement de la Commission de la Communauté andine du 12 août 1991.

[287] Décision n° 761 portant qualité d'observateur de la CAN au Royaume de l'Espagne du 22 août 2011.

[288] Décision n° 475 portant politique extérieure commune du 3 février 2000.

[289] Décision n° 458 portant orientation de la politique extérieure commune andine du 5 mai 1999.

[290] Décision n° 732 portant participation de l'Argentine, du Brésil, du Paraguay et de l'Uruguay aux organes et mécanismes de la Communauté andine en qualité d'États membres associés du 5 février 2010.

[291] Décision n° 598 portant relations commerciales avec des tiers du 11 juillet 2004.

[292] Décision n° 425 portant règlement des procédures administratives du Secrétariat général de la Communauté andine du 14 décembre 1997.

andine ou sa politique tarifaire[293], la facilitation du commerce en matière douanière[294], des normes pour prévenir ou corriger les distorsions de concurrence occasionnées par les pratiques de *dumping* en matière d'importations de produits en provenance des États membres[295], des règles spéciales relatives à la qualification et à la certification de l'origine des marchandises[296], ou encore sur les relations commerciales avec les États de l'ALADI[297].

Avant le Protocole de Trujillo de 1996, la Commission était la seule à pouvoir légiférer dans les domaines relevant de sa compétence, à savoir les questions commerciales et d'investissement. Cette intervention exclusive a pris fin après la signature de ce Protocole qui prévoit que les décisions relatives à l'investissement sont désormais prises par la Commission andine en coordination avec le Conseil andin des ministres des Affaires étrangères. Toutefois, la Commission conserve son monopole d'action s'agissant de la codification et de la révision de l'Accord de Carthagène et de ses protocoles modificatifs[298].

Les décisions du Conseil andin des ministres des Affaires étrangères, comme celles de la Commission, sont adressées aux États membres, de manière générale ou individuelle, aux organes de la Communauté andine, mais aussi aux particuliers ou citoyens andins. Les décisions andines sont l'équivalent des règlements de l'Union européenne. En outre, si elles le précisent, les décisions pourront requérir une incorporation dans les droits internes ; une mesure qui doit être spécifiée.

Les résolutions du Secrétariat général[299] sont d'application obligatoire pour les États membres dès leur publication dans la GOAC ; sauf si elles-mêmes signalent une date postérieure[300].

---

293 Décision n° 771 portant politique tarifaire de la Communauté andine du 7 décembre 2011.

294 Décision n° 770 portant la facilitation des échanges en matière douanière du 7 décembre 2011.

295 Décision n° 456 portant règles visant à prévenir ou corriger les distorsions de la concurrence causées par le dumping sur les importations de produits originaires des États membres de la Communauté andine du 4 mai 1999.

296 Décision n° 416 portant règles spéciales pour la qualification et la certification d'origine des marchandises du 30 juillet 1997.

297 Décision n° 322 portant relations commerciales avec les pays de l'ALADI, l'Amérique centrale et les Caraïbes du 25 août 1992.

L'ALADI est l'acronyme de l'Association latino-américaine d'intégration créée le 12 août 1980. Elle est considérée comme un système d'intégration économique intergouvernemental.

298 Décision n° 563 portant codification de l'Accord de Carthagène du 25 juin 203 et Décision n° 472 portant codification du Traité constitutif du Tribunal de Justice de la Communauté andine du 16 septembre 1999.

299 Le Secrétariat général est l'organe exécutif de la Communauté andine. Il a été créé le 1er août 1997, se substituant à l'ancienne Junte de l'Accord de Carthagène (préalable à la Communauté andine ancien, le Pacte andin fonctionnait autour de deux organes : la Commission, organe politique et normatif, et la Junte, organe technique et exécutif). Le

La doctrine communautaire andine procède à une subdivision des résolutions du Secrétariat général selon leur fonction en distinguant d'une part les résolutions caractérisées par l'« hétérogénéité »[301] de leur contenu, c'est-à-dire qui traitent de sujets divers de nature commerciale comme des listes de prix et de références de produits agricoles ou de tout autre document administratif[302] ; d'autre part les résolutions prises dans le cadre de la phase préliminaire du recours en manquement que nous verrons ultérieurement plus en détail, des résolutions qui deviendront des opinions techniques administratives[303].

2. Les accords de complémentarité industrielle

L'article 1er du Traité constitutif de l'Accord de Carthagène attribue la qualité de norme dérivée aux accords de complémentarité dans le secteur industriel et à toutes autres conventions adoptées, ou qui seront adoptées à l'avenir, par les États membres dans le cadre du processus d'intégration andin.

Jusqu'à aujourd'hui, la Communauté andine a signé des accords de complémentarité dans le secteur automobile et des accords de complémentarité économique de promotion et de protection réciproque des investissements entre l'Équateur et le Chili.

Ces accords ont comme source d'inspiration le modèle conventionnel du droit international commercial, raison pour laquelle jusqu'en 1987 ils ne faisaient pas partie de l'ordre juridique communautaire andin qui comprenait uniquement l'Accord de Carthagène et ses protocoles modificatifs, les décisions et les résolutions andines.

Ces accords ont été reconnus par le TJCA en tant que normes dérivées andines[304]. Suite aux modifications au Traité constitutif du TJCA apportées par le Protocole de Cochabamba en 1996, les accords de complémentarité dans le secteur industriel sont devenus des normes communautaires andines régies actuellement par les articles 64 et 65 de l'Accord de Carthagène. Ils

---

Secrétariat général est doté de la capacité de proposition, il peut proposer des Décisions au Conseil andin des ministres des Affaires étrangères et à la Commission d'après les articles 29 à 39 de l'Accord de Carthagène. Le Secrétariat général administre par ailleurs le processus d'intégration, résout les affaires présentées à sa considération, instaure des rapports avec les États membres et travailleen étroite communication avec les organes exécutifs des autres organisations régionales d'intégration et de coopération.

300 Art. 3 du Traité constitutif du TJCA

301 TREMOLADA ÁLVAREZ (E.), « El derecho andino: una sistematización jurídica para la supervivencia de la Comunidad Andina de Naciones », *op. cit.*, p. 52.

302 Voir aussi: QUINDIMIL LOPEZ (J. A.), *Instituciones y Derecho de la Comunidad Andina*, *op. cit.*, p. 207-209.

303 Article 29 de l'Accord de Carthagène et 23 du Traité constitutif du TJCA.

304 TJCA, arrêt n° 01-IP-1987, publié au GOAC n° 28 du 15 février 1988.

visent à promouvoir de nouvelles productions industrielles dans plusieurs secteurs[305].

Selon Éric Tremolada Alvarez, ces conventions ou accords peuvent être considérés comme « une catégorie intermédiaire entre le droit communautaire andin primaire ou constitutionnel et le droit dérivé ou secondaire »[306]. Les conventions se caractérisent aussi par leur caractère temporaire comme c'était le cas de l'accord de complémentarité dans le secteur pétrochimique abrogé par la Commission andine avec la Décision n° 237 du 15 juillet 1988.

En outre, de la même manière que le droit de l'Union reconnaît les actes juridiques qui proviennent des organes prévus dans les traités, la Communauté andine consacre aussi les actes des organes créés par l'Accord de Carthagène qui font partie du Système andin d'intégration, comme c'est le cas du Parlement de la Communauté andine selon l'article 6 de l'Accord de Carthagène. Ces actes n'ont pas de caractère obligatoire et sont exclus de l'ordre juridique communautaire andin établi par l'article 1er du Traité constitutif du TJCA ; néanmoins, ils peuvent produire des effets juridiques propres et être sujets dans ce cas à un contrôle juridictionnel[307]. Le Tribunal andin a reconnu la validité de ces accords à la date de leur publication dans la GOAC[308].

Le respect de la hiérarchie des normes communautaires, originaires et dérivées, se trouve par ailleurs conforté par l'article 4 du Traité constitutif du TJCA, mais aussi aux termes de l'article 17 du même traité relatif au recours en annulation selon lequel les décisions du Conseil andin des ministères des Affaires étrangères, les décisions de la Commission de la Communauté andine, les résolutions du Secrétariat général, ainsi que les accords de complémentarité industrielle doivent être conformes à l'ordre juridique andin, notamment à l'Accord de Carthagène et à ses protocoles modificatifs.

Enfin, notons que toutes les normes dérivées andines, décisions et résolutions, émises par les organes prenant part au Système andin d'intégration, de la Commission et du Conseil andin des ministres des Affaires étrangères entrent en vigueur à la date de leur publication à la GOAC[309].

---

[305] Article 62 de l'Accord de Carthagène.

[306] TREMOLADA ÁLVAREZ (E.), « El derecho andino: una sistematización jurídica para la supervivencia de la Comunidad Andina de Naciones », *op. cit.*, p. 55.

[307] Par exemple, TJCA, arrêt n° 56-DL-2001 (introuvable) qui remet en cause une résolution du Parlement andin et les dispositions de l'Accord de Carthagène. (Cet arrêt sera analysé dans notre deuxième partie, car il intervient sur la question de la protection du travailleur andin).

[308] TJCA, arrêt n° 5-AI-98, publié au GOAC n° 508 du 16 août 1999.

[309] La Gazette officielle de l'Accord de Carthagène (GOAC) ou Journal officiel a été créée par le Protocole de Quito de 1987 portant modification au Traité constitutif du Tribunal andin de justice. Il est obligatoire de publier au GOAC les instruments normatifs des deux organes principaux de la Communauté andine : les Décisions de la Commission, les Résolutions du

Le TJCA a signalé dans sa jurisprudence le respect nécessaire dû à cet ordre juridique considéré comme autonome, unique et propre à la Communauté andine, une communauté de droit[310].

§ 3 La constitution du statut de « communauté de droit »

La notion d'« État de droit »[311] est née dans la tradition juridique allemande, puis s'est développée durant la deuxième moitié du XIXe siècle. Elle repose sur le principe selon lequel le droit « ne signifie en aucune manière le but et le contenu de l'État, mais seulement l'art et la manière de réaliser ceux-ci »[312].

La mention de l'« État de droit » dans le cadre communautaire peut sembler une abstraction politique dans la mesure où la notion se rapporte à l'État souverain tel qu'il est classiquement conçu dans le cadre du droit international. Cependant, les juges de l'Union (A) et andins (B) ont procédé à une transposition et à une adaptation de la notion en démontrant qu'elle pouvait aussi être pertinente dans le cadre de systèmes d'intégration régionaux.

A. L'Union européenne, une communauté de droit

S'agissant de l'Union européenne, l'expression « communauté de droit » a été introduite par la CJUE dans l'arrêt « *Les Verts* »[313] : « il y a lieu de

---

Secrétariat général. Les arrêts du TJCA sont publiés à la GOAC, mais leur force obligatoire née au lendemain de leur lecture en audience, sans préjudice de leur publication officielle.

[310] TJCA, arrêt n° 1-AN-98, publié au GOAC n° 631 du 10 janvier 2001 ; TJCA, arrêt n° 4-AN-97, publié au GOAC n° 373 du 21 septembre 1998 ; TJCA, arrêt n° 34-AI-2001, publié au GOAC n° 839 du 25 septembre 2002.

[311] Le concept d'État de droit est apparu au cours du XIXe siècle dans la pensée juridique allemande (*Rechtsstaat*), employé pour caractériser un État dont l'ensemble des autorités politiques et administratives, centrales et locales, agit en se conformant effectivement aux règles de droit en vigueur. Cette notion est aussi enrichie par la *Rule of Law* britannique qui implique non seulement le principe de l'autorité suprême de la loi, mais encore un certain nombre de qualités substantielles de la législation et un système juridique dans lequel tous les individus bénéficient de manière égale de garanties procédurales et de libertés fondamentales.

[312] STAHL (F. J.), *Histoire de laphilosophie du droit*, Paris, Thorin, 2ème éd, 1880, p. 540.

[313] CJUE, 23 avril 1986, « *Parti écologiste « Les Verts » c/ Parlement européen* », aff. 294/83, Rec. p. 1339. Recours en annulation contre les décisions du Parlement européen. Faits et procédure : « le budget général des Communautés comprenait pour les exercices 1982,1983 et 1984, dans la section relative au Parlement européen, des crédits destinés au financement de l'information concernant la deuxième élection directe. Ces crédits d'un montant de 43 millions d'écus ont, en fait, été répartis entre les différentes formations politiques par le Bureau du Parlement le 12 octobre 1982 et le Bureau élargi a adopté, le 29 octobre 1983, les règles concernant leur utilisation. La répartition favorisait les formations politiques les plus importantes, tout particulièrement celles qui avaient constitué des groupes politiques dans l'assemblée élue en 1979, aussi le Parti écologiste les « Verts » intente-t-il un recours en annulation contre les décisions du Bureau et du Bureau élargi. Déclaré recevable,

souligner que la Communauté économique européenne est une communauté de droit en ce que ni ses États membres ni ses institutions n'échappent au contrôle de la conformité de leurs actes… ». Par conséquent, la « communauté de droit » doit être considérée tout d'abord dans le sens singulier de communauté et non dans le sens de pluralité au sein de laquelle chaque État membre a le droit d'appliquer différemment des règles communes. Cette approche pourrait s'apparenter à celle du droit international public classique : après la signature d'un accord, les États signataires doivent le respecter. Cependant cette assimilation de l'État de droit à la communauté de droit permettra une énorme avancée en éloignant le droit que nous étudions du droit international[314] ; une différentiation de laquelle résulte la spécificité et la nouveauté du processus d'intégration communautaire, aspects qui caractérisent aussi la Communauté andine.

B. La Communauté andine, une communauté de droit

En ce qui concerne la perception de l'existence d'une communauté de droit dans le cadre de l'expérience communautaire andine, rappelons que l'Amérique du Sud s'avère être une « région d'expérimentation de la création d'unions d'États »[315]. On compte en effet de nombreux traités conclus entre les États de la région ayant pour objet d'instituer des liens qui, d'après Deisy Ventura, « dépassent la notion d'alliance, et dont la caractéristique principale est leur diversité, tant du point de vue de l'extension géographique que de l'intensité des liens créés entre les participants ». La Communauté andine s'est toutefois différenciée des autres systèmes d'intégration régionaux d'Amérique du Sud en introduisant des principes issus du système communautaire européen. Nous l'avons vu, la Communauté andine reconnaît par exemple le principe essentiel de primauté de l'ordre juridique andin, ce qui différencie l'engagement communautaire du simple engagement conventionnel.

Le fait que les États membres de la Communauté andine fassent en même temps partie d'autres systèmes d'intégration de la région, comme c'est le cas

---

ce recours sera jugé fondé au motif que le système de financement de l'information sur l'élection directe ne se distinguait pas d'un système de remboursement forfaitaire des frais de campagne électorale, domaine qui relève de la compétence des États ».

[314] La force obligatoire des traités est indiquée à l'article 26 de la convention de Vienne sur le droit des traités du 23 mai 1969 qui stipule : « tout traité en vigueur lie les parties et doit être exécuté par elles de bonne foi ». Ce principe, inhérent à la notion même d'obligation contractuelle entre les États, n'a jamais été contesté en droit international. Il met en exergue la bonne foi des États au sein de la communauté internationale et comporte l'obligation d'appliquer raisonnablement les accords adoptés qui produisent des effets juridiques pour la communauté internationale dans son ensemble.

[315] VENTURA (D.), *Les asymétries entre le Mercosur et l'Union européenne les enjeux d'une association interrégionale*, Paris, L'Harmattan, coll. « Logiques juridiques », 2003, p. 11.

par exemple de l'État plurinational de Bolivie également membre du MERCOSUR, ou qu'ils soient assujettis à des conventions ou des accords internationaux, bilatéraux ou multilatéraux, signés avec des États tiers, ne limite en rien leur devoir de respecter les normes andines et plus largement de reconnaître la Communauté andine en tant que communauté de droit.

La première reconnaissance de la Communauté andine en tant que communauté de droit par le juge andin s'est faite à l'occasion d'un recours en manquement formé par le Secrétariat général de la Communauté andine contre la République du Venezuela au sujet de l'application d'un décret sur les tarifs nationaux considéré comme contraire aux tarifs communs et par conséquent aux articles 90 et 98 de l'Accord de Carthagène, à l'article 5 du Traité constitutif du Tribunal, à la Décision n° 370 de la Commission de la Communauté andine, ainsi qu'à la Résolution n° 95 du Secrétaire général de la Communauté andine.

Dans l'arrêt rendu le 22 mars 2000 au sujet de ce recours, le Tribunal emploie l'expression « communauté de droit » en rappelant aux États membres, aux institutions communautaires andines et aux particuliers l'importance du respect des engagements établis par l'ordre juridique andin : « Les engagements positifs et négatifs pris par les États membres de cette « communauté de droit » inscrits dans les accords constitutifs et les autres normes dérivées imposent non seulement une obligation générale de respect en considération des intérêts généraux de la sous-région, mais, aussi une « obligation » revêtue de la caractéristique d'exigibilité pour la mise en œuvre effective d'un comportement adapté, sous peine de restriction ou de suspension des avantages de l'intégration. À cet égard, les pays membres, le Secrétariat général et même les personnes dont les droits sont atteints ont le pouvoir d'exiger, à travers ce Tribunal et avant l'épuisement des procédures respectives, le respect des obligations émanant de l'ordre juridique »[316].

La même année, également par la voie d'un recours en manquement, le Tribunal a rappelé que « ni les États membres ni leurs ressortissants ne pouvaient se faire justice soi-même dans le cadre de la communauté de droit qu'est la Communauté andine »[317]. Le juge andin pose ainsi des limites à la

---

[316] TJCA, arrêt n° 16-AI-99, publié au GOAC n° 581 du 12 juillet 2000 : « *Los compromisos, positivos o negativos, adquiridos por los Países integrantes de esta «Comunidad de Derecho» y plasmados en los Tratados Constitutivos y demás normas derivadas, imponen no sólo un deber genérico de respeto en consideración a los intereses generales de la Subregión, sino, propiamente, una «obligación» revestida de la característica de exigibilidad del efectivo cumplimiento de la conducta prevista, bajo pena de la restricción o suspensión de los beneficios derivados de la integración. En este sentido, los Países Miembros, la Secretaría General e incluso los particulares afectados en sus derechos tienen el poder de exigir, por conducto de este Tribunal y previo el agotamiento de los respectivos procedimientos, el acatamiento de las obligaciones emanadas del ordenamiento jurídico* ».

[317] TJCA, arrêt n° 46-AI-99, publié au GOAC n° 592 du 17 août 2000 : « *En efecto, considera el Tribunal que las vías de hecho para que las personas o Países Miembros se hagan justicia*

liberté d'action des États membres en attirant leur attention sur le respect de l'ordre juridique andin. Postérieurement, le Tribunal confirmera que la Communauté andine constitue une « communauté de droit »[318] en reconnaissant l'importance du développement d'un ordre juridique propre et autonome.

---

por sí mismas no se encuentran permitidas a la luz de una Comunidad de Derecho, por lo que la supuesta violación del ordenamiento jurídico comunitario por parte de la República de Colombia, de ninguna manera puede legitimar a la demandada para adoptar medidas unilaterales que a su juicio restituirían la igualdad en el mercado ».

[318] TJCA, arrêt n° 97-DR-2000, publié au GOAC n° 729 du 15 novembre 2001.

CHAPITRE 2

LA CONFRONTATION DE L'ORDRE JURIDIQUE COMMUNAUTAIRE ANDIN AVEC D'AUTRES ORDRES JURIDIQUES

Tant pour les États membres que pour les opérateurs économiques établis dans la région andine, l'existence d'une Communauté et d'un droit communautaire andins signifie un nouvel ordre juridique auquel il convient de s'assujettir.

L'engagement pris par les États membres de former une communauté de droit caractérisée par un système institutionnel propre, avec un organe de contrôle de l'application du droit communautaire andin, n'a cependant pas été évident. Le Tribunal a dû jouer un rôle de premier ordre pour déterminer les différents rapports entre les ordres juridiques coexistant dans la région (Section 1), en rappelant à plusieurs reprises aux États membres le nécessaire respect de leurs engagements à l'égard de la Communauté andine, notamment dans le cadre du recours en manquement (Section 2).

SECTION 1 : DES ORDRES JURIDIQUES DIFFÉRENTS ET CONNEXES

Le droit communautaire andin s'est développé dans une région caractérisée par une conception classique de la souveraineté des États influencée par le droit international (§1). Dans ce contexte, la reconnaissance d'un droit nouveau par les États n'a pas été aisée (§2), l'implication de chacun étant par ailleurs conditionnée par leur tradition constitutionnelle qui permet ou non d'émettre un veto contre la norme internationale contraire à leur Constitution. Les États membres de la CAN ont de fait instauré une sorte de droit de dénonciation de leurs engagements communautaires andins qui n'est pas sans conséquence sur l'effectivité du droit positif et prétorien andin (§3).

§ 1 Une connexion entre l'ordre juridique communautaire andin et le droit international

Le droit international[319] peut se comprendre comme l'ensemble des normes qui règlent les rapports à l'intérieur de la « communauté internationale »[320]. En droit international, les États ont l'obligation d'appliquer les traités qu'ils ont signés et l'appréciation de la valeur de leur engagement est laissée aux États qui la déterminent à travers leurs normes constitutionnelles.

Or, outre ce cadre international classique existant en Amérique du Sud dans lequel les États s'engagent de manière individuelle est apparu un nouvel ordre juridique : l'ordre juridique communautaire andin. Celui-ci a créé des rapports juridiques d'un type nouveau entre le droit international et le droit communautaire andin, ainsi qu'entre acteurs internationaux (A), en formant une interconnexion entre le droit des instances internationales et les actions menées par la Communauté andine (B).

A. Le rapport avec le droit international

Les rapports entre le droit communautaire andin et le droit international se manifestent d'abord par la reconnaissance de la part du TJCA du droit international en tant que source du droit communautaire andin. Le juge andin est en effet chargé de résoudre les conflits entre ces deux ordres juridiques en vertu de l'article 42 du Traité constitutif du Tribunal. Le TJCA a pu clarifier sa position sur la question des rapports complexes entre le droit international et le droit communautaire andin à l'occasion d'un arrêt dans lequel il a rappelé « l'importance du respect du droit des traités prévu dans la Convention de Vienne de 1969 par le droit national »[321]. Ce faisant,

---

[319] « Le droit international public comprend l'ensemble des règles juridiques régissant les rapports entre États souverains, auxquelles on ajoute aujourd'hui celles qui gouvernent les rapports entre des entités ou des personnes dotées de compétences d'ordre international (organisations internationales, collectivités infra ou para étatiques et même personnes privées)» (V. CORNU (G.), *Vocabulaire juridique*, *op. cit.*). Selon Pierre-Marie Dupuy : « le droit international public est l'ensemble coordonné de normes dotées de force obligatoire à l'égard de sujets déterminés et dont la méconnaissance entraine certaines conséquences définies » (DUPUY (P.-M.), *Droit international public*, Paris, Dalloz, coll. « Précis », 2008, p. 12).

[320] Le concept de communauté internationale apparaît au milieu des années soixante. Il est associé à la Déclaration universelle des Nations Unies sur les droits de l'Homme. Pour Pierre-Marie Dupuy, l'expression « communauté internationale dans son ensemble se retrouve à l'article 53 de la Convention de Vienne sur le droit des traités qui donne au concept de communauté une densité proprement juridique » (DUPUY (P.-M.), « L'unité de l'ordre juridique international », *RCADI*, vol. 297, 2002, p. 248).

[321] TJCA, arrêt n° 03-AI-97, publié au GOAC n° 410 du 24 février 1999.

le juge andin admet explicitement la valeur d'une convention internationale considérée en tant que source primaire de l'Accord de Carthagène, lui-même reconnu comme un traité international qui a donné naissance à la Communauté andine.

Le Tribunal ajoutera dans un arrêt postérieur que « dans le cas où le droit communautaire comporte des vides juridiques, le système juridique doit se tourner vers les principes généraux du droit communautaire, le droit des États membres et les principes du droit international en complément des dispositions de l'ordre établi par l'Accord de Carthagène »[322]. Dans cet arrêt, le juge andin signale en outre le caractère complémentaire non seulement des dispositions de l'ordre juridique international pour l'ordre juridique communautaire, mais aussi des principes généraux qui relèvent du droit international tout en indiquant l'importance de leur prise en compte. De même, en 1996, le Tribunal fera référence aux accords internationaux en les envisageant comme des sources supplémentaires du droit communautaire andin dans la mesure où ceux-ci ont des conséquences sur ce dernier au moment de l'adoption de normes communautaires dérivées[323].

Dans le même sens, le Tribunal enjoint de prendre en considération l'importance et l'utilité de l'interprétation des engagements internationaux qui peuvent servir d'outils à clarifier certains aspects du droit communautaire andin. Précisément, le juge remarque « l'utilité herméneutique des concepts et catégories de la norme internationale pour clarifier les termes ambigus ou obscurs de la norme communautaire »[324].

À cet égard, Galo Pico Mantilla nous rappelle que « le processus d'intégration communautaire andin doit être graduel ou progressif, il serait surprenant que toutes les activités de la Communauté soient couvertes par l'ordre juridique communautaire andin de manière immédiate »[325]. Il n'est donc pas étonnant de noter que des normes internationales sont reprises pour être appliquées au sein de la Communauté andine et ainsi combler d'éventuels vides juridiques du processus d'intégration andin. La construction de la Communauté andine par les États membres et ses propres organes se fait de manière progressive et, par conséquent, tous les aspects de l'intégration ne peuvent tout de suite être régis par la nouvelle norme, raison

---

[322] TJCA, arrêt n° 118-AI-2003, publié au GOAC n° 1206 du 13 juin 2005. « *en el caso que en el ordenamiento jurídico comunitario se presentaren vacíos, habrá que acudir a los Principios Generales del Derecho Comunitario, al derecho sustantivo de los países miembros y a los principios del derecho internacional en forma complementaria, siempre que sean compatibles con los principios y normas del Acuerdo de Integración Andina* ».

[323] TJCA, arrêt n° 02-AI-96, publié au GOAC n° 289 du 27 août 1997 et TJCA, arrêt n° 01-IP-96, publié au GOAC n° 257 du 14 avril 1997

[324] TJCA, arrêt n° 35-AN-2003, publié au GOAC n° 1121 du 28 septembre 2004.

[325] PICO MANTILLA (G.), *Código de la Comunidad Andina*, *op. cit.*, p. 12.

pour laquelle il n'est pas étonnant de constater des éléments du droit international classique.

D'autre part, d'après Maria Cecilia Perez Aponte, « le manquement à la norme communautaire du fait de l'appartenance de ses États membres à différents régimes internationaux ne les empêche pas d'observer la norme communautaire. Au contraire, ils sont dans l'obligation en tant qu'États membres de la Communauté andine d'appliquer en premier lieu l'ordre communautaire »[326], puis d'étendre au droit international si nécessaire.

En ce qui concerne plus précisément la position de l'ordre juridique international au regard de la norme juridique communautaire andine, le Tribunal reconnaît une connexion entre les deux ordres juridiques sans pour autant faire de la norme internationale une composante de l'ordre juridique communautaire andin. La Communauté andine doit exercer ses compétences dans le respect du cadre international sachant que ses États membres sont aussi membres d'autres organismes internationaux, mais avant tout le juge andin veille au respect du principe de primauté et d'application directe du droit communautaire andin.

Pour résoudre les confrontations et déterminer le degré de connexion entre la norme internationale et la norme communautaire andine, le Tribunal andin relève que ces deux ordres juridiques naissent du « droit des Traités »[327] ; toutefois, dans l'arrêt n° I-IP-96, il a pu considérer que « du fait des caractéristiques différentes du droit communautaire andin, il est nécessaire de fixer l'ordre juridique international comme une de ses sources auxiliaires et non comme ordre juridique prioritaire face au droit communautaire andin ». C'est pourquoi le juge andin considère qu'« en cas de conflit entre la norme communautaire andine et l'ordre juridique international, c'est la norme communautaire andine qui doit être appliquée »[328].

Cet arrêt, souvent cité par la doctrine andine, constitue l'une des plus importantes décisions rendues par le TJCA précisant la place du droit international dans le contexte communautaire andin, en insistant sur le respect du droit de la Communauté andine avant tout autre ordre juridique.

---

[326] PÉREZ APONTE M. (C.), « Análisis de la jurisprudencia del Tribunal de Justicia de la Comunidad Andina en relación a la conexión entre derecho de la integración y derecho internacional público », *Foro*, n° 2, 2003, p. 239.

[327] Pour en savoir plus : REUTER (P.), *Introduction au droit des traités*, Paris, PUF, 3ème éd., 1995, p. 251.

[328] TJCA, arrêt n° I-IP-96, publié au GOAC n° 257 du 14 avril 1997: Solicitud de Interpretación Prejudicial de los artículos 1, 2, 4, 6 y 7 de la Decisión 344 y 2 y 3 de la Decisión 345 de la Comisión del Acuerdo de Cartagena, en relación con el artículo 1°, numeral 3° del Convenio de París para la protección de la Propiedad Industrial. Presentada por la Corte Constitucional de la República de Colombia. Expediente Nacional n° L.A.T. 044, ingresado al Tribunal el 16 de enero de 1996. Interpretación del artículo 33 del Tratado de Creación del Tribunal de Justicia del Acuerdo de Cartagena.

Précisément, le juge andin établit ici que « l'ordre juridique communautaire andin ayant une structure, une autonomie, des compétences propres et un système judiciaire indépendant, il doit être considéré comme un véritable phénomène novateur concernant les rapports entre États membres de la Communauté d'une part, et les rapports avec les autres pays de la région latino-américaine d'autre part »[329].

Le TJCA rappelle en outre « que le processus d'intégration ne limite pas la souveraineté des États membres ; au contraire, en acceptant cette souveraineté, ils font preuve de délégation de leurs compétences à la Communauté et de la particularité du droit communautaire »[330], ou « spécificité du droit communautaire »[331].

B. L'interconnexion entre le droit de l'OMC et la CAN

Une des preuves que « le système juridique communautaire andin et international sont connectés »[332] réside dans l'interconnexion du droit communautaire andin avec le droit de l'OMC. Pour illustrer ces interactions et la complexité juridique qui les caractérise, prenons l'exemple de la participation des États membres de la CAN aux négociations commerciales multilatérales de l'Accord général sur les tarifs douaniers et le commerce (AGTDC ou GATT en anglais, ancêtre de l'OMC) qui se sont déroulées à l'aide de mécanismes établis par les organismes communautaires andins. Selon l'Acte de la 11e période des sessions ordinaires de la Commission qui se sont tenues du 29 mai au 1er juin 1973, la compétence en matière de négociations commerciales communes des États membres a été reconnue à la Junte (actuel Secrétariat général) de la Communauté andine.

C'était la première fois que les États membres de la CAN étaient représentés par des organes andins à des forums et des réunions organisés par des organismes internationaux aboutissant à la signature d'engagements devenus par la suite des sources de règles communautaires. On retrouve le même schéma pour les négociations qui ont eu lieu dans le cadre du Cycle d'Uruguay[333] la représentation de la position commune andine a été assurée par la Commission de la CAN[334].

---

[329]*Ibidem*

[330]*Ibid.*

[331] Voir : MEGRET (J.), « La spécificité du droit communautaire », *RIDC*, vol. 19, n° 3, juillet-septembre 1967, pp. 565-577.

[332]BALDEON HERRERA (G.), « La organización mundial del comercio y la Comunidad andina: la posición de los acuerdos de la OMC en el ordenamiento jurídico andino », *Agenda internacional*, n° 28, año XVII, 2010, p. 59.

[333] Le Cycle d'Uruguay est le dernier cycle de négociations internationales qui a eu lieu dans le cadre de l'Accord général sur les tarifs douaniers et le commerce (GATT) entre 1986 et 1994. Voir à ce sujet : WINOCUR-MAHIEU (P.), Les négociations du cycle d'Uruguay

Un autre exemple de la capacité régulatrice de la Communauté andine dans un cadre de droit international public est l'Accord sur la valeur douanière pour l'importation des marchandises contenu dans la Décision n° 571 de la Commission de la Communauté andine du 12 décembre 2003 et son règlement, ainsi que la Résolution n° 846 du Secrétariat général du 6 août 2004 qui incorporent dans des normes communautaires de caractère obligatoire des exigences issues du droit de l'OMC. Cette reconnaissance juridique encadre les actions communautaires dans le domaine de la production régionale par ailleurs objet de normes andines dérivées.

Le Tribunal andin nous indique à ce sujet « qu'il faut prendre en compte le fait que la Communauté assume ses compétences attribuées par l'Accord de Carthagène en ce qui concerne les activités économiques engagées par les États membres, mais aussi rappeler en même temps aux États membres la primauté de leur engagement communautaire sur tout autre engagement international »[335].

Dans son arrêt n° 07 -AI-98 le juge andin confirme sa position quant à l'impossibilité des États membres de la Communauté andine de se mettre en conformité avec la norme internationale de l'OMC sans l'approbation de la Communauté andine. En l'espèce, le Secrétariat général avait formé un recours en manquement contre la République de l'Équateur au sujet de taxes extérieures communes et de taxes nationales. Le Tribunal saisit l'occasion pour préciser « qu'il est inacceptable de supposer une coexistence de deux ordres juridiques internationaux différents qui laisseraient la possibilité aux États membres de la Communauté andine de justifier un comportement permettant de choisir l'assujettissement à l'ordre juridique qui leur est le plus convenable tout en écartant celui qui leur est le plus défavorable »[336].

Le Tribunal ajoute que les États membres, « en signant l'Accord de Carthagène, qui lance le processus d'intégration, ont pris unengagement qui transcende les principes et caractéristiques du droit international traditionnel »[337] et, par conséquent, « les normes internationales que les États

---

l'Amérique latine- contribution à l'étude juridique des relations entre le régionalisme et le mondialisme, Thèse en droit, Université Panthéon-Sorbonne, 2001, p. 503.

[334] Décision n° 339 portant sur la coordination des négociations du Cycle d'Uruguay du 19 août 1993.

[335] TJCA, arrêt n° 2-N-86, publié au GOAC n° 21 du 15 juillet 1987 ; TJCA, arrêt n° 29-IP-95, publié au GOAC n° 242 du 22 janvier 1997 ; TJCA, arrêts n° 30-IP-95 et n° 32-IP-05, publiés au GOAC n° 241 du 20 janvier 1997.

[336] TJCA, arrêt n° 07-AI-98, publié au GOAC n° 490 du 4 octobre de 1999 : « *resulta inaceptable al suponer la coexistencia de dos ordenamientos jurídicos diferentes de carácter internacional que permitirían que los Países Miembros justificaran sus actuaciones a su elección, sujetándose al que encontraran más conveniente y dejando de cumplir el que les resultara desfavorable* ».

[337] « *Al suscribir el Acuerdo de Cartagena, por medio del cual se puso en marcha e proceso de integración inicialmente conocido como el Grupo Andino, los países firmantes adquirieron*

membres ont signé individuellement ne peuvent être intégrées comme sources contraignantes à l'ordre juridique de la Communauté »[338].

Un autre domaine particulièrement intéressant au regard des rapports entre le droit international et le droit communautaire andin est le régime de la propriété industrielle régi par l'Accord de l'OMC sur « les aspects des droits de propriété intellectuelle qui touchent au commerce » (ADPIC) qui sera repris par la Décision n° 486 relative au régime commun sur la propriété industrielle au sein de la Communauté andine. Dans ce domaine aussi, la Communauté andine a su adopter et adapter une norme internationale pour en faire une norme communautaire secondaire et contraignante propre à l'ordre juridique de la CAN.

Enfin, la Communauté andine a aussi reconnu dans la Décision n° 458 portant sur les lignes directrices de la politique extérieure commune andine le respect des principes et des normes du droit international établis dans les Chartes des Nations Unies et de l'Organisation des États américains (OEA). Il s'agit d'une autre illustration intéressante de la prise en compte d'une norme internationale pour élaboration du droit communautaire andin en cas de vide juridique, lorsqu'il existe un accord liant tous les États membres andins avec des organismes internationaux ou dans le cadre d'engagements multilatéraux.

§ 2 Les clauses d'ouverture constitutionnelle et l'ordre juridique communautaire andin

Rappelons qu'au moment de leur engagement à appartenir à une communauté de droit, les États membres disposent déjà d'un ordre juridique national avec des caractéristiques propres à chacun. L'ordre juridique interne est composé de règles qui définissent les rapports juridiques qui se jouent à l'intérieur d'un État. Il repose sur une hiérarchie des normes : au sommet de la « pyramide normative » se trouve la Constitution, puis viennent les lois, les règlements, les ordonnances… ; un ordre qui peut varier selon les spécificités de chaque droit national.

Dans le contexte communautaire, l'ordre juridique communautaire a dans un premier temps été rappelé par la jurisprudence des tribunaux communautaires qui exercent un contrôle de son respect (A). Dans le cas de la Communauté andine, les États membres ont été confrontés à un nouveau droit (B) qu'ils ont dû reconnaître dans leur constitution respective, conformément à leur engagement volontairement pris de former ensemble une communauté de droit (C).

---

un compromiso de carácter internacional que trasciende los principios y características del derecho internacional tradicional ».

338 TJCA, arrêt n° 01-AI-2001, publié au GOAC n° 818 du 23 juillet 2002.

A. L'incorporation d'un ordre juridique nouveau dans les ordres juridiques nationaux

Au sein de l'Union européenne, les conséquences de la reconnaissance du principe de primauté du droit de l'Union au sein des États membres sont évidentes et indéniables. En la matière, l'arrêt « *Simmenthal* » rendu par la CJUE[339] marque un tournant majeur : les juges de l'Union y déterminent que « le juge national chargé d'appliquer, dans le cadre de sa compétence, les dispositions du droit communautaire a l'obligation d'assurer le plein effet de ces normes en laissant au besoin inappliquée, de sa propre autorité, toute disposition contraire de la législation nationale, même postérieure, sans qu'il y ait à demander ou à attendre l'élimination préalable de celle-ci par voie législative ou par tout autre procédé constitutionnel »[340].

Pour la doctrine de l'Union, il s'agit « d'une décision d'une particulière solennité. Il représente le premier arrêt dans lequel la Cour va aussi loin dans les conséquences qu'impliquent les caractères du droit communautaire »[341] ; à savoir « rendre inapplicable de plein droit, du fait même de leur entrée en vigueur, toute disposition contraire à la législation nationale existante ». Les commentateurs de cet arrêt en ont tiré trois conséquences principales : « le droit (communautaire) est intégré de plein droit dans l'ordre interne des États membres, sans nécessiter aucune formule spéciale d'introduction ; les normes de l'Union prennent leur place dans l'ordre juridique interne en tant que droit de l'Union ; les juges nationaux ont l'obligation d'appliquer le droit de l'Union »[342].

---

339 CJUE, 15 décembre 1976, « *Simmenthal SpA c/Ministère des finances italien* », aff. 35/76, Rec. p. 1871.En l'espèce : Le 26 juillet 1973, la société anonyme Simmenthal, ayant son siège à Monza, a importé de France, *via* Modane, un lot de viande bovine destinée à l'alimentation humaine.

Cette importation a été assujettie au paiement de droits de contrôle sanitaire pour un montant de 581 480 lires. Estimant que les contrôles sanitaires effectués lors du passage de la frontière et les taxes perçues pour ces contrôles constituent des obstacles à la libre circulation des marchandises interdits par le droit communautaire, la société Simmenthal a, le 13 mars 1976, formé, devant le Pretore de Susa, un recours en répétition des sommes qu'elle estimait avoir indûment payées.

Le recours de la société Simmenthal a amené le Pretore de Susa à saisir, par ordonnance du 6 avril 1976, la Cour de justice des communautés européennes, à titre préjudiciel, en vertu de l'article 177 du Traité CEE. Ce renvoi a donné lieu à l'arrêt du CJUE, 15 décembre 1976, « *Simmenthal SpA c/Ministère des finances italien* », aff. 35/76, Rec. p. 1871.

340Une partie de notre analyse sera plus précisément dédiée au rôle du juge communautaire andin (cf. Titre 2 de la Première partie).

341 PETIT (Y.), *in* BOUTAYEB (C.) (dir.), *Les grands arrêts du droit de l'Union européenne. Droit institutionnel et matériel de l'Union européenne*, *op. cit.*, p. 354.

342ISSAC (G.), BLANQUET (M.), *Droit communautaire général de l'Union européenne*, Paris, Sirey, 10èmeéd., 2012, p. 371

Cette question de l'intégration de ce nouveau droit dans l'ordre interne des États membres concerne aussi la Communauté andine et passe par une reconnaissance du droit propre à ce nouvel ordre juridique. L'incorporation du droit communautaire andin par voie constitutionnelle a suscité une opposition de la part de certains États membres ; certains appliquant ce droit sans reconnaissance constitutionnelle effective. La question du rapport entre ces deux ordres juridiques constitue un élément clé du droit de l'Union, mais aussi du droit de la Communauté andine, car elle détermine l'autorité et l'observation légitime dont jouit la norme andine au sein des États membres.

B. Les États membres andins face à un nouvel ordre juridique

La question du rapport entre ordres juridiques dans le cadre communautaire andin est donc étroitement liée à la question de la mise en œuvre du principe de primauté dans les États membres. Celle-ci est particulièrement délicate dans la Communauté andine où les États restent fortement attachés à une conception classique de la souveraineté. Le processus d'intégration andin reste toujours à la merci des volontés politiques des États membres d'où la difficulté d'une véritable adoption dans le droit national du droit de la CAN. De fait, ce sont davantage les opérateurs commerciaux installés dans la région qui ont encouragé le développement du droit communautaire andin ; plus que les organes nationaux d'administration ou les citoyens andins qui pour la plupart méconnaissent les actions de la Communauté andine. L'introduction de ce droit dans les constitutions et sa reconnaissance par le droit constitutionnel[343] des États membres andins semblent cependant la voie la plus adaptée au regard de leur engagement à former la CAN.

Comme nous l'avons déjà signalé, la Communauté andine est actuellement composée de l'État plurinational de Bolivie, de l'Équateur, de la Colombie et du Pérou ; quatre pays qui ont hérité d'un système constitutionnel dans lequel la Constitution est placée à un rang de supériorité par rapport aux autres normes.

La complexité des ordres juridiques internes se révèle lorsque la réalité juridique nationale se confronte à un ordre juridique caractérisé par la « supranationalité »[344]. Ce phénomène, né du processus d'intégration

---

343 Le droit constitutionnel est « l'ensemble des règles juridiques relatives aux "institutions grâce auxquelles l'autorité s'établit, se transmet ou s'exerce dans l'État", les règles fondamentales de ce droit sont en général contenues dans un document spécial : la Constitution ». (V. GUINCHARD (S.), DEBARD (T.), *Lexique des termes juridiques, op. cit.).*

344 D'après Pierre Pescatore, le vocable supranationalité « devait marquer dans l'esprit des créateurs des nouvelles structures communautaires, l'originalité de l'œuvre qu'il apparaissait impossible de décrire d'une manière adéquate à l'aide des catégories usitées du droit

communautaire, a dès le début été bien accueilli par la doctrine andine, mais reconnu plus ou moins facilement et à des moments différents par les constitutions des États membres.

C. Les réformes constitutionnelles des États andins consécutives au processus d'intégration

En somme, il semble qu'à l'intérieur des ordres juridiques nationaux structurés de manière hiérarchique, une réadaptation est devenue nécessaire, par la voie de modifications référendaires dans certains cas ou par la voie des cours constitutionnelles des États membres. Il s'agit d'aboutir à une sorte de coexistence des deux ordres juridiques et de légitimer le droit de la Communauté andine dans chaque État membre.

La reconnaissance constitutionnelle de l'ordre juridique communautaire andin interroge quant à la recevabilité de celui-ci dans le droit des États membres, c'est pourquoi, selon Éric Tremolada Alvarez, il est nécessaire « de légitimer l'ordre juridique communautaire à travers son inclusion dans la Constitution démocratique expression directe de la volonté constituante »[345] et garante des droits des citoyens.

Les États membres de la Communauté andine ont ainsi initié une reconnaissance de l'ordre juridique communautaire andin, chacun à leur rythme, en introduisant dans leurs textes constitutionnels des « clauses d'ouverture » ou « clauses d'habilitation constitutionnelle pour l'intégration économique »[346]. Celles-ci sont d'une importance fondamentale pour l'acceptation du droit communautaire andin dans l'ordre juridique national. Toutefois, ces clauses d'ouverture à l'intégration se limitent aux compétences octroyées aux institutions communautaires. Il s'agit en effet de protéger la valeur supérieure de la Constitution

---

international », pour distinguer le processus d'intégration comme une création *sui generis* il se garde de « distinguer la place du phénomène de la supranationalité pour ne pas la confondre d'une part avec l'international au sens traditionnel et d'autre part, l'étatique, y compris l'étatique sous sa forme fédérale » (PESCATORE (P.), *Le droit de l'intégration. Émergence d'un phénomène nouveau dans les relations internationales selon l'expérience des Communautés européennes*, Bruxelles, Bruylant, 2005, p. 48-54).

345 TREMOLADA ÁLVAREZ (E.), MARTÍNEZ DALMAU (R.), « Jerarquía constitucional y aplicación preferente del derecho de la integración. Elementos para la solución del posible conflicto entre derechos e integración », *Universitas*, n° 128, 2014, p. 386.

346 MORALES ANTONIAZZI (M.), « El nuevo paradigma de la apertura de los órdenes constitucionales: una perspectiva sudamericana », *in* VON BOGDANDY (A.), SERNA DE LA GARZA (J. M.) (dir.), *Soberanía y Estado abierto en América latina y Europa*, México, Instituto de Investigaciones jurídicas de la UNAM, 2014, p. 233.

en tant que « norme des normes »[347] à l'intérieur de chaque État membre avant toute reconnaissance d'un droit extérieur.

L'adoption de telles clauses n'était pas prévue à la création de la Communautéandine par la signature de l'Accord de Carthagène en 1969. L'État plurinational de Bolivie, l'Équateur et le Pérou n'étaient pas préparés à l'immixtion du droit communautaire andin dans leurs droits nationaux. Seule la Colombie modifia sa Constitution un an avant la signature de l'Accord.

Aujourd'hui, la moitié des Constitutions des États membres de la Communauté andine sont représentatives du courant dit du« constitutionnalisme latinoaméricain »[348]qui considère la Constitution en tant qu'« acte fondateur original, garant de l'ordre juridique tout entier et expression authentique de la souveraineté populaire »[349]. Cependant, il est admis que ces constitutions souveraines s'ouvrent au droit conventionnel pour permettre une meilleure protection des droits de l'Homme, mais aussi l'incorporation du droit de l'intégration dans l'ordre juridique national.

Il convient de souligner que ces modifications du corpus constitutionnel ont une portée différente en Europe et en Amérique latine, cette dernière étant caractérisée par un contexte social et politique spécifique. C'est pourquoi d'aucuns considèrent les nouvelles constitutions des États latino-américains comme « complexes et contradictoires, car elles mélangent des libertés négatives et des mécanismes judiciaires de protection qui font partie de la tradition libérale occidentale conjuguées avec des droits issus de la démocratie de l'indigénisme en passant par le socialisme »[350].

Comme nous l'avons signalé, la Colombie (1), l'Équateur (2), l'État plurinational de Bolivie (3) et le Pérou (4) ont été conduits à réaliser des

---

347 Expression utilisée dans la Constitution colombienne pour se référer à la Constitution elle-même.

348 Le phénomène de « constitutionnalisme latino-américain » désigne les processus constituants et le résultat de ces processus de constitutionnalisation initiés à partir des années 1990 dans certains États latino-américains. Il faut signaler que les degrés de constitutionnalisme latino-américain sont corrélés avec les différences entre les États latino-américains, notamment s'agissant de leur niveau démocratique et de leur réalité socio-économique. Ils sont cependant caractérisés par une certaine stabilité politique basée sur des consultations électorales régulières et un exercice de pouvoir présidentialiste généralisé qui semble consubstantiel à l'Amérique latine. Pour en savoir plus : HERRERA (C.-M.), *Le constitutionnalisme latino-américain aujourd'hui, entre renouveau juridique et essor démocratique*, Paris, Kimé, 2015, p. 134.

349 MODERNE (F.), « Les avatars du présidentialisme dans les États latino-américains », *Pouvoirs* : « L'Amérique latine », n° 98, 2001, p. 67.

350 SALAZAR UGARTE (P.), « El nuevo constitucionalismo latinoamericano (una perspectiva crítica) », *in* GONZALES PÉREZ (L.) R. (dir.), *El nuevo constitucionalismo contemporáneo. Homenaje a Jorge Carpizo*, México, UNAM, 2013, p. 357.

réformes constitutionnelles pour accueillir le droit communautaire andin ; des réformes entreprises à des époques différentes de l'histoire de la CAN.

1. La Colombie

On l'a vu, la Constitution de la Colombie est la première qui dès 1968 a été modifiée en considération du droit communautaire andin. Révisée en 1991, son article 4 dispose depuis lors que « La Constitution est la norme des normes. En cas d'incompatibilité entre la Constitution et la loi ou autres normes, s'appliqueront les dispositions constitutionnelles »[351]. Nousconstatonsàla lecture decetarticle qu'il n'existe *a priori* pas pour le constituant colombien de possibilité de déroger àlasuprématie de la Constitution qui, parconséquent, prime toute autre norme, qu'elle soit nationale ou internationale.

Cependant, dans l'esprit de la révision constitutionnelle de 1968, nous retrouvons la reconnaissance de l'intégration latino-américaine à l'article 227 aux termes duquel « l'État promeut l'intégration économique, sociale et politique avec les autres nations et spécialement, avec les États de l'Amérique latine et de la Caraïbe par la célébration de traités sur la base de l'équité, l'égalité, et la réciprocité, pour créer des organismes supranationaux, y compris pour former une communauté latino-américaine de nations »[352].

Ainsi, la volonté de soutenir le processus d'intégration andin est ancrée dans la Constitution colombienne qui, comme le note Éric Alvarez Tremolada, a choisi « de privilégier les traités qui instituent des organes supranationaux dont l'objectif est l'intégration économique, sociale et politique des États de l'Amérique latine et de la Caraïbe »[353]. Avec cet article 227, le texte constitutionnel colombien encourage avant tout la promotion d'une intégration économique, sociale et politique qui correspond à la Communauté andine telle qu'elle est présentée par l'article premier de l'Accord de Carthagène[354]. En conséquence, pour la Colombie, les traités

---

[351] Constitution de Colombie, article 4: « *La Constitución es norma de normas. En todo caso de incompatibilidad entre la Constitución y la ley u otra norma jurídica, se aplicarán las disposiciones constitucionales* ».

[352] Constitution de la Colombie, article 227 : « *El Estado promoverá la integración económica, social y política con las demás naciones y especialmente, con los países de América Latina y del Caribe mediante la celebración de tratados que sobre bases de equidad, igualdad y reciprocidad, creen organismos supranacionales, inclusive para conformar una comunidad latinoamericana de naciones* ».

[353] TREMOLADA ÁLVAREZ (E.), MARTÍNEZ DALMAU (R.), « Jerarquía constitucional y aplicación preferente del derecho de la integración. Elementos para la solución del posible conflicto entre derechos e integración », *op cit.*, p. 399.

[354] Artículo 1: « *El presente Acuerdo tiene por objetivos promover el desarrollo equilibrado y armónico de los Países Miembros en condiciones de equidad, mediante la integración y la*

d'intégration jouissent d'une primauté en ce qui concerne les compétences attribuées aux organes communautaires andins, tout en préservant la suprématie de la Constitution en tant que « norme des normes » sur le territoire colombien.

Il convient de relever que même si la Constitution comporte des dispositions permettant une acceptation de l'ordre juridique communautaire andin, elle prévoit aussi des mécanismes de protection destinés à garantir la pleine observation de la norme constitutionnelle. À ce sujet, il est très important de prendre en compte le rôle des juridictions nationales dans la mesure où, comme le signale Joël Rideau, « leurs décisions peuvent compromettre la mise en place et le fonctionnement des mécanismes d'intégration ou, au contraire, consolider et renforcer les nouveaux pouvoirs »[355].

Au sein de la Communauté andine, le cas de la Colombie est assez particulier en comparaison des autres États membres puisqu'il s'agit du premier pays à avoir accepté l'existence du processus d'intégration, mais aussi à avoir très tôt saisi les juges au sujet de la question de l'incorporation de l'Accord de Carthagène dans leur ordre juridique national. Cet Accord a en effet fait l'objet de deux recours auprès de la Cour suprême de la Colombie trois ans seulement après le début de la construction communautaire andine. Le Procureur général de la République de Colombie s'est alors prononcé en considérant que « selon la conception moderne du droit international et à la lumière des principes du droit communautaire et de l'intégration, l'Accord de Carthagène n'est pas un traité au sens classique du terme et son véritable caractère juridique est celui d'un accord de complémentarité, de développement et d'exécution au niveau subrégional »[356].

Par ailleurs, la Cour suprême colombienne a dû se prononcer sur le Décret n° 1245 du 8 août 1969 pris par le Président de la République et portant sur l'adoption de l'Accord de Carthagène. En l'espèce, le décret était contesté par un citoyen colombien au motif de son inconstitutionnalité. À l'occasion de ce recours, la Cour suprême a considéré le droit originaire communautaire andin comme un droit spécifique de l'intégration économique par conséquent inexistant pour le droit national. Les juges ont

---

cooperación económica y social; acelerar su crecimiento y la generación de ocupación; facilitar su participación en el proceso de integración regional, con miras a la formación gradual de un mercado común latinoamericano».

355 RIDEAU (J.), « La Cour suprême de la Colombie et l'intégration économique latino-américaine dans le groupe andin », *RIDC*, vol. 25, n° 2, 1973, pp. 331-373.

356 Le Procureur général se prononce conformément à la procédure établie pour le contrôle de constitutionnalité qui relève de la Cour suprême de Justice de la Colombie. L'affaire en question portait sur une contestation de la constitutionnalité du Décret n° 1245 du 8 août 1969.

seulement admis des transferts exceptionnels et précis de compétences au profit d'autorités internationales et dans le respect des impératifs nationaux. La Cour a finalement décidé d'invalider le Décret présidentiel n° 1245 arguant que l'Accord de Carthagène n'avait fait l'objet d'aucune approbation par le Congrès national colombien comme le prévoit l'article 76 de la Constitution.

À première vue, cette position semble contredire la tradition juridique colombienne généralement encline au processus d'intégration andin ; toutefois, il convient de noter que dans la même affaire, la Cour considère que l'État colombien a respecté la condition de bonne foi au moment de la signature de l'Accord de Carthagène et reconnaît la primauté du droit international pour des nécessités fonctionnelles en écartant des règles internes au nom de l'obligation du respect des engagements internationaux[357].

Cette décisiona particulièrement été étudiée par la doctrine andine qui la considère comme contradictoire puisqu'elle reflète la position dualiste des magistrats nationaux en ce qui concerne la valeur de l'ordre juridique communautaire et de l'ordre juridique international classique[358]. Cette reconnaissance de la primauté de l'ordre juridique andin du point de vue de sa fonctionnalité sera cependant confirmée quelques années plus tard par la Cour constitutionnelle colombienne (CCC) à l'occasion d'un autre arrêt dans lequel elle indiquera que « l'ordre juridique communautaire andin prévaut sur le droit interne »[359].

Puis, la Cour constitutionnelle colombienne, amenée à se prononcer sur l'ordre juridique communautaire andin et ses caractéristiques, ainsi que ses rapports avec l'ordre juridique national, a reconnu « la qualité de supranationalité à l'Accord de Carthagène » [360] et admis de manière unanime que l'intégration communautaire andine implique une « conception moderne de la souveraineté relative »[361].

Plus précisément, la CCC analyse l'ordre juridique communautaire andin comme un droit né de traités qui ont comme objectif la coopération, mais aussi l'intégration[362]. Par ailleurs, dans sa décision C-231-97, les juges constitutionnels précisent que l'ordre juridique communautaire andin ne va pas à l'encontre de la Constitution politique colombienne, car le système

---

[357] Cour Suprême de Justice de Colombie, arrêt du 26 juillet 1971 ; Cour Suprême de Justice de Colombie, arrêt du 20 janvier 1972.

[358]Voir : ORREGO VICUÑA (F.), « La incorporación del ordenamiento jurídico subregional al derecho interno, análisis de la práctica y jurisprudencia de Colombia », in *Derecho de la integración*, New York, BID-INTAL, vol. 11, 1983, pp. 39-59.

[359] CCC, décision n° C-2434/88 du 1er septembre 1988.

[360] CCC, décision n° C-137-96 du 9 avril 1996.

[361] CCC, décision n° C-228/95 du 25 mai 1995.

[362] CCC, décision n° C-231/97 du 15 mai de 1997.

communautaire andin est aussi basé sur le principe de la séparation des pouvoirs.

Cependant, si la CCC a plusieurs fois confirmé sa position quant à la valeur de l'ordre juridique communautaire andin et ses relations avec l'ordre juridique national, elle n'accorde toujours pas à la norme communautaire andine une place parmi les normes du bloc constitutionnel colombien. L'ordre juridique communautaire andin est considéré par la CCC comme un ordre avant tout économique[363]. En somme, une norme communautaire « prétend à la régulation économique, fiscale, douanière, monétaire, technique et autres d'où surgit l'impossibilité de la prévalence sur la norme interne »[364]. Cette position nous semble aujourd'hui limitée dans la mesure où les juges ne reconnaissent pas encore le caractère social de la Communauté andine, un aspect que la Colombie participe pourtant activement à promouvoir. En ce sens, il nous semble indispensable que la Colombie continue, comme elle l'a fait dès le début de la CAN, à s'impliquer dans le processus d'intégration en procédant à une révision de sa Constitution visant une réadaptation au droit communautaire andin actuel qui dépasse les seuls aspects économiques. Une constatation dans le cas de la Colombie est de voir évoluer très lentement l'acceptation de l'ordre juridique andin en rapport avec l'activité économique commune qui se développe grâce aux échanges intracommunautaires, la Colombie constituant pourtant le principal importateur et exportateur de marchandises dans la région andine.

2. L'Équateur

Dans le cas de l'Équateur, les rapports entre l'ordre juridique communautaire andin et la norme constitutionnelle nationale ont été envisagés tardivement avec la Constitution de 2008 caractérisée par un vaste catalogue de droits fondamentaux comprenant des « formules abstraites »[365]. Pour la plupart des théoriciens du droit constitutionnel équatorien, ces formules relèvent du courant dit « indigéniste » qui promeut une « théorie de la cosmovision andine »[366] ; une formulation qui rend

---

363 Décision n° C-988-04 du 12 octobre 2004 de la CCC.

364 ARANGO OLAYA (M.), « El bloque de constitucionalidad en la jurisprudencia de la Corte constitucional colombiana », *Precedente*, 2004, p. 91.

365 SALAZAR UGARTE (P.), « El nuevo constitucionalismo latinoamericano (una perspectiva crítica) », *op. cit.*, p. 358,

366 « La cosmovision andine ou vision cosmique du monde andin peut être définie comme le processus de vie dans la continuité qui implique une prise de conscience, l'éveil des sentiments et des savoirs ancestraux, fondé sur le respect, la complémentarité et la réciprocité avec toute la nature, le cosmos, en prenant en compte que tout ce qui se passe dans notre environnement matériel et physique est un reflet de l'essence invisible de notre être et

compte de la volonté de disposer d'une Constitution « plus équilibrée avec l'identité du peuple équatorien »[367].

En ce qui concerne précisément la prise en considération du droit communautaire andin par la norme constitutionnelle, l'Assemblée constituante équatorienne a ajouté au préambule de la Constitution le principe du respect du droit communautaire andin ; « une manière de procéder récurrente au moment du renouvellement des constitutions des pays de la région, particulièrement important durant cette période »[368].

La Constitution équatorienne comporte également une clause d'ouverture établie à l'article 276 §5 qui promeut l'intégration latino-américaine comme objectif du régime de développement de l'État équatorien[369]. Cependant, cette Constitution préserve le principe du respect de la norme constitutionnelle dans son article 424 aux termes duquel : « La Constitution est la norme suprême et prévaut sur toute autre norme d'ordre juridique. Les normes et les actes du pouvoir public doivent maintenir une conformité avec les dispositions constitutionnelles, dans le cas contraire il en résulte un manquement d'efficacité juridique ». L'article 425 dispose quant à lui qu'« au sommet de la hiérarchie des normes internes se trouvent la Constitution, puis les traités internationaux, dont l'Accord de Carthagène ».

Par le passé, les organes juridictionnels équatoriens se sont généralement montrés enclins à reconnaître l'application du droit communautaire andin au niveau national en rappelant la « libre volonté de l'Équateur d'adhérer avec d'autres nations, sur la base du principe de l'égalité souveraine des États »[370]. La doctrine équatorienne a dans sa majorité accueillie positivement cette position prétorienne en confirmant que « réaliser une Communauté d'États selon un système juridique supranational n'atteint pas le concept de souveraineté au contraire il le réaffirme, puisque chaque État participe

---

sentiment » (ZENTENO BRUN (H.), « Acercamiento a la visión cósmica del mundo andino », *Punto cero*, n° 18, 2009, p. 83.

367 Pour en savoir plus: ÁVILA SANTAMARÍA (R.), *La Constitución del 2008 en el contexto andino. Análisis desde la doctrina y el derecho comparado*, Quito, Ministerio de Justicia y Derechos Humanos, 2008, p. 362.

368 TREMOLADA ÁLVAREZ (E.), MARTÍNEZ DALMAU (R.), « Jerarquía constitucional y aplicación preferente del derecho de la integración. Elementos para la solución del posible conflicto entre derechos e integración », *op. cit.*, p. 403.

369 Articles établis au Titre VIII sur les relations internationales, articles caractérisés par leur extensibilité.

370 OYARTE MARTÍNEZ (R.), « El control de constitucionalidad de los tratados internacionales », *Revista del Colegio de Jurisprudencia de la Universidad San Francisco de Quito*, n° 7, año III, 2003, p. 36.

volontairement avec une limitation de leurs pouvoirs publics en échange d'avantages économiques »[371].

La Cour suprême de Justice de l'Équateur a elle-même reconnu de manière « implicite »[372] les caractéristiques propres au droit communautaire andin dans son arrêt du 5 octobre 1999[373], tandis que le Tribunal constitutionnel de l'Équateur, actuelle Cour constitutionnelle depuis 2008, n'a pas eu l'opportunité de se prononcer sur la constitutionnalité de l'ordre juridique communautaire andin. En revanche, elle s'est exprimée concernant la volonté souveraine de l'Équateur de s'engager au niveau international. D'après Jorge Ricardo Palomares, la Cour a effectivement « produit une étude détaillée sur la situation dans laquelle l'État équatorien agit avec souveraineté dans l'élaboration de traités internationaux qui répond aux principes et normes internationales, en particulier en application du principe du *Pacta sunt servanda* »[374].

Les traités internationaux peuvent ainsi créer des espaces régionaux et un droit commun originaire doté d'une force contraignante, ce qui nous semble être un avis largement partagé en Équateur étant donné qu'aucun recours en inconstitutionnalité à l'encontre du droit communautaire andinn'a pas jusqu'à présent été formé.

3. L'État plurinational de Bolivie

La situation juridique est toute autre dans l'État plurinational de Bolivie, pays qui était au moment de la conclusion de l'Accord de Carthagène moins développé du point de vue commercial que les autres États signataires. À l'époque, la Bolivie était ainsi considérée sur le plan international et régional comme étant « à la traîne par rapport aux autres pays d'Amérique du Sud en matière de relations internationales »[375]. La raison de cette place

---

371 MONTANO GALARZA (C.), « Constitución ecuatoriana e integración andina: la situación del poder tributario del Estado », *Anuario de derecho constitucional latinoamericano*, vol. II, n° 10, 2004, p. 967.

372 TREMOLADA ÁLVAREZ (E.), « Aplicación del derecho andino en Bolivia, Ecuador, Perú y Venezuela frente a la experiencia europea. Enfoques regionales », *OASIS*, Centro de investigaciones y proyectos especiales, CIPE, Facultad de Financias, Gobierno y Relaciones Internacionales, Universidad Externado de Colombia, n° 11, 2005-2006, p. 156.

373 Cour suprême de justice de l'Équateur, Troisième chambre civile, arrêt du 5 octobre 1999 (Corte Suprema de Justicia del Ecuador, Tercera Sala de lo Civil, sentencia del 5 de octubre de 1999).

374 PALOMARES GARCÍA (J. R.), « Comunidad andina: Es vinculante el derecho comunitario? Estudio para el proyecto de investigación sobre la fuerza vinculante de los actos jurídicos de instituciones regionales», *Via Inveniti et Iudicandi*, Université Santo Tomas, 2007, p. 16, disponible sur :
http://numanterioresviei.usta.edu.co/articulos/edi5/jorgepalomares

375 DUEÑAS MUÑOZ (J. C.), « Constitución y relaciones internacionales. El control constitucional previo en la Comunidad andina, el Mercosur, y su tratamiento en la

secondaire sur la scène mondiale tenait à des difficultés internes que le pays n'arrivait pas à résoudre et qui l'empêchaient d'être au premier rang des engagements internationaux.

L'article 59 de la Constitution bolivienne de 1967 donnait faculté au Président de la République de signer des traités internationaux avec approbation postérieure du traité par le Congrès national. Il n'existait donc pas dans la norme suprême bolivienne de clause d'ouverture permettant explicitement l'intégration du droit communautaire andin dans le droit national, alors que ce pays avait montré son accord avec une intégration régionale en signant l'Accord de Carthagène en 1969.

Durant les révisions qui se sont succédé depuis 1967, la Constitution bolivienne a longtemps été perçue comme attachée au principe de souveraineté de l'État et à la suprématie de la Constitution en tant que norme placée au sommet de la hiérarchie des règles juridiques établie par le texte constitutionnel lui-même. Ce n'est qu'avec la nouvelle Constitution de 2009 que la « situation qui mettait en danger la participation de l'État plurinational de Bolivie dans le schéma d'intégration andin »[376] évolua.

L'Assemblée constituante de 2009 combla les vides du texte constitutionnel permettant à l'actuelle Constitution de l'État plurinational de Bolivie de maintenir sa position classique constitutionnelle, se plaçant au sommet de la hiérarchie normative interne, mais en reconnaissant aussi l'inclusion du droit communautaire andin dans l'ordre juridique national en vertu de son article 410[377].

La nouvelle Constitution marque aussi une avancée en matière de constitutionnalité des traités internationaux, car le même article accepte que le droit communautaire andin fasse partie du bloc constitutionnel, ce qui distingue la Bolivie de la Colombie qui n'a pas encore reconnu le droit communautaire andin comme un élément de son bloc constitutionnel.

Constitución Política del Estado de la República de Bolivia», *Anuario de derecho constitucional latinoamericano*, vol. II, n° 12, 2006, p. 440.

[376]TREMOLADA ÁLVAREZ (E.), « Aplicación del derecho andino en Bolivia, Ecuador, Perú y Venezuela frente a la experiencia europea. Enfoques regionales », *op. cit.*, p. 154.

[377] Article 410 de la Constitution de l'État plurinational de Bolivie :

« *II. La Constitución es la norma suprema del ordenamiento jurídico boliviano y oza de primacía frente a cualquier otra disposición normativa. El bloque de constitucionalidad está integrado por los Tratados y Convenios internacionales en materia de Derechos Humanos y las normas de Derecho Comunitario, ratificados por el país. La aplicación de las normas jurídicas se regirá por la siguiente jerarquía, de acuerdo a las competencias de las entidades territoriales:*

1. Constitución Política del Estado.

2. Los tratados internacionales.

3. Las leyes nacionales, los estatutos autonómicos, las cartas orgánicas y el resto de legislación departamental, municipal e indígena.

4. Los decretos, reglamentos y demás resoluciones emanadas de los órganos ejecutivos correspondientes ».

En ce qui concerne le contrôle de constitutionnalité, jusqu'en 1994 il était confié à la Cour suprême de Justice par la Constitution bolivienne, puis il l'a été à un Tribunal constitutionnel indépendant ; cependant, ces deux juridictions n'ont pas eu l'opportunité de se prononcer quant à l'ordre juridique communautaire andin et sa compatibilité ou confrontation avec l'ordre juridique national.

L'intégration communautaire andine trouve plus largement une place dans le Titre VIII de la Constitution bolivienne portant sur les relations internationales, les frontières, l'intégration et la revendication maritime. L'article 265 reconnaît la promotion des principes d'intégration dans une relation juste et égalitaire sur la base de la reconnaissance des asymétries économiques, sociales, politiques, culturelles avec les autres États du monde, notamment dans le cadre de l'intégration latino-américaine[378].

L'incorporation de ces articles marque un renouvèlement du droit bolivien à l'égard du droit international en général et du droit communautaire andin en particulier en accordant une légitimité et une visibilité dans le cadre national aux organes et actions andins. Cette évolution constitutionnelle a conduit à une remise en question des concepts classiques de la doctrine bolivienne en matière de droit international et de droit communautaire andin dont la prise en compte dans le droit national constituait dans le passé « une menace » pour de nombreux juristes et professeurs de droit constitutionnel boliviens[379].

4. Le Pérou

Au Pérou, la Constitution de 1993 acte, semble-t-il, la prise en considération du droit communautaire andin dans le droit interne ; cependant, d'aucuns ont pu relever le caractère précaire de cette reconnaissance de l'intégration latino-américaine dans la loi fondamentale péruvienne[380].

---

[378] Article 265 de la Constitution de l'État plurinational de Bolivie : « *El Estado promoverá, sobre los principios de una relación justa, equitativa y con reconocimiento de las asimetrías, las relaciones de integración social, política, cultural y económica con los demás estados, naciones y pueblos del mundo y, en particular, promoverá la integración latinoamericana* ».

[379] DERMIZAKY (P.), « Derecho constitucional, derecho internacional y derecho comunitario », *Anuario de derecho constitucional latinoamericano*, vol. II, n° 10, 2004, p. 843.

[380] Article 44 de la Constitution politique du Pérou : « *es deber del Estado establecer y ejecutar la política de fronteras y promover la integración, particularmente latinoamericana, así como el desarrollo y la cohesión de las zonas fronterizas, en concordancia con la política exterior* ».

C'est en effet de manière très succincte que l'article 55[381] du texte constitutionnel fait référence à la place des traités signés par l'État péruvien ; puis l'article 56 établit que seuls les traités portant sur les droits de l'Homme, la souveraineté, l'intégrité de l'État, la défense nationale et les obligations financières de l'État doivent être approuvés par le Congrès, à moins qu'il ne soit possible avec l'approbation d'un autre traité de modifier une loi interne. Nous pouvons déduire de ces dispositions que l'Accord de Carthagène est exempté de l'obligation de validation par le pouvoir législatif péruvien.

De toutes les nouvelles Constitutions des États membres de la CAN, la Constitution péruvienne paraît par conséquent la moins enthousiaste à accueillir l'ordre juridique communautaire andin. Elle reste fidèle à une approche classique de protection de la suprématie de la Constitution et ne reconnaît pas, à tout le moins explicitement, le transfert de compétences à des organes régionaux ou internationaux. De fait, le Pérou est l'un des États membres qui a le plus saisi le TJCA à propos notamment de normes dérivées andines relatives à la propriété intellectuelle qu'il a dû intégrer. Cela montre bien que la norme andine est pourtant bien présente sur le territoire péruvien, surtout en matière commerciale.

Cependant, avant les réformes constitutionnelles qui ont récemment connu les États membres, cette situation de précarité juridique, qualifiée par Allan-Randolph Brewer-Carias de « carence de base constitutionnelle pour le développement du processus d'intégration andine »[382], était une caractéristique de tous les États membres andins à l'exception de la Colombie qui, comme nous l'avons signalé, avait modifié sa Constitution dès 1968 pour se préparer au processus d'intégration communautaire andin.

À ce sujet, la position du TJCA est de respecter les Constitutions des États membres. À l'occasion d'un arrêt de 1987 portant sur recours en annulation contre la Commission de la Communauté andine, le juge andin s'est en effet montré rassurant à l'égard des États membres sur le respect de leur souveraineté dans le cadre du processus d'intégration qui prenait alors son essor dans la région, tout en incitant à dépasser les limites nationales dans un seul objectif : celui d'aboutir à une unité juridique supérieure[383]. Il s'agit d'un signe clair que la volonté du Tribunal a toujours été de protéger l'ordre juridique andin tout en rassurant lesÉtats membres du respect de leurs constitutions et, par conséquent, de leur souveraineté.

---

[381] Article 55 de la Constitution politique du Pérou : « *Los tratados celebrados por el Estado y en vigor forman parte del derecho nacional* ».

[382] BREWER-CARIAS (A.-R.), *Implicaciones constitucionales de la Integración de la Comunidad andina*, Estudio para el Proyecto del Instituto de Estudios internacionales (IDEI) de la Pontificia Universidad Católica del Perú, 2002, p. 5.

[383]TJCA, arrêt n° 1-IP-87, publié au GOAC n° 28 du 15 février 1988.

§ 3 La dénonciation de l'Accord de Carthagène

L'acceptation de l'ordre juridique communautaire andin dans l'ordre juridique national a été possible à l'introduction du respect de l'intégration andine dans les constitutions des États membres. Cependant, cette acceptation peut en principe être rompue par la seule volonté de l'un des États qui composent la Communauté andine.

Une possibilité de renonciation est prévue par l'Accord de Carthagène lui-même (A). Celle-ci a d'ailleurs déjà été mise en œuvre (B), ce qui n'a pas été sans conséquence sur le processus d'intégration (C).

A. La possibilité de retrait d'un État membre reconnue par l'Accord de Carthagène

Le retrait des États membres de la Communauté andine est prévu par l'article 135 de l'Accord de Carthagène[384]. Ce retrait signifie la cessation des droits et des obligations de l'État concerné à l'égard de la Communauté andine. La procédure de retrait s'accompagne d'un protocole de retrait qui doit prévoir les relations futures de la Communauté avec l'État sortant, notamment son implication au sein des institutions communautaires andines. Un retrait progressif qui peut s'étaler sur cinq ans est prévu par l'Accord de Carthagène.

Il convient de rappeler qu'au tout début de la construction communautaire andine, en 1976, cette procédure de retrait avait déjà abouti avec le Chili. Ce retrait n'avait pas eu de grandes conséquences, ni sur le processus communautaire andin ni pour le Chili dans la mesure où l'état d'avancement du processus d'intégration était peu développé, mais aussi parce que le Chili, au moment de sa dénonciation de l'Accord de Carthagène, ne quitta pas complètement la CAN. Il passa du statut d'État membre à celui d'État associé, statut qui est toujours le sien aujourd'hui[385].

---

[384] Article 135 de l'Accord de Carthagène: « *El país miembro que desee denunciar este Acuerdo deberá comunicarlo a la Comisión. Desde ese momento cesarán para él los derechos y obligaciones derivados de su condición de miembro, con excepción de las ventajas recibidas y otorgadas de conformidad con el Programa de Liberación de la Subregión, las cuales permanecerán en vigencia por un plazo de cinco años a partir de la denuncia.* »

[385] La qualité de membre associé de la Communauté andine du Chili est octroyée par la Décision n° 645 portant sur la condition d'État membre associé de la Communauté andine au Chili du 20 septembre 2006. Les États membres de la Communauté andine par cette décision octroient à l'État membre associé la capacité de participer aux réunions des organes et institutions du système d'intégration andine à la demande de l'organe communautaire ou en réponse à la demande faite par le Chili. Les termes de la participation du Chili au processus d'intégration communautaire andin ont été précisés par la Décision n° 666 portant sur la participation de la République du Chili dans les organes, mécanismes et mesures de la Communauté andine du Conseil andin des ministres des Affaires étrangères du 8 juin 2007.

Bien que le retrait d'un État membre semble ne pas poser de problèmes au Système d'intégration andin puisqu'il s'agit d'une possibilité prévue par l'Accord de Carthagène lui-même, celui-ci n'est cependant pas sans effets juridiques complexes. Dans ce cas, l'objectif de la Communauté andine est de conserver le lien historique qu'elle a développé avec l'État qui décide de sortir, particulièrement en matière commerciale, avec comme objectif premier de ne pas mettre en péril le développement du commerce dans la région[386].

B. Le retrait du Venezuela de la CAN

La Communauté andine a été considérée par certains auteurs comme « fragile dès l'origine (et) qui tient à éviter un fleuve de revendications nationales »[387] pour maintenir une certaine unité indispensable à sa pérennité, comme le rappellent régulièrement les institutions andines aux États membres. L'éloignement du Venezuela a représenté une épreuve pour la CAN qui a dû continuer d'approfondir le processus d'intégration en dépit de la manifestation d'un volontarisme souverain source de division entre États membres.

Le Chili a jusqu'à aujourd'hui participé aux réunions du Conseil andin des ministres du développement social, au forum andin des migrations en 2008, au VIIe Comité exécutif du Plan andin de coopération pour la lutte contre les drogues illicites et les délits connexes en 2008, au Séminaire sur les convergences macroéconomiques en 2008, à la Première table andine de participation de la société civile pour la défense des droits du consommateur andin en 2009, au IIe Forum andin des migrations en 2009. Le pays est aussi présent à l'intérieur de certains organismes communautaires andins : l'organisme andin de santé Hipolito Unanaue, le programme andin amazonien de communication et éducation environnementales, le projet d'appui à la Communauté andine dans le domaine des drogues synthétiques, le Comité exécutif andin du plan de lutte contre la corruption, et la Conférence régionale andine sur l'emploi.

[386] À ce sujet, voir les documents de travail élaborés par le Secrétariat général de la Communauté andine :
Secretaria General, Sg/dt 341, « *Consideraciones jurídicas de la denuncia del Acuerdo de Cartagena por parte de Venezuela y sobre la protección del acervo histórico de las relaciones entre los países miembros de la Comunidad Andina* », 2006, p. 42 ; Secretaria General, Sg/dt 347, « *Acervo histórico y perspectivas de las relaciones entre los países miembros de la Comunidad Andina y Venezuela* », 2006, p. 34 ; Sg/dt 356, « *Resumen aspectos jurídicos derivados de la denuncia de Acuerdo de Cartagena por parte de Venezuela* », 2006, p. 11.

[387] SIERRA CADENA (G. de J.), « Une approche comparée des principes de proportionnalité et de subsidiarité dans la jurisprudence de la CJUE et du TJCA : la coordination-harmonisation des pluralismes juridiques régionaux à l'épreuve de l'internationalisation du droit communautaire », *Revista Estudios Socio-Jurídicos*, n° 15, 2013, p. 148.

En effet, en 2006, le Venezuela décida son retrait du processus andin[388] en arguant que celui-ci ne répondait plus aux principes nationaux vénézuéliens de promotion d'une intégration sociale et légitime des peuples suite à la signature par le Pérou et la Colombie de traités de libre-échange commerciaux avec les États unis[389]. Cette décision souveraine d'un État membre de la CAN, considérée comme hautement politique par certains[390], résulte d'une vision nationaliste de la part du Venezuela[391] qui met fin à son engagement communautaire andin et s'ensuit d'une demande d'adhésion au MERCOSUR[392].

Le retrait du Venezuela de la CAN a forcément eu des conséquences pour l'ensemble du système juridique andin comme pour le Venezuela lui-même qui était impliqué de manière très active dans le processus d'intégration, surtout dans le domaine commercial[393]. L'article 153[394] de la Constitution

---

[388] Dénonciation faite par communication adressée à la Commission de la Communauté andine le 22 avril 2006. Dans cette communication, le Venezuela exprime les raisons de son retrait. Le point le plus conflictuel est l'assimilation des Accords de libre-échange signés par certains États membres avec les États Unis qui implique de modifier la nature et les principes d'origine de la Communauté andine.

[389] Le Pérou a signé un Traité de libre-échange avec les États Unis le 12 avril 2006, La Colombie a signé un premier accord de libre-échange en 2001, qui sera soumis à des modifications et à la signature d'un Accord de libre-échange avec les États Unis le 28 juin 2007. Ces Accords de libre-échange, connus en Amérique latine sous le sigle « TLC » (Tratado de libre comercio), sont des traités bilatéraux contraignants qui visent à éliminer les obstacles commerciaux entre les pays signataires, promouvoir la consolidation de l'accès aux biens et services et encourager l'investissement privé. Cependant, outre ces questions commerciales, les TLC traitent de questions institutionnelles, économiques, de propriété intellectuelle, du droit du travail et de politiques environnementales.

[390] Voir: « El retiro de Venezuela desata una crisis en la Comunidad andina », *Journal La Nación*, espace El Mundo, 21 avril 2006, disponible sur: http://www.lanacion.com.ar/799146-el-retiro-de-venezuela-desata-una-crisis-en-la-comunidad-andina ; SAINZ BORGO (J. C.), « La salida de Venezuela de la Comunidad Andina », *Politeia*, Instituto de Estudios políticos, vol. 30, n° 38, 2007, pp. 127-150; SASAKI OTANI (M. Á.), « La retirada de Venezuela de la Comunidad andina y su eventual adhesión al MERCOSUR. En un "limbo integracionista"? », *Revista digital EJIL, - EAFIT Journal of International Law*, vol. 3, n° 1, 2012, pp. 56-67.

[391] GARCÍA MÜLLER (R.), *Consecuencias jurídicas de la Denuncia del Acuerdo de Cartagena*, Mémoire en droit, Universidad métropolitana de Caracas, 2008, p. 58.

[392] L'adhésion du Venezuela au Traité d'Asunción, au Protocole d'Ouro Preto et au Protocole d'Olives se réalise avec la signature du Protocole d'adhésion de la République de Venezuela au MERCOSUR et du Protocole d'adhésion signé le 4 juillet 2006 à Caracas, capitale du Venezuela. Pour en savoir plus: CHACÓN DE ALBURQUERQUE (R.), « El Mercosur y la adhesión de Venezuela », *Revista de derecho público*, n° 111, 2007, pp. 43-60.

[393] Le Venezuela se voyait appliquer le régime des entreprises andines, le régime des investissements étrangers, le régime des droit et obligations des investisseurs étrangers, le régime des sociétés anonymes, le régime des contrats d'importation technologique, le régime de la libre concurrence, le régime du transport terrestre, le régime de transport maritime et de la navigation, le régime du transport aérien, le régime du droit industriel, le régime des droits d'auteur, le régime du commerce et des services de télécommunications.

vénézuélienne prévoit en effet de promouvoir l'intégration latino-américaine, d'avancer vers la création de la Communauté des nations et l'acceptation de l'introduction de la norme communautaire andine dans la norme légale nationale dans le respect d'une application directe prévalant sur la norme nationale. Il s'agissait de l'article le plus disposé à la reconnaissance constitutionnelle du droit communautaire andin jusqu'aux modifications des Constitutions des autres États membres. Il intéressant de noter que le Venezuela n'a pas modifié cet article 153 après son retrait[395] ; une situation reflétant le « paradoxe de la politique gouvernementale vénézuélienne »[396] qui d'un côté paraît favorable au droit communautaire andin, mais de l'autre n'hésite pas à quitter le processus d'intégration auquel il a participé de manière assidue jusqu'en 2005.

L'acte de retrait présenté par le Venezuela a été approuvé par la Décision n° 641 rendue à l'issue d'une session extraordinaire de la Commission de la Communauté andine qui s'est tenue les 8 et 9 août 2006. Les États membres

---

Pour en savoir plus: MORALES HERNÁNDEZ (A.), « El retiro de Venezuela de la Comunidad andina de naciones y sus efectos en la legislación mercantil », *Revista de la Facultad de Ciencias Jurídicas y Políticas de Caracas*, n° 127, 2007, pp. 279-304.

[394] Article 153 de la Constitution Politique de l'État Bolivarien du Venezuela de 1999: « *La República promoverá y favorecerá la integración latinoamericana y caribeña, en aras de avanzar hacia la creación de una comunidad de naciones, defendiendo los intereses económicos, sociales, culturales, políticos y ambientales de la región. La República podrá suscribir tratados internacionales que unan y coordinen esfuerzos para promover el desarrollo común de nuestras naciones, y que aseguren el bienestar de los pueblos y la seguridad colectiva de sus habitantes. Para estos fines, la República podrá atribuir a organizaciones supranacionales, mediante tratados, el ejercicio de las competencias necesarias para llevar a cabo estos procesos de integración. Dentro de las políticas de integración y unión con Latinoamérica y el Caribe, la República privilegiará relaciones con Iberoamérica, procurando sea una política común de toda América Latina. Las normas que se adopten en el marco de los acuerdos de integración serán consideradas parte integrante del ordenamiento legal y vigente y de aplicación directa y preferencia a la legislación interna* ».

[395] Le 15 août 2007, une proposition présidentielle de réforme à la Constitution de 1999 a été présentée , avec la proposition d'un article 153 réformé portant une vision intégrationniste bolivarienne et géopolitique en vue de la réalisation d'une « nation des Républiques à l'image du rêve du libérateur Simon Bolívar, comme base d'un nouveau modèle d'intégration et d'union continentales : « *Artículo 153 - La República promoverá y favorecerá la integración, la Confederación y la unión de América Latina y del Caribe a objeto de configurar un gran bloque regional de poder político, económico y social. Para el logro de este objetivo el Estado privilegiará la estructuración de nuevos modelos de integración y unión en nuestro continente, que permitan la creación de un espacio geopolítico, dentro del cual los pueblos y gobiernos de nuestra América vayan construyendo un solo proyecto Gran nacional, al que Simón Bolívar llamó "Una Nación de Repúblicas".La República podrá suscribir tratados y convenios internacionales basados en la más amplia cooperación política, social, económica, cultural, la complementariedad productiva Grannacional, la solidaridad y el comercio justo*».

[396] MAZET (G.), « La République Bolivarienne du Venezuela et le droit », *Cahiers des Amériques latines*, n° 53, 2008, p. 63.

de la Communauté andine ont accepté la dénonciation de l'Accord de Carthagène en élaborant un mémorandum d'entente à titre de mesure de sauvegarde des relations avec le Venezuela. Cet acte manifeste un respect de la souveraineté de chaque État membre au regard de leur engagement dans le processus andin qui peut donc être réversible.

C. Les conséquences du retrait du Venezuela

L'un des aspects juridiques les plus délicats du retrait d'un État membre andin est sans aucun doute la cessation de ses droits et la limitation de ses obligations envers la Communauté andine. Pour le cas du Venezuela, le Secrétariat général a organisé des cycles de travail afin d'aboutir à une possible solution alternative au retrait immédiat et de protéger les droits de l'État s'agissant de la liberté du commerce régional, du programme d'investissement andin, du processus de développement progressif du marché communautaire andin, des régimes communs relatifs aux marchandises et à la propriété intellectuelle, ou encore du transport communautaire de marchandises et de personnes. Le Secrétariat général a en outre conseillé aux États membres et à l'État sortant de maintenir les droits et obligations créés par le droit communautaire andin en considération de l'importance que ces avantages communautaires peuvent générer aux parties[397].

Finalement, à l'issue de la période de négociations, les États membres de la CAN se sont entendus pour appliquer au Venezuela les mêmes conditions que celles appliquées aux États tiers en matière commerciale, de circulation de personnes, de réglementation technique, de régime agroalimentaire et de migration. Ces nouvelles conditions ont été progressivement mises en place conformément à ce que prévoyait le document d'entente entre les États membres et le Venezuela.

Le TJCA a eu l'occasion de se prononcer sur la question de la justiciabilité d'un État retiré de la CAN à l'occasion de l'affaire opposant le Secrétariat général à la République Bolivarienne du Venezuela pour cause de manquement présumé de cette dernière à l'article 2 de la Décision n° 282 de la Commission de l'Accord de Carthagène, à l'article 4 du Traité constitutif du Tribunal, aux articles 81 et 86 de l'Accord de Carthagène et aux règles relatives au tarif extérieur commun du Système andin posées dans les décisions n° 370 et n° 371 de la Commission de la Communauté andine. Le Tribunal indique clairement dans son arrêt qu'« au moment de la dénonciation de l'Accord de Carthagène les conditions d'un

---

[397] Secretaria General, Sg/dt 341 : « *Consideraciones jurídicas de la denuncia del Acuerdo de Cartagena por parte de Venezuela y sobre la protección del acervo histórico de las relaciones entre los países miembros de la Comunidad Andina* », 2006, p. 6.

État justiciable cessent pour le TJCA »[398] et, par conséquent, décide de mettre fin à l'action intentée. Cette mesure a été la plus radicale de toutes celles prises par les institutions communautaires au regard du retrait du Venezuela. Cette jurisprudence pose en effet qu'un État membre qui dénonce l'Accord de Carthagène et se retire de la CAN devient immédiatement non justiciable devant le TJCA. Le retrait effectif d'un État membre est plus progressif. Il dispose d'un délai de cinq années au maximum pour quitter les institutions communautaires andines. Cependant, le TJCA verra le nombre de ses magistrats réduit de 5 à 4 dès la Décision n° 633 de la Commission rendue le 12 juin 2006[399] acceptée durant la session ordinaire du Conseil andin des ministres des Affaires étrangères ; une mesure considérée comme urgente pour le bon fonctionnement du Tribunal[400].

En substance, le retrait d'un État membre de la Communauté andine engendre donc des mesures d'éloignement des institutions communautaires qui aboutissent à donner la qualité d'État tiers à l'État sortant, sauf dans le cas où celui-ci demande le statut d'État associé comme l'est le Chili. Cette procédure appelle aussi une modification constitutionnelle concernant la clause d'ouverture à l'ordre juridique communautaire andin et des modifications juridiques dans les domaines qui relèvent des compétences partagées entre la CAN et les institutions nationales.

Comme nous avons pu constater la procédure de retrait d'un État membre andin est clairement envisageable dans l'ordre juridique andin, une situation qui n'est pas du tout imaginable au sein de l'Union européenne qui se voulait avant le Brexit une communauté indivisible[401]. Nous considérons

---

[398] TJCA, arrêt n° 145-AI-2005, publié au GOAC n° 1368 du 11 juillet 2006: « *Desde el momento de la presentación de la denuncia, a la República Bolivariana de Venezuela, con relación a las obligaciones y derechos, le es aplicable e principio de res Inter alios acta, con la sola excepción de aquellas previsiones que se refieren al Programa de Liberación (...). Que conforme a lo anterior, es evidente que, igualmente, desde el momento de la denuncia del Tratado cesa la condición de país justiciable por el Tribunal de Justicia de la Comunidad Andina, ya que de conformidad con la normativa que regula la actividad de este Órgano, éste no tiene competencia para resolver conflictos que se susciten entre los países miembros y un tercero, (...). Que en el caso bajo estudio, si bien la República Bolivariana de Venezuela ostentaba la condición de país miembro de la Comunidad Andina al momento de iniciarse la Acción de Incumplimiento, desde el 22 de abril del año en curso ya no tiene dicha calidad y, en consecuencia, no estaría obligado al acatamiento de las sentencias del Tribunal (Artículo 27 del Tratado de Creación del Tribunal)* ».

[399] Décision n° 633 portant sur la composition du Tribunal de Justice de la Communauté andine du 12 juin 2006.

[400] Note du Tribunal n° 147-P-TJCA-2006 adressée au Secrétariat général de la Communauté andine.

[401] Voir : SIMON (D.), « Les mois maudits », Repère, *Revue Europe*, n° 3, mars 2016 ; SIMON (D.), « Repère, Brexit : en marche pour une longue marche », *RevueEurope*, n° 6, juin 2017.

que le pragmatisme de la construction andine permet un retrait progressif dans l'objectif de préparer le départ d'un État membre qui souhaite redonner force à sa souveraineté. Le processus de retrait andin est aussi moins « douloureux » ; le processus d'intégration n'étant pas aussi approfondi que celui qui caractérise l'Union. La possibilité d'un retrait a été limitée au sein de l'Union ; le retrait andin constitue un droit légitime de tout État membre reconnu par l'ordre juridique andin lui-même.

SECTION 2 : LE MÉCANISME DE SAUVEGARDE DU RESPECT DE L'ORDRE JURIDIQUE COMMUNAUTAIRE ANDIN

Les États membres de la Communauté andine et ceux de l'Union européenne ont signé des traités les engageant dans un processus d'intégration qui s'accompagne de leur sujétion à des règles communes. Les traités fondateurs ont prévu des recours juridictionnels qui permettent d'exiger le respect du droit de l'Union et du droit de la Communauté andine et de rappeler à l'ordre tout État membre en infraction.

La réalité de la Communauté andine au regard des engagements des États membres est considérée comme l'une des faiblesses de ce système d'intégration ; une faiblesse qui peut être comblée par le droit communautaire andin lui-même qui prévoit un recours permettant de rappeler à l'ordre les États membres qui manqueraient à leur engagement (§1). Les décisions du TJCA ont un effet sur le comportement des États membres (§2) en précisant leurs responsabilités (§3).

§ 1 Un rappel constant de l'engagement communautaire andin : le recours en manquement

Le recours en manquement[402] est une procédure juridictionnelle qui trouve son origine dans les articles 258 à 260 du Traité sur le fonctionnement de l'Union européenne (TFUE). Il s'agit d'un recours spécifiquement communautaire méconnu dans le système de contrôle des obligations du droit international classique basé sur le volontarisme des États. La CJUE rappelle en effet que « cette procédure dépasse de loin les règles jusqu'à présent admises en droit international classique pour assurer le respect par les États de leurs obligations »[403].

---

[402] Le recours en manquement et le recours en carence ont comme source d'inspiration la procédure contentieuse administrative du Conseil d'État français ainsi que le signale : ISSAC (G.), BLANQUET (M.), *Droit communautaire général de l'Union européenne*, Paris, Sirey, 10ème éd., 2012, p. 315.

[403] CJUE, 15 juin 1960, « *Italie c/ Haute autorité de la CECA* », aff. 20/59, Rec. p. 663.

Dans le contexte de l'Union, le recours en manquement a valeur de mécanisme de contrôle (A). Repris et adapté dans le cadre communautaire andin, le recours en manquement est caractérisé par une procédure comprenant deux étapes (B) permettant de déterminer l'existence ou non d'une carence de la part d'un État membre (C).

A. La signification du recours en constatation de manquement

Ce recours en Europe a pour objet de faire constater tout manquement au droit de l'Union. Qu'elles soient primaires ou dérivées, il s'agit de « règles rigoureuses, dont la méconnaissance donne lieu à une condamnation prononcée par la juridiction de l'Union »[404]. S'y ajoutent les principes généraux du droit également considérés comme des sources du droit de l'Union.

Le recours en manquement est un mécanisme important pour l'application effective du droit de l'Union ; un objet particulier qui le distingue des autres recours prévus dans les traités. La mise en œuvre de ce recours est décisive du fait de « sa vivacité expliquée notamment par le rôle de la Commission dans le déroulement de la procédure en sa qualité de gardienne de l'application du droit de l'Union »[405].

Ce mécanisme de contrôle « par son essor constant constitue aujourd'hui un facteur indéniable d'unité et d'efficacité de l'application du droit de l'Union, constat nuancé par la lourdeur relative de la procédure et la réticence des États membres de l'Union de se conformer aux arrêts de la Cour »[406] compétente pour connaître et déclarer l'illégalité des obligations ou leur violation par les États membres. Afin d'assurer l'application effective des arrêts sanctionnant le manquement aux obligations communautaires, l'Union européenne a prévu à l'article 260 du TFUE un système de sanctions qui oblige les États qui ne s'exécuteraient pas à payer une somme forfaitaire ou une astreinte.

B. La signification andine du recours en constatation de manquement

La Communauté andine a choisi de prendre le contentieux de l'Union européenne pour modèle, une initiative qui démontre « une volonté de s'engager dans un véritable processus de construction commune allant au-

---

404 BOUTAYEB (C.), *Droit institutionnel de l'Union européenne. Institutions, ordre juridique, contentieux, op. cit.*, p. 327.

405 *Ibidem,* p. 367.

406 *Ibid.*

delà d'une simple coopération d'États fondée sur la liberté commerciale »[407]. Ainsi, les articles 23 à 25 du Traité constitutif du TJCA du 28 mai 1996, qui est considéré comme une norme primaire, prévoient un recours destiné à sanctionner les infractions commises par les États membres à l'encontre du droit communautaire andin en raison de leur action ou inaction.

L'article 107 du statut du TJCA[408] prévoit par ailleurs qu'un recours en manquement pourra lui être présenté « quand la conduite d'un État membre sera considérée comme contraire à l'ordre juridique communautaire andin ». En outre, le TJCA lui-même a pu rappeler aux États membres que « l'un des présupposés fondamentaux pour aboutir à la stabilité de l'Accord de Carthagène est le respect des droits et obligations acquis par les États membres au contrôle de légalité du système, celui-ci étant protégé par le Tribunal ».

Dans le même arrêt, le juge andin propose une définition du recours en manquement en le considérant comme « l'instrument par lequel le Tribunal est appelé à surveiller en dernière instance le respect des obligations qui reposent sur les États membres de se conformer et ne pas faire obstacle à l'application des normes qui composent le système juridique de l'Accord de Carthagène »[409]. La même année, le TJCA précisera la nature de ce recours en le qualifiant d'« action autonome, propre, indépendante et *sui generis* »[410].

En 2002, le juge andin complètera et renforcera encore cette définition en signalant que « l'action en manquement vise à assurer la conformité aux objectifs du processus d'intégration andin, par la vérification du respect des engagements que les États membres ont pris depuis la signature de l'Accord de Carthagène »[411]. Il confirma ainsi la pertinence de ce recours en cas de violation de ce qui peut être considéré comme la norme constitutionnelle andine : l'Accord de Carthagène.

---

[407] PEROTTI (A.), « Los tribunales comunitarios en los procesos de integración, El caso del Tribunal de Justicia de la Comunidad andina», *DIKAION*, n° 8, 1999, p. 238.

[408] Décision n° 500 portant Statut du Tribunal de justice de la Communauté andine du 22 juin 2001.

[409] TJCA, arrêt n° 1-AI-96, publié au GOAC n° 234 du 21 novembre 1996: « *Uno de los presupuestos fundamentales para el logro de la estabilidad del Acuerdo de Cartagena y del cumplimiento de los derechos y obligaciones que por el mismo adquieren los Países Miembros, es el control de la legalidad del sistema, cuya salvaguarda ha sido encomendada al Tribunal* » , « *La acción de incumplimiento es el instrumento por el cual el Tribunal está llamado a vigilar en última instancia el cumplimiento de las obligaciones que adquieren los Países Miembros de acatar y no obstaculizar la aplicación de las normas que constituyen el ordenamiento jurídico del Acuerdo de Cartagena* ».

[410] TJCA, arrêt n° 3-AI-96, publié au GOAC n° 261 du 29 avril 1997: « *es una acción autónoma, propia, independiente y sui-géneris, derivada exclusivamente de la conducta a que quedan sujetos los Estados para asegurar la ejecutividad del Tratado de integración económica* ».

[411] TJCA, arrêt n° 52-AI-2002, publié au GOAC n° 1108 du 25 août 2004.

Ricardo Vigil Toledo résume l'importance d'un tel recours en précisant que « l'action en manquement est possible quand le comportement d'un État membre est contraire à l'ordre juridique communautaire andin, cette action peut être intentée afin de demander le respect des engagements pris dans le cadre de l'intégration andine »[412].

C. Procédure du recours en constatation en manquement

Le recours en constatation en manquement andin comporte deux phases ; une étape préliminaire ou administrative (1) et une étape juridictionnelle proprement dite (2).

1. Phase préliminaire ou administrative

Au sein de la Communauté andine, ce recours est prévu aux articles 23 à 31 du Traité constitutif du TJCA. Il est admissible quand le Secrétariat général, les États membres ou une personne physique ou morale affectée dans ses droits subjectifs considèrent qu'un État membre manque aux obligations communautaires andines.

La phase précontentieuse ou « préliminaire »[413] du recours en manquement est réglementée par la Décision n° 623 du Conseil andin des ministres des Affaires étrangères de la Communauté andine du 25 juillet 2005[414]. Cette décision a été prise pour répondre à la volonté du Conseil présidentiel andin de perfectionner les mécanismes de résolution des conflits en vue d'améliorer le contentieux communautaire andin et à l'instabilité juridique provoquée par le retrait du Venezuela[415]. Le Tribunal a pu préciser que « pendant la phase préliminaire l'État membre suspecté de manquement peut engager un dialogue de défense pour rectifier sa conduite »[416]. Cette

---

[412] VIGIL TOLEDO (R.), *Reflexiones en torno a la construcción de la Comunidad sudamericana de naciones*, Quito, Artes Gráficas Señal, 2006, p. 52.

[413] TJCA, arrêt n° 3-AI-96, publié au GOAC n° 261 du 29 avril 1997: « *se inicia l acción en una etapa que podría llamarse "Fase previa"* ».

[414] Décision n° 623 portant règlement de la phase préjudicielle du recours en manquement du Conseil andin des ministres des Affaires étrangères du 25 juillet 2005.

[415] La Déclaration présidentielle du 18 juillet 2005 confie au Conseil et à la Commission le soin de préparer un projet de réformes du Statut du Tribunal de justice de la Communauté andine ayant notamment pour objet de renforcer la méthode appliquée jusqu'à présent en matière de prévention des manquements de la part des États membres, en plus d'élaborer des méthodes de diffusion du droit communautaire de règles de procédure andins au sein des États membres. V. Sg/dt 377, « *Proyecto de reformas al Estatuto del Tribunal de justicia de la Comunidad andina* », 2007, p.1.

[416] TJCA, arrêt n° 1-AI-97, publié au GOAC n° 329 du 9 mars 1998: « *Para este Tribunal un pre-requisito que debe précéder à la accion de incumplientο es la oportunidad procesal que debe otorgarse al País miembro para corregir o enmendar su conducta* ».

action est considérée comme un prérequis avant d'engager réellement, en cas de persistance de la violation, un recours en manquement dans le cadre d'une seconde phase de nature contentieuse.

Lorsque le Secrétariat général agit d'office contre un État membre, il doit présenter ses observations sous la forme d'une note d'observations conformément à l'article 3 du règlement de la phase préjudicielle du recours en manquement. Le Secrétariat général émet un avis motivé directement adressé à l'autorité nationale dans lequel il peut conclure à un manquement. L'État membre concerné doit alors répondre dans un délai de dix à soixante jours. Le règlement prévoit par ailleurs que le Secrétariat général peut auparavant demander des renseignements supplémentaires et organiser des réunions avec les autorités nationales de l'État membre suspecté de manquement. À l'issue de ces réunions, l'État membre doit répondre à la note d'observations du Secrétariat général présentant un avis motivé qui, d'après les précisions apportées par le TJCA, doit être conforme à la note d'observations du Secrétariat général[417].

Si l'avis motivé établit que l'État membre concerné manque à une obligation communautaire andine et qu'il ne corrige pas ses erreurs en n'adoptant pas de mesures pour se conformer à l'ordre juridique communautaire andin, le Secrétariat général doit demander au Tribunal de se prononcer sur l'affaire conformément à l'article 24 du Traité constitutif du TJCA.

Le droit communautaire andin prévoit aussi la possibilité qu'un État membre andin initie la procédure préliminaire en saisissant le Secrétariat général en vertu de l'article 24 du Protocole modificatif du Traité instituant la Communauté andine[418]. Suite à cette demande, le Secrétariat général doit présenter un avis non motivé sur le manquement suspecté de l'État membre. Si la violation du droit communautaire andin est avérée, le Tribunal peut être saisi par le Secrétariat ou par l'État membre qui a relevé le manquement.

La pratique andine du recours en manquement se singularise cependant par un comportement critiquable des États membres qui ont fait valoir « la réciprocité de manquement aux obligations communautaires » ou « la tolérance par omission ». D'après Galo Pico Mantilla, ancien président du TJCA, cette situation « a existéà une époque, semble-t-il, d'une entente entre États membres pour ne pas se dénoncer »[419].

Des causes économiques et des solutions pragmatiques peuvent expliquer cette attitude discutable. En effet, pendant les années 1980, la crise économique qui sévissait dans la région a déséquilibré leséconomies des

---

417 TJCA, arrêt n° 1-AI-97, publié au GOAC n° 329 du 9 mars 1998.

418 Ce protocole est connu sous le nom de Protocole de Cochabamba du 28 mai 1996.

419 PICO MANTILLA (G.), *Temas jurídicos de la Comunidad andina*, Quito, Publicación especial del Tribunal de Justicia de la Comunidad andina, 2009, p. 18.

États membres de la Communauté andine et affaibli le respect de leurs obligations envers le processus d'intégration. Des négociations entre États membres se sont instaurées pour éviter d'aller jusqu'à une rupture des engagements communautaires. Le retour à une certaine stabilité économique a toutefois permis de limiter les préjudices commerciaux subis par les États membres, chacun cherchant à sortir de la crise à sa façon. Cette posture à l'égard du recours au manquement a fait l'objet de fortes critiques de la part des institutions communautaires andines qui ont envisagé de prévoir à l'avenir de nouvelles mesures visant à maintenir l'attachement des États membres à l'unité de la Communauté andine.

Revenons à la procédure préliminaire du recours en manquement pour mentionner un dernier acteur susceptible d'être requérant : les personnes physiques ou morales affectées dans leurs droits par le manquement d'un État membre. Dans ce cas, celles-ci peuvent demander au Secrétariat General d'initier la première phase sachant qu'elles « pourront former ce recours pendant un procès judiciaire interne »[420]. Les personnes physiques ne peuvent, en effet, initier le recours que de manière indirecte en s'adressant aux juges nationaux qui se constituent en juges communautaires andins pour connaître leur action en manquement.

Selon Pejoves Macedo[421], cette option contentieuse n'en constitue pas moins pour les personnes physiques ou morales « une très grande opportunité d'accès à la justice communautaire andine et à l'application de l'ordre juridique communautaire andin en leur donnant la possibilité de pousser les États membres à exécuter la norme commune ». Elle est aussi un moyen d'obtenir une indemnisation de la part de l'État membre en infraction, une innovation du droit communautaire andin visant l'amélioration du système contentieux de la CAN.

La Communauté andine insiste sur l'importance de donner effectivement aux personnes, qu'elles soient physiques ou morales, la possibilité légitime et suffisante de demander au juge national d'exiger une indemnisation des préjudices et dommages engendrés par le manquement d'un État membre andin. À ce sujet, Olga Navarrete, ancienne magistrat du TJCA, précise que « les Traités constitutifs ne sont pas seulement des instruments de relations entre les États membres, ils comprennent aussi un ensemble de droits subjectifs en faveur des particuliers. Cette protection implique l'option de l'indemnisation du préjudice occasionné par l'État membre, principe de responsabilité patrimoniale, consacrée en tant qu'obligation de réparation de

---

420 TJCA, arrêt n° 1-AI-96 publié au GOAC n° 234 du 21 novembre 1996.

421 PEJOVES MACEDO (J. A.), *El sistema de solución de controversias en la Comunidad Andina*, VIII Seminario Internacional sobre la Dimensión Jurídica de la Integración, Montevideo, Publicación de l'ALADI, 2003, p. 11, disponible sur : http://ctrc.sice.oas.org/geograph/andina/Macedo.asp.

l'infraction d'une norme communautaire. Plus précisément, la voie de l'indemnisation est la seule mesure disponible en faveur des personnes physiques ou morales pour réagir contre une action illicite de l'État »[422].

Enfin, relevons qu'une procédure accélérée de cette phase préliminaire est prévue en cas de manquement flagrant d'un État membre ou quand le Secrétariat général constate l'existence d'une atteinte grave ou restriction au processus d'intégration en matière économique. Cette procédure accélérée est prévue à l'article 26 du Protocole de Cochabamba[423]. Engagée, elle permet de réduire la phase préliminaire au seul avis motivé du Secrétariat général qui est dans l'obligation de soumettre l'affaire au Tribunal.

2. Phase contentieuse ou judiciaire

La deuxième étape du recours en manquement se déroule devant le TJCA en vertu des articles 23 à 31 du Traité constitutif du TJCA. Elle débute en principe avec la présentation d'un avis motivé élaboré par le Secrétariat général. À défaut, l'État membre requérant ou les particuliers affectés par le manquement de l'État membre concerné pourront présenter une demande ; les premiers directement au Tribunal et les seconds devant un juge national.

Si la décision du Tribunal andin confirme le manquement, l'État membre en infraction est obligé d'adopter les mesures nécessaires pour exécuter ses obligations dans un délai de trois mois. Nonobstant, si l'État membre ne fait rien, le Tribunal, sous couvert de l'opinion du Secrétariat général, ordonnera la restriction, suspension totale ou partielle des avantages de l'Accord de Carthagène pour cet État membre.

Enfin, le Tribunal devra, au travers du Secrétariat général, communiquer sa décision aux États membres de la même manière que le Secrétariat général doit le faire durant la phase préliminaire conformément au principe de publicité auquel sont soumis tous les actes des institutions communautaires andines.

§ 2 Effets des arrêts du TJCA statuant sur un recours en manquement

En vertu de l'article 11 du statut du TJCA, l'arrêt du Tribunal andin statuant sur un recours en manquement doit être exécuté dans un délai

[422] Voir: ESPÍNDOLA ESCARPETTA (C. A.), HERRERA RODRÍGUEZ (D. L.), « El sistema jurídico andino utopía o realidad jurídica? »,*Criterio Jurídico*, n° 1, vol. 8, 2008, pp. 35-64.

[423] Article 26 du Protocole de Cochabamba : « *En los casos en que se hubiere emitido una Resolución de verificación de la existencia de gravamen o restricción o cuando se trate de un caso de incumplimiento flagrante, la Secretaría General, de conformidad con su reglamento, emitirá, a la brevedad posible, un Dictamen motivado, a partir del cual ésta o el País Miembro afectado, podrán acudir directamente al Tribunal* ».

maximum de quatre-vingt-dix jours à partir de sa notification. Il ne s'agit toutefois que d'une décision déclaratoire et non constitutive[424] qui ne peut contraindre l'État membre coupable de manquement à se conformer à une obligation de résultat, c'est-à-dire à mettre fin à son infraction.

La déclaration de manquement par le Tribunal engendre des sanctions pour l'État en infraction (A) ; cependant, l'effet obligatoire des arrêts du Tribunal andin statuant sur un recours de manquement n'est pas toujours respecté (B), bien que la jurisprudence du TJCA rappelle régulièrement les obligations des États membres et l'importance d'un tel recours (C).

A. Une décision déclaratoire du Tribunal

Le Tribunal andin lui-même reconnaît ses limites en rappelant « qu'il n'a pas le pouvoir d'annuler les mesures étatiques contraires au droit communautaire andin. C'est à l'État de retirer les actes qui causent un manquement déclaré par le Tribunal et à réparer les effets illicites produits par cette action »[425]. Ainsi, les actes des institutions nationales contraires au droit communautaire andin ne peuvent faire l'objet d'une annulation ou d'une sanction directe du Tribunal andin. Une intervention nationale est nécessaire pour rétablir une situation juridique respectueuse de l'engagement communautaire ; une régulation qui peut être exigée de l'État membre en infraction, mais qui ne peut être forcée.

L'impossibilité d'émettre un jugement plus contraignant à l'encontre des États membres en cas de constatation de leur manquement à l'ordre communautaire andin a fait l'objet de nombreux commentaires de la part de la doctrine andine, mais a aussi attiré l'attention des institutions andines conscientes de la réalité complexe de l'intégration communautaire et des limites d'un engagement réel des États membres défaillants, surtout pendant la période d'installation du Tribunal en tant qu'organe de contrôle du respect du droit communautaire andin ; une période marquée par des crises qui ont durement touché les économies des États membres de la CAN.

---

[424] Les jugements des tribunaux peuvent être distingués par leur portée. On parle d'acte juridictionnel « déclaratif » quand le juge déclare le droit sans créer de droits. Un jugement est considéré comme « constitutif » lorsque le jugement est doté d'effets plus importants en créant une nouvelle situation de droit.

[425] TJCA, arrêt n° 03-AI-97, publié au GOAC n° 410 du 24 février 1999: « *el Tribunal no tiene poder para anular las medidas estatales contrarias al derecho comunitario. Es el Estado el obligado a anular los actos que constituyan el incumplimiento declarado por el Tribunal y a reparar los efectos ilícitos que hubieran producido* ».

B. Des réformes pour l'incorporation d'un effet obligatoire des arrêts du Tribunal

Pour pallier cette situation, la Commission de la Communauté andine a présenté en 1985 un projet de Protocole modificatif de l'Accord de Carthagène qui a abouti à la promulgation du Protocole de Quito le 12 mai 1987. Dans ce document, la Commission établit une liste de tous les États membres qui ont manqué à leurs obligations.

Pour la doctrine communautaire andine, l'introduction d'une sanction pour manquement dans le droit communautaire andin représentait « un espoir pour le contrôle de la légalité à l'intérieur du processus communautaire andin »[426]. Doter le Tribunal du pouvoir d'exercer un véritable contrôle du comportement des États membres sans distinction est l'une des avancées qui ont par ailleurs été proposées par le Tribunal lui-même à l'occasion des travaux qui se sont déroulés ces dernières années visant l'élaboration d'un projet de réformes du statut du TJCA[427]. Néanmoins, à ce jour, aucun projet n'a été validé par les institutions communautaires andines.

Le Tribunal a également pu affirmer son souhait d'accorder un caractère contraignant à ces jugements en manquement : « quant à la nature du recours en manquement il est essentiellement contentieux et sa sentence n'est pas simplement déclarative, dans le sens où elle déclare simplement un droit ou une obligation, mais elle est rendue aussi pour imposer conformément à une obligation de faire ou de non faire d'après l'interprétation de l'article 25 du Traité constitutif du Tribunal »[428]. Cette position n'a toutefois pas été prise en compte. À défaut d'un système de sanctions plus efficace, les États membres de la Communauté andine restent de fait libres de répondre positivement ou négativement au jugement du Tribunal.

Le Tribunal n'a pas non plus manqué de rappeler que « l'irrespect d'un jugement de la nature des sentences du Tribunal constitue la plus grave

---

426 PICO MANTILLA (G.), *Temas jurídicos de la Comunidad andina*, *op. cit.*, p. 24.

427 Sg/di 849, « *Dictamen del Tribunal de justicia de la comunidad andina, con referencia al « proyecto de reformas al estatuto del tribunal de justicia de la Comunidad andina* », 2007, p. 22.

428 TJCA, arrêt n° 1-AI-96, publié au GOAC n° 234 du 21 novembre 1996: « *En cuanto hace a la naturaleza de la acción de incumplimiento, ésta es esencialmente contenciosa y la sentencia que de ella se derive no sólo es declarativa en el sentido de limitarse a la mera declaración de la existencia de un derecho o de una obligación, sino que también está llamada a imponer el cumplimiento de una prestación de hacer o de no hacer (Couture). Así se desprende claramente de lo dispuesto en el artículo 25 del Tratado de Creación del Tribunal, cuando establece que la sentencia de incumplimiento implica para el País cuya conducta ha sido objeto de reclamo, la obligación de adoptar las medidas necesarias para la ejecución de la sentencia, dentro del plazo determinado de tres meses, a partir de su notificación* ».

offense qui peut être faite contre l'ordre juridique communautaire »[429]. En s'exprimant ainsi, le juge andin cherche à influencer le comportement des États membres en les incitant au respect de leurs engagements. Ces initiatives du Tribunal ne sont pas entièrement sans effets.

Le rapport statistique[430] présenté par le Tribunal concernant son activité signale qu'entre 1984 et 2014, 113 recours en manquement avaient été formés contre les États membres andins. Le Tribunal indique qu'il a déclaré 69 manquements au 31 décembre 2014. Entre 1985 et 1998, seulement 19 recours en manquement avaient été formés, avant de se multiplier à compter de la mise en vigueur du Protocole de Cochabamba de 1999. Depuis les années 2000, on constate en effet une tendance à l'augmentation du nombre de recours en manquement. Le Tribunal explique que les recours en manquement ont alors été multipliés par cinq en comparaison de la première période ; une augmentation due à un renforcement de l'implication de tous les États membres dans le processus communautaire andin.

Parmi les requérants, on trouve la Colombie (deux recours), le Venezuela (trois recours), le Secrétariat général (quatre-vingts recours), la Commission de la Communauté andine (deux recours). À ces chiffres s'ajoutent vingt-six recours en manquement formés par des personnes physiques ou morales. S'agissant des décisions, les États les plus concernés sont : l'Équateur (vingt-deux fois), le Venezuela (dix-neuf fois jusqu'en 2006, année de son retrait), le Pérou (quinze fois), la Colombie (onze fois) et l'État plurinational de Bolivie (deux fois).

Notons, en ce qui concerne l'État plurinational de Bolivie, que le manque de promotion du droit communautaire andin à l'intérieur de ce pays n'a pas facilité un véritable rapprochement entre les Boliviens et les institutions andines. On remarque toutefois que depuis la modification de la Constitution de l'État plurinational de la Bolivie en 2009, le droit communautaire andin se fait de plus en plus présent dans le contexte national, ce qui conduit notamment à une meilleure appropriation des régimes commerciaux et sociaux ainsi qu'à une valorisation plus grande de la participation de l'État plurinational de Bolivie au processus d'intégration et de l'accès aux recours contentieux formés devant le TJCA.

---

[429] Procès sommaire du 20 octobre 1999 pour manquement à l'arrêt n° 1-AI-97, publié au GOAC n° 410 du 23 février 1999: « *el desacato a un fallo de tal naturaleza constituye la más grave ofensa de cuantas puedan inferirse al ordenamiento comunitario pues lo resquebraja en su esencia al desconocer valores como el de respeto a los fallos que dirimen una controversia en última y definitiva instancia* ».

[430] *Informe Unificado final 1984-2014*, Tribunal de Justice de la Communauté andine, Quito, 2014, p. 9-28.

C. La jurisprudence du Tribunal dans le cadre du recours en constatation de manquement

Parmi les décisions en manquement rendues par le TJCA, les demandes les plus récurrentes concernent l'application de normes andines dérivées en matière de commerce ou de contrôle douanier ; mais aussi l'application de règles communes relatives aux marchandises, à leur enregistrement et à leur libre circulation au sein de la Communauté andine.

Pour la plupart, ces recours en manquement ont été présentés par le Secrétariat général contre les États membres en vertu des dispositions de l'article 30 de l'Accord de Carthagène qui charge celui-ci de veiller à l'application de l'Accord de Carthagène et au respect de l'ordre juridique communautaire andin.

Par exemple, le TJCA a pu demander aux États membres de se conformer aux règles à caractère phytosanitaire ou aux règles d'enregistrement et de contrôle d'importation de marchandises à l'intérieur de la Communauté andine de manière à respecter les règles juridiques communes en vigueur et ainsi de rétablir un équilibre commercial et un équilibre entre le droit national et le droit communautaire andin[431]. En outre, le juge andin demande régulièrement aux États membres de respecter les règles relatives à la libre circulation des marchandises, d'éviter toute restriction au commerce régional[432], d'écarter les traitements discriminatoires et d'observer le principe de traitement national des produits en provenance d'États membres andins[433].

Le Tribunal rappelle aussi fréquemment l'obligation de respecter le régime tarifaire extérieur commun adopté en 1995 relatif aux importations de marchandises entre États membres[434] et d'appliquer les mesures adoptées

---

[431] TJCA, arrêt n° 1-AI-97, publié au GOAC n° 329 du 9 mars 1998 ; TJCA, arrêt n° 3-AI-98, publié au GOAC n° 423 du 31 mars 1999 , TJCA, arrêt n° 4-AI-98, publié au GOAC n° 520 du 20 décembre 1999 , TJCA, arrêt n° 51-AI-2000, publié au GOAC n° 750 du 15 janvier 2002 ,TJCA, arrêt n° 114-AI-2004, publié au GOAC n° 1295 du 9 février 2006, TJCA, arrêt n° 131-AI-2004, publié au GOAC n° 1247 du 30 septembre 2005, TJCA, arrêt n° 05-AI-2008, publié au GOAC n° 508 du 16 août 1999, TJCA, arrêt n° 3-AI-2010, publié au GOAC n° 1985 du 11 octobre 2011, TJCA, arrêt n° 1-AI-2011, publié au GOAC n° 2086 du 27 août 2012 , TJCA, arrêt n° 1-AI-2012, publié au GOAC n° 2312 du 28 février 2014.

[432] TJCA, arrêt n° 2-AI-97, publié au GOAC n° 391 du 11 décembre 1998 ; TJCA, arrêt n° 28-AI-2001, publié au GOAC n° 798 du 28 mai 2002.

[433] TJCA, arrêt n° 3-AI-97, publié au GOAC n° 410 du 24 février 1999 ; TJCA, arrêt n° 19-AI-99, publié au GOAC n° 588 du 2 août 2000 ; TJCA, arrêt n° 25-AI-99, publié au GOAC n° 553 du 7 avril 2000 ; TJCA, arrêt n° 52-AI-2002, publié au GOAC n° 1108 du 25 août 2004.

[434] TJCA, arrêt n° 5-AI-98, publié au GOAC n° 508 du 16 août 1999 ; TJCA, arrêt n° 7-AI-98, publié au GOAC n° 490 du 4 octobre 1999 ; TJCA, arrêt n° 16-AI-99, publié au GOAC n° 581 du 12 juillet 2000 ; TJCA arrêt n° 27-AI-2000, publié au GOAC n° 644 du 20 février 2001.

concernant les préférences tarifaires accordées aux États tiers[435]. Le juge a aussi demandé le respect du régime des valeurs douanières et de la déclaration andine de valeur prévue dans les Décisions n° 378 et n° 379 portant sur les règles d'évaluation douanière andine et la Déclaration andine sur la valeur ajoutée (TVA) pour la libre circulation des marchandises[436].

Autre illustration intéressante, le juge andin a eu l'occasion de reconnaître un manquement à une règle andine portant sur la propriété industrielle[437] ; rendu suite à un recours pour interprétation préjudicielle ; ce dernier recours constituant l'activité majoritaire du Tribunal.

Notons par ailleurs qu'en 1997, la Commission de la Communauté andine a adopté une mesure sur le perfectionnement de l'intégration andine en matière commerciale en vue d'approfondir la libéralisation des charges sur les produits d'importation et d'exportation. Afin de permettre cette évolution, elle a établi une nomenclature commune (NANDINA)[438] pour tout produit en libre circulation en provenance des États membres.Certains d'entreeux ont été sanctionnés pour manquement à ces règles communes et incités à s'y conformer afin de permettre un perfectionnement de l'aspect commercial de la CAN[439].

Le juge se prononce également régulièrement sur le respect des règles communes concernant le transport international de marchandises par

---

435 TJCA, arrêt n° 53-AI-99, publié au GOAC n° 778 du 2 avril 2002 ; TJCA, arrêt n° 53-AI-2000, publié au GOAC n° 798 du 28 mai 2002 ; TJCA, arrêt n° 73-AI-2000, publié au GOAC n° 833 du 13 septembre 2002 ; TJCA, arrêt n° 80-AI-2000, publié au GOAC n° 990 du 1 octobre 2003 ; TJCA, arrêt n° 32-AI-2001, publié au GOAC n° 760 du 8 février 2002.

436 TJCA, arrêt n° 6-AI-98, publié au GOAC n° 468 du 12 août 1999 ; TJCA arrêt n° 8-AI-98, publié au GOAC n° 838 du 23 septembre 2002 ; TJCA, arrêt n° 9-AI-98, publié au GOAC n° 565 du 12 mai 2000; TJCA, arrêt n° 10-AI-98, publié au GOAC n° 512 du 26 novembre 1999.

437 TJCA, arrêt n° 7-AI-99, publié au GOAC n° 520 du 20 décembre 1999 ; TJCA, arrêt n° 93-AI-2000, publié au GOAC n° 764 du 26 février 2002; TJCA arrêt n° 01-AI-2001, publié au GOAC n° 818 du 23 juillet 2002; TJCA, arrêt n° 34-AI-2001, publié au GOAC n° 839 du 25 septembre 2002.

438 La Nomenclature andine « NANDINA » en vigueur depuis 1991 désign la classification tarifaire des produits en libre circulation à l'intérieur de la Communauté andine. Elle facilite l'identification et la classification des marchandises d'importation et d'exportation dans la région communautaire andine. La Décision n° 653 de la Commission du 15 novembre 2006 et la Résolution n° 1242 portant sur les conditions d'application de cette nomenclature tarifaire du 19 juin 2009 ; ils posent des normes harmonisées à l'intérieur des États membres andins.

439 TJCA, arrêt n° 35-AI-99, publié au GOAC n° 588 du 2 août 2000 ; TJCA, arrêt n° 43-AI-99, publié au GOAC n° 792 du 14 mai 2002 ; TJCA, arrêt n° 72-AI-2000, publié au GOAC n° 832 du 10 septembre 2002 ; TJCA, arrêt n° 91-AI-2000, publié au GOAC n° 823 du 8 août 2002 ; TJCA, arrêt n° 26-AI-2001, publié au GOAC n° 736 du 27 novembre 2001 ; TJCA, arrêt n° 49-AI-2002, publié au GOAC n° 1047 du 31 mars 2004 ; TJCA, arrêt n° 117-AI-2003, publié au GOAC n° 1156 du 10 janvier 2005.

autoroute[440] ou par voie maritime[441] en demandant notamment aux États membres de régulariser leurs règles sur le transport commercial de marchandises en cas d'infraction au droit communautaire andin. Autre domaine d'intervention qui mérite d'être mentionné : les règles communautaires andines relatives à l'impôt sur la valeur ajoutée (TVA) établies en 2003 par la Décision n° 599. Le Tribunal andin demande à cet égard aux États membres en infraction de prendre les mesures pertinentes permettant de ne pas obstruer le commerce commun andin[442].

Tous ces arrêts rendus sur un recours en manquement révèlent l'importance du rôle du TJCA qui rappelle constamment aux États membres andins le comportement juridique adéquat à adopter. À l'État membre de décider de suivre ou de ne pas suivre ces injonctions ; autrement dit de participer effectivement ou non à l'approfondissement de la Communauté andine. Malgré les difficultés rencontrées et les défaillances de cette procédure en manquement, surtout s'agissant des effets limités des jugements du Tribunal, il s'avère que les États membres de la Communauté andine ont tendance à prendre leurs responsabilités en décidant volontairement de mettre fin à des situations juridiques irrespectueuses du droit communautaire andin. Ce faisant, ils renouvellent leurs engagements communautaires de manière plus ou moins vigoureuse selon leur situation économique. Toutefois, il nous semble quela mise en place d'un véritable système de sanctions en cas de manquement serait souhaitable.

§ 3 La responsabilité des États membres de la Communauté andine

Jusqu'à la fin du XIXe siècle, l'irresponsabilité de la puissance publique était l'une des caractéristiques des gouvernements. Ainsi, l'adage monarchique « le roi ne peut mal faire » s'appliquait même dans des régimes dits démocratiques avant que ne soit juridiquement reconnue et développée une responsabilité publique[443].

Bien que le recours en manquement soit un outil pour déterminer et demander la conformité de l'action des États membres à l'ordre juridique communautaire, leur responsabilité publique (A) se manifeste de manière spécifique dans le cadre andin (B) où elle n'est pas toujours effective comme

---

440 TJCA, arrêt n° 15-AI-2000, publié au GOAC n° 767 du 4 mars 2002 ; TJCA arrêt n° 16-AI-2000 publié au GOAC n° 767 du 4 mars 2002.

441 TJCA, arrêt n° 17-AI-2000, publié au GOAC n° 750 du 15 janvier 2002.

442 TJCA, arrêt n° 134-AI-2003, publié au GOAC n° 1446 du 15 décembre 2006.

443 En droit administratif, la responsabilité de la puissance publique peut être définie comme « la responsabilité des personnes morales de droit public qui peuvent voir leur responsabilité engagée à l'égard des particuliers ou d'autres collectivités publiques soit pour faute, soit sans faute ». (GUINCHARD (S.), DEBARD (T.), *Lexique des termes juridiques*, *op. cit.*).

en témoigne le nombre non négligeable de cas de non-respect des décisions TJCA (C).

A. La notion de responsabilité publique

C'est de la conception de responsabilité publique qu'a émergé la notion de responsabilité de l'État vu en tant que sujet responsable de ses actes matériels ou juridiques ; une évolution qui ne s'est pas faite sans heurts. Pierre-Marie Dupuy note en effet à cet égard que le concept de responsabilité « est particulièrement complexe, parce que chaque époque projette la conception qu'elle veut retenir des rapports entre le sujet de droit, ses actes, et la collectivité à laquelle il appartient »[444].

Le droit international classique reconnaît aux États la possibilité d'un engagement volontaire à travers la signature de traités. La subjectivité dudit engagement implique la responsabilité des États en cas de manquement aux obligations contractées qui s'entend comme une atteinte à la sécurité des rapports juridiques entre sujets de droit international. Ce rapport entre les États reste « l'épicentre du système juridique »[445] international caractérisé par une généralisation des rapports interétatiques soumis à des droits et des obligations obéissant au critère de la réciprocité. En droit international, l'engagement est fondé sur l'autonomie de la volonté étatique, mais cette volonté affirmée devient une obligation *erga omnes*[446] par conséquent objectivement exigible.

Au sein de l'Union européenne, la responsabilité de l'État est revêtue de caractéristiques spécifiques qui la distinguent de la responsabilité fondée sur un engagement volontaire d'États ; notamment le fait qu'elle concerne aussi les particuliers. La Cour a explicité ce caractère du principe de responsabilité des États en cas de violation du droit de l'Union dans l'arrêt « *A. Francovich, D. Bonifaci et autres c/République italienne* »[447] en indiquant que « le principe de la responsabilité de l'État pour des dommages causés aux particuliers ou par des violations du droit communautaire qui lui sont

---

[444] DUPUY (P.-M.), « Le fait générateur de la responsabilité internationale des États », *RCADI*, vol. 188, 1984, p. 24. Dans le même sens, du même auteur : DUPUY (P.-M.), « Droits des traités, codification et responsabilité internationale », *AFRI*, vol. 43, 1997, p. 23.

[445] *Ibidem*, p. 25.

[446] L'expression *erga omnes* signifie littéralement « envers tous ». En droit international, cette notion signifie une obligation opposable à tous et pas seulement aux parties signataires d'un traité ainsi elle est effective indépendamment de la signature des traités. Ce principe a été consacré pour la première fois dans un arrêt de la Cour internationale de Justice (CIJ) du 5 février 1970 : « *Barcelona Traction, Light and Power Company, Limited* » (Belgique c / Espagne), Rec. 1970, p. 32.

[447] Pour savoir plus : VANDERSANDEN (G.), DONY (M.), *La responsabilité des États membres en cas de violation du droit communautaire*, Bruxelles, Bruylant, 1997, p. 420.

imputables est inhérent au système du traité »[448]. Cet arrêt est considéré comme le point de départ d'une jurisprudence abondante qui a précisé la nature et le contenu de la responsabilité de l'État dans la sphère de l'Union européenne[449]. Quelques années plus tard, le juge a indiqué que « le principe de la responsabilité d'un État membre valait, quelque soit l'organe de l'État membre dont l'action ou l'omission est à l'origine du manquement »[450].

Le principe de la responsabilité de l'État membre ne figure toutefois ni dans les traités ni dans le droit dérivé de l'Union ; il est le résultat aujourd'hui encore du travail de « la Cour qui comble un vide textuel »[451] des traités. Cet ensemble jurisprudentiel demeure une base importante de la construction de l'Union et constitue une source d'inspiration pour d'autres systèmes d'intégration communautaire à l'instar de la Communauté andine.

B. La responsabilité des États membres dans le contexte communautaire andin

La doctrine communautaire andine reconnaît une double responsabilité des États membres andins : une responsabilité classique à l'égard des autres États membres relevant de la logique du droit international et une responsabilité particulière des États à l'égard des citoyens andins.

Selon Jorge Castro Bernieri, « ce système de double responsabilité est le reflet d'un système participatif d'intégration basé sur l'idée d'une communauté de citoyens ». L'auteur ajoute que « cette double responsabilité ne découle pas de la jurisprudence andine, mais de la propre norme

---

448 CJUE, 19 novembre 1991, « *Andrea Francovich, Danila Bonifaci et autres c/ République italienne* », aff. jtes. C-6/90 et C-9/90, Rec. p. 1-5403.

449 Voir : RAMBAUD (P.), *Les grandes décisions de la jurisprudence communautaire*, Paris, Hachette, 3ème éd., 2007, pp. 106-111 ; SIMON (D.), « La responsabilité des États membres en cas de violation du droit communautaire par une juridiction suprême », *Europe*, n° 11, chron. n° 12, 2003, p. 3-6 ; SIMON (D.), « Droit communautaire et responsabilité de la puissance publique Glissements progressifs ou révolution tranquille ? », *AJDA*, n° 20, 1993, p. 235-243 ; BARAV (A.), « Responsabilité et irresponsabilité de l'État en cas de méconnaissance du droit communautaire », *in* WALINE (J.) (dir.), *Gouverner, administrer, juger. Liber amicorum, Mélanges en l'honneur de Jean Waline*, Paris, Dalloz, 2002, p. 431-470.

450 CJUE, 5 mars 1996, « *Brasserie du pêcheur c/ BundesrepbulikDeutschland* » et « *The Queen c/ Secretary of State for Transport* », ex parte : Factortame Ltd et autres, aff. jtes. C-46/93 et C -48/93, Rec. p. I-1150.

451 CJUE, 19 novembre 1991, « *Andrea Francovich et Danila Bonifaci et autres c/ République italienne* », aff. jtes. C-6/90 et C-9/90, Rec. p. I-5357. V. commentaire de la décision par DUPONT-LASSALLE (J.), *in* BOUTAYEB (C.) (dir.), *Les grands arrêts du droit de l'Union européenne, Droit institutionnel et matériel de l'Union européenne*, *op. cit.* pp. 546-553.

communautaire »[452]. Il prend comme exemple le contenu des articles 25 et 35 du Traité constitutif du Tribunal andin qui accordent aux personnes physiques ou morales le droit de dénoncer directement le manquement aux normes communautaires d'un État membre.

Le Tribunal souligne en outre que « la responsabilité de l'État dérive du régime constitutionnel » communautaire andin et que « dans l'ordre communautaire la responsabilité de l'État est fondée aussi sur l'engagement que prend chaque État membre »[453]. Le principe de la responsabilité de l'État est donc reconnu par le droit communautaire andin et confirmé par le Tribunal[454].

À cette « double responsabilité » s'ajoute la responsabilité des États membres andins d'observer et d'exécuter les jugements du Tribunal reconnaissant leur manquement à l'ordre communautaire andin. Cette responsabilité découle du respect du principe de l'autorité de la chose jugée[455] qui peut être définie comme « l'ensemble des effets attachés à la décision juridictionnelle, telle la vérité de force légale »[456]. Cette « force juridictionnelle » est toutefois, dans les faits, difficilement respectée par les États membres de la Communauté andine.

---

[452] CASTRO BERNIERI (J.), « Reflexiones acerca del tema de las fuentes del ordenamiento jurídico de la Comunidad Andina », *Agenda internacional*, n° 16, 2002, p. 91. Selon l'auteur, la responsabilité envers l'ordre juridique communautaire andin est attribuée aux États sujets de droit international classique, mais aussi aux citoyens sujets de droit national ; deux composantes d'un ensemble de sujets assujettis à l'ordre juridique communautaire andin.

[453] TJCA, arrêt n° 5-IP-89, publié au GOAC n° 50 du 17 novembre 1989; « *Así como en el orden interno la responsabilidad del Estado se deriva de su régimen constitucional, en el orden comunitario dicha responsabilidad se sustenta además en el compromiso que adquiere cada Estado en virtud del Tratado de Creación del Tribunal* ».

[454] TJCA, arrêt n° 6-IP-93, publié au GOAC n° 150 du 25 mars 1994.

[455]Quant au principe de l'autorité de la chose jugée, la Cour de justice de l'Union européenne a eu l'opportunité de trancher sur la question dans l'arrêt : CJUE, 30 septembre 2003, « *Gerhard Köbler c/ Republik Österreich* », aff. C-224/01, Rec. p. I-10239. La Cour considère dans cet arrêt que l'abus de pouvoir et la méconnaissance du sens et de la portée du droit communautaire sont caractéristiques d'une violation du droit communautaire. De même, la Cour réaffirme « qu'en vue de garantir aussi bien la stabilité du droit et des relations juridiques qu'une bonne administration de la justice, il importe que des décisions de justice devenues définitives après épuisement des voies de recours possibles ou après expiration des délais prévus pour ces recours ne puissent plus être remises en cause », ainsi, la responsabilité d'un État membre du fait de la violation du droit communautaire par une juridiction suprêmeest considérée comme « inhérente à la notion même d'ordre juridique » (PEERBUX-BEAUGENDRE (Z.), « Autorité de la chose jugée et primauté du droit communautaire », *RFDA*, n° 3, mai-juin 2005, p. 473.

[456] La chose jugée « est la qualité définie par la loi (C. Civ. français, art. 1350) à tout jugement définitif, c'est-à-dire plus précisément à toute décision juridictionnelle (jugement, sentence arbitrale). Force de la chose jugée est l'état d'un jugement qui n'est susceptible d'aucun recours suspensif d'exécution ou qui n'est plus susceptible d'un tel recours (ceux-ci ayant été exercés ou les délais de recours étant expirés) » (CORNU (G.), *Vocabulaire juridique*, *op. cit.*).

Le Tribunal a considéré ce comportement réticent comme un manquement à l'ordre juridique communautaire andin[457], une situation que « met en évidence le risque quant à l'institutionnalisation communautaire andine et l'existence et l'efficacité du système de résolution des conflits communautaires andins »[458]. Le respect des décisions du Tribunal par les États membres est considéré par ce dernier comme primordial et équivalent au respect que les États membres doivent à la norme communautaire andine.

En réalité, même si la norme communautaire andine est assez claire concernant la suspension des avantages de l'Accord de Carthagène pour l'État en infraction conformément à l'article 27 du Traité constitutif du TJCA, les difficultés pour exiger le respect et la conformité de l'État aux décisions juridictionnelles ont souvent été dénoncées par le juge andin.

Au sujet de ce manque d'implication des États membres, Éric Tremolada Alvarez considère que « l'efficacité du droit communautaire andin a été confondue avec la tendance utilitariste et ambivalente des décisions politiques des gouvernements des États membres »[459] de la Communauté andine. Ce comportement ne permet pas, d'après cet auteur, de « dénoncer de manière coercitive leur responsabilité ».

Néanmoins, nous pouvons nuancer ce constat en notant que les États membres ont montré leur volonté d'appartenance à la Communauté andine à des moments cruciaux de sa construction. Leur démarche de dynamisation du processus d'intégration dans les années 1980 est la preuve d'un engagement qui, certes, par moments, connaît des difficultés, mais qui reste toujours présent. L'une des preuves objectives de cette implication est la création d'un organe juridictionnel de contrôle, le TJCA, qui a rendu l'engagement andin plus effectif en comparaison des autres systèmes d'intégration du continent latino-américainencore largement guidés par une logique intergouvernementale.

Dans le même sens, il convient de remarquer que les États membres andins signalent régulièrement les difficultés qu'ils éprouvent à poursuivre le processus d'intégration, mais ils y restent engagés de manière volontaire et

---

[457] TJCA, arrêt n° 43-AI-99, publié au GOAC n° 792 du 14 mai 2002: « *corresponde al Tribunal de Justicia de la Comunidad Andina, órgano con la competencia exclusiva para declarar con autoridad de cosa juzgada judicial la existencia de un incumplimiento de las obligaciones impuestas a los Países Miembros en virtud del ordenamiento jurídico andino* ».

[458]VIGIL TOLEDO (R.), *El Tribunal andino en perspectiva*, *op. cit.*p. 136. Voir aussi: CAPRILES (G.), « Ajustes en los países de la Comunidad andina para participar en los procesos de integración regional», *CEPAL*, Buenos Aires, CEPAL, 2005, p. 12; SASAKI OTANI, (M. Á.), « El sistema de sanciones por incumplimiento en el ámbito de la Comunidad andina », *Anuario mexicano de derecho internacional*, vol. XII, 2012, pp. 301-337.

[459]TREMOLADA ÁLVAREZ (E.), « El derecho andino: una sistematización jurídica para la supervivencia de la Comunidad Andina de Naciones », *op. cit.*, p. 75.

en principe irréversible, conscients des bénéfices que ce système leur apporte malgré tout au regard de leur propre développement. Cet engagement a notamment été réitéré en 1979, au moment d'une réunion des présidents de la Communauté andine au cours de laquelle ils se sont déclarés « conscients que l'avenir doit se faire de manière indivisible sur la base d'une nouvelle dimension entre les nations andines »[460].

Toutefois, une décennie plus tard, cette volonté pro-intégration a malheureusement reculé sous l'effet de « la crise de la dette »[461], époque durant laquelle les jugements du Tribunal constatant un manquement à l'ordre juridique communautaire andin n'ont pas été suivis par les États membres. Ainsi, un double manquement s'est produit : un manquement à l'ordre juridique communautaire et un manquement à l'autorité de la chose jugée des arrêts du juge andin.

Après cette période néfaste au processus intégrateur, le Tribunal a recommandé aux États membres « qu'afin d'éviter de nouvelles crises à l'intérieur de la Communauté andine qui en conséquence dérivent en manquements des États membres aux obligations communautaires il est nécessaire de prendre des engagements réalisables par les États membres »[462]. En somme, le TJCA a demandé à ces derniers de se projeter et de s'engager de manière sérieuse et réaliste dans des projets communs réalisables en rapport avec leur capacité de se conformer aux engagements contractés. Il s'agissait de ne plus mettre en péril la propre existence de la Communauté andine.

Les manquements répétitifs de la part des États membres andins ont inquiété le Tribunal qui a fini par demander une modification de son Traité

---

[460] « Mandato de Cartagena », document élaboré par les Présidents du Groupe andin (actuelle Communauté andine) le 28 mai 1979. Pendant la réunion les présidents des États membres andins ont ratifié l'appui au processus d'intégration et ont défini les critères de base initiant une deuxième décennie du système d'intégration. Dans le même sens : Vigil Toledo insiste sur « l'importance de l'appui politique aux institutions juridictionnelles » de la Communauté andine, in VIGIL TOLEDO (R.), *Reflexiones en torno a la construcción de la Comunidad sudamericana de naciones*, *op. cit.* , p. 71.

[461] Cette crise, plus connue comme « La crise de la dette en Amérique latine », s'est produite au regard d'investissements étrangers réalisés dans les années 1960 et 1970. Voir aussi : KUCZYNSKI (P. P.), « L'Amérique latine et la crise de la dette », *Revue d'économie financière*, vol. 15, n° 3, 1990, pp. 171-178; TOUSSAINT (É.), « Les crises de la dette extérieure de l'Amérique latine au XIX° siècle et dans la première moitié du XXe siècle », *Contribution au Séminaire international CADTM-CNCD Amérique latine et Caraïbe : Sortir de l'impasse de la dette et de l'ajustement*, Comité para la anulación de la Deuda del Tercer mundo, Centro nacional de la cooperación al desarrollo, Actes du Colloque, Bruxelles, du 23 au 25 mai 2003, p. 11 ; OCAMPO (J. A.), STALLONGS (B.), BUSTILLO (I.), VELLOSO (H.), FRENKEL (R.), *La crisis latinoamericana de la deuda desde la perspectiva historica*, Santiago du Chili, CEPAL, 2014, p. 176.

[462] IVe réunion du Comité de coordination technique du système de coordination permanent entre les organismes de l'intégration andine, Lima Pérou, 28 octobre 1987.

constitutif en vertu de l'article 114 de son statut lui accordant la faculté de requérir des modifications de son règlement et de son statut[463]. Cette réforme a permis l'incorporation dans le statut du Tribunal andin d'une procédure sommaire portant sur les jugements rendus sur un recours en manquement visant à garantir la sécurité juridique à l'intérieur de la Communauté andine[464].

C. La non-conformité des États membres andins aux arrêts sans sanction du Tribunal

En vertu de l'article 112 du statut du TJCA, le procès sommaire pour irrespect des arrêts du Tribunal en recours en manquement est désormais effectif. Un système de sanctions a aussi été établi à l'article 118 du même statut autorisant le Secrétariat général à expédier et notifier un avis sanctionnant l'État membre en infraction, ainsi qu'à communiquer le manquement aux autres États membres et à la Commission andine.

Le Tribunal peut également décider de sanctions au regard de la pétition d'origine présentée au moment du recours en manquement sur la base de l'avis motivé du Secrétariat général. Le juge a également la possibilité de déterminer d'autres sanctions ou mesures qu'il considère pertinentes. Or, on peut relever ici une contradiction entre le Traité constitutif du TJCA et son statut : le premier texte exige que le Tribunal détermine de nouvelles sanctions en vertu du statut, mais ce dernier ne prévoit aucune liste de sanctions que le Tribunal peut émettre à l'encontre d'un État en infraction.

Le Tribunal se trouve ainsi dans l'impossibilité concrète de prendre des sanctions autres que celles prévues par le statut. Nous sommes ici face à un vide du droit qui rend impossible l'établissement de sanctions pertinentes et contraignantes à l'encontre des États membres. En principe leur responsabilité peut être engagée en cas d'irrespect de l'ordre juridique communautaire andin, mais la réalité est plus souple.

Diverses propositions doctrinales ont été présentées pour résoudre ce dilemme juridique et pallier le non-respect récurrent des jugements du Tribunal et plus largement du droit communautaire andin. Ricardo Vigil Toledo propose par exemple un « système d'imposition coercitive »[465] applicable aux États qui ont initié une « pratique chronique de

---

[463] La réforme du Traité constitutif sera effective avec la signature du Protocole de Cochabamba qui modifie le Traité constitutif du Tribunal de la Communauté andine en vigueur depuis le 25 août 1999.

[464] Articles 112 à 120 du Statut du TJCA.

[465] VIGIL TOLEDO (R.), « El reflejo de la jurisprudencia europea en los fallos del Tribunal de Justicia de la Comunidad Andina: Aspectos teóricos y pragmáticos », Actes de la Conférence à l'Universitat Pompeu Fabra, 10 février 2011, p. 3.

manquements »[466]. Malheureusement, aucune modification visant à renforcer le système de sanctions pour les rendre réellement coercitives n'a à ce jour été réalisée.

[466]TREMOLADA ÁLVAREZ (E.), « El derecho andino: una sistematización jurídica para la supervivencia de la Comunidad Andina de Naciones », *op. cit.*, p. 66.

TITRE 2

L'EFFET DIRECT ET L'APPLICABILITÉ DIRECTE : DES PRINCIPES NÉCESSAIRES À L'ORDRE JURIDIQUE COMMUNAUTAIRE ANDIN

L'effet direct et l'applicabilité directe sont deux principes généralement confondus par la doctrine. Cette confusion a été alimentée par certains auteurs qui les ont utilisés de manière équivalente[467] en commentant les arrêts de la CJUE les consacrant. De plus, comme le souligne Jacques Ziller, « ces notions ne sont pas cohérentes dans le temps, du fait que les traducteurs de la Cour ont utilisé différents termes de façon interchangeable (y compris immédiat au lieu de direct) dès l'arrêt « *Van Gend en Loos* » et les conclusions de l'avocat général Roemer, et au cours des développements de la jurisprudence »[468]. Il est certain que compte tenu du multilinguisme caractérisant l'Union européenne[469], la qualité des traductions a des conséquences importantes sur l'interprétation et l'analyse des arrêts de la Cour par la doctrine.

---

[467] ISAAC (G.), BLANQUET (M.), *Droit communautaire général*, Paris, Armand Colin, coll. « U », 2001, p. 188. Cette confusion doctrinale sera aussi transposée dans la doctrine communautaire andine, car certains auteurs confondent ces deux principes. V. PICO MANTILLA (G.), *Temas jurídicos de la Comunidad andina, op. cit.*, p. 74; MORENO SALAZAR (L.), *Una nueva visión del Tribunal de Justicia de la Comunidad andina*, Mémoire en droit, Universidad Javeriana, 2004, p. 35 ; JIMÉNEZ (G. W.), « Papel de la jurisprudencia del Tribunal de Justicia de la Comunidad Andina en decisiones judiciales de los países miembros », *Revista colombiana de Derecho internacional*, n°, 23, 2013, p. 100.

[468] ZILLER (J.), « Relire van Gend en Loos », *in* BOUTAYEB (C.) (dir.), *Mélanges en l'honneur de Jean-Claude Masclet. La Constitution, l'Europe et le droit*, Paris, Université de Paris-Sorbonne PUPS, 2013, p. 1071-1073. Cet auteur note que l'utilisation de termes différents comme applicabilité directe, effet direct, applicabilité immédiate etc., « ne correspond pas dans la jurisprudence de la Cour a une différenciation de concepts d'ordre conceptuel ».

[469] Les règlements de procédure des trois juridictions de l'Union européenne ont reproduit les règles d'emploi des langues du règlement n° 1/58 (CEE) du 15 avril 1958 du Conseil portant fixation du régime linguistique de l'Union européenne. D'après ce règlement, chaque procédure entamée devant l'une des juridictions l'est dans une langue déterminée, choisie parmi les 24 langues officielles de l'Union cependant la Cour a choisi le français comme langue commune pour délibérer. Au sein du TJCA, le régime linguistique est déterminé par le statut du Tribunal, dans son article 34 qui établit l'espagnol comme langue officielle pour toute action formée auprès du Tribunal. Cette instance autorise aussi l'utilisation de langues et dialectes de groupes ethniques accompagnés de traductions simples en espagnol. Nous

Dans le même sens, Jean-Claude Gautron remarque avec justesse que « la terminologie juridique est assez fluctuante entre les termes « applicabilité directe », « droit directement applicable » et « effet direct » »[470] ; une situation regrettée par l'auteur qui s'est employé à éclairer la distinction entre « applicabilité directe » et « effet direct ». Selon lui, il y a effet direct quand « une norme de droit communautaire crée des droits en faveur des particuliers qui peuvent s'en prévaloir devant les juridictions nationales en l'absence ou à l'encontre des normes internes pour en exiger l'application ». En revanche, il y a applicabilité directe lorsqu'« une norme de droit communautaire est incorporée dans l'ordre interne et n'impose pour son application aucune norme nationale complémentaire de la part des autorités législatives ouadministratives ». Jean-Claude Gautron ne manque cependant pas de souligner que « cette distinction sémantique peut être reçue avec prudence, car ces deux définitions sont très proches ». Pour illustrer cette différence, il prend l'exemple de la directive européenne qui peut être dotée de l'effet direct, mais qui n'est pas directement applicable ; des caractéristiques dont l'appréciation par la CJUE a toutefois évolué au fil du temps[471].

À l'instar de la doctrine de l'Union, les auteurs spécialistes du droit andin relèvent une connexion étroite entre l'applicabilité directe et l'effet direct sachant que « la norme communautaire andine qui est directement applicable aux États membres a comme effet immédiat queles citoyens de la sous-région andine se sentent protégés par et avec les droits que lesdites normes leur octroient »[472]. Aussi bien dans le cadre de l'Union européenne que de la Communauté andine, la distinction entre les deux principes est donc délicate. Pour la comprendre, il convient de se référer aux appréciations jurisprudentielles évolutives de l'Union et de la CAN en précisant les caractéristiques propres à chacune. En prenant appui sur ces interprétations, il s'agira d'étudier l'effet direct en tant que principe fondateur du rapport entre l'ordre juridique communautaire et les personnes (Chapitre 1) ; avant d'analyser le principe pragmatique de l'applicabilité directe de la norme commune (Chapitre 2).

---

pouvons relever une ouverture plus large au sein de la Communauté andine en comparaison de l'Union européenne concernant les langues traditionnelles ou langues minoritaires. D'après Olivier Dubos, « l'action concrète de l'Union en faveur des langues régionales et minoritaires reste fort modeste » en raison d'un déficit de compétences en ce domaine, mais aussi de moyens limités en termes de budget (DUBOS (O.), « Babel mise en abyme : l'Union européenne et les langues minoritaires », in BERROD (F.), GERKRATH (J.), KOVAR (R.), MESTRE (C.), MICHEL (V.) (dir.), *Liber amicorum en l'honneur du professeur Vlad Constantinesco, Europe(s), droit(s), européen (s)*, Bruxelles, Bruylant, 2015, p. 161).

470GAUTRON (J.-C.), *Droit européen*, *op. cit.*, p. 178.

471 Voir à ce sujet : MEYER-HEINE (A.), « L'applicabilité directe horizontale des directives communautaires quelques interrogations suscitées par l'arrêt Faccini Dori », *Les Petites affiches*, n° 76, 26 juin 1995, pp. 4-8.

472 BREWER CARIAS (A.-R.) (dir.), *Derecho comunitario andino*, *op. cit.*, p. 70.

CHAPITRE 1

L'EFFET DIRECT, UN PRINCIPE DE PREMIER ORDRE POUR LE DROIT COMMUNAUTAIREANDIN

Étymologiquement, le vocable « effet » vient du latin *effectum* quis'entend comme « la conséquence juridique résultant d'un acte juridique (effet obligatoire du contrat), d'un délit (responsabilité), d'une loi, d'une décision juridictionnelle ou administrative (on dit aussi : effet de droit) »[473]. L'intérêt de ce terme réside dans sa capacité à rendre compte des relations entre l'ordre juridique communautaire au sein des territoires des États membres : grâce à sa reconnaissance, le processus d'intégration a pu s'intensifier (Section 1). Sa consécration constitue une véritable audace de la part du juge andin qui a maintenu l'importance d'un droit communautaire andin et la réalisation d'un contrôle de légalité des actes communautaires (Section 2).

SECTION 1 : LA RECONNAISSANCE DE L'EFFET DIRECT DE LA NORME

Le principe de l'effet direct est défini par Gérard Cornu comme l'effet « qui s'opère de lui-même, sans condition préalable. Dans un deuxième sens, l'effet direct est celui reconnu à celles des normes communautaires qui créent des droits dans le chef des particuliers et s'imposent à leurs juridictions »[474]. Plus spécifiquement, la doctrine de l'Union conçoit l'effet direct comme « l'aptitude qu'a la règle communautaire à créer directement des droits ou des obligations dans le chef des particuliers »[475]. Claude Blumann et Claude Dubois précisent en ce sens que « ces droits et ces obligations pourront être invoqués par les particuliers devant le juge national, car ce dernier est tenu d'en assurer la sanction ». Les deux auteurs

[473] CORNU (G.), *Vocabulaire juridique*, *op.cit.*
[474]*Ibidem.*
[475] BLUMANN (C.), DUBOUIS (L.), *Droit institutionnel de l'Union européenne*, Paris, LexisNexis, coll. « Manuel », 5ème éd., 2013, p. 538.

ne manquent pas ici de souligner le rôle important du juge national parfois éludé ou minimisé.

Nous voulons tout d'abord revenir à la source du principe de l'effet direct de la norme commune qu'est l'Union européenne (§1), pour ensuite analyser l'incorporation de ce principe dans le cadre andin (§2), avant de rappeler ses enjeux pour la jurisprudence du TJCA et son évolution dans le droit de l'Union européenne (§3).

§ 1 Le fondement jurisprudentiel de l'effet direct : l'arrêt « van Gend en Loos »

Comme nous avons déjà pu le relever, l'un des particularismes du droit de l'Union au regard du droit international[476] est son effet direct ; un principe qui constitue donc une « qualité essentielle »[477] du droit de l'Union comme du droit communautaire andin, mais qui se manifeste différemment dans chacun de ses ordres.

Dans le contexte de l'Union, ce principe est encore absent des textes, bien qu'il ait été étudié par la doctrine (A) et précisé par la CJUE qui s'est employée à le déterminer et le consolider (B).

A. Le silence des traités quant à l'effet direct

À défaut de mention explicite dans les traités fondateurs, l'effet direct a été consacré dans l'Union européenne par voie prétorienne. La seule référence indirecte à ce principe se trouve à l'article 288 du TFUE relatif aux règlements et aux termes duquel : « le règlement a une portée générale il est obligatoire dans tous ses éléments et il est directement applicable dans tout État membre ». Les juges de l'Union ont donc comblé un vide juridique en

---

[476] L'effet direct est presque inexistant en droit international classique. Il est alors considéré comme une présomption parce que la nature des traités ne confère pas, par elle-même, des droits ou des obligations aux États contractants. Néanmoins, le droit international reconnaît l'effet direct dans certains cas, notamment pour certains traités internationaux relatifs aux droits de l'Homme. À ce sujet, la doctrine rappelle que l'avis de la Cour permanente de justice internationale (CPIJ) du 3 mars 1928 précise : « on ne saurait contester que l'objet même d'un accord international, dans l'intention des parties contractantes, puisse être l'adoption par les parties de règles déterminées créant des droits et des obligations pour les individus et susceptibles d'être appliqués par les tribunaux nationaux ». Cette jurisprudence internationale établit une condition subjective pour octroyer à une norme internationale classique l'effet direct ; ce critère subjectif est l'invocation de droits par des individus. Pour en savoir plus : VANDAELE (A.), CLAES (E.), « L'effet direct des traités internationaux. Une analyse en droit positif et en théorie du droit axée sur les droits de l'homme », Working paper n° 15, *Institut de droit international de la K. U. Leuven*, 2001, p. 59.

[477] BOUTAYEB (C.), *Droit institutionnel de l'Union européenne. Institutions, ordre juridique, contentieux*, *op. cit.*,p. 444.

prenant l'initiative de reconnaître un principe déterminant pour consolider la construction européenne dans la mesure où il affermit la force juridique des normes unionistes.

L'effet direct peut être défini dans un sens large comme le principe qui « vise la capacité du droit de l'Union à être source de droit sur le territoire des États membres, à créer pour les ressortissants des États membres des droits et des obligations et à pouvoir être invoqués par ces derniers notamment devant le juge national pour en tirer un droit et faire écarter toute disposition du droit national non compatible avec le droit de l'Union »[478].

B. Un arrêt de principe consacré à l'effet direct

C'est dans le célèbre arrêt « *van Gend en Loos* » du 5 février 1963[479] que le principe de l'effet direct a été consacré par la Cour de justice de l'Union européenne (alors Cour de justice des Communautés européennes) en tant que levier essentiel permettant d'assurer l'intégration effective de normes unionistes extranationales dans les ordres juridiques internes des États membres.

En l'espèce, il s'agissait de savoir si un particulier, une entreprise néerlandaise en charge du transport transfrontalier d'urée formaldéhyde entre les Pays-Bas et l'Allemagne, pouvait invoquer l'application de l'article 12 du traité CEE en vigueur. Plus précisément, la question qui se posait à la Cour était de savoir « si l'article 12 du traité CEE a un effet interne, en d'autres termes, si les justiciables peuvent faire valoir, sur la base de cet article, des droits individuels que le juge doit sauvegarder »[480].

Dans cet arrêt, la Cour signale que « la Communauté constitue un nouvel ordre juridique de droit international, au profit duquel les États ont limité, bien que dans des domaines restreints, leurs droits souverains, et dont les sujets sont non seulement les États membres, mais également leurs ressortissants » ; avant de préciser que pour « savoir si les dispositions d'un traité international ont une telle portée il faut en (traité) envisager l'esprit, l'économie et les termes ». Les juges de l'Union rappellent par ailleurs

---

[478]CONSTANTINHO (P.), DONY (M.), *Le droit communautaire*, Paris, Armand Colin, coll. « Cursus. Droit », 1997, p. 83. Voir aussi : DONY (M.), *Droit de l'Union européenne*, Bruxelles, Université de Bruxelles, 5ème éd., 2014, p. 279.

[479] CJUE, 5 février 1963, « *NV algemene Transport – en Expetitie Onderneming van Gend en Loos c/ Administration fiscale néerlandaise* », aff. 26/62, Rec. p. 3.

[480] Traduction française. Plus précisément la question posée dans l'arrêt « *van Gend en Loos* » était de savoir : « si l'article 12 du traité CEE a l'effet interne évoqué par la partie demanderesse, en d'autres termes, si les ressortissants des États membres peuvent avoir directement sur la base de cet article des droits que le juge doit protéger ». À ce sujet, Jacques Ziller nous rappelle « les conséquences du caractère multilingue du droit de l'Union et de l'autonomie de ses concepts par rapport au droit des états membres » (ZILLER (J.), « Relire van Gend en Loos », *op. cit.*, p. 1072).

l'objectif du traité CEE « qui est d'instituer un marché commun dont le fonctionnement concerne directement les justiciables de la Communauté (ce qui) implique que ce traité constitue plus qu'un accord qui ne créerait que des obligations mutuelles entre les États contractants » ; tout en remarquant que « cette conception se trouve dans le préambule du traité qui, au-delà des gouvernements, vise les peuples, et de façon plus concrète par la création d'organes qui institutionnalisent des droits souverains dont l'exercice affecte aussi bien les États membres que leurs citoyens ». Enfin, la Cour ne manque pas de relever que « les ressortissants des États réunis dans la Communauté sont appelés à collaborer, par le truchement du Parlement européen et du Comité économique et social, au fonctionnement de cette Communauté ». L'audace des juges de l'Union européenne transparaît clairement dans ces quelques lignes qui insistent sur le respect nécessaire des traités de la part des États membres et l'importance de l'intégration du droit de l'Union dans les ordres juridiques nationaux, en particulier pour les justiciables.

À ce sujet, Marie Gautier note avec pertinence que « la Cour de justice des communautés a, sans réel appui textuel dans les traités, élaboré une théorie de l'effet direct et de l'invocabilité des normes communautaires devant le juge national en se fondant presque exclusivement sur la nature de la construction communautaire dont les destinataires sont aussi, et peut être même surtout, les particuliers »[481]. Ce raisonnement ressort incontestablement de la lecture de la motivation de la Cour et des conclusions de l'avocat général allemand Karl Roemer.

Ainsi, selon Jacques Ziller, cet arrêt est « exemplaire en ce qui concerne l'ensemble de la problématique de la relation du droit national et du droit de l'Union européenne telle qu'elle s'est manifestée au fil des cinquante dernières années »[482]. D'après cet auteur, la reconnaissance de l'effet direct par la Cour serait donc la conséquence de l'application du principe de droit international*Pacta sunt servanda* qui oblige les États signataires des accords internationaux à respecter leurs engagements réciproques.

La récente célébration du cinquantième anniversaire de l'arrêt « *van Gend en Loos* » démontre toute l'importance aujourd'hui encore accordée à cet arrêt fondamental en matière de construction juridique de l'Union ; un arrêt qui « restera toujours synonyme du principe fondamental de l'effet direct du droit de l'Union européenne »[483] et un symbole des rapports entre les ordres

---

481 GAUTIER (M.), « O Temora, o mores... Le Conseil d'État et les directives communautaires », *RDA*, n° 12, décembre 2009, p. 8.

482 ZILLER (J.), « Relire Van Gend en Loos », *op. cit.*, p. 1081.

483 SKOURIS (V.), « Allocution », *in* TIZZANO (A.), KOKOTT (J.), PRECHAL (S.) (dir.), *50e anniversaire de l'arrêt van Gend en Loos : 1963-2013*, Actes du colloque du 13 mai 2013 à Luxembourg, Office des publications de l'Union européenne, 2013, p. 8

juridiques nationaux et l'ordre juridique de l'Union[484]. Il sera aussi emblématique pour le droit communautaire andin qui s'en inspirera.

En effet, comme l'explique l'ancien référendaire à la CJUE Paolo Gori, la Cour a eu l'audace de « battre en brèche la doctrine du caractère absolu de la souveraineté étatique en allant contre des conceptions traditionnelles très largement partagées sur les relations entre le droit issu des traités internationaux et le droit national »[485]. La césure avec le droit international classique est nette : cette décision ne s'adresse pas aux États membres, mais à leurs ressortissants en leur donnant la possibilité d'invoquer le droit de l'Union en vue de défendre leurs droits. Ainsi, l'arrêt « *van Gend en Loos* » constitue pour la doctrine de l'Union « une condition, un premier pas vers la citoyenneté européenne et les droits qui en découlent, une sorte de matrice dans laquelle s'est inscrite la construction de la citoyenneté européenne »[486].

Sans doute restera-t-il comme l'un des arrêts de principe les plus importants et les plus avant-gardistes, car il a su sauvegarder l'intérêt propre de l'Union et de son droit, mais aussi le respect des citoyens envers l'Union. Il sert toujours de référence à la doctrine qui ne manque pas de le citer chaque fois qu'est analysée la question des relations, parfois conflictuelles, entre les ordres juridiques de l'Union et nationaux.

L'importance de cette jurisprudence est aussi perceptible dans le cadre andin, le TJCA ayant reconnu la nécessité d'en faire un outil juridique essentiel d'intégration communautaire.

§ 2 L'effet direct confirmé par le Tribunal de justice de la Communauté andine

La Communauté andine, à l'image de l'Union européenne, a consacré le principe de l'effet direct[487] qui donne la possibilité aux particuliers de

---

[484] V. Commentaire de POTVIN-SOLIS (L.), *in* BOUTAYEB (C.) (dir.), *Les grands arrêts du droit de l'Union européenne. Droit institutionnel et matériel de l'Union européenne*, *op. cit.*, pp. 42-52.

[485] GORI (P.), « Souvenirs d'un survivant », *in* TIZZANO (A.), KOKOTT (J.), PRECHAL (S.) (dir.), *50e anniversaire de l'arrêt van Gend en Loos : 1963*-2013, *op. cit.*, p. 30.

[486] EPINEY (A.), « L'arrêt Van Gend en Loos et la citoyenneté de l'Union », *in* TIZZANO (A.), KOKOTT (J.), PRECHAL (S.) (dir.), *50e anniversaire de l'arrêt van Gend en Loos : 1963-2013*, *op. cit.*, p. 154.

[487] Le Jorge Antonio Quindimil précise « qu'en effet, les bases juridiques du processus d'intégration andin se sont assises sur les piliers du droit communautaire établis par le TJCA. Ainsi, en matière d'applicabilité directe et d'effet direct le Tribunal andin recourre aux arrêts *van Gend en Loos*de 1963 et *Simmenthal*de 1978 » (QUINDIMIL LOPEZ (J. A.), « El fenómeno del mimetismo entre organizaciones internacionales », *Anuario da Facultade de Dereito*, Universidade da Coruña, n° 6, 2002, p. 594).

pouvoir exiger directement des tribunaux nationaux l'observation des droits et obligations qui leur ont été reconnus par le droit communautaire andin.

Le Tribunal andin a en effet reconnu le principe de l'effet direct (A) qu'il s'est employé à délimiter (B).

A. La reconnaissance du principe de l'effet direct

Le Tribunal andin s'est prononcé pour la première fois sur l'effet direct dans le cadre d'un recours en manquement formé contre le Venezuela en 1996. Il était reproché au pays d'avoir imposé des restrictions aux importations de café en provenance de Colombie en violation du droit communautaire andin. À cette occasion, le Tribunal a précisé que l'effet direct « permet que les sujets qui en (droit) bénéficient puissent exercer une action pour la correcte application de la norme communautaire »[488].

Dans le même arrêt, le Tribunal précise la relation étroite, déjà mise en évidence par la doctrine andine[489], entre l'effet direct, reconnu ici en tant que principe propre à la Communauté andine, et l'applicabilité directe[490]. La distinction actée entre ces deux principes par le juge andin[491] fera encore l'objet de précisions par certains auteurs[492].

---

488 TJCA, arrêt n° 3-AI-98, publié au GOAC n° 423 du 31 mars 1999: « *el efecto directo se relaciona con las acciones que los sujetos beneficiarios pueden ejercer para la debida aplicación de la norma comunitaria* ».

489 ZÚÑIGA SCHRODER (H.), « Jerarquía e interacción de fuentes en el marco del derecho comunitario andino », *Revista de Economía y Derecho*, vol. 11, n° 41, 2014, p 24; TREMOLADA ÁLVAREZ (E.), « El derecho andino: una sistematización jurídica para la supervivencia de la Comunidad Andina de Naciones », *op. cit.*, p. 61.

490 TJCA, arrêt n° 3-AI-96, publié au GOAC n° 261 du 29 avril 1997: « *Entre el principio de la aplicabilidad directa y del efecto directo existe una conexión estrecha: la norma comunitaria andina al ser directamente aplicable en los Países Miembros tiene como efecto inmediato que los ciudadanos de la Subregión se sientan protegidos con y en los derechos que esas normas les confieran* ».

491 TJCA, arrêt n° 03-AI-96, publié au GOAC n° 261 du 29 avril 1997: « *mientras que el principio de la aplicación directa se refiere a la norma como tal, el del efecto directo se relaciona con las acciones que los sujetos beneficiarios pueden ejercer para la debida aplicación de la norma comunitaria* », dans le même sens: TJCA, arrêt n° 07-AI-99, publié au GOAC n° 520 du 20 décembre 1999.

492 TOBAR SUBIETA CONTENTO (M. I.), « Ordenamiento jurídico andino: Apreciación general a la evolución del derecho en la Comunidad andina », *Axioma*, n° 7, 2011, p. 27; MONTES SARMIENTO (M. A.), *Efectos reglamentarios y jurisdiccionales del derecho comunitario andino sobre el derecho administrativo colombiano*, Mémoire en droit, Universidad del Rosario de Bogotá, 2012, p. 82; MONTANO GALARZA (C.), « Comentarios y reflexiones sobre el derecho comunitario », *op. cit.*, p. 220. La doctrine communautaire andine distingue aussi le principe de l'effet direct du principe de primauté : « la primauté est une qualité constitutionnelle supérieure de la norme communautaire alors que l'effet direct est une technique pour rendre effectives les qualités constitutionnelles de la norme communautaire » (BERNAL FANDINO (M.), GARNICA DE LA ESPRIELLA (L.), *El Tribunal Andino de Justicia*, Mémoire en droit, Universidad Javierana de Bogotá, 2001, p.

Plus particulièrement, le Tribunal considère que « la norme communautaireétant directement applicable dans les États membres, elle a comme effet immédiat que les citoyens de la région soient protégés avec et par les droits que ses normes leur confèrent. Il s'agit d'une reconnaissance juridique de l'ouverture pour eux de la possibilité d'exiger leur exécution auprès des juges nationaux »[493]. Le TJCA ajoute à l'appui de son raisonnement que « la manifestation souveraineexprimée dans les traités d'intégration, qui dérive de l'exercice du pouvoir étatique dans les démocraties représentatives-plus concrètement et spécialement dans le groupe andin[494] - a créé un ordre juridique basique qui, par son effet direct, passe aux États membres et à leurs nationaux »[495]. Le juge andin va jusqu'à envisager l'effet direct comme une caractéristique « existentielle de l'ordre juridique communautaire »[496].

B. La délimitation des contours de l'effet direct

Dans un arrêt postérieur, le TJCA propose une définition semblable à celle mise en évidence par Robert Lecourt qui signalait que l'effet direct « est le droit de toute personne de demander au juge l'application des traités, règlements, directives ou des décisions communautaires »[497] ; avant de

72). De cette différentiation nous pouvons mettre en évidence le caractère technique donné au principe de l'effet direct rendant sa place moins importante que le principe de primauté de la norme communautaire andine.

493 TJCA, arrêt n° 3-AI-96, publié au GOAC n° 261 du 29 avril 1997. Cette jurisprudence a été confirmée par le Tribunal à plusieurs reprises : TJCA, arrêt n° 34-AI-2001, publié au GOAC n° 839 du 25 septembre 2002 ; TJCA, arrêt n° 3-AI-2010, publié au GOAC n° 1985 du 11 octobre 2011 ; TJCA, arrêt n° 149-IP-2011, publié au GOAC n° 2069 du 5 juillet 2012.

494 Comme nous l'avons déjà signalé, la Communauté andine a commencé ses activités en 1969 dans le cadre du Groupe andin avec la signature de l'Accord de Carthagène, qui est devenu l'actuelle Communauté andine après sa refondation en 1997 avec la signature du Protocole de Sucre. Pour en savoir plus : QUENAN (C.), « La Communauté andine des nations : entre tentatives de relance et crises récurrentes », *Cahiers des Amériques Latines*, n° 50, 2005, pp. 83-103.

495 TJCA, arrêt n° 01-IP-96, publié au GOAC n° 257 du 14 avril 1997: « *La manifestación soberana expresada en los tratados de integración, al derivarse del ejercicio del poder estatal en democracias representativas - concretamente y en especial en el Grupo Andino - crea un ordenamiento jurídico básico, que, por su efecto directo, pasa a ser compartido por los países integrantes y por sus nacionales* ».

496 TJCA, arrêt n° 01-IP-96, publié au GOAC, n° 257 du 14 avril 1997: « *conservando el derecho comunitario -por aplicación de sus características « existenciales » de obligatoriedad, efecto directo y preeminencia* - ... ».

497 TJCA, arrêt n° 03-AI-96, publié au GOAC n° 261 du 29 avril 1997. Nous rappelons que le Président Lecourt signale à ce sujet dans son ouvrage *L'Europe des juges* que « ou bien La Communauté est, pour les particuliers, une séduisante, mais lointaine abstraction intéressant seulement les gouvernements qui leur appliquent discrétionnairement les règles ; ou bien elle est pour eux une réalité et, par conséquent, créatrice de droits » (LECOURT (R.), *L'Europe*

conclure que « le principe de l'effet direct marque la différence entre le droit communautaire et le droit international »[498]. À travers cette affirmation, le juge andin demande, sans ambiguïtés, de prendre en compte la singularité du droit communautaire andin au regard des règles classiques du droit international.

Il résulte donc explicitement de la jurisprudence du TJCA que les règles andines sont caractérisées par le principe de l'effet direct à partir de leur publication à la *Gazette officielle de l'Accord de Carthagène* (GOAC), ce qui signifie qu'elles sont d'application obligatoire et immédiate par les États membres et les organes communautaires andins ; cependant, l'effet direct concerne aussi les personnes physiques ou morales. En ce sens, le principe de l'effet direct sert à faciliter l'introduction du droit communautaire andin dans le droit national dans le but de renforcer son efficacité, protéger les droits des particuliers et en faire naître pour des personnes à la marge du cadre juridique national.

Les normes communautaires andines doivent réunir trois caractéristiques pour se voir investies de l'effet direct : elles doivent être claires, précises et inconditionnelles[499]. Une norme qui répond à ces trois conditions ne laisse pas de marge d'appréciation aux pouvoirs publics nationaux ni aux organes communautaires, pour son exécution.

Les instances nationales de certains États membres ont aussi eu l'opportunité de se prononcer sur la reconnaissance de ce principe. Par exemple, le Conseil d'État colombien a reconnu que « la relation entre l'ordre juridique de la Communauté andine et l'ordre juridique interne, à l'exception de la Constitution politique, est déterminée par le principe de l'effet direct » ; ajoutant que « le principe de l'effet direct ne signifie pas que le droit communautaire devienne droit interne, mais sinon qu'il prime le droit national en cas de contradiction »[500]. On note ici une confusion entre l'applicabilité directe et l'effet direct ; deux notions souvent utilisées en tant que synonymes, car elles sont étroitement liées par un objectif principal commun : le respect du droit communautaire andin.

---

des juges, Bruxelles, Bruylant, coll. « Droit de l'Union européenne. Grands écrits », 2008, p. 248). Cette réflexion reflète toujours la réalité puisque les citoyens européens ne se sentent pas directement impliqués par l'Union européenne. Les citoyens andins vivent une situation similaire sachant que la plupart méconnaissent l'existence même de la Communauté andine.

[498] TJCA, arrêt n° 03-AI-96, publié au GOAC n° 261 du 29 avril 1997.

[499] Des conditions clairement reprises des réflexions du juge de l'Union concernant les directives européennes Voir : CJUE, 4 décembre 1974, « *Yvonne van Duyn c/ Home Office* », aff. 41/74, Rec. p. 1337.

[500] Conseil d'État colombien, Chambre du contentieux administratif, Section première, arrêt du 28 avril 2011, dossier n° 11001-03-000-2003-00532-01. Notons qu'une pareille reconnaissance s'est opérée par la Cour constitutionnelle colombienne dans sa Décision C-137-96 du 9 avril 1996.

§ 3 L'intensité variable de l'effet direct en droit communautaire andin

Il ressort d'une analyse de la jurisprudence de la CJUE que l'effet direct est caractérisé par une intensité variable. On peut distinguer deux degrés : on parle d'effet direct horizontal ou vertical[501].

Sur chaque continent, européen et sud-américain, la perception et l'évolution du principe de l'effet direct connaissent des caractéristiques propres adaptées à l'évolution de la jurisprudence des tribunaux communautaires. Ainsi, dans le cas de l'Union, la Cour identifie des variables de l'effet direct (A) ; au sein de la CAN, le Tribunal prend en compte certaines limitations à ce principe (B).

A. L'identification des variabilités de l'effet direct

Dans le cadre de l'Union, l'effet direct horizontal peut être défini comme la « capacité d'une norme à être opposée par une personne physique ou morale (ou invocable) à une autre personne physique ou morale. Seul le règlement communautaire dispose de cet effet horizontal. Les directives communautaires ne sont pas pourvues d'une telle capacité, quand bien même elles seraient pourvues de l'effet direct »[502].

Quant à l'effet direct vertical, il désigne la « capacité d'une norme à être opposée par une personne physique ou morale (ou invocable) aux autorités publiques : État, collectivités locales. Cet effet direct peut être ascendant - opposabilité de la norme par une personne physique ou morale à l'encontre de l'État- ou descendant -opposabilité de la norme par l'État à une personne physique ou morale- »[503].

La lecture de ces deux acceptions permet de noter une différence de degré entre l'effet direct horizontal et l'effet direct vertical : le premier paraît plus étendu que le second dans la mesure où il implique la possibilité d'invoquer une disposition de l'Union à l'égard d'une autorité publique nationale, mais aussi dans le cadre des relations entre particuliers.

L'arrêt « *van Gend en Loos* » établit le principe de l'effet direct pour les dispositions du droit originaire, c'est-à-dire les traités, sachant, comme Léontin-Jean Constantinesco le relève, qu'« introduits dans l'ordre interne des États membres, en tant que simples traités, les Traités européens ont le rang que la Constitution de l'État respectif réserve aux traités classiques »[504].

---

501 CJUE, 5 février 1963, « *NV algemene Transport – en Expetitie Onderneming van Gend en Loos c/ Administration fiscale néerlandaise* », aff. 26/62, Rec. p. 3.

502 MONJAL (P.-Y.), *Glossaire de termes juridiques européens*, Paris, Gualino, 2005, p. 183.

503 *Ibidem*.

504 CONSTANTINESCO (L.-J.), *L'application directe dans le droit de la C.E.E.*, Bruxelles, Bruylant, coll. « Droit de l'Union européenne. Grands écrits », 2006, p. 14.

Ce sujet a pendant longtemps fait l'objet de débats, car il touche à la délicate question des contours de la souveraineté des États membres et de leurs engagements communautaires. La CJUE ajoute que « lorsqu'une disposition du traité satisfait aux conditions requises, elle est revêtue de l'effet direct à la fois vertical et horizontal »[505].

Une fois acté par le droit originaire, plusieurs arrêts ont précisé dans quelle mesure le droit dérivé de l'Union pouvait aussi être caractérisé par l'effet direct, en appliquant les critères de l'intensité variable déjà mentionnés. De fait, la portée du principe de l'effet direct est ample ; il est applicable à presque toutes les normes du droit de l'Union.

S'agissant tout d'abord du règlement, il est obligatoire dans tous ses éléments et doté d'un effet direct vertical et horizontal, c'est-à-dire qu'il ne requiert pas de transposition dans le droit interne des États membres de l'Union européenne pour s'appliquer. La CJUE précise ainsi « qu'en raison de sa nature même et de sa fonction dans le système des sources de droit communautaire, le règlement produit des effets immédiats et est comme tel apte à conférer aux particuliers des droits que les juridictions nationales ont l'obligation de protéger »[506].

La reconnaissance de l'effet direct du règlement, mais aussi de la décision, n'a pas posé de véritables problèmes à la Cour de justice de l'Union ni de manière plus générale aux tribunaux nationaux. En revanche, la question a été source de nombreux conflits s'agissant des directives qui sont obligatoires quant au résultat à atteindre, mais dont la forme et les moyens d'exécution sont laissés à l'appréciation de chaque État membre. Il en résulte une marge d'appréciation importante pour les organes nationaux au moment d'opérer la transposition[507] des directives dans le droit interne[508].

En principe, les directives, normes dérivées, ne devraient pas produire d'effet direct puisqu'elles sont adressées aux États membres ; cependant, la

---

[505] CJUE, 12 décembre 1974, « *B. N. O. Walrave, L. J. N. Koch* c/*Association Union cycliste internationale, Koninklijke Nederlandsche Wielren Unieet Federacion Espanol Ciclismo* », aff. 36/74, Rec., p. 1405. Dans le même sens : CJUE, 8 avril 1976, « *Gabrielle Defrenne c/Société anonyme belge de navigation aérienne Sabena* », aff. 43/75, Rec., p 456.

[506] CJUE, 14 décembre 1971, « *Politi s.a.s. c/ ministère des Finances de la République italienne* », aff. 43/71, Rec. p. 1039.

[507] Le terme transposition s'entend comme « l'obligation législative ou réglementaire s'imposant aux États membres de l'Union européenne consistant à mettre en œuvre les objectifs contenus dans les directives communautaires. Les lois de transposition des directives, ainsi que les décrets ou arrêtés, doivent être compatibles avec les objectifs définis, sous peine d'annulation de ces derniers, ou de non application de ces premières, par le juge national » (MONJAL (P.-Y.), *Glossaire de termes juridiques européens*, *op. cit.*).

[508] Autrement dit, « les directives renvoient à une méthode législative à double détente combinant l'adoption d'un acte communautaire fixant les objectifs à atteindre et la transposition par un acte national destiné à traduire ces objectifs dans le droit interne » SIMON (D.), *Le système juridique communautaire*, Paris, PUF, coll. « Droit fondamental. Droit international », 3ème éd., 2001, p. 223.

Cour a élaboré une jurisprudence reconnaissant un effet direct aux directives permettant qu'une personne se prévale devant son administration, ou en cas de refus, devant le juge national, de leur invocabilité[509] à l'encontre d'un acte interne qu'on lui opposerait.

Alors que les règlements et les décisions appartiennent à une catégorie de normes plus « catégoriques »[510], c'est-à-dire qu'il s'agit d'actes juridiques pris par les institutions de l'Union, la directive est un « acte juridique singulier » et propre à l'Union européenne. Cette spécificité trouve son fondement dans son caractère juridique original : les directives « appartiennent à une catégorie de normes pragmatiques »[511]. En effet, comme le résume Robert Kovar, « la directive intrigue, dérange, divise, sa singularité en est la cause »[512] et elle continue de diviser quant aux éléments de sa définition. Il s'agit d'un instrument interétatique, mais qui acquiert au sein de l'Union une dimension fonctionnelle plus technique ; les motivations

---

[509] L'invocabilité des directives s'entend du « droit reconnu à un requérant (personne morale ou physique) de se prévaloir devant son administration ou en cas de refus, devant le juge national (le plus souvent administratif, d'une directive à l'encontre d'un acte interne (loi ou acte administratif) qu'on lui oppose, mais dont la compatibilité avec celle-ci constitue un aspect important et contemporain du contentieux administratif, dont les enjeux sont importants pour les particuliers et les entreprises » (MONJAL (P.-Y.), *Glossaire de termes juridiques européens*, *op. cit.*). La Cour reconnaît dans sa jurisprudence : une invocabilité de substitution (« la directive est applicable à la place d'une norme interne, que celle-ci ne soit pas conforme ou qu'elle n'ait pas été arrêtée », CJUE, 19 juillet 1990, « *Foster* et autres c/*British Gas plc* », aff. 188/89, Rec. I-3313) ; une invocabilité d'interprétation « le juge interne se doit d'interpréter le droit interne à la lumière de toutes les directives même si elles sont dépourvues d'effet direct », CJUE, 10 avril 1984, « *Von Colson et Kamman c/ Land Nordrhein-Westfalen* », aff. 14/83, Rec. p. 1981) ; une invocabilité de réparation (« si les dispositions de la directive peuvent être invoquées par les requérants » et « en cas de réponse négative, si l'État est tenu de réparer le dommage causé par son inaction », CJUE, 19 novembre 1991, « *Andrea Francovich et Danila Bonifaci et autres c/ République italienne* », aff. jtes C-6/90 et C-9/90, Rec. p. I-05357) ; et une invocabilité d'exclusion (« les juridictions nationales doivent appliquer le droit communautaire, sans attendre l'annulation par le législateur. Les États membres ne peuvent pas prendre de loi postérieurement à l'adoption d'une directive, qui soit contraire à celle-ci », CJUE, 9 mars 1978, « *Administration des finances de l'État c/ Société anonyme Simmenthal* », aff. 106/77, Rec. p. 629 et aussi CJUE 4 avril 1968, « *Firma Gebrüder Lück c/Hauptzollamt Köln-Rheinau* », aff. C34/67, Rec. p. 359). Sur l'invocabilité des directives, voir également : SIMON (D.), « L'invocabilité des directives dans les litiges horizontaux : confirmation ou infléchissement ? », *RE*, n° 3, 2010, pp. 4-7 ; CASSIA (P.), « L'invocabilité des directives communautaires devant le juge administratif : la guerre des juges n'a pas eu lieu », *RFDA*, n° 1, janvier-février 2002, pp. 20-32

[510] Expression utilisée par Norberto Bobbio pour identifier des normes faisant partie de la hiérarchie juridique du droit positif. V. not. BOBBIO (N.), *Essais de théorie du droit*, Paris, LGDJ, coll. « La pensée juridique », 1998, p. 120.

[511] *Ibidem.*

[512] KOVAR (R.), « Observations sur l'intensité normative des directives », in COPOTORTI (F.), EHLERMANN (C.-D.), *Du droit international au droit de l'intégration, Liber Amicorum Pierre Pescatore*, Baden-Baden, NomosVerlagsellschaft, 1987, p. 359.

d'une directive sont essentiellement pratiques[513]. Ce caractère spécifique ne la rend pas entièrement saisissable par les droits internes.

La reconnaissance prétorienne de l'effet direct des directives a toutefois été progressive. Notons tout d'abord que la CJUE a opéré une nette distinction entre les notions d'effet direct et d'invocabilité[514], cette dernière relevant davantage de considérations d'ordre procédural. L'invocabilité permet aux justiciables de bénéficier de l'effet direct des directives.

Quant à la question de l'effet direct des directives elles-mêmes, la CJUE a posé des limites à sa reconnaissance en exigeant des conditions strictes indiquées dans l'arrêt « *Yvonne Van Duyn c/Home Office* » rendu en 1974 : « sa clarté, son inconditionnalité et sa précision »[515]. Dans un arrêt « *Ratti* » de 1979, le juge de l'Union ajoute une condition supplémentaire en considérant que « les directives ne peuvent produire un effet direct qu'à l'issue du délai de transposition et dans l'hypothèse où l'État ne les a pas ou les a mal transposées »[516]. Puis, dans l'arrêt « *Paola Faccini Dori* » rendu en 1994, la CJUE exclut tout effet direct horizontal pour les directives qui peuvent donc simplement produire un effet direct vertical ascendant[517].

La question de l'effet direct des décisions et accords internationaux conclus dans le cadre de l'Union européenne a aussi fait l'objet d'un intérêt de la part du juge de l'Union qui a procédé à une distinction entre les décisions adressées aux particuliers, qui ont un effet direct automatique, et les décisions adressées aux États, qui ont un effet direct identique à celui des directives sachant que ces décisions posent des obligations à la charge des États[518]. S'agissant des accords internationaux, la CJUE considère que leur effet direct ne peut être présumé : elle vérifie si l'accord en question établit une obligation dans des termes clairs, précis et inconditionnels[519].

---

513 D'après Pierre Pescatore, ancien juge à la Cour de justice des Communautés européennes, la directive « est un mécanisme de législation indirecte et médiate un moyen d'orientation législative, mais aussi une méthode de législation à deux étages : au niveau communautaire sont arrêtes la ligne politique et le modèle législatif, ensuite il appartient aux États membres de traduire ce modèle dans leurs catégories nationales » (PESCATORE (P.), « L'effet des directives communautaires : une tentative de démythification », *Recueil Dalloz*, Chron. , 1980, p. 171. Ces deux phases font de la directive un acte juridique original.

514 CJUE, 19 septembre 2000, « *Luxembourg c/ cts B. Linster* », aff. C-287/98, Rec. . I-6917.

515 CJUE, 4 décembre 1974, « *Yvonne van Duyn c/ Home Office* », aff. 41/74, Rec. p. 1337.

516 CJUE, 5 avril 1979, « *Ministère public c/Tullio Ratti* », aff. 148/78, Rec. p. 1629.

517 CJUE, 14 juillet 1994, « *Paola Faccini Dori* c/Recreb Srl», aff. C-91/92, Rec. p. I-3349.

518CJUE, 6 octobre 1970, « *Franz Grad c/ Finanzamt Traunstein* », aff. C-9/70, Rec. p. 825; CJUE, 10 novembre 1992, *« Hansa Fleisch Ernst Mundt GmbH & Co. KG c/ Landrat des Kreises Schleswig-Flensburg»*, aff. C-156/91, Rec. p. I-5567.

519 CJUE, 12 décembre 1972, « *International Fruit Company NV et autres c/ Produktschap voor Groenten en Fruit* », aff. jtes. 21 à 24/72, Rec. p. 1219.

B. L'application simplifiée de l'effet direct au sein de la CAN

En ce qui concerne la portée du principe de l'effet direct pour l'ordre juridique communautaire andin, la situation est plus simple qu'au sein de l'Union européenne. Seuls le Conseil des ministres des Affaires étrangères, la Commission de la Communauté andine et le Secrétaire général peuvent émettre des normes communautaires andines reconnues en tant que telles. L'effet direct des décisions du Conseil des ministres ou de la Commission, ainsi que les règlements du Secrétaire général, sont en principe caractérisés par un effet direct sur les droits des États membres.

En revanche, la question de l'effet des décisions du Parlement andin n'est pas encore tranchée. Ces décisions ne remplissent pas les conditions d'obligation et d'efficacité. D'après Carolina Blanco Alvarado, « l'absence de ces conditions rend les décisions du Parlement andin déficientes, car elles sont considérées plutôt comme des recommandations »[520].

Enfin, l'inexistence de directives au sens unioniste du terme, « normes communautaires par excellence », à l'intérieur de la Communauté andine permet une lecture plus aisée de l'effet direct de ses normes. Le Tribunal andin n'a donc de fait pas eu l'opportunité de se prononcer avec plus de détails sur ce principe comme l'a fait la Cour de justice de l'Union. Le TJCA s'est contenté de préciser aux États membres qu'« aucune mesure simple d'exécution adoptée par un État membre peut servir d'excuse valide pour altérer l'effet direct et uniforme des régulations communautaires »[521].

En outre, aucune disposition de l'Accord de Carthagène ni de ses Protocoles constitutifs, ne fait mention de l'effet direct. Certains auteurs[522] ont cependant tenté de voir dans l'article 3 du Traité constitutif du

---

[520] BLANCO ALVARADO (C.), « Aproximación a la perspectiva jurídica de las decisiones del Parlamento andino en los ordenamientos jurídicos de los Estados andinos », *Revista Relaciones internacionales, Estrategia y seguridad*, vol. 6, n° 2, 2011, p. 43. Il ne faut pas oublier que le Parlement andin est l'organe délibérant du Système d'intégration andin et devait en principe être constitué par des représentants élus au suffrage universel et direct, mais cet aspect n'est pas encore une réalité. Actuellement, il est composé de représentants des parlements nationaux des États membres, une des raisons qui ne permettent pas au Parlement andin de légiférer de manière plus officielle. Voir à ce sujet : GARCIA (de) CARVAJALINO (Y.), « La Comunidad Andina », *Revista de Derecho de la Universidad del Norte*, n° 12, 1999, p. 72 ; concernant l'Union européenne et les parlements nationaux : MEYER-HEINE (A.), « La participation des parlements au fonctionnement de l'Union européenne : quand la subsidiarité renforce la démocratisation de l'Union », *Droit et société*, n° 80, 2012, pp. 31-46.

[521] TJCA, arrêt n° 02-IP-88, publié au GOAC n° 33 du 26 juillet 1988: « *Las medidas de simple ejecución que en casos concretos pudiera adoptar un País Miembro tampoco pueden servir de excusa válida para alterar el efecto directo y uniforme propio de tales regulaciones* ».

[522] ACHÁ LEMAITRE (D.), *Los principios de subsidiariedad y proporcionalidad de la Unión Europea y su posible proyección en el ámbito de atribución de competencias de la Comunidad Andina*, Mémoire en droit, Universidad Andina Simón Bolívar, 2008, p. 101.

TJCA une consécration du principe. De notre point de vue, cette position est contestable : l'effet direct est un principe qui évolue au gré des jurisprudences du TJCA et qui est absent du droit originaire andin.

Enfin, il est important de souligner que l'application effective deceprincipen'est pas toujours assurée : les juridictions des États membres et les citoyens andins ne l'appliquent généralement pas par méconnaissance de la norme communautaire andine ; un aspect confirmé par la doctrine communautaire andine[523].

Bien que l'effet direct de la norme andine soit encore limité dans le contexte andin, le Tribunal exerce un pouvoir de contrôle en tant que garant du respect du droit communautaire andin à l'encontre des actes ou de l'inaction des États membres. Il est aussi compétent pour se prononcer au sujet de l'inaction des organes andins afin de protéger les ressortissants andins.

SECTION 2 : LE CONTRÔLE DE L'INERTIE OU DE L'INACTION DES ORGANES COMMUNAUTAIRES ANDINS

Le Tribunal andin exerce un contrôle juridictionnel sur les actions des institutions communautaires visant à garantir la légalité des actes des institutions lorsqu'il est saisi d'un recours en carence ou en omission (§1). Cette action permet au Tribunal, même si cela reste de manière très réduite, d'établir une jurisprudence sur les abstentions ou inactions illégales des institutions communautaires (§2), en plus de garantir aux citoyens andins un accès effectif à la justice communautaire (§3).

§ 1 La notion de recours en carence ou en omission

En droit de l'Union, le recours en carence est une « voie de droit inédite dans le contentieux de la légalité, car elle permet de constater l'inaction ou l'inertie d'une institution qui a omis d'agir alors que le traité l'oblige à le faire »[524]. Ainsi que le signale Guy Isaac, cette action trouve son fondement dans le contentieux administratif propre au Conseil d'État français[525]. La doctrine communautaire andine considère quant à elle que la condition d'un tel recours existe dans « tout système contentieux administratif dans le

---

[523] TREMOLADA ÁLVAREZ (E.), *El derecho andino en Colombia*, Universidad Externado de Colombia, Coll. « Pre-Textos », n° 13, 2006, p. 65.

[524] BOUTAYEB (C.), *Droit institutionnel de l'Union européenne. Institutions, ordre juridique, contentieux*, *op. cit.*, p. 349. V. not. : CAZET (S.), *Le recours en carence en droit de l'Union européenne*, Thèse en droit, Université Paris 1 Panthéon-Sorbonne, publiée dans la collection « Thèses : Droit de l'Union européenne », Bruxelles, Bruylant, 2012, p. 702.

[525] ISAAC (G.), *Droit communautaire général*, *op. cit.*, p. 315.

monde »[526], à savoir l'omission[527] d'une obligation expressément établie dans une norme.

Ainsi se distinguent le recours en carence ou omission propre à l'Union européenne (A) et celui consacré au sein de la CAN par une modification du Traité constitutif du TJCA (B) qui est doté d'une procédure spécifique et différente des autres recours du contentieux andin (C).

A. Un recours prévu par le droit de l'Union

En droit de l'Union, ce recours est prévu aux articles 265 et 266 du TFUE. Il est considéré par la doctrine comme le « recours qui correspond à un constat, demandé au juge communautaire, de l'inaction de l'Union ». Il peut aussi être regardé comme « un recours connexe au recours en annulation »[528] puisque tous les deux permettent un contrôle direct de la légalité d'un acte communautaire, mais avec des différences sur le plan procédural. Le recours en carence peut anticiper une action en annulation cependant, en dépit de son intérêt, ce dernier occupe une place relativement rare dans la pratique du contentieux de l'Union européenne[529].

Autrement dit, le recours en carence permet « de mettre en cause l'attitude d'une institution qui s'est abstenue de prendre un ensemble de mesures »[530] qui, évidemment, relèvent du champ de compétences des institutions de l'Union.

B. Un recours introduit dans le droit communautaire andin par le Protocole de Cochabamba

Le recours en carence a été introduit dans le contentieux communautaire andin par le Protocole de Cochabamba du 28 mai 1999, plus précisément son

[526] SUAREZ MEJÍAS (J. L.), « La Comunidad Andina: un proceso de integración en constate evolución », *Revista de la Facultad de Ciencias Jurídicas y Políticas*, Universidad Central de Venezuela, n° 111, 1999, p. 137.

[527] Le mot « omission » fait allusion à l'inactivité, l'inaction. Le dictionnaire Larousse définit l'omission comme « l'action de négliger de dire ou de faire ce que l'on devait dire ou faire ; oubli » (*Dictionnaire Le Petit Larousse illustré 2015*, *op. cit.*). Pour aller plus loin, ajoutons que le comportement humain peut se décomposer en deux grandes attitudes : l'une positive « *facere* » et l'autre négative « *non facere* ». Il s'agit de deux manifestations de la volonté humaine. Ainsi, une omission sera considérée comme un acte ou comportement négatif: ne pas faire ce qui est attendu que l'on fasse.

[528] MOLINIER (J.), « Recours en carence », *JurisClasseur Europe*, fasc. 340, à pour 31 mai 2011.

[529] Il représente 1,32 % des recours enregistrés entre 2010-2014 par la CJUE. Voir : Rapport annuel 2014 de la Cour de Justice de l'Union Européenne, Luxembourg, 2015, p. 186.

[530] DAILLIER (P.), BENLOLO-CARABOT (M.), SUSANI (N.), VAURS-CHAUMETTE (A.-L.), « La jurisprudence des tribunaux des organisations d'intégration latino-américaines (Chronique n° 2) » : Les voies de recours, *AFRI*, vol. 52, n° 1, 2006, p. 543.

article 37[531]. Il est par ailleurs régi par les articles 129 et 134 du statut du TJCA. Il est intéressant de noter que la Communauté andine est la seule organisation d'intégration de la région latino-américaine à prévoir ce type de recours.

Son objectif a été précisé par le TJCA à l'occasion du premier arrêt rendu sur un recours en carence en 1994 : « le recours en carence ou omission vise à annuler l'inactivité et obliger le Conseil des ministres des Affaires étrangères, la Commission ou le Secrétariat général quand ils sont en violation d'une activité qui est déterminée spécifiquement par l'ordre juridique communautaire andin »[532].

Bien que ce recours soit considéré comme étant connexe au recours en annulation prévu dans le droit communautaire andin du fait de leur finalité commune -le respect et l'application de l'ordre juridique communautaire andin-, ces deux actions ont des fonctions différentes. Dans le même arrêt, le TJCA signale avec justesse que le recours en carence doit réaliser un contrôle direct de la légalité des actes communautaires et que « ce contrôle de légalité est le fondement du régime du droit communautaire andin »[533]. En d'autres termes, le recours en annulation vise à sanctionner les activités contraires à l'ordre juridique communautaire, tandis que le recours en

---

[531] « *Recurso de omisión o inactividad: Artículo 37.- Cuando el Consejo Andino de Ministros de Relaciones Exteriores, la Comisión de la Comunidad Andina o la Secretaría General, se abstuvieren de cumplir una actividad a la que estuvieren obligados expresamente por el ordenamiento jurídico de la Comunidad Andina, dichos órganos, los Países Miembros o las personas naturales o jurídicas en las condiciones del Artículo 19 de este Tratado, podrán requerir el cumplimiento de dichas obligaciones.*
Si dentro de los treinta días siguientes no se accediere a dicha solicitud, el solicitante podrá acudir ante el Tribunal de Justicia de la Comunidad Andina para que se pronuncie sobre el caso.
Dentro de los treinta días siguientes a la fecha de admisión del recurso, el Tribunal emitirá la providencia correspondiente, con base en la documentación técnica existente, los antecedentes del caso y las explicaciones del órgano objeto del recurso. Dicha providencia, que será publicada en la Gaceta Oficial del Acuerdo de Cartagena, deberá señalar la forma, modalidad y plazo en los que el órgano objeto del recurso deberá cumplir con su obligación ».

[532] TJCA, arrêt n° 70-RO-03, publié au GOAC n° 1033 du 10 février 2004: « *El Recurso por Omisión o Inactividad persigue hacer cesar la inactividad y compeler, ya sea al Consejo de Ministros de Relaciones Exteriores, a la Comisión o a la Secretaría General cuando se encuentren en situación de incumplimiento de una actividad a que estuvieren obligados expresamente por el ordenamiento jurídico de la Comunidad Andina, a cumplir con su conducta de emitir el pronunciamiento. En consecuencia, el recurso por omisión está previsto para los casos en los que los órganos encargados de cumplir y hacer cumplir una disposición de derecho comunitario no lo hacen y de esta manera infringen la normativa comunitaria al abstenerse de actuar* ».

[533] TJCA, arrêt n° 70-RO-2003, publié au GOAC n° 1033 du 10 février 2004: « *la segunda acción es el procedimiento directo de control de la legalidad, que se constituye en el fundamento del régimen de derecho comunitario* ».

omission tend à sanctionner l'absence d'action de la part des autorités communautaires qui ne prennent pas les actes considérés comme obligatoires dans le cadre du processus d'intégration. Les deux mécanismes sanctionnent donc une violation du droit communautaire andin entendue au sens large, de manière positive et négative.

Ce recours permet l'exercice d'un contrôle de légalité de la part du TJCA, non seulement pour les actes des organes communautaires contraires à l'ordre juridique communautaire, mais aussi pour les omissions des organes communautaires andins, c'est-à-dire les abstentions au regard des obligations contenues dans le droit andin. Autrement dit, il permet de juger le silence ou la passivité d'un organe du Système d'intégration andin.

Le Tribunal a par ailleurs indiqué que ce recours était opposable à toute autorité communautaire andine[534], mais nous pouvons aussi considérer qu'il le soit à l'égard des autorités nationales investies du pouvoir d'action communautaire, à l'instar par exemple des agences nationales de propriété intellectuelle. Le Tribunal a ainsi élargi le champ d'application de ce recours aux entités nationales qui sont chargées d'appliquer le droit communautaire andin.

C. La procédure du recours en carence ou omission dans le droit communautaire andin

D'après l'article 37 du Traité constitutif du TJCA, le recours en carence peut être formé contre le Conseil andin des ministres des Affaires étrangères, la Commission de la Communauté andine ou le Secrétariat général, quand ils s'abstiennent d'assurer une activité obligatoire selon le droit communautaire andin.

En vertu de l'article 130 du statut du TJCA, le recours en carence est en effet présenté comme le mécanisme dont disposent les personnes physiques ou morales affectées dans leurs droits subjectifs ou leurs intérêts légitimes, les États membres, le Conseil andin des ministres des Affaires étrangères,la Commission de la Communauté andine et le Secrétariat général pour demander aux institutions communautaires d'accomplir leurs fonctions et activités.

Le Tribunal précise que sa saisine est conditionnée à une « phasepréalable »[535] prévue à l'article 131 du statut du Tribunal. Cette étape,

---

[534] TJCA, arrêt n° 76-RO-2003, publié au GOAC n° 1013 du 14 novembre 2003: « *Se ha considerado necesario dotar a los actores de la integración –Países Miembros, Órganos del Acuerdo y personas naturales o jurídicas- de un instrumento que les permita reclamar a las autoridades del Acuerdo, cuanto estas se hayan abstenido de cumplir una actuación a la que estén obligadas por el ordenamiento jurídico andino* ».

[535] TJCA, arrêt n° 70-RO-2003, publié au GOAC n° 1033 du 10 février de 2004 : « *una vez interpuesto un recurso de reconsideración contra alguna Resolución*

de nature administrative, consiste à envoyer une demande écrite à l'organe communautaire pour lui demander de se conformer au droit andin. Celui-ci dispose d'un délai de trente jours pour répondre par un avis motivé en indiquant les modalités et le délai dans le cadre desquels il compte accomplir son obligation communautaire. Cet avis doit être publié au GOAC. Si aucun avis n'est émis, la partie affectée par l'omission ou l'inaction a alors le droit de saisir le Tribunal pour obtenir une décision juridictionnelle.

§ 2 Une jurisprudence pédagogique et récente du TJCA

Tous les recours en carence présentés devant le Tribunal ont comme objectif de pallier l'inertie des autorités communautaires, notamment l'absence d'actes du Secrétaire général de la Communauté andine.

Pour la bonne application de cette option contentieuse, le TJCA s'est employé à dégager une jurisprudence assez claire et didactique à propos du recours en carence (A). Les saisines sur ce fondement restent néanmoins rares (B).

A. Les précisions du Tribunal à propos du recours en carence

C'est en 2003 que le Tribunal a pour lapremière fois statué sur un recours en carence à l'occasion d'une affaire opposant la République du Pérou et le Secrétariat général de la Communauté andine qui s'était abstenu d'émettre un avis dans une affaire qui lui avait été présentée par voie administrative préalable de reconsidération[536]. Cette démarche avait pour objet de demander à l'organe andin d'émettre une décision prévoyant une restriction commerciale à l'encontre de produits pharmaceutiques provenant d'une entreprise de production et d'importation colombienne. À l'appui de sa requête, la République du Pérou insista sur le fait que le Secrétariat général

---

de la Secretaría General, mientras este último organismo se encuentre en tiempo para resolver dicho recurso, el interesado no podrá acudir a la vía jurisdiccional a impugnar la Resolución de la cual se pide reconsideración. Y también podría interpretarse que una vez finalizado el plazo para resolver el recurso de reconsideración, habiendo o no respuesta de la Secretaría General, el interesado se encontraría habilitado para ejercer la acción de nulidad por ante este Tribunal. Sin embargo, por esta interpretación, la Secretaría General debe resolver lo que se le solicita, pues de lo contrario caería en situación de incumplimiento de sus obligaciones ».

[536] Le « recours en reconsidération » andin est un recours administratif communautaire établi par le Règlement des procédures administratives du Secrétariat général de la Communauté andine (Décision n° 425 du Conseil andin des ministres des Affaires étrangères du 14 décembre de 1997). Comme son nom l'indique, il a comme objectif en vertu de l'article 37 dudit Règlement de reconsidérer les Résolutions du Secrétariat général sur un sujet déterminé (souvent des Résolutions en matière commerciale d'importation et d'exportation des produits dans la région).

était resté inactif depuis presque un an, en violation de ses obligations, et exigea la révocation de la Résolution n° 576 qui écarta sa demande de restriction du commerce de produits pharmaceutiques venant de la République de Colombie.

En l'espèce, le juge andin décida que « le Secrétariat général s'est rendu responsable d'une inactivité en ne respectant pas les délais établis par l'article 44 de la Décision n° 425 concernant son obligation de considérer le recours administratif en reconsidération ». Le Tribunal a toutefois précisé qu'il ne peut se prononcer sur le fond de la Résolution n° 576 puisque que le recours en carence ne peut permettre de contraindre un organe à exécuter un acte communautaire obligatoire, mais seulement de déclarer une omission, en l'espèce du Secrétariat général[537].

La même année, le Tribunal a été amené à se prononcer sur une affaire impliquant les mêmes parties : la République du Pérou lui demanda de déclarer une omission du Secrétariat général quant à son obligation d'émettre un avis au sujet d'une affaire administrative l'opposant à la République de l'Équateur et portant sur la Résolution n° 145 relative aux obligations commerciales liant l'Équateur et le Pérou.

À cette occasion, le juge andin a rappelé de manière très pédagogique la nature du recours en carence inspiré de « deux modèles reconnus en recours contentieux administratif : la technique du silence administratif dénégatoire en provenance du système français et la technique de l'action pour inactivité de l'administration propre au droit allemand »[538] ; avant d'ajouter que ces recours permettent « de contrôler le manquement à des obligations établies par l'Accord aux institutions communautaires andines ». Le Tribunal reconnaît ici plus particulièrement la proximité du recours communautaire andin avec le contentieux allemand qui prévoit une action en inactivité et décide de contraindre le Secrétariat général de la Communauté andine d'émettre la Résolution demandée dans un délai de dix jours à partir de la notification de son arrêt.

Trois ans après, le TJCA a de nouveau été saisi de deux recours en carence. Dans la première affaire, la société GRAVETAL Bolivia S.A. forma un recours contre l'inactivité du Secrétariat général auquel elle avait demandé la suppression de la condition spécifique d'origine pour les exportations intra régionales dans le secteur des oléagineux établie dans sa Résolution n° 731[539]. Dans la seconde affaire, la société MASISA

---

537 TJCA, arrêt n° 70-RO-2003, publié au GOAC n° 1033 du 10 février de 2004.

538 TJCA, arrêt n° 76-RO-2003, publié au GOAC n° 1013 du 14 novembre 2003: « *dos modelos conocidos de recurso contencioso administrativo de sistemas nacionales continentales: la técnica del silencio administrativo denegatorio que procede del Sistema Francés y hoy generalizada, y la técnica de la... acción por inactividad de la administración propia del Derecho Alemán* ».

539 TJCA, arrêt n° 01-RO-2006, publié au GOAC n° 1458 du 24 janvier 2007.

COLOMBIA S.A. entreprit une action contre l'inactivité du Secrétariat général à l'égard d'une pratique de dumping[540] de la part de l'entreprise TERRANOVA VENEZUELA S.A.[541].

Le Tribunal décida pour la première affaire que le recours en carence était infondé et, par conséquent, le déclara irrecevable en invitant l'entreprise requérante à former un recours en nullité de l'acte communautaire du Secrétariat général (Résolution n° 731). Dans le second cas, le Tribunal s'est abstenu de connaître la demande.

Un an après, il sera saisi de deux autres recours. Le premier a été formé par la République du Pérou contre l'inactivité du Secrétariat général concernant la correcte application de l'article 91 de l'Accord de Carthagène et les mesures appliquées par la République du Pérou au sujet des importations de sucre blanc en provenance des États membres de la Communauté andine. Le Tribunal déclare l'inadmissibilité du recours[542].

Dans la seconde affaire, le Tribunal a cette fois été saisi par une personne physique, Julio César Peñaherrera Astudillo, contre le Secrétariat général de la Communauté andine au motif de son inaction pour prendre une résolution relative à une action administrative qu'il avait initiée contre la République de l'Équateur pour manquement au droit communautaire andin. Le Secrétariat général avait écarté la demande de Julio César Peñaherrera en indiquant qu'il ne pouvait déterminer dans quelle mesure la violation de la norme communautaire par l'État équatorien avait affecté les droits subjectifs du requérant. Le Tribunal décida alors de contraindre le Secrétariat général de se prononcer dans un délai de dix jours sur la demande pour manquement à l'ordre communautaire andin afin d'assurer le respect de l'article 15 de la Décision n° 623 du Conseil andin des ministres des Affaires étrangères[543].

B. Un recours rare devant le Tribunal

Jusqu'à présent, le recours en carence ou en inactivité n'a pas connu un fort succès auprès du TJCA. Durant la période 2003-2007, il n'a été saisi que

[540] Le dumping en droit communautaire andin est une situation assez récurrente. Ainsi, les États membres ou les entreprises communautaires ayant un intérêt légitime peuvent demander au Secrétariat général d'autoriser l'application de mesures pour prévenir ou corriger des distorsions de concurrence sur le marché régional. Le Secrétariat général est autorisé à déclarer suite à la demande de la partie intéressé des droits antidumping à l'égard d'importations objets de la pratique de dumping pour mettre fin à la situation irrégulière et réparer le préjudice occasionné.

[541] TJCA, arrêt n° 02-RO-2006, publié au GOAC n° 1956 du 22 juin 2011.

[542] TJCA, arrêt n° 01-RO-2007, publié au GOAC n° 1534 du 24 août 2007.

[543] TJCA, arrêt n° 02-RO-2007, publié au GOAC n° 1566 du 29 novembre 2007.

six fois et ont été déclarés admissibles seulement trois recours[544] ; deux étaient irrecevables[545] et dans la dernière affaire le Tribunal s'est abstenu de connaître la cause de la demande[546]. Aux dires de l'ancien juge du TJCA Galo Pico Mantilla, « cette nouvelle compétence apporte peu à la construction du processus communautaire andin et à la croissance du travail du Tribunal »[547].

Nous portons une analyse différente quant à l'importance du recours en carence dans le cadre andin. En effet, même s'il n'a pas encore connu une grande dynamique, il accorde un accès direct à la justice aux citoyens, personnes physiques ou morales, et non pas uniquement aux États membres et aux organes andins. Cette particularité participe d'une logique de démocratisation du processus d'intégration communautaire andin qui n'est malheureusement pas encore très effective en raison dela méconnaissance des citoyens des outils communautaires mis à leur disposition.

§ 3 L'accès direct des particuliers à la justice communautaire andine

La participation des citoyens au processus d'intégration, tant européen qu'andin, semble aujourd'hui encore un dilemme qui s'explique en grande partie par le manque d'informations transmises aux citoyens, respectivement en matière de droit de l'Union et de droit andin. Généralement, ils portent un regard éloigné et ont une vision abstraite des processus d'intégration et de l'accès à la justice qui leur est pourtant ouvert ; dans une mesure limitée au sein de l'Union européenne (A) et de manière plus large au sein de la Communauté andine (B). Toutefois, malgré les efforts entrepris pour encourager l'implication descitoyens, celle-ci reste encore assez limitée (C).

A. La participation des personnes dans le cadre de l'Union européenne

Dans le cadre de l'Union européenne, la CJUE peut être saisie dans certaines circonstances par des particuliers, entreprises ou organisations quand ils estiment qu'une institution de l'Union a porté atteinte à leurs droits. Plusieurs articles des traités permettent cet accès dans l'objectif de protéger les intérêts des citoyens comme l'indique l'article 13 du TUE. L'article 19 du même texte prévoit explicitement que la Cour de Justice peut

---

[544] TJCA, arrêt n° 70-RO-2003, publié au GOAC n° 1033 du 10 février 2004; TJCA, arrêt n° 76-RO-2003, publié au GOAC n° 1013 du 14 novembre 2003; TJCA arrêt n° 02-RO-2007, publié au GOAC n° 1566 du 29 novembre 2007.

[545] TJCA, arrêt n° 01-RO-2006, publié au GOAC n° 1458 du 24 janvier 2007; TJCA, arrêt n° 01-RO-2007 publié au GOAC n° 1534 du 24 août 2007.

[546] TJCA, arrêt n° 02-RO-2006, publié au GOAC n° 1956 du 22 juin 2011.

[547] PICO MANTILLA (G.), *Temas jurídicos de la Comunidad andina*, *op. cit.*, p. 290.

statuer, conformément aux traités, sur les recours formés par un État membre, une institution, mais aussi des personnes physiques ou morales[548].

Il convient néanmoins de signaler que l'accès des particuliers à la justice de l'Union reste limité par les traités eux-mêmes qui ne leur permettent pas de former tous les types de recours et exigent parfois des conditions de recevabilité spécifiques. Ainsi, une personne physique ou morale peut former un recours en annulation à la condition qu'elle soit « directement et individuellement »[549] concernée. Elle peut aussi constituer un recours en carence, mais le recours en manquement tel qu'il est prévu dans le droit de l'Union est réservé à la Commission ou à un État membre. En outre, l'article 267 du TFUE permet aux particuliers de former un recours en renvoi préjudiciel *via* le juge national.

La question de l'accès des particuliers à la CJUE génère de vifs débats notamment au regard de la notion de « citoyenneté de l'Union européenne »[550] qui interroge quant à la place et la participation

---

[548] Dans le même sens, l'article 263 du TFUE stipule : « Toute personne physique ou morale peut former, dans les conditions prévues aux premier et deuxième alinéas, un recours contre les actes dont elle est le destinataire ou qui la concernent directement et individuellement, ainsi que contre les actes réglementaires qui la concernent directement et qui ne comportent pas de mesures d'exécution. Les actes créant les organes et organismes de l'Union peuvent prévoir des conditions et modalités particulières concernant les recours formés par des personnes physiques ou morales contre des actes de ces organes ou organismes destinés à produire des effets juridiques à leur égard ». D'autre part, le Traité instituant la Communauté européenne de l'énergie atomique établissait dans son article 144 : « b) la légitimité des personnes ou entreprises contre sanctions d'introduire des recours auprès de la CJCE, contre les sanctions qui leur seraient infligées par la Commission ».

[549] CJUE, 15 juillet 1963, « *Entreprise Plaumann & Go c/ Commission économique européenne* », aff. 25/62, Rec. p. 203. La recevabilité des recours en annulation des requérants ordinaires est une des questions les plus controversées, comme en témoignent d'autres arrêts postérieurs tels que : CJUE, 25 juillet 2002, « *Unión de Pequeños Agricultores c/ Conseil de l'Union européenne* », aff. C-50/00, Rec. p. I-6677 ; CJUE, 10 juillet 2003, « *Commission c/ Jégo-Quéré et Cie SA* », aff. C-263/02, Rec. p. I-3425 ; CJUE, (Gde ch.) 3 octobre 2013, « *Inuit Tapiriit Kanatami et autres c/ Parlement et Conseil* », aff. C-583/11 P. ; CJUE, 19 décembre 2013, « *Telefonica SA c/ Commission* européenne », aff. 274/12P. Pour en savoir plus : Commentaire de BARRAMDANE (A.), *in* BOUTAYEB (C.) (dir.), *Les grands arrêts du droit de l'Union européenne. Droit institutionnel et matériel de l'Union européenne*, *op. cit.*, pp. 53-74.

[550] La citoyenneté de l'Union européenne introduite par le Traité de Maastricht en 1992 est la qualité juridique qui accorde des droits et des libertés publiques aux ressortissants de nationalité d'un des États membres de l'Union Européenne en vertu de l'art. 9 du Traité sur l'Union européenne, confirmé par l'article 20 du Traité sur le fonctionnement de l'Union européenne : « il est institué une citoyenneté de l'Union est citoyen de l'Union toute personne ayant la nationalité d'un État membre. La citoyenneté de l'Union complète la citoyenneté nationale et ne la remplace pas. Les citoyens de l'Union jouissent des droits et sont soumis aux devoirs prévus par le présent traité ». Pour savoir plus : DOLLAT (P.), « La citoyenneté de l'Union : un statut fondamental ? Heurts et incertitudes d'une vocation ou l'art du contrepoint… », *in* BOUTAYEB (C.) (dir.), *Mélanges en l'honneur de Jean-Claude Masclet. La Constitution, l'Europe et le droit*, Paris, Université de Paris-Sorbonne PUPS, 2013, pp.

des ressortissants des États membres au sein de l'Union européenne. La Cour elle-même a délimité les contours de la notion de « citoyen européen » en considérant les droits et libertés que cette qualité comporte[551].

Enfin, le recours en constatation de manquement ne peut être formé que par la Commission ou un autre État membre[552] de l'Union. Le recours en indemnité permet cependant aux personnes de demander réparation d'un préjudice certain pour violation d'une règle de l'Union[553]. D'autres voies de recours restent néanmoins inaccessibles aux ressortissants de l'Union.

B. Un accès à la justice plus large pour les personnes au sein de la CAN

Les ressortissants andins bénéficient d'un meilleur accès à la justice andine puisque la Communauté andine a placé la construction communautaire andine sous le prisme de la démocratie ; à tout le moins selon les textes. Les citoyens andins disposent de droits et de devoirs plus étendus qui permettent leur participation à la vie publique. Cette particularité du processus d'intégration andin s'accommode avec la réalité hétérogène et multiculturelle de la population des États membres qui exige une

---

499-542 ; PERTEK (J.), « Citoyenneté de l'Union », *JurisClasseur Europe*, fasc. 185, à jour le 6 février 2013 ; BARAV (A.), PHILIP (C.), BOUTAYEB (C.), *Dictionnaire juridique des Communautés européennes*, Paris, PUF, 1993, p. 1180 ; CHALTIEL (F.), « La citoyenneté européenne », *Cahiers du Conseil constitutionnel*, n° 23, 2008, disponible sur : http://www.conseil-constitutionnel.fr/conseil-constitutionnel/francais/nouveaux-cahiers-du-conseil/cahier-n-23/la-citoyennete-europeenne.51807.html.

. Dans le contexte de l'Union européenne, d'après une note du Sénat : « Dans le cadre du recours en manquement, 80% des saisines des particuliers de la Commission sont dues à la non-communication par les gouvernements des dispositions nationales transposant des directives, 20 % font suite à des plaintes déposées par des particuliers, laissant dans le dernier cas l'appréciation de la suite à donner des saisines à la Commission qui dispose d'une très large faculté d'agir à l'encontre du manquement d'un état membre à la norme de l'Union ». Source : *Actualités européennes*, Commission des affaires européennes du Sénat, n° 36, 2013, p 2. Encore une fois on peut constater que ce recours n'est pas d'accessibilité directe pour les personnes physiques.

[551] L'arrêt CJUE, 5 février 1963, « *NV algemene Transport - en Expetitie Onderneming van Gend en Loos c/ Administration fiscale néerlandaise* », aff. 26/62, Rec. p. 3, introduit le principe de l'effet direct qui permet aux particuliers d'invoquer directement une norme européenne devant une juridiction nationale ou européenne. Voir aussi l'interprétation audacieuse de la citoyenneté de l'Union européenne en lien avec le principe de non-discrimination, notamment dans l'arrêt CJUE, 20 septembre 2001, « *Rudy Grzelczyk c/ Centre public d'aide sociale d'Ottignies-Louvain-la-Neuve* » aff. C-184/99, Rec. p. I-6193.

[552] Voir la note précitée : *Actualités européennes*, Commission des affaires européennes du Sénat, n° 36, 2013. On peut constater que le recours en constatation en manquement reste inaccessible pour les personnes alors que la quantité des saisines à la Commission est non négligeable.

[553] HUGLO (J.-G.), « Recours en Indemnité, conditions de fond. Décision des juridictions de l'Union européenne », *JurisClasseur Europe*, fasc. 371, à jour le 15 octobre 2010.

participation de plus en plus consistante au sein des organes internationaux de la région.

La justice et l'inclusion sociale sont deux sujets aujourd'hui prioritaires et étroitement liés comme a pu le rappeler l'ancien conseiller juridique auprès de la Communauté andine, Alfredo Fuentes Hernandez, selon qui « les efforts nationaux et communautaires andins ont comme objectif d'améliorer l'essor équitable des sociétés de chaque État membre »[554].

On retrouve cette conception dans le droit originaire andin, et plus précisément dans le préambule de l'Accord de Carthagène qui précise : « le but de l'intégration est d'aboutir aux résultats qu'attendent d'elle les peuples des États membres »[555]. À notre sens, cette phrase est révélatrice d'une volonté d'implication des citoyens dans une communauté de droit depuis 1969, année de naissance de la Communauté andine, plus importante que dans le cadre de l'Union européenne.

Pour revenir à la question de l'accès direct des particuliers à la justice andine, rappelons que le contentieux communautaire andin prévoit plusieurs voies d'accès au Tribunal : le recours en manquement, le recours en annulation, le recours en carence ou omission, l'interprétation préjudicielle, un recours relatif au travail des agents et fonctionnaires du Système andin d'intégration et un recours de type arbitral. Ces recours ont fait l'objet de réformes précisant leur nature et la qualité des requérants en vue de redynamiser la justice andine. L'entrée en vigueur en 1999 du Protocole de Cochabamba, qui a modifié le Traité constitutif du TJCA, a par ailleurs permis d'introduire de nouveaux recours élargissant ainsi les compétences contentieuses du juge andin.

De fait, le Protocole ajouta « une nouveauté au droit communautaire en général en admettant une très large possibilité aux personnes physiques et morales d'accéder à presque toutes les actions du Tribunal »[556]. Ainsi, le droit communautaire andin admet la légitimité des particuliers à présenter un recours en manquement contre un État membre en plus de leur permettre de formuler directement une demande auprès des tribunaux nationaux contre

---

554 HERNÁNDEZ FUENTES (A.), Justicia e inclusión social en la Comunidad andina, *Discurso de cierre del Seminario Regional: « Democracia, Inclusión social y justicia en los Andes »*, Lima, 31 mars 2005, disponible sur:
http://www.comunidadandina.org/Prensa.aspx?id=2199&accion=detalle&cat=DI&title=justicia-e-inclusion-social-en-la-comunidad-andina.

555 Préambule de l'Accord de Carthagène du 28 mai 1969 : « *CONSCIENTES de que es indispensable garantizar el cumplimiento estricto de los compromisos derivados directa e indirectamente del Acuerdo de Cartagena, con el fin de que la integración alcance los efectos que de ella esperan los pueblos de los Países Miembros* ».

556 CHAHIN LIZCANO (G.), « Acceso directo de los particulares al Tribunal de Justicia de la Comunidad Andina de naciones », *Themis*, n° 42, 2001, p. 145.

leur propre État en vertu de l'article 31 du Protocole de Cochabamba[557]. Ce même Protocole a aussi élargi l'accès des particuliers au recours en annulation ; de même pour le recours en carence ou inactivité.

D'autre part, n'oublions pas que la CAN a créé une voie de recours spécifique pour les fonctionnaires et agents communautaires -donc des citoyens andins- qui peut être initiée en cas d'abus ou de violation de la part des institutions communautaires dans le cadre de relations professionnelles. Bien que ce recours soit strictement limité aux agents et fonctionnaires des organes andins, il est intéressant de noter l'application par le juge ainsi saisi de principes généraux dudroit du travail applicables à tout citoyen travailleur.

Enfin, s'agissant de l'interprétation préjudicielle, la Communauté andine se trouve dans une position communautaire traditionnelle, les véritables titulaires du droit de recours étant les juges ou les tribunaux nationaux qui ont connaissance d'affaires auxquelles s'appliquent des règles de droit communautaire andin[558].

C. La méconnaissance du droit de la CAN comme véritable limite de l'accès des personnes à la justice communautaire andine

Suivant la logique de l'effet direct, le TJCA reconnaît « le droit des citoyens des États membres d'exiger des tribunaux nationaux l'application de la norme communautaire »[559]. Toutefois, la notion de citoyenneté andine et le droit d'accès à la justice andine restent dans la réalité largement ignorés par les ressortissants des États membres. L'une des raisons de cette situation est la priorité que les gouvernements accordent au respect du droit international plus qu'au droit communautaire andin. Les États ont en effet réalisé peu d'efforts pour intégrer véritablement les règles, mais aussi la logique communautaire andine dans leur ordre juridique ; un aspect qui commence toutefois à s'améliorer lentement avec le temps et l'approfondissement de l'intégration andine.

---

[557] Décision n° 472, Codification du Traité constitutif du Tribunal andin de Justice de la Communauté andine du 17 septembre 1999 : « *Artículo 31.- Las personas naturales o jurídicas tendrán derecho a acudir ante los Tribunales nacionales competentes, de conformidad con las prescripciones del derecho interno, cuando los Países Miembros incumplan lo dispuesto en el Artículo 4 del presente Tratado, en los casos en que sus derechos resulten afectados por dicho incumplimiento* ».

[558] Voir: PICO MANTILLA (G.), « La acción judicial de los particulares y la interpretación prejudicial en el Pacto andino », in PICO MANTILLA (G.), *Temas jurídicos de la Comunidad andina*, Quito, Publicación especial del Tribunal de Justicia de la Comunidad andina, 2009, pp. 202-215.

[559] TJCA, arrêt n° 6-IP-93, publié au GOAC n° 150 du 25 mars 1994 ; TJCA, arrêt n° 01-AI-2001, publié au GOAC n° 818 du 23 juillet 2002 ; TJCA, arrêt n° 129-IP-2012, publié au GOAC n° 2233 du 5 septembre 2013.

L'ancien Secrétaire général de la CAN, Adalid Contreras, a ainsi fait le constat en 2014 que « la citoyenneté andine est méconnue de manière inquiétante »[560] dans les États membres. L'ignorance de la possibilité d'accéderà la justice communautaire des ressortissants andins nous semble tout aussi inquiétante. Cette méconnaissance est souvent associée par la doctrine à la naissance tardive du TJCA, qui n'a en effet pas été créé dès le début du processus d'intégration[561], mais aussi à une carence de divulgation du droit communautaire andin.

Il serait ainsi judicieux que l'accès des citoyens au juge andin soit de plus en plus effectif, ce qui encouragerait un approfondissement du processus continu d'intégration et un renforcement de la justice. Institué il y a près de trente ans, le TJCA joue cependant un rôle essentiel en permettant notamment d'étendre progressivement le principe de l'effet direct au bénéfice des personnes physiques ou morales, ainsi que le principe de l'applicabilité directe de la règle communautaire andine dans l'ordre juridique national de chaque État membre.

---

[560] Entretien d'Adalid Contreras, ancien Secrétaire général de la Communauté andine, « La ciudadanía andina se desconoce de manera preocupante », *Portal web journalistique PLAN V*, 14 avril 2014, disponible sur : http://www.planv.com.ec/historias/entrevistas/la-ciudadania-andina-se-desconoce-manera-preocupante .

[561] DÁVALOS GARCÍA (G.), « Transformación jurídica de las instituciones del Acuerdo de Cartagena a la Comunidad Andina », *Colloque "Dimensión jurídica de la integración"*, Montevideo 2-3 décembre 1991, p. 10.

CHAPITRE 2

L'APPLICABILITÉ DIRECTE, ÉLÉMENT ESSENTIEL DE LA NORME COMMUNAUTAIRE ANDINE

Après avoir abordé la question de la primauté et le principe de l'effet direct du droit communautaire andin, il convient à présent d'analyser un autre principe essentiel qui a également façonné la construction de l'ordre juridique de l'Union, puis andin : l'applicabilité directe (Section 1). L'extension de ce principe a été possible grâce au concours réactif des tribunaux de l'Union et de la CAN chargés, dans des circonstances différentes, de faire respecter l'application d'un nouvel ordre juridique (Section 2).

SECTION 1 : L'ESSOR DU PRINCIPE DE L'APPLICABILITÉ DIRECTE

L'applicabilité directe est un principe fondamental du droit de l'Union et du droit de la Communauté andine ; un principe qui a attiré l'attention de la doctrine communautaire (§1). Ce principe a aussi été reconnu par voie prétorienne (§2), notamment par le TJCA dans le cadre andin qui l'a renforcé en le distinguant clairement du principe de l'effet direct (§3).

§ 1 Les positions doctrinales quant au principe de l'applicabilité directe

Comme nous l'avons mentionné dans un chapitre précédent, un flou sémantique entoure la notion d'application directe qui est généralement associée à l'effet direct par la doctrine communautaire. Pour clarifier cette notion, nous préférons prendre comme point de départ l'acception proposée par Jean-Claude Gautron pour qui l'applicabilité directe implique qu'« une norme de droit communautaire est incorporée dans l'ordre interne et n'impose pour son application aucune norme nationale complémentaire de la part des autorités législatives ou administratives »[562].

---

[562]GAUTRON (J.-C.), *Droit européen*, *op. cit.*, p. 178.

L'applicabilité directe prend une forme différente selon les points de vue adoptés par la doctrine de l'Union ou de la Communauté andine (A), ce qui révèle la complexité d'une notion qui a dû être explicitée au sein de la Communauté andine (B).

A. Le principe de l'applicabilité directe du point de vue doctrinal

Dans un ouvrage dédié entièrement à ce principe, Léontin-Jean Constantinesco signale qu'il s'agit d'une « notion nouvelle à laquelle le droit communautaire a insufflé une actualité insoupçonnée » ; et l'auteur d'ajouter qu'elle « occupe dans la construction communautaire une place de choix doublée d'une importance pratique considérable »[563]. En effet, la reconnaissance de l'applicabilité directe a constitué une véritable avancée pour le droit de l'Union qui a ainsi pu se spécifier au regard du droit international, puisque ce principe se trouve au cœur de la problématique de l'intégration en réglant les rapports avec les droits des États membres.

On doit à Léontin-Jean Constantinesco la première analyse pointue sur l'applicabilité directe : il a dédié un ouvrage entier à ce sujet quelques années après l'arrêt « *van Gend en Loos* », jurisprudence fondatrice du principe de l'effet direct et de l'applicabilité directe de la norme communautaire dans le cadre de l'Union européenne. Selon lui, ces deux principes constituent la « *summa divisio* »[564] du droit de l'Union, sachant que « ces deux catégories de principe sont objet d'une confusion assez générale au moment de déterminer quand une disposition communautaire est directement applicable et quand une disposition peut être considérée comme immédiatement applicable »[565].

La précision terminologique qui permet de distinguer l'immédiateté (applicabilité directe) et la disposition directement applicable (effet direct) réside, selon le professeur, dans la nature même des normes. Plus précisément, il considère qu'une « règle qui ne se suffit pas à elle-même

---

563 CONSTANTINESCO (L.-J.), *L'application directe dans le droit de la C.E.E.*, *op. cit.*, p. 1

564« La *Summa divisio* est une expression latine signifiant "division principale", "distinction majeure" » (BISSARDON (S.), *Guide du langage juridique : vocabulaire, pièges et difficultés*, Paris, LexisNexis, 2013, p. 611) ; elle signifie aussi « "division la plus élevée" encore utilisée pour caractériser la distinction majeure d'une classification. Ex : dans la classification des biens, la distinction des meubles et des immeubles est la *summa divisio* » (CORNU (G.), *Vocabulaire juridique*, *op. cit.*) ; enfin cette expression « introduit une classification exhaustive, qui embrasse, et répartit toute une matière : *summa divisio*, l'expression est de Gaius qui pose que la summa *divisio* des choses les répartit en deux catégories, les unes de droit divin, les autres de droit humain.L'intérêt d'une division fondamentale n'est pas seulement scientifique, mais pratique » (HENRI (R.), BOYER (L.), *Locutions latines du droit français*, Paris, Litec, 3ème éd., 1993, p. 514.

565 CONSTANTINESCO (L.-J.), *L'applicabilité directe dans le droit de la C.E.E.*, *op. cit.*, p. 8.

n'est pas directement applicable et ne peut pas produire, de par elle-même, des effets vis-à-vis des particuliers »[566]. Ces normes qui diffèrent des règles se suffisant à elles-mêmes seraient susceptibles d'application immédiate ; cependant, l'auteur signale que « les règles qui se suffisent à elles-mêmes sont assujetties à une deuxième distinction qui se fonde sur les effets produits par les normes communautaires en droit interne »[567].

Nous devons comprendre que ces normes se suffisant à elles-mêmes ne sont pas toutes susceptibles de s'exécuter directement en droit interne, car elles peuvent ne pas toucher directement les particuliers. Elles ne seraient donc juridiquement ni complètes ni parfaites et par conséquent non directement applicables. Du point de vue de la doctrine de l'Union, aujourd'hui encore la différentiation entre ces deux principes propres aux normes unionistes reste floue.

En revanche, une position plus pragmatique et simple a été adoptée dans le cadre de la Communauté andine où la notion d'applicabilité de la norme andine a été simplifiée.

B. La simplification du principe de l'applicabilité directe par la Communauté andine

Au sujet de cette « *summa divisio* », la doctrine communautaire andine a généralement pris une position tout à fait élémentaire et didactique. La distinction entre l'applicabilité directe et l'effet direct au sein de la Communauté andine paraît ainsi plus évidente que dans le cadre de l'Union européenne ; surtout parce que, comme nous l'avons signalé, l'ordre juridique communautaire andin ne comprend pas de directives, catégorie d'acte juridique qui a posé le plus de questions à la doctrine et aux juges de l'Union.

Ainsi que nous l'avons déjà constaté, l'ordre juridique communautaire andin est constitué : d'une part, par l'Accord de Carthagène et ses protocoles modificatifs (droit originaire) ; d'autre part, par les décisions, les résolutions et les accords de complémentarité industrielle (droit dérivé). En principe, ce droit doit intégrer les droits nationaux, mais de fait il occupe une place assez restreinte dans le corpus juridique des États membres dans la mesure où, comme nous l'analyserons plus en détail ultérieurement, la plupart des normes communautaires andines sont des décisions prises par la Commission de la Communauté andine dans le domaine de la propriété intellectuelle.

Dans l'ordre juridique communautaire andin, l'applicabilité directe, ou application immédiate désigne « l'effet que produit une norme dans son

---

566 *Ibidem*, p. 9.
567 *Ibid.*, p. 10.

environnement pratique, dérivé des faits de son existence »[568]. Il convient de souligner que la doctrine communautaire andine reste encore fortement influencée par le droit international et les droits internes sur cette question : la persistance des tendances dualistes et monistes est au cœur des discussions doctrinales andines[569]. Le Tribunal soutient que le droit communautaire andin doit être directement applicable, puisque « la seule supposition que les décisions de la Commission ou les résolutions du Secrétariat général doivent passer par le filtre législatif de chacun des États membres avant leur application interne conduirait à nier l'existence d'un droit communautaire andin »[570].

Selon Mauricio Plaza Vega, l'applicabilité directe des dispositions communautaires andines signifie « une application générale dans les États membres sans qu'il soit nécessaire de faire appel à aucune procédure de transposition et d'incorporation »[571].

D'un autre point de vue, l'applicabilité directe « a pour conséquence de déposséder les États membres de toute possibilité d'intervention relativement aux dispositions communautaires qui s'en trouvent revêtues »[572]. Comme le note Ghislaine Alberton, la Cour de justice de l'Union « affirme tel un leitmotiv que les dispositions communautaires pénètrent dans l'ordre juridique interne sans recours à aucune mesure

---

568 MORENO SALAZAR (L.), *Una nueva visión del Tribunal de Justicia de la Comunidad andina*, *op. cit.*, p. 33.

569 La conception dualiste répandue dans la conception du droit international public en Amérique latine considère l'ordre juridique international et les ordres juridiques nationaux comme des systèmes indépendants et séparés, qui coexistent parallèlement. Par conséquent, pour qu'un traité international soit considéré comme produisant des effets juridiques, il doit être ratifié. Ainsi, pour permettre que ce traité soit applicable dans l'ordre interne d'un État partie au traité, il est nécessaire qu'une norme nationale dispose l'introduction dudit traité dans l'ordre national. À l'opposé, la conception moniste envisage l'unité de l'ordre juridique international qui s'applique de manière immédiate dans l'ordre interne des États contractants, permettant ainsi que les règles internationales établies dans le traité soient directement applicables devant les tribunaux nationaux. Après les modifications constitutionnelles dans la région, la situation reste toujours floue du point de vue de la doctrine au regard de la place du droit de la Communauté andine et sa perception doctrinale en comparaison des autres engagements internationaux.

570 TJCA, arrêt n° 3-AI-96, publié au GOAC n° 261 du 29 avril 1997: « *la sola suposición de que las decisiones de la Comisión o las Resoluciones de la Junta (Secretaria General), tuvieran que pasar por el tapiz legislativo de cada uno de los países miembros, antes de su aplicación interna, habrían conducido a negar la existencia de un derecho comunitario andino* ».

571 PLAZAS VEGA (M. A.), *Derecho Tributario Comunitario: La armonización tributaria en el sistema andino de integración*, Bogotá, Legis, 2001, p. 144.

572 ALBERTON (G.), « L'applicabilité des normes communautaires en droit interne », *RFDA*, n° 1, janvier-février 2002, p. 1.

nationale »[573], en considérant de plus que « les normes communautaires sont directement applicables sur le territoire d'un État membre en l'absence de toute initiativenormative nationale même destinée à épouser fidèlement les dispositions communautaires », ce qui équivaudrait selon la Cour « à transformer la nature de la norme communautaire en lui offrant la qualité de règle de droit interne »[574].

§ 2 L'appréciation jurisprudentielle andine du principe d'applicabilité directe

Le principe d'applicabilité directe constitue « la clef de voûte de la construction communautaire »[575] ; autrement dit, il s'agit d'un principe charnière entre le droit communautaire andin et l'ordre juridique national des États membres.

Encore une fois c'est le TJCA qui a reconnu et mis en valeur ce principe qui est censé s'imposer aux États membres (A) ; une démarche jurisprudentielle qui aboutira à sa consécration (B).

A. La prise en compte de l'applicabilité directe par le Tribunal andin

Comme le signale Léontin-Jean Constantinesco, ce principe a connu « une évolution jurisprudentielle qui n'a pas cessé d'évoluer et qui a le plus de relief »[576] au sein de l'Union européenne. Le même constat s'impose au sujet de la CAN. Cette place privilégiée est le résultat logique de la démarche des juges andins qui, s'inspirant du modèle de l'Union, ont reconnu le principe tout au début de leur office prétorien. Le Tribunal andin a en effet établi, dans un arrêt rendu sur un recours en nullité en 1986, que les actes des institutions communautaires sont d'application directe même si elles ne le signalent pas elles-mêmes.

Il s'agit de la première reconnaissance par le TJCA du principe d'applicabilité directe : « il faut prendre en compte que l'ordre juridique de l'Accord de Carthagène est impératif, d'application obligatoire dans tous les États membres et qu'il doit être respecté et accompli pour tous les États membres et par les organes de l'Accord, ainsi que par tous les organes et

---

573 Un *leitmotiv* établit dans l'arrêt CJUE, 3 avril 1968, « *Molkerei-Zentrale Westfalen/Lippe GmbH c/ Hauptzollamt Paderborn* », aff. 28/67, Rec. p. 211.

574 CJUE, 13 juillet 1972, « *Commission des Communautés européennes c/ République italienne* », aff. 48/71, Rec. p. 529.

575 Expression associée à l'applicabilité directe pour la première fois par Léontin-Jean Constantinesco dans son ouvrage : *L'applicabilité directe dans le droit de la C.E.E.*, *op. cit.*, p. 138.

576 *Ibidem*, p. 1. Voir aussi : TJCA, arrêt n° 2-N-86, publié au GOAC n° 21 du 15 juillet 1987.

fonctionnaires qui exercent des attributions conformes audit ordre juridique, celui qui régule le processus d'intégration qui s'accomplit dans une communauté de droit »[577]. Le Tribunal précisera sa position parlasuite avec une approche plus concrète de l'application directe qui passera notamment, nous l'avons vu, par une distanciation avec l'effet direct et l'applicabilité directe[578].

Le TJCA a d'autre part rappelé que la primauté dérive de l'application directe selon laquelle tout ordre communautaire devient impératif et doit primer sur la norme du droit interne[579]. Nous pouvons ainsi imaginer une hiérarchie entre notions.

Précisant sa ligne jurisprudentielle sur la question, le juge andin a notamment indiqué dans un arrêt rendu en 1997 que « les normes qui surgissent des organes communautaires - Commission, Conseil des ministres des Affaires étrangères et Secrétariat général - constituent le « droit dérivé » ou « secondaire », en vertu de la propre compétence de régulation qui était conférée par le Traité cadre : l'Accord de Carthagène ». Dans le même arrêt, le Tribunal précise que « les décisions comme les résolutions ont comme caractéristique commune qu'elles prévalent sur le droit interne de chacun des États membres et sont d'application directe, comme l'indique elle-même la doctrine jurisprudentielle du Tribunal et l'article 3 du Traité constitutif du Tribunal »[580]. De cette manière le Tribunal andin a consacré l'application directe en insistant sur son importance en tant que principe communautaire andin.

---

[577] TJCA, arrêt n° 1-N-86, publié au GOAC n° 21 du 15 juillet 1987 : « *ha de tenerse en cuenta, además, que el ordenamiento jurídico del Acuerdo de Cartagena es imperativo, de aplicación obligatoria en todos los Países Miembros, y que debe ser respetado y cumplido por todos ellos y por supuesto por los Órganos del Acuerdo, lo mismo que por todos los organismos y funcionarios que ejercen atribuciones conforme a dicho ordenamiento, el cual regula el proceso de la integración que se cumple en una comunidad de derecho cual es la constituida en el Pacto Andino* » ; une position confirmée par une jurisprudence constante, not. dans TJCA, arrêt n° 7-AI-99, publié au GOAC n° 520 du 27 mai 2000.

[578] Jurisprudence constante : TJCA, arrêt n° 02-IP-88, publié au GOAC n° 33 du 26 juillet 1988 ; TJCA, arrêt n° 3-AI-96, publié au GOAC n° 261 du 29 avril 1997 ; TJCA, arrêt n° 90-IP-2008, publié au GOAC n° 1662 du 9 octobre 2008, TJCA, arrêt n° 01-AI-2001, publié au GOAC n° 818 du 23 juillet 2002 ; TJCA, arrêt n° 190-IP-2007, publié au GOAC n° 1614 du 30 avril 2008 ; TJCA arrêt n° 34-AI-2001, publié au GOAC n° 839 du 25 septembre 2002 ; TJCA, arrêt n° 69-IP-2013, publié au GOAC n° 2219 du 22 juillet 2013.

[579] TJCA, arrêt n° 06-IP-93, publié au GOAC n° 150 du 25 mars 1994: « *La preeminencia que se deriva de la aplicación directa conlleva la virtud que tiene el ordenamiento comunitario de ser imperativo y de primar sobre una norma de derecho interno, de manera que allí donde se trate de aplicar normas legales en actos jurídicos contemplados en el derecho de integración deberá acudirse al ordenamiento jurídico comunitario, con prevalencia sobre el derecho interno* ».

[580] TJCA, arrêt n° 1-AN-97, publié au GOAC n° 340 du 13 mai 1998.

B. Une reconnaissance par le droit communautaire andin du principe d'applicabilité directe

Le droit de la Communauté andine a incorporé le principe de l'applicabilité directe aux articles 2, 3 et 4 du Traité constitutif du TJCA[581] : l'article 2 précise que « Les décisions obligent les pays membres dès la date de leur approbation par le Conseil andin des ministres des Affaires étrangères ou la Commission de la Communauté andine » ; l'article 3 stipule que « Les décisions du Conseil andin des ministres des Affaires étrangères ou de la Commission et les Résolutions du Secrétariat général s'appliquent directement dans les pays membres dès la date de leur publication dans la Gazette officielle de la Communauté andine, sauf le cas où ces décisions indiquent une date ultérieure » ; enfin, aux termes de l'article 4, « Les pays membres sont obligés de prendre les mesures nécessaires pour assurer le respect des normes de l'ordre juridique de la Communauté andine. Ces pays s'engagent aussi à n'adopter ni appliquer aucune mesure qui contrevienne à ces normes ou qui empêche d'une manière ou d'autre leur mise en œuvre »[582].

Par ailleurs, en signant l'Acte de Caracas à l'occasion du 5e Conseil présidentiel andin le 18 mai de 1991, les représentants de l'État plurinational de Bolivie, de l'Équateur, de la Colombie, du Pérou et du Venezuela (encore membre à l'époque de la Communauté andine) ont exprimé leur souhait de renforcer les principes de primauté et d'applicabilité du droit communautaire andin en vue de parfaire une vraie institutionnalisation de l'ordre juridique andin. Ce faisant, les États membres ont confirmé l'importance du respect de ce droit.

D'après l'ancien magistrat andin Galo Pico Mantilla, l'applicabilité directe du droit communautaire andin « est un principe qui prend en compte

---

[581] Il convient de rappeler que le Traité constitutif du Tribunal de justice de la Communauté andine a été signé le 28 mai 1979, mais est entré en vigueur seulement quatre ans plus tard et ses activités n'ont officiellement débutées qu'en 1984.

[582] Traité constitutif du Tribunal de justice de la Communauté andine :
« *Artículo 2 - Las Decisiones obligan a los Países Miembros desde la fecha en que sean aprobadas por el Consejo Andino de Ministros de Relaciones Exteriores o por la Comisión de la Comunidad Andina.*
Artículo 3 - Las Decisiones del Consejo Andino de Ministros de Relaciones Exteriores o de la Comisión y las Resoluciones de la Secretaría General serán directamente aplicables en los Países Miembros a partir de la fecha desu publicación en la Gaceta Oficial del Acuerdo, a menos que las mismas señalen una fecha posterior. Cuando su texto así lo disponga, las Decisiones requerirán de incorporación al derecho interno, mediante acto expreso en el cual se indicará la fecha de su entrada en vigor en cada País Miembro.
Artículo 4 - Los Países Miembros están obligados a adoptar las medidas que sean necesarias para asegurar el cumplimiento de las normas que conforman el ordenamiento jurídico de la Comunidad Andina. Se comprometen, asimismo, a no adoptar ni emplear medida alguna que sea contraria a dichas normas o que de algún modo obstaculice su aplicación ».

le principe universel reconnu du « *pacta sunt servanda* » qui est contenu dans la Convention de Vienne sur le droit des traités à l'article 26 »[583]. Cette interprétation du principe de l'applicabilité directe du droit communautaire andin est intéressante, car elle manifeste une possible double lecture – internationaliste et communautariste - de principes qui construisent l'ordre juridique communautaire andin[584]. Une telle approche s'explique par la propension de la doctrine andine à garder une vision internationaliste des engagements des États membres, surtout concernant l'acceptation du compromis établi avec l'Accord de Carthagène et du respect de cette volonté de la part non seulement des États membres andins, mais aussi des organes du Système d'intégration andin comme le Tribunal lui-même qui tente de concilier les droits nationaux et andin pour assurer la survie de la Communauté andine.

§ 3 La portée du principe d'applicabilité directe et son exception

Dans le cadre de l'Union européenne, l'étendue du principe d'applicabilité directe du droit de l'Union dans les États membres varie selon les catégories de règles juridiques. En effet, comme le rappelle Léontin-Jean Constantinesco, « les normes communautaires diffèrent quant à leur nature juridique ainsi, elles peuvent être parfaites, normes incomplètes ou simples programmes exigeant des mesures complémentaires de concrétisation »[585]. Cette distinction opère de manière plus complète dans le cadre de la Communauté andine où les normes andines sont immédiatement applicables par les autorités administratives et judiciaires.

---

583 PICO MANTILLA (G.), « Prévalence et application directe du droit communautaire dans les pays de la Communauté andine », *Conférence internationale judiciaire à Antalya,* Turquie, du 20-22 mai 2015, p. 8.

584 Cette double approche internationaliste et communautariste du TJCA au sujet du principe de coopération loyale au sein de la CAN est analysée notamment par : SIERRA CADENA (G. de J.), *L'internationalisation pluraliste du droit public de l'intégration régionale. Une comparaison d'après la jurisprudence de la CJUE et du TJCA*, Paris, LGDJ-Institut Universitaire Varenne, coll. « Thèses », 2015, p. 76-83.

Le rapprochement de la notion internationale et communautaire du principe de l'application directe s'explique par l'origine première de ce principe en droit international qui est traditionnellement entendu comme « l'aptitude d'une règle de droit international à conférer par elle-même aux particuliers, sans requérir aucune mesure interne d'exécution, des droits dont ils puissent se prévaloir devant les autorités (juridictionnelles) de l'État où cette règle est en vigueur » (VERHOEVEN (J.), « La notion d'« applicabilité directe » du droit international », *RBDI*, n° 2, 1982, p. 243) ; Voir aussi au sujet de la logique du droit international présente en droit communautaire andin : ANDUEZA (J. G.), « L'aplicación directa del ordenamiento jurídico del Acuerdo de Cartagena », *Revista de derecho publico*, n° 19, 1984, pp. 5- 22.

585 CONSTANTINESCO (L.-J.), *L'applicabilité directe dans le droit de la C.E.E., op. cit.*, p. 6.

Le principe d'applicabilité directe au sein de la Communauté andine est doté d'une portée juridique élargie (A), mais il est confronté à un autre principe qui permet de compléter le droit communautaire andin avec une norme interne (B).

A. Les effets de l'applicabilité directe de l'ordre juridique communautaire andin

Comme a pu le préciser le TJCA, « le principe d'applicabilité directe du droit communautaire andin dérive tant du droit positif que de la création jurisprudentielle du Tribunal. De tels éléments, la loi et la jurisprudence, sont des bases fondamentales pour comprendre le principe de l'applicabilité directe de la norme communautaire sur la norme nationale »[586]. Cet arrêt fait référence à deux principes considérés par le juge andin comme étroitement liés du fait de leur importance pour l'existence du droit de la Communauté andine.

Le droit communautaire andin dérive du droit positif des États membres dans la mesure où il résulte d'une construction normative à partir des traditions juridiques nationales, mais aussi du droit international et du droit de l'Union. Le droit communautaire andin est en outre consolidé par la jurisprudence du Tribunal qui joue un rôle d'interprétation, de contrôle et de sauvegarde de l'ordre juridique communautaire andin.

L'applicabilité directe est reconnue pour les décisions de la Commission de la Communauté andine par les articles 2, 3 et 4 du Traité constitutif du TJCA. Elle implique leur caractère obligatoire à l'égard des États membres, à la date de leur approbation par la Commission, et leur application dès publication à la Gazette officielle de l'Accord de Carthagène. Le Tribunal confirme régulièrement dans sa jurisprudence l'applicabilité directe des décisions dans l'objectif de faire prévaloir le droit communautaire andin dans son ensemble[587].

S'agissant des résolutions émanant du Secrétariat général, elles sont aussi directement applicables dès leur date d'entrée en vigueur avec leur publication à la Gazette officielle de l'Accord de Carthagène. Le TJCA a pu confirmer l'applicabilité directe des résolutions, notamment dans le cadre

---

[586] TJCA, arrêt n° 29-IP-2007, publié au GOAC n° 1514 du 2 juillet 2007: « *El principio de aplicación directa y preferente del Derecho Comunitario deriva tanto del derecho positivo como de la creación Jurisprudencial que ha venido realizando este Tribunal. Tales elementos, la ley y la jurisprudencia, son, a su vez, base fundamental para entender el principio de preeminencia de la ley comunitaria sobre la nacional* ».

[587] Le Tribunal a eu l'occasion de confirmer à plusieurs reprises l'applicabilité directe des décisions de la Commission de la Communauté andine. Voir not. : TJCA, arrêt n° 01-IP-87, publié au GOAC n° 28 du 15 février 1988 ; TJCA, arrêt n° 30-IP-98, publié au GOAC n° 475 du 1er septembre 1999.

d'un recours intenté contre le Venezuela à l'occasion duquel il a précisé que « les résolutions de la Junte (aujourd'hui Secrétariat général) d'après les normes communautaires, la doctrine et la jurisprudence du Tribunal font partie de l'ordre juridique andin, sont d'effet et d'application directs dans tous les États membres à partir de leur publication dans la Gazette officielle de l'Accord de Carthagène, ce qui signifie qu'elles sont obligatoires et immédiates dans leur application par les États membres, les organes de l'Accord et les particuliers »[588].

Enfin, bien qu'ils ne fassent pas partie de l'ordre juridique communautaire, signalons que les arrêts du Tribunal sont considérés par la doctrine andine comme étant d'application directe au nom « d'un principe d'égalité dans l'application des normes »[589]. Il convient cependant de préciser que n'étant ni des normes originaires ni des normes dérivées communautaires, les arrêts du Tribunal sont directement applicables dans les États membres à l'égard des requérants.La jurisprudence andine est ainsi considérée par la doctrine comme posant des règles à observer pour la bonne compréhension de la norme andine et le respect de son application.

B. La « complémentarité indispensable » à l'applicabilité directe d'une norme communautaire andine

Le TJCA a reconnu le principe de l'applicabilité directe, mais reste toutefois prudent quant à son caractère absolu, conscient du perfectionnement nécessaire de la norme ; qu'il s'agisse de décisions ou de résolutions. Le juge andin considère en effet comme importante l'application du principe de « complémentarité indispensable ». Le Tribunal précise que ce principe « devient légitime quand il est strictement nécessaire ou indispensable pour l'exécution de la norme communautaire ce qui rendra plus favorable son application »[590]. Le TJCA ajoute que le « complément indispensable » a pour objet « le bon développement interne de lanorme communautaire andine »[591]. L'intention du juge andin n'est pas de modifier

---

[588] TJCA, arrêt n° 3-AI-96, publié au GOAC n° 261 du 29 avril 1997.

[589] BERNAL FANDINO (M.), GARNICA DE LA ESPRIELLA (L.), *El Tribunal Andino de Justicia*, *op. cit.*, p 14.

[590] TJCA, arrêt n° 2-IP-88, publié au GOAC n° 33 du 26 juillet 1988 : « *Pero de todos modos, ante la posibilidad de alguna injerencia nacional para complementar, ejecutar o adaptar la norma comunitaria, la doctrina y la jurisprudencia suelen aplicar criterios muy restrictivos, tales como el principio del "complemento indispensable" que tradicionalmente se utiliza en el derecho interno para verificar hasta dónde pueden llegar las innovaciones normativas que se incorporan a un reglamento con el fin de complementarlo. De esta suerte, sólo suelen legitimarse las medidas complementarias adoptadas por los Países Miembros que resulten ser estrictamente necesarias para la ejecución de la norma comunitaria y, por tanto, que favorezcan su aplicación y que de ningún modo lo entraben o desvirtúen* ».

[591] TJCA, arrêt n° 07-AI-99, publié au GOAC n° 520 du 20 décembre 1999: « *El punto ha*

ou de remplacer la norme communautaire andine comme le signale une jurisprudence constante qui tend à limiter la possibilité d'écarter l'application du droit communautaire andin dans les États membres. Il s'agit d'une ouverture au perfectionnement de la norme andine proposée par le Tribunal, qui reste toutefois balisée : la mise en œuvre du principe de « complémentarité indispensable » est limitée ; il s'applique notamment dans le domaine des marques et de la propriété industrielle, les deux domaines qui se sont développés le plus dans le cadre normatif andin. Le TJCA ne manque en effet pas de préciser « les limites des législations internes car il établit que l'application du complément indispensable ne peut pas créer des exigences, ou des conditions additionnelles ou permettre d'édicter des réglementations qui mettent en conflit la norme nationale avec le droit communautaire andin »[592].

Le Tribunal reconnaît la qualité de « norme de clôture » à la norme nationale et indirectement à la norme internationale qui sera appliquée en tant que complémentaire, mais de manière restreinte à la norme communautaire andine sur le territoire d'un État membre. Le TJCA considère ainsi qu'il est préférable de « laisser à la législation nationale des États membres la solution législative pour des situations non prévues par le droit communautaire andin, puisqu'il est possible que celui-ci ne prévoit pas tous les cas susceptibles de régulation juridique »[593]. Enfin, le Tribunal précise que « le principe de complémentarité indispensable » doit être appliqué « de manière exceptionnelle pour le développement de la norme communautaire sur la base d'une législation nationale »[594].

---

sido prolijamente tratado por el Tribunal en su jurisprudencia al abordar el tema del complemento mínimo indispensable para el desarrollo interno de la norma comunitaria ».

592 TJCA, arrêt n° 10-IP-94, publié au GOAC n° 177 du 20 avril 1995 : « *Con relación al complemento indispensable, el Tribunal ha precisado que en la aplicación de esta figura las legislaciones internas de cada país no podrán establecer exigencias, requisitos adicionales o dictar reglamentaciones que de una u otra manera entren en conflicto con el derecho comunitario andino o restrinjan aspectos esenciales regulados por él de manera que signifiquen, por ejemplo, una menor protección a los derechos consagrados por la norma comunitaria* ».

593 TJCA, arrêt n° 121-IP-2004, publié au GOAC n° 1139 du 12 novembre 2004: « *El principio de complemento indispensable de la normativa comunitaria consagra lo que algunos tratadistas denominan "norma de clausura", según la cual se deja a la legislación de los Países Miembros la solución legislativa de situaciones no contempladas en la ley comunitaria, ya que es posible que aquella no prevea todos los casos susceptibles de regulación jurídica* ».

594 TJCA, arrêt n° 121-IP-2004, publié au GOAC n° 1139 du 12 novembre 2004: « *el desarrollo de la ley comunitaria por la legislación nacional es empero excepcional y por lo tanto a él le son aplicables principios tales como el de "complemento indispensable", según el cual no es posible la expedición de normas nacionales sobre el mismo asunto, salvo que sean necesarias para la correcta aplicación de aquéllas. Este régimen de excepción, dada su naturaleza de tal, debe ser aplicado en forma restringida de acuerdo con normas elementales de hermenéutica jurídica. Significa esto que para que tenga validez la legislación interna se*

Ce principe a donc *a priori* un caractère exceptionnel ; il doit être utilisé en observant les règles élémentaires de l'herméneutique juridique : la norme interne doit être en vigueur au moment de son application et son contenu porter sur un domaine que la Communauté andine ne régule pas, mais à propos duquel l'esprit du droit interne va dans le même sens que le droit communautaire andin, ce dernier pouvant le compléter si besoin, mais pas s'y substituer.

L'intégration de ce principe de complémentarité démontre qu'aucune action communautaire andine ni incorporation de l'ordre juridique communautaire dans les États membres, ne serait donc réelle sans le travail silencieux, mais efficace du TJCA garant de l'applicabilité directe de la norme communautaire andine, mais aussi investi d'un pouvoir de contrôle de la légalité des actes pris par les organes qui composent la constellation institutionnelle andine. Il s'agit d'un protecteur du droit communautaire en même temps innovateur dans son appréciation des normes andines en vue d'améliorer leur application.

SECTION 2 : LE CONTRÔLE DE LA LÉGALITÉ DES ACTES COMMUNAUTAIRES ANDINS

En tant que gardien de l'ordre juridique communautaire, le TJCA s'est vu reconnaître une fonction de contrôle de la légalité des actes andins (§1) dont il délimita lui-même les contours dans sa jurisprudence (§2). Le Protocole de Cochabamba renforça cette fonction en modifiant les procédures contentieuses de telle sorte que le juge andin puisse être un véritable acteur communautaire andin (§3).

§ 1 Le recours en annulation andin

Un autre recours important du contentieux andin est le recours en annulation (A) qui permet le contrôle de la légalité des actes des organes communautaires andins (B) selon une procédure propre déterminée par son ordre juridique (C).

A. La notion de recours en annulation ou en nullité

Le terme « annulation » est généralement entendu en droit comme « l'anéantissement rétroactif d'un acte juridique, pour inobservation de ses conditions de formation, ayant pour effet soit de dispenser les parties de

requiere que verse sobre asuntos no regulados en lo absoluto por la comunidad, lo cual resulta obvio dentro del espíritu y el sentido natural y lógico de la expresión "régimen común sobre tratamiento" que utiliza el artículo 27 del Acuerdo de Cartagena ».

toute exécution, soit de les obliger à des restitutions réciproques »[595]. On distingue ainsi l'annulation *ex tunc*, c'est-à-dire l'annulation d'un acte juridique depuis l'origine de celui-ci (effet rétroactif) et l'annulation *ex nunc*, autrement dit l'annulation dont les effets ne se produisent qu'à compter du jugement d'annulation, voire à une date postérieure, en respectant les effets passés de l'acte.

La possibilité d'effacer des actes des institutions communes a d'abord été reconnue par le droit contentieux de l'Union qui prévoit un recours en annulation considéré comme « la voie principale du contrôle de légalité »[596] de l'action des institutions, organes et organismes de l'Union. D'après Jean Claude Gautron, ce recours « présente des analogies avec le recours pour excès de pouvoir du droit administratif français »[597]. Prévu à l'origine par l'article 33 du Traité CECA, le recours en annulation pouvait être formé contre les décisions et recommandations individuelles ou contre les décisions et recommandations générales dont on estimait qu'elles étaient entachées de détournement de pouvoir.

Ce recours trouvera une consécration juridique ultérieure (articles 263, 264 et 266 du TFUE) et sera considéré dans le cadre de l'Union en tant « qu'instrument essentiel pour assurer le respect de la légalité communautaire »[598]. La fonction du recours en annulation au sein de l'Union européenne est double : assurer le respect de l'équilibre institutionnel et la protection juridictionnelle des droits des requérants. Ce recours a influencé la reconnaissance d'une action en annulation ou nullité dans le cadre de la Communauté andine.

B. Un effort en faveur du contrôle de la légalité des actes andins

Une réflexion similaire à celle de l'Union européenne est applicable à la Communauté andine : le recours en annulation y représente « l'effort de contenir l'exercice du pouvoir étatique et de rationaliser son pouvoir politique afin d'éliminer toute forme d'arbitraire des administrateurs chargés de veiller au respect des droits des gouvernés »[599]. Le Tribunal andin porte une attention particulière au contrôle de l'exercice du pouvoir par les

---

595 GUINCHARD (S.), DEBARD (T.), *Lexique des termes juridiques*, *op. cit.*

596 RIDEAU (J.), « Recours en annulation. Conditions de recevabilité », *JurisClasseur Europe*, fasc. 330, à jour le 1er août 2015.

597 GAUTRON (J.-C.), *Droit européen, op. cit.*, p. 164. Voir dans le même sens: RIVERO (J.), « Le problème de l'influence des droits internes sur la Cour de Justice de la Communauté européenne du Charbon et de l'Acier », *AFRI*, vol. 4, n° 1, 1958, p. 296.

598 BARAV (A.), PHILIP (C.), BOUTAYEB (C.), *Dictionnaire juridique des Communautés européennes*, *op. cit.*

599 BERNAL FANDINO (M.), GARNICA DE LA ESPRIELLA (L.), *El Tribunal Andino de Justicia*, *op. cit.*, p. 44.

organes communautaires andins en étant vigilant à l'égard d'éventuels détournements de pouvoir et illégalités des actes quant à leur forme ou leur contenu.

Les rédacteurs du Traité constitutif du TJCA ont consacré une procédure, qui s'inspire aussi du recours en annulation prévu dans les droits nationaux, pour assurer le contrôle de la légalité des actes des administrations publiques. Le recours en annulation andin permet de veiller au respect de la norme andine, d'assurer la légitimité de l'action des organes communautaires, tout en préservant la division des pouvoirs entre les organes andins.

Le Tribunal a pu préciser le but et l'étendue de la procédure à l'occasion d'un arrêt rendu en 1985, soit tout juste un an après sa création. En l'espèce, le recours avait été formé à l'encontre d'une résolution de la Junte de l'Accord de Carthagène (actuel Secrétariat général). Le juge andin profite de cette affaire pour déclarer que « le recours en annulation a pour objectif d'examiner les décisions et résolutions de la Commission afin d'établir si elles sont conformes au cadre formel et substantiel de l'ordre juridique de l'Accord de Carthagène, et de décider sur la base de l'analyse de l'exposé des parties et des preuves présentes si elles sont totalement ou partiellement valides, et finalement d'établir les effets de l'annulation dans le temps »[600].

Quelques années plus tard, le Tribunal indiquera que ce recours a comme finalité de « consolider l'ordre juridique communautaire andin en garantissant l'application d'un principe de légalité considéré comme consubstantiel à tout régime juridique »[601]. En ce sens, ce recours est « essentiel pour maintenir la cohérence de l'ordre juridique d'intégration »[602] en veillant à la légalité des organes qui composent le Système d'intégration andin[603]. En termes plus simples, le recours en annulation est « une voie de

---

[600] TJCA, arrêt n° 1-N-85, publié au GOAC n° 15 du 24 mars 1986: « *Esta competencia – según la jurisprudencia- faculta al Tribunal para examinar las Decisiones de la Comisión y las Resoluciones de la Junta, a fin de establecer s se ajustan formal y sustancialmente al ordenamiento jurídico del Acuerdo citado y resolver, en consecuencia, con base en los planteamientos y pruebas allegadas en cada causa, si son válidos total o parcialmente, y en este último caso regular los efectos de esa nulidad en el tiempo* ».
Dans le même sens : TJCA, arrêt n° 5-AN-97, publié au GOAC n° 361 du 7 août 1998.

[601] TJCA, arrêt n° 1-AN-96, publié au GOAC n° 520 du 20 décembre 1999: « P*or medio de dicha acción se garantiza el principio de legalidad que es consustancial a todo régimen jurídico y se institucionaliza y se asegura el respeto y la vigencia del principio de la jerarquía normativa* ».

[602] DAILLIER (P.), BENLOLO-CARABOT (M.), SUSANI (N.), VAURS-CHAUMETTE (A.-L.), « La jurisprudence des tribunaux des organisations d'intégration latino-américaines (Chronique n° 2) », *op. cit.*, p. 534.

[603] Pour rappel, le système institutionnel d'intégration de la CAN est composé du Conseil présidentiel andin (Réunion des chefs d'État), du Conseil andin des ministres des Affaires étrangères, de la Commission de la Communauté andine, du Secrétariat général de la CAN, de la Cour de justice de la Communauté andine et d'autres organismes comme la Corporation

contrôle de conformité avec les normes de l'ordre juridique communautaire andin »[604] des actes des organes andins.

De manière générale, la doctrine andine reconnaît la place importante de ce recours « pour la bonne application du droit communautaire andin et la protection des sujets de droit contre tout excès de pouvoir de la part des organes communautaires »[605]. Cette action est souvent pensée au prisme du constitutionnalisme latino-américain et du contrôle d'inconstitutionnalité. Par ailleurs, la question de la reconnaissance d'un accès effectif des particuliers à la justice andine est fréquemment abordée quand il s'agit d'étudier le recours en annulation formé devant le TJCA ; une interrogation similaire au recours en carence comme nous avons pu précédemment le souligner.

Ces recours permettent un rapprochement des citoyens andins de la justice directe du juge andin en plus de rééquilibrer leurs relations avec les organes communautaires. Vu autrement, ces recours tranchent aussi avec la tendance qu'ont eu les États membres à limiter les pouvoirs de la Communauté andine durant la première période d'activité du TJCA (entre 1984 et 1999) au nom de la préservation de leur souveraineté.

C. La procédure du recours en annulation en droit communautaire andin

En vertu de l'article 17 du Traité constitutif du TJCA, « il appartient au Tribunal de déclarer l'annulation des décisions du Conseil andin des ministres des Affaires étrangères, de la Commission de la Communauté andine, des résolutions du Secrétariat général des accords de complémentarité industrielle et autres conventions adoptées par les États

---

andine de développement, le Fonds latino-américain de réserve, le Conseil consultatif andin du travail, le Conseil consultatif andin des affaires, l'Université andine Simon Bolívar, ou encore l'Agence andine de la Santé - Hipolito Unanue. Voir à ce sujet: GÓMEZ JUTINICO (Á.), « Institucionalidad y problemáticas de la Comunidad Andina de Naciones », *Poliantea*, vol. 10, 2010, pp. 31-50.

604 TJCA, arrêt n° 35-AN-2001, publié au GOAC n° 1040 du 3 mars 2004: « *El recurso de nulidad es el medio jurídico establecido para garantizar la legalidad de los actos de los órganos del Sistema Andino de Integración, por la vía del control de su conformidad con las normas del ordenamiento comunitario que les sirven de fundamento* ».

605 SACHICA (L. C.), « El ordenamiento jurídico andino » *in* SACHICA (L. C.), ANDUEZA (J. G.) HURTADO LARREA (E.), GABALDON MÁRQUEZ (I.), ZELADA CASTEDO (A.) (dir.), *El Tribunal andino de justicia*, Instituto para la Integración de América Latina (INTAL), Montevideo, Talleres gráficos ALADI, 1985, p. 19 ; SIERRALTA (R. A.), « Los mecanismos de solución de controversias en la comunidad andina de naciones: desarrollo, tendencias y los desafíos del comercio internacional », *Academia Diplomática del Perú*, 16 février 2013, p. 12 ; disponible sur :
http://www.eclac.cl/brasil/noticias/paginas/2/22962/SIERRALTA-MECANISMOS%20SOLUCI%C3%93N%20CONTROVERSIAS%20COMUNIDAD.pdf.

membres édictées ou signées en violation des normes qui font partie de l'ordre juridique de la Communauté andine »[606]. Nous pouvons déduire de la rédaction de cet article que la cause d'annulation d'un acte communautaire est donc la violation de l'ordre juridique communautaire andin ; une expression imprécise qui laisse une marge d'appréciation très large au Tribunal au moment d'analyser les actes soupçonnés d'illégalité.

Comme l'indiquent les articles 18 du Traité constitutif du Tribunal et l'article 102 du statut du Tribunal, les titulaires du recours sont : les États membres, seulement dans le cas où les normes adoptées ont été approuvées sans leur accord[607] ; le Conseil andin des ministres des Affaires étrangères[608] ; la Commission[609] ; le Secrétariat général[610] ; et enfin les requérants individuels[611] entendus comme « toute personne physique ou

---

[606] Traité constitutif du TJCA : « *Articulo 17 : Corresponde al Tribunal declarar la nulidad de las Decisiones del Consejo Andino de Ministros de Relaciones Exteriores, de la Comisión de la comunidad Andina, de las Relaciones Exteriores, de la Comisión de la Comunidad andina, de las Resoluciones de la Secretaria General y de los Convenios a que se refiere el literal e) del Artículo 1, dictados acordados con violación de las normas que conforman el ordenamiento jurídico de la Comunidad Andina, incluso por desviación de poder, cuando sean impugnados por algún País miembro, el Consejo Andino de Ministros de Relaciones Exteriores, la Comisión de la comunidad andina, la Secretaria General o las personas naturales o jurídicas en las condiciones previstas en el Articulo 19 del Tratado* ». L'article 17 sera clarifié par le Tribunal qui précisera que la violation de la norme communautaire peut concerner tant son aspect formel ou procédural, que ses motifs, objet ou raison. Voir not. : TJCA, arrêt n° 01-AN-98, publié au GOAC n° 631 du 10 janvier 2001: « *tanto en la formación (irregularidad en el procedimiento) como en la expresión del acto constituyen lo que la doctrina francesa conoce como la legalidad externa del acto, sobre los cuales ejerce un control formal, mientras que la desviación de poder y la ilegalidad relativa al objeto y a la causa o motivos configurarían los vicios que afectan la legalidad interna* ».

[607] Le Tribunal a été saisi de 20 recours par les États membres de la CAN. Sur ce point, il convient de signaler que la Bolivie et le Venezuela (ancien membre de la CAN) sont les deux pays à avoir présenté un seul recours auprès du Tribunal. Dans le cas de la Bolivie, l'une des raisons de cette faible action juridictionnelle se trouve dans l'incorporation de fait tardive du pays dans le processus d'intégration andin. En effet, bien que la Bolivie fasse partie du système d'intégration dès la création du Groupe andin, la CAN n'a eu une place constitutionnelle qu'à compter de la dernière réforme de 2008. Désormais, l'intégration communautaire andine est considérée comme une véritable mission et obligation pour la Bolivie.

[608] Précisons que le Conseil des ministres des Affaires étrangères n'a jusqu'à aujourd'hui jamais présenté de recours en annulation.

[609] La Commission de la Communauté andine n'a présenté que deux recours en annulation, en 1996 et 1997 : TJCA, arrêt n° 1-AN-96, publié au GOAC n° 520 du 20 décembre 1999 dans lequel le Tribunal définit le caractère objectif du recours en annulation ; TJCA, arrêt n° 1-AN-97, publié au GOAC n° 340 du 13 mai 1998 dans lequel le Tribunal réaffirme le principe du contrôle de la légalité des normes juridiques communautaires andines.

[610] Le Secrétariat général (ancienne Junte), organe exécutif et technique de la Communauté andine, n'a jamais présenté de recours en annulation.

[611] Le Tribunal s'est prononcé quant à l'accès des particuliers habilités à former ce recours à la condition d'y avoir un intérêt légitime. Voir not. : TJCA, arrêt n° 04-AN-97, publié au

morale qui considère qu'une norme communautaire andine ou une décision du Conseil andin des ministres des Affaires étrangères, de la Commission de la Communauté andine et des résolutions du Secrétariat général ou des conventions, affecte ses droits subjectifs ou ses intérêts légitimes »[612]. Le Tribunal précise que ce recours permet aux « personnes d'acquérir la qualité de sujet de l'ordre juridique communautaire andin »[613] ; une jurisprudence considérée comme « très progressiste par rapport à celle du juge communautaire européen »[614], car ce dernier procède plutôt à une interprétation très restrictive de l'intérêt des personnes à le saisir. Le Tribunal andin dispose à ce sujet d'un pouvoir d'interprétation plus large qui peut aller jusqu'à permettre de réaliser des modifications substantielles du droit en reconnaissant notamment un accès légitime des particuliers à la justice communautaire andine, sans restriction, car cette jurisprudence a été incorporée par la suite dans les modifications relatives au contentieux communautaire andin par le Protocole de Cochabamba.

Le recours en annulation doit être formé dans les deux ans suivant la date d'entrée en vigueur des décisions du Conseil andin des ministres des Affaires étrangères, des décisions de la Commission de la Communauté andine, des résolutions du Secrétariat général ou de l'accord industriel de

---

GOAC n° 373 du 21 septembre 1998. Ainsi, d'après Jara Vásquez, le Tribunal montre une « flexibilité à la légitimation active des particuliers » (JARA VÁSQUEZ (M. E.), « El control de legalidad en el derecho comunitario a través del recurso de anulación (UE) y de la acción de nulidad (CAN) », *Foro*, n° 4, 2006, p. 257).
Une étude jurisprudentielle sur l'accès des particuliers à la justice communautaire andine en matière de recours en annulation a également été faite par Karina Ramirez Diaz qui considère que le caractère prééminent du droit communautaire justifie le besoin de l'accès des justiciables à la justice communautaire (RAMIREZ DIAZ (K.), « El acceso de los particulares al Foro Comunitario Andino. Referencia a la acción de Nulidad, Universidad de los Andes », *Anuario de derecho*, n° 24, 2002, pp. 117-140).

612 Les particuliers doivent être titulaires d'un droit subjectif ainsi que le signale le Tribunal : TJCA, arrêt n° 04-AN-97, publié au GOAC n° 373 du 21 septembre 1998. Cette décision du Tribunal sera postérieurement incorporée dans le droit communautaire andin, à l'article 19 du Protocole de Cochabamba révisé: « *Articulo 19: Las personas naturales y jurídicas podrán intentar la acción de nulidad contra las Decisiones del Consejo Andino de Ministros de Relaciones exteriores, de la Comisión de la Comunidad Andina, de las Resoluciones de la Secretaria General o de los Convenios que afecten sus derechos subjetivos o sus intereses legítimos* ». Quelques années plus tard, le Tribunal se prononcera sur l'évolution normative de la possibilité accordée aux particuliers de former des actions en nullité. Voir not. : TJCA, arrêt n° 14-AN-2001, publié au GOAC n° 991 du 2 octobre 2003 dans lequel le Tribunal considère que « les réformes introduites par le Protocole de Cochabamba sont « l'une des avancées les plus grandes du droit communautaire andin ».

613 TJCA, arrêt n° 14-AN-2001, publié au GOAC n° 991 du 2 octobre 200.

614 DAILLIER (P.), BENLOLO-CARABOT (M.), SUSANI (N.), VAURS-CHAUMETTE (A.-L.), « La jurisprudence des tribunaux des organisations d'intégration latino-américaines (Chronique n° 2) », *op. cit.*, p. 537.

complémentarité faisant l'objet du recours[615]. Toutefois, notons que l'article 20 du Traité constitutif du TJCA permet de présenter ce recours même si le délai de deux ans est épuisé au regard du caractère *ex tunc* de l'annulation qui permet de réaliser un véritable contrôle de la légalité de l'acte communautaire andin en question. De plus, en vertu de l'article 22 du Traité constitutif du TJCA, la déclaration d'annulation de l'acte communautaire andin oblige l'organe à adopter les dispositions pour se conformer à l'arrêt du Tribunal dans le délai fixé par celui-ci.

Devant le TJCA, tous les actes obligatoires qui produisent des effets de droit sont susceptibles de faire l'objet d'un recours en annulation ; telles les résolutions du Secrétariat général qui sont de fait les actes communautaires andins les plus contestés quant à leur légalité. En effet, en vertu de l'article 29 de l'Accord de Carthagène, le Secrétariat général est un organe d'appui technique aux autres organes qui composent le système communautaire andin, ce qui l'expose à davantage de contrôles juridiques.

§ 2 Les précisions jurisprudentielles du TJCA

Tout au long des arrêts rendus sur un recours en annulation, le Tribunal andin a pu en préciser et consolider la nature et les contours (A). Il a su à ces occasions adopter des mesures permettant la protection de l'ordre juridique communautaire andin (B).

A. Le Tribunal au service du perfectionnement du recours en annulation

Le Tribunal andin fait constamment preuve d'une véritable intention de préserver le droit communautaire andin en considérant le caractère constitutionnel de l'Accord de Carthagène et les principes de primauté et d'applicabilité directe en tant que socles d'une communauté de droit. Il rappelle aussi régulièrement dans sa jurisprudence que « l'importance du contrôle de la légalité des actes administratifs communautaires qu'il envisage comme équivalent à un contrôle d'inconstitutionnalité de la norme communautaire andine »[616]. En ce sens, le Tribunal andin reconnaît une

---

[615] Ce délai a été rappelé par le Tribunal en 2002 : TJCA, arrêt n° 10-AN-2002, publié au GOAC n° 1079 du 7 juin 2004.

[616] TJCA, arrêt n° 5-AN-97, publié au GOAC n° 361 du 7 août 1998: « *Como sistema para el control de la legalidad -la acción de nulidad- se asemeja a la acción de inconstitucionalidad o inexequibilidad, la que sin duda ha sido una de las mayores conquistas del derecho constitucional moderno, hasta el punto que se la considera, con toda razón, como el verdadero fundamento del llamado "Estado de Derecho". Es en este sentido, es una acción pública por esencia* yaque *se consagra en beneficio de la legalidad y no para proteger directamente intereses particulares o subjetivos* ».

double fonction au contrôle de légalité et au recours en annulation : préserver l'intérêt général de la Communauté andine et son droit, mais aussi faire respecter la hiérarchie entre normes supérieures et normes inférieures de l'ordre juridique communautaire andin[617].

Grâce à une marge d'appréciation importante, le Tribunal a élargi la liste des actes susceptibles de faire l'objet d'un recours en annulation. Ainsi, en dehors des actes mentionnés à l'article 17 du Traité constitutif du Tribunal, il est possible de contrôler la légalité des décisions et résolutions temporaires, même si leur temps d'application est arrivé à son terme[618], mais à la condition que ces actes soient susceptibles de contenir des vices d'illégalité ou qu'ils soient illicites et causent des préjudices[619]. Le Tribunal a précisé quelles étaient ces causes motivant l'activation d'un recours : il considère qu'il s'agit de tout acte qui affecte la validité d'un acte administratif sur le fond ou sur la forme[620].

Le juge andin se prononce principalement sur cinq éléments qui révèlent l'illégalité d'un acte communautaire andin : l'incompétence de l'auteur de l'acte, le vice de forme, le détournement de pouvoir, l'erreur supposée de fait ou de droit et l'impossibilité ou indétermination du contenu de l'acte[621]. Afin

---

617 Le Tribunal se prononce sur le caractère public de ce recours dans une jurisprudence constante afin de le différencier des autres recours communautaires andins. Voir not. : TJCA arrêt n° 24-AN-99, publié au GOAC n° 542 du 8 mars 2000: « *Las características anotadas dan a esta acción comunitaria connotaciones emparentadas con las que en el derecho interno tienen las de nulidad: acción pública, de orden público, y el encontrarse en ellas comprometido el interés general; todo lo cual determina que sea accesible a todos o a la mayor parte de los sujetos del ordenamiento jurídico correspondiente y que, por la finalidad que comporta -la intangibilidad de dicho ordenamiento- no resulte pasible de desistimiento o de transacción* ».
Voir aussi : TJCA, arrêt n° 04-AN-97, publié au GOAC n° 373 du 21 septembre 1998 ; TJCA, arrêt n° 39-AN-2004, publié au GOAC n° 1212 du 28 juin 2005; TJCA, arrêt n° 23-AN-2002, publié au GOAC n° 991 du 2 octobre 2003.

618 Le Tribunal précise qu'il peut contrôler les actes andins à partir du moment de leur entrée en vigueur ; ce qui n'inclut pas la « constellation d'actes pris durant les démarches sauf cas exceptionnels ». Voir : TJCA, arrêt n° 35-AN-2003, publié au GOAC n° 1121 du 28 septembre 2004. Le tribunal fait ici référence aux actes de préparation de l'acte juridique en question.

619 TJCA, arrêt n° 04-AN-97, publié au GOAC n° 373 du 21 septembre 1998.

620 TJCA arrêt n° 5-AN-97, publié au GOAC n° 361 du 7 août 1998 : « *los motivos de impugnación en un proceso de nulidad son "todos aquellos que puedan afectar la validez de un acto administrativo, sea en el fondo o en la forma y pueden desembocar en la nulidad absoluta o relativa del acto* » ; confirmé par TJCA, arrêt n° 1-AN-98, publié au GOAC n° 631 du 10 janvier 2001

621 TJCA, arrêt n° 01-AN 97, publié au GOAC n° 340 du 13 mai 1998 : « *los cinco elementos esenciales del acto: la incompetencia, como vicio en el sujeto; el vicio de forma, atinente al elemento formal del mismo; la desviación de poder, relativo al vicio en el fin perseguido; el falso supuesto de hecho o de derecho, que tiene que ver con la causa; y, finalmente, la imposibilidad, ilicitud o indeterminación del contenido del acto, referente al objeto de este* ». Arrêt confirmé par une jurisprudence constante : TJCA, arrêt n° 04-AN-97, publié au GOAC

de déterminer la légalité de ces traits essentiels de l'acte communautaire andin, le Tribunal utilise l'herméneutique juridique classique qui lui permet d'élucider l'étendue réelle de la régularité ou de l'irrégularité de l'acte andin objet du contrôle.

Notons cependant que le TJCA a refusé de se prononcer sur l'annulation des avis (*dictámenes*) du Secrétariat général émis dans le cadre de la phase préalable du recours en constatation de manquement, en estimant que de tels actes sont tout simplement des avis techniques ou d'expertise dans un domaine déterminé et par conséquent ils n'entrent pas dans la catégorie des « véritables » actes communautaires andins édictés par le Secrétariat général dans le cadre de ses compétences communautaires[622].

Le Tribunal déterminera aussi que « la déclaration en annulation d'un acte communautaire ne peut être assimilé à une compensation économique pour cause d'illégalité de l'acte : le juge peut demander la restitution des choses dans leur état préalable à l'entrée en vigueur de la norme prise en violation l'ordre juridique communautaire en tant que conséquence naturelle de l'annulation de l'acte »[623], permettant une clarification des possibilités restrictives d'indemnités aux particuliers en cas d'annulation d'un acte communautaire andin.

B. La dynamique jurisprudentielle andine du recours en annulation

Le premier recours en annulation a été formé devant le Tribunal en 1985. Il s'agissait de l'affaire n° 1 -N-85[624] dans laquelle le requérant demandait l'annulation de plusieurs résolutions : la Résolution n° 237 du 8 août 1984 relative à la sollicitation de l'Équateur concernant l'application de l'article 58 de l'Accord de Carthagène sur l'incorporation de certains produits dans la liste des exceptions significatives du commerce de tuyaux ; la Résolution n° 252 du 16 avril 1986 mettant en cause l'application de l'article 80 de l'Accord de Carthagène sur la procédure spéciale de la Commission relative aux importations originaires du Venezuela au

---

n° 373 du 21 septembre 1998 ; TJCA, arrêt n° 5-AN-97, publié au GOAC n° 361 du 7 août 1998 ; TJCA, arrêt n° 01-AN-98, publié au GOAC n° 631 du 10 janvier 2001; TJCA, arrêt n° 35-AN-2001, publié au GOAC n° 1040 du 3 mars 2004.

622 TJCA, arrêt n° 12-AN-99, publié au GOAC n° 520 du 20 décembre 1999 : « *Desde el punto de vista sustancial, los dictámenes que emite la Secretaría General, dentro del procedimiento establecido para adelantar la acción de incumplimiento, no son otra cosa que opiniones autorizadas, conceptos técnicos, experticias, que se constituyen por mandato del Tratado de Creación del Tribunal de Justicia de la Comunidad Andina en presupuestos procesales para que la acción de incumplimiento pueda ser llevada ante la instancia judicial* » ; confirmé par TJCA, arrêt n° 24-AN-99, publié au GOAC n° 542 du 8 mars 2000.

623 TJCA, arrêt n° 79-AN-00 (suspension provisionnelle).

624 TJCA, arrêt n° 1-N-85, publié au GOAC n° 15 du 24 mars 1986.

moment de la dévaluation monétaire pour permettre un retour à des conditions normales de concurrence entre les opérateurs économiques ; enfin, la Résolution n° 253 du 1er décembre 1986 portant aussi sur l'application de l'article 80 de l'Accord de Carthagène.

Cet arrêt et la jurisprudence qui s'en est suivie ont introduit d'importantes limitations à la faculté de la Commissiond'édicter des résolutions. Le juge andin, au regard du droit matériel andin, s'est notamment employé à définir les notions de « traitement préférentiel » d'un État membre (cas de l'Équateur et de l'État plurinational de Bolivie), de « commerce significatif », de « listes d'exceptions », de « produits d'importation » et de « détournement de pouvoir » d'un organe du Système d'intégration andin[625].

Entre 1985 et 1998, le TJCA n'a eu à se prononcer que sur seize recours en annulation ; cependant, après l'entrée en vigueur du Protocole de Cochabamba, le Tribunal a été saisi entre 1999 et 2014 de trente-neuf recours en annulation. La Colombie se place à la tête des États membres andins requérants avec dix recours et on note une participation remarquable des particuliers qui ont présenté trente-trois recours en annulation depuis le début des activités du Tribunal[626]. Notons que l'organe andin dont les actes ont été le plus attaqués est le Secrétariat général de la Communauté andine. Ainsi, en 2014, on comptait seize annulations de résolutions prises essentiellement en matière commerciale, notamment à propos d'importations et de circulation de marchandises[627].

Au fil de toutes les affaires qu'il a eu à traiter, le TJCA a progressivement cadré le recours en annulation en délimitant ses compétences et en réitérant son interprétation de la légalité des actes. Le Traité constitutif du Tribunal et le statut du Tribunal comportent tous deux six articles relatifs à cette procédure, mais c'est en réalité l'œuvre prétorienne qui a permis une meilleure compréhension de la valeur de ce mécanisme contentieux communautaire andin.

§ 3 Le juge andin au cœur du contentieux communautaire andin

Le juge a pour « fonction d'apaiser les conflits, de trancher les litiges et de légitimer les solutions qu'il retient »[628] (A). Dans le cadre de l'Union et de la CAN, l'office juridictionnel est élargi et enrichi par un nouveau droit et

---

625 PICO MANTILLA (G.), *Jurisprudencia andina*, *op.cit.*, p. 32.

626 *Informe Unificado final 1984-2014*, Tribunal de Justice de la Communauté andine, Quito, 2014, p. 4.

627 *Ibidem.*, p. 5.

628 BERGEL (J.-L.), « Introduction générale », *Actes du Colloque « L'office du juge » au Palais du Luxembourg le 29 et 30 septembre 2006*, Sénat, coll. *« Les Colloques du Sénat »*, Paris, p. 12.

par la possibilité de nouvelles méthodes que le juge doit incorporer à sa manière de raisonner pour résoudre les affaires qui se présentent à lui (B). De plus, se développent des relations entre différents juges intervenant à des niveaux et dans des espaces différents ; un dialogue et un échange de connaissances qui dépassent les frontières continentales(C).

A. La notion générale de « juge »

Avant de définir les caractéristiques d'un juge communautaire– de l'Union européenne ou de la Communauté andine -, il semble pertinent de revenir à l'acception classique et générale de « juge ». Selon le dictionnaire *Larousse*[629], « il s'agit du magistrat chargé de rendre la justice en appliquant les lois. En droit, c'est tout individu, corps ou personne morale chargé par l'État de régler des différends sur la base du respect du droit ».

Le « juge » est le terme qui désigne, en particulier dans le Code civil, toute juridiction, de quelque nature, degré, ordre qu'elle soit. Gérard Cornu nous rappelle en outre que « de la Bible aux discours de rentrée des tribunaux et cours à l'époque contemporaine, le portrait du bon juge » peut paraître relativement stable (rigueur, désintéressement, impartialité) »[630]. Ainsi, il est exigé d'un juge une certaine moralité et une entière indépendance. Dans son ouvrage *La Rhétorique*, Aristote limite au strict minimum l'intervention du juge et procède à une comparaison avec le rôle du législateur. D'après lui, « le jugement du législateur ne porte pas sur un point spécial, mais sur des cas futurs et généraux, tandis que les membres d'une assemblée et le juge se prononcent sur des faits actuels et déterminés, sans cesser d'être influencés, souvent, par des considérations d'amitié, de haine et d'intérêt privé, ce qui fait qu'ils ne peuvent plus envisager la vérité avec professionnalisme, mais que des sentiments personnels de joie ou de peine viennent à influencer leur jugement »[631].

Cette approche nous semble trop restrictive au regard de la place occupée actuellement par le juge qui joue un rôle important, non seulement en jugeant les conflits, mais aussi en interprétant le droit. La même remarque peut être faite à l'égard de la réflexion de Montesquieu qui écrit dans le chapitre 6 de l'ouvrage *Del'esprit des lois*[632] que les juges « ne sont que la bouche qui prononce les paroles de la loi ». L'action du juge n'a plus l'automatisme auquel se réfère Montesquieu.

---

629 Le vocable juge vient du latin judex, -icis, de jus, le droit, et dicere, dire.

630 CORNU (G.), *Vocabulaire juridique*, *op. cit.*

631 ARISTOTE, *La Rhétorique*, Chapitre 1, VII, (trad. en français par Norbert Bonafous), Paris, A Durand Librairie, 1856, p. 463.

632 MONTESQUIEU (C. L.) de Secondat, *Del'esprit des lois*, 1748.

Le juge du XXIe siècle doit plutôt être considéré comme un « citoyen acteur »[633] disposant d'une certaine liberté d'action. Le rapport de l'Institut des Hautes Études sur la Justice (IE) constate en ce sens que « l'office jurisprudentiel du juge a connu une mutation très rapide et profonde au cours des trente dernières années. La fonction du juge relève parfois d'un mode de gouvernement visant à répondre à une émotion collective ou à une préoccupation immédiate. Elle ne correspond donc pas toujours à un texte de fond qui pose des principes ». Nous sommes convaincus qu'aujourd'hui les faits avancent plus vite que le droit et que les juges sont confrontés à des situations qui n'ont pas été prévues par des règles juridiques ; quel que soit le niveau où ils agissent (local, national, régional et international). Dans les démocraties pluralistes, la légitimité des fonctions multiples du juge est une question cruciale.

Que diraient Aristote et Montesquieu à propos de cette évolution, et notamment de l'institution de juridictions composées de juges de diverses nationalités décidant sur la base de compétences octroyées par les États dont ils sont issus ? Il est aujourd'hui difficile de nier, en Europe comme en Amérique latine, l'importance et la valeur des arrêts des juges supranationaux (Union européenne et CAN) et du rôle que jouent les juges nationaux qui peuvent se transformer, dans certaines circonstances juridiquement prévues, en juges supranationaux. On assiste à une véritable transformation de la notion de « juge » qui s'est complexifiée.

B. La transformation moderne du « juge »

Une nouvelle configuration se présente au sein de l'Union européenne[634] : pour la première fois, le juge de l'Union doit dire le droit tout en essayant de guider les juges nationaux. Tisser des liens entre juges « a été l'œuvre novatrice du juge de l'Union qui a apporté un souffle nouveau, sinon une grande modernité, à la fonction juridictionnelle dans l'ordre tant interne qu'international »[635]. Dans le même sens, l'ancien magistrat de la CJUE Robert Lecourt précise, dans son ouvrage *L'Europe des juges*, que ces derniers ont un « devoir essentiel ». En effet, « en confiant au juge la mission d'assurer le respect du droit dans l'application et l'interprétation du Traité, celui-ci l'avait chargé d'un devoir essentiel » ; et l'auteur d'ajouter qu'il

---

633 DELMAS-GOYON (P.), « Le juge du 21e siècle », Rapport à Mme la Garde des Sceaux, ministre de la Justice, France, décembre 2013, p. 12.

634En vertu de l'article 220 TCE, actuel article 19 du Traité sur l'Union européenne, « La Cour de justice de l'Union européenne comprend la Cour de justice, le Tribunal et des tribunaux spécialisés. Elle assure le respect du droit dans l'interprétation et l'application des traités » (al. 1er)

635 BOUTAYEB (C.) (dir.), *Les grands arrêts du droit de l'Union européenne. Droit institutionnel et matériel de l'Union européenne*, *op. cit.*, p. 17.

dépend du juge « que les règles communautaires entrent dans la pratique comme des obligations impératives pourvues de sanctions »[636].

C'est en grande partie à travers l'action des juges de l'Union, des juges andins et des « juges nationaux » que le processus d'intégration se façonne, bien au-delà des définitions restrictives qu'Aristote et Montesquieu avaient pu donner de leur office. Les juges actuels ne font pas qu'appliquer des règles juridiques ou, comme le dit l'ancien président de la Cour de cassation française Guy Canivet, de « dire la loi comme des automates l'appliquant mécaniquement »[637]. La fonction des juges, et plus spécialement des juges de l'Union et de la CAN, implique aussi un grand travail d'interprétation et d'audace normatives.

Aux compétences traditionnelles du juge se sont ajoutées de nouvelles attributions revêtues d'une légitimité non seulement « issue de la mission sacrée de dire le droit »[638], mais aussi au regard de « l'appréciation portée sur la décision du juge »[639] ; l'interprétation de la norme doit être « pensée de manière dépassionnée au-delà des controverses éternelles sur l'activisme judiciaire »[640]. Denys Simon rappelle en effet que « la question de la légitimité du juge communautaire se rapproche de problématiques similaires relatives aux juridictions nationales » ; telles que le choix des méthodes d'interprétation[641], la nature de l'opération interprétative ainsi que les relations entre le législateur et le juge[642].

---

636 LECOURT (R.), *L'Europe des juges*, *op. cit.*, p. 22.

637 CANIVET (G.), « Activisme judiciaire et prudence interprétative » *in* FOYER (J.) (dir.), *La création du droit par le juge*, ouvrage collectif, t. 50, Paris, Dalloz, coll. « Archives de Philosophie du droit », 2007, p. 2. L'activisme juridictionnel peut être un risque pour les justiciables. Il appartient aux juges de déterminer un équilibre dans leurs décisions. Denys Simon considère que « la mise en cause de la légitimité du juge communautaire est souvent formulée dans les mêmes termes que les reproches d'activisme juridictionnel opposés à la Cour suprême des États Unis ou au Conseil constitutionnel français » (SIMON (D.), « La légitimité du juge communautaire », *in Actes du Colloque « L'office du juge » au Palais du Luxembourg le 29 et 30 septembre 2006*, Sénat, coll. *« Les Colloques du Sénat »,* Paris, p. 448).

638 *Ibidem*, p. 447. Dans ce colloque, Denys Simon a traité le sujet de la légitimité du juge communautaire en tant que problématique déjà abordée par les juridictions internes. Il a notamment rappelé la nature de l'opération, interprétative, le choix des méthodes d'interprétation et l'autorité des décisions de justice, disponible aussi sur : http://www.senat.fr/colloques/office_du_juge/office_du_juge.pdf.

639 BARTHELEMY (M.), « La légitimité du juge », *RIDC*, vol. 54, n° 2, avril-juin 2002, p. 278.

640 SIMON (D.), « La légitimité du juge communautaire », *op. cit.*, p. 448.

641 Les méthodes d'interprétation classiques - littérale, contextuelle et téléologique - sont utilisées par la CJUE. Selon Hubert Legal, il manque l'interprétation des travaux préparatoires des auteurs du texte, une méthode classique en droit international qui n'est cependant pas intégrée aux méthodes d'interprétation de la CJUE. Pour en savoir plus : LEGAL (H.), « Le rôle de la Cour de justice de l'Union européenne », Colloque : La Cour de Justice de l'Union européenne, *Fondation Res Publica*, Paris, 11 février 2013, disponible sur :

Les juges de la CJUE constituent un groupe collégial et sont issus de différents horizons. Leur légitimité repose sur leur expérience et leur connaissance, ainsi que leur capacité à rendre des avis et des arrêts qui visent à sauvegarder l'ordre juridique de l'Union. La diversité est un élément complexe au regard de l'interprétation de la norme commune, car chaque juge est porteur d'un bagage juridique national propre et d'une approche juridique spécifique. Néanmoins, cette diversité représente aussi une richesse pour la CJUE dans la mesure où elle permet une interprétation enrichie du droit de l'Union.

Cependant, le juge de l'Union n'est pas l'unique garant et interprète du droit de l'Union. La Cour souligne l'importance de « l'office du juge national »[643] qui agit « en tant qu'organe d'un État membre ». Comme le rappelle Yves Petit, dans l'arrêt « *Simmenthal* »[644], la CJUE a avec une « particulière solennité » reconnu la place des juges nationaux et « exposé dans des termes précis et rigoureux quel est l'office communautaire du juge national »[645]. Cet arrêt marque en effet le début historique de l'intervention du juge national pour faire respecter le droit de l'Union. En l'espèce, il s'agissait de laisser inappliquée une norme nationale pour protéger les droits conférés à des particuliers par le droit de l'Union. Les juges nationaux deviennent ainsi des « juges communautaires » de droit commun qui ont l'obligation de faire prévaloir intégralement le droit de l'Union.

Au sein de la Communauté andine aussi le Tribunal de justice andin joue un rôle clé pour le respect et la bonne application du droit communautaire andin. Au fil de sa jurisprudence, il s'est lui-même reconnu une marge d'action assez large pour exercer le contrôle et assurer la sauvegarde de l'ordre juridique andin face, notamment, au manquement des États membres. En vertu de l'article 27 du Traité constitutif du TJCA[646], ce dernier est autorisé à appliquer des mesures simples de restriction qu'il considère

---

http://www.fondation-res-publica.org/Le-role-de-la-Cour-de-justice-de-l-Union-europeenne_a715.html.

642 Voir : HAUSER (J.), « Le juge et la loi », *Pouvoirs*, n° 114, 2005, pp. 139-153. Cet auteur propose une étude historique intéressante au sujet de la relation du juge et de la loi, sur le dire et le non dire des lois, le devoir de dire face aux vides de la loi du point de vue du droit privé.

643 Selon Guy Canivet « la force et l'originalité du droit communautaire est précisément l'office du juge national dans sa compétence communautaire », car il procède à l'interprétation de la norme communautaire, mais aussi s'emploie à « comprendre et appliquer le droit communautaire, comme il doit comprendre et appliquer sa propre loi en parfaite cohérence avec le système juridique créé par les traités » (CANIVET (G.), « Le droit communautaire et l'office du juge national », *Droit et société*, n° 20-21, 1992, p. 133).

644 CJUE, 9 mars 1978, « *Administration des finances de l'État c/ Société anonyme Simmenthal* », aff. 106/77, Rec. p. 629

645 Voir not. : Commentaire de PETIT (Y.) *in* BOUTAYEB (C.) (dir.), *Les grands arrêts du droit de l'Union européenne. Droit institutionnel et matériel de l'Union européenne*, *op. cit.*, pp. 354-359.

646 Traité constitutif du TJCA du 28 mai 1979.

nécessaires pour exiger de la part de l'État membre en infraction qu'il se conforme aux règles juridiques de la Communauté[647]. Il est aussi compétent, comme nous l'avons vu, pour déclarer l'annulation des décisions du Conseil andin des ministres des Affaires étrangères, de la Commission de la Communauté andine, des résolutions du Secrétariat général et des accords de complémentarité industrielle[648]. Ainsi, le juge andin est appelé à se prononcer en cas de violation du droit communautaire andin en l'interprétant pour assurer sa correcte application au sein des États membres.

Les juges andins sont personnifiés par quatre magistrats issus des États membres de la Communauté andine, mais la Communauté andine reconnaît aussi la qualité de « juge andin » aux juges nationaux qui peuvent en effet être amenés à appliquer le droit communautaire andin et à demander au TJCA l'interprétation de la norme communautaire andine à appliquer au litige qu'ils doivent résoudre.

La position du juge national en tant que « juge communautaire andin » transparaît à l'article 33 du Traité constitutif du TJCA[649] qui autorise tout juge national à demander directement l'interprétation du Tribunal quant à l'application d'une norme communautaire andine *via* un recours en interprétation préjudicielle. Le juge national a un statut légitime de « juge andin »[650] aussi à travers le recours en constatation de manquement dans le cadre duquel le juge national est autorisé par l'article 31 du Traité constitutif du TJCA[651] à accepter de trancher sur la responsabilité d'un État membre

---

[647]Traité constitutif du TJCA: « *Article 27 - En todo caso, el Tribunal podrá ordenar la adopción de otras medidas si la restricción o suspensión de las ventajas del Acuerdo de Cartagena agravare la situación que se busca solucionar o no fuere eficaz en tal sentido. El Estatuto del Tribunal precisará las condiciones y límites de ejercicio de esta atribución.*
El Tribunal, a través de la Secretaría General, comunicará su determinación a los Países Miembros ».

[648] Article 17 du Traité constitutif du TJCA.

[649]Traité constitutif du TJCA : « *Artículo 33 - Los jueces nacionales que conozcan de un proceso en el que deba aplicarse o se controvierta alguna de las normas que conforman el ordenamiento jurídico de la Comunidad Andina, podrán solicitar, directamente, la interpretación del Tribunal acerca de dichas normas, siempre que la sentencia sea susceptible de recursos en derecho interno. Si llegare l oportunidad de dictar sentencia sin que hubiere recibido la interpretación del Tribunal, el juez deberá decidir el proceso. En todos los procesos en los que la sentencia no fuere susceptible de recursos en derecho interno, el juez suspenderá el procedimiento y solicitará directamente de oficio o a petición de parte la interpretación del Tribunal* ».

[650] Terme utilisé par la doctrine andine pour se référer au juge national surtout quand il fait appel au recours en interprétation préjudicielle. Voir not. : REJANOVINSCHI TALLEDO (M.), « El juez andino" en temas de propiedad intelectual: aplicación en el ámbito peruano », *Revista de la Facultad de derecho*, PUCP, n° 74, 2015, pp. 127-152.

[651] « *Artículo 31.- Las personas naturales o jurídicas tendrán derecho a acudir ante los Tribunales nacionales competentes, de conformidad con las prescripciones del derecho interno, cuando los Países Miembros incumplan lo dispuesto en el Artículo 4 del presente Tratado, en los casos en que sus derechos resulten afectados por dicho incumplimiento*».

pour manquement à ses obligations communautaires andines quand une personne physique ou morale le demande.

Le Tribunal andin a lui-même montré une volonté de considérer les juges nationaux en tant qu'authentiques « juges communautaires », particulièrement dans le cadre du recours en interprétation préjudicielle portant sur des normes andines relevant du domaine de la propriété intellectuelle et du droit des marques[652].

L'action des « juges nationaux en tant que juges du droit communautaire »[653] a cependant des limites. Certes ils peuvent appliquer le droit communautaire andin, mais en relation avec leur compétence nationale ; autrement dit, le juge national devient « juge communautaire » seulement en cas d'interprétation préjudicielle, quand il doit appliquer la norme communautaire andine, et en cas de manquement d'un État membre quand une personne physique ou morale le demande. Toutefois, notons que très récemment le Tribunal andin a étendu la notion de « juge national » aux autorités administratives en établissant des critères fonctionnel, matériel et objectif permettant de considérer les autorités nationales administratives qui ont connaissance et appliquent la norme communautaire andine comme des « juges communautaires ». Plus précisément, d'après le TJCA, la catégorie de « juge national » inclut « les organismes qui sont chargés des fonctions judiciaires »[654]. Ce critère fonctionnel fait référence à la fonction juridictionnelle classique des juges, mais aussi à la fonction juridictionnelle parfois exercée par les administrations des États membres qui peuvent être amenées à résoudre des différends portant sur l'application

---

652 TJCA, arrêt n° 1-IP-97, publié au GOAC n° 344 du 28 mai 1998; TJCA, arrêt n° 2-IP-91, publié au GOAC n° 78 du 18 mars 1991 ; TJCA, arrêt n° 10-IP-94, publié au GOAC n° 177 du 20 avril 1995 ; TJCA, arrêt n° 1-IP-96, publié au GOAC n° 257 du 14 avril 1997 ; TJCA, arrêt n° 11-IP-96, publié au GOAC n° 299 du 17 octobre 1997 ; TJCA, arrêt n° 6-IP-99, publié au GOAC n° 468 du 12 août 1999 ; TJCA, arrêt n° 40-IP-99, publié au GOAC n° 528 du 26 janvier 2000 ; TJCA, arrêt n° 36-IP-2000, publié au GOAC n° 583 du 17 juillet 2000 ; TJCA, arrêt n° 62-IP-2000, publié au GOAC n° 663 du 30 avril 2001 ; TJCA, arrêt n° 74-IP-2001, publié au GOAC n° 765 du 27 février 2002 ; TJCA, arrêt n° 44-IP-02, publié au GOAC n° 945 du 14 juillet 2003 ; TJCA, arrêt n° 98-IP-03, publié au GOAC n° 1017 du 4 décembre 2003 ; TJCA, arrêt n° 85-IP-2005, publié au GOAC n° 1238 du 6 septembre 2005 ; TJCA, arrêt n° 7-IP-2009, publié au GOAC n° 1729 du 3 juillet 2009.

653 KOSOVIC KAUNE (L. A.), *Jueces nacionales como jueces del derecho comunitario*, Mémoire en droit international économique, Universidad Andina Simón Bolívar, 2007, p. 105.

654 TJCA, arrêt n° 130-IP-2007, publié au GOAC n° 1584 du 11 février 2008: « *a los organismos que cumplen funciones judiciales, siempre que cumplan las condiciones mínimas señaladas por la ley interna; para de esta manera tenerlos como legitimados para solicitar la interpretación prejudicial, cuando en el ejercicio de dichas funciones conozcan de un proceso en el que deba aplicarse o se controvierta algunas de las normas que integran el Derecho Comunitario Andino* ». Arrêt confirmé par le Tribunal récemment à propos de la prise en compte du critère fonctionnel et non organique formel et subjectif : TJCA, arrêt n° 121-IP-2014, publié au GOAC n° 2427 du 11 décembre 2014.

d'une norme communautaire andine. Cette reconnaissance de la qualité de juge national aux instances administratives nationales chargées de régler les litiges en matière de propriété intellectuelle élargit par conséquent la notion de « juge andin ». Ainsi, l'ancien magistrat du TJCA Luis José Diez-Canseco Núñez remarque que la « CAN a donné une interprétation large au concept du juge national »[655].

Néanmoins, pour être assimilés à des « juges nationaux », ces organes administratifs doivent remplir certaines conditions : tout d'abord, il convient que l'institution administrative soit accréditée par mandat légal[656] ; il doit s'agir d'une autorité ou entité administrative permanente[657] ; ses compétences doivent avoir un caractère obligatoire ; et, bien évidemment, elle doit respecter les principes du procès équitable, d'impartialité et le caractère obligatoire de la procédure au moment d'édicter des actes et d'appliquer le droit communautaire andin.

Mentionnons enfin que le juge andin est garant depuis quelques années de la protection des droits de l'Homme. Comme le signale Olga Navarrete Barrero, ancienne magistrat auprès du TJCA, « le juge communautaire andin a l'obligation d'interpréter la norme communautaire andine en suivant la philosophie de l'Accord de Carthagène, qui promeut le développement équilibré des États membres et une distribution égalitaire des bénéfices de l'intégration pour réduire les différences entre ses États membres ». Le Tribunal tient ainsi compte non seulement de l'Accord de Carthagène, mais aussi de la Chartre andine de promotion et de protection des droits de l'Homme qui, d'après la même auteure, est fondée sur « une conception pensant l'être humain en tant qu'individu intégrant la société communautaire andine »[658]. Cette nouvelle approche se développe depuis les années 2000 dans l'objectif de renforcer la fonction sociale du processus d'intégration andin.

---

[655] Entretien réalisé dans le cadre de la recherche pour la thèse, 3 février 2015. Voir Annexe n° 4 (Entretiens magistrats du Tribunal de justice de la Communauté andine, Entretien n° 1).

[656] TJCA, arrêt n° 121-IP-2014, publié au GOAC n° 2427 du 11 décembre 2014 Dans cette affaire, c'est l'Institut national de défense de la concurrence et de la protection de la propriété intellectuelle du Pérou (INDECOPI) qui sollicite le Tribunal.

[657] TJCA, arrêt n° 121-IP-2014, publié au GOAC n° 2427 du 11 décembre 2014. Cet arrêt est intéressant, car il reconnaît le statut de «juge communautaire» aux agences nationales de propriété intellectuelle des États membres. Le Tribunal précise ainsi que « toutes les procédures administratives n'arrivent pas au stade judiciaire et par conséquent l'interprétation demandée dans un procès administratif peut être aussi utile pour assurer la conformité aux normes de l'ordre juridique communautaire établie à l'article 4 du traité de création du Tribunal». Cette jurisprudence marque une évolution au regard des arrêts antérieurs du Tribunal. Voir not. : TJCA, arrêt n° 6-IP-94, publié au GOAC n° 170 du 23 janvier 1995 concernant la considération exclusive de la qualité de juge aux juges du contentieux national ou administratif.

[658] NAVARRETE BARRERO (O. I.), « El papel del juez comunitario andino en la tutela de los derechos de los ciudadanos », *op. cit.*, p. 36.

C. La possibilité d'un « réseau de juges »

S'agissant de la CJUE, Pierre Pescatore considère que ses activités font preuve d'« un dynamisme et progressisme sans égal ». Toutefois, l'auteur note que « d'autres estiment qu'elle va trop loin, un peu trop loin, beaucoup trop loin parfois, souvent, systématiquement... »[659]. C'est justement cette vision « avant-gardiste » et quelque peu déconcertante de la Cour qui a permis la construction de l'Union européenne telle qu'on la connaît aujourd'hui ; une construction qui, comme nous l'avons signalé, a contribué au perfectionnement d'autres systèmes d'intégration dans le monde telle la Communauté andine.

Ce dynamisme a cependant parfois rencontré des limitations ou obstacles, notamment au regard des relations inévitables et complexes entre le juge de l'Union et les juges nationaux des États membres. Ainsi, dès les travaux de la Commission de droit international de l'Union internationale des magistrats qui s'est tenue à Bruxelles en 1958, les participants s'interrogeaient « sur la bonne évolution de ces deux juridictions et de leur travail prétorien »[660]. L'objet de ces questionnements était d'éviter un « gouvernement des juges » en préférant instaurer plutôt un « dialogue des juges » encouragé par la Cour de justice de l'Union alors récemment instituée.

Il s'agit d'une nouvelle philosophie juridictionnelle qui tend à fluidifier les rapports entre tribunaux partageant un même office, à savoir l'application du droit de l'Union européenne au sein des États membres. Selon Bruno Genevois à qui l'on doit une conceptualisationde la notion de « dialogue des juges »[661], le but principal de ces échanges est de donner plus de lisibilité au système juridique complexe des relations entre les juridictions françaises et la Cour de Justice de l'Union européenne.

L'expression s'est répandue parmi la doctrine pour analyser la constellation juridictionnelle unioniste dans laquelle les juges des États membres amenés à connaître des affaires impliquant l'application du droit de l'Union sont en relation permanente avec la Cour de justice de l'Union à qui ils peuvent poser une question préjudicielle.

---

659 PESCATORE (P.), « La carence du législateur communautaire et le devoir du juge », in GERHARD (L.), *Mélanges Léontin Jean Constantinesco*, Berlin, (C.) Heymanns, 1983, pp. 559-580.

660 Travaux de la Commission de droit international de l'Union internationale des magistrats (Rome, 16 et 17 février 1961, Bruxelles 2 et 3 mars 1962). Voir : DUMON (F.), « La Cour de justice des Communautés européennes et les juridictions des États membres », *RIDC*, vol. 14, n° 2, avril-juin 1962, pp. 369-398.

661 France : CE, Ass., 22 décembre 1978, « *Ministre de l'Intérieur c/ Cohn-Bendit* », n° 11604, Rec. Lebon p. 524.

Ce dialogue des juges européen a servi de modèle de communication entre les juges nationaux et le Tribunal andin[662]. Toutefois, il est plus difficile à établir au sein de la Communauté andine dans la mesure où les juges nationaux sont encore très enclins à faire privilégier leur droit national malgré la promotion permanente des mécanismes communautaires et du nécessaire respect du droit communautaire andin par le TJCA dans toute la région.

Ce dialogue des juges encore limité s'explique par une incorporation encore trop timide du droit communautaire andin dans le cadre juridique national des États membres andins[663], à l'exception peut-être de la Colombie qui a toujours eu une longueur d'avance en matière d'application du droit communautaire andin ; à l'inverse de l'État plurinational de Bolivie dont les juges nationaux ne sollicitent presque pas le TJCA[664]. La Colombie est l'exemple le plus ancien et le plus complet d'une coopération entre les juges nationaux et le Tribunal andin, ce qui ne signifie pas que des conflits entre ces deux sphères juridictionnelles n'ont pas existé. Rappelons en effet qu'il s'agit du premier pays à avoir adapté sa Constitution, avant même la signature de l'Accord de Carthagène, pour permettre l'introduction du droit communautaire andin dans son corpus juridique national. Malheureusement, les juges des autres États membres persistent dans une vision nationaliste du droit et n'ont pas encore établi de véritable dialogue pourtant souhaité par le Tribunal andin.

Les juges nationaux montrent donc toujours une certaine réticence à l'égard du droit communautaire andin. Pourtant, ils sont respectueux des cours de justice internationales telles que la CIDH ou la CIJ en ce qui concerne la protection des droits de l'Homme. Cela nous permet d'envisager une communication permanente entre les juges nationaux et le TJCA renforçant des liens juridiques communs. La Charte interaméricaine des droits de l'Homme est en effet aussi respectée par l'ordre juridique communautaire andin ; de même le droit de la propriété intellectuelle déterminé d'abord au niveau international a été repris par le droit

---

[662] Une étude approfondie et novatrice sur l'internationalisation du droit de l'UE a été réalisée par Sierra Cadena Grenfieth pour qui « ce phénomène inspire un « pluralisme juridique » à double dimension : la création des plusieurs modèles d'intégration au niveau national et la discussion fondée sur les identités constitutionnelles et administratives des États qui évoluent sous l'effet d'un processus d'intégration régionale et mondiale au niveau national » (SIERRA CADENA (G. de J.), *L'internationalisation pluraliste du droit public de l'intégration régionale. Une comparaison d'après la jurisprudence de la CJUE et du TJCA*, *op. cit.*, p. 9).

[663] Le Tribunal a initié en 2015 une démarche de diffusion du droit communautaire andin avec des séminaires portant sur l'ordre juridique communautaire andin et les mécanismes de coopération judiciaire entre entités nationales et le TJCA, à Lima au Pérou le 12 février 2015 et à Sucre en Bolivie le 18 août de 2015.

[664] En trente ans de fonctionnement du TJCA, la Bolivie a sollicité le Tribunal seulement pour quatre interprétations préjudicielles.

communautaire andin et les administrations des États membres. Sans oublier que le juge andin accorde une attention particulière à la CJUE en tant que source d'inspiration et développe un dialogue de plus en plus poussé sur des thématiques communes avec les arbitres du MERCOSUR.

Ainsi, l'expression « dialogue de juges » qui, dans un premier temps, qualifiait le dialogue établi entre le juge de l'Union et les juges nationaux dépasse dorénavant ce cadre. Les possibilités d'échanges entre juges communautaires, nationaux, internationaux et juges spécialisés ont été multipliées et se sont complexifiées d'où la pertinence aujourd'hui de plutôt parler de « réseau de juges »[665]. Cette expression nous semble plus adaptée au contexte de la Communauté andine, mais aussi à celui de l'Union européenne, car un réseau permet de connecter différents juges d'origine diverse et d'entrelacer leur action. Cette notion dépasse les limites géographiques et permet de penser une communication directe entre juridictions éloignées, une inspiration jurisprudentielle réciproque qui s'écarte des conceptions juridictionnelles hiérarchiques et des syncrétismes juridiques. Le droit est aussi porteur de « normes transversales » qui influencent tous les continents, surtout dans le domaine des droits de l'Homme ; un domaine qui, comme nous l'avons mentionné, entre dans le champ de l'office du juge de l'Union, mais aussi du juge andin.

Un tel réseau de juges peut être envisagé comme un ensemble de juges connectés [666] partageant une préoccupation commune : le droit. Un droit qui donne aux États membres d'organisations régionales, comme la Communauté andine ou le MERCOSUR, la possibilité de communiquer de manière continuelle[667]. Se constituent ainsi des réseaux de juges à l'échelle communautaire[668], mais aussi locale[669] et internationale[670], répondant à la

665 Le dictionnaire Larousse définit un réseau comme « l'ensemble formé de lignes ou d'éléments qui communiquent ou s'entrecroisent » (*Dictionnaire Le Petit Larousse illustré 2015*, *op. cit.*). Cette expression est utilisée par Guy Canivet en 2004 pour se référer à la communication entre les juges de l'Union européenne et les juges des États membres dans le domaine de la coopération dans le cadre de l'espace de liberté, de sécurité et de justice. Il aborde la formation de réseaux de juges pénaux, de juges civils, de présidents des cours suprêmes judiciaires, des écoles de formation de magistrats et de juges spécialisés liés par des échanges fonctionnels qui ne peuvent se développer que dans le cadre d'une culture commune. Voir : CANIVET (G.), « Les réseaux de juges au sein de l'Union européenne : raisons, nécessités et réalisations », *Les Petites affiches*, n° 199, 2004, pp. 45-52.

666 Terme utilisé en référence à la facilité d'accès à l'information et la communication aujourd'hui relatif au développement des nouvelles technologies.

667 Nous verrons dans la deuxième partie de ce travail de recherche comment le rapprochement des systèmes juridictionnels d'intégration conduit progressivement vers une communautarisation des deux systèmes d'intégration du continent sud-américain : la CAN et le MERCOSUR.

668 Comme le signale Grenfieth Sierra Cadena, « ce dialogue entre les juges communautaires européens et les juges communautaires andins ne se limite pas à une « *légal transplantation* » ; il est plus riche qu'une simple transposition de normes et de principes

nécessité pratique d'une coopération entre juridictions qui permet des échanges juridiques favorisant l'échange de nouveaux principes ou instruments juridiques[671].

De ce fait, l'établissement de relations plus horizontales entre juges situés dans différents espaces géographiques et vivant des réalités distinctes permet une meilleure coopération juridique ; mais aussi, en définitive, une meilleure appréhension du droit communautaire et, au-delà même, du droit en général.

---

juridiques » (SIERRA CADENA (G. de J.), *L'internationalisation pluraliste du droit public de l'intégration régionale. Une comparaison d'après la jurisprudence de la CJUE et du TJCA*, *op. cit.*, p. 33).

[669] Entre les juges communautaires andins et les juges nationaux des États membres dans une relation verticale établie notamment dans le cadre du contentieux communautaire.

[670] Entre les juges communautaires andins et les juges de la Cour interaméricaine des droits de l'homme ou les juges du Tribunal permanent de révision du MERCOSUR. À noter que la CAN et le MERCOSUR organisent depuis 2010 des rencontres judiciaires dans le but de développer des échanges et la préconisation de la nécessité d'un droit commun régional.

[671] D'après le magistrat du TJCA Vicente Troya Jaramillo, la Communauté andine et l'Union européenne partagent des principes généraux communautaires communs cependant l'ordre andin et l'ordre juridique de l'Union se distinguent quant à la situation de leurs États membres. Entretien réalisé dans le cadre de la recherche pour la thèse, 3 février 2015. Voir Annexe n° 4 (Entretiens magistrats du Tribunal de justice de la Communauté andine, Entretien n° 2).

CONCLUSION DE LA PREMIÈRE PARTIE

De la même manière que « les doctrines des philosophes anglais et français du XVIIIe siècle séduisaient les hommes d'État latino-américains »[672] à l'époque de l'indépendance, le processus d'intégration européen a représenté un modèle privilégié pour la construction de la Communauté andine.

L'analyse de la jurisprudence du Tribunal andin révèle en effet des références directes au droit de l'Union conçu en tant que guide pour la consolidation de l'intégration andine. En ce sens, le TJCA a pris la suite de l'approche des pères fondateurs de la CAN tournés vers le continent européen en adoptant une position plus pragmatique et flexible : il ne s'agit pas de calquer trait pour trait un modèle, mais de l'adapter en vue d'élaborer un système juridique et contentieux conforme aux conditions spécifiques de la région andine.

L'adoption de principes majeurs comme la primauté, l'effet direct ou l'applicabilité directe nés dans la jurisprudence de la Cour de justice de l'Union avait comme principal objectif de combler les vides de bases juridiques de la Communauté andine pour la rendre plus consistante. D'autre part, il ressort de l'étude du droit communautaire andin, qui a profondément été modifié lors de la première grande « réingénierie » du processus d'intégration andin débutée en 1997, que l'absence originelle de principes communautaires andins propres a aussi été comblée par le travail du juge andin qui a dégagé des règles ensuite reprises dans le droit originaire de la Communauté andine lui-même.

Dans cette première partie, notre intention première a été de souligner l'existence d'un ordre juridique andin propre à la Communauté andine renforcé par le travail du Tribunal andin.

Il est effectivement indiscutable aujourd'hui qu'il existe au sein de la Communauté andine un ordre juridique hiérarchisé avec des caractéristiques particulières. Depuis le début de l'activité du Tribunal andin, cet ordre juridique a été perfectionné à travers une jurisprudence riche qui a permis d'assurer le respect de l'application des principes communautaires andins, mais aussi de rappeler aux États membres andins leur engagement envers

---

672 YEPES (J. M.), « La contribution de l'Amérique latine au développement du droit international public et privé », *RCADI*, vol. II, 1930, p. 697.

l'intégration andine quand cela était nécessaire. Cet ordre juridique andin est ainsi devenu la pierre angulaire de la formation d'un *acervo comunitario* fondé sur un modèle juridique spécifique.

Cependant, comme nous avons pu le relever, l'ordre juridique andin peut être victime de l'attitude d'États membres parfois détachés de leur engagement commun, par volonté ou nécessité compte tenu notamment de leurs difficultés économiques qui peuvent engendrer un regain de souverainisme au détriment de la dynamique communautaire andine.

Pour autant, nous avons également pu observer que l'incorporation des règles du droit communautaire andin dans le corpus juridique des États membres, jusque dans leurs Constitutions respectives, est actuellement une réalité. Certes, elle a été réalisée par des moyens différents et de manière assez tardive pour certains États qui ont une phase de maturation juridique plus lente, mais le fait est que l'acceptation de l'ordre juridique communautaire andin est aujourd'hui une évidence.

Les constitutions andines, qu'elles soient plutôt libérales ou à caractère socialiste, ont tendance à s'ouvrir à de nouvelles expériences d'intégration rendues possibles grâce à des révisions de leurs dispositions. Néanmoins, cette évolution ne doit pas faire oublier le fort attachement à la souveraineté qui caractérise les États du continent sud-américain pour des raisons historiques. La formation de nouvelles Républiques qui ont dû s'affirmer après les guerres d'indépendance qui se sont succédées de 1810 à 1830 a marqué la culture politique et juridique des États latino-américains. Cependant, on note une transformation progressive des mentalités qui peuvent progressivement envisager l'intégration comme un nouveau modèle prenant la suite du modèle étatique souverain classique.

Le travail du juge andin est à cet égard essentiel. Chargé d'une mission de contrôle de la juridicité et légitimité des actes communautaires et de la protection de la Communauté andine, il veille aussi au respect par les États membres de leurs propres engagements à travers une palette de recours dont il peut être saisi. Le magistrat andin a donc joué un rôle décisif dans la construction andine : il n'a pas simplement démontré sonhabileté pour faire siens des principes unionistes ; il a également révélé une capacité d'ouverture à diverses évolutions initiées par la doctrine, mais aussi la jurisprudence et d'autres instances régionales, nationales etinternationales.

Le TJCA s'est en outre toujours attelé à concilier la construction communautaire andine avec les engagements des États membres envers d'autres organisations internationales comme l'Organisation mondiale du commerce ; mais aussi d'autres systèmes d'intégration existant en Amérique latine tel le MERCOSUR.

Le juge andin fait ainsi figure d'acteur le plus actif et enthousiaste au sujet de la construction andine[673], consolidant une coopération à dimensions variables avec tous les réseaux de tribunaux, qu'ils soient nationaux, régionaux ou internationaux. Mais ce dialogue se trouve parfois limité sous l'influence des gouvernements des États membres qui sont notamment chargés de procéder aux nominations des membres du TJCA qui ne sont ainsi pas dénués d'intentions politiques pouvant être nuisibles au processus d'intégration si ce sont des intérêts nationaux qui sont privilégiés.

---

[673] Cet enthousiasme est déterminé par la personnalité et la volonté individuelle de chaque juge nommée au TJCA. L'activité de ce tribunal se voit toujours influencé dans son fonctionnement par la personnalité et l'impulsion des juges. Parfois le TJCA retrouve un élan de modernisation et d'activité hors pair - comme c'était le cas entre 2014 et 2017 -, mais il peut aussi connaître une diminution de sa motivation à créer de la jurisprudence.

DEUXIÈME PARTIE

L'APPROFONDISSEMENT DU PROCESSUS D'INTÉGRATION ANDIN SOUS L'IMPULSION DU TRIBUNAL ANDIN

« *Nous ne coalisons pas des États nous unissons des hommes* »[674]

Un peu plus de quarante ans d'existence de la Communauté andine et près de soixante ans de fonctionnement de l'Union européenne[675] ont démontré que la jurisprudence de leurs tribunaux respectifs a été un catalyseur essentiel de la construction d'un système d'intégration. L'office de la CJUE et du TJCA évolue constamment en recherchant un équilibre entre l'intervention d'institutions supranationales légitimes et l'action d'États membres souverains qui soit bénéfique à l'ensemble de la communauté.

Nous considérons cette dynamique prétorienne comme l'un des principaux phénomènes jurisprudentiels du XXIe siècle dans le monde ; si ce n'est le principal. Les juges communautaires de l'Union et de la CAN ont comblé les vides des traités fondateurs, tout en complétant et précisant le droit dérivé comme nous avons pu le constater. L'acquis jurisprudentiel n'a rien d'« illusoire »[676]. Les magistrats du TJCA et de la CJUE ont rendu des décisions de plus en plus précises visant à faire respecter des principes et règles communautaires ; socles de l'intégration d'États prenant part à un ordre juridique commun.

Nous avons voulu démontrer, dans la première partie de notre analyse, que le TJCA s'est employé à interpréter et à appliquer le droit

674 Extrait du discours de Jean Monnet lors d'une conférence à Washington le 30 avril 1952.

675 Les Communautés européennes ont été instituées après la Deuxième Guerre mondiale tandis que la Communauté andine a été créée en 1969, dans une période marquée par le début de la fin des dictatures qui ont marqué tout le continent sud-américain. Pour en savoir plus : DABENE (O.), *L'Amérique latine à l'époque contemporaine*, Armand Colin, 7ème éd., 2011, p. 298.

676 CHRISTIANOS (V.), « L'acquis jurisprudentiel », *RAE*, n° 8, 2001-2002, pp. 986-990.

communautaire andin[677] avec constance. Le Tribunal a consacré les principes d'application directe et de primautéde ce dernier en vue de la consolidation d'un système juridique particulier. Ce faisant, il a joué un rôle fondamental dans l'approfondissement de l'intégration régionale andine, à l'image de la CJUE au sein de l'Union européenne.

À travers ses arrêts, le TJCA a ainsi permis la construction d'un véritable système communautaire dans la région des Andes ; structuré, organisé et institutionnalisé. Grâce à cette action, la Communauté andine a suivi une évolution comparable à celle des Communautés européennes, puis de l'Union européenne, qui ont toujours représenté sa principale source d'inspiration. Toutefois, la Communauté andine et le Tribunal ont su adapter ce modèle en fonction des caractéristiques et enjeux d'intégration propres à la région latino-américaine.

Aussi nous semble-t-il pertinent de poursuivre notre étude en s'attardant sur les avancées spécifiques à l'ordre juridique communautaire andin qui sont en grande partie le fruit de la jurisprudence du TJCA. Le juge andin a en effet contribué de manière déterminante à la réalisation des objectifs fixés dans l'Accord de Carthagène de telle sorte que la Communauté andine fasse désormais preuve d'une maturité récente, mais réelle en matière de protection des droits de l'Homme, tout en poursuivant un développement économique régional.

La CAN cherche à former un espace commun soucieux de l'implication et du respect des citoyens andins en articulant ses actions avec celle d'autres institutions internationales présentes sur le continent américain compétentes en matière de protection des droits de l'Homme, telle la Cour interaméricaine des droits de l'Homme (CIDH)[678]. Parallèlement, la CAN renforce ses liens avec d'autres systèmes d'intégration régionale comme le MERCOSUR.

La Communauté andine place ainsi les citoyens de ses États membres dans une position privilégiée en leur ouvrant plusieurs actions visant la protection effective de leurs droits (TITRE 1) ; sans oublier l'un de ses principaux desseins, à savoir la recherche du développement économique de la région andine. Le TJCA est un artisan essentiel de cette double dynamique qui fait de lui le tribunal le plus actif et expérimenté de tout le continent sud-américain (TITRE 2).

---

[677] Article 32 du Traité constitutif du Tribunal de Justice de la Communauté andine du 28 mai 1979: « *Corresponderá al Tribunal interpretar por vía prejudicial las normas que conforman el ordenamiento jurídico de la Comunidad andina, con el fin de asegurar su aplicación uniforme en el territorio de los Países miembros* ».

[678] Créée par une résolution de la Cinquième réunion de consultation des ministres des Affaires étrangères en 1959. Organe autonome chargé de la promotion et de la protection des droits de l'Homme sur le continent américain, la CIDH fait partie de la structure de l'Organisation des États américains (OEA).

TITRE 1

UNE VOCATION DE PROTECTION DES DROITS DES CITOYENS ANDINS

Les premières lignes de la Déclaration et programme d'action de Vienne stipulent que « les droits de l'Homme sont universels, indivisibles et interdépendants, et que la promotion et la protection des droits de l'Homme sont une question prioritaire pour la communauté internationale »[679] ; puis signalent « qu'il faut prendre en compte l'importance de la particularité nationale et régionale tout comme les divers patrimoines historiques d'autant plus qu'il est du devoir des États, quel qu'en soit le système politique, économique et culturel, de promouvoir et de protéger tous les droits de l'Homme et toutes les libertés fondamentales ». Cette déclaration marque une étape importante dans l'histoire de la protection des droits de l'Homme qui jusqu'alors avait uniquement pour fondement la Charte des Nations Unies[680] et la Déclaration universelle des droits de l'Homme (DUDH)[681].

À titre liminaire, il nous semble indispensable de dédier quelques paragraphes à la distinction terminologique entre les expressions « droits de l'Homme » et « droits fondamentaux ». Les droits fondamentaux désigneraient les droits de l'Homme reconnus par les textes normatifs, c'est-à-dire les droits de l'Homme intégrés dans l'ordrepositif, en principe dans la norme constitutionnelle, et qui de ce fait sont applicables sur l'ensemble d'un territoire donné. En revanche, les « droits de l'Homme »[682]

---

679 Déclaration et programme d'action de Vienne sur les droits de l'Homme adoptés par la Conférence mondiale sur les droits de l'Homme, 14-25 juin 1993.

680 Signée à San Francisco le 26 juin 1945 par 50 pays pendant la Conférence des Nations Unies sur l'organisation internationale. La Pologne, qui n'avait pas de représentant pendant la conférence, signera plus tard la Charte, mais fait partie des 51 États membres originels.

681 C'est avec l'adoption de la Résolution 217 A (III) de l'Assemblée générale des Nations Unies réunies à Paris que la Déclaration universelle des droits de l'Homme a été adoptée le 10 décembre 1948.

682 La notion de droits de l'Homme est apparue en Europe à la fin du XVIIe, avant de se développer durant le XVIIIe siècle. Le philosophe anglais John Locke publie en 1690 deux traités sur le Gouvernement ; le deuxième, intitulé *Essay concening the True Origine, Extent and End of Civil Governement*, expose pour la première fois une théorie sur les droits naturels

constitueraient un concept plus large, moins précis, que les droits fondamentaux ; ces derniers étant les seuls à bénéficier d'un caractère obligatoire. Les juges doivent en effet veiller au respect des règles du droit positif et tout particulièrement de la Constitution qui énoncent de tels droits.

Or, rappelons qu'aux termes de la Déclaration universelle sur la démocratie, « la démocratie est fondée sur la primauté du droit et l'exercice des droits de l'Homme »[683]. Dans le contexte international, les deux notions sont donc en réalité indissociables. Comme le rappelle Gregorio Peces-Barba, « les droits de l'Homme renvoient à un concept moral, philosophique que les droits fondamentaux viennent consacrer dans le droit positif ; les droits fondamentaux correspondent le mieux à l'état actuel de consécration des droits de l'Homme »[684].

La question de la différentiation entre ces deux termes n'est donc pas si évidente ; elle est un « sujet privilégié de la complexité de la notion de conflit de droits tant dans le champ philosophique que dans le sens moral du droit et de l'imprécision terminologique des cours en matière de droits de l'Homme »[685]. La doctrine communautaire andine utilise ainsi les deux expressions pour se référer aux droits de l'Homme entendus *lato sensu.* Cependant, notons que dans le cadre de l'Union, il semble plus pertinent de parler de droits fondamentaux depuis l'adoption de la Charte des droits fondamentaux.

La Communauté andine n'a pas encore atteint le niveau de l'Union européenne s'agissant des questions sociales et de la protection des droits des citoyens. Cependant, l'Accord de Carthagène en fait mention et une Charte de promotion et de protection des droits de l'Homme a été adoptée, ce qui fait de la CAN le système d'intégration le plus avancé en matière de protection des droits de l'Homme sur le continent sud-américain.

Sur les deux continents, la protection des droits de l'Homme s'inscrit aussi dans un cadre conventionnel plus large. En effet, avant que ne soient créés la CJUE et le TJCA, une législation internationale était déjà en vigueur

---

qui prend pour point de départ un état de nature présocial dans lequel les individus égaux disposent d'un droit naturel à la vie, à la liberté et à la propriété.

683 La Déclaration universelle sur la démocratie a été adoptée le 16 septembre 1997 lors de la 161e session du Conseil interparlementaire de l'Union interparlementaire créée en 1889. Cet organisme travaille en étroite collaboration avec l'ONU en ce qui concerne la coordination et les échanges avec les parlements des pays membres et contribue à la défense et à la promotion des droits de l'Homme.

684 PECES-BARBA MARTINEZ (G.), *Théorie générale des droits fondamentaux*, Paris, LGDJ, coll. « Droit et société », 2004, p. 23.

685 Pour en savoir plus : DUCOULOMBIER (P.), *Les conflits de droits fondamentaux devant la Cour européenne des droits de l'homme*, Bruxelles, Bruylant, Publications de l'Institut international des droits de l'homme René Cassin de Strasbourg, 2011, pp. 1-171.

en Europe[686] comme en Amérique[687]. De ce fait, la protection des droits de l'Homme relevait en premier lieu d'une approche plus internationale que communautaire.

Toutefois, nous montrerons l'ambition forte de la Communauté andine de mettre en place un mécanisme renforcé de protection des droits de l'Homme et d'accorder davantage de place au développement des politiques sociales ; une volonté qui parfois pâtit d'un soutien intermittent des États membres ayant tendance à freiner cette évolution lorsqu'ils sentent que leur souveraineté est atteinte. De plus, les États membres accordent parfois plus d'intérêt et de crédit au développement économique de la région. Le TJCA a su prendre en considération ces éléments en liant justement la question de l'approfondissement du marché à celle de la consécration de droits aux ressortissants andins (Chapitre 1). Ce faisant, au-delà des individualismes étatiques, le Tribunal a donné l'impulsion nécessaire à l'essor de l'ordre juridique communautaire andin à travers notamment le mécanisme de l'interprétation préjudicielle (Chapitre 2).

686 La Convention de sauvegarde des droits de l'Homme et des libertés fondamentales en vigueur depuis le 3 septembre de 1953.

687 La Convention américaine relative aux droits de l'Homme en vigueur depuis le 18 juillet 1978.

CHAPITRE 1

L'ÉMERGENCE D'UNE PROTECTION DES DROITS DE L'HOMME AU SEIN DE LA COMMUNAUTÉ ANDINE

À titre liminaire, il est intéressant de constater que l'UE et la CAN se sont d'abord inquiétées du respect de la dignité humaine envisagée dans le cadre d'une démocratie fondée sur une communauté de droit et le principe d'égalité entre citoyens. Ainsi, aux termes de l'article 2 du TUE, « l'Union est fondée sur les valeurs de respect de la dignité humaine, de liberté, de démocratie, d'égalité, de l'état de droit, ainsi que de respect des droits de l'Homme, y compris des droits des personnes appartenant à des minorités. Ces valeurs sont communes aux États membres dans une société caractérisée par le pluralisme, la non-discrimination, la tolérance, la justice, la solidarité et l'égalité entre les femmes et les hommes »[688]. Il s'agit d'« une garantie pour l'Union européenne quant aux dérives que pourraient connaître certaines démocraties encore embryonnaires »[689]. Cette disposition propose en effet une vision assez large des valeurs sur lesquelles repose le respect des droits fondamentaux qui constitue l'une des bases fondamentales du renforcement démocratique nécessaire à l'Union européenne, particulièrement au moment de l'adhésion de nouveaux États membres.

À son tour, la CAN a su consolider une vocation de protection des droits de l'Homme au moyen d'une activité normative qui s'est accentuée sous l'impulsion d'une Charte de promotion et de protection des droits de l'Homme, mais aussi grâce à la volonté des États membres qui, dans l'ensemble, souhaitent approfondir une intégration orientée vers une prise en considération plus importante des droits de l'Homme et des questions sociales (Section 1). C'est au TJCA qu'est revenu la délicate tâche de trancher les questions qui se posent dans ce domaine ; une fonction qui a commencé à se développer surtout depuis ces cinq dernières années (Section 2).

---

[688]Traité de Lisbonne signé le 13 décembre 2007 et entré en vigueur le 1er décembre 2009.

[689] BOUTAYEB (C.), *Droit institutionnel de l'Union européenne. Institutions, ordre juridique, contentieux*, *op. cit.*,p. 79.

SECTION 1 : LA CONSTRUCTION D'UN CADRE COMMUNAUTAIRE ANDIN DE PROTECTION DES DROITS DE L'HOMME

L'attention portée au respect des droits de l'Homme au sein de la Communauté andine a été graduelle. La volonté politique de garantir les valeurs et principes exprimés dans l'Accord de Carthagène (§1) a été complétée par l'élaboration d'un instrument juridique garantissant une protection des droits de l'Homme (§2) dont la nature révèle une hybridation entre le droit international de protection des droits de l'Homme et le droit communautaire andin (§3).

§ 1 L'engagement démocratique andin pour le respect des droits sociaux

La question sociale n'était pas absente des débats au moment de la fondation de la CAN. Au contraire, nous pouvons constater que le droit originaire, qui sera ensuite complété par le droit dérivé, comporte des mesures destinées à développer l'aspect social de l'intégration andine.

L'une de misions de la CAN prévue à l'article 1er de l'Accord de Carthagène est en effet de « procurer le bien-être du peuple andin » (A). Les États membres sont exhortés à approfondir le caractère social[690] de l'intégration andine et rendre possible sa fonction de protection des droits de l'Homme (B).

A. L'Accord de Carthagène, porteur de valeurs sociales andines

L'intérêt accordé par les États membres à une approche sociale de l'intégration est lié à la prise en considération de leurs difficultés économiques et de l'importance de rechercher une amélioration du niveau de vie de leurs citoyens dans un cadre commun qui serait « la voie la plus convenable pour continuer l'harmonie et le développement sur ce continent »[691].

Le Traité constitutif de la CAN portait déjà cette problématique. En effet, l'Accord de Carthagène du 26 mai 1969 stipule dans son premier article qu'il « (...) vise à promouvoir le développement équilibré et harmonieux des États membres dans des conditions équitables par l'intégration et la

---

690 La Charte sociale andine présentée durant la Xe session ordinaire du Parlement andin en 1994 a été reçue avec beaucoup d'attentes au regard de l'évolution vers un droit communautaire andin social. Néanmoins, à ce jour, elle n'est pas dotée de force contraignante.

691 GARCIA de CARVAJALINO (Y.), « La Comunidad andina », *Revista de derecho Universidad del Norte*, n° 12, 1999, p. 70.

coopération économique et sociale ; accélérer la croissance et la création d'emplois ; faciliter leur participation dans le processus d'intégration régionale en vue de la formation progressive d'un marché commun pour l'Amérique latine. Ces objectifs visent à procurer une amélioration constante du niveau de vie des habitants de la sous-région »[692].

Dans le même sens, l'article 2 de l'Accord établit que « le développement équilibré et harmonieux devrait conduire à une distribution partagée et équitable des avantages découlant de l'intégration des pays membres de manière à réduire les différences entre eux ». L'article 3 du même texte prévoit en outre l'harmonisation graduelle des politiques économiques et sociales appuyée sur la mise en œuvre de programmes communautaires de développement social.

Toutefois, il nous semble que c'est l'article 148 de l'Accord qui montre de la manière la plus explicite et détaillée la valeur accordée à l'aspect social de l'intégration andine. La disposition prévoit effectivement que « les États membres s'engagent à une coopération conjointe visant à contribuer et atteindre les objectifs suivants de développement social pour la population andine :

a) élimination de la pauvreté de la classe sociale marginalisée, pour atteindre la justice sociale ;
b) affirmation de l'identité culturelle de la région andine ;
c) participation pleine des habitants de la région au processus d'intégration ;
d) réponse aux besoins des régions défavorisées à prédominance rurale.

Pour atteindre ces objectifs seront élaborés des programmes et des projets dans les domaines de la santé, de la sécurité sociale, du logement social, de l'éducation et de la culture »[693].

[692]Article 1er, Accord de Cartaghène: « *El presente Acuerdo tiene por objetivos promover el desarrollo equilibrado y armónico de los Países Miembros en condiciones de equidad, mediante la integración y la cooperación económica y social; acelerar su crecimiento y la generación de ocupación; facilitar su participación en el proceso de integración regional, con miras a la formación gradual de un mercado común latinoamericano... Estos objetivos tienen la finalidad de procurar un mejoramiento persistente en el nivel de vida de los habitantes de la Subregión* ».

[693] Article 148, Accord de Carthagène: « *Los Países Miembros emprenderán acciones de cooperación conjunta destinadas a contribuir al logro de los siguientes objetivos de desarrollo social de la población andina : a) Eliminación de la pobreza de las clases marginadas, para lograr la justicia social ; b) Afirmación de la identidad cultural del área andina ; c) Participación plena del habitante de la Subregión en el proceso de integración ; y d) Atención de las necesidades de las áreas deprimidas predominantemente rurales. Para la consecución de tales objetivos se desarrollarán programas y proyectos en los campos de la salud, la seguridad social, la vivienda de interés social y la educación y cultura* ».

Ce traité originel a par la suite été complété par plusieurs documents corroborant cette volonté de protection sociale, à l'instar de la Déclaration des Présidents andins de 1978.

B. La Déclaration de 1978 des Présidents andins, expression de l'ambition sociale de la CAN

C'est dans la Déclaration commune des Présidents andins, réunis à Bogotá à l'occasion de la prise de mandat du nouveau Président colombien le 8 août 1978, que l'on trouve pour la première fois une référence aux droits fondamentaux associés à la Communauté andine. Ce document a été élaboré par les chefs des exécutifs andins qui souhaitaient se positionner, comme le signale le préambule de ladite déclaration, « dans le contexte mondial et latino-américain et évaluer les progrès du processus d'intégration et sa projection vers l'avenir ». Le texte indique en outre dans son dernier paragraphe que tous les États membres sont arrivés à la « conviction que le processus d'intégration andin pourra se voir à l'avenir renforcé s'il prend en compte l'amélioration des peuples, dans la mesure où s'appliquent un cadre de respect des droits fondamentaux et un système important de participation sociale »[694].

Ce document n'est juridiquement qu'une déclaration d'intention ; il n'en est pas moins important symboliquement : son contenu est révélateur d'une orientation de l'intégration andine vers une protection accentuée des droits des ressortissants andins.Venant compléter et préciser les termes de l'Accord de Carthagène signé une décennie plus tôt, la Déclaration de 1978 est bien le reflet de la volonté politique des États membres d'améliorer la vie de leurs citoyens participant désormais à une histoire commune. La notion de « citoyen andin » n'était pas encore inscrite dans le droit communautaire andin pourtant elle était déjà en germes dans les textes fondateurs de la CAN.

Comme a pu l'expliquer Lorena Rincón Eizaga[695], « après l'introduction politique des droits sociaux dans le traité constitutif, la Communauté andine est prête à avancer vers une formalisation des droits de l'Homme et leur protection dans le cadre du processus andin d'intégration ». En effet, les principes de protection des droits sociaux ont été introduits dans l'Accord de Carthagène. La Communauté andine est souvent décrite par la doctrine comme un système communautaire « en retard » ou « embryonnaire »[696] au

---

[694] Déclaration commune des Présidents andins du 8 août 1978.

[695] RINCÓN EIZAGA (L.), « Derechos humanos e integración en América Latina: El caso de la comunidad andina », *Revista del Instituto de Filosofía Jurídica, Social y Política*, vol. 20, n° 3, 2013, p. 415.

[696] CASAL H. (J. M.), « Los derechos humanos en los procesos de integración », *Revista Semestral del Centro de Estudios Constitucionales de la Universidad de Talca*, n° 2, año 3, 2005, p. 254.

regard des difficultés qui freinent une intégration plus poussée en matière de marché commun, ou de monnaie unique, ou de protection des droits des ressortissants andins. Cependant, à notre sens, elle évolue de manière intéressante du point de vue démocratique et social.

L'engagement des États membres envers la protection des droits exprimé durant les premières années d'existence de la CAN a été consolidé par l'élaboration d'une charte, dispositif juridique légitime de protection des droits de l'Homme.

§ 2 L'étape essentielle de la rédaction de la Charte andine de protection et de promotion des droits de l'Homme

Plus de vingtans après la Déclaration commune des Présidents andins de 1978, les États membres ont renouvelé leur volonté de renforcer le caractère démocratique de la Communauté andine (A). Cette initiative s'est matérialisée par l'élaboration d'un instrument commun de protection des droits de l'Homme impliquant la participation des organes communautaires, de représentants des États membres et de la société civile (B). Le Tribunal andin est toutefois resté volontairement à l'écart de cette démarche (C).

A. Les États membres andins renouent avec leur engagement démocratique

À l'occasion de la XIIIe réunion du Conseil présidentiel andin de 2001, les États membres se sont engagés à passer à une étape supérieure du processus d'intégration en envisageant la construction d'un véritable marché commun. Cette position répondait aux critiques qui avaient pu être faites à l'endroit de la CAN, notamment par les médias qui dénonçaient régulièrement l'absence de perspectives économiques et les asymétries entre États membres[697] dues aux crises économiques ayant frappé la région durant la décennie 1980.

L'élaboration d'un instrument commun de protection des droits de l'Homme était devenue une priorité. Deux actes ont marqué un tournant majeur s'agissant de la prise en compte des valeurs sociales dans le cadre du processus d'intégration andin. Le premier est l'Acte de Carabobo du 24 juin de 2001 par lequel les Présidents andins ont exprimé leur volonté d'approuver une Charte andine des droits de l'Homme en vue « d'assurer les droits de l'Homme, le renforcement de la démocratie et de l'état de droit et permettre d'établir une culture de paix dans les nations andines »[698].

---

[697]DAZA (E.), « Amérique du Sud. La Communauté andine des nations et l'intégration sud-américaine », *RevueAmérica Latina en movimiento* (ALEM), 2007, p. 415.
[698] Documents des réunions du Conseil présidentiel andin, n° 16.

Le deuxième texte essentiel en la matière est la Déclaration de Machu Picchu sur la démocratie, les droits des peuples autochtones et la réduction de la pauvreté du 29 juillet 2001[699], par laquelle les représentants des États membres ont formulé leur volonté d'adhérer et de préserver les principes de la démocratie et du respect des droits de l'Homme.

Soucieux de donner suite à leurs engagements, les Présidents andins ont ordonné à leurs ministres des affaires étrangères d'élaborer une Charte andine des droits de l'Homme qui devrait être présentée lors de la réunion du Conseil présidentiel andin après une concertation censée impliquer l'ensemble de la population andine. Cette initiative témoigne d'une volonté ferme des États d'inclure dans les politiques communautaires des aspects qui avaient été délaissés durant les épisodes dictatoriaux connus par la région quelques années plus tôt[700].

B. Les travaux préparatoires de la Charte andine de promotion et de protection des droits de l'Homme

Les travaux de préparation de la Charte ont commencé en 2001, sous l'égide du ministère des Affaires étrangères de l'Équateur, en collaboration avec certains organes communautaires andins et la participation d'instances nationales représentant les citoyens. À ainsi pris part au projet l'Université andine Simón Bolívar, le Parlement andin, des instances nationales rattachées aux chancelleries de chaque État membre, ou encore des organisations non gouvernementales comme la Commission des juristes andins composée de juristes venant de différents pays de la région[701]. Une fois rédigée, la Charte a été présentée aux Présidents andins à l'occasion du IIe Sommet sud-américain qui s'est tenu à Guayaquil le 26 juillet 2002.

En écho à cette réunion, le Conseil présidentiel andin[702] a confirmé dans sa déclaration de Quirama la volonté politique d'approfondir le processus d'intégration en lui donnant une dimension sociale sachant que « du fait de la réalité andine la Communauté andine ne peut pas agir autrement et ainsi le

---

[699]Signée par les présidents des États membres de la Communauté andine en présence des présidents de l'Argentine, du Brésil, du Chili, du Costa Rica, du Panama, du Paraguay, de la République Dominicaine, de l'Uruguay, le prince des Asturies en tant que représentant de l'Espagne (invité spécial) et du Secrétaire général de la CAN.

[700] Les régimes dictatoriaux ont gouverné l'Amérique du Sud de 1964, année du début d'un gouvernement dictatorial au Brésil, jusqu'à la fin des années 1970.

[701] Fondée il y a près de trente ans, la Commission des juristes andins est une organisation à but non lucratif qui a comme mission de développer la production, la gestion et la diffusion de données dans le domaine de la démocratie et des droits de l'Homme dans la région andine. Voir : http://www.cajpe.org.pe/.

[702] Déclaration du Conseil présidentiel andin de Quirama du 27 juin 2003.

demande »[703]. Appuyant cette initiative, le Secrétaire général de la Communauté andine de l'époque, Guillermo Fernandez de Soto, déclara « partager avec les présidents l'urgence d'octroyer la priorité maximale à l'agenda social. La réalité l'exige, car environ 54 % de la population andine de plus de soixante millions d'habitants se trouvent sous le seuil de pauvreté, presque un quart de la population présente des niveaux d'indigence »[704].

En outre, conformément à l'article 16 de l'Accord de Carthagène et à sa Décision n° 458[705] relative à l'orientation de la politique extérieure commune, le Conseil des ministres des affaires étrangères a approuvé dans sa Décision n° 586[706] un Programme de travail pour la diffusion et l'application de la Charte andine de promotion et de protection des droits de l'Homme. Ce Programme prévoyait un suivi par les chancelleries des États membres de la diffusion de la Charte sur leurs territoires et une coordination permanente entre instances nationales désignées à cet effet pour l'application de la Charte. Le Conseil des ministres dota par ailleurs les chancelleries d'un rôle de révision du contenu de la Charte dont les modifications devaient avoir lieu dans un délai de quatre ans et tendre à son amélioration.

D'après Waldemar Hummer, « s'il existe une chose à reconnaître à tous ses travaux menés par le Conseil andin des ministres des Affaires étrangères, c'est l'évolution réalisée dans le cadre du suivi de la Charte andine de promotion et de protection des droits de l'Homme tant auniveau des organes andins que des institutions étatiques »[707]. Toutefois, le même auteur a pu critiquer le caractère plus politique que juridique de la Charte qui n'a pas acquis de force contraignante.

Nous partageons l'avis de Waldemar Hummer s'agissant du défaut d'instrument juridique effectif de protection des droits de l'Homme. Cette Charte andine est certes un symbole de la priorité accordée au respect des valeurs démocratiques et de paix, comme le signalent les Présidents andins eux-mêmes, mais l'impossibilité de l'invoquernuance son importance. De fait, en cas de violation réelle des droits de l'Homme à l'intérieur de la Communauté andine, la Charte ne peut s'imposer.

---

[703] À l'époque la Communauté andine comptait une population de 118 millions d'habitants et un PIB de 255 millions de dollars. Les exportations représentaient 51 milliards de dollars en 2002 ; cependant, les États membres connaissaient tous un déficit considérable.

[704] Discours du Secrétaire général de la Communauté andine, Guillermo Fernandez de Soto, à l'occasion de l'inauguration du XIVe Conseil présidentiel andin du 27 juin 2003.

[705] Décision n° 458 portant orientation de la politique étrangère commune andine du 25 mai de 1999.

[706] Décision n° 586 portant Programme de travail pour la diffusion et l'application de la Charte andine pour la promotion et la protection des droits de l'Homme du 7 mai de 2004.

[707]HUMMER (W.), FRISCHHUT (M.), « Diferentes concepciones de la protección de los derechos humanos en la integración europea y latinoamericana. La "Carta Andina para la Promoción y Protección de los Derechos Humanos" », *Anuario argentino de derecho internacional*, n° 13, 2004, p. 121.

Cette insuffisance normative est-elle en partie le fruit du manque d'implication du Tribunal andin durant le processus d'élaboration de la Charte ?

C. Le silence du Tribunal lors de l'élaboration de la Charte andine de promotion et de protection des droits de l'Homme

Durant les travaux d'élaboration de la Charte et du Programme de diffusion dans les États membres, l'implication du TJCA a été inexistante bien qu'il soit en principe autorisé à participer et à promouvoir le développement commun économique et social de la région avec l'ensemble des organes de la Communauté andine, ainsi qu'à promouvoir la diffusion et le perfectionnement du droit communautaire andin, en vertu de l'article 45 du Traité constitutif du Tribunal[708].

La doctrine a fortement critiqué cette position en retrait du Tribunal qui a gardé le silence durant les travaux préparatoires de la Charte. À ce sujet, l'ancienne magistrat Olga Inés Navarrette Barrero[709] explique, en prenant un point de vue large sur le sujet, que « le système régional andin ne se substitue pas ni ne double les systèmes nationaux et internationaux des droits de l'Homme, car il a été créé pour agir de manière coordonnée et harmonieuse en vue de protéger et de garantir les droits de l'Homme ». La magistrate ajoute en effet que « la Communauté andine doit s'assurer que les États membres comptent avec des administrations de justice efficientes, indépendantes, impartiales et autonomes dans le domaine de la protection des droits de l'Homme »[710]. En d'autres termes, il revient en premier lieu aux institutions nationales et aux organismes internationaux d'assurer le respect des droits de l'Homme ; le rôle de la CAN étant de veiller à ce que les institutions nationales mettent en place une juridiction qui assure l'effectivité des droits de l'Homme. Nous devrions comprendre dans le même sens l'abstention du Tribunal de dire son avis au moment de l'élaboration de la Charte, c'est-à-dire comme une volonté de ne pas aller au-delà de ses propres compétencesetderespecter le rôle des organes chargés de former ce dispositif communautaire andin de protection des droits de l'Homme.

Suivant ce schéma, le Tribunal andin exerce donc une fonction de collaboration et non d'action directe s'agissant de la protection des droits

---

708 Article 45 du Traité constitutif du TJCA: « *El presidente del Tribunal coordinara reuniones y acciones con las máximas autoridades judiciales de los Países miembros a fin de promover la difusión y el perfeccionamiento del derecho comunitario así como su aplicación uniforme* ».

709 NAVARRETE BARRERO (O. I.), « El papel del juez comunitario andino en la tutela de los derechos de los ciudadanos », *op. cit.*, p. 30.

710 *Ibidem*, p. 30-31.

de l'Homme. Une situation similaire caractérisait la CJUE comme en témoignent ses premières décisions[711]. Néanmoins, l'office des juges de l'Union et de la CAN a évolué et leur rôle est devenu plus actif dans la protection des droits de l'Homme et des droits sociaux ainsi que nous l'étudierons dans les chapitres suivants.

§ 3 Une Charte andine de promotion et de protection des droits de l'Homme

Après presque une année de travaux préparatoires, s'inspirant des idées de Simon Bolivar relatives « au souhait de tout peuple d'obtenir la possession des droits, et l'exercice des vertus politiques » et sachant que sont « conscients les pays membres de la CAN que les droits de l'Homme sont propres à tout être humain et que les droits nationaux et le droit international se complètent en la matière »[712], la Charte andine a vu le jour le 26 juillet de 2002 (A) visant à la promotion et la protection des droits de l'Homme dans le contexte régional andin (B) grâce à la mise en place de mécanismes spécifiques de protection (C).

A. Le contenu de la Charte andine de promotion et de protection des droits de l'Homme

Dès les premières moutures du texte, la Charte andine prévoyait le respect de la dignité humaine[713] et rappelait dans son article 1er le lien entre démocratie, droits de l'Homme et développement en prenant comme source d'inspiration le protocole additionnel de l'Accord de Carthagène sur l'« Engagement de la Communauté andine pour la démocratie » approuvé le 10 juin 2000.

La Charte andine, dans sa version finale, a été présentée un an après le début des travaux rédactionnels. Composée d'un préambule et de quatre-vingt-seize articles distribués dans neuf parties, elle est rédigée en espagnol, langue officielle de la Communauté andine, mais aussi en quechua, en aymara et en shuar, langues traditionnelles officielles encore parlées dans les États membres. Tandis que la Charte des droits fondamentaux de l'UE

---

711 CJUE, 4 février 1959, « *Friedrich Stork & Cie c/Haute Autorité de la Communauté européenne du charbon et de l'acier* », aff. 1/58, Rec. p. 43.

712 Préambule de la Chartre andine de promotion et de protection des droits de l'Homme.

713 La vision humaniste de la Charte d'après Waldemar Hummer trouve son fondement dans l'holisme, une théorie en sciences humaines née en 1926 qui tend à envisager l'individu de manière collective, en prenant en compte sa place au sein de la société. Voir: HUMMER (W.), FRISCHHUT (M.), « Diferentes concepciones de la protección de los derechos humanos en la integración europea y latinoamericana. La "Carta Andina para la Promoción y Protección de los Derechos Humanos" », *op. cit.*, p. 70.

comporte six chapitres identifiant cinquante droits fondamentaux, la Charte andine reconnaît quant à elle cinquante-neuf droits de l'Homme auxquels s'ajoutent trente-sept dispositions transversales.

Le Préambule exprime un engagement envers la protection et la promotion des droits de l'Homme, ainsi que l'application des conventions internationales en la matière auxquelles sont parties les États membres de la Communauté andine. Dans une première partie relative aux considérations générales (articles 1à 9), la Charte dispose que « les droits de l'Homme sont inhérents à la nature de toute personne » et reconnaît la dignité de tous à l'instar de la Charte des droits fondamentaux de l'UE .

De plus, son article 3 précise que les droits de l'Homme et les libertés fondamentales sont universels, indivisibles interdépendants et entretiennent un rapport de réciprocité. La Charte andine réaffirme aussi une volonté de promotion de la démocratie, condition exigée des États membres de leur appartenance à la Communauté andine. Un autre aspect important de cette première partie du document est la reconnaissance d'un rôle actif à la société civile s'agissant de la préparation et de l'application des plans, actions et programmes de lutte contre la violation des droits de l'Homme qui doivent être élaborés aussi au niveau national, ce qui requiert une implication réelle des États membres andins.

Dans sa deuxième partie, la Charte introduit des articles relatifs à la discrimination et à la tolérance (articles 10 à 12) en affirmant une ambition de lutte contre toute forme de racisme, discrimination, xénophobie et toute autre forme d'intolérance ou d'exclusion contre des personnes individuelles ou collectives pour des raisons de race, couleur, sexe, âge, langue, religion, opinion politique, nationalité, orientation sexuelle, condition migratoire, ou pour tout autre critère de discrimination (article 10). Concrètement, la Charte a conduit indirectement les États membres à voter des lois sanctionnant pénalement ces discriminations. Ainsi en est-il, par exemple, de l'État plurinational de la Bolivie qui a modifié sa législation nationale dans le cadre du processus de changement politique instauré par le gouvernement d'Evo Morales[714].

La troisième partie de la Charte andine est consacrée plus généralement à la démocratie et aux droits de l'Homme (articles 13 à 18) en mettant l'accent sur l'obligation des États membres d'assurer la défense de la démocratie pour les peuples andins, de favoriser des circonstances propices au développement des droits civils, politiques, économiques, sociaux et culturels,mais aussi de valoriser ce développement en tant que tel. Après avoir confirmé le nécessaire respect du droit à la vie et à l'intégrité de la

---

714 « Les défis à relever par le Président Morales », article du journal *La Razón*, 18 octobre 2014 repris par Amnesty International : http://www.amnesty.be/je-veux-m-informer/actualites/article/des-defis-a-relever-pour-le

personne, la Charte insiste sur l'importance des droits civils et politiques (articles 19 à 23) en rappelant le respect indispensable du Pacte international relatif aux droits civils et politiques des Nations Unies de 1966 et des dispositions constitutionnelles nationales dans chaque État membre[715].

Dans la quatrième partie sont consacrés les droits économiques, sociaux et culturels (articles 24 à 27). Les rédacteurs de la Charte se sont ici inspirés du Pacte international relatif aux droits économiques, sociaux et culturels des Nations Unies de 1966 et du Protocole additionnel à la Convention américaine relative aux droits de l'Homme en rapport aux droits économiques, sociaux et culturels de 1988 qui a été ratifiée par les quatre États membres de la Communauté andine.

La Charte andine reconnaît dans une cinquième partie des droits au développement (articles 28 et 29) inspirés de la Déclaration des Nations Unies sur le droit au développement de 1986 dont le rattachement avec la problématique de la protection des droits de l'Homme est une nouveauté dans la région. Précisément, le droit au développement y est défini comme « le droit de participer au développement économique, social, culturel et politique ; il peut réaliser pleinement tous les droits de l'Homme et les libertés fondamentales pour le profit de la croissance elle-même »[716].

Une autre innovation juridique prévue dans la sixième partie de la Charte est la protection d'un environnement sain et protégé (articles 30 et 31) qui relève de la troisième génération des droits. La protection de l'environnement inclut un droit à la solidarité et implique des États membres qu'ils engagent des actions concrètes de protection, par exemple la création et protection de réserves naturelles sur leur territoire afin de préserver les écosystèmes. À titre illustratif, mentionnons l'initiative « Yasuni ITT »[717]

---

[715] Depuis le retour de la démocratie en Amérique du Sud après la période sombre des dictatures militaires, nombreux ont été les efforts des États de la région pour arriver à une véritable observation du droit international et à l'insertion de la protection des droits de l'Homme dans leur cadre constitutionnel. Un exemple à signaler est l'action menée par le Pérou après avoir connu la dictature de 1968 à 1980. D'autres États sont en revanche restés dans des situations conflictuelles comme la Colombie où une guérilla sévit depuis une quarantaine d'années au détriment d'une véritable protection des droits de l'Homme ; une situation que le processus de paix en cours pourrait cependant améliorer.

[716] Article 1er : « *El derecho al desarrollo es un derecho humano inalienable en virtud del cual todo ser humano y todos los pueblos están facultados para participar en un desarrollo económico, social, cultural y político en el que puedan realizarse plenamente todos los derechos humanos y libertades fundamentales, a contribuir a ese desarrollo y a disfrutar de él. El derecho humano al desarrollo implica también la plena realización del derecho de los pueblos a la libre determinación, que incluye, con sujeción a las disposiciones pertinentes de ambos Pactos internacionales de derechos humanos, el ejercicio de su derecho inalienable a la plena soberanía sobre todas sus riquezas y recursos naturales* ».

[717] L'initiative « Yasuni ITT » concerne la réserve naturelle Yasuni et les champs d'exploitation de pétrole Ishpingo, Tambococha et Tiputini. Présentée en 2007 comme une alternative visant l'amélioration de l'extraction du pétrole dans des conditions plus

lancée par l'Équateur qui a placé la protection de l'environnement au cœur de ses politiques publiques.

La Charte andine de promotion et de protection des droits de l'Homme constitue donc un véritable et complet instrument normatif incluant des droits de première et deuxième génération, mais aussi des droits dits de troisième génération[718], tout en respectant les conventions internationales dont les États membres sont signataires. Un autre aspect particulièrement intéressant de celle-ci est la prise en considération dans une septième partie de la réalité sociale propre à la région andine et qui se retrouve dans presque toute l'Amérique latine. Ainsi est reconnue la protection des droits des « peuples autochtones »[719] ou indigènes et de la communauté

écologiques et durables sur le territoire de l'Équateur qui a par ailleurs constitué de nombreuses zones en réserves naturelles. Malheureusement, cette politique novatrice pour l'époque a échoué, car finalement le pétrole du sous-sol dans cette réserve naturelle a été extrait parce que le gouvernement n'a pas réussi à obtenir la compensation financière demandée en échange de la non-exploitation des réserves de pétrole. Voir : « Équateur : "Yasuni ITT" ou l'échec de la non-exploitation du pétrole », Journal *Le Monde*, 17 août 2013, par Thomas Diego Badia et Pierre Le Hir, disponible sur: http://www.lemonde.fr/ameriques/article/2013/08/16/equateur-yasuni-itt-ou-l-echec-de-la-non-exploitation-du-petrole_3462373_3222.html.

[718] En matière de droits de l'homme, on distingue classiquement : les droits de la première génération que sont les droits civils et politiques ; les droits de la deuxième génération c'est-à-dire les droits économiques, sociaux et culturels ; et les droits dits de troisième génération comprenant en particulier le droit à la solidarité, le droit à la croissance ou le droit à un environnement sain et protégé. Les droits de la troisième génération ont notamment été déterminés par le juriste français et ancien directeur de la Division des droits de l'Homme et grand contributeur aux droits de l'Homme Karel Vasak. Voir au sujet des droits de la troisième génération ou droits de solidarité : VASAK (K.), « La Déclaration universelle des droits de l'homme 30 ans après », *Le Courrier de l'UNESCO*, n° 30, 1977, p. 28.

[719] En Amérique latine existent actuellement 522 peuples autochtones. Parmi les pays de l'Amérique latine qui rassemblent le plus de communautés indigènes, on trouve les trois pays andins suivants : la Bolivie, le Pérou et la Colombie. Si on les ajoute au Mexique et au Guatemala, ces pays comprennent 87% de la population indigène de l'Amérique latine et de la Caraïbe. Voir notamment le document élaboré par la Commission économique pour l'Amérique latine (CEPAL) : DIRK (J.-F.) (dir.), *Los pueblos indígenas e América latina, avances en el ultimo decenio y retos pendientes para la garantía de sus derechos*, CEPAL, 2014, p. 129. La diversité et la richesse multiethnique et culturelle des ressortissants andins fait que la Communauté andine accorde une priorité à la reconnaissance des droits des peuples indigènes à travers la création d'un Conseil consultatif des peuples indigènes de la CAN prévu par la Décision n° 674 du Conseil des ministres des Affaires étrangères du 26 septembre 2007. Mentionnons aussi la ratification de la Déclaration sur les droits des peuples indigènes du 13 septembre 2007, les articles 1, 6 16 et 129 de l'Accord de Carthagène et la Décision n° 524 qui établit des rencontres de travail et de consultation sur les droits des peuples indigènes du 7 juillet 2002; une initiative qui sera postérieurement consolidée par la Déclaration de Tarija pour renforcer la participation et la contribution des peuples indigènes dans le cadre de la Communauté andine.

Actuellement ce Conseil consultatif des peuples indigènes est considéré comme un véritable acteur politique andin d'envergure, car il compte avec un Plan stratégique en vue d'aboutir à

« *afrodescendiente* »[720] (articles 32 à 41). D'après Lorena Rincón Eizaga, cette reconnaissance constitue « un apport au droit international des droits de

---

des actions dans les domaines qui représentent un intérêt pour les peuples indigènes, à savoir le changement climatique, la terre et le territoire (sur droits des peuples, nations et la « Terre mère »), la gestion et l'incidence organisationnelle du territoire, la participation politique nationale et régionale, les politiques économiques, l'intégration, la criminalisation, les conflits sociaux, la persécution aux indigènes, la participation des femmes indigènes. Ce Plan stratégique prévoit les actions suivantes actuellement mises en œuvre dans les États membres : la valorisation des droits établis par la Charte andine de promotion et de protection des droits de l'homme, la construction du programme andin des peuples indigènes, la création d'un comité andin rassemblant des autorités gouvernementales compétentes en matière de droits des peuples indigènes, la consolidation de l'action andine des peuples indigènes et des communautés interculturelles, l'élaboration de propositions d'intérêt commun pour les peuples indigènes, l'élaboration d'un directoire des peuples indigènes dans la région andine. Pour en savoir plus: Secretaria General, *Los pueblos indígenas y la integración andina, Primer Foro de Intelectuales e investigadores indígenas Lima. 5 et 6 juillet 2007*, Secretaria General de la CAN, 2008, p. 99. Malgré les efforts institutionnels et juridiques entrepris au niveau régional et international promus par la CAN et l'ONU et le changement des politiques nationales pour améliorer la situation des peuples de la région andine, il reste encore un grand chemin à faire pour l'amélioration réelle des conditions de vie et du respect des indigènes de la région. Ils sont encore aujourd'hui objet d'injustices, de pauvreté, de violence, d'un nombre important de suicides, d'incarcérations irrégulières et arbitraires, car leur protestation publique est qualifiée en tant que délit, d'exclusion et d'isolement, d'un accès limité à la santé, de malnutrition, de dépossession de leurs terres, de racisme systématique et finalement d'un risque de disparition.

720 La communauté « *afrodescendiente* » (d'origine africaine) en Amérique latine existe depuis près de 150 ans ; elle est la conséquence de l'abolition de l'esclavage dans les Amériques. Les anciens esclaves venus d'Afrique se sont installés dans différentes régions des actuels pays latino-américains. Aujourd'hui, les « *afrodescendientes* » se voient reconnaître de plus en plus de droits au sein de la société latino-américaine Voir : MOSQUERA PARDO (M.), HOFFMANN (O.), *Afrodescendientes en las Américas, trajectoires sociales e identitaires*, Universidad Nacional de Colombia, 2002, p. 609.
Dans le cadre communautaire andin, les États membres ont créé une institution dédiée à la participation de la communauté « *afrodescendiente* ». Créée par la Décision n° 758 du Conseil andin des ministres des Affaires étrangères du 22 août 2011 et intitulée « La rencontre du peuple *afrodescendiente* de la Communauté andine », il s'agit d'une instance de consultation de la société civile andine qui fait partie du système andin d'intégration. Voir : Feuille informative du Secrétariat général de la CAN, « Afrodescendientes en la Comunidad Andina », 2012, p. 4. La première réunion de cette instance de consultation sociale a eu lieu les 22 et 23 novembre 2012 dans l'objectif d'ouvrir le premier espace communautaire sud-américain qui promeuve le dialogue et l'élaboration de propositions entre la société civile « afro-andine » et les représentants des États membres dans le respect de la diversité identitaire et culturelle de la Communauté andine. Durant cette première réunion, les parties intervenantes ont signé la Déclaration d'Esméralda qui appelle les États membres à fortifier l'institutionnalisation et à encourager l'approfondissement de l'intégration andine vue comme un chemin pour permettre l'inclusion et le développement des peuples. Les États membres de la CAN ont aussi été enjoints de rendre plus effective la Résolution adoptée par l'Assemblée générale des Nations Unies le 19 décembre 2011 (Résolution A/RES/66/144 du 19 décembre 2011) sur les efforts déployés au niveau mondial pour éliminer totalement le

l'Homme, si on prend en compte qu'au moment de l'approbation de la Charte andine en 2002 ni au sein de l'ONU ni au sein de l'Organisation des États américains n'avait été approuvée une déclaration sur les droits des peuples autochtones et d'origine africaine »[721]. Toutefois, l'auteure oublie la Convention n° 169 de l'Organisation internationale du travail (OIT) sur les peuples indigènes et tribaux de 1989[722] qui n'a, il est vrai, été ratifiée que par vingt États membres de l'OIT.

L'application de la Charte andine revêt donc une grande importance pour la défense effective des « droits des peuples »[723] et le renforcement de l'actuelle législation nationale des États membres en vue de lutter contre le racisme, la pauvreté et l'exclusion sociale qui touchent particulièrement les peuples indigènes et la communauté d'origine africaine. À cet égard, notons la démarche de l'État plurinational de Bolivie qui a introduit dans sa nouvelle Constitution la protection des droits des peuples autochtones et des communautés minoritaires. Cet exemple de prise en compte des spécificités des groupes composant la population participe plus largement d'un processus de reconnaissance identitaire qui touche tout le continent américain[724].

En outre, dans sa huitième partie, la Charte andine accorde une protection spéciale à des groupes de la population considérés comme

---

racisme, la discrimination raciale, la xénophobie et l'intolérance qui y est associée et à assurer l'application intégrale et le suivi de la Déclaration et du Programme d'action de Durban.

[721]RINCÓN EIZAGA (L.), « Derechos humanos e integración en América Latina: El caso de la comunidad andina », *op. cit.*, p. 419.

[722] Actuellement les peuples indigènes comptent aussi au niveau international avec la Déclaration des Nations Unies sur les droits des peuples autochtones n° A/61/L.67 et Add. 1 du 13 septembre 2007.

[723] L'idéologie des droits de l'Homme a été historiquement façonnée avec celle des droits des peuples. Ces deux conceptions sont intimement liées si nous analysons la construction des droits de l'homme qui d'après Léo Matarasso s'associe à la consécration des droits des peuples ; les deux ne sont pas des antithèses. Voir : MATARASSO (L.), « Droits de l'homme et droits des peuples », *L'homme et la société*, n° 85-86, 1987, pp. 125-129.

[724] « Suite àla promulgationdela Constitutionde l'Étatplurinational de la Bolivieont été inclus divers aspectsconcernant la protection despeuples et des nationsindigènes et originelles. Notons non seulementlasymbolique etla naturevindicative, mais aussi la mise en œuvrede conditions spécifiquesqui facilitentl'inclusiondes principauxaspects culturelsdes différentspeuples, leur permettant d'atteindredes niveaux significatifsd'autonomieavec l'application de normes propres sur leursterritoireset le respectde leurs droits surle restede la population. De plus,lareconnaissance comprendles culturespaysannes indigènesoriginelles représentées dans les systèmes nationauxde santé, d'éducation et de justice, avec la promotion d'unevéritableassociation des indigèneset desnonindigènesen Bolivie » (VARGAS GAMBOA (N. V.), GAMBOA (A. S.), « El derecho de los « pueblos y naciones indígena originario campesinos » en la Constitución política del Estado plurinacional de Bolivia », in BELTRAO (J. F.), MONTEIRO de BRITO FILHO (J. C.), *Derechos humanos de los grupos vulnerables*, Universitat Pompeu Fabra, 2014, pp. 405-430).

vulnérables, à savoir les femmes (articles 42 et 43)[725], les enfants et adolescents(articles 44 et 45)[726], les personnes âgées (articles 46 et 47)[727], les personnes handicapées (articles 48 et 49)[728], les migrants etleur

---

[725] La Communauté andine reconnaît et intègre dans la Charte andine conformément aux obligations établies par la Convention sur l'élimination de toutes les formes de discrimination à l'égard des femmes de 1981, la Convention sur les droits politiques de la femme de 1954 et prévoit des mesures de contrôle et d'amélioration de la situation des femmes dans la région andine dont la situation reste encore vulnérable et inférieure à celle des hommes. Les femmes sont encore victimes d'exclusion sociale réelle, de violences et de violation de leurs droits et davantage victimes du changement climatique et de malnutrition. La CAN a créé dans le but de lutter contre les difficultés des femmes le Programme régional andin pour l'égalité de genre, l'égalité des opportunités entre les hommes et les femmes présidé par le Conseil andin des hautes autorités des femmes et de l'égalité d'opportunités par la Décision n° 711 portant création du conseil andin consultatif des hautes autorités de la femme et l'égalité des opportunités du 19 août 2009. Ce conseil andin se trouve encore en phase d'implantation ; il s'est réuni pour la première réunion en 2011 et a adopté une stratégie de travail mettant en place un dialogue horizontal avec les États membres pour l'identification des problèmes et une évolution vers de bonnes pratiques pour le respect et le développement des droits des femmes. Ceci passe notamment par la production et la systématisation d'informations spécialisées, une harmonisation législative, des politiques andines contre les violences faites aux femmes, le traitement des femmes victimes et une lutte contre la discrimination au travail.

[726] En novembre 2012 une proposition a été émise pour l'établissement d'une politique andine sur la santé sexuelle et la reproduction des adolescents ayant pour principale priorité la prévention de la grossesse chez les adolescentes. La vulnérabilité des enfants et adolescents à d'autre part été signalée par le Délégué de l'Institut colombien du bien-être familial (ICBF), le Dr. Miguel Antonio Buitrago, durant les réunions de travail pour l'élaboration de la Charte sociale andine organisées par le Parlement andin en 2012. Durant ces rencontres (Table de travail 2) a été proposée une participation plus active dans la prise de décisions au sein de la Communauté andine des enfants et adolescents avec l'objectif de rechercher une représentativité régionale plus effective concernant les problématiques qui touchent prioritairement les enfants et adolescents. Il s'agissait de promouvoir des politiques nationales de lutte contre le trafic, le recrutement forcé, la pornographie, la violence et l'exploitation sexuelle, commerciale des enfants et adolescents et de proposer l'adoption de programmes pour la prévention de la consommation de drogues et de boissons alcooliques (Tercera Cumbre social andina, 28, 29 et 30 mai 2012, Bogotá).

[727] Le vieillissement de la population est un sujet qui concerne la population andine surtout du point de vue entre autres de la non-protection économique, la maltraitance, les maladies chroniques… La Charte sociale andine demande ainsi aux États membres de garantir l'exercice effectif des droits civils, politiques, sociaux et économiques, une protection juridique et une lutte contre la discrimination des personnes âgées andines pour leur assurer une vie digne (Tercera Cumbre social andina, 28, 29 et 30 mai 2012, Bogotá).

[728] Dans la région andine, environ 10 millions de personnes sont atteintes de handicaps. La Communauté andine a instauré un Plan andin sur le handicap durant la Ire réunion de la Commission technique sur la prévention, l'attention et la guérison du handicap en 2009 dans le cadre des activités de l'organisme communautaire andin de santé Convenio Hipolito Unanue. Puis la Communauté andine a instauré une politique sur le handicap en 2010. Aucune mention du handicap n'est aujourd'hui dans la Charte sociale andine ; seule existe la protection de la Charte andine de promotion et de protection des droits de l'Homme.

famille (articles 50 et 51)[729], les personnes avec diverses orientations sexuelles (articles 52 et 53)[730], les déplacés intérieurs (articles 54 et 55)[731], les personnes privées de liberté (articles 56 et 57)[732], les réfugiés et apatrides (articles 58 et 56)[733].

Enfin, outre l'importance de son contenu, la Charte constitue un bon exemple de norme communautaire « ouverte ». En effet, son article 60 place la protection des droits de l'Homme prévue dans la Communauté andine dans le contexte plus large du droit international des droits de l'Homme.

Il ressort de cette analyse des dispositions de la Charte andine une impression de « catalogue » plutôt exhaustif de droits qui ne se contentent toutefois pas de répéter tous ceux qui ont déjà été reconnus par les conventions internationales et interaméricaines existantes. Comme l'indique eux-mêmes les rédacteurs de la Charte andine, cet instrument communautaire a pour intention d'« orienter et de réitérer avec fermeté les engagements des États membres de la Communauté andine envers les instruments internationaux de protection des droits de

[729] Durant le Forum régional sur les migrations, les droits de l'Homme et les politiques publiques dans la région andine en 2009, l'une des propositions présentées était de créer un Conseil consultatif pour les migrations dans le cadre de la Communauté andine. Ce conseil consultatif n'a pas encore été instauré cependant un domaine sur lequel la Communauté andine a progressé est la protection sociale des travailleurs frontaliers avec une possibilité d'unification de la législation dans le cadre l'UNASUR (aspect qui sera approfondi dans le chapitre suivant).

[730] Pour l'instant les politiques concernant les droits de la communauté LGBT dans la région andine relèvent de chaque État membre en collaboration avec les associations civiles actives dans chaque pays.

[731] Les personnes déplacées en Colombieà cause du conflit armé entre la guérilla, les paramilitaires et l'armée colombienne. Ce conflit initié durant la deuxième moitié du XXe siècle s'est aggravé dans les années 90 occasionnant de graves conséquences sur la population civile et une grande mobilisation pour régler la situation. Entre 1997 et 2013, 5.185.406 personnes déplacées ont été enregistrées officiellement ; parmi elles, une majorité de populations afro-colombiennes et de communautés indigènes. Voir: Note UNHCR, « Colombia, construyendo soluciones sostenibles » (http://www.acnur.org). La prise en charge des personnes déplacées internes en Colombie est assurée par l'Agence des Nations Unies pour les Réfugies pour l'instant sans la collaboration directe des instances communautaires andines.

[732] Jusqu'à présent, aucun texte juridique andin n'a été établi concernant la situation des personnes privées de libertés dans les États membres de la Communauté andine. Il existe cependant la Décision n° 548 du Conseil andin des ministres des Affaires étrangères portant mécanisme andin de coopération en matière d'assistance, de protection consulaire et d'affaires migratoires du 25 juin 2003. La seule mesure adoptée concernant les personnes privées de liberté est l'exigence du respect du principe de procès équitable, mesure renforcée par la Résolution n° 1546 portant règlement de la décision n° 548 du 20 février 2013 qui va dans le même sens.

[733] La Communauté andine offre une protection aux réfugiés et apatrides à travers la Charte andine de promotion et de protection des droits de l'Homme.

l'Homme »[734]. La Charte fait souvent référence à ces textes en prenant en considération la dynamique internationale de valorisation des droits de l'Homme. Ce faisant, elle pose les jalons d'une combinaison des instruments normatifs internationaux et régionaux pour donner l'impulsion nécessaire à une meilleure protection[735].

La Communauté andine s'est toujours caractérisée par son sens pragmatique et une capacité d'adaptation aux besoins des États membres ; ces caractéristiques sont vérifiées en matière de droits de l'Homme. L'intention de la Charte n'est pas de se constituer en unique instrument de protection, mais de renforcer un cadre juridique déjà existant, en réaffirmant notamment son appui aux Conventions de Genève de 1949 et à ses Protocoles additionnels de 1977 et en insistant sur les relations entre le droit international humanitaire et l'ordre juridique andin en matière de droits de l'Homme (articles 61 et 62) qui prend en considération des situations spécifiques aux États de la région. Citons, par exemple, la protection des victimes du conflit armé en Colombie qui doit faire face à une guérilla et à des centaines de milliers de déplacés intérieurs s'ajoutant aux réfugiés colombiens dans les pays limitrophes comme l'Équateur[736].

La Charte andine est fidèle et respectueuse des engagements déjà pris par les États membres au niveau international, mais elle contribue à leur adaptation aux enjeux spécifiques (sociaux, ethniques, économiques…) de la région. Pourtant ce tableau positif est entaché par l'absence de valeur contraignante de la Charte.

---

734 ESPINOSA (J. P.) (directeur général des droits de l'Homme du ministère des Affaires étrangères de l'Équateur), *Carta Andina para la promoción protección de los derechos humanos* », Publications du Ministère des Affaires étrangères de l'Équateur, 2004, p. 3.

735 Article 60 : « *Reconocen que el desarrollo del Derecho Internacional de los Derechos Humanos conduce a la consideración de otros temas que tienen relación con la promoción y protección de tales derechos; y que los Países Miembros de la Comunidad Andina deben alentar esta dinámica jurídica en los ámbitos nacionales e internacional y trabajar conjuntamente para impulsar el desarrollo normativo de los derechos humanos* ».

736 D'après Fernan Gonzales et Fabio Gonzales, « la Colombie vit actuellement les conséquences d'un héritage lourd de son histoire passant du domaine économique au politique et gagnant tous les aspects de la vie sociale et privée ». Voir : GONZALES (F.), ZAMBRANO (F.), *L'État inachevé, les racines de la violence : le cas de la Colombie*, Charles-Léopold Mayer, Série : « Dossiers pour un débat », n° 42, 1995, p. 136. Selon l'organisation non gouvernementale *Human Rights Watch*, plus de 4000 civils sont morts des mains des militaires entre 2002 et 2008. Le conflit armé en Colombie, entre les crimes de la guérilla, des paramilitaires et des agents de l'État, a causé environ 220 000 morts et 6 millions de déplacés internes, mais aussi des émigrés en Équateur. Voir le rapport de l'ONG: « El rol de los altos mandos en falsos positivos, evidencias de responsabilidad de generales y coroneles del Ejército colombiano por ejecuciones de civiles », 2015, p. 105, disponible sur : https://www.hrw.org/es/report/2015/06/23/el-rol-de-los-altos-mandos-en-falsos-positivos/evidencias-de-responsabilidad-de.

B. L'effet non contraignant de la Charte andine de promotion et de protection des droits de l'Homme

Bien que la Charte andine soit plutôt complète et novatrice comme nous avons pu le démontrer, notamment en matière de droits de troisième génération et de coexistence entre l'ordre juridique andin et le droit international, sa portée effective relève de la volonté politique des États membres comme le prévoit explicitement son article 96. Plus précisément, cette disposition précise que l'effet contraignant de la Charte est laissé à la décision du Conseil andin des ministres des Affaires étrangères qui l'accorde « quand il le considère pertinent » en vertu de l'article 16 paragraphe (g) de l'Accord de Carthagène autorisant le Conseil andin des ministres des Affaires étrangères à adopter les mesures qui assurent l'accomplissement des objectifs de l'Accord de Carthagène relevant de sa compétence.

Or, depuis l'adoption de la Charte andine, nous pouvons constater qu'il n'est guère dans l'intention des Présidents andins signataires d'assurer sa pleine et obligatoire application. Il en résulte une impossibilité de l'invoquer en cas de violation des droits de l'Homme au sein de la CAN. Les documents de travail élaborés pendant les délibérations finales précédant l'adoption de la Charte andine[737] témoignent eux-mêmes de la réticence de certains États : après plusieurs modifications du projet, seuls l'Équateur et le Pérou étaient enclins à lui accorder une valeur juridique réelle, contre les avis négatifs de la Colombie et du Venezuela. Ces deux derniers pays étaient opposés à la possibilité de rendre la Charte andine contraignante, inquiets des conséquences d'une application obligatoire au regard de leurs défaillances en matière de protection des droits de l'Homme. La Bolivie est quant à elle restée à l'écart des débats et a adopté une position neutre sur la question.

Selon la doctrine andine, cette absence d'effet contraignant entrave la progression des droits de l'Homme dans la région. Comme le résume Jésus Maria Casal, « à la différence de l'Union européenne, dans le cadre de la Communauté andine, la protection des droits de l'Homme demeure dans une phase embryonnaire ». L'auteur y voit la conséquence notamment de la « faible constance du processus d'intégration andin et d'un manque d'initiative du Tribunal andin en la matière »[738].

---

[737] La Charte andine de promotion et de protection des droits de l'Homme a été élaborée à partir de plusieurs projets: Proyecto de la Carta andina du 23 novembre 2001, Proyecto de la Carta andina de derechos humanos du 6 décembre 2001, Proyecto de la Carta andina de derechos humanos du 4 janvier 2002, Proyecto de la Carta andina de derechos humanos du 24 avril 2002, Proyecto de la Carta andina du 27 mai 2002.

[738] CASAL H. (J. M.), « Los derechos humanos en los procesos de integración », *op. cit.*, p. 253.

Néanmoins, comme nous l'avons déjà relevé, la protection des droits de l'Homme dans le cadre de la Communauté andine est tout de même assurée par l'ensemble des accords internationaux signés par les États membres. En ce sens, certains auteurs considèrent que « la Charte andine devient l'instrument complémentaire des obligations internationales de respect et de sauvegarde des droits fondamentaux des États membres de la Communauté andine »[739]. Quant au rôle du TJCA, nous aurons l'opportunité de confirmer ou infirmer le rôle minime que lui attribue la doctrine à l'occasion de développements ultérieurs.

Néanmoins, comme l'indique le titre même de la Charte, il s'agit d'un instrument de promotion et de protection des droits de l'Homme. Or, jusqu'à présent, le texte a bien accompli cette fonction en poussant les instances nationales et andines à reconnaître l'importance des droits de l'Homme et à légiférer en conséquence. De fait, les institutions communautaires travaillent en collaboration avec les institutions publiques des États membres pour faire du citoyen andin un ressortissant d'une véritable communauté de droit.

Plusieurs réunions se sont ainsi tenues, en particulier dans le cadre de Conseils consultatifs[740] qui ont essentiellement porté sur la protection de l'environnement, la protection des peuples autochtones, ou encore la protection des groupes vulnérables comme les femmes et les enfants.

On compte encore certaines réticences pour doter la Charte andine d'une véritable force contraignante, notamment de la part de la Colombie dont les années de conflit et de violence sont encore dénoncées par lesorganismes internationaux ; toutefois, même en l'absence de valeur juridique contraignante, il est intéressant de noter que la Charte est considérée par les

---

[739]RINCÓN EIZAGA (L.), « Derechos humanos e integración en América Latina: El caso de la comunidad andina », *op. cit.*, p. 423.

[740] La Communauté andine a créé des conseils consultatifs comme moyen institutionnel de rapprochement des citoyens andins en matière de promotion et de protection des droits de l'Homme : le Conseil consultatif des peuples indigènes créé le 26 septembre 2007 par la Décision n° 524 du Conseil andin des ministres des Affaires étrangères du 7 juillet 2002, le Conseil consultatif du travail andin du 30 septembre 1983 créé par Décision n° 188 de la Commission andine, la Rencontre andine de travaux pour la promotion et la protection des droits du consommateur créée le 11 mars 2003 par la Décision n° 539 du Conseil andin des ministres des Affaires étrangères, le Conseil andin des conseillers de hautes autorités des femmes et égalité d'opportunités créé par Décision du Conseil andin des ministres des Affaires étrangères du 19 août 2009, la Rencontre du peuple « afrodescendiente » de la Communauté andine créé par Décision n° 758 du Conseil andin des ministres des Affaires étrangères du 22 août 2011. Toutes ces institutions andines de consultation citoyenne permettent de faire remonter les questions de la société civile directement aux instances communautaires andines et de rechercher l'amélioration des conditions de vie de la population andine qui représentait 107 132 millions d'habitants en 2016 (selon les derniers recensements officiels réalisés par les États membres de la CAN).

mécanismes juridiques visant à assurer l'effectivité des droits à l'intérieur des États membres andins.

C. Les mécanismes de protection en cas de violation des droits de l'Homme prévus par la Charte andine

La Charte andine reconnaît dans sa dernière et neuvième partie la nécessité de mettre en place des mécanismes nationaux de protection des droits de l'Homme mentionnés aux articles 63 à 85. L'article 63 rappelle tout d'abord le devoir des États membres de promouvoir l'efficacité, l'indépendance, l'impartialité et l'autonomie de la justice en leur sein. La Charte reconnaît aussi l'importance des défenseurs des droits[741] et d'une coordination institutionnelle entre ces derniers et les instances andines de protection des droits de l'Homme.

On retrouve ici la volonté des rédacteurs de positionner la Charte dans la continuité des règles internationales existantes. Est en effet préféré un dialogue entre défenseurs des droits nationaux et institutions communautaires plutôt que la création d'une instance propre au Système d'intégration andin qui regrouperait par exemple tous les conseils consultatifs. Ceci est révélateur de la volonté politique des États membres d'adhérer au cadre international en matière de protection des droits de l'Homme, comme ils ont pu clairement l'exprimer dans la Déclaration sur les droits et les devoirs des individus, des groupes et des institutions pour promouvoir et protéger les droits de l'Homme et les libertés fondamentales universellement reconnus de 1999 (article 73)[742].

Un autre aspect intéressant à signaler est la reconnaissance, à l'article 79 de la Charte, de la nécessaire action des forces de l'ordre pour la protection des droits de l'Homme dans chaque État membre. Pour certains auteurs, cette mesure n'a pas de sens dans la mesure où les forces de l'ordre public sont des auxiliaires de l'administration judiciaire dont le rôle est déjà mentionné dans la Charte. Sont également prévues des actions conjointes

---

[741] « Le défenseur des droits est une autorité constitutionnelle indépendante qui veille au respect des droits et libertés, il examine des plaintes formulées par les citoyens contre les autorités administratives, et d'intervenir, s'il y a lieu, auprès du gouvernement, aussi connu par le terme suédois *Ombudsman* » (GUINCHARD (S.), DEBARD (T.), *Lexique des termes juridiques*, *op. cit.).*

[742] Article 73 de la Charte andine pour la promotion et la protection des droits de l'Homme : « *Reiteran el compromiso de los Países Miembros de la Comunidad Andina con la protección de los derechos humanos de los defensores de los derechos humanos y con la legitimidad de su trabajo, con arreglo a las disposiciones de la "Declaración sobre el derecho y el deber de los individuos, los grupos y las instituciones de promover y proteger los derechos humanos y las libertades fundamentales universalmente reconocidos" (1999), y su voluntad de colaborar con la sociedad civil en la promoción y protección de los derechos humanos dentro de cada país y a escala regional* ».

entre les forces de l'ordre nationales et la Communauté andine dans le cadre d'une coopération policière judiciaire, essentiellement prévue en matière de lutte contre le trafic de drogues[743].

Enfin, il est à noter qu'à l'origine la Charte andine prévoyait la création d'une Commission communautaire andine pour la protection des droits de l'Homme, mais cette institution n'a jamais vu le jour. Les États membres s'y sont opposés en refusant d'approuver le projet de Charte qui y faisait mention. Selon les premiers travaux préparatoires, cette Commission devait êtrerattachée au TJCA et former avec lui un dispositif juridictionnel[744] ; cependant, au fur et à mesure de la rédaction de projets de Charte, ses fonctions[745] ont été réduites à une simple activité technique de promotion des droits de l'Homme dans la région. Cette évolution et disparition de cette Commission envisagée explique l'attitude du Tribunal andin qui n'a alors pas soutenu sa création, ne souhaitant pas prendre en charge une institution technique[746].

Plutôt discret au moment de l'élaboration de la Charte, le TJCA n'est pourtant pas inerte en matière de protection des droits de l'Homme. Il statue alors en s'inspirant de la jurisprudence d'autres cours en la matière.

SECTION 2 : LA CONSTELLATION RÉGIONALE DE PROTECTION DES DROITS DE L'HOMME

En vertu des articles 40 et 41 de l'Accord de Carthagène, le TJCA est l'organe juridictionnel de la Communauté andine institué pour « déclarer le droit andin et assurer son application et interprétation uniforme dans tous les

---

[743] Les progrès dans ce domaine ont abouti à la création d'un projet de coopération policière et judiciaire andin - PRADICAN 2011 - pour renforcer la lutte contre le problème mondial de la drogue. Il s'agit d'un programme d'échange d'expériences policières dans la Communauté andine en matière de lutte contre le problème mondial de la drogue, une initiative menée en coopération avec l'Union européenne (Accord-cadre UE –CAN) : Décision n° 458 portant orientation de la politique extérieure commune andine du 25 mai 1999, Décision n° 505 portant Plan andin pour la lutte contre les drogues illicites et les délits connexes du 1er juillet 2001, Décision n° 552 portant Plan andin pour la prévention, la lutte et l'éradication du trafic illicite des armes légères du 25 juin 2003, Décision n° 587 portant lignes directrices sur la politique de sécurité extérieure commune andine du 10 juillet 2004, Décision n° 602 portant norme andine pour le contrôle des substances chimiques utilisées dans la fabrique illicite de stupéfiants et substances psychotoxiques du 6 décembre 2004, Décision n° 614 portant stratégie andine de développement alternatif intégral et durable du 15 juillet 2005.

[744] Projet de Charte andine du 6 décembre 2001, p. 25

[745] Projet de Charte andine du 4 janvier 2002, p. 24 et Projet de Charte andine du 27 mai 2002, p. 25.

[746] Rapport de la réunion de la Commission des juristes andins du 18 mars 2002, p. 23.

États membres »[747]. Le Tribunal exerce ainsi ses attributions dans le but de sauvegarder les intérêts communautaires andins établis dans l'ordre juridique andin.

S'agissant des droits de l'Homme, domaine dans lequel, on l'a vu, la Communauté andine ne s'est pas donné les moyens d'agir au premier plan, mais s'est cantonnée à être un appui à la protection déjà existante, le TJCA n'est donc pas le seul à intervenir. On peut en effet déceler trois échelons de protection des droits de l'Homme : le niveau national (§1), le niveau international (§2), et finalement un niveau communautaire andin intermédiaire qui respecte et associe les règles juridiques prévues aux deux autres échelons en vue de construire un ensemble juridique renforcé de protection des droits de l'Homme au sein de la CAN (§3).

§ 1 Le contrôle de la protection des droits de l'Homme dans les États andins

Le cadre national andin de protection des droits de l'Homme est fortement influencé par les engagements internationaux. L'une des manifestations de cette influence est la présence d'instances nationales de protection et de promotion des droits de l'Homme dans chacun des États membres de la Communauté andine (A) ; des institutions créées afin de prévenir les violations de droits encore fréquentes dans la région andine (B).

A. Les standards nationaux de protection des droits de l'Homme

Dans l'État plurinational de Bolivie, un vice-ministre de la justice et des droits fondamentaux est chargé de la protection judiciaire et administrative des droits fondamentaux. Il est en outre chargé de préparer et d'appliquer des politiques et des plans de défense et de protection des droits, mais aussi de promouvoir l'application des instruments internationaux appropriés[748]. D'autres institutions plus spécialisées complètent le dispositif de protection : un vice-ministère de justice indigène, un vice-ministère de l'égalité et des opportunités et un vice-ministère des droits des usagers et des consommateurs. De plus, l'État plurinational de la Bolivie a instauré en 1997 un « Défenseur du peuple »[749], institution indépendante[750] créée par une loi

---

[747] Article 4 du statut du TJCA: « *El Tribunal es el órgano jurisdiccional de la Comunidad andina, de carácter supranacional y comunitario, instituido para declarar el derecho andino y asegurar su aplicación e interpretación uniforme en todos los países miembros* ».

[748] Article 81, Constitution politique de l'État plurinational de la Bolivie du 25 janvier 2009. Attributions du vice-ministre de la Justice et des droits fondamentaux, Constitution politique de l'État plurinational de la Bolivie du 25 janvier 2009.

[749] Loi n° 1818 du Défenseur du peuple du 22 décembre 1997.

nationale en vue d'assurer l'accomplissement des droits et garanties des personnes en relation avec l'administration publique ainsi que la promotion et la diffusion de la protection des droits de l'Homme. Cette institution dépend d'une commission spécialisée du Congrès et agit en étroite relation de coordination avec le ministre de la Justice et le vice-ministre de la Justice et des droits fondamentaux. Aujourd'hui, bien qu'aucune modification de cette loi n'ait été réalisée pour prévoir une coordination entre les conseils consultatifs andins et les instances nationales, celle-ci est déjà effective au quotidien.

Le pays applique actuellement le Plan national de développement « Bolivie digne souveraine, productive et démocratique pour le bien vivre »[751], un instrument juridique qui prévoit et coordonne le déploiement de mécanismes de planification sectorielle, territoriale et institutionnelle visant à promouvoir les droits de l'Homme en tenant compte du multiculturalisme de la société bolivienne[752].

La Colombie a quant à elle établi un Système national des droits de l'Homme et du droit international humanitaire, qui intègre l'ancienne Commission intersectorielle des droits de l'Homme et du droit international humanitaire[753], composé à la fois par le vice-président, le ministre de l'Intérieur, le ministre des Affaires étrangères, le ministre de la Justice et du

---

750 En application des principes de Paris concernant le statut et le fonctionnement des institutions nationales pour la protection et la promotion des droits de l'Homme, approuvés en 1992 par la Commission des droits de l'homme de l'ONU, approuvés par la suite par l'Assemblée générale de l'ONU en 1993. Les principes de Paris exposent les lignes directrices fondamentales recommandées par les Nations Unies pour la création d'institutions nationales des droits de l'Homme.

751 Plan national de développement, *Bolivia digna, soberana, productiva y democrática para vivir bien, líneas estratégicas. 2006-2011*, 2007, p. 202.

752 Approuvé par le Décret suprême n° 29272 du 12 septembre 2007 et le Décret suprême n° 29851 du 10 décembre 2008. Ces deux textes reconnaissent l'engagement de la Bolivie en matière de droits de l'Homme dans le cadre international avec la signature des accords pris dans le cadre de la Conférence internationale des droits de l'Homme de Vienne en 1993, mais aussi la reconnaissance de son engagement dans le processus d'intégration communautaire andin concernant les droits de l'Homme avec la signature de la Charte andine de promotion et de protection des droits de l'Homme signée par la Bolivie en 2002. Très récemment le ministère de la Justice a présenté un nouveau Plan de politique plurinationale des droits de l'homme (PPDH) 2015-2020.

753 Décret suprême n° 4100 du 2 novembre 2011. Il s'agit d'un Système national de protection des droits de l'Homme unique au monde, car il compte 90 entités étatiques et 148 instances au service du développement des droits de l'Homme en Colombie. Les axes de travail sont : la citoyenneté ; la culture et l'éducation aux droits de l'Homme ; les droits civils et politiques ; les droits internationaux humanitaires et les conflits armés ; les droits économiques, sociaux, culturels et environnementaux ; la justice ; l'équité ; la non-discrimination ; le respect des identités. S'ajoute au Système de protection des droits de l'Homme colombien, depuis la mise en œuvre d'une politique générale sur la violence et la société de droit en 2013, la thématique de la lutte contre la corruption.

droit, le ministre de la Défense nationale, un secrétariat technique, des groupes techniques et des instances territoriales. Ce dispositif a comme finalité de fortifier la capacité institutionnelle du pays en matière de protection des droits de l'Homme et d'encourager l'élaboration d'une politique générale visant le respect du droit humanitaire, des droits civils, politiques, économiques, sociaux, culturels, collectifs et environnementaux. La Colombie compte aussi avec un organe de promotion et de divulgation des droits de l'Homme relevant du Parquet qui exerce ses fonctions sous la direction du Procureur général de la Nation colombienne en vertu des articles 280 à 284 de la Constitution de la République de Colombie de 1991. Cette institution peut notamment invoquer le droit à l'*habeas corpus* pour les personnes sujettes à une incarcération.

Par ailleurs, le droit à la vie, l'interdiction de l'esclavage et de la servitude, l'interdiction du trafic d'êtres humains, la liberté de conscience, la liberté de religion, le droit à l'honneur, la liberté d'expression et d'opinion, la liberté de choisir un métier, la liberté d'apprentissage, ou encore le droit à un procès équitable sont reconnus par la Constitution colombienne en tant que droits fondamentaux. Cependant, aucune référence au droit à un environnement sain n'est faite dans ce texte, contrairement aux constitutions de l'État plurinational de la Bolivie et de l'Équateur qui y font mention.

La Colombie a également mis en œuvre un Programme présidentiel des droits de l'Homme et du droit international humanitaire (PPDDHH) depuis la fin des années 1990 considéré comme le cadre institutionnel permettant l'élaboration de politiques publiques de garantie et de protection des droits de l'Homme au niveau local, régional, national et international[754]. Ce programme a été renouvelé en décembre 2013[755] et complété par un agenda plus adapté aux attentes internationales et communautaires andines ; surtout en matière de protection de l'environnement, des droits sociaux ainsi que des droits de groupes spécifiques de la population comme les indigènes, la communauté afro-colombienne, les enfants, les adolescents, les personnes handicapées, ou encore les homosexuels.

S'agissant de l'Équateur, on peut noter qu'il est l'un des pays qui a réalisé le plus d'avancées en matière de droits de l'Homme au sein de la Communauté andine ces vingt dernières années. La modification de sa Constitution et l'action des institutions nationales ont encouragé la recherche d'un équilibre idéologique et juridique prenant en considération les luttes et

---

[754] *Programa presidencial de derechos humanos y derecho internacional humanitario*, 1990.
[755] *Programa presidencial de derechos humanos y derecho internacional humanitario*, 2013.

revendications sociales. Cette démarche manifeste ce que la doctrine a qualifié de « constitutionnalisme équatorien »[756].

L'État équatorien a notamment chargé le ministère de l'Intérieur de mettre en œuvre une politique sociale en prévoyant une protection étendue des droits de l'Homme, appuyé dans sa tâche par un Sous-secrétariat aux garanties démocratiques en charge de la planification et de l'action interinstitutionnelle dans le domaine des droits de l'Homme. De plus, une institution publique autonome a été instituée, le Défenseur du peuple[757], dont les fonctions sont comparables aux Défenseurs du peuple bolivien et colombien. Cet organe doit promouvoir les droits fondamentaux et peut former à cette fin des recours en *habeas corpus*, en *habeas data* ou un *amparo* constitutionnel. Le Défenseur joue ainsi un rôle déterminant en tant que garant des libertés des personnes impliquées dans un procès judiciaire.

L'Équateur a également lancé un Plan national des droits de l'Homme en 1993, parallèlement à la Conférence mondiale sur droits de l'Homme qui s'est tenue sous l'égide des Nations Unies à Vienne en juin 1993. L'objet de ce Plan est de déterminer les mesures nécessaires à adopter pour améliorer la promotion et la protection des droits de l'Homme « sur la base du nouvel humanisme de l'après-guerre »[758]. L'Équateur accorde une priorité à l'élaboration de plans nationaux qui permettent une centralisation des actions sous la direction d'une commission permanente qui a eu tendance à écarter les autres acteurs impliqués dans la protection des droits, telles les associations[759]. Ces plans ont notamment pour finalité de promouvoir la Charte andine de protection et de promotion des droits de l'Homme à travers des actions de communication prioritairement destinées aux communautés rurales[760]. Au Pérou, la protection des droits de l'Homme fait l'objet d'une politique nationale encadrée par le ministère de la Justice et des droits de l'Homme. Conformément à la Constitution politique péruvienne, le Président de la République a approuvé par Décret suprême le Plan national des droits de l'Homme 2014-2016[761] qui se donne pour objectifs la promotion d'une culture des droits de l'Homme ainsi que le renforcement de la politique publique de promotion et de protection des droits civils,

---

756 ÁVILA SANTAMARÍA (R.), GRIJALVA JIMÉNEZ (A.), MARTÍNEZ DALMAU (R.), *Desafíos constitucionales*, Quito, V&M Graficas, 2008, p. 89.

757 *Ley orgánica de la defensoría del pueblo declarada jerárquica y con calidad de orgánica por el Congreso nacional mediante*, Res. R-22-058 (R.O. 280, 8-III-2001).

758 MOREIRA (M. E.), « Evolución histórica del Plan Nacional de derechos humanos en el Ecuador y Retos Futuros. El papel del Servicio Exterior ecuatoriano », *Publicación institucional AFESE*, n° 47, 2007, p. 206.

759 *Ibidem*, p. 216.

760 *Ibid.*, p. 218.

761 Plan national des droits humains 2014-2016 par Décret suprême n° 005-2014-JUS du 5 juillet 2014.

politiques, économiques, sociaux, culturels et environnementaux. Ce Plan est mené sous la direction du ministère de la Justice et des droits de l'Homme et du Conseil national des droits de l'Homme[762].

Le droit péruvien a aussi mis en place un Défenseur du peuple qui jouit d'une autonomie prévue dans la Constitution politique de 1993. Sa mission principale est de défendre les droits fondamentaux de la personne et des communautés dans le cadre de la prestation de services par l'administration étatique. Cette institution travaille sur la base d'un Plan stratégique institutionnel et agit sur tout le territoire : vingt-huit bureaux sont répartis dans les grandes villes péruviennes et dix modules d'accueil ont été instaurés dans les villes moyennes. Ces entités délocalisées travaillent en étroite collaboration avec les collectivités locales et les mairies des communautés rurales afin de sensibiliser le plus grand nombre de citoyens péruviens.

Ce bref panorama de dispositifs nationaux nous permet de constater que les États membres de la Communauté andine ont tous institué des organes et mis en œuvre des politiques pour protéger et promouvoir les droits de l'Homme sur leur territoire. Toutefois, le travail de ces institutions reste encore insuffisant en considération de la réalité andine caractérisée par de nombreuses violations de droits qui s'explique par une situation sociale, politique et économique encore difficile. D'autre part, on peut noter que la prise en compte de l'importance de la Charte andine de promotion et protection des droits de l'Homme n'est pas égale dans tous les pays. La Colombie et le Pérou ne l'ont toujours pas véritablement intégrée dans leur droit respectif, à la différence de l'État plurinational de la Bolivie et de l'Équateur qui ont développé des plans nationaux prenant en compte les avancées réalisées au niveau de la Communauté andine et à l'échelon international.

B. La réalité des droits de l'Homme dans les États membres de la CAN

Tout d'abord, parmi les facteurs les plus fréquemment observés en matière de violation des droits de l'Homme dans l'État plurinational de Bolivie[763], on peut citer les inégalités sociales, la discrimination et le

[762] Le Conseil national des droits de l'Homme fait partie de la Coordination nationale des droits de l'Homme, une entité qui rassemble toutes les institutions chargées du développement de la culture des droits de l'Homme au Pérou. Elle constitue une Assemblée générale avec le Conseil national des droits de l'Homme, un comité permanent, un Secrétariat exécutif et des groupes de travail sur la torture, les droits et les personnes handicapées, le droit du travail, la violence sexuelle.

[763] Voir le Rapport de l'Institut National des Statistiques (INE) : *Proceso de construcción de indicadores de derechos humanos en Bolivia*, 2013, p. 104. Ce document établit des indicateurs pour évaluer les droits de l'Homme en Bolivie, notamment : le droit à

racisme[764] à l'égard principalement des populations indigènes, des paysans, des homosexuels, des personnes handicapées et des personnes âgées. On peut également mentionner les carences de services basiques dans les établissements carcéraux et des formes contemporaines de servitude des communautés guaranis, une ethnie installée dans le département de Santa Cruz. La disparité du traitement entre les hommes et les femmes au travail et la reconnaissance effective des droits des femmes sont aussi des sujets qui retiennent l'attention.

De plus, la pauvreté, qui toucherait 59,6 % (INE) de la population bolivienne, et l'asymétrie économique de la société révèlent une lente progression de la sécurité sociale et un niveau de vie hétérogène des habitants. L'un des aspects les plus délicats est la pauvreté des enfants qui très récemment se sont cependant vu reconnaître des droits en matière de travail[765]. En outre, malgré de grands progrès réalisés en matière d'alphabétisation, la qualité de l'éducation et la participation des habitants à la vie culturelle restent modérées.

À ce constat social s'ajoute celui d'une forte pollution de l'environnement du fait, en particulier, de l'activité des entreprises extractrices de ressources fossiles. Cette situation a un impact négatif sur les droits des minorités et des peuples indigènes pourtant reconnus par la Constitution bolivienne. Notons aussi la situation économique et sociale particulièrement difficile de certaines femmes qui provoque une féminisation croissante des flux migratoires vers l'étranger et une migration rurale féminine vers les grandes villes boliviennes. Enfin, l'éradication des trafics de personnes reste un défi pour l'État plurinational bolivien qui ne dispose pas encore de données quantitatives et qualitatives relatives aux personnes victimes de ces trafics ni de données regroupant les dénonciations qui ont été faites et les solutions qui ont été apportées à ce type d'affaires[766].

En Colombie, la jouissance effective des droits de l'Homme constitue aujourd'hui encore un défi en ce qui concerne notamment l'exploitation sexuelle commerciale des enfants et des adolescents, le respect des droits au sein des entreprises, les conséquences de la fin du conflit armé interne avec notamment la nécessaire consolidation d'une culture des droits de l'Homme,

---

l'alimentation, le droit à la santé, le droit au travail, le droit à l'habitation, le droit à l'éducation, le droit des femmes à une vie sans violence, le droit à l'eau.

764 L'Organisation des Nations Unies reconnaît les efforts et les progrès de la Bolivie en matière d'éradication du racisme et de discrimination cependant il reste encore un domaine dans lequel l'État bolivien doit poursuivre ses efforts pour maintenir un standard de protection des droits de l'Homme sur son territoire ainsi que le signale le communiqué de presse du 10 septembre 2012 présenté par l'ONU.

765 Voir l'analyse sur l'État plurinational de Bolivie réalisée par le Bureau du Haut-commissaire des Nations Unies pour les droits de l'Homme, 2010, p. 124.

766 Voir l'analyse sur l'État plurinational de Bolivie réalisée par le Bureau du Haut-commissaire des Nations Unies pour les droits de l'Homme, 2010, p. 129.

de paix et de réconciliation de la société colombienne. À cette fin ont été créés des observatoires des droits de l'Homme pour la réparation intégrale des victimes de la violence du conflit armé qui visent un meilleur accès à la justice et une lutte renforcée contre l'impunité[767]. La plus grande problématique actuelle de la Colombie en matière de protection des droits de l'Homme concerne les moyens de continuer le processus de miseà terme du conflit armé violent qui gangrène sa société depuis plus de quarante ans[768].

Concernant l'Équateur, d'après le rapport des droits de l'Homme établi par le pays en 2014, les principaux facteurs de violation des droits de l'Homme sont : le manque d'indépendance du pouvoir judiciaire ; les restrictions à la liberté d'expression, de la presse et d'association ;la corruption ; l'utilisation excessive des forces de sécurité parfois coupables de meurtre ; la surpopulationdesprisons ; les détentions arbitraires ; ou encore des délais de justicene permettant pas un procès équitable. Mentionnons aussi les violences et les discriminations envers les femmes, les enfants, les groupes minoritaires, les homosexuels, ainsi que le trafic de personnes et le travail des enfants[769].

Le Pérou est quant à lui caractérisé par une différence importante du niveau de vie de ses habitants. De plus, malgré les efforts entrepris au niveau institutionnel, il reste encore des progrès à réaliser en matière de lutte contre les discriminations, de violences à l'égard des femmes, de violence dans les rues avec une augmentation du nombre des délits patrimoniaux, de trafic de drogues, mais aussi de corruption qui affecte le processus décisionnel démocratique et affaiblit les institutions nationales. D'autre part, en matière environnementale, le Pérou est caractérisé par de nombreux litiges impliquant des entreprises d'exploitation et de déforestation coupables d'atteintes aux droits et au libre développement des communautés indigènes d'Amazonie et des régions rurales du plateau péruvien. La lutte contre la discrimination représente pour le Défenseur du peuple un facteur d'inquiétude et d'efforts constants, d'autant plus que la considération de la réalité multiculturelle du Pérou reste encore faible au niveau étatique[770].

Cependant, bien que tous les États membres de la Communauté andine aient incorporé des règles de protection des droits dans leur bloc de

---

767 Programme présidentiel des droits humains et du droit international humanitaire, « El goce efectivo de los derechos humanos y del derecho internacional humanitario: un camino hacia la prosperidad y la paz en Colombia », 2010-2014, p. 90.

768 Pour en savoir plus : Consejería presidencial de derechos humanos, *Atlas del impacto regional del conflicto armado en Colombia, dinámicas locales y regionales en el periodo 1990-2013*, Imprenta nacional de Colombia, vol. 1, 2014, p. 905.

769 *Rapport sur les droits de l'Homme*, Équateur, 2014, p. 35.

770 *Dix-huitième rapport annuel du Défenseur du peuple*, janvier-décembre 2014, p. 372.

constitutionnalité[771] et prévu un Défenseur du peupleainsi que des plans de promotion des droits, la région reste encore marquée par de forts vides en matière de lutte contre la discrimination des groupes minoritaires ; surtout en ce qui concerne la protection des droits des enfants, des personnes âgées, des personnes avec des orientations sexuelles différentes et des femmes, tant dans le milieu rural qu'urbain. Une autre question délicate est la violence générée à l'intérieur même des institutions étatiques, par exemple en milieu carcéral ou par les forces publiques de sécurité. Mentionnons aussi le cas particulier de la Colombie touchée par une guérilla et, plus largement, une confrontation que l'on retrouve cette fois dans tous les États membres entre les intérêts économiques des entreprises et les intérêts des communautés indigènes dans les zones d'exploitation de ressources naturelles. Celle-ci est source d'inquiétude et demande une meilleure protection des droits et de l'environnement des communautés indigènes.

Certes, la région andine a progressé en multipliant les cadres normatifs de protection des droits sachant que « dans un sens général les Accords internationaux sont de nature commerciale, il existe un lien entre l'activité commerciale et l'être humain et se constitue un objectif d'intégration en vue de procurer un bien-être à la personne humaine »[772]. Cette protection se réalise grâce à l'intervention d'instances nationales et internationales telle la Cour interaméricaine des droits de l'Homme[773], une juridiction reconnue par tous les États membres de la Communauté andine.

En Amérique latine, la violation des droits de l'Homme est donc toujours une préoccupation malgré les divers dispositifs qui ont été prévus. Par conséquent, les cadres international et régional de protection des droits de l'Homme restent déterminants pour encourager des progrès dans les États andins. En la matière, l'Europe, qui dispose d'un double mécanisme de protection, fait figure de modèle.

§ 2 Les instances régionales de protection des droits de l'Homme

La protection des droits de l'Homme en Europe répond à une certaine spécificité qui s'explique « par l'origine même de l'exigence des droits

---

[771] Voir: CAICEDO TAPIA (D. A.), « El bloque de constitucionalidad en el Ecuador. Derechos Humanos más allá de la Constitución », *Foro*, n° 12, 2009, pp. 5-29.

[772] VELÁZQUEZ VELÁZQUEZ (S.), « Los derechos humanos y los tratados de integración », *Revista jurídica Faculta de Derecho de la Universidad de Guayaquil*, 2008, p. 231.

[773] Voir sur l'apport de la Cour interaméricaine des droits de l'homme aux droits de l'homme : BURGORGUE-LARSEN (L.), « Les nouvelles tendances dans la jurisprudence de la Cour interaméricaine des droits de l'homme », in *Cours de droit international et relations internationales de Vitoria-Gasteiz2008*, Bilbao, Université du Pays Vasco, 2009, pp. 149-180.

fondamentaux (...) avec des caractéristiques objectives et évolutives »[774]. Parmi ces caractéristiques, mentionnons la « coexistence »[775] de deux instances bien identifiées compétentes en matière de droits de l'Homme : la CEDH et le CJUE[776] (A). En Amérique latine, on peut noter l'existence d'un système de « protection multiniveaux »[777] au sein duquel la Cour interaméricaine des droits de l'Homme (CIDH) occupe une place centrale (B).

A. Les droits fondamentaux, l'Union européenne et la CJUE

L'Union européenne a très tôt reconnu l'existence d'une « démocratie supranationale »[778] consacrée par l'arrêt analysé précédemment qui a aussi institué le principe de primauté du droit de l'Union. Mais la démocratie n'est pas seulement un principe prétorien ; il s'agit aussi et surtout d'une valeur, d'une exigence politique pour les États membres. Le rôle de la CJUE, parallèlement à l'action de la CEDH[779], a été déterminant dans l'approfondissement de la démocratie, cadre propice à l'application des droits de l'Homme. En effet, « la complémentarité saute aux yeux »[780] ;

---

774 RENUCCI (J.-F.), *Droit européen des droits de l'homme*, Paris, LGDJ, 2ème éd., 2001, p. 27

775 TAVERNIER (P.), "Coexistence des systèmes de protection des droits de l'homme en Europe", in CAO-HUY (T.), FENET (A.) (dir), *La coexistence, enjeu européen*, Paris, PUF, 1998, pp. 93-109.

776 Voir notamment : TAVERNIER (P.) (dir.), *Quelle Europe pour les droits de l'homme ? La Cour de Strasbourg et la réalisation d'une « Union plus étroite » (35 années de jurisprudence : 1956-1994)*, Bruxelles, Bruylant, 1996, p. 513.

777 BANDEIRA GALINDO (G. R.), URENA (R.), TORRES PÉREZ (A.), *Manual de protección multinivel de derechos humanos*, Universitat Pompeu Fabra, 2013, p. 469.

778 CJUE, 5 février 1963, « *NV algemene Transport - en Expetitie Onderneming van Gend en Loos c/ Administration fiscale néerlandaise* », aff. 26/62, Rec. p. 3.

779 La mise en œuvre de la Convention européenne des droits de l'Homme est aussi possible au sein des États membres de l'Union Européenne, sans écarter la possibilité d'une protection unioniste des droits fondamentaux. Le principe de subsidiarité et le principe de la marge d'appréciation sont deux principes régulateurs pour ces deux instances régionales en matière de protection des droits des citoyens. Ces difficultés ne seront pas abordées dans ce travail de recherche qui est spécifiquement dédié à l'étude de l'action de la CJUE dans le cadre de l'UE et à l'approche communautaire andine (Voir aussi : JACQUÉ (J.-P.), « Éditorial, CJUE-CEDH : 2-0 », *RTDeur*, n° 4, 2014, pp. 823-831). L'influence de la jurisprudence de la CJUE est particulièrement révélatrice ces dernières années. Cependant, l'influence principale de l'Union européenne s'est fait sentir principalement au niveau normatif, plus précisément à travers l'élaboration d'une Charte andine de protection des droits de l'Homme ; un aspect qui sera analysé dans les chapitres suivants.

780 BONICHOT (J.-C.), « La Cour de justice des Communautés européennes, la Cour européenne des droits de l'homme et l'intégration de l'Europe », in TAVERNIER (P.) (dir.), *Quelle Europe pour les droits de l'homme? La Cour de Strasbourg et la réalisation d'une « Union plus étroite » (35 années de jurisprudence : 1956-1994)*, Bruxelles, Bruylant, 1996, p. 98.

pratiquée par le juge national, mais aussi présente dans la jurisprudence de la Cour de Luxembourg et de la Cour de Strasbourg.

Rappelons que pendant longtemps l'Union européenne n'a pas disposé de textes juridiques propres servant de fondement à une protection des droits humains, c'est pourquoi la Convention européenne de sauvegarde des droits de l'Homme et des libertés fondamentales lui a servi de référence[781] comme en témoigne la jurisprudence de la CJUE.

C'est à la suite de l'arrêt « *Solange I* » de la Cour constitutionnelle allemande et des arrêts « *Frontini* » et « *Pozzani* »[782] de la Cour constitutionnelle italienne que la CJUE a été amenée à se prononcer pour la première fois sur la protection des droits fondamentaux dans l'arrêt « *Stauder* » du 12 novembre 1969. En l'espèce, la Cour a fait de leur respect une condition de la légalité des actes des institutions communautaires en précisant que « les droits fondamentaux de la personne faisaient partie des principes généraux du droit communautaire, dont la Cour assure le respect »[783].

Cependant, comme l'a noté Henri Labayle, « la volonté d'ancrer les droits fondamentaux dans l'Union européenne s'est exprimée dans la lignée du statut que leur ménagea la jurisprudence *Handelsgessellschaft* »[784].

C'est en effet l'arrêt « *Handelsgesellschaft* »[785] qui a véritablement assis la légitimité de la Cour à intervenir pour consolider la protection des droits fondamentaux par le droit de l'Union en reconnaissant une fois de plus l'autonomie de ce dernier vis-à-vis des droits internes. Les juges de l'Union ont insisté sur l'importance du respect du droit de l'Union au sein des États membres en se basant sur le respect des droits fondamentaux. Ils iront même plus loin en considérant que cette protection se fonde sur le respect des

---

781 Les droits fondamentaux dans le contexte de l'Union européenne désignent « à proprement parler un noyau de droits essentiels et inaliénables de la personne humaine, valables en toute circonstance, sans possibilité de dérogation. Dans le contexte communautaire, cette formule est généralement utilisée comme synonyme de "droits de l'homme" et couvre une gamme plus large de droits, y compris économique, tels que ceux reconnus par les constitutions de certains États membres ou par des conventions internationales ». (BARAV (A.), PHILIP (C.), BOUTAYEB (C.), *Dictionnaire juridique des Communautés européennes*, *op. cit.*).
Voir : LECLERC (S.), AKANDJ-KOMBE (J. F.), REDOR (M.-J.) (dir.), *L'Union européenne et les droits fondamentaux*, Bruxelles, Bruylant, 1999, p. 235.

782 Cour constitutionnelle italienne, 27 décembre 1973, « *Frontini e Pozzani* », aff. n° 183, in *Foro italiano*, 1974, I, p. 314.

783 CJUE, 12 novembre 1969, « *Erich Stauder c/Ville d'Ulm - Sozialamt* », aff. C-29/69, Rec. p. 419 ; CJUE, 28 octobre 1975, *« Roland Rutili c/ Ministre de l'Intérieur »*, aff. C-36/75, Rec. p. 1219.

784 PICHERAL (C.), COUTRON (L.) (dir.), *Charte des droits fondamentaux de l'Union européenne et Convention européenne des droits de l'homme*, Bruxelles, Bruylant, coll. « Droit de la Convention européenne des droits de l'Homme. Colloques », 2012, p. 147.

785 CJUE, 17 décembre 1970, « *Internationale Handelsgesellschaft MBH c/ Einfuhr und Vorratsstelle für Getreide und Futtermittel* », aff. 11/70, Rec. p. 1125.

principes généraux du droit. En effet, tout système juridique comprend deux niveaux de règles : écrites et non écrites. C'est à la deuxième catégorie qu'appartiennent les principes généraux du droit[786] auxquels la CJUE rattache la protection des droits fondamentaux.

Cet arrêt est porteur d'une doctrine « tripartite » qui, d'après la Cour, consiste à prendre en compte les traditions constitutionnelles communes aux États membres et les instruments internationaux pour élaborer une position à l'Union. En ce sens, il est « sans doute le plus significatif de la méthode comparative dans la jurisprudence de la Cour »[787]. Ce jugement confirme la position adoptée par la Cour dans l'arrêt « *Stauder* » qui avait déjà accordé aux droits fondamentaux une place centrale. Les juges de l'Union iront encore plus loin dans l'arrêt « *Nold* »[788] du 14 mai 1974 en précisant que « la protection des droits fondamentaux en droit communautaire se trouve aussi dans les Accords internationaux de protection des droits de l'Homme qui ont été ratifiés par tous les États membres, en particulier la Convention européenne de sauvegarde des droits de l'Homme et des libertés fondamentales ».

Ces trois arrêts sont les plus emblématiques de la légitimité de la Cour de justice européenne à assumer un rôle de « gardienne des droits fondamentaux »[789] en s'appuyant sur des principes de droit établis dans les Constitutions nationales et le droit conventionnel de protection des droits de l'Homme, tout en délimitant elle-même sa compétence et les limites du droit de l'Union[790] en la matière. Notons cependant qu'un an seulement après l'arrêt « *Nold* », la Cour accordera à la Convention européenne de sauvegarde des droits de l'Homme et des libertés fondamentales une place plus modérée. L'arrêt « *Rutili* » du 28 octobre 1975 reconnaît en effet à ce texte la qualité de simple source d'inspiration[791] ; une interprétation plus souple qui permet de résoudre d'éventuels conflits de jurisprudences.

Toutefois, la CJUE n'a pas toujours eu l'entière latitude pour remplir de manière effective sa fonction de gardienne des droits fondamentaux. Les États membres ont parfois remis en cause le bien-fondé de ses interventions.

---

786 La CJUE se prononce pour la première fois sur le sujet dans l'arrêt CJUE, 9 juillet 1969, « *Portelange c/ Smith Corona Marchant international* », aff. 10/69, Rec. p. 309.

787 PESCATORE (P.), « Le recours, dans la jurisprudence de la Cour de justice des Communautés européennes, à des normes déduites de la comparaison des droits des États membres », *RIDC*, vol. 32, n° 2, 1980, p. 340.

788 CJUE, 14 mai 1974, « *J. Nold, Kölen- und Baustoffgroßhandlung c/Commission des Communautés européennes* », aff. C-4/73, Rec. p 491.

789 ZAMPINI (F.), « La Cour de justice des Communautés européennes, gardienne des droits fondamentaux dans le cadre du droit communautaire », *RTD eur.*, n° 4, 1999, p. 659-707.

790 Ces limites se manifestent surtout à travers les vides en matière de droits de l'Homme constatées dans les traités.

791 CJUE, 28 octobre 1975, « *RolandRutili c/ Ministre de l'intérieur* », aff. C-36/75, Rec. p. 1219.

Notons, par exemple, la position très exigeante de la Cour constitutionnelle allemande en ce qui concerne la protection des droits fondamentaux. La *Bundesverfassungsgericht* a en effet plusieurs fois revendiqué une plus grande légitimité du cadre normatif national pour la protection des droits fondamentaux en méconnaissant les règles de l'Union « *Solange I* »[792] dont elle reconnaissait la primauté, mais dans les limites fixées par la loi constitutionnelle allemande. Cependant, dans un arrêt « *Solange II* » en date du 22 octobre 1986, la Cour allemande a pris acte du développement du droit de l'Union en matière de droits fondamentaux et accepté de considérer la protection prévue par les règles unionistes comme équivalente à la protection accordée par la Constitution allemande[793]. Néanmoins, on assistera à une nouvelle volte-face de la part de la Cour constitutionnelle allemande qui, dans l'arrêt « *Maastricht* » du 12 octobre 1993[794], a adopté une position plus restrictive en revendiquant sa compétence juridique pour se prononcer sur la compatibilité du droit de l'Union avec le droit national. Enfin, un dernier revirement s'est opéré le 7 juin 2000[795] lorsque la Cour a semblé revenir sur la jurisprudence « *Solange II* » en permettant un contrôle standard de la protection des droits fondamentaux.

Un autre exemple des limites de la protection des droits de l'Homme prévue dans le cadre de l'Union est la question du caractère contraignant ou non de la Charte des droits fondamentaux. Au moment de sa rédaction, le Premier ministre britannique a déclaré le 14 novembre 2000 que « la Charte n'est qu'une déclaration politique et le Royaume-Uni n'est pas le seul État membre à s'opposer à une nature juridique contraignante »[796]. La Charte a ainsi été approuvée, mais avec une réserve du Royaume-Uni et de la Pologne portant sur le Titre IV relatif aux droits économiques et sociaux. La République tchèque a par ailleurs demandé un régime dérogatoire à l'application de la Charte[797].

---

[792] Cour constitutionnelle Allemande, 29 mai 1974, « *Solange-I* », BverfGE 37, p. 271.

[793] Cour constitutionnelle Allemande, 22 octobre 1986, « *Solange-II* », BverfGE 73, p. 339.

[794] Cour constitutionnelle Allemande, 12 octobre 1993, « *Maastricht* », BVerfGE 89, p. 155.

[795] Cour constitutionnelle Allemande, 7 juin 2000, « *Marché des bananes* », EuGRZ 2000, p. 328.

[796] FAVREAU (B.), *La Charte des droits fondamentaux de l'Union européenne après le traité de Lisbonne*, Bruxelles, Bruylant, coll. « Institut des droits de l'homme des avocats européens », 2010, p. 23.

[797] Les clauses « d'*opting-out* » sont des réserves applicables à certains États membres de l'Union européenne dans certains domaines. C'est le cas notamment du Royaume-Uni qui a toujours été opposé à l'abandon des contrôles aux frontières, position adoptée aussi par l'Irlande au regard du protocole sur l'acquis de Schengen. En conséquence, la situation en matière de migrations et d'asile de l'Union européenne reste complexe.

Par conséquent, le juge de l'Union s'inspire de la Charte, mais aussi des textes écrits du droit primaire et du droit dérivé[798], des traditions constitutionnelles[799] nationales et de la Convention européenne de sauvegarde des droits de l'Homme[800] pour se prononcer sur des affaires mettant en question des droits fondamentaux.

Qu'en est-il de la protection des droits de l'Hommeen Amérique latine ?

B. Les droits de l'Homme, la Communauté andine et la CIDH

En Amérique du Sud, avec la consécration tardive de la démocratie[801], après des années de dictatures, est née une nouvelle doctrine visant à assurer le respect des Accords internationaux en matière de droits de l'Homme. Connue sous le nom de « Doctrine de Roldos »[802], elle fait référence à la liste de principes qui ont été inscrits dans une « Charte de bonne conduite » approuvée à Riobamba[803] en 1980 sous l'impulsion du président équatorien

---

798 Le juge prend en compte les principes de libre circulation des personnes, de non-discrimination et d'égalité.

799 Le juge de l'Union a su développer sa jurisprudence en matière de droits fondamentaux tout en prenant en compte les traditions constitutionnelles nationales qui jouent donc un rôle important, notamment la Cour constitutionnelle allemande qui est particulièrement impliquée en la matière.

800 Surtout en ce qui concerne les droits substantiels comme la non-réactivité de la loi pénale, la protection de l'intimité, la liberté d'association, la liberté syndicale, la liberté d'expression, le droit de propriété. La Cour a été encore plus loin que la Convention européenne des droits de l'Homme en matière de protection du droit au libre exercice d'une activité économique, du droit d'exporter, du droit au regroupement familial, de droits procéduraux, et du droit à un procès équitable.

801 Un questionnement a surgi avec la création de processus d'intégration en Amérique latine. Ainsi, Juan Mario Vacchino part du postulat que le déficit démocratique qui caractérise ces systèmes d'intégration est le résultat d'une priorisation du domaine économique au détriment de l'institution d'instances démocratiques comme un réel parlement régional. Pour cet auteur, la Communauté andine en tant que système d'intégration trouve une limite : l'hétérogénéité entre son cadre institutionnel et les objectifs réellement suivis par les États membres. Voir: VACCHINO (J. M.), « Son democráticos los procesos de integración en América latina? », *Notas para la exposición del XIIe Congreso nacional de la Asociación latinoamericana de Estudiantes y graduados de ciencias políticas y carreras afines*, Universidad Central de Venezuela, 2002, p. 18.

802 La « Charte de bonne conduite » (*Carta de buena conducta*) porte aussi le nom de son rédacteur Jaime Roldós Aguilera, homme politique et ancien président de l'Équateur de 1979 à 1981.

803 Article 10: « *Aplicar, inspirados en los principios de la justicia social internacional, los instrumentes del esquema integracionista andino en forma tal que se deriven para los Estados miembros beneficies equitativos entre los cuales conste el tratamiento preferencial para los países de menor desarrollo económico relativo, establecidos en el Acuerdo de Cartagena* ».

Article 11 : « *Contribuir a la vigencia de la libertad, la justicia social y la democracia mediante el cumplimiento del compromiso Andino de aplicar los principios fundamentales establecidos entre otros instrumentes internacionales, en la Carta de la Organización de las*

Jaime Roldos Aguilera. L'importance de ce document réside dans sa ferme volonté d'instaurer une protection des droits de l'Homme en Amérique du Sud en posant le principe de leur suprématie sur les concepts de souveraineté et de non-intervention.Cette charte servira de source d'inspiration à la Déclaration et programme d'action de Vienne de 1993, mais aussi au statut de la Cour pénale internationale de 1998, sans oublier la Charte andine de promotion et de protection des droits de l'Homme dont la rédaction a été menée par des représentants équatoriens[804].

Rappelons que le Préambule de cette dernière est révélateur de la prise en considération de plusieurs autres textes fondamentaux : la Charte des Nations Unies ; la Charte de l'Organisation des États américains ; la Convention américaine relative aux droits de l'Homme (« Pacte de San José ») et son Protocole additionnel traitant des droits de l'Homme en matière de droits économiques, sociaux et culturels ; le Pacte international relatif aux droits civils et politiques ; le Pacte international relatif aux droits économiques, sociaux et culturels ; la Charte démocratique interaméricaine. Ceci manifeste, d'après Ariel Dulitzky, « l'incorporation constitutionnelle dans les récentes constitutions latino-américaines des aspects concernant l'intégration et le droit conventionnel de protection des droits de l'Homme, constitutions qui délimitent et donnent des spécificités propres à l'intégration et aux instances de protection des droits de l'Homme »[805].

La Charte andine de promotion et de protection des droits de l'Homme reconnaît explicitement dans son article 60 l'importance du respect des autres instruments internationaux signés par les États membres. Il s'agit, pour les rédacteurs de la Charte, de permettre « une interaction entre les différentes cours de protection des droits de l'Homme et l'incorporation de tout le droit existant en la matière en Amérique latine »[806]. Pour la Charte de la CAN, la Convention américaine des droits de l'Homme est l'instrument

---

Naciones Unidas; en la Carta de la Organización de los Estados Americanos, en la Declaración Universal de los Derechos Humanos; en la Carta de los Derechos y Deberes Económicos de los Estados; en la Declaración sobre el Establecimiento del Nuevo Orden Económico International; en el Mandato de Cartagena, de 28 de mayo de 1979; en la Declaración de Quito de 11 de agosto de 1979; en el Acta de Panamá de 1° de octubre de 1979; y, en la Declaración de Lima de 29 de julio de 1980 ».

[804] La Cour interaméricaine des droits de l'Homme signale que « les traités relatifs à la protection des droits de l'Homme établissent un équilibre d'intérêts entre les États et garantissent la jouissance des droits et libertés de l'être humain, tous les traités sur les droits de l'Homme prétendent à l'établissement d'un ordre public commun entre les États, et ont comme destinataires pas seulement les États, mais les individus » (Opinion consultiva OC-1-81).

[805] DULITZKY (A.), *Estudios especializados de derechos humanos*, vol. I, Instituto interamericano de derechos humanos, 1996, p. 151

[806] URUEÑA (R.), « Luchas locales, cortes internacionales. Una exploración de la protección multinivel de los derechos humanos en América latina», *Revista de Derecho del Estado*, n° 30, 2013, p. 302.

principal de protection des droits de l'Homme. La Cour interaméricaine des droits de l'Homme (CIDH), organe judiciaire créé le 22 novembre de 1969 par le Pacte de San José, est chargée de l'interprétation et de l'application de la Convention américaine relative aux droits de l'Homme et entretient des relations permanentes avec le Tribunal andin qu'elle inspire. La CIDH fait en outre partie du Système interaméricain de protection des droits de l'Homme, aux côtés de la Commission interaméricaine des droits de l'Homme et de deux instances politiques : l'Assemblée générale et la Réunion de consultation des ministres des Affaires étrangères des États membres.

Cette position privilégiée lui accorde une légitimité particulière qui explique que sa jurisprudence soit suivie d'effets. Les États dont la responsabilité est mise en cause sont amenés à réparer les préjudices causés aux victimes. La CIDH connaît également souvent d'affaires portant sur des violations du droit à la vie et à l'intégrité de la personne[807]. Néanmoins, comme le relève la doctrine, « ce sont des arrêts obligatoires, mais non exécutoires en vertu de l'article 68 de la Convention interaméricaine des droits de l'Homme »[808]. Les États sont toutefois plutôt respectueux des arrêts de la Cour, notamment en raison de l'effet incitatif du Rapport annuel présenté par la CIDH à l'Assemblée générale de l'OEA, qui met en lumière les infractions des États et leur soumet des recommandations pour se conformer à ses arrêts. Malgré tout, certains États condamnés à réparation continuent de ne pas s'exécuter[809] et plusieurs affaires restent irrésolues en raison de vices de procédure essentiellement dus à un manque d'informations des parties au procès[810].

En ce qui concerne plus spécifiquement le rapport des États membres de la Communauté andine avec la CIDH, nous pouvons remarquer que l'État plurinational de la Bolivie, qui a ratifié le Pacte de San José par la loi n° 1430 du 11 février de 1992, a fait l'objet de peu de condamnations pour

---

[807] Par exemple: Corte IDH, arrêt du 12 novembre 1997, « *Caso Suárez Rosero vs. Ecuador, Fondo* », Serie C, n° 35; Corte IDH, arrêt du 8 de mars 1998, « *Caso Panel Blanca", Caso Paniagua Morales y otros* », Serie C, n° 37; Corte IDH, arrêt du 25 mai 2001, « *Caso de la "Panel Blanca" Paniagua Morales y otros vs. Guatemala, Reparaciones y Costas* », Serie C, n° 76; Corte IDH, arrêt du 26 de mai 2001, « *Caso de los "Niños de la Calle", Villagrán Morales y otros vs. Guatemala, Reparaciones y costas* », Serie C, n° 77.

[808] FIX-ZAMUDIO (H.), Reflexiones sobre la organización y funcionamiento de la Corte interamericana de derechos humanos, in Instituto de investigaciones jurídicas, *Estudios en honor a Jorge Barrera Graf*, D.F. Mexique, Graf. UNAL, vol. I, 1989, p. 523.

[809] STORNI (C.), « Efectos de la jurisprudencia de la Corte interamericana de Derechos Humanos en los países miembros de la OEA », *Foro*, n° 11, 2009, p. 63.

[810] *Ibdem* p. 64.

violations au regard du Système interaméricain[811]. S'agissant de la Colombie, sa Cour constitutionnelle reconnaît « une place primordiale à la jurisprudence de la CIDH »[812] de telle sorte que « l'application de la jurisprudence de la CIDH devient un référent pour les instances judiciaires nationales colombiennes en matière de protection des droits de l'Homme » ; elle est même considérée par la doctrine colombienne comme un « véritable paramètre pour définir le contenu du bloc constitutionnel *stricto sensu* »[813]. L'Équateur a quant lui été condamné treize fois par la CIDH depuis 1998, principalement dans des affaires concernant des violations au droit à la santé[814]. Cependant, l'État péruvien est celui qui a le plus payé d'indemnités exigées par les arrêts de la Cour interaméricaine ce qui, selon Délia Munoz, « manifeste le respect et l'accomplissement des arrêts édictés par la CIDH de la part du Pérou »[815].

Le contenu de la Charte andine de promotion et de protection des droits de l'Homme est en lui-même un indice de la prise en considération des arrêts de la CIDH dans le cadre de la CAN ; cependant, comme nous l'avons déjà signalé, elle est aujourd'hui sans effet contraignant. La jurisprudence du TJCA recèle néanmoins depuis quelques années de références plus ou moins directes au Système interaméricain de protection des droits de l'Homme et fait référence à la valeur de la Charte andine de promotion et de protection des droits de l'Homme.

§ 3 Les premiers pas du TJCA en matière de protection des droits de l'Homme

À l'instar de la CAN, c'est en traitant d'affaires relevant du domaine économique que le Tribunal andin a été amené à se prononcer sur des questions relatives à la protection des droits de l'Homme[816]. Le TJCA

---

[811] YÁÑEZ CORTES (A.), « El acceso a la justicia en el sistema interamericano de derechos humanos: el caso de Bolivia », *VI° curso regional andino de derechos humanos para profesores de derecho*, 2006, p. 18.

[812] CCC, décision n° C-010/00 du 23 février 2000, avis confirmé par les décisions n° C-406/96, n° T-568/99 et n° T-1319/ 01.

[813] CORDABA TRIVIÑO (J.), « Aplicación de la jurisprudencia de la Corte Interamericana de derechos humanos al derecho constitucional colombiano », *Anuario de Derecho Constitucional latinoamericano*, vol. II, n° 13, 2007, p. 672.

[814] PONCE VILLACIS (A.), « El Ecuador y el sistema interamericano de protección a los derechos humanos: una mirada crítica a la conducta estatal», *Revista uris Dictio*, año V, n° 9, 2005, p. 16.

[815] « Más de US$ 16 millones pagó el Estado peruano por indemnizaciones dictadas por la Corte de San José », disponible sur: *Journal Agencia peruana de noticias del Perú para el mundo*, article publié le 19 avril 2009, http://www.andina.com.pe/agencia/noticia-mas-16-millones-pago-estado-peruano-indemnizaciones-dictadas-por-corte-san-jose-228722.aspx.

[816] Le TJCA ne se prononcera pas tout de suite sur la protection communautaire des droits de l'Homme, posture qui sera largement critiquée par la doctrine andine.

rappelle notamment régulièrement aux États membres et aux acteurs économiques de la région l'importance du droit à un procès équitable (A), de la protection de la santé publique des citoyens andins (B), et, plus généralement, de la préservation de la vieet d'un environnement sain (C).

A. Le droit à un procès équitable

Le principe du procès équitable[817] constitue aujourd'hui « la pierre angulaire des procédures juridictionnelles ». Aussi n'est-il pas étonnant que le TJCA l'ait consacré dès les années 1990. Appelé à se prononcer sur l'importance des principes du droit dans le cadre de la compétence d'interprétation que lui octroie le droit communautaire andin, le TJCA décida dans l'arrêt n° 4 -AN-97 du 28 janvier 1993 d'accorder « une importante valeur aux principes généraux du droit à l'exemple du principe de légalité, du droit à la défense et du procès équitable ». Le Tribunal ajouta « que les principes généraux du droit et les valeurs juridiques les plus importantes doivent être pris en compte au moment de l'utilisation de méthodes fonctionnelles d'interprétation du droit communautaire andin »[818].

Voir: CASAL H. (J. M.), « Los derechos humanos en los procesos de integración », *op. cit.*, p. 266. C'est dans l'arrêt « *Guayasamín Villacis*», n° 56-DI-2001 du 20 février 2002 quele Tribunal a examiné une demande d'interprétation préjudicielle portant directement sur la violation des droits de l'Homme de la part d'une institution communautaire. En l'espèce Mme Pilar Guayasamín Villacis présenta une plainte contre son ancien employeur, le Parlement andin, en mettant en question plusieurs contrats de travail. La requérante fit appel aux articles 2, 6, 7, 8 y 23 de la Déclaration universelle des droits de l'Homme et cita aussi des accords signés par les États membres dans le cadre de l'Organisation internationale du travail et des règlements administratifs. Le Tribunal, conformément à l'article 136 du statut du TJCA, s'est d'abord déclaré compétent pour résoudre les conflits relatifs au travail entre une institution du Système andin d'intégration et un employé andin cependant, dans un deuxième temps, il s'est reconnu incompétent dans l'affaire en question en se fondant l'article 154 du statut général du Parlement andin qui dispose que les conflits au travail seront résolus selon le droit national du siège de l'institution andine. Ici, il revenait donc à la juridiction nationale colombienne de connaître de la demande de la requérante.

[817] Le procès équitable peut être entendu « comme le droit à un procès équilibré entre toutes les parties (*equus*= équilibre), dont les principales manifestations, dans la jurisprudence de la CEDH, sont le droit à un recours effectif devant un tribunal, le droit à un tribunal indépendant et impartial, le droit à un procès public respectant l'égalité des armes et conduisant à un jugement rendu dans un délai raisonnable, le droit à l'exécution effective de la décision obtenue. Issu du droit naturel, le droit à un procès équitable est devenu un droit substantiel, la garantie de la garantie des droits » (GUINCHARD (S.), DEBARD (T.), *Lexique des termes juridiques*, *op. cit.*).

[818] TJCA, arrêt n° 4-AN-92, publié au GOAC n° 127 du 19 février 1993: « *En cuanto a los principios generales del derecho y a los más importantes valores jurídicos que deberían tenerse en cuenta para la utilización de los métodos funcionales de interpretación en el Derecho Comunitario Andino* ».

Puis, à l'occasion de l'arrêt n° 2 -AI-96 du 13 août 1997, le TJCA insista sur « le rôle du juge dans le processus d'élaboration et de préparation des décisions quand il doit prendre soin de ne pas contredire les règles juridiques et les principes généraux du droit à appliquer ». Dans ce jugement, le Tribunal rappela aussi la valeur de ces principes généraux du droit que les juges de la région andine doivent prendre en considération, y compris les juges nationaux, que sont « le principe de légalité, du droit à la défense et le procès équitable »[819].

Le Tribunal a pu se prononcer encore plus précisément sur la violation du principe du procès équitable par les États membres dans l'arrêt n° 53 -AI-99 à propos d'un défaut d'application de l'article 4 du Traité constitutif du TJCA, de l'article 155 de l'Accord de Carthagène et de la Résolution n° 226 du Secrétariat général[820]. Cependant, c'est dans l'arrêt n° 0100 -AN-2004 rendu le 28 janvier 2003 que le Tribunal a donné une interprétation large du procès équitable en considérant que celui-ci s'applique aussi aux procédures entreprises par les citoyens andins auprès des instances administratives des États membres de la CAN. Les juges rappellent ici en effet que « le rôle du procès équitable en tant que principe général du droit » consiste à « apporter une formulation claire et complète de la communication des griefs, avec explication des fondements de fait et de droit ; la possibilité de présenter des charges et des décharges, des explications, de solliciter et d'apporter des preuves légales ». Depuis lors, le Tribunal a souvent insisté sur l'importance de l'application du principe du procès équitable qui garantit un traitement impartial des affaires et une autonomie fonctionnelle des instances juridictionnelles[821].

---

[819] TJCA, arrêt n° 2-AI-96, publié au GOAC n° 289 du 27 août 1997: « *No puede pretenderse válidamente, por ejemplo, darle un desmedido alcance a la interpretación que se logre aplicando tales métodos, lo cual ocurre sin duda, por ejemplo, cuando no se respeta el texto claro en la norma o cuando no se tiene debidamente en cuenta su naturaleza propia, como puede ser su carácter procesal. En tales casos, como se ha visto, resultan además vulnerados principios generales del derecho, tales como el principio de legalidad, el derecho de defensa y el debido proceso* ».

[820] TJCA, arrêt n° 53-AI-99, publié au GOAC n° 778 du 2 avril 2002: « *La introducción de este argumento es criticado por la Secretaría General, la cual se opone a que el Tribunal lo considere para efectos de la sentencia al estimarlo como una vulneración al derecho de defensa y al debido proceso en razón de la inoportunidad de su presentación y la falta de congruencia que muestra en relación con las excepciones propuestas en la contestación de la demanda. Para el Tribunal no se dan las alegadas violaciones a los principios de lealtad procesal, debido proceso y derecho de defensa, toda vez que no advierte que en la audiencia, al exponer los aludidos razonamientos, se hayan introducido nuevas excepciones o pretensiones por parte de la demandada sino que se utilizan argumentaciones nuevas con miras a ejercitar su defensa, lo cual se estima procesalmente válido. De esta manera procederá a analizar el punto en cuestión* ».

[821] TJCA, arrêt n° 121-IP-2014, publié au GOAC n° 2427 du 11 décembre 2014 :

Suite à cette jurisprudence du Tribunal, le droit à un procès équitable a été reconnu par le droit communautaire andin lui-même, plus précisément le droit dérivé à travers la Décision n° 500 du Conseil andin des ministres des Affaires étrangères de la Communauté andine du 22 juin 2001 portant statut du TJCA. L'article 35 de ce texte dispose en effet que « le Tribunal se doit de respecter toutes les procédures prévues par son statut qui ont pour objet l'effectivité des droits des personnes sous sa juridiction et la sauvegarde de l'esprit de l'intégration en plus du respect de l'égalité juridique des parties et de la garantie d'un procès équitable »[822].

La Charte andine de promotion et de protection des droits de l'Homme reconnaît aussi le droit à un procès équitable dans deux articles : le premier est relatif au respect du principe s'agissant des demandeurs d'asile et apatrides[823] ; le deuxième fait plus généralement référence à l'administration de la justice dans les États membres encouragés à observer le principe pour des juridictions efficientes, indépendantes, impartiales et autonomes[824].

Enfin, dans l'arrêt n° 81 -DL-2005, le Tribunal andin déclara que « le procès équitable est un droit subjectif qui oblige la juridiction à une correcte administration de la justice »[825]. En l'espèce, une action avait été formée par Jésus Alberto Villarroel Montes contre le Secrétariat général de la Communauté andine pour licenciement injustifié. Le juge andin a saisi cette occasion pour préciser « qu'il s'agit d'une violation au procès équitable de la part des institutions administratives et juridictionnelles lorsqu'elles ne font pas appel à l'interprétation préjudicielle quand l'objet de la demande porte

---

« *Asimismo, el presente procedimiento respeta el debido proceso y posee el carácter contradictorio, además de que debido a su autonomía funcional queda garantizada su imparcialidad*».

822 Article 35: « *Los procedimientos previstos en el presente Estatuto tienen por objeto asegurar: la efectividad de los derechos sustantivos de la persona sujetas a su jurisdicción; la salvaguarda del espíritu de la integración; el respeto de la igualdad jurídica de las partes; y, la garantía del debido proceso* ».

823 Article 59: « *El goce efectivo de sus derechos, con arreglo a las legislaciones nacionales, en particular el derecho a la vida, la seguridad, la propiedad, a contar con un recurso efectivo frente a la violación de sus derechos, al respeto de las normas del debido proceso ante los tribunales del país de recepción, a no ser expulsado –sino de conformidad a la ley, pero nunca al país donde su vida, seguridad o libertad estén amenazadas* ».

824 Article 64: « *Para la promoción y protección de los derechos humanos en general, y del derecho al debido proceso en particular, promoverán que los Países Miembros de la Comunidad Andina cuenten con administraciones de justicia eficientes, independientes, imparciales y autónomas* ».

825 TJCA, arrêt n° 81-DL-2005, publié au GOAC n° 1459 du 25 janvier 2007: « *El Tribunal observa que "el debido proceso en cuanto derecho subjetivo obliga al ente jurisdiccional a la recta administración de justicia y abarca las condiciones que deben cumplirse para asegurar la debida defensa de aquellos cuyos derechos u obligaciones están bajo consideración o tratamiento judicial*».

sur une norme communautaire andine »[826] ; avant d'insister en indiquant que « la consultation en interprétation préjudicielle au TJCA est considérée comme obligatoire »[827].

À ce propos, l'ancien magistrat du Tribunal Ricardo Vigil Toledo a pu souligner l'importance « du rôle des juges communautaires pour le respect des règles du procès équitable et l'application du droit communautaire dans les cas de consultation des tribunaux de justice communautaires »[828]. Ainsi, le procès équitable est considéré comme un « principe fondamental » et on relève de nombreux arrêts du TJCA qui en font mention en le rattachant au nécessaire respect du droit communautaire andin[829].

Le Tribunal andin a ainsi de plus en plus sérieusement pris en compte sa fonction de protecteur des droits de l'Homme. Il est un autre principe fondamental reconnu dans le cadre andin : la protection de la santé publique.

B. La protection de la santé publique

Dans l'affaire n° 114 -AI-2004[830], le Tribunal andin a été amené à se prononcer pour la première fois sur la relation entre protection des droits de l'Homme et protection du secret industriel. Les juges avaient été saisis d'un recours en constatation en manquement introduite par l'Association des industries pharmaceutiques colombiennes (ASINFAR) contre la République de Colombie au sujet de l'application du décret n° 2085 du 19 septembre 2002. Précisément, l'ASINFAR alléguait une violation de l'article 4 du Traité constitutif du TJCA, ainsi que les articles 260 à 266, 276 et 279 de la Décision n° 486 de la Commission de la Communauté andine. Le Tribunal

---

826 TJCA, arrêt n° 57-IP-2012, publié au GOAC n° 2118 du 14 novembre 2012: « *En el caso de la consulta obligatoria, cuando no cabe un recurso ulterior, el incumplimiento del trámite constituye una clara violación al principio fundamental del debido proceso y, en consecuencia, debería acarrear su nulidad, si es que dicha sentencia puede ser materia de un recurso de casación o de un recurso de amparo , toda vez que las normas que garantizan el derecho al debido proceso son de orden público y de ineludible cumplimiento* ».

827 TJCA, arrêt n° 106-IP-2009, publié au GOAC n° 1853 du 13 juillet 2010.

828 VIGIL TOLEDO (R.), *Reflexiones en torno a la construcción de la comunidad sudamericana de acciones, op. cit.*, p. 26-29.

829 TJCA, arrêt n° 11-IP-2011, publié au GOAC n° 1964 du 13 juillet 2011 ; TJCA, arrêt n° 121-IP-2014, publié au GOAC n° 2427 du 11 décembre 2014 ; TJCA, arrêt n° 207-IP-2013 publié au GOAC n° 2321 du 7 avril 2014.

830 TJCA, arrêt n° 114-AI-2004, publié au GOAC n° 1295 du 9 février 2006 : « *Cabe señalar que como todo derecho de propiedad, los derechos de propiedad industrial como poder jurídico de usar, gozar y disponer de los bienes inmateriales que constituyen su objeto, tienen su límite o están circunscritos dentro del marco del interés público. En el proceso de integración de la Comunidad Andina, el interés comunitario que debe regir la comercialización de los productos farmacéuticos, dentro del contexto fijado por el Acuerdo de Cartagena (preámbulo y artículo primero), está destinada a la protección de la salud pública y al mejoramiento del nivel de vida de los habitantes de la subregión*».

considéra alors que « bien que la Décision n° 486 sur le régime commun de propriété industrielle garantisse la protection du secret industriel la seule limite se trouve dans l'intérêt public » ; avant de rappeler que « dans le cadre du préambule et l'article 1er de l'Accord de Carthagène la Communauté andine est destinée à la protection de la santé publique et à l'amélioration du niveau de vie des habitants de la région andine ». De plus, les juges ont insisté sur le « besoin de protéger le public, c'est-à-dire les peuples », ainsi que « la santé publique en tant que droit fondamental des peuples »[831] ; sachant que « l'amélioration du niveau de vie de la population des États membres constitue une fin propre et d'intérêt fondamental pour la Communauté, il s'agit d'un bien juridique digne de protection, qui en lien avec l'objectif de développement conduit à une conception élargie de cet objectif, en fonction des besoins fondamentaux de la population de la région ».

Le TJCA conclut son raisonnement en jugeant que « du point de vue de la santé publique prévue comme limite à l'article 266 de la Décision n° 486, il convient de souligner que, dans le cas de la consommation de produits pharmaceutiques dans les pays en développement comme c'est le cas des États membres de la Communauté andine, l'octroi de droits exclusifs pour des périodes de temps certains, peut entrer en conflit avec les droits de l'Homme comme le droit à la santé et le droit à la vie ». Toutefois, notons que bien qu'il se prononce dans cette affaire sur la portée des droits de l'Homme, le Tribunal ne fait allusion ni à l'article 19 relatif au droit à la vie ni à l'article 24 portant sur l'effectivité des droits de l'Homme en matière de santé physique de la Charte andine de promotion et de protection des droits de l'Homme. Il manque ce faisant une fois de plus l'opportunité d'une reconnaissance prétorienne explicite de la portée de cette Charte.

D'autres sujets ont retenu l'attention du juge andin qui a pu insister sur l'importance de l'amélioration du cadre de vie, du droit à la vie et du droit à un environnement sain.

---

[831]TJCA, arrêt n° 114-AI-2004, publié au GOAC n° 1295 du 9 février 2006: « *En el supuesto citado, la consecuencia jurídica prevista es la atribución a los Países Miembros de la potestad de proteger aquellos datos contra su uso comercial desleal y, además, contra su divulgación. Sin embargo, la disposición consagra dos límites a esta potestad: el primero deriva de la necesidad de los Países de proteger al público, es decir, a sus pueblos; y el segundo deja sin efecto la prohibición si se han adoptado ya medidas para garantizar la protección de los datos contra su uso comercial desleal. Cabe poner de relieve el primero de los límites, toda vez que, vista la naturaleza de los productos a que se refieren los datos, la razón del límite se encuentra en la necesidad de protección de la salud pública y, por tanto, en el derecho fundamental a la salud de los pueblos* ».

C. L'amélioration du cadre de vie, le droit à la vie et le droit à un environnement sain

En ce qui concerne l'amélioration du cadre de vie, c'est-à-dire desconditionséconomiques, sociales et culturelles de la population andine, le Tribunal a considéré dans un arrêt rendu en 2003 que « l'objectif de développement et d'intégration passe par l'augmentation des niveaux de revenuréel par habitant et l'évolution d'une série d'indicateurs économiques, mais aussi par la satisfaction progressive des besoins fondamentaux comme la nourriture, la santé, l'éducation, le travail et la sécurité sociale»[832].

Le Tribunal s'est plus précisément prononcé sur la question de la protection du droit à la vie en 2012, à l'occasion de l'arrêt n° 112 -IP-2012, à propos d'un recours en interprétation préjudicielle portant sur les articles 136 et 134 de la Décision n° 486 du 14 septembre 2000 formé par la première section du Conseil d'État de la République de Colombie[833]. Dans ses conclusions, le TJCA signale que « les industries pharmaceutiques doivent prendre soin de ne pas provoquer de risques quant à la commercialisation desproduits pharmaceutiques, attendu que peut survenir un risque de confusion du public consommateur concernant les produits pharmaceutiques, et que cela pourrait toucher des droits fondamentaux tels que la santé et la vie »[834].

Puis, dans un autre arrêt de 2012 portant cette fois sur l'interprétation des Accords de complémentarité industrielle encadrés par les articles 64 et 65 de l'Accord de Carthagène et les Accords de complémentarité dans le secteur automobile signé entre la Colombie, l'Équateur et le Venezuela concernant l'interdiction de l'importation d'automobiles et de pièces d'occasion en novembre 1993, le Tribunal précise que « les droits de l'Homme, parmi lesquels se trouvent le droit à la vie, le droit à la santé, le droit à l'intégrité

---

[832]TJCA, arrêt n° 137-IP-2003, publié au GOAC n° 1054 du 15 avril 2003: « *En lo que concierne al mejoramiento del nivel de vida, es decir, de las condiciones económicas, sociales y culturales de los habitantes de los Países Miembros, su procuración, en tanto que finalidad del desarrollo y de la integración, pasa por el aumento de los niveles de renta real per cápita y por la evolución de una serie de indicadores económicos, tales como los señalados en el artículo 2 del Acuerdo, es decir, la expansión de las exportaciones globales de cada País Miembro, de la balanza comercial, del producto interno bruto, del empleo y del capital, pero también por la satisfacción progresiva de necesidades fundamentales como la alimentación, la salud, la educación, el trabajo y la seguridad social*».

[833] Dans l'affaire n° 2008-00018, « SB PHARMCO PUERTO RICO INC. Marca: AVANTRA » du Conseil d'État colombien. (Le Conseil d'État colombien est la juridiction administrative suprême et organe consultatif suprême du gouvernement colombien).

[834] TJCA, arrêt n° 112-IP-2012, publié au GOAC n° 2161 du 8 mars 2013: « *La corte consultante debe determinar la registrabilidad del signo AVANTRA (denominativo), examinando cuidadosamente la posibilidad de riesgo de confusión en el público consumidor de productos farmacéuticos, y tomando en cuenta que podrían verse involucrados derechos humanos fundamentales como la salud y la vida* ».

physique et le droit à un « environnement sain »[835], sont des principes fondamentaux sans lesquels il serait impossible d'accomplir les objectifs du processus d'intégration régionale andine»[836]. Interprétant l'article 6 de l'Accord de complémentarité dans le domaine automobile (publié au GOAC n° 483 du 17 septembre 1999) au regard des droits de l'Homme, les juges ajoutent que « ce sont des paramètres qui sont pris en compte pour interdire l'importation de véhicules et de pièces d'occasion dans la région ». Le Tribunal veut ainsi réaffirmer que les accords signés entre États membres doivent avoir pour axe directeur la protection des droits fondamentaux des citoyens andins.

Il est intéressant de remarquer que le Tribunal lui-même rappelle que « dans ses récents arrêts, (il) a accueilli la protection des droits del'Homme en tant que fondement d'une interprétation adéquate des normes communautaires »[837]. Le juge andin reconnaît ainsi pleinement sa compétence en matière de protection des droits de l'Homme et insiste sur sa fonction de garant de la bonne application du droit communautaire andin qui

---

[835] La notion de la protection de l'environnement sain est de plus en plus prise en compte du fait des conséquences néfastes de la pollution sur les êtres humains et sur leur qualité de vie. En Europe la CEDH « suscite les espoirs de certains défenseurs de l'environnement, mais aussi leur déception » (TAVERNIER (P.), « La Cour européenne des droits de l'homme et la mise en œuvre du droit international de l'environnement », in *Implementation and enforcement of international environment law*, Actes du Colloque à l'Université Charles de Prague le 25 et 26 janvier 2002, Facultas Juridica Universitatis Carolinae Pragensis, Prague, Pavel Sturma, 2002, pp. 47-57, disponible sur *Revue Actualité et Droit international*, juin 2003: www.ridiorg/adi); KISS (A.), « Environnement, droit international, droits fondamentaux », *Cahiers du Conseil constitutionnel*, n° 15, 2004, disponible sur : http://www.conseil-constitutionnel.fr/conseil-constitutionnel/francais/nouveaux-cahiers-du-conseil/cahier-n-15/environnement-droit-international-droits-fondamentaux.52001.html.

[836] TJCA, arrêt n° 116-IP-2012, publié au GOAC n° 2161 du 8 mars 2013: « *Los derechos humanos, dentro de los cuales se encuentran el derecho a la vida, a la salud, a la integridad física y a un ambiente sano, son mínimos fundamentales sin los cuales sería imposible cumplir los objetivos del proceso de integración subregional; son principios generales del derecho comunitario andino. Por lo tanto, dichos parámetros fundamentales son la base para prohibir la importación de vehículos y autopartes usadas en la subregión. Asimismo, la defensa al consumidor se desarrolla sobre la base de este conjunto de principios, ya que lo mínimo que se debe garantizar en el mercado es que la adquisición de bienes y servicios no afecte sus derechos fundamentales* ».

[837] TJCA, arrêt n° 114-IP-2009, publié au GOAC n° 1860 du 4 août 2010: « *El Tribunal de Justicia de la Comunidad Andina, en recientes pronunciamientos, ha acogido la protección de los derechos humanos como fundamento para una adecuada interpretación de normas comunitarias. Por ejemplo, al interpretar la Decisión 197 de la Comisión del Acuerdo de Cartagena, sostuvo que más allá de los fines empresariales alegados en la mencionada normativa, éstas debían interpretarse a la luz de la protección de los derechos humanos* ». Dans cet arrêt, le Tribunal rappelle sa jurisprudence sur la promotion du développement de l'agro-industrie et de l'élevage dans la région andine dans le respect du principe de protection des droits humains face à la liberté des entreprises pour leur propre développement.
Voir not. : TJCA, arrêt n° 90-IP-2008, publié au GOAC n° 1662 du 9 octobre 2008.

inclut cette protection. Nous interprétons cette position comme le fruit d'une maturation jurisprudentielle qui s'est progressivement consolidée ces vingt dernières années.

De notre point de vue, ces avancées en matière de protection des droits de l'Homme relèvent plus largement d'un processus d'approfondissement de la Communauté andine dont les objectifs à caractère social reprennent une place centrale dans l'Accord de Carthagène qui vise notamment une amélioration du niveau de vie des citoyens de la région. Un approfondissement qui ne serait pas possible sans l'action du Tribunal qui fait, comme nous l'avons constaté, de la protection des droits de l'Homme un fondement propre de l'essor de la Communauté andine. Bien que l'implication du Tribunal soit encore récente en la matière, il joue de manière plus appuyée un rôle d'instance de protection des droits des ressortissants andins. La Communauté andine a donné au citoyen andin une place privilégiée dans le processus d'intégration andin en permettant le développement d'actions destinées à assurer le respect de ses droits en tant que travailleur et consommateur.

CHAPITRE 2

LE CITOYEN ANDIN AU CŒUR DU DÉVELOPPEMENT DU PROCESSUS D'INTÉGRATION ANDIN

Après avoir tenté d'instaurer un marché commun consolidé et une intégration économique avancée sans grand succès, la Communauté andine a adopté un nouveau prisme pour poursuivre le processus d'approfondissement de l'expérience communautaire : l'amélioration de la vie des citoyens andins[838] dans le cadre d'une intégration plus sociale.

La protection des droits des personnes est ainsi venue s'ajouter au principe de circulation des biens et services en tant que principaux facteurs de développement de la CAN (Section 1) qui ces dernières années s'est plus particulièrement attelée à protéger les travailleurs andins (Section 2).

SECTION 1 : LES RESSORTISSANTS ANDINS : ACTEURS D'UN PROCESSUS D'INTÉGRATION ÉCONOMIQUE ASYMÉTRIQUE

Dans tout processus d'intégration à caractère économique, il est facile d'identifier des acteurs moteurs d'une dynamique de création d'un marché commun. Les systèmes d'intégration en revanche s'intéressent moins aux consommateurs qui sont pourtant les destinataires des biens et services fournis sur le marché. La Communauté andine comme l'Union européenne se sont en effet inquiétées du sort des consommateurs communautaires relativement tardivement (§ 1). Des cadres juridiques spécifiques ont cependant étéformulés (§2), contribuant à un renforcement du droit des consommateurs dont l'effectivité est supervisée par des organes de contrôle communs (§3).

---

[838]Article 2 de l'Accord de Carthagène, qui complète son article 1er établissant que la Communauté andine a comme « objectif de procurer une amélioration constante du niveau de vie de la population dans la région ».

§ 1 La naissance de la notion de consommateur

Selon le Code de la consommation français, est considérée comme consommateur « toute personne physique qui agit à des fins qui n'entrent pas dans le cadre de son activité commerciale, industrielle, artisanale ou libérale »[839]. Aux côtés de cette définition généraliste, on distingue des acceptions de la notion de consommateur adaptées aux spécificités de l'Union européenne (A) et de la Communauté andine (B).

A. Le consommateur dans le cadre du droit de l'Union

La notion du consommateur n'était initialement pas prévue dans le droit originaire de l'Union : le besoin de protection des consommateurs n'existait pas au moment de la signature des traités fondateurs[840]. Cependant, comme le souligne Monique Luby, « ce sont des lacunes et de la vacuité du droit interne que l'Union sait tirer parti en s'intéressant surtout à la réalité de l'évolution du processus commun »[841]. L'UE s'emploiera à combler ce silence et proposera une notion de consommateur qui « oscille entre l'objectif d'intégration des marchés nationaux et une politique autonome de consommation »[842].

Le droit de l'Union proposera ainsi dans les années 1990 une définition restrictive du consommateur entendu « comme une personne physique qui se procure des biens ou des services pour un usage privé » ; une approche reprise par la CJUE[843]. Par ailleurs, le droit de l'Union semble distinguer

---

[839] La notion de consommateur dans le cadre français ne fait l'objet d'une définition que depuis la loi du 17 mars 2014 qui a transposé la directive 2011/83 du Parlement européen et du Conseil du 25 octobre 2011. La définition du dictionnaire Larousse considère le consommateur comme la « personne qui achète pour son usage des produits quelconques ». (*DictionnaireLe Petit Larousse illustré 2015*, *op. cit.*) Notons aussi que : « Le consommateur en tant que sujet de droit n'apparaît en France que dans les années 1970 » (CORNU (G.), *Vocabulaire juridique*, *op. cit.*). Par ailleurs, la Cour de cassation française a d'abord eu une approche très large du consommateur en considérant « qu'une personne morale pouvait bénéficier de la protection dès lors qu'il était relativement au contenu du contrat » (C. Cass., 1ère civ. 28 avril 1987). Puis, la Cour de cassation a ensuite adopté une acception plus restrictive en délimitant le domaine de protection aux contrats n'ayant pas de rapport direct avec son activité professionnelle (C. Cass., 1ère civ. 24 novembre 1993).

[840] Le traité CEE ne fait que quelques allusions au consommateur : article 3, article 39, article 40, article 85 et article 86.

[841] LUBY (M.), « La notion de consommateur en droit communautaire: une commode inconstance… », *Contrats Concurrence Consommation*, Chron. 1, n° 1, Hors-série, 2000, p. 58.

[842] *Ibidem*, p. 59.

[843] La Cour de justice s'appuie sur l'article 2 b) de la directive n° 93/13 du 5 avril 1993 qui définit le consommateur comme étant « toute personne physique » qui remplit les conditions énoncées par cette disposition.

« l'utilisateur » du « consommateur final privé ». Le premier terme était déjà mentionné dans le Traité de Rome[844], puis a été précisé dans divers textes de droit dérivé relatifs à la concurrence, à la santé et à la sécurité des consommateurs[845]. Quant à l'expression « consommateur final privé », on la retrouve dans plusieurs décisions d'harmonisation mettant l'accent sur les intérêts économiques des consommateurs[846].

On retrouve ces deux acceptions unifiées dans la notion actuelle de consommateur européen vu en tant que « consommateur/agent économique ou consommateur/utilisateur final »[847]. Ce rapprochement révèle une prise de conscience de l'importance « d'une dimension "consommateur" dans les intérêts généraux du marché commun »[848], comme en témoigne la reconnaissance par l'Union, dès le début des années 1970, du besoin de protéger sa sécurité, sa santé et ses intérêts économiques ; des termes que

---

844 Traité de Rome du 25 mars 1957, article 85.

845 Citons entre autres : Directive n° 76/768/UE relative au rapprochement des législations des États membres concernant les produits cosmétiques ; Directive n° 88/378/UE relative au rapprochement des législations des États membres concernant la sécurité des jouets ; Directive n° 92/59/UE relative à la sécurité générale des produits ; Directive n° 89/398/UE relative au rapprochement des législations des États membres concernant les denrées alimentaires destinées à une alimentation particulière ; Directive n° 85/374/UE relative au rapprochement des dispositions législatives, réglementaires et administratives des États membres en matière de responsabilité du fait des produits défectueux ; Directive n° 2001/95/CE relative à la sécurité générale des produits.

846 Citons entre autres : Directive n° 85/577/UE relative à la protection des consommateurs dans le cas de contrats négociés en dehors des établissements commerciaux ; Directive n° 90/314/UE relative aux voyages, vacances et circuits à forfait ; Directive n° 93/13/UE relative aux clauses abusives dans les contrats conclus avec les consommateurs ; Directive n° 94/47/UE relative aux actions en cessation en matière de protection des intérêts des consommateurs ; Directive n° 97/7/UE relative à la protection des consommateurs en matière de contrats à distance ; Directive n° 98/6/UE du 16 février 1998 relative à la protection des consommateurs en matière d'indication des prix des produits offerts aux consommateurs ; Directive n° 99/44/UE relative à certains aspects de la vente et des garanties des biens de consommation ; Directive n° 87/102/UE relative au rapprochement des dispositions législatives, réglementaires et administratives des États membres en matière de crédit à la consommation du 25 mai 1999 ; Directive n° 2000/3/UE relative à certains aspects juridiques des services de la société de l'information, et notamment du commerce électronique, dans le marché intérieur ; Directive n° 2002/65/UE relative à la commercialisation à distance de services financiers auprès des consommateurs; Directive n° 2005/29/UE relative aux pratiques commerciales déloyales des entreprises vis-à-vis des consommateurs ; Directive n° 2008/48/UE relative aux contrats de crédits aux consommateurs ; Directive n° 2008/122/UE relative à la protection des consommateurs en ce qui concerne certains aspects des contrats d'utilisations de biens à temps partagé, des contrats de produits de vacances à long terme et des contrats de revente et d'échange ; Directive n° 2009/22/CE relative aux actions en cessation en matière de protection des intérêts des consommateurs.

847 LUBY (M.), « Droit communautaire de la consommation », *JurisClasseur Europe*, fasc. 790, à jour le 15 septembre 2002.

848 SOLA (de) (M.), JEUNIAUX (N.), « La politique communautaire en faveur des consommateurs », *RMUE*, n° 1, 1992, p. 65.

l'on retrouve dans l'actuel article 169 du TFUE[849]. Mais les débuts ont été laborieux. En effet, « la politique des consommateurs a fait l'objet d'une difficile gestion s'étalant sur une trentaine d'années »[850] ; puis, à partir du Traité de Maastricht, elle a été consolidée et étendue. Elle deviendra alors « synonyme d'espoirs multiples »[851].

Une étape importante a été franchie en 2001, lorsque le Parlement européen et le Conseil de l'Union européenne, dans le but de simplifier et d'actualiser les règles applicables à la protection des consommateurs, ont édicté la Directive n° 2011/83 du 25 octobre 2011 relative aux droits des consommateurs modifiant la Directive n° 93/13/CEE du Conseil et la Directive n° 1999/44/CE du Parlement européen et du Conseil et abroge la Directive n° 85/577/CEE du Conseil et la Directive n° 97/7/CE du Parlement européen et du Conseil. Le nouveau texte européen propose dans son article 2 une définition plus générale du consommateur entendu comme « toute personne physique qui, dans les contrats relevant de la présente directive, agit à des fins qui n'entrent pas dans le cadre de son activité commerciale, industrielle, artisanale ou libérale ». On peut noter une similarité avec la définition consacrée dans le droit français précité. L'article 3 précise que la directive s'applique « aux contrats conclus entre un professionnel et un consommateur pour la fourniture d'un bien ou d'un service d'eau, de gaz, d'électricité ou de chauffage urbain, y compris par des fournisseurs publics, dans la mesure où ces biens sont fournis sur une base contractuelle ». Il est important de relever que ce texte n'est pas applicable aux contrats portant sur les services sociaux ; notamment le logement social, l'aide à l'enfance et l'aide aux familles et aux personnes se trouvant de manière permanente ou temporaire dans une situation de besoin, y compris les soins de longue durée.

Cependant, le Parlement et le Conseil ajoutent que « dans les cas de contrats à double finalité, lorsque le contrat est conclu à des fins qui n'entrent qu'en partie dans le cadre de l'activité professionnelle de l'intéressé et lorsque la finalité professionnelle est si limitée qu'elle n'est pas prédominante dans le contexte global du contrat, cette personne devrait également être considérée comme un consommateur ». En proposant une acception large de la notion, le droit de l'Union cherche une meilleure lisibilité et effectivité de la protection des droits des consommateurs en visant exclusivement les personnes physiques.

---

[849] « *Afin de promouvoir les intérêts des consommateurs et d'assurer un niveau élevé de protection des consommateurs, l'Union contribue à la protection de la santé, de la sécurité et des intérêts économiques des consommateurs ainsi qu'à la promotion de leur droit à l'information, à l'éducation et à s'organiser afin de préserver leurs intérêts* ».

[850] *Ibidem*, p. 67.

[851] LUBY (M.), « Droit communautaire de la consommation », *op. cit.*

Cette directive est devenue un instrument juridique majeur participant du bon fonctionnement du marché intérieur[852], tout en donnant un nouvel élan au droit de la consommation dans les États membres[853]. Depuis, d'autres textes ont été adoptés cherchant tous à améliorer la protection des consommateurs européens[854]. Un mouvement comparable peut être décelé dans la Communauté andine, sans toutefois pour l'instant aboutir à une harmonisation de la législation andine en la matière.

B. Le consommateur dans le cadre du droit communautaire andin

Une zone de libre-échange[855] a était instaurée dans la région andine en 1993, avec une exception temporaire du Pérou qui n'a rejoint les autres États membres qu'avec l'application d'un programme de libéralisation en 2005[856]. Pour autant, la Communauté andine n'a toujours pas réussi à réaliser un véritable marché commun[857] ; seul un tarif unique commun extérieur (*arancel externo común*) existe depuis 1992[858] qui a permis de maintenir la

---

[852] Les dépenses de plus de 500 millions de consommateurs représentent 57% du PIB de l'Union européenne. La protection de la sécurité et des droits des consommateurs est une priorité des politiques de l'Union européenne. (Disponible sur : Commission européenne, Direction générale de la communication, 2014 : http://ec.europa.eu/dgs/communication/index_fr.htm).

[853] La France a transposé cette directive avec la loi « consommation » n° 2014-344 du 17 mars 2014. Voir à ce sujet : Avis n° 792 du Sénat sur le projet de loi relatif à la consommation, France, 23 juillet 2013, p. 74. S'agissant de la notion de consommateur, le Code de la consommation français reprend la version de la directive : « toute personne physique qui agit à des fins qui n'entrent pas dans le cadre de son activité commerciale, industrielle, artisanale ou libérale ».

[854] Parmi les actions les plus récentes : « *Agenda du consommateur européen pour renforcer la confiance et la croissance en plaçant le consommateur au cœur du marché unique* », Communiqué de presse, 22 mai 2012 ; Résolution législative du Parlement européen du 14 janvier 2014 sur la proposition de règlement du Parlement européen et du Conseil relatif à un programme « Consommateurs pour la période 2014-2020 » (COM(2011)070 -C7-0397/2011 – 2011/0340(COD).

[855] En 1969, première année de la CAN, le commerce naissant atteignait 80 millions de dollars. Actuellement le commerce intracommunautaire représente 7 834 millions de dollars en 2014. (Disponible sur: http://estadisticas.comunidadandina.org/eportal/).

[856] Concernant les résultats du programme de libéralisation, la Communauté andine prend en compte le tarif unique commun et la zone de libre-échange.
Voir: Sg/dt 349, « *Tratamiento de las asimetrías en la Comunidad andina* », 2006, p. 11.

[857] D'après Luis Tello Vidal, « l'abandon du marché commun par la Communauté andine correspond à diverses situations : un processus de zone de libre-échange encore incomplet et la difficile implantation du tarif unique commun extérieur ». TELLO VIDAL (L.), « ¿"Reingeniería" o extinción de la Comunidad Andina?», *Revista Construyendo nuestra interculturalidad*, n° 8/9, 2014, p. 7, disponible sur: www.interculturalidad.org.

[858] Décision n° 324 portant tarif externe commun, programme de libéralisation et incitation aux exportations intra-régionales du 25 août 1992.

zone de libre-échange, contribuant à une augmentation du PIB de 679 744 millions de dollars pour 103 millions d'habitants[859].

Pour parer aux crises institutionnelles et économiques qui touchaient la Communauté andine depuis une dizaine d'années, une redynamisation du processus communautaire[860] a été initiée avec l'adoption en 2013 de la Décision n° 792 portant application d'une réingénierie du Système d'intégration andin[861]. Ce texte se donne comme objectif de renouveler la structure institutionnelle de la Communauté andine et le fonctionnement de tous les organes qui la composent afin de les adapter aux nouveaux défis du contexte international. Est aussi recherché un perfectionnement du droit communautaire andin en vue notamment, comme l'indique l'Accord de Carthagène lui-même, de la construction graduelle d'un marché commun latino-américain qui passe par une convergence avec le MERCOSUR et l'UNASUR[862].

Pour revenir aux consommateurs, leur situation a commencé à être considérée au moment de la mise en place de la zone de libre-échange, mais surtout après la signature de l'Acte de Carabobo le 24 juin 2005. Dans ce document, le Conseil présidentiel andin adopte cinq lignes directrices visant une réaffirmation du processus d'intégration. Pour renforcer cette résolution politique, tout un éventail de mesures a été déployé, destinées à préparer la création d'un marché commun andin. C'est dans ce cadre que vont être adoptées plusieurs décisions à caractère commercial dont certaines mentionnent les consommateurs, à l'instar de la Décision n° 608 portant protection et promotion de la libre concurrence du 28 mars 2005[863], prise en complément de la Décision n° 285 du 21 mars 2001[864].

---

859 Voir le site des statistiques de la CAN : http://estadisticas.comunidadandina.org/eportal/ProductoDetalle.aspx?codprod=1902&cat=45

860 « Presidentes acuerdan reingeniería de la CAN », publication du 8 novembre 2011, disponible sur : http://eju.tv/2011/11/presidentes-acuerdan-reingeniera-de-la-can/.

La première « réingénierie » ou réforme de la CAN a été rendue possible par la signature du Protocole de Trujillo du 10 mars 1996 qui modifie substantiellement l'aspect institutionnel de l'ancien « Pacte andin », actuelle Communauté andine qui a intégré le Système d'intégration andin (SIA) et avec la signature du Protocole de Cochabamba du 28 mai 1996 modificatif du traité constitutif du TJCA qui tend à fortifier et moderniser l'organe de contrôle juridictionnel communautaire andin. Voir: TIRADO MEJÍA (Á.), *Integración y democracia en América Latina y el Caribe*, New York, INTAL Divulgación, 1997, p. 30-32.

861 Adoptée durant la XIIV° Réunion du Conseil andin des ministres des Affaires étrangères du 19 septembre 2013.

862 Décision n° 792 portant application de la réingénierie du système d'intégration andin du 19 septembre 2013.

863 Cette décision sera accompagnée d'un guide pratique et dotée d'une très grande importance, car elle est considérée comme la pièce fondamentale du droit andin pour le respect par la CAN des standards internationaux en ce qui concerne la libre concurrence. Voir : Guide pratique élaborée par le Secrétariat général de la CAN du 23 octobre 2007 pour l'application de la

Plus précisément, en plus de fixer comme objectif à la Communauté la promotion de la libre concurrence et la recherche de marchés économiques, l'article 2 de la Décision n° 608 ajoute celui du « bien-être du consommateur ». Cependant, cette finalité était surtout politique et symbolique : les politiques mises en œuvre ont de fait davantage privilégié la libre concurrence à la protection des consommateurs. En effet, comme le souligne Jativa Silva, « le droit de la concurrence n'a pas comme objectif principal de chercher le bien-être des consommateurs, mais la régulation du marché faisant en sorte d'éliminer les barrières au commerce en sanctionnant les comportements anticoncurrentiels »[865]. De plus, cette décision ne propose aucune définition propre et précise du « consommateur andin », ce qui rend difficile toute tentative d'élaboration de règles juridiques protégeant de manière effective ses droits. La détermination d'une politique demande avant tout de cibler ses destinataires.

De la même manière que la doctrine de l'Union, la doctrine andine attire l'attention sur cette absence de définition. L'une des explications données pour expliquer ce vide est l'existence dans le droit des États membres de lois nationales ayant déjà octroyé des garanties aux consommateurs en se conformant aux exigences posées plus largement par le droit international. Ainsi, l'article 78 de la Constitution politique colombienne précise, par exemple, que la loi encadre le contrôle de qualité des biens et services offerts à la population, ainsi que l'information qui doit être fournie au public lors de leur commercialisation. Le texte dispose en outre que « l'État garantit la participation des associations de consommateurs et d'usagers à l'étude des dispositions les concernant ». Par ailleurs, la loi colombienne n° 1480[866] du 12 octobre 2011 établit un règlement des consommateurs et, à l'article 5, définit le consommateur ou usager comme « toute personne physique ou juridique qui, en tant que destinataire final, acquiert, utilise ou profite d'un bien de toute nature pour la satisfaction d'un besoin propre, privé, familier ou domestique ou d'une entreprise, qui ne soit pas intrinsèquement liée à son activité économique ». Nous pouvons ainsi constater qu'en Colombie, la protection des consommateurs est assurée par une loi qui a également prévu la création d'un organe public contrôlant le respect de leurs droits : la Direction de l'industrie et du commerce.

Décision n° 608 portant protection et promotion de la libre concurrence dans la Communauté andine.

[864] Décision n° 285 portant normes pour prévenir ou corriger les distorsions de concurrence générées par des pratiques restrictives à la libre concurrence du 21 mars 1991.

[865] JATIVA SILVA (J. F.), *La acción de incumplimiento y el amparo constitucional como medio para alcanzar la aplicabilidad de la Decisión 608 y 616 de la Comunidad Andina*, Mémoire en droit, Universidad San Francisco de Quito, 2008, p. 56.

[866] La loi est une reprise du Décret n° 3466 de 1982.

S'agissant du droit équatorien, en conformité avec l'article 23 de la Constitution, l'État doit garantir et mettre à disposition des biens et services publics et privés qui doivent être de bonne qualité, susceptibles d'être choisis librement, avec la possibilité de recevoir l'information adéquate quant au contenu et caractéristiques des produits.

Dans l'État plurinational de la Bolivie, le Décret suprême n° 0065 du 3 avril 2009 connu sous le nom de « Loi générale de protection des consommateurs et/ou utilisateurs » mentionne tous les droits auxquels ont accès les consommateurs et utilisateurs boliviens. Le droit de cet État membre a aussi chargé une entité publique de superviser la protection de leurs droits dans le domaine des services uniquement : le vice-ministre de la Défense des droits des utilisateurs et des consommateurs (VDDUC) établit les principes, dispositions ainsi que les procédures de résolution des conflits en la matière. Cette action relève d'une politique nationale qui s'inscrit dans le cadre de la section X de la Constitution bolivienne relative aux « droits des utilisatrices, utilisateurs, consommatrices et consommateurs » qui comporte deux dispositions, les articles 75 et 76[867], dont les principaux postulats sont repris par le décret de 2009 précité. Le législateur bolivien a par ailleurs tenu compte de la nécessaire conformité des règles nationales aux accords internationaux comme l'indique l'article 256 de la Constitution ; tandis que son article 265 rappelle que l'État doit respecter le cadre juridique d'intégration régionale lorsqu'il légifère dans le domaine économique et social. La situation juridique de la Bolivie est sur ce point comparable au Pérou qui a aussi inscrit la protection des consommateurs dans sa loi fondamentale : son article 65 donne à l'État l'autorité légitime pour légiférer en la matière.

En revanche, le droit communautaire andin aborde la situation des consommateurs de manière indirecte, à travers notamment la Décision n° 646 de la Commission de la Communauté andine portant Indice harmonisé des prix à la consommation de la Communauté andine (IPCA) du 15 novembre 2006. Fixant pour les États membres la règle de calcul des indices des prix, cette décision a été reprise par le Secrétaire général de la

---

[867] Article 75 : « Las usuarias y los usuarios y las consumidoras y los consumidores gozan de los siguientes derechos:
1. Al suministro de alimentos, fármacos y productos en general, en condiciones de inocuidad, calidad, y cantidad disponible adecuada y suficiente, con prestación eficiente y oportuna del suministro.
2. A la información fidedigna sobre las características y contenidos de los productos que consuman y servicios que utilicen ».
Article 76: « I. El Estado garantiza el acceso a un sistema de transporte integral en sus diversas modalidades. La ley determinará que el sistema de transporte sea eficiente y eficaz, y que genere beneficios a los usuarios y a los proveedores.
II. No podrán existir controles aduaneros, retenes ni puestos de control de ninguna naturaleza en el territorio boliviano, con excepción de los que hayan sido creados por la ley ».

CAN afin d'élaborer un système d'informations et de statistiques sur les biens et les services périodiquement rendues publiques[868].

La protection des consommateurs a également été invoquée à l'article 3 de la Décision n° 375 de la Commission de la Communauté andine sur le système andin de normalisation, acréditation, essais, certification, règlements techniques et métrologie du 18 avril 1995. Le texte a pour objectif de faciliter le commerce dans la région grâce à l'amélioration de la qualité des produits et des services, ainsi que l'élimination des restrictions techniques au commerce. Sont aussi mentionnés le développement des activités économiques, la sécurité, la santé, la préservation de l'environnement et la protection des consommateurs.

Outre ces deux textes, d'autres règles relatives aux droits des consommateurs existent, mais elles sont dispersées dans plusieurs textes communautaires[869] qui mériteraient une harmonisation afin de permettre une protection unifiée du consommateur andin. En ce sens, le magistrat andin Luis José Diez-Canseco Nuñez soutient qu'un « univers normatif, qui part de la prémisse selon laquelle la protection du consommateur est un droit fondamental économique des citoyens communautaires se constituant en tant que dénominateur commun des constitutions économiques andines, simplifie les transactions transfrontalières et contribue à intensifier le commerce régional et à placer ses produits sur les marchés internationaux »[870].

L'avis du magistrat pourrait être matérialisé par les institutions andines si elles décidaient de constituer un cadre commun de protection des

---

868 Pour en savoir plus: Sg/di 676, « *45 años de integración comercial de bienes en la Comunidad Andina 1969-2014* », 2015, p. 30.

869 Décision n° 399 sur le transport international marchandises par autoroute du 17 janvier 1997 ; Décision n° 436 portant enregistrement et le contrôle des insecticides chimiques d'usage agricole du 11 juin 1998 ; Décision n° 483 portant enregistrement, le contrôle, la commercialisation et l'usage des produits vétérinaires 4 juin 2000 ; Décision n° 486 relative au régime commun sur la propriété industrielle du 14 septembre 2000; Décision n° 516 portant harmonisation des législations en matière de produits cosmétiques du 8 mars 2002 ; Décision n° 562 portant lignes directrices pour l'élaboration, l'adoption et l'application des règlements techniques dans les États membres de la Communauté andine du 25 juin 2003 ; Décision n° 638 portant lignes directrices pour la protection des utilisateurs des télécommunications du 19 juillet 2006; Décision n° 706 portant harmonisation des législations en matière de produits d'hygiène domestique et de produits d'absorption d'hygiène personnelle du 19 décembre 2008.

870" Selon Luís José Díez-Canseco Núñez, magistrat du TJCA : « *Este universo normativo, además de partir de la premisa, que la protección al consumidor e un derecho fundamental económico de los ciudadanos comunitarios que se constituye como el común denominador de las constituciones económicas andinas facilita las transacciones transfronterizas y contribuye a intensificar el comercio regional y a posicionar sus productos en los mercados internacionales* », Archives de la Direction de l'industrie et du commerce de Colombie, communiqué du 28 août 2015. Dans le même sens, voir: ROCHA FUENTES (C. A.), *La necesidad de implementar principios de protección al consumidor en la Comunidad andina*, Mémoire en droit, Universidad Andina Simón Bolívar, 2005, p. 132.

consommateurs en utilisant notamment les programmes de redynamisation de la CAN qui ont été lancés. Cependant, la situation actuelle reste celle d'un cadre juridique hétérogène.

§ 2 Des règles de protection du consommateur andin dispersées

Le manque d'harmonisation du droit communautaire andin en matière de protection des consommateurs, qui conduit à l'« absence de cadre juridique commun spécialisé »[871], ne doit toutefois pas faire oublier que des règles existent même si leur dispersion rend leur appréhension et application délicates. Néanmoins cette situation est insatisfaisante aux yeux de la doctrine qui y voit « un exemple qui montre le manque de force pour légiférer dans des domaines concrets au sein de la Communauté andine, car elle s'est contentée de suivre les recommandations des institutions internationales sans aller plus loin avec ses actions communes »[872]. Les recommandations mentionnées sont essentiellement celles du Conseil économique et social des Nations Unies qui propose un cadre juridique international pour la protection des consommateurs depuis 1985[873].

Ce n'est que dans les années 2000, soit près de trente ans après la création de la Communauté andine, qu'a été mise en place une véritable politique de protection des consommateurs andins (A), qui prévoit notamment un instrument administratif communautaire permettant d'exiger le respect de leurs droits et garanties (B).

A. La Déclaration de Quito sur la promotion et la protection des droits du consommateur

Soucieuse d'initier un dialogue, la Communauté andine a lancé une « Rencontre andine de participation de la société civile pour la défense des droits du consommateur »[874] en se fondant sur les articles 16 à 44 de

---

[871] MARTÍNEZ MOLINA (D.), *La protección jurídica al consumidor y su alternativa: el arbitraje de consumo*, Mémoire en droit, Universidad Andina Simón Bolívar, 2005, p. 131.
[872] *Ibidem.*
[873] Ces lignes directrices ont été actualisées en 1999 avec l'ajout d'une nouvelle section sur la consommation et les produits durables en réponse aux problématiques environnementales qui font l'objet de plus d'attention depuis les années 1990. L'Assemblée générale des Nations Unies s'est réunie le 22 décembre 2015 afin de réviser les lignes directrices des Nations Unies pour la protection des consommateurs. Arrivant à un consensus, l'Assemblée générale a décidé d'établir un groupe intergouvernemental d'experts (IGE) dédié à la politique et aux droits des consommateurs, dont la mission consista notamment à veiller à la mise en œuvre concrète des nouvelles lignes directrices. La première réunione de ce nouvel IGE s'est tenue à Genève les 17 et 18 octobre 2016.
[874] Décision n° 539 relative à la participation de la société civile pour la défense des droits du consommateur du Conseil andin des ministres des Affaires étrangères du 11 mars 2003.

l'Accord de Carthagène qui autorisent la création d'instances de participation citoyenne pour la prise de décision à l'intérieur de la Communauté. Cette initiative prévoyait également l'intervention des conseils consultatifs andins des entreprises et du travail afin de permettre la réalisation effective des programmes mis à l'agenda politique andin[875]. La première réunion de cette instance de dialogue, qui avait pour objectif de rapprocher les législations nationales andines et de dégager des propositions pour l'amélioration de la protection des droits des consommateurs, a été convoquée par le Secrétaire général de la Communauté andine.

Cette réunion a été suivie de la Déclaration de Quito[876] portant comme principale inquiétude la situation des citoyens andins qui utilisent les transports aériens, un secteur d'activités contrôlé de près par la Communauté andine depuis la Déclaration sur la politique aérienne andine de 1992[877]. En matière de politique du transport aérien, la Communauté andine s'est dotée d'un cadre normatif flexible adaptable aux évolutions économiques et sociales des États membres et au contexte international compte tenu du « processus de libéralisation aéronautique civile internationale (États Unis) »[878]. L'ensemble des règles communes aux États membres est ainsi considéré comme une véritable politique andine aérienne[879].

---

875 Nous voulons rappeler que la CAN reconnaît des instances de participation de la société civile avec pour objectif de permettre une participation active des citoyens andins au processus d'intégration, ainsi que le reconnaît la section G de l'Accord de Carthagène. Plusieurs instances consultatives andines ont ainsi été créées : le Conseil consultatif des entreprises, le Conseil consultatif du travail, le Conseil consultatif des peuples autochtones, le Conseil consultatif andin des autorités municipales, la Rencontre andine pour la défense des droits du consommateur, la Rencontre de la population d'origine africaine de la Communauté andine.

876 Déclaration de la Rencontre andine de travail sur la promotion et la protection des droits du consommateur, « Déclaration de Quito » du 6 mars 2013.

877 D'après les statistiques de la CAN, le trafic aérien des passagers a augmenté de 6,9% de janvier à septembre 2014 ; soit un total d'environ 3 millions de passagers qui circulent à l'intérieur de la région andine, disponible sur : Sg/di 679, « Tráfico aéreo en la Comunidad andina », 2014, p. 26.

878 SARMIENTO GARCÍA (M. G.), « La política de transporte aéreo en la Comunidad andina de Naciones », *Revista de derecho privado*, n° 6, 2000, p. 36.

879 Décision n° 582 portant prestation des services du transport aérien dans la Communauté andine du 4 mai 2004. Cette décision a harmonisé l'ensemble des anciennes décisions dans la matière en prenant en compte les dernières évolutions économiques et politiques de la région (Décisions n° 297, 320, 360 et 361).

Voir également : Décision n° 619 du 15 juillet de 2005 sur les normes d'harmonisation des droits et obligations des usagers, transporteurs et opérateurs de services de transport aérien de la Communauté andine du 15 juillet 2005.

Le transport aérien andin est l'une des activités commerciales et de services parmi les plus développées par la CAN, qui élabore de manière constante des statistiques communautaires andines conformément à la Décision n° 650 relative aux statistiques communautaires du transport aérien du 15 novembre 2006. De plus, des dispositions techniques pour la transmission des données sur le transport aérien andin ont été adoptées (Résolution n° 1271

Ces règles illustrent un décalage. En effet, bien que le développement mondial oblige en principe à une protection de plus en plus attentive et humaine des citoyens, la Communauté andine s'inscrit parfaitement dans le processus de globalisation en adoptant des mesures flexibles, libérales révélatrices d'une démarche qui peut parfois être considérée comme « improvisée »[880].

Pour revenir à la Déclaration de Quito et à son contenu, on ne peut manquer de signaler qu'il s'agit d'un document très important en matière de coordination au sein de la Communauté andine. L'initiative d'une consultation s'inscrit dans une volonté de renouveau du cadre juridique andin relatif à la protection des droits des consommateurs. Cette déclaration a en effet été élaborée avec la participation d'acteurs publics et privés, nationaux et andins du secteur qui avaient pour mission de proposer un programme de travail visant à améliorer la protection des consommateurs, qualifiée dans le texte d'« outil fondamental pour agir sur le développement des compétences productives et des services de la Communauté andine ».

On peut néanmoins regretter que depuis la Déclaration de Quito, aucune politique forte n'ait été mise en place. Il faudra attendre une évolution normative en matière de transport aérien, secteur qui est déjà caractérisé par plusieurs règles protectrices, avant d'envisager un cadre général préservant les droits du consommateur andin lui permettant d'acquérir une meilleure visibilité dans le contexte économique de la région.

Pour autant, ce vide juridique est quelque peu nuancé par un dispositif de nature administrative institué afin tout de même de permettre aux consommateurs de la région andine de faire valoir le respect de leurs droits.

B. Une procédure administrative de défense des droits du consommateur andin

Le cadre juridique andin de protection des droits des consommateurs est embryonnaire, toutefois ces derniers peuvent compter sur un mécanisme administratif précontentieux qui relève du Secrétaire général en sa qualité d'organe de contrôle de la bonne application du droit communautaire andin et de résolution des conflits au sein de la Communauté andine que lui confèrent les articles 23 et 24 du Traité constitutif du TJCA.

La procédure précontentieuse est précisée par la Décision n° 623 portant règlement de la phase préjudicielle du recours en manquement du 16 juillet

du Secrétaire général de la Communauté andine relative aux dispositions techniques de transmission des statistiques aériennes du 31 août 2009) ; mais aussi concernant la qualité et la satisfaction du service dans le respect des droits et garanties des passagers andins (Résolution n° 1381 du Secrétaire général de la Communauté andine du 12 novembre 2010).

[880] SARMIENTO GARCÍA (M. G.), « La política de transporte aéreo en la Comunidad andina de Naciones », *op. cit.*, p. 44.

2005[881]. Plus connue sous le nom d'« action préjudicielle en manquement » ; elle permet à toute personne qui se considère affectée dans ses droits de déposer des plaintes contre les États membres en infraction avec le droit communautaire andin. Ainsi, tout citoyen andin est légitime à faire valoir ses droits, notamment quand il considère que ses droits en tant que consommateur ont été violés par l'action d'un État membre. Ce recours administratif ne pourra cependant se poursuivre qu'à la condition que le requérant démontre un intérêt légitime[882].

Telle est la procédure prévue dans les textes. Or, jusqu'à présent, aucun consommateur n'a présenté de plainte auprès du Secrétariat général. Le scénario ne se répète pas pour le TJCA qui, régulièrement saisi en la matière, fait figure de principal garant des droits des consommateurs andins.

§ 3 La protection des droits du consommateur andin par le TJCA

Le Tribunal andin s'est très tôt prononcé au sujet des consommateurs andins, principalement à l'occasion de recours en interprétation de règles juridiques relatives au droit des marques (A). Les juges se sont employés dans ce cadre à préciser la valeur et les limites de « l'intérêt général des consommateurs » (B).

A. Le droit des marques, composante de la protection du consommateur andin

Le TJCA s'est pour la première fois prononcé sur la question des droits des consommateurs à l'occasion d'une affaire portant sur le droit des marques, un domaine qui relève plus largement de la problématique de la propriété industrielle dans le contexte commercial andin. En effet, dans l'arrêt n° 1 -IP-87[883] mettant en cause la Décision n° 85 sur la réglementation d'application des règles relatives à la propriété intellectuelle du 5 juin 1974, le Tribunal rappelle que « la marque doit comporter une fonction de différentiation, car elle protège les consommateurs, ceux-ci doivent identifier l'origine et la provenance des produits, des services et de cette

---

[881] Décision n° 623 portant règlement de la phase préjudicielle du recours en manquement du 25 juillet 2005. Cette phase préliminaire a été traitée avec plus de détails dans la partie qui concerne le recours en manquement des États membres (Voir Section 2, de la première partie de ce travail de recherche).

[882] Article 2 du Règlement des procédures administratives du Secrétaire général de la Communauté andine: « *A los efectos del presente Reglamento, se considerarán interesados los Países Miembros de la Comunidad Andina, los órganos e instituciones de la Comunidad Andina y las personas naturales o jurídicas que acrediten ser titulares de un derecho subjetivo o de un interés legítimo en el asunto de que se trate* ».

[883] TJCA, arrêt n° 1-IP-87, publié au GOAC n° 28 du 15 février 1988.

manière éviter d'être confondus ou trompés »[884]. Le juge andin demande aussi de prendre en considération l'aspect psychologique des consommateurs potentiels au momentd'appréhender le produit et son logo.

Cet arrêt est important dans la mesure où le TJCA reconnaît le rôle central des consommateurs : « il est à noter, de ce qui a été dit, que le public des consommateurs, du point de vue juridique, est un chef de file actif pour activer complètement l'existence de la marque, il n'est pas seulement un bénéficiaire passif »[885] ; ainsi, la marque répond « non seulement à l'intérêt des entreprises, mais aussi à l'intérêt public des consommateurs »[886] et par conséquent « la marque doit être un élément objectif du jugement, qui ne se prête pas à confusion ou malentendus »[887].

Par ailleurs, le TJCA s'inspire ici explicitement de la notion de « consommateur moyen » établie par la CJUE[888] : « pour une meilleure compréhension, le Tribunal peut spécifier, selon la doctrine en vigueur, que le consommateur qui doit être pris en compte, à la fois pour déterminer la notoriété d'une marque et établir l'éventuel risque de confusion entre deux marques est appelé « consommateur moyen », c'est-à-dire un consommateur commun dont on doit supposer une connaissance et une capacité de perception normale des produits »[889] ; sachant « bien sûr, que pour ce point de référence fondamental, à savoir celui que le consommateur donne au produit, il faut distinguer s'il s'agit de vrais produits de consommation ou si au contraire, ils sont issus d'une consommation sélective, alors interviennent certainement le niveau de vie et le pouvoir

---

[884]TJCA, arrêt n° 1-IP-87, publié au GOAC n° 28 du 15 février 1988: « *La finalidad de una marca, en consecuencia, no es otra que la de individualizar los productos y servicios con el propósito de diferenciarlos de otros iguales o similares. En virtud de esta función diferenciadora, la marca protege a los consumidores, quienes, al identificar el origen y la procedencia del producto o servicio de que se trate, evitan ser confundidos o engañados* ».

[885] TJCA, arrêt n° 1-IP-87, publié au GOAC n° 28 du 15 février 1988: « *Debe resaltarse, de lo ya dicho, que el público de consumidores, desde el punto de vista jurídico, es un protagonista activo para hacer posible que la marca exista plenamente y que no es un simple destinatario pasivo*».

[886] TJCA, arrêt n° 1-IP-87, publié au GOAC n° 28 du 15 février 1988: « *La institución de la marca, además, obedece no sólo al interés individual del empresario, sino también al interés general de los consumidores*».

[887] TJCA, arrêt n° 1-IP-87, publié au GOAC n° 28 du 15 février 1988: « *la marca debe constituir un elemento objetivo de juicio, que no se preste a confusiones o equívocos*».

[888] La notion de « consommateur moyen » en droit de l'Union est un standard juridique qui sert à mesurer l'action industrielle ou commerciale d'un contrat, par rapport à la réception qui en est faite par un consommateur moyen. En droit de l'Union, « le "consommateur moyen" sera l'individu ordinairement avisé, capable d'enregistrer avec un certain degré d'attention, les informations, le contexte relatifs à une opération ». LUBY (M.), « La notion de consommateur en droit communautaire : une commode inconstance… », *op. cit.*, p. 62.

[889] TJCA, arrêt n° 1-IP-87, publié au GOAC n° 28 du 15 février 1988: « *La institución de la marca, además, obedece no sólo al interés individual del empresario, sino también al interés general de los consumidores*».

d'achat du groupe d'individus concerné »[890]. Le Tribunal confirmera à plusieurs reprises sa conception du « consommateur moyen » considéré comme le « consommateur normal » à prendre en compte pour établir s'il existe un risque de confusion entre deux marques de la part d'un individu dont on suppose « une connaissance et capacité de perception courantes »[891].

Après l'arrêt n° 1 -IP-87, l'importance d'une protection des droits des consommateurs andins sera confirmée dans l'arrêt n° 3-IP-88 portant sur un recours en interprétation préjudicielle formé par le Conseil d'État colombien à propos des articles 58, 62 et 64 de la Décision n° 85 de la Commission de la Communauté andine sur la réglementation d'application des règles relatives à la propriété intellectuelle du 5 juin 1974. Dans cet arrêt, le Tribunal se prononce très brièvement sur la manière dont la décision de la Commission conçoit les droits des consommateurs en indiquant que « l'intention de la Décision n° 85 est bien claire et renforcée par les développements importants qui se succèdent à l'échelle nationale et internationale dans les législations respectives pour défendre les droits des consommateurs »[892].

Surtout, le Tribunal a ici fait pour la première fois référence à la protection spécifique qu'offre le droit communautaire andin, sans toutefois se prononcer avec précision sur les fondements de celle-ci. Les juges rappellent aussi la nécessité de suivre l'évolution des normes nationales et internationales en la matière, ce qui traduit le peu de crédit qu'ils accordaient alors à un droit communautaire andin de la consommation encore embryonnaire. Cette faible argumentation du Tribunal peut s'expliquer par le fait qu'il s'agit de ses premiers arrêts, du début de son office en tant qu'organe de contrôle. Les juges n'avaient, semble-t-il, pas encore pris toute la mesure des enjeux sociaux au regard des citoyens andins.

---

[890] TJCA, arrêt n° 1-IP-87, publié au GOAC n° 28 du 15 février 1988: « *Por supuesto que, en cuanto a este fundamental punto de referencia, o sea el público consumidor de determinada clase de productos, debe distinguirse si se trata de bienes o productos de consumo masivo o si por el contrario son de consumo selectivo, en lo cual interviene definitivamente el nivel de vida y la capacidad adquisitiva del grupo humano involucrado o sea de aquel que suele solicitar, usar o consumir determinado producto* ».

[891] TJCA, arrêt n° 09-IP-94, publié au GOAC n° 180 du 10 mai 1995: « *Finalmente, deberá considerar la clase de consumidor o usuario y su grado de atención al momento de identificar, diferenciar y seleccionar el producto o servicio. A juicio del Tribunal, "el consumidor al que debe tenerse en cuenta para establecer el posible riesgo de confusión entre dos marcas, es el llamado 'consumidor medio o sea el consumidor común y corriente de determinada clase de productos, en quien debe suponerse un conocimiento y una capacidad de percepción corrientes* ».

[892] TJCA, arrêt n° 3-IP-88, publié au GOAC n° 35 du 28 octobre 1988: « *La ntención de la norma es clara, y se ve reforzada por los importantes desarrollos que pueden apreciarse a nivel nacional e internacional en las respectivas legislaciones para defender los derechos del consumido*».

Les arrêts de cette époque sont donc peu étayés, cependant on a pu constater une évolution de l'argumentation des jugements du Tribunal, essentiellement à partir de 1997 lorsque la CAN décida de procéder à des réformes institutionnelles de l'Accord de Carthagène en vue de l'adaptation du processus d'intégration andin au contexte international. Puis, à partir des années 2000, la Communauté andine et par conséquent le TJCA adopteront une vision plus sociale du processus d'intégration, ainsi que le démontre l'élaboration de politiques communautaires tendant à améliorer le niveau de vie de la population andine, un objectif figurant déjà dans l'Accord de Carthagène.

Une autre notion plus spécifique fait son apparition dans la jurisprudence du TJCA, celle d'« intérêt général des consommateurs andins ».

B. La protection de l'intérêt général des consommateurs andins

L'arrêt n° 3 -IP-88 du Tribunal andin peut s'interpréter comme une légère ouverture de son prétoire aux consommateurs, qui sera confirmée dans des arrêts postérieurs prenant en considération l'importance de faire prévaloir « l'intérêt général des consommateurs » avant tout intérêt commercial des acteurs économiques de la région. Ainsi, dans l'affaire n° 104 -IP-2003[893], le TJCA fait référence à « l'intérêt général des consommateurs comme facteur à prendre en compte pour éviter les risques de confusion qui proviennent de l'identité et de la similitude des produits »[894].

La doctrine distingue généralement deux conceptions de la notion d'« intérêt général ». La première est d'origine française et reprend la définition proposée par Jean-Jacques Rousseau : « l'intérêt général est en quelque sorte l'émanation de la volonté de la collectivité des citoyens en tant que telle ». C'est cette approche qui sera retenue dans la Déclaration des droits de l'Homme et du citoyen de 1789, précisément dans son article 6 qui fait référence à la loi en tant qu'expression de la volonté générale. À cette vision classique, de l'intérêt général s'oppose une deuxième conception, plus libérale, proposée par la doctrine anglo-saxonne, notamment par Adam

[893] TJCA, arrêt n° 104-IP-2003, publié au GOAC n° 1015 du 27 novembre 2003: « *La marca es un bien inmaterial que tiene por finalidad diferenciar los productos y servicios de los demás que existen en el mercado, por lo que posee gran importancia económica para el empresario; por esta razón la norma comunitaria establece mecanismos que protegen el interés del titular marcario y también los del consumidor* ».

[894] TJCA, arrêt n° 04-IP-95, publié au GOAC n° 253 du 7 mars 1997 ; TJCA, arrêt n° 50-IP-2001 publié au GOAC n° 739 du 3 décembre 2001 ; TJCA, arrêt n° 26-IP-2007 publié au GOCA n° 1529 du 9 août 2007.

Smith en 1779 qui considère l'intérêt général comme « l'intérêt formé de l'ensemble des intérêts particuliers »[895].

Le Tribunal nous semble adopter cette deuxième acception lorsqu'il considère que la norme communautaire, en établissant des dispositifs de protection de l'intérêt du titulaire de la marque, protège aussi les intérêts des consommateurs. Ainsi, dans l'arrêt n° 89 -IP-2005 du 20 juillet 2005 le Tribunal confirme la prise en compte de l'intérêt général comme condition de la validation des « accords de coexistence de marques »[896] déjà établie dans un arrêt antérieur[897]. Les juges précisent en ce sens : « dans tous les cas, l'efficacité de l'accord (de coexistence de marques) est soumise à la protection de l'intérêt général des consommateurs par l'autorité administrative ou judiciaire compétente »[898]. L'intérêt général de l'ensemble des citoyens est protégé dans le cadre national par des agences compétentes pour les questions de propriété intellectuelle, chargées notamment de valider les accords de coexistence de marques.

Signalons que le TJCA a à plusieurs reprises réaffirmé cette position, mais en n'apportant que de légères clarifications à la notion d'« intérêt général du consommateur »[899]. Cela révèle une position pragmatique et fonctionnelle : il s'agissait avant tout à l'époque de privilégier l'investissement des entreprises régionales et internationales afin de réactiver l'économie de chaque État membre ; quitte à accepter une protection des droits des consommateurs plus restreinte. C'est en ce sens que dans l'arrêt n° 125 -AI-2004, se prononçant sur un recours en manquement formé

---

[895] Pour en savoir plus : MERLAND (G.), *L'intérêt général dans la jurisprudence du Conseil constitutionnel*, Paris, LGDJ, 2004, p. 408

[896] Les accords de coexistence de marques sont un instrument juridique répandu. Dans cesdocuments, letitulaire de l'enregistrement de la marque en question peut arriver à un accord avec un autre intéressé, permettant ensuite que ce dernier enregistre la marque dans un deuxième temps selon les conditions établies dans ces accords de coexistence des marques. Un précédent communautaire andin sur ces accords est la Résolution n° 4665-2014/TPI-INDECOPI en vertu duquel l'accord de coexistence des marques doit être approuvé par une autorité. Cette résolution est le résultat de l'application par les agences nationales de propriété intellectuelle des États membres de la jurisprudence du TJCA relative à la protection de l'intérêt général.

[897] TJCA, arrêt n° 104-IP-2003, publié au GOAC n° 1015 du 27 novembre 2003.

[898] TJCA, arrêt n° 89-IP-2005, publié au GOAC n° 1240 du 7 septembre 2005: « *El Tribunal ha sostenido a este respecto que los llamados "Acuerdos de Coexistencia Marcaria son instrumentos de que se valen los empresarios que compiten en el mercado para determinar que ciertas marcas idénticas o semejantes entre si puedan cumplir su función sin dar lugar a conflictos de intereses entre sus titulares. Tales acuerdos, sin embargo, aunque resuelven el conflicto entre los particulares titulares de los signos, deben, para que tengan eficacia y aceptación por parte de las oficinas nacionales competentes, dejar a salvo el interés general de los consumidores, respecto de los cuales deberán eliminar el riesgo de confusión derivado de la identidad o semejanza* ».

[899] TJCA, arrêt n° 50-IP-2012, publié au GOAC n° 2114 du 7 novembre 2012; en lien avec l'arrêt : TJCA, arrêt n° 38-IP-99, publié au GOAC n° 539 du 28 février 2000.

par le Secrétariat général de la Communauté andine contre la République du Venezuela, le Tribunal indique clairement que « les mesures de protection des droits des consommateurs ont comme limite que leur application ne représente pas un obstacle pour le commerce intra régional »[900].

Depuis lors, la position du TJCA a toutefois évolué. Avec l'adoption de la Déclaration de Quito sur la protection des droits des consommateurs, celle-ci n'est plus considérée comme un obstacle au commerce régional. La jurisprudence andine sera de plus en plus imprégnée d'une vision sociale révélatrice d'une évolution de la Communauté andine elle-même qui, ces quinze dernières années, a multiplié les politiques soucieuses de l'intérêt général et de la société andine dans son ensemble. La reconnaissance du statut de travailleur migrant qui permet d'accorder des droits particuliers témoigne d'un développement du droit communautaire andin qui encore une fois a su adapter les caractéristiques du droit de l'Union.

SECTION 2 : LA RECONNAISSANCE D'UN STATUT DE TRAVAILLEUR MIGRANT ANDIN

Entendu dans un sens général, le droit du travail « recouvre l'ensemble des règles juridiques ayant pour objet, dans le secteur privé, les relations du travail entre employeurs et salariés et régissant les rapports d'emploi et les rapports professionnels, qui présentent une dimension collective »[901].

Au niveau communautaire, le droit du travail en construction a permis de reconnaître aux travailleurs une place dans les sociétés des États membres (§1). Ce phénomène est nouveau pour des systèmes d'intégration qui ont dans un premier temps accordé la priorité aux intérêts économiques. Désormais, ceux-ci sont conciliés avec une nécessaire protection des travailleurs adaptée aux réalités nationales diverses (§2). Le TJCA participe de ce mouvement depuis l'instauration d'un recours ouvert aux fonctionnaires et agents communautaires qui s'inspire des droits nationaux, international et européen (§ 3).

---

[900] TJCA, arrêt n° 125-AI-2004, publié au GOCA n° 1244 du 14 septembre 2005: « *a juicio del Tribunal implica que las medidas de protección de los derechos de los consumidores tienen como límite el que su aplicación no represente obstáculo para el comercio intraregional* ».

[901] GUINCHARD (S.), DEBARD (T.), *Lexique des termes juridiques*, *op. cit.* Le droit du travail est étroitement lié au droit social quand l'État offrant des services rentre en relation avec les acteurs principaux du contrat de travail. Voir MAZEAUD (A.), *Droit du travail*, Paris, LGDJ, coll. « Précis Domat », 9ème éd., 2014, p. 7.

§ 1 La prise en compte du travailleur dans le processus d'intégration

La « force de travail » est un élément clé de la construction des sociétés qui n'a pas été négligé par l'Union européenne au moment de créer un espace de libre circulation des marchandises, des services, des capitaux, mais aussi des personnes ; cette dernière étant encadrée par une réglementation propre[902] (A). Dans le cadre communautaire andin, la protection des travailleurs ne sera véritablement prise en considération qu'à partir des années 2000, lorsque les politiques de la Communauté andine ont commencé à prendre une tournure plus sociale, ce qui a notamment conduit à l'élaboration d'un statut de travailleur migrant andin (B).

A. La libre circulation des travailleurs au sein de l'Union européenne

La libre circulation des personnes constitue, avec la libre circulation des marchandises, des services et des capitaux, l'une des quatre libertés fondamentales concourant à la réalisation du Marché commun de l'Union depuis le traité de Rome de 1957. Or « de cette déclaration des libertés fondamentales découle aussi l'instauration d'un marché du travail »[903] qui doit être régulé.

Cette libre circulation comprend notamment la liberté professionnelle, la liberté d'établissement et de prestation de services, ou encore la liberté pour les ressortissants d'un État membre d'accéder sans entraves à une activité professionnelle dans un autre État membre. Plus spécifiquement, la liberté circulation des travailleurs est considérée comme un principe fondamental établi à l'article 45 du TFUE ; un principe qui a été renforcé par le droit dérivé de l'Union et la jurisprudence de la CJUE. Cette disposition implique l'abolition de toute discrimination entre les travailleurs des États membres fondée sur la nationalité, en matière de rémunération, mais aussi de conditions de travail. L'article 45 du TFUE ajoute que la libre circulation des travailleurs ne connaît pas de restrictions quant à son champ matériel, sauf dérogations expresses. Les seules réserves sont des limitations justifiées par des raisons d'ordre public, de sécurité publique et de santé publique[904].

---

[902] Voir not. : BOULOUIS (J.), CHEVALLIER (R.-M.), FASQUELLE (D.), BLANQUET (M.), *Les grands arrêts de la jurisprudence communautaire, Droit communautaire des affaires Marché intérieur, Politiques communautaires*, vol. 2, Paris, Dalloz, 5ème éd., 2002, p. 748.

[903] GAUDU (F.), *Droit du travail*, Paris, Dalloz, coll. « Cours », 5ème éd., 2013, p. 3.

[904] D'après Bernard Teyssié, « *les signataires du traité ont voulu conserver la faculté de prendre les mesures qui leur paraîtraient s'imposer pour la sauvegarde d'intérêts généraux* ». TEYSSIE (B.), « Union européenne - Libre circulation des travailleurs », *JurisClasseur Europe*, fasc. 92-20, à jour le 17 juillet 2014.

La CJUE a également été conduite à se prononcer sur ce principe en 1974[905], dans l'arrêt « *Commission c/République française* » rendu sur un recours en manquement formé par la Commission européenne à l'encontre de la France en arguant d'une contradiction entre le principe de libre circulation des travailleurs (consacré à l'actuel article 45 TFUE) confirmé par le Règlement n° 1612/68 du Conseil du 15 octobre 1968[906] et le Code du travail maritime français. Dans cet arrêt de principe, « le juge communautaire va être amené à conforter le principe de la libre circulation des travailleurs en décidant de son application directe à la politique commune des transports et à préciser le comportement que doit adopter l'État membre pour mettre un terme au manquement »[907]. Le juge de l'Union adopte ici une interprétation large du principe d'applicabilité directe du droit de l'Union favorable à la liberté de circulation des travailleurs.

Bien que le caractère fondamental de ce principe soit reconnu au sein de l'Union, aussi bien par le droit primaire et dérivé que par la jurisprudence, l'article 45 TFUE mentionne toutefois des exceptions outre les restrictions déjà mentionnées. Son paragraphe 4 exclut en effet du principe de libre circulation des travailleurs les employés ou fonctionnaires de l'administration publique[908]. Cette limitation « reflète l'idée selon laquelle un État peut légitimement demander que certaines activités soient exercées par ses propres ressortissants »[909].

La nationalité est ainsi considérée comme un critère légitime pour écarter certains travailleurs du secteur public. La Cour corrobore cette nuance de l'article 45 TFUE en acceptant une exception à la liberté de circulation des travailleurs au regard du type d'emploi ou de la fonction[910] afin de « tenir

---

S'appuie sur cette disposition du traité la Directive n° 2004/38/CE du 29 avril 2004 relative à la limitation du droit d'entrée et de séjour pour des raisons d'ordre public, de sécurité publique ou de santé publique.

[905] CJUE, 4 avril 1974, « *Commission des Communautés européennes c/République française* », aff. 167/73, *Rec.* p. 360.

[906] Abrogé et remplacé pour partie par le Règlement (UE) 492/2011 du Parlement européen et du Conseil du 5 avril 2011 relatif à la libre circulation des travailleurs à l'intérieur de l'Union.

[907] BLANC (D.), in BOUTAYEB (C.) (dir.), *Les grands arrêts du droit de l'Union européenne, Droit institutionnel et matériel de l'Union européenne*, *op. cit.*, p. 246.

[908] Ces statuts « impliquent une participation directe ou indirecte à l'exercice de la puissance publique et aux fonctions qui ont pour objet la sauvegarde des intérêts généraux de l'État ou des autres collectivités publiques » (CJUE, 17 décembre 1980, « *Commission des Communautés européennes c/Royaume de Belgique* », aff. C-149/79, Rec. p. 3881).

[909] MORRIS (G.), FREDMAN (S.), HAYES (J.), « La libre circulation et le secteur public », *Industrial Law Journal*, 1990, p. 22. (Traduction HEED-LE ROUX D.).

[910] CJUE, 17 décembre 1980, « *Commission des Communautés européennes c/Royaume de Belgique* », aff. C-149/79, Rec. p. 3881 et CJUE, 26 mai 1982, « *Commission des Communautés européennes c/Royaume de Belgique* », aff. C-149/79, Rec. p. 1845. Il s'avère que le principe de libre circulation des travailleurs en ce qui concerne la fonction publique s'applique différemment selon les catégories d'emplois traitées au cas par cas. La Cour

compte de l'intérêt légitime de sauvegarder des intérêts généraux de l'État »[911]. Néanmoins, la CJUE a élargi la notion de travailleur en droit de l'Union européenne. Elle en propose une acception non restrictive[912] « selon des critères objectifs qui caractérisent la relation de travail en considération des droits et devoirs des personnes concernées. Or, la caractéristique essentielle de la relation de travail est la circonstance qu'une personne accomplit, pendant un certain temps, en faveur d'une autre et sous la direction de celle-ci, des prestations en contrepartie desquelles elle touche une rémunération (…) »[913].

Quant à la Commission de l'Union, au sujet des réserves mentionnées dans l'actuel article 45 TFUE, elle a tiré les conséquences de la jurisprudence de la Cour à l'occasion d'une communication émise le 18 mars 1988 qui met l'accent sur la volonté d'assurer une libre circulation des travailleurs tout en admettant des dérogations vis-à-vis de certaines fonctions spécifiques. Cette communication interprète les restrictions de l'article 45 TFUE et retient la pertinence de réserves pour les emplois particulièrement liés à l'État tels que ceux dans les forces armées, la police et les autres forces

---

l'admet par exemple : dans le domaine de l'enseignement, CJUE, 2 juillet 1996, « *Commission des Communautés européennes c/Grand-Duché de Luxembourg* », aff. C-473/93, Rec. p. I-3207 ; dans le domaine de la recherche, CJUE, 16 juin 1987, « *Commission des Communautés européennes c/République italienne* », aff. 225/85, Rec. p. 2625 ; dans le domaine de la santé, CJUE, 3 juin 1986, « *Commission des Communautés européennes c/République française* », aff. 307/84, Rec. p. 1725, CJUE, 9 septembre 2003, « *Isabel Burbaud c/Ministère de l'Emploi et de la Solidarité* », aff. C-285/01, Rec. p. I-8219, CJUE, 15 janvier 1998, « *Kalliope Schöning-Kougebetopoulou c/Freie und Hansestadt Hamburg* », aff. C-15/96, Rec. p. I- 47 ; dans le domaine du transport, CJUE, 26 mai 1982, « *Commission des Communautés européennes c/Royaume de Belgique* », aff. C-149/79, Rec. p. 1845, CJUE, 30 septembre 2003, « *Albert Anker, Klaas Ras et Albertus Snoek c/Bundesrepublik Deutschland* », aff. C-47/02, Rec. p. I-10447 ; dans le domaine de la distribution d'eau, de gaz et d'électricité, CJUE, 30 mai 1989, « *Pilar Allué et Carmel Mary Coonan c/Università degli studi di Venezia* », aff. 33/88, Rec. p. 1591, CJUE, 2 juillet 1996, « *Commission des Communautés européennes c/République hellénique* »,aff. C-290/94, Rec. p. I-3285.

[911] TEYSSIE (B.), « Union européenne - Libre circulation des travailleurs », *op. cit.*

[912] D'autres arrêts de la Cour ont confirmé l'interprétation extensible de la notion du travailleur : CJUE, 21 juin 1988, « *Steven Malcolm Brown c/The Secretary of State for Scotland* », aff. 197/86, Rec. p. 3205 ; CJUE, 26 février 1992, « *M. J. E. Bernini c/Minister van Onderwijs en Wetenschappen* », aff. C-3/90, Rec. p. I-1071 ; CJUE, 6 novembre 2003, « *Franca Ninni-Orasche c/Bundesminister für Wissenschaft, Verkehr und Kunst* », aff. C-413/01, Rec. p. I-13187.

[913]CJUE, 3 juillet 1986, « *Deborah Lawrie-Blum c/Land Baden-Württemberg* », aff. 66/85, Rec. p. 2121. Il faut aussi rappeler que pour la doctrine «le grand intérêt de l'arrêt Lawrie-Blum est qu'il reflète la conception extensive de la notion de bénéficiaire des droits résultant dans traités, circulation ou séjour, soulignant de la sorte qu'une telle qualification doit être appréhendée selon une approche propre au droit de l'Union, afin de la soustraire des divergences des droits internes des États membres ». BOUTAYEB (C.) (dir.), *Les grands arrêts du droit de l'Union européenne, Droit institutionnel et matériel de l'Union européenne, op. cit.*, p. 319

de l'ordre, la magistrature, l'administration fiscale et la diplomatie ; en plus des « emplois relevant des ministères de l'État, des gouvernements régionaux, des collectivités territoriales et autres organismes assimilés, des banques centrales dans la mesure où il s'agit du personnel (fonctionnaires et autres agents) qui exerce les activités ordonnées autour d'un pouvoir juridique public de l'État ou d'une autre personne morale de droit public tels que l'élaboration des actes juridiques, la mise en exécution de ces actes, le contrôle de leur application et la tutelle des organismes dépendants »[914].

De manière générale, le principe de libre circulation des travailleurs à l'intérieur de l'Union européenne a tout de même évolué vers une facilitation de la mobilité professionnelle dans l'espace économique européen. Le rôle que la Cour a joué pour harmoniser les différentes appréhensions nationales de la notion de travailleur a été déterminant pour faire respecter ce principe fondamental. Cette intervention est une illustration de l'importance du travail prétorien pour l'approfondissement du processus d'intégration de l'Union[915].

L'office du TJCA dans le cadre de la Communauté andine n'a pas non plus été négligeable pour déterminer le sens de la notion de « travailleur migrant andin ».

---

[914] Action de la Commission en matière d'application de l'article 48 paragraphe 4 du traité CEE, JO C 72/2 du 18.3.1988. La Commission a évolué concernant le contrôle d'application relative à l'interprétation de l'article 45, paragraphe 4 du TFUE. Très récemment elle a ainsi signalé que : « Si la libre circulation des travailleurs dans le secteur public a fortement progressé à la suite des arrêts de la Cour relatifs aux postes réservés aux ressortissants nationaux (depuis les années 1980) et à la reconnaissance de l'expérience professionnelle et de l'ancienneté (depuis les années 1990), on constate toujours un certain nombre d'entraves, susceptibles de limiter les possibilités pour les citoyens d'exercer leurs droits. Il convient que les États membres, tous les employeurs du secteur public et les institutions européennes œuvrent conjointement à la suppression de ces entraves ». Voir : « Libre circulation des travailleurs dans le secteur public », Document de travail des services de la Commission, Commission européenne, Bruxelles, 14 décembre 2010, pp. 28-29.

[915] L'une des difficultés concernant actuellement le marché du travail à l'intérieur de l'Union européenne réside dans les restrictions portées à la libre circulation des travailleurs issus des États membres ayant récemment adhéré à l'Union européenne ; des restrictions qui sont notamment liées à l'harmonisation concernant la formation universitaire et aux délais décidés pour l'ouverture au marché du travail des ressortissants des nouveaux États membres de l'Union. La Commission européenne a signalé dans un récent communiqué de presse concernant le marché du travail que « les reformes du passé ont permis une meilleure performance du marché du travail » ; ajoutant que ce marché du travail « continue de se renforcer à un rythme lent et inégal entre les États membres ». Voir : Commission européenne, Communiqué de presse : « Prévisions économiques de l'automne 2015 : reprise modérée malgré les défis à relever », Bruxelles, 5 novembre 2015, disponible sur : http://ec.europa.eu/france/news/2015/20151105_prvisions_economques_automne_moscovici_fr.htm.

B. La naissance du travailleur migrant andin

Au sein de la Communauté andine, le point de départ de la construction d'une notion commune de travailleur relève d'une initiative des États membres : la Déclaration de Carthagène du 21 mai 1999 des ministres du travail des États membres andins « marque une étape importante pour le Système andin d'intégration en ce qui concerne le renforcement des accords sociaux et la dimension sociale du travail dans le cadre du processus d'intégration de la Communauté andine »[916]. À la suite de cette initiative ministérielle, le Conseil présidentiel andin a signé la Déclaration de Quirama le 28 juin 2003 qui vise à redonner à la Communauté andine une dimension plus sociale en accordant une priorité aux actions plus soucieuses des citoyens andins. Dans cette optique, on assiste à un développement d'instruments d'harmonisation juridique dans le domaine du travail et de la sécurité sociale dont l'amélioration devient un objectif commun des États membres.

La Déclaration de Quirama témoigne d'un renouvellement de l'engagement des États membres pour la construction d'un espace économique et social andin dans une période de crise politique pour la Communauté andine dont les institutions font l'objet de critiques en raison de leur absence ou défaillance d'action en matière sociale ; celles-ci élaborant essentiellement des politiques économiques et tarifaires. Cette situation explique l'intention du Conseil présidentiel andin d'instituer des dispositifs à finalité plus sociale qu'économique[917]. La Déclaration de Quirama a ainsi été présentée comme le document exprimant la volonté des États membres de lutter contre la pauvreté, le terrorisme, le narcotrafic, le crime organisé, la corruption ; tout en réaffirmant l'importance de la démocratie.

Depuis la signature de cet instrument politique, la Communauté andine a mis en œuvre plusieurs initiatives communautaires sociales[918] qui appuient les États membres dans leurs efforts en vue de combattre la pauvreté, l'inégalité et l'exclusion sociale. Par exemple, le Plan intégré de développement social (PLADES) prévoit un programme destiné à encourager les projets élaborés en matière de droit du travail que peuvent initier des politiques nationales et communautaires de promotion de l'emploi. D'après Francisco Verdera, spécialiste des politiques relatives à

---

[916] Consejo consultativo laboral andino, « Derecho a la salud laboral en la Comunidad andina », *Cuadernos*, vol. 2, 2003, p. 20.

[917] Secretaria general de la Comunidad andina, « La renovación del compromiso comunitario », *Document de la XIV° Réunion du Conseil présidentiel andin*, Quirama - Colombie, 27-28 juin 2003, 2003.

[918] Décision n° 601 relative au Plan intégré de développement social (PLADES) pour la Communauté andine du 21 septembre 2004.

l'emploi auprès de l'OIT[919], « l'instabilité sociale andine a un impact sur la gouvernabilité démocratique dans la région, ajoutée aux taux élevés de chômage et au travail informel, ces facteurs conduisent à cette particularité de la région qui est de se constituer simplement en source de matières premières non renouvelables »[920]. De plus, en l'absence de cadre industriel développé pour l'exploitation des matières premières, l'offre de travail en ce domaine reste relativement restreinte. C'est notamment pour pallier cet inconvénient qu'il a été envisagé d'élaborer un dispositif encourageant la migration des travailleurs andins dans toute la région, sachant que leur nombre connaît une constante augmentation.

En 2003, le marché du travail communautaire andin comptait une population économique active (PEA) de 49 332 000 personnes, parmi lesquelles 39 889 000 étaient installées en zones urbaines et 11 443 000 en zones rurales. En 2011, la population active représentait 50 550 089 d'individus pour une population totale de la Communauté andine de 101 millions d'habitants[921].

Concrètement, la mise en œuvre du principe de libre circulation des travailleurs pose des difficultés aux États membres, surtout en ce qui concerne les questions de la rémunération, d'heures de travail ou encore des bénéfices sociaux qui diffèrent d'une législation à l'autre. Pour autant, on a pu relever une volonté politique de leur part encourageant des mesures communes relatives à la migration des travailleurs andins. Ainsi a été signée le 25 juin 2003 à Antioquia en Colombie la Décision n° 545 portant Instrument andin sur les migrations aux fins d'emploi[922] dont l'objet est de renforcer le caractère social du processus communautaire en ouvrant

---

[919] L'OIT a été créée par le Traité de Versailles en 1919. Rattachée à l'ONU, comme d'autres organisations internationales, elle dispose d'un organe exécutif : le Bureau International du Travail.

[920] Seminaire régional andin, « La Gobernabilidad democrática y el problema del empleo en la región andina », 14-15 avril 2005, p. 74. La Communauté andine a adopté une politique de protection des travailleurs andins inspirée du cadre normatif international du travail. Pour plus de détails, voir: Consejo consultativo laboral andino, « Derecho a la salud laboral en la Comunidad andina», *Cuadernos*, vol. 2, 2003, pp. 31-39. Le Bureau de l'OIT pour les pays andins est un organisme international de collaboration avec les pays andins principalement avec les États membres de la CAN pour l'édiction de politiques d'encouragement à l'amélioration des conditions de travail et à la promotion des emplois durables dans la région andine ; disponible sur : http://www.ilo.org.

[921] MENDOZA FANTINATO (G.), «Indicadores convergentes y fortalezas del mercado laboral de la Comunidad andina», *Secretaria General de la Comunidad andina,* 2011, p. 9. Voir aussi: http://estadisticas.comunidadandina.org/eportal/; CAPRILES (G.), *La regulación del mercado laboral en la Comunidad andina in Integración regional: Intercambio de experiencias entre la Comunidad andina, el MERCOSUR y la Unión europea*, 2005, p. 17.

[922] Disponible sur : http://www.ilo.org/public/french/standards/relm/ilc/ilc87/r3-1b1.htm.

davantage les frontières des États membres pour permettre aux travailleurs andins de circuler plus aisément[923].

Il est intéressant de relever l'implication des ministres du Travail de chaque État membre durant les discussions qui ont précédé l'édiction de la Décision n° 545. Ils ont pu faire des propositions en bénéficiant de l'appui technique de l'Organisation internationale des migrations qui a posé les bases du projet de normes communautaires qui deviendra l'Instrument andin sur les migrations aux fins d'emploi[924]. Ce dispositif trouve donc son inspiration dans le droit international du travail et cherche à « fortifier l'ordre communautaire dans le domaine de la protection des citoyens communautaires et garantir le droit à la libre de circulation dans l'espace régional andin, celui-ci étant considéré comme l'un des piliers centraux de la conception de la citoyenneté andine »[925].

L'Instrument établit quatre catégories de travailleurs :

- Le « travailleur en déplacement individuel » qui signe un contrat de travail dans un État membre autre que son pays de résidence ;
- Le « travailleur en entreprise » qui est soumis aux ordres d'un supérieur hiérarchique dans le cadre d'une entreprise et qui doit s'absenter de son pays de résidence pour une période supérieure à 180 jours, sachant que ce déplacement est conditionné à l'une des trois exigences suivantes : l'entreprise est déjà installée dans le pays de déplacement, ou l'entreprise fait des affaires dans ce pays, ou doit réaliser un travail de prospection pour l'installation de l'entreprise dans ce pays ;
- Le « travailleur transfrontalier » qui travaille régulièrement dans un État membre autre que son pays de résidence ;
- Le « travailleur temporaire » qui se rend dans un autre État membre en qualité de travailleur saisonnier ce qui implique en plus d'un statut de travailleur temporaire des garanties concernant son logement et ses frais de déplacement.

---

923 La décision n° 545 se substitue à la décision n° 116 de février 1977 relative à la migration de travail dans la région andine qui n'a jamais été véritablement appliquée. Les lignes directrices pour renouveler la vision sociale de la Communauté andine ont été posées de manière plus approfondie dans les Protocoles modificatifs à l'Accord de Carthagène entre 1996 et 1997. Ces réflexions aboutiront au renforcement et à l'approfondissement de la construction andine sur la base d'un socle social qui sera confirmé en 2003 avec la création du cadre communautaire andin social.

924 Voir: Séminaire regional andin, 14 et 15 avril 2005: « La Gobernabilidad democrática y el problema del empleo en la subregión andina », Lima, Secretaria General de la Comunidad andina, 2005, p. 132.

925 MENDOZA FANTINATO (G.), « Comunidad Andina: derecho al libre establecimiento con fines laborales para los ciudadanos comunitarios», *Revista Migraciones*, n° 7, 2011, p. 14.

Avec cet instrument juridique régional surgit une « citoyenneté de travail andine »[926], élément de la construction d'un marché du travail andin qui reconnaît des droits à tout ressortissant en sa qualité de travailleur.

À ce dispositif s'ajoutent des mesures plus précises destinées à relancer l'activité économique et inciter une mobilité au-delà des frontières nationales. Des décisions ultérieures de la Communauté vont en effet davantage encore faciliter la circulation et la résidence des travailleurs dans un autre État membre que le leur. L'objectif de ces initiatives est de former un cadre juridique stable complémentaire des politiques sociales nationales.

La Communauté andine a ainsi créé des « contrats de dépendance » pour rendre possible l'embauche de professionnels libéraux dans les États membres[927]. Il ne s'agit que d'un exemple parmi de nombreuses mesures visant une meilleure protection des travailleurs andins, à l'instar de l'Instrument andin sur les migrations aux fins d'emploi.

§ 2 Le cadre communautaire andin de protection du travailleur migrant andin

Il s'agira en premier lieu d'analyser comment les États membres ont reçu et adapté à leur droit respectif la Décision n° 545 de la Commission de la Communauté andine portant Instrument andin sur les migrations aux fins d'emploi en instituant notamment des entités pour l'accueil des travailleurs migrants andins (A) ; un dispositif complété par le bénéfice d'une sécurité sociale[928] dans le cadre de l'application des politiques communautaires au sein des États membres (B).

---

[926] MENDOZA FANTINATO (G.), «La "ciudadanía laboral andina": derechos laborales fundamentales reconocidos por la comunidad andina», *Secretaría general de la Comunidad andina*, 2011, p. 1.

[927] Décision n° 439 portant cadre général des principes et normes pour la libéralisation du commerce des services dans la Communauté andine du 11 juin 1998 et Décision n° 510 portant adoption de l'inventaire des mesures restrictives au commerce de services du 30 octobre 2001.

[928] D'après Patrick Morvan, « l'histoire de la sécurité sociale, entendue comme un système d'assistance pris en charge par un État qui se considère officiellement comme le débiteur des indigents, eux-mêmes considérés comme créanciers d'un droit de subsister ou de travailler, commence véritablement avec les travaux du comité de mendicité de l'Assemble constituante et de l'article 21 de la Déclaration des droits de l'Homme et du citoyen du 26 août 1789. Ce même auteur reconnaît l'influence que le droit international exerce sur le droit interne de la protection sociale issue de la Convention européenne des droits de l'Homme et de l'influence du droit communautaire au travers des libertés économiques » (MORVAN (P.), *Droit de la protection sociale*, Paris, LexisNexis, coll. « Manuel », 7ème éd., 2015, p. 11). S'agissant du droit de l'Union et de la protection sociale, la vocation du premier est de coordonner les législations nationales, sans affecter leur contenu, de ce fait l'expression « l'ordre juridique communautaire comporte plusieurs règlements établissant un régime commun de sécurité sociale qui vise à protéger les ressortissants des États membres

A. Application de la Décision n° 545 de la Commission de la Communauté andine portant Instrument andin sur les migrations aux fins d'emploi par les États membres

Bien que les décisions de la Commission de la Communauté andine aient en principe un caractère contraignant et soient d'application directe dans les États membres, ces derniers ont tardé à mettre leur droit en adéquation avec la Décision n° 545.

Dans le cas du Pérou[929], parmi les mesures prises adoptant et adaptant cette décision au cadre juridique national, mentionnons notamment la création d'un service d'informations et d'orientation « Pérou INOMIGRA » qui permet, grâce à un système virtuel, de venir en aide aux travailleurs migrants en assurant un suivi de leur contrat de travail dès lors qu'ils relèvent de l'une des catégories précitées établies par la Décision n° 545. Ce service permet, en outre, de porter un regard global sur la mobilité des

---

se déplaçant à l'intérieur de la communauté contre les différents risques sociaux (maladies, maternité, invalidité, vieillesse, décès, accidents du travail et maladies professionnelles, chômage, charges familiales) » (BARAV (A.), PHILIP (C.), BOUTAYEB (C.), *Dictionnaire juridique des communautés européennes, op. cit.).* Toute la réglementation européenne concernant la sécurité sociale a donné naissance à l'expression « Europe sociale », expression qui a toujours été problématique au regard des libertés de circulation (des travailleurs, des personnes et des services principalement). La défense des droits des travailleurs est un sujet auquel le législateur de l'Union s'est intéressé de longue date en actant des avancées progressives : Directive-cadre n° 89/391 du Conseil du 12 juin 1989 concernant la mise en œuvre de mesures visant à promouvoir l'amélioration de la sécurité et de la santé des travailleurs au travail ; Directive n° 89/654 du Conseil du 30 novembre 1989 ; Directive n° 91/ 383 du Conseil du 25 juin 1991 ; Directive n° 92/85 du Conseil du 19 octobre 1992 ; Directive n° 94,/33 du conseil du 22 juin 1994 ; Directive n° 2003/88 du Parlement européen et du Conseil du 4 novembre 2003.

Toute cette réglementation présente cependant quelques vides que la Cour de justice n'a pas manqué de combler. Voir à titre d'exemple : CJUE, 7 mai 1969, « *Caisse régionale de sécurité sociale du nord de la France c/ Achille TorrekensFrance* », aff. C-28/68, Rec. p. 125 ; CJUE, 17 décembre 1975, « *Jacov Adlerblum c/ Caisse nationale d'assurance vieillesse des travailleurs salariés* », aff. C-93/75, Rec. p. 2147 ; CJUE, 19 décembre 1968, « *Giovanni de Cicco c/ Landesversicherungsanstalt Schwaben* », aff. C-19/68 Rec. p. 689 ; CJUE, 4 novembre 1997, « *Kelvin Albert Snares c/Adjudication Officer* », aff. C-20/96, Rec. p. I-6057 ; CJUE, 6 juin 1985, « *Maria Frascogna c/Caisse des dépôts et consignations* », aff. 157/84, Rec. p. 1739 ; CJUE, 28 juin 1978, « *Patrick Christopher Kenny c/Insurance Officer* », aff. C-1/78, Rec. p. 1489; CJUE, 22 février 1990, « *Bronzino c/Kindergeldkasse* », aff. C-228/88, Rec. p. I-531; CJUE du 10 mars 2011, « *Tanja Borger c/ Tiroler Gebietskrankenkasse* », aff. C-516/09, Rec. p. I-1493.

[929] Voir : Loi sur l'organisation et les fonctions du MTPE n° 29381 du 16 juin 2009 qui ajoute des modifications concernant la migration de travail ; Décret suprême n° 004-2010-TR, règlement sur l'organisation et les fonctions du GMTPE pour la création de la direction de la migration de travail du 1er avril 2010.

travailleurs andins au Pérou. A également été instituée une Direction des migrations de travail (DML) qui, dépendant de la Direction générale de promotion de l'emploi, est compétente pour connaître tout dossier relatif aux travailleurs migrants andins qui occupent un emploi au Pérou. En prévoyant de tels dispositifs, le Pérou est jusqu'à présent l'État membre qui a déployé le plus d'efforts pour incorporer dans son droit les instruments créés dans le cadre de la politique andine de l'emploi.

L'Équateur a également mis en place un organe spécialisé, l'Unité des migrations, au sein du ministère du Travail. Cependant, entité administrative dépendante de ce ministère, à ce jour elle n'a jamais enregistré de contrats concernant des travailleurs migrants andins comme elle est pourtant chargée de le faire.

En Colombie, l'application de la décision de la Communauté andine s'est faite en deux temps. Tout d'abord a été créée une Direction de la mobilité et de la formation professionnelles qui dépend du ministère du Travail, de l'emploi et de la prévision sociale. Puis, le Parlement a adopté la loi n° 1450 en juin 2011 actant la création d'un nouveau Plan de développement (PD) qui comprend un chapitre entièrement dédié à la gestion d'une croissance soutenue et concurrentielle de la main-d'œuvre andine.

Enfin, à l'instar des trois autres États membres, l'État plurinational de la Bolivie avait prévu la création d'un organe spécifique, l'Unité des migrations de travail dépendant du ministère du Travail, de l'emploi et de la prévision sociale ayant pour principale mission, conformément au Décret suprême n° 29894 de 2009, de diffuser l'information relative aux migrations aux fins d'emploi. Cette entité n'ayant toutefois jamais été mise en place, de fait l'État plurinational de la Bolivie ne prévoit actuellement aucune mesure particulière destinée aux travailleurs migrants andins.

Il est important de noter que toutes ces entités publiques ne sont que des agences de coordination et d'information à l'attention des travailleurs andins afin de les avertir de la possibilité de circuler librement pour accéder aux emplois proposés dans d'autres États membres de la Communauté andine. La seule véritable application de la Décision n° 545 est à mettre au crédit de l'administration péruvienne.

En dépit de ces efforts d'incorporation plus ou moins poussée du droit communautaire andin du travail dans le corpus juridique des États membres, la réalité est que leurs ressortissants restent encore mal informés et peu concernés par les opportunités d'emploi dont ils pourraient bénéficier à l'extérieur de leur pays. Il y aurait ainsi un décalage avec les politiques de la Communauté andine, qui a également prévu un régime de sécurité sociale pour les travailleurs migrants, et le peu d'intérêt qu'y portent ces derniers.

B. La création d'une sécurité sociale des travailleurs migrants andins

Une mesure complémentaire de l'Instrument andin sur les migrations aux fins d'emplois encourageant la mobilité des travailleurs est l'instauration d'un régime de sécurité socialequi leur est spécialement dédié. Deux décisions du Conseil andin des ministres des Affaires étrangères améliorant la protection de la santé du travailleur migrant andin sont en effet venues s'ajouter à la Décision n° 545 de la Commission de la Communauté andine : la Décision n° 583 portant Instrument andin de sécurité sociale du 7 mai 2004[930] complétée par un règlement du Secrétariat général de la Communauté andine du 23 septembre 2005 et la Décision n° 584 instaurant l'Instrument andin sur la sécurité et à la santé au travail du 7 mai 2004.

La décision n° 583 a pour objet d'offrir une protection appropriée en matière de santé aux travailleurs migrants andins ainsi qu'à leurs tiers bénéficiaires. L'article 1er précise qu'il s'agit de « garantir aux travailleurs migrants la pleine application du principe d'égalité et de traitement national et l'élimination de toute forme de discrimination »[931] de la part des institutions de santé, publiques ou privées, des États membres[932]. La Décision n° 583 a également permis l'institution d'une instance communautaire centralisée, connue actuellement sous le nom de Conseil consultatif andin du travail (CCAL)[933], et l'élaboration du Programme de travail de développement (PLADES) dont le but est de contribuer à la réflexion sur les problématiques de santé des travailleurs migrants andins[934].

Composé de représentants des travailleurs de tous les États membres, le Conseil consultatif andin du travail est un espace de délibération dédié aux

---

930 Cette décision se substitue à la décision n° 546 de juin 2003.

931 Article 1er: « *La presente Decisión tiene como objetivos: a) Garantizar a los migrantes laborales, así como a sus beneficiarios, la plena aplicación del principio de igualdad de trato o trato nacional dentro de la Subregión, y la eliminación de toda forma de discriminación* ».

932 Concernant la discrimination dans le domaine du travail, la principale inquiétude des États membres de la CAN est la discrimination contre les femmes. Pour progresser en la matière, les États membres se sont réunis en 2013 en vue d'établir des actions communes concernant l'égalité hommes-femmes et la lutte contre la discrimination aux femmes dans le milieu du travail. Mais aujourd'hui, malheureusement, aucune norme communautaire andine n'a été établie pour relancer cette politique commune.

933 Une institution créée en 1983. Cette instance a réalisé des travaux pour l'amélioration des conditions de travail et de sécurité sociale des travailleurs migrants andins. Jusqu'à présent, cette instance a présenté quatre rapports de gestion focalisés sur la continuation du processus d'application de la Décision n° 545, la réactivation des instances nationales chargées des travailleurs andins, ou encore la surveillance de l'application du Plan intégral de développement social de la Communauté andine.

934 Inspiré du Programme de travail de développement péruvien créé en 1991. Voir : http://www.plades.org.pe/.

initiatives syndicales qui, bien qu'il ne puisse émettre que de simples avis dénués de force contraignante, a notamment permis de promouvoir une politique de migration professionnelle au sein de la Communauté andine. Le CCAL est en constante relation avec le Conseil consultatif andin des entreprises (CCEA) représentant les employeurs. Les deux instances doivent coordonner leur action, tout comme la Communauté andine doit coordonner ses initiatives en matière d'emploi avec les politiques des États membres[935].

La représentation syndicale andine, née du regroupement des représentations syndicales nationales, a une connotation toute particulière en Amérique latine qui a connu de grandes transformations sociales ces dernières années, appuyées par les syndicats d'ouvriers ou encore de mineurs comme dans l'État plurinational de la Bolivie[936].

Quant à la Décision n° 584 portant Instrument andin sur la sécurité sociale et la santé au travail[937], elle vise l'harmonisation graduelle des politiques économiques et sociales nationales et prévoit des mesures de prévention des risques au travail, une gestion de la sécurité sociale, des obligations pour les employeurs et des droits et obligations pour les travailleurs en matière de santé au travail. Elle prévoit, en outre, la création d'une instance communautaire chargée de conseiller le Conseil andin des ministres des Affaires étrangères, le Conseil consultatif des ministres du travail et le Secrétaire général sur toutes les questions relatives à la sécurité sociale et à la santé dans la région andine.

D'après la Convention Simón Rodriguez d'intégration sociale[938], les Décisions n° 583 et n° 584 peuvent être considérées comme les bases juridiques d'un approfondissement du processus intégrateur. Les deux textes

---

[935] Les travaux préparatifs pour la participation de représentants des travailleurs migrants andins aux discussions avec la création d'espaces de dialogue se fait avec l'appui de l'Union européenne depuis 2000 dans le cadre de l'Agenda de coopération EU-CAN.

[936] Pour en savoir plus : GARZA (de la) TOLEDO (E.) (dir.), *Sindicatos y nuevos movimientos sociales en América latina*, CLACSO, 2005, p. 213.

[937] Cette décision se substitue à la Décision n° 547 de juin 2003.

[938] La Convention Simon Rodriguez (Convenio Simon Rodriguez) est un forum de discussion, participation et coordination concernant des sujets sociaux et professionnels créé en 1973 pour regrouper exclusivement des ministres du travail. Cette instance communautaire faisait partie du Système d'intégration andine (SIA) et est constituée par le Conseil consultatif des ministres du Travail, le Conseil consultatif du travail et le Conseil consultatif des entreprises. La Convention Simon Rodriguez a été modifiée par le Protocole de substitution à la Convention Simon Rodriguez du 24 juin 2001 afin de redynamiser son rôle dans les travaux préparatoires de la politique sociale et de travail andine. Néanmoins, aucune action directe n'a malheureusement été menée depuis l'entrée en vigueur du Protocole le 12 juin 2015. Une action préparatoire avait été prévue avant le Protocole avec notamment la constitution de l'Observatoire du travail andin (OLA) considéré l'instrument principal de la Convention Simon Rodriguez pour l'analyse, la définition et le suivi des politiques communautaires andines en matière sociale et de travail. Voir le site web de l'Observatoire du travail andin : http://www.comunidadandina.org/camtandinos/OLA/default.asp

portent en effet l'idée selon laquelle « la sécurité et la santé au travail constituent un instrument nécessaire pour contribuer à l'amélioration des conditions de vie et de travail des personnes »[939]. De manière claire et pédagogique, ces décisions proposent effectivement une définition du travailleur et introduisent une politique commune de prévention des risques au travail que les États membres doivent observer pour améliorer les conditions de sécurité et santé des travailleurs, notamment pour diminuer le nombre d'accidents du travail et de maladies professionnelles. Ces textes s'appliquent en principe à toutes les branches de l'activité économique de la région andine et à tout travailleur migrant andin dont la situation relève de la Décision n° 545.

On peut ainsi constater que les travailleurs migrants jouissent d'une protection complète par le biais des institutions nationales de santé grâce à l'initiative de la Communauté andine. Cependant, malgré cette politique, les taux d'accidents au travail restent élevés, en particulier dans le cadre du travail informel non couvert pas la protection sociale, mais qui reste très développé dans la région, et du travail des femmes et des enfants qui se fait souvent dans des conditions difficiles[940].

Signalons en outre l'implication tardive du Parlement andin, instance de « démocratie participative »[941]. Organe de délibération et de contrôle politique et représentant direct des citoyens de la Communauté andine,

---

[939] MENDOZA FANTINATO (G.), «El Convenio Simón Rodríguez: importancia del foro socio laboral de la Comunidad andina», Secretaria General de la Comunidad andina, p. 2; disponible sur: http://www.comunidadandina.org/bda/FichaObra.aspx?cm=1861.

[940] D'après le rapport socio-économique de la Communauté andine 2010 publié le 19 juillet 2011 concernant le travail des femmes, on compte 40 millions de femmes parmi 78 millions de personnes qui se trouvent en âge de travailler. Le taux de chômage urbain des femmes atteint 10,7% et est supérieur à celui des hommes de 8 %. Voir aussi: Séminaire régional andin, « La Gobernabilidad democrática y el problema del empleo en la subregión andina », 14 et 15 avril 2005, Secrétariat general, 2005, p. 132.

[941] Voir au sujet de la démocratie représentative à l'intérieur de l'Union européenne : DUBOS (O.), « Démocratie représentative et Union européenne : l'art de la fugue », in GAUDUSSON (de) (J. du B.), CLARET (P.), SADRAN (P.), VINCENT (B.) (dir.), *Démocratie et liberté : tension, dialogue, confrontation, Mélanges en l'honneur de Slobodan Milacic*, Bruxelles, Bruylant, 2008, pp. 429-441. Bien que l'Union européenne ait avancée depuis longtemps vers une union plus active au niveau social et politique, pour la doctrine de l'Union le peuple reste encore « le grand absent » de la construction européenne : « la participation directe des citoyens et de leurs représentants à l'échelle nationale appartient exclusivement à la Commission cette méconnaissance peut aussi être observée dans le cadre de l'Union européenne le maintien de l'intégralité du monopole de l'initiative de la Commission européenne justifie ces dispositions, il reste que le sort de la participation directe des citoyens et de leurs représentants à l'échelle nationale appartient exclusivement à la Commission », laissant « la volonté populaire… captive » (BLANC (D.), « La gouvernance, cheval de Troie de l'Union européenne ? », in RIOS RODRIGUEZ (J.), OANTA (G. A.), *Le droit public à l'épreuve de la gouvernance : journée franco-espagnole- El Derecho Público ante la gobernanza : jornadas franco-española*, Perpignan, PUP, coll. « Études », 2012, p. 141).

l'article 43 de l'Accord de Carthagène lui donne la mission de « participer à la promotion et à l'orientation du processus d'intégration subrégional » en étant force de propositions. Cependant, en matière de protection des travailleurs, il n'est intervenu que dix ans après l'entrée en vigueur des Décisions n° 583 et n° 584.

Ce n'est en effet qu'en 2011 que le Parlement andina pris la mesure de l'importance des dispositifs de protection sociale en tant que « facteur transcendantal pour promouvoir la circulation progressive, graduelle et permanente des nationaux dans la région »[942]. Pour remplir cet objectif, le Parlement ainstitué une Commission spéciale andine de suivi des instruments sociaux en matière de travail chargée de donner une impulsion aux mécanismes nationaux déjà existants et de coordonner la coopération entre États membres dans le domaine de la libre circulation des travailleurs. Trois thématiques sont privilégiées : les retraites transnationales requérant un contrôle politique et une coordination avec les gouvernements des États membres et les organismes internationaux compétents en la matière ; la réactivation du Sous-comité andin des autorités de migration aux fins d'emploi ; la reprise de la notion de compétences professionnelles définies par le droit colombien pour son application harmonisée dans tous les États membres[943].

D'autres mesures intéressantes sont venues compléter ce dispositif d'appui et de protection de la mobilité des travailleurs migrants andins. Mentionnons notamment l'élaboration d'une politique de coopération et d'assistance consulaire andine[944], l'institution d'un Comité andin pour le développement alternatif[945], la création d'un cadre général de principes et de normes pour la libéralisation du commerce de services[946], ou encore l'instauration d'un passeport[947] et d'une carte d'identité andine de migration[948].

---

942 Séance plénière du Parlement andin, XXXVIIIe période ordinaire des sessions du 30 mars 2011.
Voir aussi: MESA VÉLEZ (W.), « El Parlamento andino y los trabajadores migrantes andinos », *Revista Diálogos Migrantes*, n° 7, 2011, pp. 11-12

943 À ce jour, aucun document n'a été publié sur les trois thématiques par la Commission spéciale de suivi des instruments sociaux et professionnels.

944 Décision n° 548 portant mécanisme andin de coopération en matière d'assistance, de protection consulaire et d'affaires migratoires du 25 juin 2003.

945 Décision n° 549 portant création du Comité andin pour le développement alternatif, instrument ayant comme objectif d'appuyer la stratégie andine de lutte contre le narcotrafic et les délits connexes du 25 juin 2003.

946 Décision n° 439 portant cadre général de principes et de normes pour la libéralisation du commerce de services du 11 juin 1998.

947 Décision n° 504 portant création du passeport andin du 22 juin 2001.

948 Décision n° 397 portant Charte andine de migration (TAM) du 16 septembre 1996.

Néanmoins, il convient de nuancer ces initiatives en rappelant que la liberté de circulation des travailleurs migrants andins est limitée par une clause de sauvegarde établie par la Décision n° 545 selon laquelle, en cas de perturbation du marché du travail national affectant la situation de l'emploi dans une zone géographique déterminée ou dans une branche de l'activité économique d'un des États membres, celui-ci peut, avec l'approbation des autres États membres, demander une exemption temporaire de six mois au principe d'égalité d'accès à l'emploi s'il considère que l'ouverture de son marché national du travail peut provoquer des préjudices à sa population. Notons cependant que jusqu'à aujourd'hui, aucun État membre n'a mis en œuvre cette clause.

Nous pouvons aussi constater que la migration des travailleurs dans la région andine n'est en réalité pas un sujet qui attire beaucoup l'intérêt national, comme le signale Oscar Gomez Diez en rappelant que « la population des travailleurs transfrontaliers andins n'est pas considérable dans les statistiques selon l'Observatoire des migrations »[949]. L'auteur souligne « que la réalité de la Communauté andine exige des politiques plus actives et solides pour gérer les nouveaux flux de migration et pour rendre le marché du travail andin plus attractif aux pays émergents de la région » ; il ajoute que « la crise de la Communauté andine dans le domaine du travail est plutôt due à une crise de vision et de leadership politiques des gouvernements actuels, car ils prennent des dispositions unilatérales en oubliant les engagements communs qui ont été pris au moment de la création de la Communauté andine ».

Ainsi, la politique de migration des travailleurs andins n'est pas encore profondément ancrée dans l'esprit des gouvernements des États membres. Malgré la difficulté nationale à la mobilité des travailleurs andins qui surgit de temps à autre, les institutions communautaires andines restent tout de même positives et convaincues de l'importance de la formation d'un marché du travail andin[950]. Objectif qui passe par la consolidation des politiques et instruments existants et le développement d'une « citoyenneté professionnelle andine », « un premier pas pour assurer la construction

---

949 GOMEZ DIEZ (O.), « La migración laboral en la región andina: Los desafíos de una política ausente », *Revista diálogos migrantes*, Observatorio de Migraciones Fundación Esperanza, n° 7, 2011, p. 113 (Oscar Gomez Diez est le fondateur de la Fondation Esperanza, un organisme de la société civile fondée en 1993 qui travaille dans le domaine des droits de l'homme).

950 Cette notion a été élaborée et précisée lors des conférences régionales andines sur l'emploi en 2004, 2006, 2008 réunissant avec des représentants des ministères du travail de chaque État membre ainsi que des représentants des conseils consultatifs andins des entreprises et du travail.

d'un grand marché andin du travail avec une véritable reconnaissance des droits des travailleurs »[951].

Dans ce sens, lors d'une réunion organisée en 2012, le Conseil consultatif des ministres du Travail a exhorté les instances communautaires andines à travailler en coopération avec les organismes internationaux de migration, des droits de l'Homme et du travail[952], ainsi que les instances nationales, en vue de renforcer la citoyenneté andine et d'établir des projets de sensibilisation au bénéfice d'une mobilité intracommunautaire. Le Conseil consultatif des ministres du Travail a également saisi cette occasion pour saluer une initiative de l'Équateur qui a mis en place des guichets spécialisés pour les citoyens andins, ce qui en a fait le premier pays à permettre un traitement préférentiel des citoyens andins durant les démarches de migration[953].

Enfin, au moment de la commémoration du 44e anniversaire de la signature de l'Accord de Carthagène[954] en 2013, le Secrétaire général Santiago Cembrano Cabrejas a pu considérer que « l'optimisme sur l'avenir de la Communauté andine est fondé sur des résultats positifs du processus d'intégration ». Malheureusement, on ne peut connaître la contribution effective de la politique sociale à ce renforcement de l'intégration, aucune statistique sur la mobilité des travailleurs andins ou sur l'application de la sécurité sociale andine n'a été publiée à la date de rédaction de ce travail.

La thématique du travail dans la Communauté andine ne concerne cependant pas uniquement les travailleurs migrants ; la question des employés des institutions andines est également centrale.

§ 3 La résolution des conflits professionnels impliquant des fonctionnaires et employés des institutions communautaires andines

Parmi les compétences du TJCA figure un recours destiné à protéger les droits des fonctionnaires andins. Toutefois, il est de fait peu utilisédans la mesure où il n'est réservé qu'aux fonctionnaires et agents de la CAN (A). La jurisprudence du juge andin saisi de ce recours apporte néanmoins certains

[951] MENDOZA FANTINATO (G.), « La "ciudadanía laboral andina": derechos laborales fundamentales reconocidos por la comunidad andina », *op. cit.*, p. 11.

[952] Trois organismes internationaux ont travaillé avec les instances communautaires andines en matière de mobilité des travailleurs migrants andins : l'Organisation internationale des migrations, l'Organisation internationale du travail et l'Organisation ibéro-américaine de sécurité sociale.

[953] Cette mesure a été établie en Équateur en application de la Décision n° 526 relative à l'installation de guichets spéciaux pour les citoyens de la Communauté andine du 7 juillet 2002

[954] Communiqué de presse de la CAN du 27 mai 2013.

aspects intéressants concernant plus généralement le respect des droits des travailleurs (B).

A. Le recours ouvert aux fonctionnaires et employés des institutions et des organes andins

Comme nous l'avons déjà précisé, le TJCA est l'unique juridiction de la Communauté andine chargé de résoudre tout conflit qui relève de l'application du droit communautaire andin en vertu de l'Accord de Carthagène et de l'article 47 de la Décision n° 563 portant codification de l'Accord de Carthagène. En 1996, au moment de la première initiative de renforcement du processus d'intégration andin, les rédacteurs du Protocole modificatif du Traité constitutif du TJCA[955] ont prévu dans son article 40, ainsi qu'aux articles 135 à 139 du Statut du Tribunal, un nouveau type d'action : le recours des travailleurs andins spécifique aux litiges qui surgissent entre les institutions et organes andins et leurs fonctionnaires et agents.

Ce recours est très limité, car seuls les agents et fonctionnaires communautaires andins peuvent le former, conformément à l'article 40 du Traité constitutif du TJCA qui précise que « le Tribunal est la seule instance compétente pour connaître les litiges au travail qui se présentent à l'intérieur des organes et institutions du système andin d'intégration »[956]. Selon l'ancien magistrat du TJCA Ricardo Vigil Toledo, « la création d'un recours pour la résolution des conflits au travail ainsi que l'arbitrage répond à un vide juridique du Traité constitutif du Tribunal de Justice de la Communauté andine »[957].

Bien que ce recours soit considéré comme étant original dans le cadre andin, il s'est inspiré pour les procédures prévues dans certaines organisations internationales au bénéfice de leurs fonctionnaires. Un exemple nous est donné avec l'action du Tribunal administratif de l'OIT[958], mais c'est dans le cadre de l'Union européenne qu'un véritable contentieux

---

[955] Protocole modificatif du Traité constitutif du TJCA du 28 mai 1996, plus connu comme le « Protocole de Cochabamba ».

[956] Article 40: « *El Tribunal es competente para conocer las controversias laborales que se susciten en los órganos e instituciones del sistema andino de integración* ».

[957] VIGIL TOLEDO (R.), *El Tribunal andino en perspectiva, op. cit.*, p. 114.

[958] Les Nations Unies comptent aussi avec un tribunal administratif compétent pour la résolution des conflits impliquant le personnel onusien. Il s'agit d'un organe indépendant qui reçoit et juge les plaintes pour inobservation des contrats ou des conditions d'emploi des fonctionnaires des Nations Unies, ainsi que les plaintes pour non-respect des règlements de la Caisse commune des pensions du personnel des Nations Unies par une décision de celle-ci. Ce Tribunal a été créé par la résolution 351 A (IV) de l'Assemblée générale en date du 24 novembre 1949. Il se compose de sept membres, tous de nationalité différente, nommés par l'Assemblée générale pour un mandat de quatre ans, renouvelable une fois.

de la fonction publique communautaire a été créé par la Décision du Conseil de l'Union européenne n° 2004/752/CE Euratom du 2 novembre 2004 instituant le Tribunal de la fonction publique (TFP) de l'Union européenne[959]. Adjoint au Tribunal de première instance, il est compétent pour connaître en première instance tout litige entre les organes et institutions de l'Union européenne et ses agents[960].

Pour revenir à la procédure du recours andin, il n'est aussi ouvert qu'aux agents et fonctionnaires de la Communauté ; non aux travailleurs nationaux andins ni aux fonctionnaires des États membres. Ces employés communautaires bénéficient de privilèges et d'immunités, ce qui les distingue des agents publics et fonctionnaires nationaux, mais les rapprochent du statut classique des fonctionnaires dans les organisations internationales qui a également influencé le statut des agents de l'Union européennebénéficiaires d'une immunité en vertu de l'article 340 du TFUE. Tout employé communautaire andin qui travaille au sein d'un organe ou d'une institution communautaire faisant partie du Système d'intégration andin (SIA)[961] jouit donc d'une situation professionnelle particulière qui légitimerait une protection spécifique.

Cependant, le raisonnement du législateur communautaire andin pour limiter ce recours aux agents des organes de la Communauté andine est à nos yeux très restreint. On peut, en effet, constater un décalage entre la fermeture de l'action aux travailleurs andins en général et la politique sociale andine mise en œuvre visant, nous l'avons vu, à améliorer les conditions de travail

[959] Ce Tribunal a été dissous le 1er septembre 2016, car le Parlement et le Conseil ont décidé d'augmenter progressivement le nombre des juges du Tribunal de l'UE à 56 et d'intégrer les compétences du TFP à celles du Tribunal.

[960] Le Tribunal de la fonction publique doit son existence au Traité de Nice, dont l'article 225 A prévoit la création de chambres juridictionnelles afin de désengorger le Tribunal de première instance et la Cour de justice. Il sera modifié par la décision 2004/752/CE EURATOM et en mai 2014 le TFP adopte un nouveau règlement de procédure avec de nouvelles instructions au greffier et de nouvelles instructions pratiques aux parties. Ces textes sont entrés en vigueur le 1er octobre 2014. Le TFP a été amené à se prononcer sur quelques questions substantielles comme les conditions générales de validité des actes en rapport avec le devoir d'impartialité, le droit d'être entendu, les carrières des fonctionnaires et des agents, les droits et les obligations des fonctionnaires et des agents, les avantages sociaux des fonctionnaires, le régime disciplinaire et le contentieux des contrats. Voir à ce sujet : Rapport annuel 2014 de la Cour de justice de l'Union européenne, Luxembourg, 2015, p. 207-215. Il a été dissous le 1er septembre 2016.

[961] D'après l'article 6 de l'Accord de Carthagène, les organes qui forment le Système d'intégration andine sont : Le Conseil présidentiel andin, le Conseil andin des ministres des Affaires étrangères, la Commission de la Communauté andine, le Secrétaire général de la Communauté andine, le Tribunal de justice de la Communauté andine, le Parlement andin, le Conseil consultatif des entreprises, le Conseil consultatif du travail, la Corporation andine de développement, le Fonds latino-américain de réserves, la Convention Simon Rodriguez, l'Université andine Simón Bolívar, et toute autre institution créée dans le cadre de l'intégration régionale andine.

et de circulation et qui était déjà en gestation à l'époque de l'élaboration du protocole de modification dutraité constitutif du TJCA. Finalement, seuls les droits sociaux des agents et fonctionnaires andins sont ici protégés[962].

D'autre part, aux termes de l'article 135 du statut du Tribunal[963], celui-ci doit appliquer dans ses décisions les principes généraux du droit du travail reconnus par l'Organisation internationale du travail et ceux communs aux États membres de la Communauté andine[964]. Cependant, le Tribunal n'est pas tout de suite saisi.

En effet, la procédure doit débuter par une phase préliminaire obligatoire et non juridictionnelle durant laquelle l'employé communautaire doit s'adresser à son employeur supposé responsable d'une violation des principes du droit du travail pour tenter de résoudre la situation préjudiciable. Si la réponse de l'autorité communautaire est partiellement ou totalement défavorable à l'agent, ce dernier a l'option de se présenter devant le Tribunal pour demander la résolution du conflit de travail[965].

Une audience de conciliation est alors prévue par le Tribunal en vertu de l'article 138 du statut en vue de tenter de trouver un accord entre les parties et d'éviter un contentieux. Il convient de noter que même en cas d'échec, une nouvelle audience de conciliation pourra être demandée par les parties à tout moment du procès. Si l'accord ne se fait pas, le Tribunal se déclare compétent et le procès débute sur décision du juge andin. Quant au délai pour la présentation du recours, l'article 139 du statut du Tribunal prévoit une prescription de trois ans à compter de l'acte ou du fait qui a initié la réclamation.

Saisi d'un tel recours, le TJCA applique trois types de règles juridiques différentes : la législation nationale du travail du siège de l'organe ou de

---

962 Article 137 du statut du TJCA: « *es requisito indispensable para el ejercicio de esta acción que el demandante demuestre haber formulado petición directa ante su empleador respecto de los mismos derechos laborales que pretende* ».

963 Statut du Tribunal de justice de la Communauté andine du 22 juin 2001.

964 S'agissant des principes et droits relatifs au travail, l'Organisation internationale du travail (OIT) distingue des principes généraux que sont la liberté syndicale, la reconnaissance effective du droit de négociation collective, l'élimination de toutes les formes de travail forcé ou obligatoire, l'abolition effective du travail des enfants et l'élimination de la discrimination en matière d'emploi et de profession. Ces principes sont établis dans la Convention de l'OIT de 1944. Voir à ce sujet : VIe rapport de la Conférence internationale du travail, « *Principes et droits fondamentaux au travail : Traduire l'engagement en action* », 2012, p. 131. Les principes et droits du travail sont pour la plupart incorporés dans la législation nationale des États membres de la Communauté andine qui ont tous adhéré à la Convention de l'OIT.

965 Article 136 du statut du TJCA : « *las acciones laborales que se propongan ante el Tribunal tienen por objeto dirimir las controversias que, originadas en una relación de trabajo, se susciten entre los órganos e instituciones del sistema andino de integración y sus respectivos funcionarios o empleados, de conformidad con el Convenio de Sede que resulte aplicable* ».

l'institution communautaire, les principes du droit du travail internationaux[966] et le droit communautaire andin[967].

B. La jurisprudence restreinte du TJCA en matière de droit du travail

Jusqu'en 2013, cinq recours sur sept ont été résolus par conciliation des parties, ce qui a fait dire à l'ancien magistrat du TJCA Ricardo Vigil Toledo qu'« il serait convenable pour avoir une vision réelle des conflits au travail au sein du SIA de doter chaque organe communautaire d'une instance administrative pour régler ces conflits et doter le Tribunal de la qualité d'instance en appel »[968]. Cette proposition nous paraît pertinente du point de vue de la résolution des conflits internes aux institutions communautaires andines ; néanmoins, et comme nous l'avons déjà signalé, nous considérons qu'il serait aussi nécessaire d'ouvrir davantage ce recours et l'intégrer au contentieux communautaire général du TJCA. Ainsi il concernerait tout travailleur andin et pas uniquement les fonctionnaires et agents des institutions et organes andins.

Élargir les attributions du TJCA pour connaître des conflits du travail de tous les travailleurs andins permettrait de protéger véritablement leurs droits comme le recherche la Décision n° 545 précitée portant Instrument andin sur les migrations aux fins d'emploidu 25 juin 2003. De plus, la prise en compte des réclamations de tout travailleur andin permettrait au TJCA de compléter une jurisprudence dans le domaine de la protection des droits fondamentaux en application de la Charte andine de promotion et de protection des droits de l'Homme[969], de la Charte andine sociale[970] et de tous les instruments andins relatifs à la protection sociale des travailleurs. Cette ouverture donnerait une impulsion nouvelle au processus d'intégration andin en matière sociale, comme cela est déjà le cas pour d'autres domaines, par exemple la protection de la propriété industrielle.

Enfin, relevons que la jurisprudence du TJCA concernant ce recours n'est pas la plus florissante : entre 2005 et 2014, le Tribunal a seulement reçu dix-neuf recours portant sur les droits au travail des fonctionnaires andins[971]. En

---

[966] En particulier la Convention sur la fin de la relation de travail de l'OIT du 2 juin 1982.

[967] Cette triple inspiration et application des normes des différents ordres juridiques ressort de l'argumentation du TJCA : arrêt n° 1-DL-2012, publié au GOAC n° 2235 du 11 septembre 2013.

[968] VIGIL TOLEDO (R.), *El Tribunal andino en perspectiva*, *op. cit.*, p. 122.

[969] La protection des travailleurs andins est prévue de l'article 25 à l'article 50 de la Charte andine de promotion et de protection des droits de l'Homme.

[970] La Charte andine sociale encore en phase d'élaboration politique reconnaît aussi la protection des droits des travailleurs.

[971] *Informe Unificado final 1984-2014*, Tribunal de Justice de la Communauté andine, Quito, 2014, p. 31.

effet, d'après le rapport statistique du TJCA publié en 2014, sept recours ont été initiés contre les actes de l'Université andine Simón Bolívar, six contre le Secrétariat général de la Communauté andine, deux contre le Parlement andin, deux également contre le Tribunal, un contre la Convention Hyppolite Unanue et un autre contre le Conseil présidentiel andin. Le nombre limité de recours a démontré que dans l'ensemble, les organes et les institutions du SIA ont réussi à résoudre les conflits avec leurs employés avant que ne soit saisi le Tribunal ; cela manifeste également que de manière générale, les organes et institutions font une bonne application du droit communautaire andin et respectent les droits des travailleurs.

De plus, il convient de souligner que parmi tous ces recours formés, le Tribunal a relevé six désistements[972], quatre recours ont été déclarés partiellement recevables[973], deux non recevables *in limine*[974], deux ont été rejetés[975], dans un autre le Tribunal s'est interdit de connaître le recours[976] et enfin dans un dernier il a déclaré un non-lieu[977]. Enfin, un recours est en cours de traitement dont nous n'avons pu obtenir aucune information[978]. Le nombre important de désistements peut s'expliquer par le fait que le TJCA préfère, avant de trancher l'affaire, demander aux parties de négocier ou de transiger en vertu de l'article 138 du statut du TJCA. Notons par ailleurs que certaines réclamations ont d'abord été présentées devant les instances nationales avant de l'être auprès du TJCA[979]. Cependant, si le Tribunal se prononce, on ne peut faire appel de sa décision[980].

Généralement, les réclamations dans le cadre du recours relatif au travail des fonctionnaires andins portent sur des congés, des rémunérations non payées et des licenciements. La doctrine communautaire andine s'est très peu prononcée au sujet de la jurisprudence de ce recours et la difficulté de trouver des arrêts publiés renforce un manque de visibilité globale de la

---

[972] TJCA, arrêt n° 13-DL-2005, publié au GOAC n° 1458 du 24 janvier 2007; TJCA, arrêt n° 2-DL-2013 (introuvable) ; TJCA, arrêt n° 4-DL-2013 (introuvable); TJCA, arrêt n° 5-DL-2013 (introuvable) ; TJCA, arrêt n° 6-DL-2013, (introuvable); TJCA, arrêt n° 7-DL-2013 (introuvable).

[973] TJCA, arrêt n° 1-DL-2009 publié au GOAC n° 2064 du 18 juin 2012; TJCA, arrêt n° 75-DL-2003, publié au GOAC n° 1155 du 10 janvier 2005; TJCA, arrêt n° 1-DL-2012 publié au GOAC n° 2235 du 11 septembre 2013; TJCA, arrêt n° 1-DL-2013, (introuvable).

[974] TJCA, arrêt n° 2-DL-2009 (introuvable) ; TJCA, arrêt n° 3-DL-2009 (introuvable).

[975] TJCA, arrêt n° 81-DL-2005, publié au GOAC n° 1459 du 25 janvier 2007; TJCA, arrêt n° 1-DL-2008 (introuvable).

[976] TJCA, arrêt n° 56-DL-2001 (introuvable).

[977] TJCA, arrêt n° 73-DL-2003, publié au GOAC n° 1156 du 10 janvier de 2005

[978] TJCA, arrêt n° 01-DL-2014 (en procès).

[979] TJCA, arrêt n° 1-DL-2012, publié au GOAC n° 2235 du 11 septembre 2013.

[980] TJCA, arrêt n° 179-IP-2011 publié au GOAC n° 2138 du 18 janvier de 2013; TJCA, arrêt n° 180-IP-2011, publié au GOAC n° 2138 du 18 janvier 2013 cités par TJCA, arrêt n° 1-DL-2012, publié au GOAC n° 2235 du 11 septembre 2013.

position du Tribunal en ce qui concerne les rapports conflictuels entre le système d'intégration andin et ses employés.

Bien que la Communauté andine mette davantage l'accent sur les politiques sociales comme nous l'avons constaté, nous ne pouvons cependant pas ignorer le fait que les problématiques économiquesrestentla prioritédu processus d'intégration andin. L'un des domaines le plus développé à cet égard est le droit à la propriété intellectuelle, matière qui a permis au Tribunal de déployer toute son analyse dans le cadre du recours en interprétation préjudicielle.

TITRE 2

LE REFLET DE L'ACTIVITÉ ÉCONOMIQUE ANDINE SUR LES DÉCISIONS DU TRIBUNAL ANDIN

Durant ces « années perdues »[981] entre 1980 et 1990, la CAN a ressenti le besoin impérieux de réactiver le processus communautaire andin. À cette fin, elle a engagé des politiques économiques visant à rendre l'économie de la région plus attractive aux yeux des investisseurs. En effet, pour sortir de la crise qui s'était installée dans toute l'Amérique latine en affectant les États de la région andine considérés comme des pays en développement, la CAN a appliqué, conformément au Consensus de Washington[982], les réformes convenues avec le Fonds monétaire international et la Banque mondiale qui ont conduit à multiplier les mesures libérales destinées à ouvrir les marchés nationaux.

Ces reformes consistaient, en particulier, à instaurer une discipline fiscale, réorganiser les priorités de dépenses publiques, libéraliser le secteur financier, renforcer la compétitivité d'échange de la monnaie, libéraliser le commerce, inciter les investissements étrangers, privatiser des entreprises publiques, déréglementer les marchés et protéger la propriété intellectuelle. Afin de les mettre en œuvre, les États membres ont décidé, en 1987, de modifier l'article 3 de l'Accord de Carthagène pour prévoir un programme

[981] Durant la décennie 1980, les pays d'Amérique latine ont souffert une grave crise économique et une hyperinflation qui ony eu pour conséquence une stagnation de la croissance. Il en est résulté des prêts d'un montant énorme de la part de la Banque mondiale et du Fonds monétaire international qui ont demandé en contrepartie des efforts aux pays débiteurs pour appliquer des politiques de restructuration et de libéralisation de leurs politiques économiques. Voir : BERR (É.), COMBARNUS (F.), « L'impact du consensus de Washington sur les pays en développement : une évaluation empirique », Communication durant la 1ère journée sur le développement du GRES, Université Montesquieu-Bordeaux IV, Bordeaux 17 septembre 2004, p. 32.

[982] Le Consensus de Washington était devenu une sorte d'idéologie économique en Amérique latine. Les politiques économiques sont devenues de simples propositions à de véritables instruments de contrôle politique et économique pour les pays qui avaient comme ambition d'obtenir l'approbation des économies développées et des organismes internationaux » MARTINEZ RANGEL (R.), SOTO REYES GARMENDIA (E.), « El Consenso de Washington: la instauración de las políticas néolibérales en América Latina », *Revista Política y Cultura*, n° 37, 2012, p. 64.

de libéralisation commerciale plus accentuée. À cette fin, la CAN a obtenu du GATT, le 12 mai de 1987, une « clause d'habilitation » en tant qu'union douanière[983].

C'est donc dans un contexte incitant aux politiques néolibérales que la Communauté andine s'est vue contrainte de se renouveler en appliquant certaines politiques économiques, mais aussi en réorganisant sa structure institutionnelle. Cette démarche a supposé que les États membres s'impliquent dans une stratégie de développement de la région en vue d'obtenir des résultats économiques positifs pour l'ensemble de la Communauté andine.

En dépit des asymétries des États membres et de leurs faiblesses internes, la CAN a relevé le défi d'un nouvel élan économique et institutionnel. Les pays andins ont démontré leur attachement au principe d'un « développement équilibré et harmonieux des États membres » ; principe qui accompagne le développement de la CAN depuis sa création avec la signature de l'Accord de Carthagène en 1969[984].

Ce souhait politique ne pouvait, en effet, se réaliser que grâce au concours volontaire des États à une coopération économique et sociale[985] au niveau de la région andine visant à former un marché latino-américain[986]. Afin de continuer la démarche de l'ancien Pacte andin (actuelle Communauté andine) tout en l'améliorant, un modèle économique a été privilégié reposant sur la « substitution d'importations, comme une alternative à l'achat de produits et technologies d'entreprises étrangères »[987]. C'est dans ce contexte d'ouverturequ'est apparue la nécessité d'élaborer des régimes de protection decertains secteurs, notamment la propriété intellectuelle (Chapitre 1).

Par ailleurs, depuis quelques années, on constate une tendance à l'expansion économique qui rend de plus en plus évident

---

983 L'Union douanière considérée comme imparfaite a tout de même permis d'adopter un tarif extérieur commun pour les importations, devenu une réalité à partir de 2007 avec la décision n° 669 portant politique tarifaire de la Communauté andine en vigueur depuis le 1er août 2007.

984 Préambule de l'Accord de Carthagène: « *decididos a alcanzar tales fines mediante la conformación de un sistema de integración y cooperación que propenda al desarrollo económico, equilibrado, armónico y compartido de sus países* ».

985 L'Accord de Carthagène prévoit une coopération économique et sociale entre les États membres de l'article 121 à 132.

986 Après le souhait et l'essai interrompu de la création d'un marché commun andin, la Communauté andine considère comme option un accès graduel au marché latino-américain en vertu de l'article 1er de l'Accord de Carthagène.

987 Différence capitale entre la CAN et « les objectifs et politiques de l'Union européenne concentrée sur le développement de la libéralisation du commerce». HELFER (L. R.), ALTER (K. J.), GUERZOVICH (F.), « Islands of effective International Adjudication: constructing an Intellectual Property Rule of Law in the Andean community », *American Journal of International Law*, vol. 103, n° 1, 2009, p. 8.

un rapprochement entre la Communauté andine et le MERCOSUR ; tous deux participant d'un mouvement d'intégration économique. Les deux entités travaillent déjà en coordination pour l'application de politiques économiques et sociales similaires et conjointes en vue d'un rapprochement qui vise la réalisation d'une intégration continentale (Chapitre 2).

CHAPITRE 1

UN CADRE COMMUNAUTAIRE ANDIN PROPICE AU DÉVELOPPEMENT DU DROIT DE LA PROPRIÉTÉ INTELLECTUELLE

Comme nous l'avons signalé, il a fallu une période de forte crise économique pour que la CAN réussisse à prendre la décision de se renouveler et d'avancer vers de nouveaux défis économiques politiques et sociaux. Accompagnant ce mouvement, un régime de protection de la propriété intellectuelle à l'intérieur de la CAN a été instauré. Il est devenu l'un des principaux piliers d'un renouveau du processus d'intégration depuis les années 1990 (Section 1).

L'essor de ce régime communautaire est en grande partie le résultat du soutien et de la constance de la justice andine. Saisi de plusieurs recours en interprétation dans ce domaine, le TJCA est en effet venu combler les vides du droit communautaire andin. Malgré l'avis pessimiste de certains auteurs de la doctrine andine qui considèrent que « le seul mérite du TJCA est d'avoir bien adopté la doctrine jurisprudentielle du TJUE »[988], il est à souligner que l'action dynamique du Tribunal en matière de propriété intellectuelle en a fait une juridiction unique dans la région latino-américaine et lui a permis d'élaborer la plus abondante jurisprudence de toute son histoire[989] (Section 2).

---

[988]MEJIA HERRERA (O.), « El diálogo entre tribunales: la jurisprudencia del Tribunal de justicia de la Unión Europea como fuente de inspiración para los tribunales de los sistemas de integración latinoamericanos », *Revista del Centro interuniversitario para estudios de integración*, UNAN-León, vol. 1, 2008, pp. 14-34, disponible sur : http://www.boletincipei.unanleon.edu.ni/documentos/boletin2/4_Orlando_Mejia.pdf ; « alors que les propositions de création d'un nouveau tribunal spécial concernant la propriété intellectuelle ne fait pas d'échos au sein de l'Union Européenne » (BLUMANN (C.), DUBOUIS (L.), *Droit institutionnel de l'Union européenne*, Paris, LexisNexis, coll. « Manuel », 5ème éd., 2013, p. 641).

[989] Selon l'ancien magistrat Luis José Diez-Canseco Nuñez, « les affaires concernant la propriété intellectuelle auprès du TJCA représentent 90 % de la totalité des affaires reçues par ce Tribunal ». Cette remarque nous permet de confirmer que le TJCA connaît depuis presque le début de sa création une activité soutenue en matière de droit de la propriété intellectuelle.

SECTION 1 : L'ABSORPTION DU DROIT DE LA PROPRIÉTÉ INTELLECTUELLE PAR LE DROIT COMMUNAUTAIRE ANDIN

L'article 55 de l'Accord de Carthagène autorise l'adoption d'un régime commun concernant le traitement des capitaux étrangers, les marques, les brevets, les autorisations, et les redevances *(regalías)*[990]. C'est à partir de cette disposition qu'a été élaboré un ensemble de mesures de droit dérivé destiné à protéger la propriété intellectuelle (§1).

Dans ce cadre normatif, une place privilégiée est accordée au droit des marques commerciales andines (§2). De plus, afin de permettre une protection effective du contenu du droit de la propriété intellectuelle, la Communauté a encouragé les États membres à consolider l'action déjà existante des instances nationales compétentes en matière de propriété intellectuelle (§3).

§ 1 La consécration d'un régime juridique andin de la propriété intellectuelle

Le droit dérivé de la propriété intellectuelle élaboré par la Communauté andine trouve ses sources dans le droit international (A), mais il est aussi caractérisé par quelques traits propres (B).

A. Le modèle du droit de la propriété intellectuelle international

La Convention de Paris de 1883 est le premier document juridique international et multilatéral édicté en matière de propriété intellectuelle[991]. Parmi ses dispositions les plus remarquables, on trouve les principes de traitement national et de priorité. Plus de cent ans plus tard, a été adopté le 15 avril 1994 l'Accord sur les aspects des droits de propriété intellectuelle qui touchent au commerce (ADPIC), annexé à l'Accord instituant l'Organisation mondiale du commerce qui a succédé à l'Accord général sur les tarifs douaniers et le commerce (GATT)[992] signé le 30 octobre 1947 par vingt-trois pays pour harmoniser leurs politiques douanières. L'ADPIC

---

[990] Article 55, Accord de Carthagène : « *la Comunidad andina contara con un régimen común sobre tratamiento a los capitales extranjeros y, entre otros, sobre marcas, patentes, licencias y regalías* ». Cet article est à lire avec la Décision n° 291 portant régime commun de traitement des capitaux étrangers, marques, brevets, licences et redevances du 21 mars 1991.

[991] Cet Accord a été révisé à six reprises : Bruxelles, 1900 ; Washington, 1911; La Haye, 1925 ; Londres, 1934 ; Lisbonne, 1958 ; Stockholm 1967.

[992] Ancien Accord général sur les tarifs douaniers et le commerce (GATT) qui devient Organisation mondiale du commerce à partir de 1995.

maintient les principes de traitement national et de non-discrimination posés par l'ancien GATT.

Accord multilatéral, l'ADPIC constitue le cadre juridique international principal en matière de droit de la propriété intellectuelle en posant des règles minimales à respecter par les États signataires. Entré officiellement en vigueur le 1er janvier 1995, son application a été différée au 1er janvier 2000 pour les pays en développement. L'ADPIC comprend sept parties : la première pose des principes basiques de la propriété intellectuelle à savoir celui de « traitement national » et de « la nation la plus favorisée » ; la deuxième prévoit des règles encadrant l'existence, l'exercice et la marge d'application des droits de propriété intellectuelle, ainsi que la régulation des droits d'auteur et des droits connexes ; la troisième porte sur les obligations et les procédures civiles, administratives et pénales en matière de propriété intellectuelle ; la quatrième contient des règles relatives à l'acquisition et à la possession de droits de propriété intellectuelle ; la cinquième prévoit une procédure de résolution des conflits ; enfin les deux dernières parties comportent les dispositions transitoires et institutionnelles de l'Accord.

En parallèle au développement du droit du GATT puis de l'OMC, a été créée le 14 juillet 1967 l'Organisation mondiale de la propriété intellectuelle (OMPI), une organisation internationale spécialisée qui a intégré le système des Nations Unies en 1974. Prenant la suite des Bureaux internationaux réunis pour la protection de la propriété intellectuelle (BIRPI) fondés en 1883, l'OMPI administre aujourd'hui la Convention de Paris relative à la propriété industrielle adoptée en 1883 et la Convention de Berne pour la protection des œuvres littéraires et artistiques signée le 9 septembre 1886[993].

L'OMPI considère la jurisprudence des tribunaux nationaux des États membres en matière de propriété intellectuelle comme un « complément indispensable de la législation »[994] dans le domaine. Elle relève cinq principales thématiques reprises dans les arrêts : les marques, les brevets, les secrets industriels, la concurrence déloyale, ainsi que les droits d'auteur et droits connexes. Les États membres de la Communauté andine, en tant que membres des Nations Unies, sont aussi membres de l'OMPI et ont adhéré aux conventions et accords internationaux en matière de protection de la propriété intellectuelle qu'ils se doivent de respecter. De plus, on constate que le Tribunal andin s'inspire souvent des décisions rendues par l'OMPI[995].

---

[993]Complétée à Paris le 4 mai 1896, à Berlin le 13 novembre 1908, à Berne le 20 mars 1914, à Rome le 2 juin 1928, à Bruxelles le 26 juin 1948, à Stockholm le 14 juillet 1967, à Paris le 24 juillet 1971 et modifiée le 28 septembre 1979

[994] RANGEL ORTIZ (H.), *La observancia de los derechos de propiedad intelectual - Jurisprudencia*, Genève, OMPI, 2011, p. 19.

[995] TJCA, arrêt n° 12-IP-2007, publié au GOAC n° 1497 du 15 mai 2007 (différence entre marque graphique et dessin industriel) ; TJCA, arrêt n° 23-IP-1998, publié au GOAC n° 379 du 27 octobre 1998 ; TJCA, arrêt n° 113-IP-2003, publié au GOAC n° 1028 du 14 janvier

B. Le contenu du droit communautaire andin de la propriété intellectuelle

Le droit communautaire andin de la propriété intellectuelle comprend aujourd'hui des règles communes en matière de propriété industrielle[996] (1), de droits d'auteur et de droits connexes[997] (2), de droits d'obtention des variétés végétales[998] (3) et de droits relatifs à l'accès aux ressources génétiques[999] (4).

1. Le droit de la propriété industrielle andin

Le premier texte de la CAN dans le domaine de la propriété industrielle est la Décision n° 24 de la Commission de la Communauté andine relative au régime commun de traitement des capitaux étrangers, des marques, des brevets et des licences du 31 décembre 1970. Ce texte sera finalement

---

2004 (forme usuelle ou habituelle des empaquetages) ; TJCA, arrêt n° 2-AI-96, publié au GOAC n° 289 du 27 août 1997 (reconnaissance du droit des marques établi par l'OMPI) ; TJCA, arrêt n° 184-IP-2011, publié au GOAC n° 2063 du 15 juin 2012 (entités de gestion collective) ; TJCA, arrêt n° 60-IP-2012, publié au GOAC n° 2157 du 27 février 2013 (l'OMPI et les peuples indigènes) ; pour citer que quelques-uns des arrêts les plus marquants en la matière.

[996] La propriété industrielle peut être définie en termes généraux comme « l'ensemble des droits protégeant, par la reconnaissance d'un monopole temporaire d'exploitation, certaines créations nouvelles et certains signes distinctifs » (GUINCHARD (S.), DEBARD (T.), *Lexique des termes juridiques*, *op. cit.)*

[997] Le droit d'auteur en droit civil désigne « une prérogative attribuée à l'auteur d'une œuvre de l'esprit (écrits, conférences, œuvres dramatiques, chorégraphiques, cinématographiques, graphiques, phonographiques, logiciels…). Ce droit d'auteur comporte un droit pécuniaire (droit de tirer profit de l'œuvre) et un droit moral » ; ce dernier étant entendu comme « le droit de l'auteur d'une œuvre littéraire ou artistique de la divulguer, d'en fixer les conditions d'exploitation et d'en défendre l'intégrité. Ce droit est perpétuel, inaliénable et imprescriptible » (GUINCHARD (S.), DEBARD (T.), *Lexique des termes juridiques,op. cit.*).

[998] La « variété végétale » a été définie par la Convention internationale pour la protection des obtentions végétales du 2 décembre 1961 (révisée à Genève le 10 novembre 1972, le 23 octobre 1978 et le 19 mars 1991) : une variété végétale est « un ensemble végétal d'un taxon botanique de rang le plus bas connu qui, qu'il réponde ou non pleinement aux conditions pour l'octroi d'un droit d'obtenteur, peut-être :
- défini par l'expression des caractères résultant d'un certain génotype ou d'une certaine combinaison de génotypes,
- distingué de tout autre ensemble végétal par l'expression d'au moins un desdits caractères et
- considéré comme une entité eu égard à son aptitude à être reproduit conforme ».

Au sein de l'Union européenne, le Règlement (CE) n° 2100/94 du 27 juillet 1994 institue un régime de protection communautaire des obtentions végétales modifié par le Règlement (CE) n° 15/2008 du 20 décembre 2007.

[999] Selon la Convention sur la diversité biologique du 5 juin 1992, que les ressources génétiques désignent « le matériel génétique ayant une valeur effective ou potentielle ».

remplacé[1000] par la Décision n° 85 de la Commission relative au régime commun de la propriété industrielle du 5 juin 1974. Puis, la Décision n° 85 a à son tour été remplacée par la Décision n° 311 de la Commission du 8 novembre 1991[1001] portant régime commun de la propriété industrielle dont l'article 86 excluait la possibilité d'incorporer la norme communautaire andine dans les droits internes. Toutefois la Décision n° 311 a dû se conformer aux principes de l'ordre juridique communautaire en appliquant le paragraphe 1 de l'article 3 du Traité constitutif du TJCA[1002] qui reconnaît l'applicabilité directe de la norme communautaire andine à partir de sa publication dans la GOAC. La Décision n° 311 sera donc à son tour abrogée et remplacée par la Décision n° 313 du 14 février 1992[1003] portant régime commun de la propriété industrielle.

À cette époque « peu et diverses étaient les affaires présentées auprès du TJCA »[1004] à l'encontre de décisions relevant du droit de la propriété intellectuelle. Les articles 58, 62 et 64 de la Décision n° 85 feront toutefois l'objet du premier recours en interprétation préjudicielle[1005] qui donnera l'opportunité au Tribunal, comme nous l'avons déjà analysé, de préciser sa fonction, d'adopter le principe de primauté du droit communautaire andin, de se reconnaître une marge d'appréciation, de fonder le caractère obligatoire du recours en interprétation préjudicielle et de poser l'obligation du juge national d'appliquer ses arrêts. Cette succession de décisions et leurs substitutions fréquentes n'ont pas incité à la saisine du Tribunal andin. Le régime commun de la propriété industrielle est apparu incertain et d'une crédibilité discutable. Cette situation peut notamment s'expliquer par le fait qu'à l'époque, la Communauté andine faisait encore l'objet de pressions intergouvernementales fortes au regard des engagements internationaux conclus en matière économique. Rappelons, en effet, que les États membres

[1000] La Décision n° 24 a été substituée par la Décision n° 220 (décision de substitution) publiée au GOAC n° 20 du 18 mai 1987 et la Décision n° 291 (décision de substitution) publiée au GOAC n° 80 du 4 avril 1991.

[1001] Publiée au GOAC n° 96 du 12 décembre 1991.

[1002] Pour rappel, l'article 3 du traité constitutif du TJCA reconnaît l'applicabilité directe de la norme communautaire andine à compter de sa publication à la Gazette officielle de l'Accord de Carthagène (GOAC).
Article 3: « *Las Decisiones del Consejo Andino de Ministros de Relaciones Exteriores o de la Comisión y las Resoluciones de la Secretaría General serán directamente aplicables en los Países Miembros a partir de la fecha de su publicación en la Gaceta Oficial del Acuerdo, a menos que las mismas señalen una fecha posterior* ».

[1003] Publiée au GOAC n° 101 du 14 février 1992.

[1004] PICO MANTILLA (G.), *Código de la Comunidad Andina*, *op. cit.*, p. 12.

[1005] TJCA, arrêt n° 1-IP-97, publié au GOAC n° 344 du 28 mai 1998.

de la CAN ont notamment participé aux négociations du Cycle d'Uruguay qui ont eu lieu de 1986 à 1994[1006].

Ces négociations ont représenté une contrainte importante pour la Communauté. Leur but était clairement d'instaurer un régime communde protection en matière de propriété industrielle. Le droit communautaire andin a dû s'adapter aux attentes internationales : « la pression internationale était le fait des pays industrialisés surtout en matière de brevets »[1007]. La Communauté andine se pliera aux attentes internationales avec la Décision n° 344[1008] dont le contenu porte principalement sur les dessins et modèles industriels, les indications géographiques, l'information non divulguée (secrets commerciaux), les marques, les modèles d'utilité, les noms commerciaux, les brevets (inventions)[1009] et la propriété intellectuelle.

Ne pouvant échapper aux engagements internationaux conclus par ses États membres, la Communauté andine s'est donc vue contrainte de réaménager son régime commun de la propriété industrielle. L'adoption de l'Accord sur les aspects des droits de propriété intellectuelle qui touchent au commerce (ADPIC)[1010] a à son tour conduit à l'abrogation de la Décision n° 344[1011] considérée comme insuffisante. En vertu de l'article 27 de

---

1006 Le cycle d'Uruguay (1986-1994) s'inscrit dans la continuité de l'Accord général sur les tarifs douaniers et le commerce (GATT) adopté en 1948 et qui visait à établir des règles pour un système commercial mondial. Le cycle d'Uruguay est le plus important des cycles qui a réuni 125 pays participants. Il a permis la création de l'OMC qui régit depuis 1995 notamment le commerce des services ainsi que la propriété intellectuelle.

1007 RUIZ MÜLLER (M.), « *Análisis de la decisión n° 486 de la CAN: su legalidad y aplicabilidad en cuanto a sus exigencias sobre el origen legal de los recursos genéticos y conocimientos indígenas, Programa de asuntos internacionales y biodiversidad de la Sociedad peruana de derecho ambiental* », Conférence du 31 août 2002, Lima, p. 5.

1008 Publiée au GOAC n° 142 du 29 octobre 1993. Pour en savoir plus: PICO MANTILLA (G.), « Decisión 344 de la Comisión del Acuerdo de Cartagena », *Seminario sobre propiedad industrial y competitividad empresarial, organizado por la Organización mundial de la propiedad intelectual (OMPI),* avril 1994, pp. 211-244.

1009 Le Secrétariat général de la Communauté andine a mis à la disposition du public le « Manuel andin des brevets » en 2004, un effort réalisé en collaboration avec les agences nationales des brevets des États membres de la CAN, l'OMPI et le Bureau européen des brevets. L'objectif de ce document est d'harmoniser les pratiques d'enregistrement des brevets dans la région andine. Il constitue le seul document informatif harmonisé dans le domaine élaboré par un organisme de la CAN.
Voir : « *Manual para el examen de solicitudes de patentes de invención en las oficinas de propiedad industrial de los países de la Comunidad andina* », Documento preparado por la Oficina Internacional de la OMPI, 2004, p. 127.

1010 Cet Accord sera reproduit à l'Annexe 1 C de l'Accord instituant l'Organisation mondiale du commerce signé à Marrakech le 15 avril 1994.

1011 Voir dans ce sens: MOURE (J. G.), « La reforma de la decisión 344 y su puesta en conformidad con las normas ADPIC », *Revista Contexto*, Universidad Externado, n° 9, 2001, pp. 36-45.

l'Accord de Carthagène, elle a été remplacée par la Décision n° 486 en vigueur depuis le 1er décembre 2000[1012] relative au régime de la propriété industrielle qui s'est ainsi étoffé. La Décision n° 486 comporte 280 articles, tandis que la première décision en la matière, la Décision n° 85, ne comptait que 86 articles.

Parmi les points abordés par la Décision n° 486, relevons une attention particulière portée à la protection et à la régulation des brevets d'invention, aux dessins industriels, aux marques, aux indications géographiques, à la concurrence déloyale relative à la propriété industrielle ainsi qu'à la protection du patrimoine biologique, génétique et des connaissances traditionnelles. Cette décision reprend aussi deux principes du droit de la propriété industrielle qui trouvent leur fondement dans l'Accord de Paris sur la protection de la propriété industrielle : le principe du « traitement national » et le principe de « la nation la plus favorisée » figurent aux deux premiers articles de la décision de la Commission de la Communauté andine. Avec l'introduction de ces deux principes en provenance d'un accord international[1013], la Communauté andine se tourne vers une intégration plus libérale, au sens commercial du terme.

L'article 1er dispose ainsi « qu'en ce qui concerne la protection de la propriété industrielle, chaque pays membre octroie aux ressortissants des autres États membres de la CAN, de l'OMC et de la Convention de Paris un traitement non moins favorable que celui qu'il accorde à ses propres ressortissants, sous réserve des dispositions des articles 3 et 5 de l'ADPIC et de l'article 2 de la Convention de Paris pour la protection de la propriété industrielle ». L'article 2 de la Décision n° 486 prévoit quant à lui qu'en « ce qui concerne la protection industrielle, tout avantage, faveur, privilège ou immunité accordé par un État membre aux ressortissants d'autres États membres de la Communauté andine doit s'étendre aux ressortissants de tout membre de l'OMC et de la Convention de Paris pour la protection de la propriété industrielle ».

Le TJCA a été amené à se prononcer sur la pertinence de ces deux principes, notamment dans le cadre d'un recours en annulation présenté par

---

1012 Publiée au GOAC n° 600 du 19 septembre 2000. Cette décision a fait l'objet d'une décision de clarification concernant le paragraphe 2 de l'article 266 (Décision n° 632 publiée au GOAC n° 1321 du 7 avril 2006) dans laquelle la Commission de la Communauté andine se prononce conformément à la position du Tribunal dans son arrêt n° 7-AI-99 publié au GOAC n° 520 du 20 décembre 1999 et en observation du droit international en matière de propriété intellectuelle. La Commission andine décide ainsi que « chaque État membre peut en application des procédures d'approbation des mesures de protection adopter et appliquer les mesures qu'il considère comme convenables pour garantir la protection de l'information de la preuve et en cas de représentation d'un risque à la santé publique ou à la sécurité alimentaire prévue, l'État a le pouvoir d'éliminer ou d'arrêter ladite protection ».

1013 L'ADPIC a introduit ces deux principes dans l'ordre juridique international, aux articles 3 et 4 de l'Annexe 1C de l'Accord de Marrakech du 15 avril 1994.

l'avocat César Moyano Bonilla contre les articles 1er, 2 et 279 de la Décision n° 486[1014]. Le requérant plaida alors la violation de ses droits subjectifs et légitimes par la Commission de la Communauté andine qui ouvrirait « illégalement des bénéfices aux États non membres de la Communauté andine au régime commun sur la propriété industrielle établis aux articles 1er, 2 et 279 de la Décision n° 486 ». Même si le Tribunal considéra les principes du traitement national et de la nation la plus favorisée comme deux principes faisant « parties intégrantes du principe primordial de non-discrimination commerciale présent dans la quasi-totalité des accords commerciaux qui règlent cette activité », il profita de cette affaire pour rappeler l'exception au principe de non-discrimination employée par les organismes internationaux de commerce. En effet, le juge andin signale ici que « tant dans les accords du GATT que de l'OMC il existe une exception concernant les accords régionaux qui peuvent établir des accords de libre-échange dans lesquels les clauses de traitement favorable et de traitement national ne seront pas applicables ».

Le Tribunal va encore plus loin en indiquant que l'Accord de Carthagène lui-même prévoit des exceptions : « ces deux clauses du droit international ont déjà été établies aux articles 74 et 155 de l'Accord de Carthagène et par conséquent elles ne peuvent être modifiées, pour les élargir ou les restreindre, si ce n'est par la modification de l'Accord lui-même ». Or, d'après le Tribunal, la Commission de la Communauté andine n'a pas compétence pour modifier l'Accord de Carthagène qui a un statut plus élevé que la norme dérivée. De plus, le TJCA explique que « les États membres de la Communauté andine bien qu'ils fassent partie du GATT et de l'OMC ne peuvent élargir ces avantages aux États qui ne font pas partie de l'Accord de Carthagène »[1015]. Dès lors, le Tribunal déclare la nullité partielle de l'article 1er de la Décision n° 486 en le considérant comme attentatoire à l'Accord de Carthagène et propose une nouvelle rédaction qui est toujours valable actuellement. Le juge andin déclare en outre l'annulation totale de l'article 2 et du dernier paragraphe de l'article 279 de la Décision n° 486 actuellement rédigé comme suit : « Article 279 - Les États membres peuvent adhérer à des accords de coopération en matière de propriété industrielle tel que le Traité de coopération en matière de brevets, qui ne contreviennent pas aux dispositions de la présente décision »[1016].

[1014] Cet arrêt est emblématique de la pertinence du recours en annulation en cas d'affectation de droits subjectifs et d'intérêts légitimes en vertu de l'article 19 du Traité constitutif de la Communauté andine, permettant le contrôle de la légalité des actes des organes et institutions communautaires andines.
Voir sur le sujet: RAMÍREZ DÍAZ (K.), « El acceso de los particulares al Foro Comunitario Andino Referencia a la Acción de Nulidad », *Anuario de derecho*, n° 24, 2002, p. 134-138.

[1015] TJCA, arrêt n° 07-AI-98, publié au GOAC n° 490 du 4 octobre 1999

[1016]Article 279 : « *Los Países Miembros podrán suscribir acuerdos de cooperación en*

Cet arrêt illustre une fois encore l'apport du TJCA à la construction de l'intégration juridique andine. En décidant de mettre en question les articles 1er et 2 de la Décision n° 468, le Tribunal a permis une nouvelle relecture de la norme communautaire dérivée pour la rendre plus favorable aux intérêts de la Communauté andine. Cette harmonisation normative de deux ordres juridiques comporte le risque d'engendrer une possible double interprétation en ce qui concerne les règles du marché. Cependant, la coexistence du droit communautaire andin et des normes internationales constitue une réalité de la CAN qui est toujours soumise à la volonté politique des États membres également parties à des conventions internationales.

Cette difficulté d'affirmation de la CAN a très tôt été perçue par le TJCA qui a reconnu « le respect de l'ordre juridique communautaire comme essence de la Communauté andine »[1017], avant de préciser les rapports normatifs entre l'ordre juridique de la Communauté andine et le droit international[1018]. Ainsi, le Tribunal considère qu'« en cas de traités internationaux conclus par les pays membres pour réglementer certaines activités juridiques et économiques comme la protection de la propriété intellectuelle, on peut dire que dans la mesure où la communauté supranationale assume la compétence *ratione materiae* de réglementer cet aspect de la vie économique, le droit communautaire est lié au traité international afin que celui-ci puisse lui servir de source pour le développement de son activité réglementaire, sans pouvoir dire, cependant, que le droit communautaire est subordonné à celui-ci»[1019]. Est ainsi rappelé le nécessaire respect de l'ordre communautaire, mais aussi l'observation de la norme internationale envisagée en tant que source du droit communautaire andin, surtout en ce qui concerne le droit de la propriété intellectuelle.

Le Tribunal rappelle régulièrement l'importance des règles juridiques andines, notamment les dispositions des articles 1er, 2 et 279 de la Décision n° 486. L'arrêt n° 14 -AI-2001[1020] confirme ainsi le caractère « obligatoire, l'applicabilité directe et la primauté » de l'ordre juridique andin ; caractéristiques que tous les États membres de la CAN sont obligés d'observer.

La vigilance du TJCA est aussi perceptible en matière de droits d'auteur et droits connexes.

---

materia de propiedad industrial que no vulneren la presente Decisión, tales como el Tratado de Cooperación en Materia de Patentes ».

1017 TJCA, arrêt n° 07-AI-98, publié au GOAC n° 490 du 4 octobre 1999.

1018 Questions traitées dans la première partie de cette étude.

1019 TJCA, arrêt n° 01-AI-2001, publié au GOAC n° 818 du 23 juillet 2002.

1020 TJCA, arrêt n° 34-AI-2001, publié au GOAC n° 839 du 25 septembre 2002. Cet arrêt confirme un autre arrêt du TJCA sur la primauté de l'ordre juridique andin sur les normes nationales comme acquis basique en vue de la construction d'une intégration avancée : TJCA, arrêt n° 1-IP-87, publié au GOAC n° 28 du 15 février 1988.

2. Les droits d'auteur et droits connexes

Par la Décision n° 351 du 17 décembre 1993[1021], la Commission de la Communauté andine a adopté un régime commun sur les droits d'auteur et droits connexes. Cette décision sera reconnue par les États membres. Une incorporation particulière de la Décision n° 351 a notamment été réalisée par la Colombie où la Cour constitutionnelle a pu considérer que la Décision n° 351, « étant donné que cette norme règle des droits moraux d'auteur, considérés comme droits fondamentaux à la lumière de l'article 93 de la Constitution politique de l'Accord de Carthagène, s'incorpore au bloc de constitutionnalité, ne s'agissant pas de la même situation en rapport avec l'Accord de l'Organisation mondiale du commerce »[1022].

Cette confirmation constitutionnelle de la primauté et de l'applicabilité directe du droit dérivé andin n'a cependant pas été unanime. Des avis opposés se sont fait entendre à l'intérieur même de la Cour constitutionnelle considérant que « la Décision n° 351 manque de ratification de la part de la Colombie et que son contenu ne traite pas strictement des droits de l'Homme »[1023]. Il s'agit d'une appréciation très réductrice et peu approfondie du droit communautaire andin qui ne sera pas retenue ; comme elle ne l'avait pas été pour la Décision n° 351 dont l'applicabilité directe et la primauté sur la norme nationale ont été confirmées avec l'adoption d'une circulaire de la Direction nationale des droits d'auteur de Colombie en 2010 reprenant des règles posées par le droit communautaire andin et citant la jurisprudence du TJCA[1024]. La position de la Cour constitutionnelle colombienne concernant la prévalence des décisions andines sera réitérée à plusieurs reprises[1025].

1021 Publiée au GOAC n° 145 du 21 décembre 1993.

1022 CCC, décision n° C-1490/2000 du 2 novembre 2000: « *La Decisión 351 de 1993, expedida por la Comisión del Acuerdo de Cartagena, que contiene el Régimen Común sobre derecho de autor y conexos, dado que regula los derechos morales de autor, que son derechos fundamentales, a la luz de lo dispuesto en l artículo 93 de la C. P, se incorpora al bloque de constitucionalidad; no ocurre lo mismo con el Acuerdo a través del cual se estableció la Organización Mundial de Comercio –OMC–, cuya materia no puede incorporarse al bloque de constitucionalidad, pues no corresponde a aquellas a las que se refiere el citado artículo 93 superior* ».

1023 PLATA LOPEZ (L. C.), YEPES CEBALLOS (D.), « Naturaleza jurídica de las normas comunitarias andinas », *op. cit.*, p. 206-207.

1024 La reconnaissance de l'applicabilité directe et de la primauté de la Décision n°351 en Colombie est confirmée et ne laisse place à aucun doute quant à son application ainsi que le signale par exemple la circulaire n° 16 de la Direction nationale des droits d'auteur de Colombie de 2010. Cette circulaire rappelle les caractéristiques du droit communautaire andin en citant la jurisprudence du TJCA qui réitère dans une jurisprudence constante l'applicabilité directe et la primauté de la norme communautaire andine. Voir notamment : TJCA, arrêt n° 2-IP-88, publié au GOAC n° 33 du 26 juillet 1988 ; TJCA, arrêt n° 2-IP-90, publié au GOAC n° 69 du 11 octobre 1990; TJCA, arrêt n° 6-IP-93 publié au GOAC n° 150 du 25 mars 1994 ; TJCA, arrêt n° 10-IP-94 , publié au GOAC n° 177 du 20 avril 1995 ; TJCA, arrêt n° 64-IP-

La Décision n° 351 est composée de soixante-et un articles et a comme principal objectif de protéger les droits d'auteur pour les œuvres du génie humain, dans le domaine littéraire, artistique, scientifique et tout autre genre ou forme d'expression humaine. Cette décision protège également les droits connexes c'est-à-dire les droits d'autoriser et de prohiber la communication au public de toute forme d'interprétation ou d'exécution d'œuvres scientifiques, artistiques ou littéraires.

D'après le Secrétariat général de la Communauté andine, ce texte constitue une avancée pour la protection et la récupération du patrimoine culturel de la Communauté andine[1026]. Il a été complété par la Décision n° 588 portant protection et récupération des biens culturels des États membres de la Communauté andine[1027] dont on suppose une implication pour la protection de leur culture. L'article 55 de la Décision n° 351 précise que toutes les procédures suivies à cette fin devant les autorités nationales spécialisées doivent respecter les principes d'économie procédurale, de célérité, d'égalité des parties devant la loi, d'efficacité et d'impartialité[1028].

Un autre champ de la propriété intellectuelle réglementé par la Communauté andine est celui des droits d'obtention de variétés végétales.

2000, publié au GOAC n° 602 du 21 septembre 2000; TJCA, arrêt n° 3-AI-96, publié au GOAC n° 261 du 29 avril 1997.

[1025] CCC, décision n° C-235 du 15 mai 1997, CCC, décision n° C-155 du 28 avril de 1998.

[1026] Secrétariat général, *Dimensión económica comercial de la Comunidad andina*, Secrétariat général, 2015, p. 30.

[1027] Publiée au GOAC n° 1091 du 16 juillet 2004. Cette décision se substitue à la décision n° 460 de 1999. Il convient de remarquer ici que la politique de protection de la culture au sein de la Communauté andine est menée avec l'objectif de donner une continuité à l'identité andine. Pour impulser cette politique culturelle, la Communauté andine a créé un Conseil andin des ministres de la culture et des cultures par la Décision n° 760 et les comités andins des industries culturelles, du patrimoine culturel matériel et immatériel et de la lutte contre le trafic illicite des biens culturels du 22 août 2011. Durant les préparations pour la IIe réforme de la CAN prévue dans les Décisions n° 792 (19 septembre 2013) et n° 797 (14 octobre 2014) a été décidé que dans le domaine de la culture, devait être prise en compte la valorisation de « l'identité andine » sur la base de la construction d'un sens d'appartenance à l'organisation régionale fondé sur le principe d'une reconnaissance de la diversité et de l'identité culturelle. Voir: Secretaria General de la Comunidad andina, *Informe de labores - septiembre 2013-septiembre 2014,* 2014, p. 84.

[1028] Article 55: « *Los procedimientos que se sigan ante las autoridades nacionales competentes, observarán el debido y adecuado proceso, según los principios de economía procesal, celeridad, igualdad de las partes ante la ley, eficacia e imparcialidad. Asimismo, permitirán que las partes conozcan de todas las actuaciones procesales, salvo disposición especial en contrario* » (Decisión n° 351).

3. Les droits d'obtention de variétés végétales

La Décision n° 345 de la Commission de la Communauté andine portant régime commun de protection des droits d'obtention de variétés végétales[1029] du 21 octobre 1993[1030] permet d'enregistrer et de protéger toute nouvelle découverte de variété végétale dans la région andine. Le texte vise aussi à encourager les échanges technologiques et la recherche en la matière dans la région andine.

Complétée par la Décision n° 366[1031] qui a prolongé le délai accordé aux États membres pour élaborer la réglementation nécessaire en permettant son application jusqu'au 30 juin 1995, la Décision n° 345 est née de l'urgence de communautariser des Accords en matière de propriété intellectuelle passés par les États membres avec d'autres États dans le cadre international[1032]. La Décision n° 345 constitue « le premier instrument dans la région andine à établir une procédure pour la protection des variétés végétales »[1033], ainsi que le signale le Tribunal.

Cette décision autorise les instances nationales compétentes en matière de propriété intellectuelle à prendre en compte les effets de l'enregistrement de nouvelles variétés végétales. Dans ce domaine, le Pérou fait figure de précurseur. En effet, par le Décret suprême n° 035-2011 -PCM, le pays a adopté un règlement de protection des droits d'obtention de variétés végétales. De plus, la Loi n° 28126 du 21 novembre 2003 prévoit des dispositifs contre les infractions aux droits d'obtention de variétés végétales protégées. La Direction des inventions et des nouvelles technologies péruvienne est l'organe compétent pour connaître et résoudre en première instance administrative les questions portant sur les certificats d'obtention d'une nouvelle variété végétale.

1029 L'obtention végétale est considérée en termes juridiques comme la « variété végétale nouvelle (possédant la faculté de se reproduire) qui, se distinguant des variétés analogues déjà connues, permet à son créateur de se faire délivrer un certificat lui conférant un monopole temporaire sur la production obtenue ». Ainsi, un « obtenteur » est « celui qui obtient une espèce végétale et, par extension, celui auquel a été délivré (en raison de sa compétence technique dans la reproduction des plantes vivantes) un certificat d'obtention végétale assurant la protection de ses droits sur les semences ou la plante » (CORNU (G.), *Vocabulaire juridique*, *op. cit.*).

1030 Publiée au GOAC n° 142 du 29 octobre 1993.

1031 Publiée au GOAC n° 161 du 26 novembre 1994.

1032 Les droits relatifs aux obtentions ont été initiés avec la conférence diplomatique du 2 décembre 1961 à Paris. Actuellement ces droits sont préservés grâce à la signature de l'Accord international pour la protection des obtentions végétales établie par l'Union internationale pour la protection des obtentions végétales (UPOV) de 1968, un organisme mondial qui ne fait pas partie du système des Nations Unies, mais siège dans les bâtiments de l'OMPI à Genève. Les quatre États membres de la CAN sont partis à cet Accord depuis la signature de l'acte 1991 de l'UPOV du 24 avril 1998.

1033 TJCA, arrêt n° 166-IP-2011, publié au GOAC n° 2084 du 20 août 2012.

L'Équateur a intégré le régime commun de la Décision n° 345 à travers la loi sur la propriété intellectuelle votée en 1998. Un Institut de la propriété intellectuelle a été créé en 2004 en tant qu'autorité administrative chargée de résoudre les conflits concernant la Décision n° 345. Dans l'État plurinational de la Bolivie, la Décision n° 345 est appliquée par l'intermédiaire du Service national de la propriété intellectuelle (SENAPI) et la Loi n° 1968 du 24 mars 1999 relative à l'approbation de l'adhésion de la Bolivie à la Convention internationale sur la protection des obtentions végétales de l'UPOV, qui complète la Loi n° 1333 du 27 avril de 1992 relative à l'environnement. En Colombie, c'est à travers le Décret n° 533 de 1994 que le régime commun de protection des droits d'obtention de variétés végétales a été transposé dans le droit national. La Résolution n° 1893 de 1995 prévoit en outre l'établissement d'un enregistrement national des variétés végétales protégées réalisé par l'Institut colombien agricole.

S'agissant de son contenu, la Décision n° 345 définit des notions techniques de botanique et reconnaît aux chercheurs un droit d'inscription des nouvelles découvertes auprès des instances nationales chargées des questions de propriété intellectuelle et un droit de certification valable pour une durée de vingt-cinq ans. En outre, prenant en compte les obligations et les droits d'obtention, la décision établit un régime commun de licences d'utilisation et d'exploitation des variétés végétales et l'annulation de la certification pour manquement aux conditions prévues pour que la variété soit enregistrée[1034] ou en raison d'une erreur sur la personne qui a demandé l'enregistrement de la découverte d'une variété nouvelle.

Il convient de souligner que l'adoption d'une décision communautaire andine concernant le suivi des découvertes en matière végétale représente un grand avantage pour la protection des variétés propres à la région andine, les États membres andins étant caractérisés par une faune et une flore d'une énorme diversité[1035]. L'immense variété des ressources naturelles présentes dans les quatre États membres n'a pas encore été entièrement découverte. Enfin, ce texte encourage la consolidation d'un système de production durable et le développement technologique de la région.

L'accès aux ressources génétiques est une autre question traitée par le droit de la propriété intellectuelle andin.

[1034] La Décision n° 345 considère une variété végétale nouvelle (art. 9), différente (art. 10), homogène (art. 11) et stable (art. 12).

[1035] Les États membres de la Communauté andine font partie du « *Grupo de Estados metadiversos afines* » qui, créé en 2002, regroupe les pays hébergeant plus de 75% de la diversité biologique de la planète. Pour savoir plus: http://www.megadiverse.org.

4. L'accès aux ressources génétiques

Un an après la Décision n° 345, la Commission de la Communauté andine a adopté la Décision n° 391 portant régime commun pour l'accès aux ressources génétiques[1036]. Sa principale finalité est l'adaptation du droit communautaire andin à la Convention sur la diversité biologique de 1993 à laquelle tous les États membres de la CAN sont parties. Ce texte est aussi étroitement lié à la Décision n° 486[1037].

La relation faite entre la protection de la propriété intellectuelle et les questions génétiques est une démarche novatrice de la Communauté andine. Le point de connexion entre les deux domaines surgit de l'idée que « l'industrie biotechnologique se nourrit en grande partie des ressources génétiques en provenance des pays du sud auxquels les industries biotechnologiques accèdent sans restriction »[1038]. Fort de ce constat, le Comité de rédaction de la Décision n° 391[1039] a considéré la pertinence de légiférer sur les droits obtenus par autorisation et les mécanismes d'obtention de licences pour l'exploitation des ressources génétiques[1040].

Rappelons qu'avant l'adoption de la Convention sur la biodiversité en 1993, les ressources génétiques intégraient le patrimoine commun de l'humanité et, par conséquent, étaient considérées comme étant de libre utilisation pour la recherche et le développement. Leur exploitation commerciale et industrielle devait faire l'objet d'une autorisation, mais sans

---

[1036] Publiée au GOAC n° 212 du 17 juillet 1996. Cette décision a été modifiée par la Décision n° 423 portant modification de la 8e disposition transitoire de la Décision n° 391 publiée au GOAC n° 305 du 18 novembre 1997, mais aussi par la Décision n° 448 portant modification de la 8e disposition transitoire de la Décision n° 391 publiée au GOAC n° 395 du 15 décembre 1998. L'intention de ces deux décisions modificatrices de la Décision n° 391 était d'étendre l'application de la Décision n° 391 au 1er janvier 2000.

[1037] L'article 3 de la Décision n° 486 détermine le lien entre les deux décisions: « *Las disposiciones de la presente décision se aplicaran de manera que no contravengan a las establecidas por la Decisión 391, con sus modificaciones vigentes* ».

[1038] RUIZ MÜLLER (M.), « Análisis de la decisión 486 de la CAN: su legalidad y aplicabilidad en cuanto a sus exigencias sobre el origen legal de los recursos genéticos y conocimientos indígenas », *Programa de asuntos internacionales y biodiversidad de la Sociedad peruana de derecho ambiental*, Conférence du 31 août 2002, Lima, p. 6.

[1039] Les comités de rédaction des décisions de la CAN sont formés de représentants des quatre États membres avec la participation d'experts des domaines d'intérêts pour l'élaboration des décisions. Cette proposition a été introduite par les représentants du Pérou dans le cadre de réunions d'experts sur l'accès aux ressources génétiques. Pour savoir plus: CAILLAUX (J.), RUIZ (M.), BRENDAN (T.), *El régimen andino de acceso a los recursos genéticos: Lecciones y experiencias,* Lima, World Ressources Institute y Sociedad Peruana de derecho ambiental, 1999, p. 66.

[1040] Cette initiative a été considérée dans les travaux de préparation de la Directive 98/44/CE du Parlement européen et du Conseil sur la protection légale des inventions biotechnologiques du 6 juillet 1998.

précision quant à la propriété des résultats de recherches ou des droits à l'exploitation commerciale.

Prenant en considération l'évolution normative internationale, la Décision n° 391 rappelle dans son préambule l'important patrimoine biologique et génétique existant dans la région andine, reconnaît la condition multiethnique et pluriculturelle des États membres de la CAN et, par conséquent, la valeur stratégique et historique des ressources génétiques, en insistant sur celle des savoirs ou connaissances traditionnelles[1041], des innovations et pratiques des communautés indigènes, afro-américaines et locales de la région[1042]. La décision définit ensuite plusieurs notions liées à l'accès aux ressources génétiques comme la biotechnologie, le composant intangible, la communauté indigène afro-américaine ou locale, le contrat d'accès, l'écosystème, etc.

La Décision n° 391 comporte plusieurs objets : prévoir les conditions d'une participation juste et égalitaire au bénéfice de l'accès aux ressources génétiques ; promouvoir la conservation de la diversité biologique et l'utilisation durable des ressources biologiques ; renforcer la capacité de négociation des États membres dans le domaine de la protection de l'accès aux ressources génétiques existantes dans la région andine[1043]. La décision

---

[1041] La reconnaissance de la protection des savoirs, innovations et pratiques traditionnelles a été accueillie de manière très favorable par la Bolivie bien que ce pays n'avait pas prévu une protection de la propriété intellectuelle au niveau constitutionnel, jusqu'à la nouvelle Constitution de 2009 dont l'article 100 paragraphe II concerne la protection des savoirs traditionnels en tant que l'une des catégories de la propriété intellectuelle. Un antécédent juridique concernant la reconnaissance des savoirs traditionnels en Bolivie est la Loi n° 1322 de 1992 relative aux droits d'auteur et droits connexes. Pour en savoir plus: URQUIDI (E.), « Propiedad intelectual y conocimientos tradicionales en Bolivia », *Revista boliviana de derecho*, n° 13, 2012, pp. 154-168.

[1042] La Charte sociale andine recommande aux États membres de promouvoir des programmes de reprise des pratiques productives soutenables utilisant des pratiques ancestrales (paragraphe 109, chapitre XI - Environnement) et oblige les États membres à garantir les droits intellectuels collectifs des peuples indigènes sur les produits biogénétiques (paragraphe 114, chapitre XI - Environnement). Voir aussi: Corporación andina de fomento, *Elementos para la protección sui generis de los conocimientos tradicionales colectivos e intégrales desde la perspectiva indígena*, Venezuela, CAF, 2005, p. 44. Dans le même sens, la Déclaration des Nations Unies n° 61/295 sur les droits des peuples autochtones du 13 septembre 2007 déclare dans son article 31 que « les peuples autochtones ont le droit de préserver, de contrôler, de protéger et de développer leur patrimoine culturel, leur savoir traditionnel et leurs expressions culturelles traditionnelles ainsi que les manifestations de leurs sciences, techniques et culture, y compris leurs ressources humaines et génétiques, leurs semences, leur pharmacopée, leur connaissance des propriétés de la faune et de la flore, leurs traditions orales, leur littérature, leur esthétique, leurs sports et leurs jeux traditionnels et leurs arts visuels et du spectacle. Ils ont également le droit de préserver, de contrôler, de protéger et de développer leur propriété intellectuelle collective de ce patrimoine culturel, de ce savoir traditionnel et de ces expressions culturelles traditionnelles ».

[1043] Article 2 : « *La presente Decisión tiene por objeto regular el acceso a los recursos genéticos de los Países Miembros y sus productos derivados, a fin de:*

exclut toutefois de son champ d'application les ressources génétiques humaines et leurs produits dérivés. Elle reconnaît également la souveraineté des États membres sur leurs propres ressources génétiques, à la seule condition de se conformer à ses dispositions octroyant aux ressources génétiques la qualité de ressources inaliénables, imprescriptibles etinsaisissables. De plus, la décision rappelle les principes du traitement national et de la réciprocité non discriminatoire entre États membres de la CAN, mais aussi avec des États tiers à la condition d'un accord de réciprocité valable.

La Décision n° 391 oblige par ailleurs les États membres à respecter la sécurité juridique et la transparence durant le processus d'accès aux ressources génétiques, processus qui est entièrement détaillé dans la décision. De la même manière que pour l'enregistrement des brevets et autres droits établi par la Décision n° 345 et la Décision n° 386, la Décision n° 391 prévoit que les États membres doivent instituer une autorité administrative nationale pour l'obtention et l'enregistrement d'un droit d'accès. Enfin, son article 51 mentionne la création d'un Comité andin sur les ressources génétiques, institution qui doit émettre des recommandations pour l'amélioration de la Décision n° 391[1044].

En 2013, dans le cadre du Programme régional de biodiversité (BioCAN) dont l'objectif est de contribuer au développement durable des États membres de la CAN et d'améliorer la qualité de vie des populations amazoniennes conformément aux objectifs établis par l'Accord de Carthagène, la Communauté andine a considéré qu'il était pertinent et nécessaire de proposer des modifications à l'actuelle Décision n° 391 dans le but de l'adapter aux lignes directrices du Protocole de Nagoya[1045] ; surtout en

---

a) Prever condiciones para una participación justa y equitativa en los beneficios derivados del acceso;

b) Sentar las bases para el reconocimiento y valoración de los recursos genéticos y sus productos derivados y de sus componentes intangibles asociados, especialmente cuando se trate de comunidades indígenas, afroamericanas o locales;

c)Promover la conservación de la diversidad biológica y la utilización sostenible de los recursos biológicos que contienen recursos genéticos;

d)Promover la consolidación y desarrollo de las capacidades científicas, tecnológicas y técnicas a nivel local, nacional y subregional; y,

e) Fortalecer la capacidad negociadora de los Países Miembros ».

[1044] Ce comité a été réactivé en 2012 dans le cadre du programme BioCAN s'agissant du programme d'aide à la conservation et à l'utilisation raisonnable de l'Amazonie de la Communauté andine. Voir : Décision n° 729 du 5 février 2010 portant programme régional de biodiversité dans les régions andino-amazoniennes des États membres de la CAN.

[1045] Protocole de Nagoya du 29 octobre 2010 relatif à l'accès aux ressources génétiques et au partage juste et équitable des avantages découlant de leur utilisation selon la Convention sur la diversité biologique, adopté lors de la dixième réunion de la Conférence réunissant les parties le 29 octobre 2010 après six ans de négociations. Pour savoir plus : « Rapport spécial des Nations Unies : Droits des peuples indigènes » du 13 août 2012, p. 16 et 17.

ce qui concerne l'accès aux ressources génétiques et aux savoirs traditionnels.

À travers ces quatre décisions qui font partie intégrante du droit communautaire andin, nous avons pu constater que la réglementation en matière de protection de la propriété intellectuelle prévue par la Communauté andine est assez riche et ne peut pas être considérée comme une création unique d'une règle communautaire primaire. Elle n'est pas seulement inscrite à l'article 55 de l'Accord de Carthagène contrairement à d'autres actions uniquement prévues dans ce texte fondateur, mais qui n'ont connu aucune évolution majeure ultérieure.

L'une des principales matières traitées dans le cadre communautaire andin avec le plus d'attention est le droit des marques[1046].

§ 2 La marque commerciale dans le droit communautaire andin

Comme nous l'avons à plusieurs reprises souligné, il existe incontestablement un lien étroit entre le droit international et le droit communautaire andin en matière de propriété intellectuelle. Cependant, le TJCA, en suivant sa tradition jurisprudentielle, s'inspire aussi de l'expérience de l'Union européenne en étant attentif aux arrêts de la CJUE et aux décisions du Bureau européen des brevets[1047], surtout dans le domaine de la propriété industrielle.

Aussi, nous considérons qu'il est pertinent de rappeler l'état du droit de l'Union européenne sur la propriété industrielle et le droit des marques (A), avant d'approfondir la question de l'évolution de la notion de « marque » à l'intérieur de la Communauté andine (B).

A. La protection des marques dans l'Union européenne

L'article 36 TFUE consacre certaines exceptions au principe de la libre circulation des marchandises et aux règles posées en matière de droit de la propriété industrielle et commerciale[1048] sachant que, comme la doctrine de

---

[1046] Dans le cadre de l'Union européenne, le Parlement européen a adopté une nouvelle Directive « Paquet marques ». Il s'agit d'une réforme du droit des marques en Europe après trois ans de projets sur le sujet (Voir : BASIRE (Y.), « La réforme du droit des marques en Europe : quid novi ? », *Revue Europe*, n° 5, 2016, pp. 5-10).

[1047] TJCA, arrêt n° 13-IP-2004, publié au GOAC n° 1061 du 29 avril 2004 ; TJCA, arrêt n° 85-IP-2009, publié au GOAC n° 1807 du 15 mars 2010 ; TJCA, arrêt n° 257-IP-2013, publié au GOAC n° 2354 du 26 juin 2014.

[1048]*« Les dispositions des articles 34 et 35 ne font pas obstacle aux interdictions ou restrictions d'importation, d'exportation ou de transit, justifiées par des raisons de moralité publique, d'ordre public, de sécurité publique, de protection de la santé et de la vie des personnes et des animaux ou de préservation des végétaux, de protection des trésors nationaux ayant une valeur artistique, historique ou archéologique ou de protection de la propriété industrielle et*

l'Union a pu le remarquer, la notion de propriété industrielle et commerciale est une « notion qui s'avère très large »[1049], car elle englobe, entre autres, la propriété littéraire et artistique, les droits d'obtention végétale, ou encore les appellations d'origine, etc.

Bien que les États membres de l'Union européenne disposent d'un cadre national de protection de la propriété intellectuelle, une protection générale au niveau communautaire est apparue nécessaire, passant par une harmonisation des législations nationales. De nombreuses directives et règlements ont ainsi été adoptés dans ce domaine[1050].

Le rapport entre les droits nationaux et le droit de l'Union est expressément régi à l'article 36 TFUE et, s'agissant de la question plus particulière de l'influence du droit de l'Union européenne sur les droits nationaux de la propriété intellectuelle, la CJUE l'a réaffirmé en précisant les règles de l'Union en la matière[1051], en particulier s'agissant de l'exercice des droits de propriété industrielle et commerciale[1052]. La CJUE a pu

---

commerciale. Toutefois, ces interdictions ou restrictions ne doivent constituer ni un moyen de discrimination arbitraire ni une restriction déguisée dans le commerce entre les États membres ».

1049 BLUMANN (C.), DUBOUIS (L.), *Droit institutionnel de l'Union européenne*, *op. cit.*, p. 248.

1050 Voir à titre d'exemple : Directive n° 2014/26/UE du Parlement européen et du conseil du 26 février 2014 concernant la gestion collective du droit d'auteur et des droits voisins et l'octroi de licences multi territoriales de droits sur des œuvres musicales en vue de leur utilisation en ligne dans le marché intérieur ; Règlement (UE) n° 608/2013 du Parlement européen et du conseil du 12 juin 2013 concernant le contrôle, par les autorités douanières, du respect des droits de propriété intellectuelle ; Règlement (UE) n° 1260/2012 du conseil du 17 décembre 2012 mettant en œuvre la coopération renforcée dans le domaine de la création d'une protection unitaire conférée par un brevet, en ce qui concerne les modalités applicables en matière de traduction ; Directive n° 2012/28/UE du Parlement européen et du conseil du 25 octobre 2012 sur certaines utilisations autorisées des ouvre orphelines ; directive n° 2001/83/CE du Parlement européen et du conseil du 6 novembre 2001 instituant un code communautaire relatif aux médicaments à usage humain ; Décision n° 2011/167/UE du conseil du 10 mars 2011 autorisant une coopération renforcée dans le domaine de la création d'une protection par brevet unitaire ; Règlement (CE) n° 207/2009 du Conseil du 26 février 2009 sur la marque ; Directive n° 2008/121/CE du Parlement européen et du Conseil du 14 janvier 2009 relative aux dénominations textiles ; directive n° 2008/95/CE du Parlement européen et du Conseil du 22 octobre 2008 rapprochant les législations des États membres sur les marques ; Directive n° 2006/116/CE du Parlement européen et du Conseil du 12 décembre 2006 relative à la durée de protection du droit d'auteur et de certains droits voisins.

1051 La Cour considère que la notion de propriété industrielle et commerciale inclut la protection des droits d'auteur : CJUE, 20 janvier 1981, « *Musik-Vertrieb membran GmbH et K-tel International c/ GEMA - Gesellschaft für musikalische Aufführungs- und mechanische Vervielfältigungsrechte* », aff. jtes. C-55/80 et C-57/80, Rec. p. 147.

1052 CJUE, 13 juillet 1966, « *Établissements Consten S.A.R.L. et Grundig-Verkaufs-GmbH c/ Commission de la communauté économique européenne* », aff. jtes. C-56 et C-58/64, Rec. p. 429, en matière de brevets : CJUE, 29 février 1968, « *Parke, Davis and Co. c/ Probel, Reese, Beintema-Interpharm et Centrafarm* », aff. C-24/67, Rec. p. 81 ; CJUE, 5 octobre 1988, « *Consorzio Italiano della Componentistica di Ricambio per Autoveicoli (C.I.C.R.A.) et S.p.A.*

également préciser la relation entre la propriété industrielle et commerciale et la libre circulation des marchandises en vue de « dessiner les contours d'un compromis entre les deux exigences »[1053] et ainsi trouver un équilibre des intérêts[1054]. Il s'est aussi agi pour le juge de l'Union de distinguer l'usage normal du mauvais usage des droits de propriété intellectuelle[1055], d'expliciter la théorie de l'épuisement des droits[1056], de définir la position dominante[1057] ou encore de rappeler les droits d'obtention végétale[1058].

Concernant la notion de marque, deux systèmes alternatifs et complémentaires coexistent au sein de l'Union. Une première directive a été édictée en 1988 applicable à toutes les marques de produits ou deservices ayant fait l'objet d'un enregistrement ou d'une demande d'enregistrement dans un État membre[1059]. De plus l'Union a créé une « marque communautaire »[1060] visant àassurer une protection dans l'ensemble des vingt-huit États membres. Il s'agit d'« une marque de produits ou de services, enregistrée dans les conditions et selon les modalités prévues par les textes, au regard de règles uniformes et selon une procédure unique »[1061].

Ces dispositifs créent des règles communes en matière d'enregistrement de produits ou de services qui ont pour finalité d'instaurer une protection uniforme des marques sur tout le territoire de l'UE. L'idée d'une marque communautaire est née à la fin des années 1950, mais n'a abouti qu'en 1993

Maxicar c/Régie Nationale des Usines Renault », aff. C-53/87, Rec. p. 6039. Sur la représentation d'un film cinématographique : CJUE, 6 octobre 1982, « *Coditel c/ Ciné Vog Films* », aff. C-261/81, Rec. p. 3381.

1053 DRUESNE (G.), *Droit et politiques de la communauté et de l'Union européenne*, Paris, PUF, coll. « Droit fondamental », 5ème éd., 1986, p. 93.

1054 CJUE, 8 juin 1971, « *Deutsche Grammophon Gesellschaft mbH c/Metro-SB-Großmärkte GmbH & Co. KG* », aff. C-78/80, Rec. p. 487.

1055 Brevets : CJUE, 31 octobre 1974, « *Centrafarm BV et Adriaan de Peijper c/ Sterling Drug Inc.* », Aff. C-15/74, Rec. p. 1147 ; objet spécifique de la marque: CJUE, 22 juin 1976, « *Société Terrapin (Overseas) Ltd. c/ Société Terranova Industrie CA Kapferer & Co.* », aff. C-119-75, Rec. p. 1039, CJUE, 23 mai 1978, « *Hoffmann-La Roche & Co. AG c/ Centrafarm Vertriebsgesellschaft Pharmazeutischer Erzeugnisse mbH* », aff. C-102/77, Rec. p. 1139.

1056 CJUE, 10 octobre 1978, « *Centrafarm BV c/ American Home Products Corporation*», aff. C-3/78, Rec. p. 1823.

1057 CJUE, 18 février 1971, « *Sirena S.r.l. c/ Eda S.r.l. et autres* », aff. C-40/70, Rec. p. 69.

1058 CJUE, 8 juin 1982, *« L.C. Nungesser KG et Kurt Eisele c/Commission des Communautés européennes* », aff. C-258/78, Rec. p. 2015

1059 Première Directive n° 89/104/CEE du Conseil du 21 décembre 1988 rapprochant les législations des États membres sur les marques et Directive n° 2008/95/CE du Parlement européen et du Conseil du 22 octobre 2008 rapprochant les législations des États membres sur les marques.

1060 Ainsi, « la marque communautaire » deviendra à compter du 23 mars 2016 « marque de l'Union européenne » en vertu du règlement (UE) n° 20115/2424 portant règlement modificatif de la directive 2008/95/CE du Parlement européen et du Conseil.

1061 LUBY (M.), « Marque communautaire », *JurisClasseur Europe*, fasc. 1750, à jour au 18 mars 2003.

avec le Règlement (CE) n° 40/94 du Conseil du 20 décembre 1993 qui sera complété par d'autres règlements et directives formant un cadre normatif spécifique[1062]. La validité de la marque communautaire a été confirmée par la CJUE qui a eu à se prononcer sur la capacité de l'Union européenne à créer des titres nouveaux de propriété industrielle[1063] venant se superposer aux titres nationaux[1064].

L'Office de l'harmonisation dans le marché intérieur (OHMI), parl'intermédiaire des services centraux spécialisés en matière de propriété industrielle des États membres ou de l'Office Benelux de la propriété intellectuelle (OBPI), enregistre les marques communautaires. Notons qu'un Règlement (UE) n° 2015/2424 du Parlement européen et du Conseil a été pris le 16 décembre 2015. Modifiant les textes en vigueur en matière de marque communautaire[1065], son entrée en vigueur a été prévue quatre-vingt-dix jours après sa publication, soit le 23 mars 2016. Ce nouveau texte opère un changement de qualification : la marque communautaire devient « marque européenne » et l'Office d'harmonisation dans le marché intérieur devient l'Office de l'Union européenne pour la propriété intellectuelle (EUIPO).

Cette coexistence de deux régimes peut être considérée comme « fondamentale pour assurer une gestion efficiente des marques en fonction des besoins des entreprises, de leur taille, des spécificités des marchés sur lesquels elles opèrent et de leur déploiement géographique »[1066].

1062 Voir : Directive n° 2008/95/CE rapprochant les législations des États membres sur les marques du 22 octobre 2008 ; Règlement sur la marque communautaire (CE) n° 207/2009 du 26 février 2009 ; Règlement portant modalités d'application du Règlement sur la marque communautaire (CE) n° 2868/95 du 13 décembre 1995 portant modalités d'application du règlement (CE) n° 40/94 du Conseil sur la marque communautaire ; Règlement relatif aux taxe à payer concernant les marques communautaires (CE) n° 2869/95 du 13 décembre 1995.

1063 Avis de la Cour du 15 novembre 1994, n° 1/94, compétence de la communauté pour conclure des accords internationaux en matière de services et de protection de la propriété intellectuelle, Rec. I, p. 5267.

1064« Si une action de la Communauté apparaît nécessaire pour réaliser, dans le fonctionnement du marché commun, l'un des objets de la Communauté, sans que le présent traité ait prévu les pouvoirs d'action requis à cet effet, le Conseil, statuant à l'unanimité sur proposition de la Commission et après consultation du Parlement européen, prend les dispositions appropriées ».

1065 Ce nouveau règlement modifie le Règlement (CE) n° 207/2009 du Conseil sur la marque communautaire et le Règlement (CE) n° 2868/95 de la Commission portant modalités d'application du Règlement (CE) n° 40/94 du Conseil sur la marque communautaire, et abrogeant le Règlement (CE) n° 2869/95 de la Commission relatif aux taxes à payer à l'Office de l'harmonisation dans le marché intérieur (marques, dessins et modèles).

1066 Rapport d'information n° 2009 sur la protection des marques (COM 2013 161 final et COM (2013° 162 final), Assemblée nationale, France, 10 juin 2014, p. 15.

L'encadrement des marques et des dépôts de brevets[1067] « offre aux utilisateurs un choix utile pour optimiser leur stratégie »[1068]. La problématique de la marque a aussi fait l'objet d'une attention particulière au sein de la Communauté andine qui a édicté plusieurs règles contrôlées et précisées par le TJCA.

B. L'importance de la marque dans la Communauté andine

D'après l'ancien magistrat du TJCA Galo Pico Mantilla, « la régulation du droit de la marque commerciale est un sujet spécialement complexe et dynamique pour le droit commercial moderne, revêtu d'une remarquable importance pour le droit de l'intégration surtout au regard du besoin d'harmonisation d'un droit exclusif à une marque avec les normes de protection de la libre concurrence et le principe de la libre circulation des marchandises »[1069]. Cette importance est l'une des raisons qui ont motivé l'intérêt du Tribunal andin pour ces questions. Plusieurs arrêts ont été rendus à partir des années 1990 afin de préciser les règles andines en matière de droit des marques.

La marque joue une fonction importante, car elle permet aux entreprises de se différencier les unes des autres sur le marché. C'est à l'article 154 de la Décision n° 486 que nous trouvons une définition : il s'agit de « tout signe susceptible de distinguer des produits ou des services sur le marché ». La même disposition formule une liste de tout ce qui peut constituer une marque

---

[1067] Les brevets en Europe sont régis par le texte de la Convention de Munich sur le brevet européen du 5 octobre 1973 avec l'objectif d'organiser une procédure unique de délivrance des brevets réalisée par l'Office européen des brevets (OEB) créé en 1977. Au sein de l'Union européenne, l'idée d'un brevet communautaire remonte aux années 1960, mais c'est finalement le 19 février 2013 que le Conseil de l'UE a officiellement créé le « brevet européen à effet unitaire » qu'entrera en vigueur courant 2016. L'Office européen des brevets sera en charge d'enregistrer les brevets unitaires européens assurant une protection dans 25 États membres à l'exception de l'Espagne et de l'Italie pour des raisons linguistiques. Le premier règlement à avoir fait référence au brevet européen à effet unitaire est le *Règlement (UE) n° 1257/2012 du Parlement européen et du Conseil du 17 décembre 2012 mettant en œuvre la coopération renforcée dans le domaine d'une protection unitaire conférée par un brevet.* La réalisation effective du brevet européen unitaire a requis de la Commission qu'elle utilise le régime de la coopération renforcée prévu à l'article 20 du Traité sur l'Union européenne dans le but de favoriser la réalisation des objectifs de l'Union, préserver ses intérêts et renforcer son intégration ; cf. Règlement (UE) n° 1257/2012 du 17 décembre 2012 mettant en œuvre la coopération renforcée dans le domaine de la création d'une protection unitaire conférée par un brevet et Règlement (UE) n° 1260/2012 du Conseil du 17 décembre 2012 mettant en œuvre la coopération renforcée dans le domaine de la création d'une protection unitaire conférée par un brevet, en ce qui concerne les modalités applicables en matière de traduction.

[1068] Assemblée nationale, *Rapport d'information n° 2009 sur la protection des marques* (COM 2013 161 final et COM (2013° 162 final), France, 10 juin 2014, p. 17.

[1069]PICO MANTILLA (G.), *Temas jurídicos de la Comunidad andina*, *op.cit.*, p. 358.

à savoir : « les mots ou la combinaison des mots, les images, figures, symboles, graphiques, logotypes, monogrammes, portraits, étiquettes, idéogrammes, les sons et odeurs, les numéros, une couleur déterminée et une forme ou une combinaison de couleurs, les formes de produits, leur paquet ou leur couvercle, et toute autre combinaison de signes ou moyens d'indication ». L'un des aspects les plus remarquables de l'élaboration d'une marque communautaire andine est la collaboration dans ce domaine de l'Union européenne par le biais d'accords d'association visant un renforcement des agences nationales et la formation des fonctionnaires[1070].

La marque a une grande valeur économiquement parlant[1071], car elle permet d'obtenir la reconnaissance des entreprises par le public andin, ce qui n'est pas anodin en termes d'intérêts commerciaux. Aussi n'est-il pas surprenant que la question ait provoqué plusieurs litiges sur lesquels le Tribunal a dû se prononcer.

Les juges andins ont notamment interprété et précisé ce qu'il fallait entendre par la notion de marque telle que définie par la Décision n° 486 ; à savoir « tout signe susceptible de distinguer des produits ou des services sur le marché »[1072].

Il est aussi intervenu pour donner quelques indications s'agissant de son enregistrement[1073], des différents types de marques[1074], des signes[1075], de la

---

1070 Accords d'association CAN-UE III, Ronde de négociations, Quito, du 21 au 25 avril 2008. Après l'échec de cette négociation d'association à cause des disparités et asymétries entre les deux blocs, un nouveau dispositif de dialogue a été mis en place permettant une division thématique et géographique des négociations: des négociations régionales concernant le dialogue politique et de la coopération dans la continuité de l'Accord signé en 2003 et des négociations commerciales « multipartites » avec les États membres de la CAN. La dernière réunion de la Commission mixte UE-CAN a eu lieu le 5 mars 2010 et a abouti à l'élaboration d'un document de stratégie régionale 2007-2013 accompagné de l'attribution de cinquante millions d'euros en vue de progresser en matière de cohésion sociale, d'intégration économique régionale et de lutte contre la drogue. Depuis, aucune autre réunion n'a cependant été prévue entre l'UE et la CAN.

1071 Le Pérou est l'État membre de la CAN qui enregistre le plus de marques par an. À titre indicatif, en 2014, ce pays avait enregistré 261 253 marques.
Voir INDECOPI :https://www.indecopi.gob.pe/inicio.

1072Article 134: « *A efectos de este régimen constituirá marca cualquier signo que sea apto para distinguir productos o servicios en el mercado* ».

1073 TJCA, arrêt n° 7-IP-95, publié au GOAC n° 189 du 15 septembre 1995 (non enregistrement de signes évocatifs).

1074 TJCA, arrêt n° 15-IP-2003, publié au GOAC n° 916 du 2 avril 2003 ; TJCA, arrêt n° 27-IP-95, publié au GOAC n° 257 du 14 avril 1997 ; TJCA, arrêt n° 68-IP-2002, publié au GOAC n° 876 du 18 décembre 2002.

1075 TJCA, arrêt n° 1-IP-87, publié au GOAC n° 28 du 15 février 1988 (marque notoire) ; TJCA, arrêt n° 27-IP-95, publié au GOAC n° 257 du 14 avril 1997 (signes génériques) ; TJCA, arrêt n° 35-IP-98, publié au GOAC n° 422 du 30 mars 1999 ; TJCA, arrêt n° 38-IP-98, publié au GOAC n° 419 du 17 mars 1999 ; TJCA, arrêt n° 33-IP-2003, publié au GOAC n°

capacité de distinction[1076], de la représentation graphique[1077], etc. À noter cependant que le droit communautaire andin reconnaît les mécanismes propres aux États membres qui prévoient un contrôle permanent sur les brevets, l'enregistrement des marques et des autorisations, l'annulation de marques et de brevets et la caducité des autorisations.

Le Tribunal andin a aussi insisté sur l'importance d'un équilibre entre le régime des marques et la libre circulation des marchandises en privilégiant alternativement les intérêts différents qui caractérisent ces deux domaines[1078]. Sur cette notion d'équilibre et dans le but d'approfondir le processus d'intégration andin en matière de propriété intellectuelle et plus spécifiquement de marques, le TJCA a proposé, dans le cadre du deuxième processus de réingénierie de la Communauté andine[1079], un « Agenda positif du Tribunal de justice de la Communauté andine »[1080]. Cette initiative avait pour objet l'adoption de normes communautaires andines visant l'amélioration de l'ordre juridique communautaire et le renforcement du système d'intégration andin. Le TJCA s'est inspiré du « modèle illustratif de l'expérience européenne »[1081], particulièrement dans le domaine de la propriété industrielle, pour une harmonisation des procédures d'enregistrement des dénominations d'origine, des indications de provenance et des certificats de garantie.

---

949 du 18 juillet 2003 (signes trompeurs) ; TJCA, arrêt n° 4-IP-88, publié au GOAC n° 35 du 24 janvier 1989 (signes contraires à la loi, la morale, l'ordre public, les bonnes mœurs) ; TJCA, arrêt n° 68-IP-2002, publié au GOAC n° 876 du 18 décembre 2002 ; TJCA, arrêt n° 231-IP-2005, publié au GOAC n° 1330 du 21 avril 2006; TJCA, arrêt n° 108-IP-2008, publié au GOAC n° 1692 du 27 janvier 2009 (confusion du consommateur).

1076 TJCA, arrêt n° 1-IP-87, publié au GOAC n° 28 du 15 février 1988 ; TJCA, arrêt n° 2-IP-95 publié au GOAC n° 199 du 26 janvier 1996 ; TJCA, arrêt n° 3-IP-95, publié au GOAC n° 189 du 15 septembre 1995.

1077 TJCA, arrêt n° 27-IP-95, publié au GOAC n° 257 du 14 avril 1997.

1078 TJCA, arrêt n° 2-IP-96, publié au GOAC n° 257 du 14 avril 1997: « *El principio de libre circulación de mercancías una vez plasmado en el derecho comunitario legislado sustentado en la jurisprudencia y en la doctrina, está llamado a proteger el interés jurídico de la comunidad andina, a fin de que el desenvolvimiento de la actividad comercial entre los Países Miembros del área, que resuelven unirse con propósitos comunes, esté rodeado de las garantías necesarias para que el comercio intra-subregional se efectúe dentro de reglas que apuntan a la libertad del intercambio regional exenta de barreras arancelarias y paraarancelarias, salvo las restricciones que a manera de excepción se han descrito atrás...* ».
Dans le même sens : TJCA, arrêt n° 11-IP-96, publié au GOAC n° 299 du 17 octobre 1997.

1079 Le processus de la seconde réingénierie de la Communauté andine a été initié durant la XXXVIIe réunion du Conseil andin des ministres des Affaires étrangères du 13 décembre 2013 avec l'idée fondamentale d'améliorer le fonctionnement de la Communauté andine afin de la préparer à une convergence avec le MERCOSUR et l'UNASUR.

1080 Le Tribunal andin a présenté à la Commission de la Communauté andine le document intitulé « Propuestas del Tribunal de justicia de la Comunidad andina de una agenda positiva normativa para la integración », 2014, p. 10.

1081 TJCA, *Agenda positiva del Tribunal de justicia de la Comunidad andina*, 2014, p. 6

Conscientdes vides des législations nationales et internationales s'agissant de la protection des dénominations et de l'insuffisance des dispositifs de reconnaissance des marques dans les États membres, le Tribunal proposait aussi dans ce document que la dénomination « marque pays » soit reconnue au sein de la CAN en tant que signe distinctif permettant de promouvoir l'identité et l'image d'un pays[1082]. Cette initiative du TJCA, encourageant l'adoption d'un cadre juridique régional relatif à la protection et à l'enregistrement de la dénomination « marque pays », a surgi de l'urgence de doter la Communauté andine d'un droit harmonisé de la propriété intellectuelle.

Néanmoins, pour le moment, ce droit reste encore pour beaucoup le fait de chaque État membre qui applique une législation nationale et internationale coexistant avec les règles qui se développent à l'échelle communautaire. Parmi les dispositifs les plus révélateurs de l'importance de l'action des États, notons l'existence d'agences nationales chargées de protéger et d'enregistrer les brevets et les marques en association avec les institutions andines.

§ 3 Les agences nationales andines de propriété intellectuelle

Pour la défense du commerce et de la propriété intellectuelle, la Communauté andine elle-même reconnaît et encourage l'action des agences nationales pour la protection et l'enregistrement des brevets, marques et autres. Ce faisant, le droit communautaire andin accorde aux États membres la possibilité d'une autonomie normative en fonction de leurs besoins et capacités spécifiques.

Parmi ces institutions spécialisées sur les questions de propriété intellectuelle, on s'intéressera plus particulièrement à l'Institut national pour la défense de la concurrence et la protection de la propriété intellectuelle (INDECOPI) créé au Pérou (A), avant d'indiquer quelques caractéristiques concernant les autres agences nationales compétentes en matière de propriété intellectuelle mises en place dans les États membres de la CAN (B).

A. L'exemple de l'Institut national pour la défense de la concurrence et la protection de la propriété intellectuelle au Pérou

La création d'agences nationales constitue aussi un véritable support au régime commun andin de la propriété intellectuelle. En effet « à cause de la pression du FMI et de la BM une véritable restructuration et fortification ont

---

[1082] TJCA, *Agenda positiva del Tribunal de justicia de la Comunidad andina*, 2014, p. 8

été nécessaires et des bureaux administratifs ont été créés dans le territoire de chaque État membre »[1083].

À cet égard, l'exemple du Pérou est illustratif. Créé par le Décret-loi n° 25868 édicté en novembre 1992, l'Institut national pour la défense de la concurrence et la protection de la propriété intellectuelle (INDECOPI) dispose d'une autonomie fonctionnelle, technique, économique, budgétaire et administrative. Il est actuellement régi par le Décret n° 1033. Ses principaux objectifs et fonctions sont : la promotion du marché, le soutien à l'économie péruvienne en incitant une culture de concurrence loyale et une protection des droits des consommateurs. L'Institut est aussi chargé de la protection de toute forme de propriété intellectuelle : signes distinctifs, droits d'auteur, brevets et biotechnologie.

Organisme public spécialisé rattaché à la présidence du Conseil des ministres, la structure et l'encadrement juridique de l'INDECOPI méritent attention, car ce sont les plus aboutis de la région en comparaison des autres agences nationales de la propriété intellectuelle[1084]. Il comprend un Conseil directeur composé d'un représentant du ministère de l'Économie et des Finances, d'un représentant du ministère du Commerce extérieur et du tourisme, d'un représentant du ministère de la Production et de deux représentants de la présidence du Conseil des ministres. L'INDECOPI comprend aussi un Organe consultatif chargé d'édicter des avis sur les affaires soumises à son attention.

C'est également la seule agence nationale de propriété intellectuelle de la région qui peut compter sur un organe juridictionnel de contrôle : le Tribunal de protection de la concurrence et de la propriété intellectuelle. Il est divisé en chambres spécialisées qui sont dotées d'une faculté de résoudre les litiges. La première chambre est celle de la propriété intellectuelle composée de trois directions : la direction des signes distinctifs (sous-division : la commission des signes distinctifs) ; la direction des droits d'auteur (sous-division : la commission des droits d'auteur), la direction des inventions et des nouvelles technologies (sous-division : commission des inventions et des nouvelles technologies). La deuxième chambre est spécialisée en protection de la concurrence et comprend cinq commissions : de fiscalisation, de *dumping* et de subventions ; de défense de la libre concurrence ; d'élimination des barrières bureaucratiques ; de normalisation et fiscalisation

---

1083 HELFER (L. R.), ALTER (K. J.), GUERZOVICH (F.), « Islands of effective International Adjudication: constructing an Intellectual Property Rule of Law in the Andean community », *American Journal of International Law*, vol. 103, n° 1, 2009, p. 15. Voir aussi: TASSANO VELAOCHAGA (H.), « Retos y desafíos en la aplicación de las políticas de competencia en el Perú », *Revista de la Competencia y la Propiedad intelectual*, n° 12, 2011, p. 5.

1084 LUGO SILVA (C.), « Propiedad industrial e integración económica en la Comunidad andina de Naciones », *ArtefaCToS*, vol. 5, n° 1, 2012, p. 135.

des barrières commerciales non tarifaires ; de fiscalisation de la concurrence déloyale. La troisième chambre est spécialisée en protection du consommateur et compte avec une commission de protection des droits des consommateurs et un organe de résolution des procédures sommaires de protection des droits des consommateurs. Enfin, une chambre est spécialisée en procédures collectives et compte avec une commission des procédures collectives.

Plus de vingtans de traitement de litiges ont permis de dégager des précédents en matière d'interdiction de la concurrence loyale et de défense dela propriété intellectuelle. Plusieurs décisions du Tribunal de protection de la concurrence et de la propriété intellectuelle ont trait à la Décision n° 486 de la Commission de la Communauté andine. Certaines précisions ont ainsi été apportées concernant les caractéristiques du droit communautaire andin[1085], la notion d'originalité de la marque[1086], la nature du nom commercial[1087], la régulation des conditions d'enregistrement de slogans industriels[1088], les critères de distinction d'une marque et sa prohibition[1089], l'annulation de l'enregistrement d'une marque[1090], la notoriété des marques... pour ne citer que les décisions les plus remarquables. Ce travail a permis une interprétation et une précision intéressantes de la Décision n° 486 qui constitue l'un des principaux piliers du droit communautaire andin[1091].

D'autres modèles d'agences de propriété intellectuelle nationales méritent qu'on s'y attarde.

B. Les agences de propriété intellectuelle instituées dans les autres États membres de la Communauté andine

Bien qu'elles n'aient pas connu le développement institutionnel de l'INDECOPI, il serait inopportun de nier l'existence et l'importance des autres agences nationales qui se sont parfois inspirées du modèle péruvien.

En Colombie tout d'abord, la Surintendance de l'industrie et du commerce (SIC) est responsable du contrôle des brevets depuis 1960, date de sa création par le Décret n° 1653 prévu par la Loi n° 19 du 25 novembre 1958. Cet organisme dépend de l'État, plus précisément du ministère du Commerce, de l'industrie et du tourisme. À partir des années 1990 caractérisées par un processus de modernisation étatique,

---

[1085]Résolution n° 305-97/TRI-SPI-INDECOPI.
[1086]Résolution n° 286-1998/TPI-INDECOPI.
[1087]Résolution n° 387-1998/TPI-INDECOPI.
[1088]Résolution n° 422-1998/TPI-INDECOPI.
[1089] Résolution n° 1127-1998/TPI-INDECOPI.
[1090] Résolution n° 1183-2005/TPI-INDECOPI.
[1091] Résolution n° 2951-2009/TPI-INDECOPI.

l'action de la Surintendance a été encouragée à travers l'intégration du droit communautaire andin dans le corpus juridique colombien, notamment s'agissant du traitement des recours en cas de violation des droits de la propriété intellectuelle et de la condamnation des actes de concurrence déloyale. Cette instance est avec l'INDECOPI la plus active en matière de propriété intellectuelle auprès du TJCA. Outre la SIC, la protection de la propriété intellectuelle dépend aussi en Colombie d'un « système d'administration nationale de la propriété intellectuelle »[1092] constitué par plusieurs entités dispersées qui sont en charge de la protection de la propriété intellectuelle. À l'intérieur de ce système, nous trouvons l'Institut national de contrôle des médicaments et des aliments, l'Institut agricole colombien, ou encore le Bureau de brevets.

Dans l'État plurinational de la Bolivie et en Équateur, la création d'agences nationales de la propriété intellectuelle a été plus tardive. Instauré en 1998, l'Institut équatorien de propriété intellectuelle (IEPI) est composé de la Direction nationale de la propriété industrielle et du Comité de la propriété intellectuelle, industrielle et de l'obtention végétale en vertu de la Loi sur la propriété intellectuelle du 19 mai 1998[1093] qui est le seul texte juridique national en la matière. Aux termes de celle-ci, l'IEPI est une entité autonome qui accomplit les fonctions de Bureau national des brevets et offre des conseils pour l'élaboration des mémoires techniques des licences.

Dans l'État plurinational de la Bolivie, le Service national de la propriété intellectuelle (SENAPI) créé par la Loi n° 1788 du 16 septembre 1997 est aussi le Bureau national de compétences en matière de propriété intellectuelle. Il se compose de quatre directions : la direction administrative et financière, la direction juridique, la direction de la propriété industrielle (signes distinctifs, certificats d'obtention végétale, brevets) et la direction des droits d'auteur et droits connexes. Le SENAPI se trouve encore en phase d'organisation et de structuration. Cette institution n'a pas connu de grande activité dans le passé, mais elle s'est aujourd'hui fixé comme objectif de réaliser un registre des savoirs traditionnels afin de préserver la valeur et les droits relatifs à la culture des communautés indigènes[1094]. Le SENAPI travaille aussi à la promotion d'un registre de brevets[1095] et de dénominations d'origine[1096].

Enfin, bien que le Venezuela ne fasse plus partie de la Communauté andine, il convient de souligner que le Service autonome de la propriété

[1092] Crée par le décret n° 1162 de 2010.

[1093] Avec son règlement de la loi sur la propriété intellectuelle, Décret n° 508 du 25 janvier 1999.

[1094] SENAPI, *Reporte de actividades 2014*, 2014, p. 20.

[1095] SENAPI, *Manual para el usuario de patentes de invención, modelos de utilidad, diseños industriales, esquemas de trazado de circuito integrado*, p. 61.

[1096] SENAPI, *Guía de denominaciones de origen*, p. 18.

intellectuelle (SAPI) créé en 1998 continue de prendre en compte les interprétations préjudicielles du TJCA en tant que déclarations non contraignantes en matière de propriété intellectuelle[1097].

Un aspect qui nous semble pertinent de souligner est l'autonomie administrative, économique et opérationnelle dont sont dotées ces institutions pour mener à bien leurs fonctions ; trois caractéristiques dont l'importance a été rappelée par le TJCA lui-même en 1997[1098]. L'apport de ces agences administratives, agissant en interaction avec le Tribunal, peut être considéré comme remarquable. Elles participent, en effet, d'un renforcement de l'intégration en fortifiant le droit de lapropriété intellectuelle considéré comme un « îlot d'état de droit »[1099] au sein de la CAN, car aucun autre champ juridique n'a aujourd'hui connu une telle évolution dans la région andine[1100].

Très récemment la Surintendance de l'industrie et du commerce colombienne a organisé un événement pour fêter le 15e anniversaire de la Décision n° 486 portant régime de la propriété industrielle de la Communauté andine[1101]. À l'occasion de cette réunion des organismes spécialisés en matière de propriété industrielle, les nouvelles réalités économiques de la région andine ont été analysées et il a été prévu une nécessaire actualisation de la Décision n° 486 pour l'adapter aux conditions sociales et économiques contemporaines de la CAN. Invité à l'événement, le magistrat du TJCA Luis José Diez-Canseco Nuñez a déclaré que « l'univers normatif, en plus de partir de la prémisse que la protection du consommateur est un droit fondamental économique des citoyens communautaires qui constitue le dénominateur commun des constitutions économiques andines, facilite les transactions transfrontalières et contribue à intensifier le

[1097] HELFER (L. R.), ALTER (K. J.), GUERZOVICH (F.), « Islands of effective International Adjudication: constructing an Intellectual Property Rule of Law in the Andean Community », *op. cit.*, p. 15.

[1098] TJCA, arrêt n° 27-IP-95, publié au GOAC n° 257 du 14 avril 1997.

[1099] HELFER (L. R.), ALTER (K. J.), GUERZOVICH (F.), « Islands of effective International Adjudication: constructing an Intellectual Property Rule of Law in the Andean Community », *op. cit.*, p. 45.

[1100] La Communauté andine comporte plusieurs volets d'actions communes qui se développent à différente vitesse dans les domaines suivants : douanes, lutte anticorruption, lutte antidrogues, commerce des marchandises et services, intégration énergétique, macroéconomie, développement des frontières, développement rural, développement social, migration, sécurité, petites et moyennes entreprises, sécurité alimentaire, éducation, environnement, santé, coopération internationale, participation citoyenne, intégration sociale et du travail, égalité des chances, politique tarifaire, télécommunications, égalité des chances, situation des habitants d'origine africaine, etc.

[1101] « Simposio Sobre el Régimen de Propiedad industrial Comunidad andina - 15 años de la Decisión andina 486 de 2000 », du 26 au 28 août 2015, l'intégralité des interventions est disponible sur : http://www.sic.gov.co/drupal/noticias/superindustria-conmemora-los-15-anos-de-la-decision-486-que-establece-el-regimen-de-la-propiedad-industrial

commerce régional et à positionner les produits sur les marchés internationaux » ; avant d'ajouter « qu'actuellement c'est le temps pertinent pour moderniser et modifier la Décision n° 486 »[1102].

Ces quatre agences nationales agissent au quotidien pour le développement du droit de la propriété intellectuelle en octroyant des certificats sur les marques, en traitant de recours en annulation sur la base de la jurisprudence du TJCA, ou encore en posant des questions préjudicielles à ce dernier. Cette relation constante avec le Tribunal andin démontre qu'il est également un appui primordial pour le développement des agences nationales de la propriété intellectuelle à travers principalement son activité d'interprétation qui est l'une de ses activités les plus remarquables et la source de la jurisprudence communautaire la plus abondante.

SECTION 2 : LA FONCTION PRIMORDIALE DU RECOURS EN INTERPRÉTATION ANDIN

Le « renvoi préjudiciel »[1103] est un recours typique du contentieux communautaire. Créé en tant que mécanisme de coopération judiciaire[1104] entre les juges nationaux et le juge de l'Union européenne[1105], celui-ci est

[1102] Bulletin de presse IEPI, n° 57, 28 août 2015, p. 1.

[1103] Ce terme est un synonyme de « question préjudicielle » qui, en droit civil, se définit selon Gérard Cornu comme : « la question dite préjudicielle au jugement, mais qui à la différence de la question préalable ne peut être tranchée par la juridiction saisie, de telle sorte que celle-ci doit surseoir à statuer jusqu'à ce que la question préjudicielle ait été résolue par la juridiction seule compétente pour en connaître, ex. au civil : question préjudicielle générale de droit administratif à trancher par une juridiction de l'ordre administratif, ou question spéciale à trancher par une autre juridiction civile ». Selon le même auteur, un autre sens se rapporte au droit européen qui envisage la question préjudicielle comme « portant sur l'interprétation d'une règle communautaire ou la validité des actes des institutions communautaires qui doit être renvoyée à la Cour de justice lorsqu'elle se pose devant une juridiction statuant en dernier ressort » (CORNU (G.), *Vocabulaire juridique*, *op. cit.*). Nous utiliserons indistinctement ces termes, mais avec une préférence pour l'expression similaire utilisée par la Communauté andine : « recours en interprétation préjudicielle ». Voir aussi : PERTEK (J.), « Renvoi préjudiciel en interprétation et en appréciation de validité », *JurisClasseur Europe*, fasc. 360, à jour le 8 octobre 2015.

[1104] La coopération judiciaire est signalée par la Cour de justice de l'Union européenne à plusieurs reprises.
Voir not. : CJUE, 1er décembre 1965, « *Firma G. Schwarze c/Einfuhr- und Vorratsstelle für Getreide und Futtermittel* », aff. 16/65, Rec. p. 1081 ; CJUE, 21 avril 1988, « *Fratelli Pardini SpA c/Ministero del comercio con l'estero e Banca toscana* », aff. 338/85, Rec. p. 02041 ; CJUE, 16 juillet 1992, « *Manuel José Lourenço Dias c/Director da Alfândega do Porto* », aff. C-343/90, Rec. p. I-04673.

[1105] Le renvoi préjudiciel en droit de l'Union est prévu à l'article 267 du TFUE. Ce recours « est un mécanisme procédural visant à promouvoir l'uniformité de l'interprétation et de l'application du droit communautaire par les juridictions nationales ». (BARAV (A.), PHILIP

selon Jean-Claude Gautron « l'instrument qui contribue à faire descendre le droit communautaire dans la société civile ». Et l'auteur d'ajouter : « c'est là la rupture avec le droit international public classique, qui pour l'essentiel, demeure la chose des diplomates, des arbitres, des avocats spécialisés, et bien sûr des États » ; tandis que « le recours en interprétation préjudicielle est au service des justiciables, des avocats et des juges quand ils doivent appliquer le droit de l'Union »[1106].

Le recours préjudiciel a été repris par la Communauté andine qui le prévoit à l'article 32 du Traité constitutif du TJCA[1107] dans le but d'assurer l'application uniforme du droit communautaire andin dans les États membres. Désormais considéré comme « pierre angulaire de l'intégration andine »[1108], le recours préjudiciel a pour objet de proposer une interprétation de la norme communautaire ; une fonction propre aux juges régionaux qui n'existe pas en droit international public classique (§ 1). Ce recours de « nature non contentieuse »[1109] est encouragé par le juge andin dont l'action peut cependant être limitée par la « théorie de l'acte clair » (§2). Dans le cadre de la CAN, ce recours a beaucoup été utilisé en matière de droit de la propriété intellectuelle dont elle a permis de tracer les principales lignes (§3).

(C.), BOUTAYEB (C.), *Dictionnaire juridique des Communautés européennes*, *op. cit.*) Voir aussi : KAPRIELIAN (J.), « Le renvoi préjudiciel en droit de l'Union : un mécanisme assurant la protection juridictionnelle effective des individus ? », *Jurisdoctoria*, n° 6, 2011, pp. 75-98.

1106 GAUTRON (J.-C.), « Le renvoi préjudiciel : changement et continuité», *Actes du colloque de Sofia*, 2010, p. 5.

1107 Article 32: « *Corresponderá al Tribunal interpretar por vía prejudicial las normas que conforman el ordenamiento jurídico de la Comunidad Andina, con el fin de asegurar su aplicación uniforme en el territorio de los Países Miembros* ».

1108 DUEÑAS MUÑOZ (J. C.), « La interpretación prejudicial, Piedra angular de la integración andina? », *Anuario de derecho constitucional latinoamericano*, n° 17, 2011, pp. 29-58.

1109 La procédure de renvoi préjudiciel, d'après Fabrice Picod, institue une « procédure de juge à juge, de nature non contentieuse, qui ne saurait être présentée comme une voie de recours ». Aussi ce fait, pour cet auteur, l'expression « recours préjudiciel doit-elle être considérée comme le fruit d'une inadvertance de la part de la Cour de justice et d'une maladresse de la part de certains auteurs » (PICOD (F.), « La coopération juridictionnelle » in AUVRET-FINCK (J.) (dir.), *L'Union européenne, carrefour de coopérations*, Paris, LGDJ, 2002, p. 200). Cependant, la doctrine utilise l'expression « renvoi préjudiciel », « recours en interprétation préjudiciel », « recours préjudiciel » ou « l'interprétation préjudicielle » en tant que synonymes ; comme nous le faisons au regard de la CAN dans ce travail de recherche.

§ 1 Un recours de tradition communautaire : l'interprétation préjudicielle

Le recours en interprétation préjudicielle andin est un dispositif d'interprétation des règles communautaires andines (A) dont les conditions de mise en œuvre sont simplifiées, ce qui a conduit jusqu'à aujourd'hui à une activité soutenue du TJCA régulièrement saisi par cette voie (B).

A. Les contours du recours andin en interprétation préjudicielle

Le recours en interprétation préjudicielle « permet au juge du TJCA d'interpréter de manière objective la norme communautaire, de clarifier et de compléter les éventuels vides[1110] de la norme andine et au juge national d'appliquer le droit à une affaire concrète dans l'ordre interne »[1111]. Aux termes de l'article 32 du Traité constitutif du TJCA, la finalité de ce recours est « de sauvegarder l'application uniforme par tous les juges nationaux de la norme communautaire andine »[1112]. Des experts au sein du Tribunal de justice de la Communauté andine considèrent ce recours comme « un mécanisme de coopération essentiel pour la matérialisation de la norme communautaire »[1113].

Cependant, d'après Allan-Randolph Brewer Carías, cette « interprétation que le Tribunal réalise doit se limiter à préciser le contenu et le champ des normes de l'ordre juridique communautaire andin qui sont utilisées *in concreto* pour l'affaire ». Par conséquent, en principe, « le Tribunal ne peut pas se prononcer sur le contenu du droit national ni qualifier les faits matériels du procès »[1114].

[1110] Entendue dans un sens large, un « vide » de la loi peut être de trois types : « l'ambiguïté de la loi quand elle offre plusieurs possibilités de solutions concurrents, l'antinomie, ou lacune de conflit, caractérise la coexistence dans le système juridique de deux normes ou principes incompatibles et qu'il convient de concilier. Et la lacune comme pur vide juridique, situation totalement imprévue » (RABAULT (H.), « Le problème d'interprétation de la loi: la spécificité de l'herméneutique juridique », *Le Portique. Revue de Philosophie et de sciences humaines*, n° 15, 2005, p. 45).

[1111] TJCA, arrêt n° 6-IP-93, publié au GOAC n° 150 du 25 mars 1994.

[1112] Article 121 du statut du TJCA.

[1113] GARCIA BRITO (G.), « Analisis de la Interpretacion Prejudicial emitida por el Tribunal de justicia de la Comunidad Andina dentro del Proceso 242-IP-2015 (Marca: Textura superficie "Old Parr") », *Revista de Derecho Foro*, n° 22, 2014, p. 144.

[1114] BREWER CARIAS (A.-R.) (dir.), *Derecho comunitario andino*, *op. cit.*, p. 44. Dans le même sens: ZÚÑIGA SCHRODER (H.), « Interpretación prejudicial en procedimientos de arbitraje en los regímenes andino y europeo », *Revista de Economía y Derecho*, vol. 9, n° 35, 2012, p. 105.

Pour autant, le Tribunal andin « dispose d'une marge de manœuvre très large pour la résolution des recours en interprétation préjudicielle »[1115] dans la mesure où « il a la possibilité de déterminer les normes andines à interpréter afin d'arriver à une compréhension globale de l'affaire en question, normes qui peuvent être suggérées ou non par le requérant »[1116]. Le TJCA rappelle lui-même qu'« il a compétence pour interpréter par voie préjudicielle les normes qui font partie de l'ordre juridique andin, à la condition que la demande vienne d'un juge national qui agit en fonction de juge communautaire, lorsque l'interprétation est pertinente »[1117]. Toutefois, le Tribunal va parfois encore plus loin en considérant qu'il peut se référer aux faits de l'affaire pendante au niveau national quand cela est nécessaire pour l'interprétation des normes communautaires[1118].

De fait, l'interprétation préjudicielle est le mécanisme le plus utilisé pour clarifier et appliquer le droit communautaire andin. Ainsi que le souligne le TJCA, celle-ci est dotée d'une certaine solennité indispensable pour que le juge nationalen tienne compte avant de se prononcer sur l'affaire qui se présente à lui. Le Secrétaire général de la Communauté andine a l'obligation d'assurer le respect de cette procédure commune par les juridictions des États membres[1119].

Les caractéristiques de ce recours sont par ailleurs spécifiées par le Traité constitutif du TJCA complété par une « Note informative sur la présentation de la demande d'interprétation préjudicielle » élaborée par le Tribunal[1120] dans laquelle il est expliqué que l'interprétation préjudicielle peut être facultative ou obligatoire, directe et étendue.

1115 CIENFUEGOS (M. M.), « Cuestiones prejudiciales en la Unión Europea y consultas prejudiciales en la Comunidad andina: similitudes, diferencias e influencias », *Revista de la Facultad*, Universidad Nacional de Córdoba, vol. IV, n° 1, Nueva Serie II, 2013, pp. 67.

1116 TJCA, arrêt n° 01-IP-94, publié au GOAC n° 164 du 2 novembre 1994.

1117 TJCA, arrêt n° 35-IP-98, publié au GOAC n° 422 du 30 mars 1999: « *Que este Tribunal es competente para interpretar en vía prejudicial las normas que conforman el Ordenamiento Jurídico siempre que la solicitud provenga de un Juez nacional actuando en función de Juez Comunitario, como lo es en este caso la alta jurisdicción consultante, y en tanto y en cuanto aquellas resulten pertinentes, a juicio del Tribunal andino para la resolución del litigio interno* ».

1118 « Note informative sur la présentation de l'interprétation préjudicielle par les organes judiciaires nationaux », publiée au GOAC n° 694 du 3 août 2001. Le Tribunal informe les juges nationaux concernant le recours en interprétation préjudicielle: « *No obstante, el Tribunal de Justicia se encuentra facultado para referirse a los hechos cuando ello sea indispensable a los efectos de la interpretación solicitada* ».

1119 Article 128 du statut du TJCA.

1120 « Note informative sur la présentation de l'interprétation préjudicielle par les organes judiciaires nationaux », publiée au GOAC n° 694 du 3 août 2001.

Le recours en interprétation préjudicielle[1121] andin est considéré comme facultatif[1122] et non suspensif lorsqu'il intervient avant la dernière instance. Le recours est obligatoire[1123] et suspensif[1124] quand il est formé en dernière instance et qu'il n'a fait l'objet d'aucune interprétation préjudicielle facultative antérieure. Alors, le juge national a l'obligation d'appliquer l'arrêt en interprétation du TJCA, obligation établie en vertu de l'article 35 du Traité constitutif du Tribunal. De plus, en vertu de l'article 33 du Traité constitutif du TJCA, ce recours est direct c'est-à-dire qu'il peut être initié volontairement par le juge national sans qu'il soit nécessaire de lui demander. Enfin, le recours en interprétation préjudicielle est caractérisé par une marge d'interprétation étendue du juge andin. Ce dernier est en effet libre de déterminer les normes de l'ordre juridique communautaire à interpréter, sans se limiter aux normes indiquées dans la requête en interprétation comme il l'a lui-même indiqué : « (Le Tribunal se) réserve la compétence exclusive de déterminer quelles normes communes doivent être interprétées qu'elles soient suggérées par le juge national ou non et qui aident à la compréhension globale de l'affaire »[1125].

Pour rappel, ces normes communes sont selon l'article premier du Traité constitutif du TJCA : l'Accord de Carthagène, ses Protocoles et normes additionnelles ; le Traité constitutif du TJCA, les Décisions de la Commission, les Résolutions du Secrétariat général de la Communauté andine, les Décisions du Conseil andin des ministres des Affaires étrangères,

---

[1121] Le Tribunal a clarifié en 2014 la notion d'interprétation préjudicielle facultative du recours en interprétation préjudicielle dans son arrêt n° 121-IP-2014, publié au GOAC n° 2427 du 11 décembre 2014. Le Tribunal précise les caractéristiques propres de chaque type d'interprétation préjudicielle (facultative et obligatoire): la première est une demande facultative d'application obligatoire considérée comme un outil direct et ne constituant pas un incident procédural, activée à n'importe quel moment du procès sans suspension du dit procès ; la seconde consiste en une demande obligatoire pour le juge qui statue à une instance unique ou en dernier ressort et peut être sollicitée à tout moment avant l'émission de l'arrêt définitif ce qui conduit à la suspension du procès ordinaire.

[1122] Article 122 du statut du TJCA. Dans l'arrêt n° 121-IP-2014, le juge andin considère que la finalité de l'interprétation préjudicielle facultative est de servir à la protection de l'interprétation de la norme communautaire et à son application à l'intérieur de la Communauté andine sans rentrer dans le fond de la question qui fait l'objet d'une consultation.

[1123] Article 123 du statut du TJCA. Au sujet du caractère obligatoire du recours en interprétation, le Tribunal signale qu'« il s'agit d'une solennité indispensable et nécessaire que le juge national doit observer de manière obligatoire avant de prendre un jugement en adoptant l'interprétation du Tribunal ». TJCA, arrêt n° 1-IP-96, publié au GOAC n° 257 du 14 avril 1997 ; cité par l'arrêt TJCA, arrêt n° 30-IP-99, publié au GOAC n° 497 du 18 octobre 1999, TJCA, arrêt n° 2-IP-91, publié au GOAC n° 78 du 18 mars 1991.

[1124] Article 124 du statut du TJCA.

[1125] TJCA, arrêt n° 02-IP-94, publié au GOAC n° 160 21 juillet 1994 ; TJCA, arrêt n° 07-IP-97, publié au GOAC n° 412 26 février 1999. Ce dernier arrêt est confirmé par l'arrêt n° 33-IP-99, publié au GOAC n° 565 du 12 mai 2000.

les accords industriels de complémentarité et plus généralement tous les accords que les États membres adoptent dans le cadre de l'intégration andine. *A contrario*, le Tribunal ne peut normalement pas se prononcer sur les faits de l'affaire ni les qualifier. Ces fonctions sont réservées au juge national ainsi que l'indique l'article 34 du Traité constitutif du TJCA qui pose les limites de l'action interprétative du juge andin.

Cette limitation relève du principe de répartition des compétences entre les juges nationaux et le juge andin ; une distribution des compétences qui d'après l'ancien magistrat du TJCA Ricardo Vigil Toledo « n'est pas toujours possible, car dans la réalité même si cela reste toujours l'exception les limites entre ces deux compétences ne sont pas trop claires »[1126].

À la différence du Tribunal qui dans sa note explicative expose plusieurs caractéristiques du recours en interprétation, Alejandro Perotti n'en identifie qu'une seule : « son caractère obligatoire ». L'auteur considère qu'est nécessaire « l'envoi de l'affaire nationale devant le Tribunal andin quand la discussion porte sur le droit communautaire andin, l'obligation de consultation s'impose à tous les tribunaux nationaux indépendamment de leur position hiérarchique »[1127]. Autrement dit, la procédure préjudicielle devrait être obligatoirement déclenchée chaque fois que le juge national connaît d'une affaire qui implique une règle andine, ce qui implique le « rejet de l'acte clair et de l'acte clarifié» et donc que le juge national, peu importe le niveau de juridiction, consulte le TJCA. Toutefois, en réalité, les choses se passent autrement ; les juges nationaux se sentant plutôt invités à le faire. De plus, l'utilisation du droit communautaire andin pour résoudre des affaires nationales se fait de manière asymétrique et quand bien même il y est fait référence, l'activation du recours en interprétation dans le cas où il est facultatif n'est pas évident. Les juges boliviens, par exemple, ne se montrent pas très enclins à demander une interprétation au juge andin.

Quant aux effets des arrêts en interprétation[1128], ils sont d'application obligatoire par le juge national selon l'article 31 du Traité constitutif du TJCA. Cet effet obligatoire a été confirmé par le Tribunal qui a aussi précisé que « le juge national a l'obligation de consulter le Tribunal quant à la bonne

---

[1126] VIGIL TOLEDO (R.), *El Tribunal andino en perspectiva, op. cit.*, p. 206. Dans le même sens: REJANOVINSCHI TALLEDO (M.), « El "Juez andino" en temas de propiedad intelectual: aplicación en el ámbito peruano », *Revista de la Facultad de derecho*, PUPC, n° 74, 2015, pp. 127-152.

[1127] PEROTTI A. (D.), « Algunas consideraciones sobre la interpretación prejudicial obligatoria en el derecho andino », *Gaceta Jurídica de la Comunidad Europea*, Serie D, n° 213, mai-juin 2001, p. 95.

[1128] Voir aussi: ZUMÁRRAGA RUALES (D. J.), *Efectos jurídicos de la interpretación prejudicial frente a los ordenamientos jurídicos nacionales, casos de la Unión europea y la Comunidad andina*, Mémoire en droit, Universidad Andina Simón Bolívar, 2009, p. 83.

compréhension de la norme du droit de l'intégration »[1129]. Dans le même arrêt, le juge andin ajoute néanmoins que « l'avis du Tribunal ne concerne que le cas en cours, et, par conséquent, ne dispense pas le juge national de l'obligation de consulter dans des cas similaires ou analogues »[1130].

L'importance du recours en interprétation préjudicielle est aussi reconnue par les autres organes de la Communauté andine qui l'envisagent comme un mécanisme indispensable. Ainsi, le Secrétaire général de la Communauté andine a pu soutenir que « l'interprétation préjudicielle ne doit pas être considérée comme une immixtion dans la juridiction nationale », mais que « ce mécanisme aide à l'application uniforme du droit communautaire andin tout en évitant le manquement des États membres à l'Accord de Carthagène ». Le Secrétaire remarque aussi que ce mécanisme jurisprudentiel « sert à éviter une situation de chaos jurisprudentiel, car au moment d'appliquer la norme communautaire le juge national se verrait dans le besoin d'établir son propre critère d'interprétation, ce qui aboutirait à se retrouver face à des jurisprudences différentes les unes des autres »[1131] ; une situation qui va à l'encontre du processus d'intégration souhaité et qui « suscite la méfiance des acteurs communautaires et des citoyens »[1132].

Compte tenu de la valeur octroyée à ce recours par les organes andins et le TJCA lui-même, il n'est pas étonnant qu'il s'agisse de la procédure contentieuse communautaire la plus utilisée, surtout par les opérateurs économiques de la région à propos d'affaires posant des questions de propriété intellectuelle. D'après le rapport statistique général du TJCA publié en 2014, au total 2769 demandes en interprétation préjudicielle

---

[1129] TJCA, arrêt n° 1-IP-87, publié au GOAC n° 28 du 15 février 1988: « *resulta que la sentencia interpretativa es obligatoria para el juez nacional, quien no puede apartarse de los criterios que señale este Tribunal comunitario en cuanto a lo que debe ser el correcto entendimiento de las normas del derecho de integración. Así lo dispone el artículo 31 del Tratado en los siguientes términos: "El Juez que conozca del proceso, deberá adoptar la decisión el Tribunal"* ».

[1130] TJCA, arrêt n° 1-IP-87, publié au GOAC n° 28 du 15 février 1988: « *debe tenerse en cuenta que la interpretación que en su sentencia establezca el Tribunal comunitario, rige tan sólo para el caso objeto de la consulta y, por tanto, no exime al juez nacional de la obligación de consultar en casos similares o análogos* ».

[1131] Dictamen n° 06-2003 de Incumplimiento por parte de la República del Perú a la obligación de solicitar la interpretación prejudicial ante el Tribunal de Justicia de la Comunidad Andina de la résolution n° 771, publié au GOAC n° 988 du 23 septembre 2003 : « *Sin embargo, de no producirse la interpretación prejudicial, se llegaría a una situación de 'caos jurisprudencial', pues al momento de aplicar una norma comunitaria, el juez nacional se vería en la necesidad de establecer su propio criterio y sus propias bases de interpretación, llegándose al extremo de contar con tantas jurisprudencias disímiles, como casos estuvieren ajenos a la interpretación prejudicial del Tribunal* ».

[1132] GUEVARA PAREDES (M.), *La interpretación prejudicial como instrumento para la interpretación uniforme del derecho comunitario andino*, Thèse en droit, Universidad Pontificia Católica del Perú, 2015, p. 194.

avaient été formulées depuis sa création. Notons en outre que le nombre de recours en interprétation préjudicielle andin a considérablement augmenté ces seize dernières années en comparaison des premières années d'activité du Tribunal[1133]. Cette action a donc constitué une source essentielle pour la doctrine andine.

Le Tribunal a répondu à de nombreuses questions qui en très grande majorité ont concerné le régime commun de la propriété intellectuelle, comme le confirme le magistrat du Tribunal Luis José Diez-Canseco Nuñez : « au sein du Tribunal de la Communauté andine 90 % des actions initiées sont un recours en interprétation préjudicielle en matière de propriété intellectuelle »[1134]. D'après la doctrine, « des raisons plutôt pratiques expliquent ces chiffres, la première est la rédaction obscure de certaines dispositions des décisions qui concernent la propriété intellectuelle »[1135]. En effet, rappelons que le droit communautaire andin relatif à la propriété intellectuelle coexiste avec deux autres ordres juridiques, l'ordre juridique national et l'ordre juridique international. De plus, comme nous avons pu le constater, le régime commun de la propriété intellectuelle a fait l'objet de plusieurs modifications en vue de son adaptation aux évolutions du droit international, davantage que pour répondre aux besoins propres de l'intégration communautaire andine. Enfin, notons que le délai de réponse pour un recours en interprétation formé devant le TJCA a été réduit à deux mois, ce qui est favorable à une « réponse plus rapide en comparaison avec l'UE où le délai de réponse est d'un an pour le renvoi préjudiciel »[1136]. Cette caractéristique encourage une meilleure coopération entre juges.

Au-delà de la procédure, une question se pose s'agissant du contenu des arrêts rendus par le TJCA : en quoi consiste précisément l'interprétation du droit communautaire andin ?

[1133] *Informe Unificado final 1984-2014*, Tribunal de Justice de la Communauté andine, Quito, 2014, p. 1.

[1134] Entretien réalisé par Teresita Celis A. pour le Journal La República: « De los casos que llegan al Tribunal, 90% son de propiedad intelectual », publié le 7 mars 2015, disponible sur: http://www.larepublica.co/%E2%80%9Cde-los-casos que-llegan-al-tribunal-90-son-de-propiedad-intelectual%E2%80%9D_228496.
Cette situation avait aussi été soulignée en 2009 par HELFER (L. R.), ALTER (K. J.), GUERZOVICH (F.), « Islands of effective International Adjudication: constructing an Intellectual Property Rule of Law in the Andean community », *op. cit.*, p. 3.

[1135] DAILLIER (P.), BENLOLO-CARABOT (M.), SUSANI (N.), VAURS-CHAUMETTE (A.-L.), « La jurisprudence des tribunaux des organisations d'intégration latino-américaines » (Chronique n° 2) », *op. cit.*, p. 571.

[1136] GARCÍA (A. R.), « La experiencia judicial europea en los sistemas suramericanos de integración regional, y las posibilidades de una inspiración inversa », in *Cuadernos de los II Encuentros de magistrados de la Comunidad andina y del Mercosur*, 2010, p. 36.

B. L'essence du recours préjudiciel andin : « l'interprétation »

L'appréhension du terme « interprétation »[1137] n'est pas évidente. On peut en effet constater qu'il « est utilisé avec la plus grande confusion pour des opérations tout à fait différentes »[1138]. Par exemple, Gérard Cornu définit l'interprétation comme « l'opération qui consiste à discerner le véritable sens d'un texte obscur, et désigne aussi bien les éclaircissements donnés par l'auteur même del'acte (loi interprétative), que le travail d'un interprète étranger à l'acte (interprétation doctrinale, interprétation jurisprudentielle) »[1139]. Il ressort de cette définition qu'une interprétation serait nécessaire en cas de texte juridique vague ou lácunaire, qu'elle s'imposerait pour le clarifier et permettre sa bonne application[1140].

Précisons toutefois que pour parvenir à une bonne compréhension du sens et de la portée de la règle juridique en vue de son application conforme, les juges communautaires de l'Union et de la CAN se constituent parfois en « interprètes-bâtisseurs »[1141], s'érigeant ainsi en sorte de rivaux du législateur. D'aucuns les considèrent comme des « interprètes authentiques »[1142] qui appréhendent les normes en les rendant plus

---

[1137] D'après le dictionnaire Larousse, le terme « interpréter » signifie « chercher à rendre un texte, un auteur intelligibles, les expliquer, les commenter » ; par conséquent, l'interprétation est l'« action d'interpréter, d'expliquer un texte, de lui donner un sens énoncé donnant cette explication » (*Dictionnaire Le Petit Larousse illustré 2015, op. cit.*).

[1138] PFERSMANN (O.), « Le sophisme onomastique : changer au lieu de connaître. L'interprétation de la Constitution » in MELIN-SOUCRAMANIEN (F.) (dir.), *L'interprétation constitutionnelle*, Paris, Dalloz, 2005, p. 33. Cet auteur distingue six significations différentes de la notion d'interprétation : du point de vue du concept sémantique, du point de vue de la qualification décisionnelle, du point de vue de ceux qui expliquent le droit sans bénéficier d'une habilitation à la production normative (« interprétation doctrinale »), du point de vue de l'interprétation comme l'exécution d'un ensemble de signes, du point de vue de l'application d'un concept comparatif, du point de vue du sens évolutif de l'interprétation.

[1139] CORNU (G.), *Vocabulaire juridique*, *op. cit.* En autres, l'interprétation sera considérée comme « l'opération par laquelle une signification est attribuée à quelque chose ». Deux théories s'opposent à ce sujet : l'une voit l'interprétation comme une fonction de la connaissance et la seconde l'envisage comme une fonction de la volonté. (ALLAND (D.), RIALS (S.) (dir.), *Dictionnaire de la culture juridique*, *op. cit.)*.

[1140] Pour en savoir plus : RABAULT (H.), « Le problème d'interprétation de la loi: la spécificité de l'herméneutique juridique », *Le Portique. Revue en Philosophie et Sciences humaines*, n° 15, 2005, pp. 43-56. L'auteur traite de la problématique de l'interprétation de la loi à travers une analyse historique de l'herméneutique juridique de l'interprétation.

[1141] Cette expression peut sembler un peu étrange, mais le juge communautaire a dû en plus d'interpréter les textes, leur donner un sens plus profond. En fin de compte, après interprétation du juge communautaire, ces normes forment « un ordre juridique de nature jurisprudentielle ». KARPENSCHIFF (M.), NOURISSAT (C.) (dir.), *Les grands arrêts de la jurisprudence de l'Union européenne*, Paris, PUF, Coll. « Thémis », 2ème éd., 2014, p. 5.

[1142] « Dans le vocabulaire de Hans Kelsen l'interprétation authentique n'est pas seulement celle qui émane de l'auteur de l'acte, mais plus généralement celle qui est donnée par une

cohérentes pour leur application, mais aussi pour donner un « gage de sécurité juridique »[1143] au processus d'intégration. Ainsi, du point de vue de Mustafa Kamil Yasseen, « la méthode d'interprétation peut ne pas être la même, elle peut varier selon une série de considérations, elle est commandée surtout par la conception qu'on a de l'interprétation, la nature de l'instrument à interpréter et les caractéristiques de l'ordre juridique dont il s'agit »[1144].

Le terme « interprétation » désigne ainsi en réalité plusieurs types d'activités assurées par des intervenants différents. En outre, il existe une variété de techniques d'interprétation qui sont utilisées en droit comme l'interprétation grammaticale qui est une « technique commune à toutes les formes d'herméneutique des textes »[1145]. Mentionnons également les interprétations lexicographiques, étymologiques et logiques davantage considérées comme des « techniques de simple lecture »[1146] plutôt que comme des méthodes d'interprétation.

En effet, la méthodologie juridique[1147] opère une distinction entre les simples techniques d'interprétation et les méthodes d'interprétation, ces dernières servant à établir un « sens directionnel » de la norme qui se caractérise par sa variabilité et la difficulté de sa codification[1148]. Ce sens

---

autorité habilitée à interpréter ou encore celle à laquelle l'ordre juridique fait produire des effets, même si son auteur n'est pas formellement habilité ». TROPER (M.), « Interprétation » in ALLAND (D.), RIALS (S.) (dir.), *Dictionnaire de la culture juridique*, *op. cit.*

1143 SUR Serge, *L'interprétation en droit international public*, Paris, LGDJ, vol. 75, 1974, p. 241.

1144 YASSEEN (M. K.), « L'interprétation des traités d'après la convention de Vienne sur le droit des traités », *RCADI*, vol. 151, 1976, p. 100.

1145 RABAULT (H.), « Le problème d'interprétation de la loi : la spécificité de l'herméneutique juridique », *op. cit.*, p. 45.

1146 *Ibidem.*

1147 « La méthodologie juridique suppose des méthodes appropriées fondées sur une logique, des raisonnements divers, des instruments techniques, des classifications, des qualifications, une terminologie riche et précise, des techniques d'expression adéquates, cela implique des procédés déterminés d'information, de coordination, d'interprétation... » (BERGEL (J.-L.), « Méthodologie juridique », in ALLAND (D.), RIALS (S.) (dir.), *Dictionnaire de la culture juridique*, *op. cit.*).

1148 Parmi les rares exemples de codification de règles d'interprétation, citons les articles 31 à 33 de la convention de Vienne sur le droit des traités du 23 mai 1969. Les dispositions de cette norme du droit international classique conditionnent l'interprétation aux finalités de son application et non dans le sens d'une création de droit. Ainsi, d'après Mustafa Kamil Yasseen, « en ce qui concerne les traités, la méthode d'interprétation doit viser à exercer une fonction déclarative et non créatrice, elle doit prendre en considération que le traité est un acte de volonté, qu'il n'est pas un acte unilatéral, que les parties aux traités sont des États souverains, qu'il ne s'agit ni d'un contrat entre individus ni d'une loi de droit interne » (YASSEEN (M. K.), « L'interprétation des traités d'après la convention de Vienne sur le droit des traités », *op. cit.*, p. 9). Voir aussi : LEVESQUE (J.-F.), « Traités de verre : Réflexions sur l'interprétation », *Revue québécoise de droit international*, n° 19, 2006, pp. 53-78.

directionnel est donné soit par « l'interprétation authentique »[1149] opérée par le juge, soit par « l'interprétation de doctrine »[1150] qui de fait a moins de poids que l'interprétation authentique prétorienne. Selon Michel Troper, il est possible de distinguer quatre méthodes : « l'interprétation sémiotique[1151], génétique[1152], systémique[1153] et fonctionnelle »[1154]. D'après lui, ces méthodes d'interprétation « se chevauchent » et, par conséquent,

---

1149 Selon Michel Troper, « Dans le vocabulaire classique, l'interprétation authentique était celle qui émanait de l'auteur du texte, par exemple le législateur, tandis qu'aujourd'hui, à la suite de Hans Kelsen, on appelle plutôt « authentique » l'interprétation à laquelle l'ordre juridique fait produire des effets » (TROPER (M.), « La liberté de l'interprète » in *Actes du Colloque « L'office du juge » au Palais du Luxembourg le 29 et 30 septembre 2006*, Sénat, coll. *« Les Colloques du Sénat »*, Paris, p. 28).

1150 « L'interprétation de doctrine » est une activité de connaissance qui ne permet pas de découvrir une signification cachée unique, elle vise seulement à décrire tous les sens possibles d'un énoncé, de manière à permettre à l'interprète authentique (le juge) d'opérer entre eux un choix » ; sachant que « La différence entre l'interprétation authentique et l'interprétation de doctrine tient au fait que l'une serait une activité de la connaissance et l'autre l'activité de la volonté, mais simplement à ce que l'ordre juridique attribue des effets à l'une et pas à l'autre » (TROPER (M.), « Interprétation », *op. cit.*, p. 844).

1151 L'interprétation sémiotique est « fondée sur la langue, les mots reçoivent le sens qu'ils ont habituellement dans la langue et les expressions celui qui résulte des règles de la grammaire. La langue dont il s'agit peut-être la langue naturelle ou une langue technique, celle du droit ou celle d'une discipline spécifique ».

À noter que « Les premières théories de l'interprétation de la loi à vocation scientifique sont liées à la mystique législative du dix-neuvième siècle. Dans cette dernière conception, la loi est réputée émaner du peuple et le juge lui est étroitement subordonné. Du point de vue technique, la loi est également considérée comme rationnelle. L'interprète doit restituer sa cohérence. Cette approche se traduit par une théorie de l'interprétation systématique des normes » (RABAULT (H.), « Le problème d'interprétation de la loi : la spécificité de l'herméneutique juridique », *op. cit.*, p. 47). Reconnue aussi comme « interprétation littérale ».

1152 L'interprétation génétique « repose, elle sur une connaissance de la volonté réelle de l'auteur du texte, telle qu'on peut la reconsidérer par exemple à travers les travaux préparatoires ». Est aussi pratiquée l'interprétation historique dans laquelle l'interprète est obligé de se focaliser sur un fait historique et cherche l'intention des auteurs de la norme.

1153 L'interprétation systématique « vise à éclairer un fragment du texte par un autre, voire par d'autres textes ». Cette interprétation est plus souvent connue comme l'interprétation exégétique, une méthode d'interprétation basée sur la rationalité du droit. Le terme exégèse signifie « l'interprétation d'un texte, étude critique de ses origines et de son sens » (CORNU (G.), *Vocabulaire juridique*, *op. cit.*).

1154 L'interprétation fonctionnelle « vise à donner au texte la signification qui lui permettra de remplir la fonction qu'on lui attribue ». Est associée à cette dernière « l'interprétation téléologique, qui se fonde sur le but poursuivi par le législateur » (TROPER (M.), « Interprétation, *op. cit.*, p. 844). Cette interprétation émane de la conception sociologique de l'interprétation et « consiste en une critique de la théorie de la volonté de l'auteur comme fondement mystique de l'interprétation » (RABAULT (H.), « Le problème d'interprétation de la loi : la spécificité de l'herméneutique juridique », *op. cit*, p. 51). L'interprétation téléologique est aussi connue comme finaliste ou déclarative et repose sur la*ratio legis*, ayant comme but de faire primer l'esprit du texte sur sa lettre.

elles « ne peuvent conduire à un résultat unique et certain ». La méthode d'interprétation laisse donc à l'interprète –qui peut être le législateur, le juge, une autorité administrative ou encore la doctrine– une liberté quant aux raisonnements empruntés pour déterminer le sens d'une règle juridique. Les méthodes d'interprétation employées par les juges communautaires andins et de l'Union sont un élément essentiel de leur office que le recours préjudiciel permet de déployer dans toute leur diversité pour éclairer le sens et la portée des dispositions des traités fondateurs et du droit dérivé.

S'agissant de la CJUE, il est intéressant de relever qu'au tout au début de son activité, elle appliquait essentiellement des méthodes littérales d'interprétation[1155] conduisant à une approche rationnelle et stricte des textes juridiques[1156] mettant l'accent sur une interprétation conjointe des articles pour les comprendre de manière combinée. Puis, la Cour a enrichi sa palette interprétative en utilisant d'autres méthodes prenant en considération la finalité et l'économie générale de l'Union. Ainsi, l'interprétation téléologique[1157] est aujourd'hui régulièrement employée par la CJUE qui l'associe avec d'autres méthodes selon les besoins afin de proposer une lecture facilitant la compréhension du contenu et de la portée du droit de l'Union.

Enfin, il convientde souligner que la pratique interprétative de la CJUE inclut dorénavant la méthode du droit comparé qui tient compte des droits nationaux des États membres[1158]. Il s'agit d'atteindre une interprétation

---

[1155] CJUE, 1er juin 1961, « *Gabriel Simon c/ Cour de justice des communautés européennes* », aff. C 15/60, Rec. p. 225; CJUE, 1er. février 1972, « *Hagen OHG c/ Einfuhr- und Vorratsstelle für Getreide und Futtermittel*», aff. C 49/71, Rec. p. 23 ; CJUE, 4 juin 2009, « *Mölling c/ Europol* », aff. C F-11/08, Rec. FP p. II-A-1-899

[1156] CJUE, 3 février 1976, « *Pubblico Ministero c/ Flavia Manghera et autres* », aff. C- 59/75, Rec. p. 91 ; CJUE, 7 octobre 2009, « *Spyridon Pappas c/ Commission des Communautés européennes* », aff. C-F101/08, Rec. FP p. I-A-1-00399 ; II-A-1-02133.

[1157]CJUE, 21 novembre 1974, « *Johannes Coenrad Moulijn c/Commission des Communautés européennes* », aff. C 6/74, Rec. p. 1287 ; CJUE, 12 décembre 1974, « *Walrave et Koch c/ Association Union cycliste internationale* », aff. C 36/4, Rec. p. 1405 ; CJUE, 19 juin 1980, « *Procédure pénale c/ Gérard Roudolff* », aff. C-803/79, Rec. p. 2015;CJUE, 17 novembre 1983, « *Firma E. Merck c/Hauptzollamt Hamburg-Jonas*», aff. C 292/82, Rec. p. 03781 ; CJUE, 25 novembre 1986, « *Marthe Klensch et autres c/ Secrétaire d'État à l'Agriculture et à la Viticulture* », aff. jtes. C 201 et 202/85, Rec. p. 3477 ; CJUE, 14 décembre 2006, « *Daniel André c/ Commission des Communautés européennes* », aff. F-10/06, Rec. p. FP-I-A-1-00183 ; FP-II-A-1-00755.

[1158] Pierre Pescatore nous signale à ce sujet que « que l'attitude « comparatiste » inspire le législateur et le juge européens autant qu'on pourrait la caractériser de « supranationale », et que la méthode comparative rend de réels services dans la pratique de tous les jours » (p. 337) ; l'auteur ajoute que « l'application sans doute la plus significative de la méthode comparative dans la jurisprudence de la Cour concerne la protection des droits fondamentaux dans le cadre communautaire » (PESCATORE (P.), « Le recours, dans la jurisprudence de la Cour de justice des Communautés européennes, à des normes déduites de la comparaison des droits des États membres », *RIDC*, vol. 32, n° 2, 1980, p. 340).

unifiée[1159] des règles de l'ensemble de l'Union, ce qui n'est pas aisé compte tenu notamment de la pluralité linguistique des textes juridiques[1160]. L'« effet utile » de la règle interprétée est alors considéré : « lorsqu'une disposition de droit communautaire est susceptible de plusieurs interprétations, il faut donner la priorité à celle qui est de nature à sauvegarder son effet utile »[1161].

Quant au TJCA, il a lui-même précisé sa démarche interprétative en indiquant que « la recherche de la signification de la norme pour préciser sa portée et son sens juridique, tâche essentiellement différente de celle de l'application de la norme aux faits, action qui est réservée au juge national, ne permet pas au Tribunal de comparer et d'adapter le contenu général de la norme interprétée avec des faits concrets et particuliers »[1162]. Cette position illustre l'attitude que doit adopter le juge pour remplir sa mission de contrôle du respect de la légalité du processus d'intégration andine, sachant qu'il « doit assurer l'application uniforme de la norme communautaire andine en vertu de l'article 28 du traité constitutif du TJCA »[1163].

[1159] CJUE, 5 décembre 1967, « *Bestuur der Sociale Verzekeringsbank c/ J. H. van der Vecht* », aff. C 16/67, Rec. p. 445 ; CJUE, 27 octobre 1977, « *Regina c/Pierre Bouchereau* », aff. C 30/77, Rec. p. 1999 ; CJUE, 13 avril 2000, « *W.N. c/ Staatssecretaris van Financiën* », aff. C 420/98, Rec. p. 02847; CJUE, 3 avril 2008, « *Procédure pénale c/ Dirk Endendijk* », aff. C-187/07, Rec. p. I-2115.

[1160]CJUE, 25 décembre 1992, « *José Miguel Díaz García c/ Parlement européen* », T-43/90, Rec. p. II-02619 ; CJUE, 18 décembre 1992, « *Lilian R. Khouri c/ Commission des Communautés européennes* », aff. T-85/91, Rec. p. II-02637; CJUE, 5 octobre 2009, « *Commission des Communautés européennes c/ Anton Pieter Roodhuijzen* », aff. T-58/08P, Rec. p. II-03797 ; FP-I-B-1-00101 et FP II-B-1-0063.

[1161] Ce principe a été introduit dans la jurisprudence de la CJUE: arrêt du 29 novembre 1956, « *Fédération charbonnière de Belgique c/ Haute Autorité de la Communauté européenne du charbon et de l'acier* », aff. C-8/55, Rec. p. 291, CJUE, 6 octobre 1970, « *Franz Grad c/ Finanzamt Traunstein* », aff. C-9/70, Rec. p. 825 ; arrêt du 4 octobre 2001, « *République italienne c/ Commission des Communautés européennes* », aff. C-403/99, Rec. p. I-6883. L'effet utile du droit de l'Union d'après Pierre Pescatore est « un principe propre à la pensée juridique française ». Opérant dans le droit primaire, « l'effet utile opère à trois niveaux : pour éviter un résultat absurde ou impropre, pour conférer aux traités un minimum d'efficacité ou pour leur attribuer une efficacité maximum » (PESCATORE) (P.), « Monisme et dualisme et « effet utile » dans la jurisprudence de la Cour de justice de la Communauté européenne », in FESTSCHRIF FUR (G. C.), Rodriguez Iglesias, COLNERIC (N.), PUISSOCHET (J.-P.), RUIZ-JARABO (D. y C.), EDWARDS (D. V.), (dir.), *Une communauté de droit*, Berlin, BWV Berliner Wissenshafts, 2003, p. 340).

[1162] TJCA, arrêt n° 1-IP-87, publié au GOAC n° 28 du 15 février 1988; jurisprudence confirmée par des arrêts postérieurs : TJCA, arrêt n° 2-IP-91 publié au GOAC n° 78 du 18 mars 1991, TJCA, arrêt n° 6-IP-90, publié au GOAC n° 93 du 11 novembre 1991, TJCA, arrêt n° 17-IP-95, publié au GOAC n° 253 du 7 mars 1997.

[1163] TJCA, arrêt n° 1-IP-87, publié au GOAC n° 28 du 15 février 1988: « *Es función básica de este Tribunal, indispensable para tutelar la vigencia del principio de legalidad en el proceso de integración andina y para adaptar funcionalmente su complejo ordenamiento jurídico, la de interpretar sus normas "a fin de asegurar su aplicación uniforme en el territorio de los Países Miembros" (art. 28 del Tratado de Creación del Tribunal)* ».

S'agissant des méthodes employées, le TJCA rappelle que « sa fonction est d'interpréter la norme communautaire du point de vue juridique »[1164], c'est-à-dire d'utiliser la méthode adéquate pour proposer une signification des règles juridiques communautaires en veillant à leur application uniforme sur le territoire de la Communauté andine. Sur ce point, le TJCA insiste souvent sur le fait que « la fonction de ce tribunal est d'interpréter la législation communautaire à partir d'un point de vue juridique, qui cherche à clarifier le sens, la portée juridique de la norme, fonction qui diffère de celle de l'application de la norme aux faits, tâche exclusivement réservée aux juridictions nationales dans le domaine de leurs compétences »[1165].

Pour appliquer ces méthodes, le juge andin tient compte de la réalité jurisprudentielle de l'Union européenne, comme il l'exprime explicitement : « il ne faut pas oublier la réalité et les caractéristiques essentielles du nouveau droit de l'intégration, et l'importante contribution dans ce domaine de l'expérience européenne », mais à la condition « de ne pas perdre de vue la finalité permanente de la norme »[1166] édictée dans le cadre de la Communauté andine.

D'autre part, on peut relever la marge de manœuvre importante que se reconnaît le Tribunal quant aux choix des méthodes d'interprétation employées en recherchant « l'utilisation de préférence de méthodes d'interprétation reconnues comme « fonctionnelles », ainsi que les méthodes systématiques et d'interprétation téléologique, tout en utilisant, le cas échéant, les autres méthodes universellement acceptées, en remarquant que la méthode téléologique acquiert une signification particulière dans le droit communautaire ». Selon le TJCA, cette méthode téléologique est la mieux adaptée à la nature spécifique de l'interprétation rendue dans le cadre d'un recours préjudiciel, car elle prend en compte « l'objet et la finalité de la norme et, en définitive, le processus d'intégration de la région andine initié

[1164] TJCA, arrêt n° 1-IP-87, publié au GOAC n° 28 du 15 février 1988: « *La función de este Tribunal, en consecuencia, en el tipo de acción de que se trata, es únicamente la de interpretar la norma comunitaria desde el punto de vista jurídico* ».

[1165] TJCA, arrêt n° 30-IP-99, publié au GOAC n° 497 du 18 octobre 1999: « *La función de este Tribunal, es la de interpretar la norma comunitaria desde el punto de vista jurídico, es decir buscar el significado para precisar su alcance jurídico; función que difiere de la de aplicar la norma a los hechos, tarea que es exclusiva del juez nacional dentro de las esferas de su competencia* ».

[1166] TJCA, arrêt n° 1-IP-87, publié au GOAC n° 28 du 15 février 1988 : « *En cuanto a los métodos de interpretación que debe utilizar el Tribunal, ha de tenerse presente la realidad y características esenciales del nuevo Derecho de la Integración y la importante contribución que en esta materia tiene ya acumulada la experiencia europea, sobre todo por el aporte de la jurisprudencia de la Corte de Justicia, Tribunal único de las Comunidades Europeas en la aplicación de este derecho, que se está haciendo constantemente en beneficio de la construcción comunitaria, sin perder de vista el fin permanente de la norma* ».

par la signature de l'Accord de Carthagène »[1167]. La préférence du Tribunal andin pour la méthode téléologique qui tient compte de la finalité de l'intégration exprimée dans le traité fondateur andin[1168] est manifeste comme elle l'est également pour la Cour de l'Union européenne.

Concernant l'interprétation littérale[1169] et l'interprétation systémique, le TJCA, « applique les principes universels de l'herméneutique juridique de manière pondérée et traditionnelle » ; celle-ci « doit être appliquée de manière à ce que l'interprète élucide la volonté du législateur national de chaque État membre »[1170]. Le Tribunal procède à une distinction entre l'interprétation réalisée par les juges nationaux (systémique et littérale) et sa propre interprétation, plus inclusive de toutes les méthodes d'interprétation existantes.

Néanmoins, le Tribunal rejette « l'interprétation libre » afin, comme l'a signaléla Commission de la Communauté andine, « d'éviter que l'interprète occupe abusivement la place du législateur »[1171]. Le Tribunal n'a pas changé de position à ce sujet restant plutôt modéré quant à la définition de ses

---

[1167] TJCA, arrêt n° 1-IP-87, publié au GOAC n° 28 du 15 février 1988: « *corresponde el empleo preferente de los métodos de interpretación llamados "funcionales", como los métodos sistemáticos y de interpretación teleológica, sin dejar de utilizar, si fuese el caso, los demás universalmente admitidos, con la advertencia de que el método teleológico, que adquiere connotación especial en el derecho comunitario como normativa de un proceso de realizaciones conjuntas para el logro de un objetivo común, es el que mejor se adapta a la naturaleza propia de la decisión prejudicial en cuanto tiene en cuenta el "objeto y fin" de la norma, o sea, en último término, el proceso de integración de la Subregión Andina que es el propósito que inspira la suscripción del Acuerdo de Cartagena* » ; arrêt confirmé par TJCA, arrêt n° 1-IP-88, publié au GOAC n° 33 du 26 juillet 1988.

[1168] À titre d'exemple d'interprétation téléologique, citons la conception du principe de libre circulation de marchandises en tant que pilier de l'essor de l'intégration andine. Voir : TJCA, arrêt n° 118-AI-2003, publié au GOAC n° 1347 du 25 mai 2006 ; TJCA, arrêt n° 117-AI-04, publié au GOAC n° 1347 du 25 mai 2006.

[1169] TJCA, arrêt n° 4-AN-97, publié au GOAC n° 373 du 21 septembre 1998: « *tal como acontece con las normas que conforman los ordenamientos jurídicos nacionales, también debe atribuírsele a las comunitarias el sentido que aparezca evidente del significado propio de las palabras, según la conexión de ellas entre sí y la intención del legislador*».

[1170] TJCA, arrêt n° 32-IP-97, publié au GOAC n° 416 du 15 mars 1999: « *el Tribunal Andino ha venido tradicional y pacíficamente haciendo destacar en sus fallos una interpretación sistemática, cónsona con los principios universales de la hermenéutica jurídica y que son los que en resumen aplica también el intérprete para desentrañar la voluntad del legislador nacional en cada uno de los Países Miembros* ». Dans le même sens : TJCA, arrêt n° 05-IP-89, publié au GOAC n° 50 du 17 novembre 1989 et TJCA, arrêt n° 4-AN-92, publié GOAC n° 127 du 19 février 1993 ; TJCA, arrêt n° 2-AI-96, publié au GOAC n° 289 du 27 août 1997.

[1171]Résolution de la Commission de la Communauté andine du 28 janvier 1993, « *Caso República de Colombia contra Résolution 313 de la JUNAC* », publié au GOAC n° 127 du 19 février 1993 ; citée par le Tribunal dans son arrêt : TJCA, arrêt n° 32-IP-97, publié au GOAC n° 416 du 15 mars 1999.

propres fonctions[1172] ; une question encore très délicate, car elle aborde la problématique du juge créateur de droit à travers son rôle d'interprète du sens d'un texte juridique.

Enfin, s'agissant des règles d'interprétation spécifiques aux traités, le Tribunal adopte une position qui relève du droit international classique en considérant l'application de la bonne foi en tant que base de la conclusion des traités fondateurs de la Communauté andine. Le Tribunal souligne à cet égard que « tout acte de contravention au principe du *pacta sunt servanda* signifie une méconnaissance du Traité par conséquent une violation du droit international en plus du droit communautaire andin »[1173]. Le TJCA accorde une attention particulière au renforcement de la valeur des traités fondateurs et, par ricochet, de l'ordre juridique communautaire andin tout entier dont ils sont les fondements.

La pratique interprétative dans le cadre communautaire se distingue donc sur de nombreux points de celle des juges nationaux. Un autre aspect des plus marquants de cette différence est l'utilisation de la théorie dite de « l'acte clair » spécifique à la coopération entre juridictions nationales et communautaires qui est considérée de manière différente au sein de la Communauté andine.

§ 2 L'interprétation préjudicielle andine sans la théorie de l'acte clair

La coopération des juges nationaux et communautaires est un sujet qui a beaucoup attiré l'attention de la doctrine au sein de l'Union européenne[1174]

[1172] Le juge en tant que créateur de droit est un sujet assez délicat, car il touche véritablement aux fondements de la théorie de la séparation des pouvoirs de l'État dégagée par Locke et Montesquieu. Certains auteurs cependant considèrent « qu'il faut reconnaître un rôle de véritable acteur du système juridique qui dispose d'un certain pouvoir créateur de droit, doté d'une véritable responsabilité dans l'évolution du droit positif » (BERGEL (J.-L.), « Introduction générale» *Actes du Colloque « L'office du juge » au Palais du Luxembourg le 29 et 30 septembre 2006*, Sénat, coll. *« Les Colloques du Sénat »,* Paris, p. 13). Toutefois, le juge est de fait limité par ses fonctions juridictionnelles qui impliquent une exigence de neutralité et le respect des règles déterminent ses missions.

[1173] TJCA, arrêt n° 5-IP-89, publié au GOAC n° 50 du 17 novembre 1989: « *El texto de la norma, motivo de la interpretación solicitada, concuerda plenamente con los presupuestos de esta regla. En efecto, la buena fe en la interpretación se vincula a la buena fe con la que debe ser cumplido todo tratado en vigor. Así lo dice la misma Convención cuando señala que "Todo Tratado en vigor obliga a las partes y debe ser cumplido por ellas de buena fe (artículo 26) y establece que 'Una parte no podrá invocar las disposiciones de su derecho interno como justificación del incumplimiento de un tratado... (artículo 27). Ha de entenderse entonces que cualquier acto de las partes que desconozca el principio 'pacta sunt servanda', significaría incumplimiento del Tratado, lo cual sería violatorio del derecho internacional y, en nuestro caso, del derecho comunitario* ».

[1174] Voir : PERTEK (J.), *Coopération entre juges nationaux et Cour de justice de l'UE. Le renvoi préjudiciel*, Bruxelles, Bruylant, coll. « Droit de l'Union européenne », 2013, p. 368.

parce qu'elle manifeste une reconnaissance réciproque des fonctions de chacun et le respect de l'État de droit qui n'a pas toujours été accepté ni bien compris (A). Dans le cadre de la CAN, c'est au Tribunal andin qu'il est revenu de définir la portée de ce dialogue judiciaire (B).

A. La naissance de la « théorie de l'acte clair » dans le cadre de l'Union européenne

En termes généraux, l'« acte clair » peut être défini comme « la théorie suivant laquelle une juridiction, normalement incompétente pour interpréter un acte, ne serait cependant pas tenue de voir dans cette interprétation une question préjudicielle à renvoyer à l'autorité compétente pour interpréter, mais pourrait directement appliquer cet acte dans la mesure où il est clair »[1175]. Ce principe permettrait donc de « déduire de la disposition soumise à contrôle la clarté de son contenu, et à affirmer qu'elle ne prête pas à difficulté d'interprétation et donc passible d'application »[1176], sans la renvoyer à la juridiction *a priori* la plus compétente pour l'interpréter.

La « théorie de l'acte clair » a été reconnue comme un principe d'interprétation par la plus haute juridiction administrative française qui l'a instituée pour refuser de renvoyer à la CJUE une question portant sur l'interprétation du droit de l'Union au motif d'une absence de difficulté à l'interpréter. C'est en effet à l'occasion d'un arrêt rendu en 1964 que le Conseil d'État français statuant en dernier ressort a fondé cette théorie[1177] en se demandant si un renvoi préjudiciel était obligatoire dans tous les cas, même si l'on se trouvait en présence d'un « acte clair », c'est-à-dire suffisamment compréhensible, pour ne pas entraîner de difficultés d'interprétation[1178]. La CJUE a précisé la portée de cette obligation de saisine en 1982 : « l'application correcte du droit communautaire peut s'imposer avec une telle évidence qu'elle ne laisse place à aucun doute raisonnable sur la manière de résoudre la question posée »[1179].

[1175] CORNU (G.), *Vocabulaire juridique*, *op. cit.*

[1176] MONJAL (P.-Y.), *Glossaire de termes juridiques européens*, *op. cit.*

[1177] CE, 19 juin 1964, « *Sté des pétroles Shell Berre et autres* », Rec. p. 344.

[1178] Un même raisonnement a été adopté par la Cour de cassation en 1995 : Cass, 1re civ., 19 décembre 1995, « *Banque africaine de développement* », n° 93- 20424.

[1179] CJUE, 6 octobre 1982, « *Srl CILFIT* et *Lanificio di Gavardo SpA c/ Ministère de la santé* », aff. C-283/81, Rec. p. 03415. Voir : PERTEK (J.), « Commentaire d'arrêt », in KARPENSCHIFF (M.), NOURISSAT (C.) (dir.), *Les grands arrêts de la jurisprudence de l'Union européenne* », *op. cit.*, pp. 115-121. L'arrêt « *Cilfit* » sera considéré par la doctrine de l'Union comme un véritable « acte de confiance » dans les juridictions suprêmes de la part de la Cour. Voir : MASCLET (J.-C.), « Vers la fin d'une controverse ? La Cour de justice tempère l'obligation de renvoi préjudiciel en interprétation faite aux juridictions suprêmes (art. 177, alinéa 3, CEE) », *RMC*, n° 26, 1983, p. 367.

La non-clarté de l'acte devient donc une condition du renvoi préjudiciel qui sera écarté dans trois cas :

- Si les juges nationaux considèrent que le litige peut être résolu en application du droit national ;
- Lorsque la question soulevée est matériellement identique à une question ayant déjà fait l'objet d'une décision préjudicielle dans une espèce analogue résolue par la Cour de l'UE ;
- Quand l'application correcte du droit de l'Union s'impose avec une évidence telle qu'elle ne laisse place à aucun doute raisonnable sur la manière de résoudre la question posée.

Toutefois, dans un autre arrêt, la CJUE a souligné que « l'effet utile du système instauré par l'article 234 du traité exige que les juridictions nationales disposent de la faculté la plus étendue de saisir la Cour de Justice, si elles considèrent qu'une affaire pendante devant elles soulève des questions exigeant une interprétation ou une appréciation de validité des dispositions du droit communautaire »[1180].

Bien qu'une exception au renvoi préjudiciel soit permise avec la théorie de l'acte clair, la CJUE est en principe détentrice de la compétence exclusive de se prononcer sur l'invalidité des actes communautaires qui trouve son fondement dans « la nécessité d'assurer l'application uniforme du droit communautaire »[1181], mais aussi de ne pas « compromettre l'unité même de l'ordre juridique communautaire et de porter atteinte à l'exigence fondamentale de sécurité juridique »[1182]. C'est pourquoi la Cour a trouvé l'opportunité de clarifier et de préserver ses attributions face aux initiatives des juges nationaux en insistant sur le fait que la cohérence du système exige que le pouvoir de constater l'invalidité du même acte, si elle est soulevée devant une juridiction nationale, soit réservé à la Cour qui dispose toujours d'une marge d'appréciation. Cette jurisprudence sera cependant nuancée par la Cour elle-même à l'occasion d'arrêts ultérieurs.

Nous pouvons dès lors constater que la coopération des juges au sein de l'Union se construit autour de l'exercice d'un pouvoir d'interprétation par la CJUE, mais aussi des réactions des tribunaux supérieurs nationaux[1183] qui se trouvent dans une relation de confrontation ou de synergie avec cette

---

1180 CJUE, 27 juin 1991, « *Mecanarte - Metalúrgica da Lagoa Ld^a c/ Chefe do Serviço da Conferência Final da Alfândega do Porto* », aff. C-348/89, Rec. p. I-03277.

1181 CJUE, 17 juillet 1997, « *Krüger GmbH & Co. KG c/ Hauptzollamt Hamburg-Jonas* », aff. C-334/95, Rec. p. I-04517.

1182 CJUE, 22 octobre 1987, « *Foto-Frost c/ Hauptzollamt Lübeck-Ost* », aff. 314/85, Rec. p. 04199.

1183 V. Note du Conseil d'État du 23 septembre 2015 : « Le juge administratif et le droit de l'Union européenne » Disponible sur : http://www.conseil-État.fr/Decisions-Avis-Publications/Etudes-Publications/Dossiers-thematiques/Le-juge-administratif-et-le-droit-de-l-Union-europeenne ; Voir aussi : MANIN (P.), *L'Union européenne. Institutions, ordre juridique,* contentieux, Paris, Pedone, coll. « *Études internationales* », 2005, p. 472.

dernière. Ces échanges contribuent à « renforcer le pouvoir des juridictions nationales par rapport à celui des autres organes des États membres »[1184], comme l'a relevé la CJUE en 2012 à l'occasion d'une recommandation à l'attention des juridictions nationales dans laquelle elle rappelait aussi que toute juridiction dispose du « pouvoir » de la saisir[1185]. Ce document ne laisse aucun doute quant à la volonté de la Cour de justice de l'Union de poursuivre une coopération avec les juges nationaux.

La problématique du dialogue des juridictions sur ce point est différente au sein de la Communauté andine qui ne connaît pas la théorie de l'acte clair.

B. L'absence de « théorie de l'acte clair » au sein de la Communauté andine

Au sein de la Communauté andine, le recours préjudiciel est aussi considéré comme un mécanisme permettant « une claire et indispensable collaboration judiciaire »[1186], ainsi que l'a reconnu le Tribunal lui-même saisi d'un recours en interprétation présenté en 1991.

Dans le cadre andin, comme on l'a vu, ce recours peut être facultatif ou obligatoire selon les conditions signalées à l'article 33 du Traité constitutif du TJCA : facultatif lorsque le juge ne se prononce pas en dernier ressort, ce qui laisse la décision du renvoi préjudiciel à sa libre volonté ; obligatoire lorsqu'il intervient en dernière instance. Or, l'effectivité du recours facultatif est remise en cause par le TJCA qui considère que les tribunaux nationaux ne se prononçant pas en dernier recours sont aussi obligés d'appliquer la norme communautaire, ce qui les contraint à former un recours en interprétation préjudicielle, même s'il existe déjà un arrêt antérieur émis par le Tribunal dans le même domaine[1187] ou qu'il s'agit d'une affaire similaire ou analogue[1188].

[1184] PICOD (F.), « La coopération juridictionnelle », in AUVRET-FINCK (J.) (dir.), *L'Union européenne, carrefour de coopérations*, Paris, LGDJ, 2002, p. 208.

[1185] Commission européenne, « *Recommandations à l'attention des juridictions nationales relatives à l'introduction de procédures préjudicielles* », 2012/ C 338/01, Journal officiel del'Union européenne du 6/11/2012.

[1186] TJCA, arrêt n° 2-IP-91, publié au GOAC n° 78 du 18 mars 1991: « *la interpretación prejudicial es una clara e indispensable colaboración judicial* ».

[1187] TJCA, arrêt n° 7-IP-89, publié au GOAC n° 53 du 18 décembre 1989.

[1188] TJCA, arrêt n° 1-IP-87, publié au GOAC n° 28 du 15 de février 1988: « *la interpretación que realiza el Tribunal es para cada caso concreto por lo que la "teoría del acto aclarado" no tiene aplicación dentro del sistema interprétativo andino* ». Confirmé par une jurisprudence constante, voir not. : TJCA, arrêt n° 6-IP-93, publié au GOAC n° 150 du 25 mars 1994 ; TJCA, arrêt n° 4-IP-94, publié au GOAC n° 189 du 15 septembre 1995 : « *cada proceso interno tiene una individualidad jurídica lo que permite al juez nacional , sobre la base de la interpretación prejudicial, aplicar las normas comunitarias, según las*

Dans ce contexte, la doctrine andine est plutôt favorable à l'adoption de la théorie de l'acte clair considérant que « cette technique apporte des avantages pratiques en vue d'obtenir une jurisprudence constante et uniforme »[1189]. De plus, pour certaines matières telles que la propriété industrielle, l'interprétation communautaire du TJCA peut être évidente compte tenu de la répétition des recours préjudiciels formés[1190].

Le TJCA est en revanche défavorable à la théorie de l'acte clair. Pourtant, comme le remarque Alejandro Perotti, « l'introduction de ce principe par le Tribunal pourrait éviter le gâchis judiciaire tant pour le Tribunal que pour les tribunaux nationaux, de mettre en œuvre et de manière mécanique la procédure d'interprétation à chaque fois que le juge national est appelé à traiter d'une norme communautaire andine dans l'affaire qui est soulevée devant sa juridiction ». L'auteur considère que cette exigence de renvoi permanent à l'interprétation du juge andin peut être surabondante « alors qu'il existe une jurisprudence du TJCA sur le même sujet et avec une similarité et analogie dans sa substance et ne permettant pas l'application discrétionnaire du juge national de l'interprétation d'une norme communautaire »[1191].

Les magistrats du TJCA justifient cette circonspection en considérant que l'idée selon laquelle l'interprétation préjudicielle attente à la souveraineté des États membres ou à d'autonomie des instances judiciaires nationales est « absolument discutable sur le plan conceptuel, car ceci-ci produit un effet

circunstancias o los hechos y los fundamentos de derecho que rodean al proceso »; TJCA, arrêt n° 10-IP-94, publié au GOAC n° 177 du 20 avril 1995: *« la interpretación prejudicial constituye una solemnidad indispensable y necesaria que el juez nacional debe observar obligatoriamente antes de dictar sentencia de lo que resulta claro que la interpretación no es ni puede asimilarse a la prueba y si constituye una solemnidad inexcusable que el juez nacional debe observar* »; TJCA, arrêt n° 6-IP-99, publié au GOAC n° 468 du 12 août 1999 : « *los principios interprÉtativos contenidos en cada sentencia del Tribunal comunitario, deben ser aplicables exclusivamente al caso concreto consultado* ».

1189 DUEÑAS MUÑOZ (J. C.), *Un análisis crítico y comparado de la Interpretación prejudicial. El caso andino*, Thèse en droit, Universidad Andina Simón Bolívar, 2014, p. 172. Voir aussi: SANCHEZ-PALACIOS PAIVA (M.), « La interpretación prejudicial en los países andinos. El caso peruano », in *Seminario Internacional « Integración, Derecho y Tribunales comunitarios »*, La Paz (19-20 août 1996), Sucre (22-23 août 1996), Corte Suprema de Justicia de Bolivia y Tribunal de Justicia del Acuerdo de Cartagena, 1997, p. 204.

1190 Voir: CHÁVEZ HUINAPE (S. A.), *La viabilidad de la aplicación de la teoría del acto aclarado en la interpretación prejudicial de la Comunidad andina*, Thèse en droit, Universidad Pontificia católica del Perú, 2014, p. 77.

1191 BUENO MARTÍNEZ (P.), PEROTTI (A. D.), « La teoría del acto aclarado resulta necesaria su aplicación en el marco de la interpretación prejudicial andina? », *Dikaion: lo justo*, n° 14, 2005, p. 133-152. Voir aussi: TOBON FRANCO (N.), « La doctrina del acto claro y la interpretación prejudicial en la Comunidad Andina », *Universitas*, n° 109, 2005, pp. 461-482.

inverse aux intérêts défendus »[1192] ; à savoir ceux de la Communauté andine et, par conséquent, des États qui la composent. Encore aujourd'hui la position du Tribunal reste négative. Le TJCA n'a pas changé d'opinion depuis son arrêt rendu en 1987[1193] dans lequel il a rejeté l'application de l'acte clair dans le cadre du recours en interprétation préjudicielle andin.

Le Tribunal se fonde sur son rôle de garant d'une application uniforme du droit communautaire andin et considère ainsi comme « impensable que le juge par lui-même ou à la demande des parties ou de leurs représentants demande de ne pas recourir à l'interprétation préjudicielle ». Il va plus loin en indiquant que « ce comportement *contra legem* peut devenir un manquement ou un vice de procédure avec des conséquences imprévisibles »[1194]. De plus, « l'application de la théorie de l'acte clair peut susciter un risque pratique, il existe la probabilité que le dynamisme du Tribunal se voit réduit de manière substantielle »[1195]. Une autre question se pose : les mécanismes communautaires de résolution des conflits entre le droit communautaire andin et les droits nationaux ne sont pas suffisamment connus des juridictions nationales[1196].

Comme le suggère l'ancien magistrat andin Ricardo Vigil Toledo, il serait « peut-être » convenable d'une part d'accepter « la possibilité d'appliquer la doctrine de l'acte clair dans la Communauté andine surtout si on prend en compte qu'à la différence de l'Union européenne, les systèmes juridiques et la langue de nos pays est uniforme » ; d'autre part que « les interprétations préjudicielles du Tribunal andin portent sur le droit de la propriété intellectuelle, jurisprudence de grande valeur qui en beaucoup de cas se répète de manière implacable »[1197]. En ce qui concerne le premier

---

1192 VIGIL TOLEDO (R.), « La consulta prejudicial en el Tribunal de Justicia de la Comunidad Andina », *Anuario de derecho constitucional latinoamericano*, vol. II, n° 10, 2004, p. 945.

1193 TJCA, arrêt n° 1-IP-87, publié au GOAC n° 28 du 15 février 1988; confirmé par TJCA, arrêt n° 7-IP-89, publié au GOAC n° 53 du 18 de décembre 1989.

1194 TJCA, arrêt n° 11-IP-96, publié au GOAC n° 299 du 17 octobre 1997: « *No es concebible para este Tribunal que el juez, por sí mismo o a pedido de las partes o sus representantes en los procesos internos pueda resistirse a dar cabal cumplimiento a la petición de interpretación prejudicial. Las consecuencias de esta conducta "contra legem" puede derivar en acciones de incumplimiento o en vicios procesales de consecuencias impredecibles* ».

1195 CHÁVEZ HUINAPE (S. A.), *La viabilidad de la aplicación de la teoría del acto aclarado en la interpretación prejudicial de la Comunidad andina*, *op. cit.*, p. 48.

1196 Dans le cas de l'Équateur, l'observation particulière de la norme communautaire et l'attention portée au Tribunal andin s'expliquent principalement par deux raisons: le siège du TJCA se trouve à Quito, capitale de l'Équateur ; une raison plus générale et procédurale est que la Cour Suprême de justice a réitéré la nécessité et l'obligation que le juge national respecte l'application de l'article 33 du Traité constitutif du TJCA concernant le recours en interprétation préjudicielle.

1197 VIGIL TOLEDO (R.), « La consulta prejudicial en el Tribunal de Justicia de la Comunidad andina", *op.cit.*, p. 941.

argument en faveur de la théorie de l'acte clair, la langue officielle de la Communauté andine commune aux États membres est en effet l'espagnol, pour autant certaines normes andines dérivées sont considérées comme « très confuses »[1198]. S'agissant du second argument, une étude de l'activité d'interprétation préjudicielle du Tribunal laisse voir une coopération entre juges qui n'est pas très bien établie dans des domaines autres que la propriété intellectuelle. Ce constat soulève un problème plus profond ; celui de la diffusion de l'ensemble du droit communautaire andin qui, comme nous l'avons analysé, se développe aussi dans d'autres matières telles que le transport communautaire ou le droit des travailleurs andins.

Une autre proposition serait d'instaurer au sein du Tribunal le dispositif de la « sentence unifiée »[1199] ou « jurisprudence uniforme » utilisé par la Cour suprême de justice colombienne. Il s'agit d'un mécanisme qui permet au juge de se prononcer définitivement sur un sujet qu'il a déjà traité à plusieurs reprises. Cependant, en l'état actuel, aucune proposition d'applicationde l'acte clair n'a été émise par le Tribunal, comme en témoigne son « Agenda positif »[1200] qui prétend analyser l'ensemble des règles communautaires en matière de propriété intellectuelle et de droits des consommateurs, mais sans faire allusion à de possibles réformes procédurales.

Le recours préjudiciel tel qu'il existe actuellement au sein de la CAN reste donc limité, aussi bien sur la forme que sur le fond ; la très grande majorité des questions traitées portant sur la propriété intellectuelle.

§ 3 L'action jurisprudentielle du TJCA en matière de propriété intellectuelle

Le Tribunal a traité de nombreux recours en interprétation préjudicielle portant sur des affaires impliquant le droit de la propriété intellectuelle (A), ce qui lui a donné l'opportunité de dégager de nouveaux principes en matière de droits d'auteur, de secret industriel, etc. Cette activité révèle le souhait du TJCA depuis quelques années de réaffirmer une dynamique prétorienne (B).

1198 TOBON FRANCO (N.), « La doctrina del acto claro y la interpretación prejudicial en la Comunidad Andina », *op. cit.*, p. 471.

1199 La proposition est faite par Natalia Tobon Franco qui considère que le retard occasionné par le renvoi préjudiciel génère un conflit au sein de la juridiction nationale, comme ce le cas pour la Colombie où le délai de suspension d'une affaire en cas de recours en interprétation préjudicielle est de deux ans. Voir : TOBON FRANCO (N.), *op. cit.*, p. 472.

1200 « Agenda positiva » du TJCA, 8 juillet 2014, précité.

A. Le travail constant et délicat du TJCA pour la consolidation d'un droit communautaire andin des marques

Parmi tous les recours traités par le Tribunal, le recours en interprétation préjudicielle est celui qui a donné le plus grand nombre d'arrêts[1201]. Le premier rendu en appliquant cette procédure est l'arrêt n° 01 -IP-1987[1202] qui, on l'a vu, a eu une portée déterminante en ce qui concerne le caractère obligatoire de cette action pour les juges nationaux. Depuis 1987, le Tribunal a interprété de nombreuses normes du droit communautaire andin, en particulier plusieurs dispositions de l'Accord de Carthagène majoritairement liées à l'article 55, ainsi que diverses décisions de la Commission de la Communauté andine rendues en matière de propriété intellectuelle « principalement dans le domaine des marques et brevets, et aussi sur le régime commun de traitement des capitaux étrangers »[1203]. Une importance singulière a aussi été concédée au respect de la double obligation des États membres de renforcer le processus d'intégration : d'une part en adoptant les mesures nécessaires pour assurer le respect des normes communautaires ; d'autre part en s'engageant à ne pas adopter ni appliquer de mesures contraires à l'ordre juridique communautaire andin.

Comme nous l'avons précédemment signalé, le Tribunal a fait prévaloir des méthodes fonctionnelles d'interprétation, c'est-à-dire des méthodes d'interprétation exégétique et téléologique. Or, on a pu constater que « cette dernière a été l'objet d'une utilisation plus fréquente dans le droit communautaire puisque cette méthode prend en considération l'objet et la finalité de la norme communautaire, c'est-à-dire la consécration du processus d'intégration de la sous-région andine »[1204]. En effet, comme l'indique le Tribunal, la portée du recours en interprétation préjudicielle est essentielle, car il « est l'expression de la coordination et de la coopération entre les juridictions communautaires et nationales pour l'interprétation et l'application du droit communautaire, et que, dans ce sens, les tribunaux de chaque État membre agissent comme "juges communautaires" en application du droit communautaire »[1205].

[1201] Entre 1985 et 2007, on compte 1407 recours en interprétation préjudicielle.

[1202] TJCA, arrêt n° 1-IP-87, publié au GOAC n° 28 du février 1988.

[1203] TOMASO C. (A.), « La interpretación prejudicial del Tribunal de Justicia de la Comunidad Andina, TJCA »,*Revista jurídica de la Facultad de Jurisprudencia y Ciencias Sociales y Politicas*, Universidad Católica de Santiago de Guayaquil, n° 41, 2006, pp. 419-442. Principalement la Décision n° 291 portant régime commun de traitement des capitaux étrangers, marques, brevets, licences et *redevances,* publiée au GOAC n° 80 du 4 avril 1991. Voir aussi: ALEMÁN BADEL (M. M.), *Las marcas y las patentes en el marco del proceso de integración de la Comunidad andina*, Thèse en droit, Universidad de Alcalá, 2011, p. 440.

[1204] SANCHEZ MIRALLES (S.), « Interpretación del derecho comunitario: la interpretación prejudicial por el TJCA », *op. cit.*, p. 45.

[1205] TJCA, arrêt n° 131-IP-2003, publié au GOAC n° 1041 du 4 mars 2004.

Ce dialogue juridictionnel peut-être fructueux comme lorsqu'il permet au Tribunal de préciser et compléter le droit communautaire andin, tel qu'il l'a fait par exemple en reconnaissant différents types de marques (1), en posant des principes propres au droit des marques (2), ou encore en déterminant les conditions de leur enregistrement (3).

1. La notion et les différents types de marques

Selon le Tribunal andin, une marque est « un bien immatériel consistant en un signe qui peutêtre dénominatif, graphique ou mixte, qui a un lien avec des produits et services déterminés »[1206]. Cette définition, donnée à l'occasion du premier arrêt rendu sur une question préjudicielle, s'appuie sur la règle de la spécialité de la marque[1207]. En effet, les juges poursuivent leur raisonnement en indiquant que « la marque représente l'origine du produit, son degré de qualité, éventuellement le *goodwill*[1208] ou prestige du produit » et en rappelant que la marque remplit plusieurs fonctions, dont celle de faire de la publicité au produit ou au service auquel elle est associée. À noter que le Tribunal élargit la notion de marque aux signes tridimensionnels ainsi qu'aux signes auditifs et olfactifs[1209].

De plus, le juge andin précise que « la forme des produits, les sacs, les emballages et les reliefs peuvent être enregistrés comme marques tridimensionnelles »[1210]. Il s'agit d'« un signe pour identifier un produit ou service » qui « doit remplir les conditions de nouveauté, viabilité et distinction »[1211]. Le TJCA a aussi indiqué qu'« un signe tridimensionnel et un signe qui occupe l'espace en trois dimensions, qu'il s'agit d'un corps pourvu de volume »[1212] les distinguant des signes bidimensionnels[1213] plus classiques. S'agissant plus précisément des critères de détermination d'un signe tridimensionnel en tant que marque, le Tribunal n'a pas changé sa jurisprudence depuis l'arrêt n° 23 -IP-1988. En effet, comme il l'a précisé « bien que cette interprétation a été faite en rapport avec la Décision n° 344

1206 TJCA, arrêt n° 01-IP-1987, publie au GOAC n° 28 du 15 février 1988.

1207 Le critère de la spécialité a aussi été adopté dans d'autres arrêts par le Tribunal: TJCA, arrêt n° 36-IP-99, publié au GOAC n° 504 du 9 novembre 1999 ; TJCA, arrêt n° 17-IP-2001, publié au GOAC n° 674 du 31 mai 2001.

1208 « Mot anglais signifiant clientèle commerciale, souvent utilisé dans un sens très proche du terme fonds de commerce, mais qui désigne plus précisément la probabilité que les anciens clients continuent à fréquenter le même emplacement commercial et à s'adresser à l'entreprise du même nom » (CORNU (G.), *Vocabulaire juridique*, *op. cit.*).

1209 TJCA, arrêt n° 92-IP-2004, publié au GOAC n° 1121 du 28 septembre 2004; TJCA, arrêt n° 124-IP-2005, publié au GOAC n° 1307 du 14 mars 2006.

1210 TJCA, arrêt n° 32-IP-2003, publié au GOAC n° 965 du 8 août 2003.

1211 TJCA, arrêt n° 153-IP-2005, publié au GOAC n° 1284 du 13 janvier 2006.

1212 TJCA, arrêt n° 87-IP-2010, publié au GOAC n° 1920 du 27 janvier 2011.

1213 TJCA, arrêt n° 194-IP-2005, publié au GOAC n° 1297 du 16 février 2006.

abrogée par la Décision n° 486 en vigueur, les critères sur les signes tridimensionnels sont applicables »[1214]. Le TJCA s'est prononcé sur les marques en plusieurs occasions, délimitant ainsi leurs caractéristiques et les différents types de signes qui peuvent exister[1215].

La marque dénominative est un autre type de marque reconnue. Selon Chavez Picasso, « ce critère incorporé par le Tribunal sert comme modèle pour l'analyse de l'existence d'une confusion graphique-phonétique conceptuelle et la détermination des éléments pertinents pour ladite analyse »[1216]. Le TJCA insiste à cet égard sur le devoir des agences nationales d'enregistrement de vérifier que la marque qui leur est soumise est effectivement dénominative, conformément à la Décision n° 486 de la Commission de la Communauté andine et à la classification des marques dénominatives qu'il a lui-même élaborée.

Précisément, « la marque dénominative, appelée aussi nominale ou verbale utilise un élément acoustique ou phonétique, elle est composée par un ou divers mots ou numéros qui intègrent un ensemble ou un tout prononçable pouvant comporter une signification conceptuelle ; ce type de marque se subdivise en deux : suggestives, avec une connotation de qualités fonctionnelles du produit et arbitraires, qui ne manifestent pas de lien avec la signification, la nature et les qualités et fonctions du produit qu'elle identifie »[1217].

Le Tribunal a aussi précisé ce qu'il convenait d'entendre par marque mixte : « celle qui est composée par un élément dénominatif et un élément graphique, la combinaison de ses éléments, au moment d'être appréciée dans son ensemble, produit chez le consommateur une idée sur la marque ce qui lui permet de la différencier des autres marques existantes sur le marché »[1218]. Très récemment, le TJCA a énoncé que « la demande d'enregistrement doit la considérer comme étant une unité », en rappelant que d'après la doctrine, « l'élément le plus représentatif de la marque mixte devient l'élément dénominatif »[1219].

1214 TJCA, arrêt n° 240-IP-2013, publié au GOAC n° 2323 du 8 avril 2014.

1215 Voir à ce sujet: ANDARE (R.), INÉS DE JESÚS (M.), MÉNDEZ (R.), « Ejercicio Jurisprudencial del Tribunal de Justicia de la Comunidad andina en las interpretaciones prejudiciales referidas a signos distintivos », *Revista Propiedad intelectual*, n° 10, 2007, pp. 85-117.

1216 CHÁVEZ PICASSO (J.), « El régimen común de derecho marcario y su interpretación por el tribunal de justicia de la comunidad andina», *Revista de la Competencia y la Propiedad intelectual*, n° 7, 2008, p. 17.

1217 TJCA, arrêt n° 10-IP-2007, publié au GOAC n° 1497 du 15 mai 2007.

1218 TJCA, arrêt n° 38-IP-2008, publié au GOAC n° 1625 du 1625 du 5 juin 2008.

1219 TJCA, arrêt n° 87-IP-2013, publié au GOAC n° 2261 du 29 novembre 2013; rappel de sa jurisprudence : TJCA, arrêt n° 55-IP-2002, publié au GOAC n° 821 du 1er août 2002 ; TJCA, arrêt n° 26-IP-98, publié au GOAC n° 410 du 24 février 1999 ; TJCA, arrêt n° 129-IP-2004, publié au GOAC n° 1158 du 17 janvier 2005.

Le juge andin s'est également penché sur la question de la marque connue[1220] prévue aux articles 224 et 236 de la Décision n° 486 de la Commission de la Communauté andine. Ces dispositions ont été précisées par le TJCA qui a indiqué que « la marque connue est celle qui réunit la qualité d'être connue par un ensemble d'individus appartenant à un groupe déterminé de consommateurs ou d'utilisateurs au sein duquel la marque connue est largement diffusée »[1221]. De plus, « la marque connue participe de la dynamique propre qui constitue le marché des produits et des services, car ce qui a été connu dans le passé peut ne pas l'être à l'avenir et inversement ce qui n'a pas à présent de notoriété peut en avoir à un moment donné »[1222].

Pour le Tribunal, la marque connue se distingue de la marque renommée[1223]. Cette dernière est identifiée par la qualité des produits ou services auxquels elle est associée. Selon la doctrine, en opérant cette distinction, le juge andin « n'avait pas l'intention de concéder des effets juridiques, mais tout simplement avait l'intérêt d'incorporer une finalité de clarification illustrative »[1224]. La marque renommée en plus de sa notoriété est associée au prestige, au *goodwill* dans plusieurs arrêts rendus depuis 1998[1225], ce qui la différencie de la marque connue. Il est aussi fait allusion dans ces arrêts aux risques de confusion et de dilution de la marque renommée auxquels sont exposés tous les signes présents sur le marché[1226].

Le Tribunal a par ailleurs établi que « la marque renommée va au-delà des principes basiques de spécialité et territorialité » et requiert, par conséquent, une protection « plus extensive que celle que la décision n° 486 propose à la marque renommée». Sachant que « la protection de la marque renommée génère une rupture avec le principe de spécialité, de territorialité et de l'usage réel » qui sont pourtant des principes classiques du droit de la propriété industrielle.

1220 Voir aussi: YAGUAL VIZUETA (G. L.), *La prueba eficaz en el proceso de defensa de la marca notoria*, Mémoire en droit, Universidad Andina Simón Bolívar, 2011, p. 119.
1221 TJCA, arrêt n° 23-IP-96, publié au GOAC n° 354 du 13 juillet 1998 ; TJCA, arrêt n° 148-IP-2006, publié au GOAC n° 1468 du 22 février 2007.
1222 TJCA, arrêt n° 41-IP-98, publié au GOAC n° 450 du 21 juin 1999.
1223 TJCA, arrêt n° 1-IP-87, publié au GOAC n° 28 du 15 février 1988; TJCA, arrêt n° 2-IP-94, publié au GOAC n° 160 du 21 juillet 1994; TJCA, arrêt n° 6-IP-99, publié au GOAC n° 468 du 12 août 1999.
1224 VARGAS MENDOZA (M.), « La marca renombrada en el actual régimen comunitario andino de propiedad intelectual », *Foro*, n° 6, 2006, p. 303.
1225 TJCA, arrêt n° 41-IP-98, publié au GOAC n° 450 du 21 juin 1999.
1226 TJCA, arrêt n° 34-IP-2012, publié au GOAC n° 2100 du 3 octobre 2012.
Voir aussi au sujet des marques renommées: CISNEROS SALTOS (V.), « Análisis de la jurisprudencia del Tribunal de Justicia de la Comunidad andina referente a marcas notorias en materia de propiedad industrial », *Foro*, n° 3, 2004, pp. 207-217.

2. Les principes de territorialité et d'opposition

En matière de propriété industrielle, le principe de territorialité est indispensable en tant que gage de protection de la marque sur le territoire où elle a été enregistrée. Le Tribunal a reconnu ce principe en opérant une interprétation systématique des articles de la Décision n° 486 « en conformité avec la doctrine communautaire sur la protection et les effets des droits de propriété industrielle ».

La territorialité de la marque a aussi conduit le Tribunal à se prononcer sur les marques étrangères « considérant que ces marques ne sont pas protégées par le droit d'exclusivité dans un pays déterminé »[1227]. En outre, l'extraterritorialité de la marque « peut se produire seulement selon les conditions prévues par le droit des marques comme cela est le cas de la notoriété »[1228] qui est définie par le Tribunal comme « un statut, un très haut degré d'acceptation et de reconnaissance donné par le public à un signe »[1229].

Le Tribunal reconnaît néanmoins quelques exceptions au principe de territorialité concernant les marques connues. Il a ainsi fait référence dans plusieurs arrêts à l'article 147 de la Décision n° 486 portant sur « le droit d'opposition du titulaire d'une marque identique ou similaire de produits ou de services considérant la possibilité d'induire le public en erreur ». Ce droit peut être revendiqué dans tous les États membres de la Communauté andine à la condition de respecter les critères de reconnaissance précisés par le Tribunal[1230] qui a par ailleurs indiqué quels sont les effets de la présentation d'une opposition[1231].

Le Tribunal a dégagé d'autres principes à respecter comme le principe de véracité ou de loyauté et le principe de l'« identifiabilité »[1232] en matière de publicité comparative. De manière générale, le juge andin considère que « la publicité est toute forme de communication et/ou information destinée au public avec l'objectif de promouvoir, directement ou indirectement, une activité économique ». Quant à la publicité comparative, « bien qu'elle ait été considérée comme un acte de concurrence déloyale, actuellement elle est considérée comme licite dans la plupart des ordres juridiques, dès lors

---

1227 TJCA, arrêt n° 17-IP-98, publié au GOAC n° 354 du 13 juillet 1998.

1228 TJCA, arrêt n° 5-IP-94, publié au GOAC n° 177 du 20 avril 1995: « *el alcance de la protección extraterritorial de las marcas, solo pueden producirse cuando se dan las condiciones previstas en la ley marcaria, como es el caso de la notoriedad* ».

1229 TJCA, arrêt n° 50-IP-00 publié au GOAC n° 594 du 21 août 2000: « *la notoriedad es un status, un elevado grado de aceptación y reconocimiento por parte del público, alcanzado por un signo como consecuencia de su función de distinguir determinado tipo de bienes o servicios como fabricados o prestados por una persona en particular* ».

1230 TJCA, arrêt n° 93-AI-2000, publié au GOAC n° 764 du 26 février 2002.

1231 TJCA, arrêt n° 152-IP-2012, publié au GOAC n° 2189 du 7 mai 2013.

1232 TJCA, arrêt n° 137-IP-2009, publié au GOAC n° 1831 du 7 mai 2010.

qu'elle respecte certaines conditions »[1233], notamment au moment de son enregistrement.

3. Les modalités d'enregistrement d'une marque

Lorsqu'une marque est enregistrée pour être protégée, ne sont concernés d'après le Tribunal que « les produits ou services spécifiés dans la demande d'enregistrement »[1234]. Tout autre produit ou service à ajouter doit faire l'objet d'un nouvel enregistrement. Dans l'arrêt n° 36 -IP-2007, le TJCA a par ailleurs précisé quelques éléments relatifs à la procédure d'enregistrement d'une marque prévue dans la Décision n° 486 de la Commission de la Communauté andine : « les marques doivent accomplir la condition de perceptibilité, de susceptibilité de représentation et de distinctivité »[1235]. Cette dernière désigne la capacité d'un signe à s'individualiser, à se différencier sur le marché au regard d'autres produits ou services. Le Tribunal considère cette condition comme « la plus essentielle que doit remplir un signe pour être enregistré comme marque afin d'accomplir sa fonction principale qui est d'être identifié, mais aussi d'indiquer sa provenance et la qualité du produit ou service sans risque de confusion ou d'association ». Dans le même arrêt, le juge ajoute que « la condition du caractère distinctif comporte deux aspects à prendre un compte, l'un intrinsèque et l'autre extrinsèque ; la première fait référence à la capacité d'individualisation du signe, tandis que la seconde se réfère à sa capacité de ne pas être confondu avec d'autres signes » ; sachant que « la condition du caractère distinctif que doit remplir tout signe est fondamentale pour qu'il soit susceptible d'enregistrement en tant que marque »[1236]. En effet, « les conditions de susceptibilité de représentation graphique et de caractère distinctif constituent les deux conditions expressément exigées »[1237] pour l'enregistrement auprès des agences nationales compétentes. Le Tribunal différencie alors entre une distinctivité « acquise »[1238] et une distinctivité « survenue »[1239].

[1233] TJCA, arrêt n° 40-IP-2011, publié au GOAC n° 2039 du 9 avril 2012.

[1234] TJCA, arrêt n° 12-IP-96, publié au GOAC n° 265 du 16 mai 1997: « *Una marca no puede proteger a todos los productos del universo; la protección marcaria se limita a los productos a los cuales el titular haya referido o haya concretado su solicitud, y dentro de éstos con similares idénticos y no con todos los demás. Esta limitación protectiva de la marca constituye lo que en doctrina se denomina A la especialidad que se refleja en la definición o concepto que sobre utiliza el artículo 81 de la Decisión 344* ».

[1235] TJCA, arrêt n° 36-IP-2007, publié au GOAC n° 1515 du 5 juillet 2007.

[1236] TJCA, arrêt n° 38-IP-2008, publié au GOAC n° 1625 du 5 juin 2008.

[1237] TJCA, arrêt n° 72-IP-2012, publié au GOAC n° 2147 du 4 février 2013.

[1238] TJCA, arrêt n° 90-IP-2012, publié au GOAC n° 2152 du 21 février 2013.

[1239] TJCA, arrêt n° 90-IP-2011, publié au GOAC n° 2108 du 22 octobre 2012.

Une autre condition d'enregistrement a trait à la publicité : « les précisions sur les marques permettent de déterminer que la marque accomplit un rôle essentiel, celui d'informer sur la provenance, la fonction publicitaire peut nonobstant tromper ou prêter à confusion en cas de fausses appréciations concernant les produits et services protégés »[1240].

En ce qui concerne les règles relatives aux signes distinctifs, le TJCA s'inspire des critères identifiés par la CJUE dans de nombreuses interprétations préjudicielles[1241]. Le Tribunal s'est notamment prononcé sur le registre des marques de signes protégés par les droits d'auteur[1242].

Le développement d'une jurisprudence relative aux marques et au droit de propriété industrielle est relativement important. Cela est dû à l'instauration d'un cadre normatif andin solide dans ce domaine, mais aussi à son observation par les agences nationales d'enregistrement des marques qui apportent parfois quelques adaptations congruentes avec les spécificités juridiques de chaque État membre et leur rapport avec la Communauté andine.

Ces dernières années, le Tribunal a cependant entamé une dynamique de diversification des matières traitées afin d'enrichir sa jurisprudence au-delà du droit des marques.

B. L'étendue de la jurisprudence du Tribunal en dehors du droit des marques

En matière de droits d'auteur et de droits connexes[1243], le Tribunal andin reconnaît la notion d'entités de gestion collective de droits patrimoniaux d'auteur et de droits connexes, en application de la Décision n° 351 de la Commission de la Communauté andine, en considérant qu'il s'agit « d'organes de droit privé destinés à représenter les titulaires et leurs droits dans l'intérêt général des associés » ; avant d'ajouter que « l'existence de ces sociétés est justifiée par le progrès et le développement de la technologie digitale concernant la collecte d'une quantité énorme et une variété de catégories d'œuvres et de phonogrammes en général combinés avec les systèmes multimédias »[1244]. Le TJCA s'est d'autre part prononcé quant aux

---

1240 TJCA, arrêt n° 63-IP-2004, publié au GOAC n° 1112 du 6 septembre 2004.

1241 TJCA, arrêt n° 92-IP-2004, publié au GOAC n° 1121 du 28 septembre 2004; TJCA, arrêt n° 58-IP-2006, publié au GOAC n° 1370 du 14 juillet 2006 ; TJCA, arrêt n° 62-IP-2006, publié au GOAC n° 1370 du 14 juillet 2006 ; TJCA, arrêt n° 14-IP-2009, publié au GOAC n° 1729 du 3 juillet 2009.

1242 TJCA, arrêt n° 177-IP-2011, publié au GOAC n° 2054 du 24 mai 2012.

1243 Voir au sujet de l'harmonisation des droits d'auteur dans la Communauté andine : CERDA SILVA (A.), « Armonización de los derechos de autor en la Comunidad andina: hacia un nuevo régimen común », *Revista Ius Praxis*, n° 2, 2011, pp. 231-282.

1244 TJCA, arrêt n° 22-IP-98, publié au GOAC n° 419 du 17 mars 1999 ; TJCA, arrêt n° 119-IP-2010, publié au GOAC n° 1949 du 3 juin 2011.

conditions d'une restitution et d'une compensation économique en cas de violation des droits d'auteur[1245] et a confirmé que pouvait être reconnue une violation de droits d'auteur quand la reproduction ou toute autre modalité d'exploitation de l'œuvre était réalisée sans le consentement de l'auteur par la voie d'entités de gestion collective[1246].

Le juge andin a d'autre part signalé dans un arrêt de 2008 portant sur le secret industriel que « la norme communautaire andine accorde sous certaines conditions une forme de protection partielle ou relative pour assurer au titulaire la possession et l'usage de l'information,sans préjudice de la protection des droits fondamentaux applicables à la collectivité »[1247] ; puis précisé dans le même arrêt qu'il vérifie « la finalité de l'exigence des données de preuve et de toute autre information non diffusée afin de déterminer leur conformité aux mesures de protection sanitaires exigées dans chaque État membre ». Le Tribunal accorde une attention spéciale à l'acquisition d'un droit au secret par les entreprises qui peut être utilisé comme un moyen de concurrence déloyale ou d'espionnage industriel. Aussi précise-t-il que « la protection octroyée au secret industriel ou des entreprises est d'un degré inférieur à celui octroyé aux inventions et signes distinctifs »[1248].

Les indications géographiques, et plus précisément les dénominations d'origine, trouvent également une place dans la jurisprudence du TJCA qui se fonde sur les travaux de la doctrine et la Décision n° 486[1249] de la Commission de la Communauté andine. Le Tribunal a aussi précisé les notions d'inventions[1250] et de brevets[1251] en indiquant les conditions de forme[1252] et de fond pour leur enregistrement[1253] et s'est prononcé sur l'utilisation des brevets à d'autres fins que celles pour lesquelles ont été enregistrées les inventions qui s'y rapportent[1254]. En outre, il a posé le

---

[1245] TJCA, arrêt n° 165-IP-2004, publié au GOAC n° 1195 du 11 mai 2005.
[1246] TJCA, arrêt n° 184-IP-2011, publié au GOAC n° 2063 du 15 juin 2012.
[1247] TJCA, arrêt n° 104-IP-2008, publié au GOAC n° 1689 du 20 janvier 2009.
[1248] TJCA, arrêt n° 49-IP-2009, publié au GOAC n° 1779 du 23 novembre 2009.
[1249] TJCA, arrêt n° 76-IP-2007, publié au GOAC n° 1557 du 5 novembre 2007.
[1250] TJCA, arrêt n° 21-IP-2000, publié au GOAC n° 631 du 10 janvier 2001.
[1251] Voir au sujet des obstacles pour un brevet andin: LUGO SILVA (C.), « Propiedad industrial e integración económica en la Comunidad andina de Naciones: obstáculos para una patente andina », *ArtefaCToS*, vol. 5, n° 1, 2012, pp. 123-149.
[1252] TJCA, arrêt n° 73-IP-2012, publié au GOAC n° 2148 du 7 février 2013.
[1253] TJCA, arrêt n° 12-IP-1998, publié au GOAC n° 428 du 16 avril 1999 ; TJCA, arrêt n° 21-IP-2000, publié au GOAC n° 631 du 10 janvier 2001 ; TJCA, arrêt n° 13-IP-2004, publié au GOAC n° 1061 du 29 avril 2004 ; TJCA, arrêt n° 182-IP-2005, publié au GOAC n° 1278 du 15 décembre 2005 ; TJCA, arrêt n° 198-IP-2006, publié au GOAC n° 1491 du 25 avril 2007 ; TJCA, arrêt n° 85-IP-2009, publié au GOAC n° 1807 du 15 mars 2010.
[1254] TJCA, arrêt n° 89-AI-2000, publié au GOAC n° 722 du 12 octobre 2001 ; TJCA, arrêt n° 01-AI-2001, publié au GOAC n° 818 du 23 juillet 2002 ; TJCA, arrêt n° 34-AI-2001, publié au GOAC n° 839 du 25 septembre de 2002.

principe de l'impossibilité d'enregistrer un deuxième usage pour une invention déjà enregistrée conformément au critère de la nouveauté[1255] et s'est montré garant du respect de l'autonomie des agences nationales des brevets pour la prise de décisions concernant l'enregistrement des inventions[1256].

S'agissant des droits des obtenteurs de variétés végétales prévus dans la Décision n° 345 de la Commission de la Communauté andine, le Tribunal a émis quelques considérations concernant le délai du certificat d'obtention pour certaines variétés de végétaux[1257], les conditions pour l'acquisition des certificats d'obtention, la protection provisoire de l'obtenteur et le champ d'application de la Décision n° 345[1258].

Enfin, le TJCA s'est prononcé en 2012 sur la question du respect du patrimoine biologique et des savoirs traditionnels des communautés indigènes en s'appuyant sur la Charte andine pour la promotion et la protection des droits de l'Homme qui veille au respect des droits des peuples indigènes et de la communauté d'ascendance africaine, sur l'article 38 de la Charte andine ainsi que sur la Stratégie régionale sur la biodiversité de 2002 établie par la Décision n° 523 de la Commissionde la Communauté andine qui rappelle l'intention de créer un régime commun andin pour la protection des connaissances indigènes structuré sur la base des dispositions internationales relatives aux peuples indigènes et aux savoirs traditionnels[1259] édictées par l'OIT et l'OMPI.

Il est ainsi évident que le Tribunal andin a su, depuis désormais plus de trente, réussir à consolider une jurisprudence communautaire propre, mais en même temps ouverte en se servant de la contribution de la jurisprudence de son homologue la CJUE ainsi que de celle des instances nationales des États membres andins et des instances internationales. Son office a assuré la continuation et l'approfondissement du processus d'intégration andin qui a vécu des crises, mais qui a réussi à s'en sortir plus renforcé, tant sur le plan institutionnel que normatif. Aujourd'hui, la CAN est impliquéedans un nouveau processus de réforme qui l'invite à réfléchir à son rôle sur le continent au regard d'autres systèmes régionaux qui n'ontpas atteint son degré d'intégration.

[1255] TJCA, arrêt n° 38-IP-2012, publié au GOAC n° 2092 du 14 septembre 2012.

[1256] TJCA, arrêt n° 71-IP-2007, publié au GOAC n° 1553 du 15 octobre 2007; TJCA, arrêt n° 110-IP-2008, publié au GOAC n° 1676 du 5 décembre 2008.

[1257] TJCA, arrêt n° 1-IP-1995, publié au GOAC n° 177 du 20 avril 1995.

[1258] TJCA, arrêt n° 166-IP-2011, publié au GOAC n° 2084 du 20 août 2012.

[1259] TJCA, arrêt n° 60-IP-2012, publié au GOAC n° 2157 du 27 février 2013.

CHAPITRE 2

LA COMMUNAUTÉ ANDINE AU REGARD DE LA NOUVELLE TENDANCE INTÉGRATIONNISTE CONTINENTALE

La CAN, n'est pas le seul système d'intégration du continent sud-américain, mais il est, comme nous l'avons vu tout au long de ce travail de recherche, le plus avancé en grande partie grâce au travail du TJCA qui a su, au fil de ses arrêts, renforcer l'intégration andine. Mais de nos jours, lecontinent connaît d'importantes évolutions qui nous orientent vers de nouveaux modèles d'intégration requérant des modifications, des transformations et des réactivations[1260] des systèmes d'intégration classiques préexistants ; en particulier la Communauté andine et le MERCOSUR qui sont les plus avancés.

Ces deux systèmes ont depuis quelques années entamé un rapprochement vers des politiques communes, un objectif possible grâce à l'impulsion des organes composant les deux entités qui ont adopté une posture de dialogue (Section I). On peut ainsi envisager à l'avenir une possible unification des deux systèmes régionaux ou, à tout le moins, sans aller jusqu'à cette ultime évolution, de nouvelles configurations. Dans cette logique a été créée l'Union des Nations du Sud (UNASUR) qui envisage une intégration principalement basée sur la coopération (Section 2).

SECTION 1 : UN RAPPROCHEMENT SOUHAITÉ ENTRE LA COMMUNAUTÉ ANDINE ET LE MERCOSUR

La Communauté andine et le MERSOSUR montrent depuis près de vingt-ans leur intérêt pour l'instauration d'une zone de libre-échange commerciale par expansion et diversification des politiques communes commerciales (§1), qui permettraient un rapprochement reposant essentiellement sur l'initiative des organes judiciaires (§2) recherchant un point commun jurisprudentiel *sui generis* (§3).

1260 REINOSO (A. F.), « Integración y convergencia en UNASUR », *Working Paper*, Red Latinoamericana de Política Comercial, n° 148, 2013, p. 17.

§ 1 Les convergences économiques entre la CAN et le MERCOSUR

En Amérique du Sud, la prévalence du système des accords économiques régis par le Traité de Montevideo[1261] est encore d'actualité, cependant la recherche d'une convergence économique commune sur le continent sud-américain a encouragé un rapprochement entre la CAN et le MERCOSUR (A), renforcé par la signature d'accords de libéralisation économique régis par les règles du droit international (B).

A. Les premiers pas du rapprochement CAN-MERCOSUR

Les États membres de la CAN comme ceux du MERCOSUR semblent enclins depuis les années 2000 à engager un dialogue pour « la recherche de changements politiques, économiques et régionaux en Amérique latine »[1262] ; un objectif qui demande des efforts de la part de tous les pays sud-américains afin de dépasser leurs différences et perspectives propres à l'égard du processusd'intégration.

L'un des principaux aspects de ce rapprochement est juridique. L'établissement de normes communes semble, en effet, être le meilleur moyen d'aboutir à une consolidation de l'association qui s'est peu à peu construite. D'après Pampillo Balino, « l'intégration juridique américaine constitue l'un des sujets les plus séduisants et nécessaires pour les juristes du continent américain »[1263]. Jusqu'à présent, on peut considérer que l'intégration juridique passant par l'édiction de normes communes a plutôt été fructueuse dans le cadre andin néanmoins, il existe une tendance auralentissementvoire à une disparition des processus d'intégration. Face à ces deux options, une troisième voie se dessine : un rapprochement ou fusion entre systèmes d'intégration ; une situation envisageable pour la CAN et le MERCOSUR[1264].

Nous l'avons indiqué, la Communauté andine a traversé plusieurs crises qui, selon la doctrine andine, résultent systématiquement des mêmes raisons au premier rang desquelles figurent un manque de volonté politique et un manquement aux engagements pris. C'est à cause de ce double videque

---

1261 Ce traité signé le 18 février 1960 a créé l'Association latino-américaine de libre-échange.

1262 CARRASCO CONTRERAS (G. P.), *Los aspectos políticos en las negociaciones entre Comunidad Andina y el Mercosur: la experiencia venezolana*, Quito, BDA, Universidad Andina Simón Bolívar, 2004, p. 40.

1263 PAMPILLO BALINO (J.P.), « Derecho comunitario y *ius commune* americano: dos asignaturas pendientes para las ciencias jurídicas de nuestro continente », *Foro*, n° 18, 2012, p. 7

1264 Les structures exécutives de la CEE, de la CECA et de la CEEA ont eu une expérience similaire en 1965 avec le traité instituant un Conseil unique et une Commission unique des Communautés européennes.

la Communauté andine n'a pu, par exemple, consolider la zone delibre-échange ou effectivement appliquer les programmes de développement et d'investissement prévus.

Dans ce contexte de crise continuelle, la Communauté andine a signé en 1998 avec le MERCOSUR un Accord-cadre pour la création d'une zone de libre commerce[1265] commune aux deux systèmes ayant comme objectif de négocier tout d'abord des accords de préférences tarifaires, avant d'envisager un accord de libre-échange avec l'établissement d'un cadre juridique et institutionnel de coopération et d'intégration. Cet objectif d'unification a conduit à des pourparlers permettant des liens plus étroits pour une bonne entente commerciale et un dialogue portant sur des politiques communes. La volonté de renforcer les relations entre les deux systèmes d'intégration sud-américains les plus évolués s'est concrétisée le 17 juillet 2001 avec une Déclaration ministérielle prévoyant la création d'un mécanisme de dialogue politique, le développement d'une intégration économique, la construction d'infrastructures physiques, la multiplication des relations extérieures et l'échange d'informations dans les domaines sociaux et culturels[1266].

Puis, le 7 juillet 2005, le Conseil andin des ministres des Affaires étrangères a adopté la Décision n° 613 par laquelle États membres du MERCOSUR sont devenus des membres associés de la Communauté andine, ce qui les autorise à participer aux réunions des organes et institutions d'intégration andine en qualité d'États invités. La seule condition à cette participation consistait en leur adhésion au Protocole additionnel à l'Accord de Carthagène relatif à l'engagement de la Communauté andine pour la promotion de la démocratie et la protection des droits de l'Homme[1267]. Quelques années plus tard, le 5 février 2010, le Conseil andin des ministres des Affaires étrangères a pris la Décision n° 732 relative à la participation des États membres du MERCOSUR aux organes et aux mécanismes de la Communauté andine en tant qu'États membres associés de la Communauté andine.

Bien que les relations entre la CAN et le MERCOSUR soient toujours essentiellement basées sur la négociation, la coopération et le respect de la

---

[1265] Signé le 17 avril 1998.

[1266] Déclaration ministérielle relative à l'institutionnalisation du dialogue politique Communauté andine-MERCOSUR-Chili du 17 juillet 2001. Les actions prévues par cette déclaration concernent : la coopération politique, l'intégration économique et la construction d'infrastructure physique, les questions sociales et culturelles, la technologie, la politique extérieure commune et l'échange d'informations.

[1267] Ce protocole signé le 17 octobre 1998 est source d'inspiration à la « clause démocratique », élément fondamental entre les deux systèmes d'intégration CAN-MERCOSUR pour la mise en œuvre de la démocratie et de l'État de droit dans la région. Cette clause démocratique a été approuvée le 1er septembre 2000.

démocratie, l'heure est à leur approfondissement. Il convient, en effet, de souligner que ces dernières années la Communauté andine a été confrontée à de nouveaux défis pour lesquels une collaboration plus poussée serait utile. Mentionnons, par exemple, le développement des négociations commerciales, mais aussi du dialogue politique avec d'autres systèmes d'intégration tels que l'ALCA[1268] et d'autres États comme les États-Unis, ainsi que la création du système de préférences ATPDEA[1269], et enfin la conclusion d'accords politiques et de coopération avec l'Union européenne.

Dans ce contexte, les accords de libre-échange ou de complémentarité économique avec le MERCOSUR ont une importance particulière.

B. Les accords de complémentarité économique CAN-MERCOSUR

Les relations entre la CAN et le MERCOSUR ont toujours été fondées sur une coopération visant à renforcer leurs liens économiques dans la région. À cette fin, ils ont fait appel aux mécanismes de l'OMC et aux règles de l'ALADI[1270] qui leur ont permis d'établir des Accords de complémentarité économique (ACE). Depuis 1996, trois ont été signés entre les États membres de la CAN et le MERCOSUR qui, membres de l'ALADI[1271], respectent les droits et obligations établis par l'Accord de Marrakech[1272]. Ils constituent ainsi de véritables accords de politique commerciale institués selon les règles du droit international public.

1268 L'ALCA (ou ZLEA en français) est l'abréviation de Zone de libre-échange des Amériques. Il s'agit d'un projet de communauté économique que depuis 2005 n'a pas avancé.

1269 Les ATPDEA désignent des préférences commerciales entre les pays de la Communauté andine et les États Unis. Initiées en 1990 sous le nom d'Initiative andine, établies pour une durée de dix ans sur environ 6000 produits de la Colombie, du Pérou, de la Bolivie et de l'Équateur. Voir : CALERO (J.-P.), « Les accords commerciaux entre les pays andins et les États-Unis : de la guerre contre la drogue à la libéralisation des marchés », *La chronique des Amériques*, Observatoire des Amériques, Université du Québec, Montréal, n° 17, 2005, p. 8, disponible sur: http://www.ieim.uqam.ca/IMG/pdf/Chro_calero_05_17.pdf

1270 L'ALADI (Association latino-américaine d'intégration) est le plus grand groupe latino-américain d'intégration intergouvernementale. Elle a été créée le 12 août 1980 avec comme objectif de promouvoir l'intégration. Les treize États contractants sont : L'Argentine, la Bolivie, le Brésil, le Chili, la Colombie, Cuba, l'Équateur, le Mexique, Panamá, le Paraguay, le Pérou, l'Uruguay et le Venezuela.

1271 Les Accords de complémentarité sont des accords qui s'inscrivent dans le cadre du Traité de Montevideo de 1980. Ils font partie de l'ordre juridique communautaire andin en vertu de l'article 1er du Traité constitutif du TJCA et ont comme objectif la suppression des barrières tarifaires et autres obstacles au commerce. Le Traité de Montevideo prévoit la coordination des politiques de développement industriel des parties contractantes et la négociation d'accords de complémentarité industrielle au niveau régional pour les pays latino-américains membres de l'ALADI.

1272 Accord de Marrakech instituant l'Organisation mondiale du Commerce du 15 avril 1994.

Le premier Accord de complémentarité économique, l'Accord n° 36 (ACE36)[1273], a été signé le 17 décembre 1996. Ce texte a comme objectif d'établir un cadre juridique et institutionnel de coopération et d'intégration dans les domaines économique et de la construction d'infrastructure physique en vue de la création d'un espace économique de libre circulation des biens et services. Le document prévoit un programme de libéralisation commerciale sur dix années consistant en un dégrèvement automatique des charges en vigueur et en l'instauration de préférences tarifaires pour les États contractants, à savoir la Bolivie pour la Communauté andine et les quatre États membres du MERCOSUR (l'Uruguay, l'Argentine, le Brésil et le Paraguay)[1274]. Cet accord a aussi créé une commission administrative ayant la capacité d'accélérer le programme de libéralisation établi et de le modifier à la demande des États contractants ou si elle considère que cela est nécessaire pour certains produits. Cet accord comprend aussi des dispositions concernant le processus de construction des infrastructures physiques et pour améliorer l'intégration des États signataires, les investissements, la double imposition, la coopération scientifique et technologique. Il revient également à cette commission administrative d'administrer et d'évaluer les conséquences de l'application de l'accord.

Le deuxième Accord de complémentarité économique, l'Accord n° 58 (ACE58), a été conclu entre les États membres du MERCOSURet le Pérou le 30 novembre 2005. Il répond aux mêmes caractéristiques générales que l'Accord n° 36, mais avec quelques différences concernant l'utilisation de la nomenclature du système harmonisé de désignation et de codification des marchandises (NALADISA) de 1996[1275]. Une évaluation de cet accord est prévue pour août 2018.

Le troisième et dernier Accord de complémentarité économique est l'Accord n° 59 (ACE59) signé par les États membres du MERCOSUR, la Colombie et le Venezuela[1276]. Il est intéressant de relever qu'aux objectifs classiques à ce type d'accord, à savoir la coopération économique, scientifique et technologique, s'ajoute un objectif énergétique fixé par les États. Cette particularité révèle tout l'intérêt de développer des échanges commerciaux entre le Venezuela et les États membres du MERCOSUR

[1273] Entré en vigueur le 28 février 1997.

[1274] Cette négociation, qui devait se tenir normalement de bloc à bloc, a été substituée par une négociation différente mieux adaptée à l'ouverture du marché afin de poursuivre la progression des dynamiques internationales multilatérales du Cycle d'Uruguay et la création de l'Organisation mondiale du commerce.

[1275] L'acronyme NALADISA désigne la Nomenclature de l'Association latino-américaine d'intégration ALADI qui permet une harmonisation de la désignation et de la codification des marchandises. Cet outil a été prévu dans le cadre du Traité de Montevideo de 1980.

[1276] Le retrait du Venezuela de l'Accord de Carthagène a eu sans aucun doute des conséquences graves en matière économique, sociale et politique à l'intérieur de la Communauté andine.

portant sur le pétrole et le gaz, sachant que le Venezuela est le principal exportateur énergétique de la région.

L'une des conséquences de la signature de tels accords de complémentarité économique est que les États membres de la CAN deviennent des membres associés du MERCOSUR et réciproquement. *A priori* cette situation n'est pas permanente : une dénonciation des accords est possible après communication à la commission administrative prévue dans l'accord en question avec soixante jours d'anticipation et le dépôt du texte de la dénonciation auprès du Secrétariat général de l'ALADI. L'effet de ce renoncement est effectif à compter de l'année suivant la dénonciation. On peut cependant noter que ces Accords de complémentarité ont été signés avec une durabilité indéfinie ; à l'exception de l'Accord n° 58 dont l'évaluation a déjà été programmée, comme nous l'avons déjà relevé. Les autres accords n'ont annoncé aucune date d'extinction ou d'évaluation.

Par ailleurs, tous ces accords incluent des dispositions instaurant une procédure de résolution des conflits. La première étape prévoit un dialogue entre les États en désaccord, une deuxième se déroule devant la commission administrative correspondante et une troisième implique l'intervention d'un groupe ou d'une instance arbitrale, sans faire mention des possibilités d'arbitrage déjà établies par les deux systèmes d'intégration.

À noter que dans le cas du Venezuela qui actuellement ne fait plus partie de la Communauté andine, mais est membre du MERCOSUR[1277], un processus de dénonciation de l'Accord n° 59 avait été prévu. Le programme de libéralisation devait être maintenu durant cinq ans après le retrait du Venezuela de la CAN. L'Accord de complémentarité économique n° 59 n'est ainsi plus en vigueur depuis le 1er janvier 2014 en vertu de l'article 6 du Protocole d'adhésion du Venezuela au MERCOSUR. Cependant, bien que cet accord de complémentarité ne constitue plus le cadre juridique officiel des liens économiques entre le Venezuela[1278] et le MERCOSUR, de fait « les relations commerciales se développent encore sous le parapluie de l'Accord n° 59 »[1279].

Les avantages en termes d'importations et d'exportations entre la Communauté andine et le MERCOSUR qui résultent de l'application de

---

1277 La stratégie d'intégration de l'ancien président vénézuélien Hugo Chavez, qui a préféré une sortie du Venezuela de la CAN pour intégrer le MERCOSUR, résulte de choix « avec une prépondérance politique sur l'économie, favorisant l'idéologie qui s'est substituée à l'aspect économique de l'intégration du Venezuela » (MARTINEZ CASTILLO (A.), « De la Comunidad andina de naciones al Mercado Común del Sur : nueva estrategia de integración de Venezuela », *Colombia internacional*, n° 83, 2015, p. 229).

1278 Protocole d'adhésion de la République du Venezuela au MERCOSUR du 4 juillet 2006.

1279 FERRANDO (A. P.), « Perspectivas del proceso de adhesión de Venezuela al Mercosur, Documento preliminar para su discusión », Instituto de estrategia internacional, 2013, p. 10.

tels accords de complémentarité économique n'ont jamais été aussi importants. Les gains économiques permis sont en constante croissance depuis une quinzaine d'années[1280].

Le Tribunal andin n'est pas tout à fait étranger à ce renforcement des relations entre la CAN et le MERCOSUR en organisant des réunions avec les arbitres du MERCOSUR.

§ 2 Les réunions des magistrats communautaires andins et des arbitres du MERCOSUR

Parmi les institutions qui ont incité à un rapprochement entre la CAN et le MERCOSUR, le TJCA occupe une place non négligeable. En tant qu'organe de contrôle du respect du droit communautaire andin, il organise régulièrement des réunions à travers le continent sud-américain pour sensibiliser les acteurs judiciaires, en particulier le Tribunal permanent de révision (TPR) du MERCOSUR, aux enjeux du processus d'intégration andin et à l'importance d'un rapprochement de jurisprudences (A) en matière de propriété intellectuelle, d'environnement et de transport (B). Puis, à partir de 2012, a été envisagée une unification du cadre douanier dans toute la région (C).

A. L'accentuation fondée sur de possibles similarités procédurales entre le TJCA et le TPR du MERCOSUR

La première réunion rassemblant des magistrats des cours suprêmes des États membres, des magistrats du TJCA et des arbitres du TPR s'est déroulée du 12 au 14 octobre 2005. L'objet principal de cette rencontre était de consulter les participants à propos de l'ouverture d'espaces de réflexions communes. Ces discussions ont abouti à la Déclaration d'Arequipa de 14 octobre 2005 qui a instauré un Forum permanent de dialogue sur des sujets communs participants de l'intégration latino-américaine. Cette initiative a été possible grâce à l'appui de l'Union européenne, financièrement et humainement avec la participation d'experts dans le domaine de la coopération UE-CAN[1281] et de représentants de la CJUE.

1280 Voir les rapports élaborés par le Secrétariat général de la Communauté andine sur le commerce extérieur de marchandises entre la Communauté andine et le Mercosur, 2002-2011.

1281 Le budget accordé par l'Union européenne à la CAN atteint cinquante millions d'euros pour la période de 1997 à 2013. Des relations de coopération entre l'UE et la CAN sont actuellement toujours prévues en vue de « l'organisation d'un dialogue permanent et d'échanges d'expériences », après la finalisation en 2013 de la deuxième phase du programme indicatif régional. Voir : Commission européenne, Document de stratégie régionale 2007-2013 (E/2007/678), 2007, p. 6.

Le sujet le plus traité lors de cette réunion a été le rôle du Tribunal andin et du TPR du MERCOSUR, plus particulièrement dans le cadre du recours en interprétation préjudicielle pour le premier et de l'opinion consultative pour le second[1282]. Une autre question a également beaucoup été abordée, celle de la convergence des deux ordres normatifs dans le domaine de la concurrence et de la propriété intellectuelle. Le MERCOSUR a alors décidé de s'inspirer davantage des décisions du TJCA relatives au droit des marques pour améliorer ses mécanismes de protection de la propriété intellectuelle et permettre une application uniforme des règles juridiques en la matière. Les participants à cette réunion ont par ailleurs insisté sur l'importance d'une coopération entre les organes juridictionnels nationaux et andins avec l'objectif de renforcer la participation des instances nationales aux processus d'intégration.

Tandis que cette première réunion a permis d'aborder des thèmes plutôt généraux de l'intégration régionale, les réunions suivantes ont accordé la priorité à certains sujets clés pour la région andine.

B. L'intérêt des magistrats pour l'environnement et le transport régional

Si la première réunion de 2004 a abouti à l'instauration d'un dialogue permanent entre instances judiciaires au niveau régional, la deuxième réunion des acteurs judiciaires qui s'est déroulée cinq ans plus tard[1283] s'est concentrée sur des aspects plus concrets d'une intégration envisagée sous un angle plutôt social.

Une attention particulière a ainsi été portée à la propriété intellectuelle dans la continuité des nombreux arrêts rendus par le TJCA sur la question entre 1999 et 2010 ; le TPR du MERCOSUR ayant été moins prolixe dans ces domaines[1284]. Deux autres thématiques ont été privilégiées : le transport multimodal et la protection de l'environnement.

[1282] L'avis consultatif est un mécanisme instauré par la Décision n° 37/03 relative au règlement du Protocole d'Olivos du 15 décembre 2003. L'article 2 de ce Protocole prévoit que pourront demander des opinions consultatives au TPR « ... tous les États membres du Mercosur agissant conjointement, les organes dotés d'une capacité décisoire et les tribunaux suprêmes des États membres compétents d'après le droit interne dans les conditions établies pour chaque situation ». Par ailleurs, s'agissant de l'effet des opinions consultatives, le Protocole d'Olivos prévoit que « les opinions consultatives émises par le Tribunal permanent de Révision ne lient pas les États et ne sont pas obligatoires ».

[1283]Du 5 au 8 septembre de 2010, en Colombie.

[1284] Le MERCOSUR a émis plusieurs textes en matière de protection de la propriété intellectuelle : la Décision n° 8/95 relative au Protocole d'harmonisation des normes sur la propriété intellectuelle du Mercosur en matière de marques, indications, provenance et dénominations d'origine ; la Décision n° 16/98 relative au Protocole d'harmonisation en

Aux yeux de la CAN, le transport[1285] entendu au sens large constitue une politique susceptible d'une harmonisation spécifique. En ce sens, la consultation entre instances andines, sans être contraignante, permet une interprétation commune des règles existantes et la mise en place des prémices d'une politique commune de transport multimodal[1286]. La réunion a été l'occasion de présenter plusieurs études comparatives portant sur l'expérience centraméricaine[1287] et une analyse relative au système de transport maritime et multimodal international institué par les Nations Unies[1288].

Cependant les débats ont surtout porté sur l'importance de la responsabilité des acteurs intervenant dans le système de transport

matière de déchets industriels ; la Décision n° 1/99 relative aux accords de coopération et de facilitation sur la protection des variétés végétales.

Les décisions du MERCOSUR a une approche plus restrictive des domaines à protéger en comparaison du droit andin qui protège non seulement le droit des marques ; mais aussi tout ce qui concerne les droits d'auteur et droits connexes, les noms de domaine sur internet, les brevets, les circuits intégrés, les indications géographiques, le secret industriel, ou encore l'accès aux ressources génétiques.

1285 En matière de transport, la Communauté andine a adopté un nombre considérable de décisions. À titre d'exemple :

- Transport terrestre : Décision n° 398 du 17 janvier 1997 relative au transport international de passagers sur les autoroutes ; Résolution n° 719 relative au règlement de la Décision n° 398 du 26 avril 2003 ; Résolution n° 833 relative aux conditions techniques du transport international de passagers du 18 juin 2004; Décision n° 290 relative à la police andine de sécurité de responsabilité civile pour les transporteurs internationaux et l'annexe concernant les accidents corporels des assistants des conducteurs routiers du 21 mars 1991. De plus, la Communauté andine a établi un projet de facilitation d'assistance technique au commerce UE-CAN relatif aux points de frontières (Accord de financement, ALA/2005/17-607).
- Transport maritime : Décision n° 288 relative à l'élimination des réserves de marchandises du 21 mars 1991 ; Décision n° 314 relative aux politiques de développement maritime des États membres du 2 juillet 1996 ; Résolution n° 422 relative au règlement pour l'application du principe de réciprocité en transport maritime andin du 5 août 1996 ; Décision n° 487 relative aux garanties maritimes et à l'embargo préventif des navires du 7 décembre 2000.
- Transport aérien : Décision n° 582 relative aux prestations de services de transport aérien sur le territoire de la CAN du 4 mai 2004 ; Décision n° 619 portant normes d'harmonisation des droits et obligations des usagers, transporteurs et opérateurs de services de transport aérien de la Communauté andine du 15 juillet 2005; Décision n° 650 relative aux statistiques du transport aérien andin du 15 novembre 2006 ; Résolution n° 1271 relative aux dispositifs techniques de transmission des statistiques aériennes du 31 août 2009.

1286 Le transport multimodal au sein de la Communauté andine et régi par la Décision n° 331 du 4 mars 1993, modifiée par la Décision n° 393 du 9 juillet 1996 et complétée par la Résolution n° 425 relative à l'enregistrement des opérateurs de transport multimodal dans la région andine du 4 septembre 2000.

1287 Pour en savoir plus : « Cuadernos del Seminario sobre transporte multimodal en América central : Síntesis y conclusiones », CEPAL, du 5 au 7 septembre 1995, p. 24.

1288 Les Règles de Rotterdam du 23 septembre 2009 ont unifié l'ensemble des règles internationales sur le transport multimodal.

multimodal. À cet égard, Diego Chami[1289] a présenté quelques nouvelles tendances en matière de navigation en soulignant que « le transport multimodal reste paradoxal en Amérique du Sud bien qu'il s'appuie sur les règles de Rotterdam et le cadre régional avec le droit communautaire andin et le droit du MERCOSUR »[1290].

La réalité est complexe : l'adoption d'une réglementation régionale et l'existence d'une réglementation internationale adoptée par les États membres de la Communauté andine génèrent effectivement une « superposition de normes ». Or, « il s'agit d'un domaine de grande importance en lien avec la réalisation de l'intégration par les infrastructures physiques latino-américaines ». Et l'auteur de regretter : « mais qui n'a pas évolué dans le droit de l'intégration pour les activités de transport de marchandises dans la région qui ont eu tendance à croître chaque année ».

Suite à ces réflexions sur les modèles de transport multimodal, les constats qui ont émergé à la fin de la deuxième réunion des acteurs judiciaires andins sont devenus des recommandations soumises à la considération des Secrétariats généraux de la Communauté andine, du MERCOSUR et de l'ALADI. Ces recommandations ont en outre servi dans le cadre de la Communauté andine à renforcer la réglementation sur le transport et à promouvoir au niveau national des actions et des règles communes.

La question de la protection de l'environnement a aussi suscité l'intérêt des participants à la réunion qui se sont interrogés quant aux mesures à mettre en œuvre pour l'assurer de manière effective. Ce sujet avait déjà fait l'objet d'accords internationaux signés par les États membres de la CAN et du MERCOSUR toutefois, comme le relève Blanca Lozano Cutanda, « la prise en compte de l'environnement au niveau communautaire représente un avantage pour les États membres ». Preuve en est, le cadre européen, où « l'harmonisation des législations sur l'environnement est née avec la finalité de renverser les barrières vertes entre les États membres et de définir une seule politique propre à l'Union européenne »[1291]

Pour ce qui est de l'expérience andine, plusieurs initiatives démontrent une réelle prise en compte de la protection environnementale dans le processus communautaire. Une avancée non négligeable sur ce point se

[1289] CHAMI (D. E.), « Transporte multimodal: una teoría y una paradoja», in *Cuadernos de los II Encuentros de magistrados de la Comunidad andina y del Mercosur*, 2010, pp. 131-151.

[1290] Pour le MERCOSUR, voir : Décision n° 15/94 du 30 novembre 1994, pas encore en vigueur.

[1291] LOZANO CUTANDA (B.), « La protección del medio ambiente en los sistemas supranacionales de integración: el ejemplo de la Unión Europea », in *Cuadernos de los II Encuentros de magistrados de la Comunidad andina y del Mercosur*, 2010, pp. 153-168.

trouve dans l'Accord de Carthagène (article 1er) qui pose un objectif d'amélioration du niveau de vie de la population de la région andine qui devient un critère des politiques communautaires. Mentionnons aussi l'agenda environnemental andin qui prévoit un cadre juridique autour de trois enjeux majeurs : le changement climatique, la biodiversité et les ressources hydriques.

Le droit dérivé n'est pas en reste avec une quantité importante de textes juridiques visant une protection de l'environnement : la Décision n° 182 relative au système andin José Celestino Mutis sur l'agriculture, la sécurité alimentaire et la préservation de l'environnement[1292], la Décision n° 345 relative au régime commun de protection des droits des obtenteurs de variétés végétales[1293], la Décision n° 391 sur le régime commun pour l'accès aux ressources génétiques[1294], la Décision n° 435 concernant la création du Comité andin des autorités environnementales[1295], la Décision n° 436 sur le registre et contrôle des pesticides chimiques à usage agricole[1296], la Décision n° 523 sur la stratégie régionale de la biodiversité[1297], la Décision n° 529 relative à la création du Comité andin pour la prévention et la réparation des désastres (CAPRADE)[1298], la Décision n° 596 portant création du Conseil des ministres de l'Environnement et du développement durable de la Communauté andine[1299], la Décision n° 713 modifiant la Décision n° 591 sur la prévention et la réparation des désastres[1300], et enfin la Décision n° 763 sur la stratégie andine pour une gestion intégrée des ressources hydriques[1301].

Une troisième rencontre des acteurs judiciaires andins s'est tenue en octobre 2011[1302] durant laquelle la question environnementale a été abordée,

---

1292 Du 25 juillet 1983.
1293 Du 21 octobre 1993.
1294 Du 2 juillet 1996.
1295 Du 11 juin 1998.
1296 Du 11 juin 1998.
1297 Du 7 juillet 2002.
1298 Du 7 juillet 2002.
1299 Du 11 juillet 2004.
1300 Du 10 juillet 2004.
1301 Du 22 août 2011.
1302 Cette rencontre a eu lieu en Argentine du 4 au 6 octobre 2011, avec l'appui et l'organisation du Tribunal andin, de la Cour Suprême de Justice de l'Argentine, du Secrétariat général de la Communauté andine, du Programme régional andin AECID-SGCA, de la Faculté de droit de l'Université de Buenos Aires, de la Banque interaméricaine de développement et de la Fondation Friedrich Ebert. La finalité de cette troisième rencontre était d'établir un mécanisme de coopération entre les tribunaux communautaires et les cours de justice des États membres de la Communauté andine et du MERCOSUR, ainsi que de renforcer les accords et les conclusions prises lors de la deuxième rencontre. Malheureusement, nous n'avons pas pu trouver de compte rendu de cette troisième rencontre durant laquelle les sujets les plus abordés étaient la défense et la protection

mais sans guère d'avancées en comparaison de la deuxième réunion, à l'exception de la reconnaissance de l'importance d'une harmonisation des règles techniques pour la protection de l'environnement.

La quatrième réunion, l'année suivante, a été plus fructueuse. Elle a abouti à la confirmation de l'importance de la signature par les États membres de la Communauté andine et du MERCOSUR des accords et objectifs fixés au niveau international, notamment de la Déclaration de Rio[1303] sur l'environnement et le développement.

Enfin, rappelons que l'État plurinational de la Bolivie et l'Équateur[1304] ont adopté des constitutions qui incorporent les concepts de droits de la nature, de «Terre mère» et de « bien vivre ou vivre bien ». Ces pays font office « d'avant-garde, car ils encouragent à surmonter le paradigme anthropocentrique du développement durable »[1305].Une nouvelle vision du

---

de l'environnement du point de vue de la technique juridique à appliquer. Nous avons simplement pu avoir accès au programme, mais non aux interventions. Dans ce programme, il est possible de constater des sujets récurrents: l'intergouvernementalisme, la supranationalité, la coopération judiciaire, l'interprétation préjudicielle, la propriété intellectuelle en tant que mécanisme de coopération judiciaire communautaire, les règles de Rotterdam le régime de transport multimodal, la justice digitale.

[1303] La Déclaration de Rio est le résultat de discussions qui ont abouti à la Conférence des Nations Unies sur le développement durable « Rio+20» qui a eu lieu du 20 au 22 juin en 2012, après un processus de préparation de plus de deux ans au sein de la communauté internationale. Ces cycles de conférences intergouvernementales se sont tenus vingt ans après le Sommet de la Terre Rio 92 et dix ans années après le Sommet mondial sur le développement durable de 2002. La Déclaration de Rio 2012 propose un texte commun intitulé « Le Futur que nous voulons » où se trouvent condensés les efforts et les problématiques à affronter pour la protection de l'environnement. Ce document a été approuvé par Résolution de l'Assemblée générale des Nations Unies 66/288 du 27 juillet 2012.

[1304]La Constitution équatorienne inscrit à son article 14 le droit de la population de vivre dans un environnement sain et écologiquement équilibré, qui garantit la soutenabilité et le bien-vivre. Cette constitution déclare aussi d'intérêt public la préservation de l'environnement, la conservation des écosystèmes, la biodiversité et l'intégrité du patrimoine génétique du pays, la prévention de dégâts environnementaux et la récupération des espaces naturels dégradés. Ajoutant l'obligation de tout Équatorien de respecter les droits de la nature, la préservation d'un environnement sain et l'utilisation des ressources naturelles de manière rationnelle et durable.

De même, la Bolivie a ajouté dans sa dernière constitution un droit à l'environnement. En effet, l'article 33 du texte constitutionnel octroie aux personnes le droit à un environnement sain, protégé et équilibré, ajoutant que l'exercice de ce droit doit permettre à tout individu et collectivités de présentes et futures générations et à tout autre être vivant de se développer de manière normale et permanente. De plus, l'article 306 de la Constitution bolivienne révèle un modèle économique pluriel orienté vers l'amélioration de la qualité de vie et du bien vivre de tous les habitants.

[1305] BRUSCO (A.), « Resultados de la Conferencia de Rio+20 y perspectivas para el desarrollo ambiental », in IVe Encuentro de magistrados de la Comunidad andina y del MERCOSUR, *Serie Memorias y debates* n° 4, t. II, 2012, p. 273.

rapport homme-nature s'immisce ainsi progressivement au sein de la Communauté andine.

Le troisième grand « chantier juridique » de la coopération CAN-MERCOSUR concerne la réglementation douanière.

C. L'unification de la réglementation douanière

Durant la quatrième réunion entre magistrats du TJCA et arbitres du TPR des 20 et 21 septembre 2012, les intervenants sont revenus à des sujets plus économiques. L'adoption d'un mécanisme de coopération entre tribunaux communautaires et cours suprêmes nationales concernant la régulation douanière et la taxe sur la valeur ajoutée, ainsi que la question de l'harmonisation législative, ont constitué les thèmes centraux de cette rencontre. L'objectif principal abordé était la réalisation à terme d'une unification des codes douaniers au sein de la Communauté andine et du MERCOSUR, une méthode ambitieuse pour progresser vers une intégration renforcée sur tout le continent sud-américain.

Par ailleurs, aux yeux de César Montaño Galarza, l'importance accordée à l'harmonisation des impôts au sein de la CAN représente un effort déterminant dans le processus d'intégration andin qui « dépend surtout en grande mesure des volontés politiques des gouvernements des États membres, ces derniers étant encore marqués par une dynamique intergouvernementale »[1306]. L'auteur insiste sur l'avantage que représenterait une harmonisation de la taxe sur la valeur ajoutée que la Communauté andine essaie de réaliser depuis 1992[1307], notamment par l'entremise des interprétations préjudicielles du TJCA qui ont permis de clarifier certains actes communautaires comme la Décision n° 388 de la Commission de la Communauté andine du 2 juillet 1996.

Rappelons, en effet, que depuis 2005, le TJCA a été saisi de plusieurs demandes en interprétation préjudicielle de la part de contributeurs et d'autorités administratives des impôts. Le premier arrêt rendu dans ce domaine, l'arrêt n° 75 -IP-2005 concernait justement la Décision n° 388[1308].

[1306] MONTANO GALARZA (C.), « La jurisprudencia del Tribunal de Justicia de la Comunidad Andina en materia de armonización legislativa: el caso del impuesto al valor agregado », IV° Encuentro de magistrados de la Comunidad andina y del MERCOSUR, *Serie Memorias y debates,* n° 4, t. I, 2012, p. 25.

[1307] Décision n° 324 relative au programme de libéralisation de la taxe extérieure commun et aux mesures incitatives pour l'exportation intra régionale; Décision n° 330 relative à l'élimination des subventions et l'harmonisation des incitations aux exportations intra régionales du 22 octobre 1992; Décision n° 388 relative à l'harmonisation des taxes directes comme incitations aux exportations de marchandises ; Décision n° 599relative à l'harmonisation de certains aspects et procéduresimportantes concernant les taxes sur la valeur ajoutée ; Décision n° 635 relative à l'amendement des Décisions n° 599et n° 600.

[1308] TJCA, arrêt n° 75-IP-2005, publié au GOAC n° 1233 du 18 août 2005.

Les juges y ont proposé une analyse des caractéristiques de la « *soft law* »[1309] s'appliquant à cette décision considérée comme floue, notamment parce qu'elle ne déterminait aucune date précise pour l'harmonisation des lois fiscales des États membres. Toutefois, les modifications introduites par la Décision n° 599[1310] ont prévu que le délai d'harmonisation serait de dix ans à compter de la publication de la décision.

Cet arrêt aurait pu donner un élan à une réelle harmonisation fiscale, mais, malheureusement, le TJCA est resté prudent. En effet, ainsi que le relève César Montaño Galarza, dans leurs conclusions les juges ne précisent pas « la nature du régime d'harmonisation, le concept, les éléments et sa portée ». Cet arrêt n'indique pas plus « les responsabilités à court et long terme qui doivent émerger de l'adoption d'un régime d'harmonisation ». Ajoutons que l'une des défaillances les plus répréhensibles du Tribunal est de ne pas avoir fait de distinction entre harmonisation et régime commun ou unifié ; un vide qui ne sera pas comblé dans sa jurisprudence ultérieure[1311].

La quatrième réunion des acteurs judiciaires andins a aussi donné une tribune aux partisans de l'élaboration d'un code douanier indispensable à un niveau d'intégration supérieure à celui proposé par la Communauté andine. Si une véritable union douanière entre la CAN et le MERCOSUR arrivait à se concrétiser, cela impliquerait, en effet, un commerce plus transparent avec des importations et des exportations qui pourraient significativement augmenter.

Un autre avantage d'un code douanier unifié serait de permettre une uniformité de principes généraux et directeurs dans le domaine douanier[1312], qui sont pour la plupart encore déterminés de manière individuelle par chaque État membre conformément à la réglementation internationale à

1309 Le concept de *Soft Law* (« droit souple », non contraignant) est une expression anglo-saxonne qui apparaît dans les années 1970 dans le cadre du droit international public. Contrairement au droit des traités, cette notion suggère le manque de clarté quant à l'effectivité juridique de certains actes. Elle est reprise par doctrine européenne pendant les années 1980 et associé à des règles non contraignantes comme les recommandations, les opinions, les communications, les avis ou notes émis par la Commission européenne, qui sont dépourvues de l'effet obligatoire au sens strict, mais qui ne sont toutefois pas dépourvues d'effets (notamment incitatifs et interprétatifs) pour la Communauté andine.

1310 Publiée au GOAC n° 1093 du 16 juillet 2004.

1311 TJCA, arrêt n° 50-IP-2006, publié au GOAC n° 1399 du 15 septembre 2006; TJCA, arrêt n° 112-IP-2005, publié au GOAC n° 1301 du 28 février 2006 ; TJCA, arrêt n° 77-IP-2005, publié au GOAC n° 1235 du 23 août 2005 ; TJCA, arrêt n° 54-IP-2006, publié au GOAC n° 1399 du 15 septembre 2006; TJCA, arrêt n° 52-IP-2006, publié au GOAC n° 1362 du 22 juin 2006; TJCA, arrêt n° 53-IP-2006, publié au GOAC n° 1362 du 22 juin 2006; TJCA, arrêt n° 67-IP-2008, publié au GOAC n° 1655 du 15 septembre 2008; TJCA, arrêt n° 93-IP-2008, publié au GOAC n° 1674 du 27 novembre 2008.

1312 Notamment s'agissant de la systématisation douanière, des opérateurs du commerce extérieur, de la valorisation douanière, de la nomenclature tarifaire, des normes d'origine, de garanties douanières, de l'obligation douanière, etc.

laquelle ils ont adhéré[1313]. Un tel code faciliterait en outre les discussions en matière d'importations et d'exportations de marchandises qui se déroulent au niveau international.

Le soutien de la Communauté andine à ce projet s'explique notamment par sa volonté d'unifier son propre droit douanier en vigueur actuellement dispersé dans plusieurs textes juridiques. Effectivement, le régime douanier andin prévoit déjà : une nomenclature commune[1314], un tarif intégré andin[1315], une évaluation douanière[1316], un régime douanier[1317], un transit douanier communautaire[1318], une origine préférentielle[1319], un contrôle douanier[1320], une assistance mutuelle et une coopération entre administrations douanières des États membres[1321].

[1313] Les États membres de la Communauté andine sont parties contractantes de l'Organisation mondiale des douanes (OMA).

[1314] Plus connue sous l'acronyme NANDINA, il s'agit d'un système de classification tarifaire des marchandises entré en application en 1991. Il est actuellement régi par la Décision n° 653 en vigueur depuis le 1er janvier 2007 et la Résolution n° 1234 portant règlement de gestion de la nomenclature commune NANDINA du 8 mai 2009.

[1315]Connu sous l'acronyme ARIAN, le tarif intégré andin a été approuvé par la Décision n° 657 du 29 novembre 2006. Il s'agit d'un outil d'appui pour la nomenclature commune visant à faciliter l'application du tarif extérieur commun.

[1316] L'évaluation permet de déterminer une base fiscale commune pour les produits d'importation dans la région. Elle est appliquée depuis 2003 et la Décision n° 571 portant valeur des marchandises d'importation en douane du 12 décembre 2003. Un an plus tard, le Secrétaire général de la CAN adopte un règlement pour l'application de l'évaluation douanière des marchandises par ailleurs encadrée par la Résolution n° 1486 sur l'appendice de l'annexe à la Résolution n° 846 pour l'actualisation des données et par les Résolutions n° 1239 (29 mai 2009) et n° 1281 (30 septembre 2009) portant modification et la digitalisation des procédures d'enregistrement. Citons enfin la Résolution n° 1456 relative à l'évaluation des critères spéciaux de certains produits du 28 février 2012.

[1317] La CAN a adopté un « Document unique douanier » (DUA) pour administrer et permettre l'harmonisation des procédures et formalités d'importation et d'exportation de marchandises dans la région. Avec l'adoption de la Décision n° 671 portant harmonisation des régimes douaniers du 13 juillet 2007 et de la Décision n° 716 du 8 septembre 2009 portant modification du délai d'entrée en vigueur des décisions n° 670 et 671 en 2010, la possibilité d'une harmonisation des législations en matière de régime douanier a été encouragée.

[1318] Une autre question relevant du régime douanier andin est celle du transit douanier commun encadré depuis 2006 par la Décision n° 617 du 15 juillet 2005 qui a connu des modifications apportées par la Décision n° 639 portant transport des marchandises qui traversent deux frontières ou plus des États membres du 19 juillet 2006.

[1319] Les « Règles spécifiques d'origine » (REO) sont des accords commerciaux signés pour établir des critères spécifiques d'origine pour qualifier des marchandises. Ces règles spécifiques sont prévues par la Décision n° 416 portant règles spéciales pour la qualification et certification d'origine des marchandises du 30 juillet 1997 et la Décision n° 417 portant critères et fixation des conditions spécifiques d'origine du 30 juillet 1997 mentionne la procédure applicable.

[1320] La Décision n° 574 du 12 décembre 2003 contient les normes que les administrations douanières des États membres doivent appliquer pour le contrôle des opérations de commerce extérieur qui se fait en trois étapes: contrôle antérieur, contrôle pendant la distribution et

Mentionnons aussi le Programme andin de formation douanière[1322], qui s'ajoute à d'autres mesures visant à faciliter le commerce au sein de la Communauté andine[1323]. C'est cet ensemble de normes dérivées qui a été renforcé ces dernières années pour engager une unification dont les prémices ont été l'élaboration du Document unique douanier[1324] proposant une présentation commune de la déclaration douanière des marchandises, l'harmonisation des instruments douaniers, une standardisation des données pour les opérations commerciales et une rationalisation de l'information pour les opérateurs du commerce extérieur. Ce document est entré en vigueur avec la Décision n° 670 et a été actualisé avec la Décision n° 752 et les Résolutions complémentaires n° 1280 et n° 312. Sa date limite pour son entrée en vigueur avait été fixée au 1er mars 2013, mais il n'a pas encore été appliqué.

Dans les conclusions de la quatrième rencontre, les intervenants ont souligné l'importance de réaliser un code douanier, condition d'une véritable intégration, mais ce projet en est toujours au stade de la réflexion. Un autre point important des conclusions est la réaffirmation de l'office du TJCA envisagé comme « l'outil clé pour assurer l'application uniforme du code douanier et son articulation avec les mécanismes de coordination des ordres juridiques coexistants ». Est ainsi reconnu explicitement le« rôle capital des juges dans le processus d'intégration dont ils doivent garantirl'effectivité ».

Il nous semble pertinent de rappeler que le Tribunal andin mentionne aussi dans le cadre de son travail prétorien la nécessité d'une consolidation des instruments communs dans le domaine douanier pour fortifier l'intégration au niveau andin et plus généralement latino-américain, notamment l'importance de l'élaboration de ce code douanier, mais aussi la création d'un tarif unique. Ainsi indique-t-il dans l'arrêt n° 003 -AI-

---

contrôle après la distribution. Actuellement, le Comité andin d'assistance mutuelle et de coopération prépare une actualisation de la Décision n° 574.

1321 L'assistance mutuelle et la coopération entre les administrations douanières des États membres de la Communauté andine sont régies par la Décision n° 728 du 27 novembre 2009. L'objectif de cette initiative est de permettre aux États membres une coopération et des facilités en matière de services douaniers au moyen d'instruments pour prévenir, chercher et réprimer des actes illicites en ce qui concerne l'activité douanière commune andine.

1322 Ce programme de formation mené par l'Université andine Simón Bolívar à Quito en Équateur a été approuvé par la Décision n° 573 du 12 décembre 2003. Il a comme objectif de fournir des bases à la compétence douanière des services administratifs des États membres.

1323 Cette facilitation du commerce est prévue par la Décision n° 770 qui fait office de règle de référence en la matière ; complétée par la Résolution n° 1467 qui consacre un Plan stratégique de la Communauté andine sur la facilitation du commerce en matière douanière du 3 mai 2012.

1324 Décision n° 670 relative à l'adoption du Document unique douanier du 13 juillet 2007, publiée au GOAC n° 1752 du 9 septembre 2009.

1996 que « la zone régionale andine est appelée à devenir un espace important de formation d'autres blocs commerciaux, avec l'objectif d'avancer vers un marché commun, cela ressort encore plus s'agissant de la recherche d'objectifs par le biais de la création d'un espace économique intégré qui évolue progressivement en permettant le développement interne des échanges en conditions analogues à celles du marché national ». De plus, le Tribunal considère que « ce moyen d'intégrationpar la coopération est la seule manière de permettre la survie du système d'intégration andin, face aux autres processus au niveau continental et mondial ». Selon les juges andins, le marché commun qui s'élabore dans le cadre de la Communauté andine se trouve à un stade intermédiaire, car il comporte « certaines limitations, concernant la libération du trafic des marchandises, mais avec une adoption partielle d'un tarif unique extérieur »[1325].

Dans ce même arrêt, le Tribunal rappelle que « le but primordial du processus d'intégration andin établi à l'article 1er de l'Accord de Carthagène permet d'attribuer au processus andin la qualité de phase intermédiaire pour arriver graduellement à la formation d'un marché commun latino-américain ». Le TJCA précise aussi que « l'article 3 du même instrument normatif signale que le mécanisme pour aboutir aux objectifs de l'Accord de Carthagène doit se réaliser sur la base de l'organisation d'un programme de libéralisation et d'échanges commerciaux au-delà des engagements pris avec l'ALADI ». Cette volonté d'aller vers une unification et l'installation d'un marché commun avec un tarif commun extérieur sera rappelée à plusieurs reprises dans sa jurisprudence ultérieure[1326].

Le Tribunal s'est montré particulièrement précis s'agissant de la structure du tarif unique extérieur fondé sur quatre niveaux tarifaires[1327] en fixant une date limite pour la mise en œuvre de la Décision n° 370 sur le tarif unique extérieur de la Commission de la Communauté andine adoptée le 26 novembre de 1994[1328].

En ce qui concerne le marché commun, les juges ont mis en avant le fait que « les États membres doivent arriver à un stade d'intégration plus élaboré

1325 TJCA, arrêt n° 03-AI-1996, publié au GOAC n° 261 29 avril 1997.

1326 TJCA, arrêt n° 01-AI-98, publié au GOAC n° 377 du 19 octobre 1998 ; TJCA, arrêt n° 28-AI-2001, publié au GOAC n° 798 du 28 mai 2002 ; TJCA, arrêt n° 17-IP-2008, publié au GOAC n° 1638 du 22 juillet 2008.

1327 Les niveaux de tarification douanière commune sont de 5%, 10% 15% et 20%; des pourcentages qui prennent en compte le niveau d'élaboration des produits. Ainsi, pour les matières premières, le tarif unique est de 5%, pour les produits semi-élaborés de 10% et 15% et pour les biens de consommation finale de 20 %.

1328Publiée au GOAC n° 254 de mars 1997. »

à l'exemple de l'expérience européenne »[1329]. Si la CAN a comme objectif l'instauration d'un marché commun, elle ne l'a toujours pas atteint c'est pourquoi le Tribunal rappelle souvent aux États membres « qu'ils se sont engagés à supprimer tout type d'obstacle représentant une entrave aux échanges intracommunautaires de marchandises, pour aboutir à un marché commun et à une communauté des nations, formes encore plus approfondies qu'une zone de libre commerce et une union douanière »[1330].

Répondant à ces injonctions prétoriennes, la quatrième réunion des magistrats de la CAN et des arbitres du MERCOSUR a conduit de manière plus concrète à une proposition d'unification douanière s'inspirant des dispositifs mis en place dans l'Union européenne qui font office de modèles à suivre[1331]. Un avant-projet d'un code douanier communautaire andin[1332] a été présenté en indiquant qu'« une évolution en matière douanière andine plus élaborée est déjà en cours, mais que les États membres de la CAN doivent pouvoir compter avec une uniformité des principes généraux et directeurs en matière douanière, ayant pour objectif d'améliorer le respect des droits des administrés des États membres et compter avec un corpus normatif uniforme en la matière ».

Cet avant-projet proposait une systématisation améliorée des règlements andins en matière d'importations et d'exportations de marchandises en vigueur, mais trop éparpillée pour permettre aux citoyens andins de les appliquer de manière effective et assidue dans le cadre de leurs activités commerciales dans la région.

À l'heure actuelle, aucune date n'a été fixée pour une cinquième réunion de ce type entre les juges andins et les arbitres du MERCOSUR qui exercent d'autre part une activité arbitrale de résolution des conflits.

§ 3 Un dispositif commun : l'arbitrage pour la résolution des conflits

La Communauté andine et le MERCOSUR ont établi des dispositifs d'arbitrage : un mécanisme arbitral ajouté par le Protocole de Cochabamba adopté en mai 1996 pour la première (A) ; un système de résolution des

[1329] TJCA, arrêt n° 07-AI-98, publié au GOAC n° 490 du 4 octobre 1999.

[1330] TJCA, arrêt n° 214-AN-2005, publié au GOAC n° 1498 du 16 mai 2007.

[1331] IBÁÑEZ MARSILLA (S.), « La codificación del Derecho aduanero en la Unión Europea y sus relaciones con el derecho aduanero internacional », *in* IV° Encuentro de magistrados de la Comunidad andina y del MERCOSUR, *Serie Memorias y debates*, n° 4, t. I, 2012, p. 95-104.

[1332] PRECIADO PINEDA (E.), «Anteproyecto de Código aduanero comunitario andino», in *IVe Encuentro de magistrados de la Comunidad andina y del MERCOSUR*, Serie Memorias y debates, n° 4, t. I, 2012, p. 151-260.

différends prévu par le Protocole d'Olivos signé en février 2002 pour ce dernier (B).

A. La fonction arbitrale au sein de la Communauté andine

Un recours arbitral a été introduit dans le contentieux communautaire andin par le Protocole de Cochabamba[1333]. Il a été conçu comme un mode de résolution des conflits en matière de contrats désormais actés aux articles 38 et 39 du Traité constitutif du TJCA. La rédaction finale du Protocole de Cochabamba stipule que le TJCA est l'instance judiciaire en mesure de connaître et de rendre une expertise pour résoudre les conflits soulevés en matière d'interprétation de contrats, de conventions ou d'accords dans deux situations. En premier lieu, le Tribunal est compétent pour résoudre par un arbitrage les conflits portant sur des contrats ou accords conclus entre organes communautaires andins et entre ceux-ci et des tierces parties à la condition qu'ait été prévue une clause de résolution par la voie arbitrale. D'autre part, le Tribunal est aussi compétent pour résoudre par arbitrage les conflits qui naissent en application ou interprétation des clauses d'un contrat à caractère privé régi par le droit communautaire andin. Ce recours est à la disposition de personnes physiques ou morales.

En ce qui concerne la procédure de résolution, le Tribunal doit émettre un avis en droit ou en équité équivalant à la sentence arbitrale du droit commercial classique. Cet avis comporte un effet obligatoire entre les parties et ne peut être dérogé. Ces caractères en font un titre légal suffisant pour en demander l'exécution en conformité avec les dispositions internes de chaque État membre.

Notons cependant que dans une disposition transitoire du Protocole de Sucre du 25 juin 1997, une fonction arbitrale a été reconnue au Secrétaire général de la Communauté andine. L'article 39 du Traité constitutif du TJCA prévoit ainsi qu'un recours pour arbitrage peut être formé auprès du Secrétaire général pour connaître des conflits entre particuliers en ce qui concerne l'application ou l'interprétation des contrats privés régis par le droit communautaire andin. La procédure est la même : les résolutions émises sont obligatoires et définitives dans les deux cas et le Secrétaire général statue aussi en équité et en tenant compte de règles techniques et juridiques.

Il convient néanmoins de préciser qu'au 1er décembre 2014, ni le TJCA ni le Secrétaire général de la Communauté andine n'avaient effectivement été saisis d'un recours en arbitrage. De notre point de vue, cette absence s'explique par l'usage préexistant en cas de conflits portant sur des contrats de s'adresser à une instance internationale d'arbitrage commercial pour les résoudre. Selon la doctrine communautaire andine, la reconnaissance

---

[1333] Signé le 28 mai 1996.

d'une fonction arbitrale au Tribunal andin aurait pourtant un grand avantage parce que « le TJCA étant un organe juridictionnel commun les décisions de ce tribunal peuvent jouir d'une grande fiabilité, de plus, il s'agit d'un organe neutre au regard des autres instances nationales d'arbitrage dans la région, et enfin, ses décisions sont effectives c'est-à-dire que le TJCA dispose de l'effet direct pour assurer leur exécution dans les États membres concernés où le conflit trouve son origine »[1334].

La volonté des législateurs communautaires andins a été d'innover en élargissant la compétence du Tribunal en matière de droit commercial international, domaine qui relève cependant par principe de la réglementation et du contrôle de l'OMC. La consécration de cette figure arbitrale révèle l'ambition de « communautariser » la résolution de tous les types de conflits qui impliquent l'application directe ou indirecte du droit communautaire andin.

Inspirée de la procédure arbitrale classique, l'exercice de cette fonction dépend de la volonté des parties en situation de litige de se soumettre à une procédure arbitrale, mais ce cas ne s'est jamais encore rencontré ; il s'agit pour l'instant d'une « compétence de papier »[1335]. On peut y voir « une très précieuse innovation et un grand apport, mais être surpris que la communauté commerciale n'ait pas encore mis en œuvre ce recours surtout dans le domaine des contrats portant sur des constructions d'infrastructures physiques, la propriété intellectuelle, les assurances et le transport en général »[1336]. L'une des raisons de ce constat peut résider, selon l'ancien magistrat Ricardo Vigil Toledo, « dans la résistance à accepter que des juges à plein temps d'un dévouement exclusif à la magistrature puissent exercer aussi des fonctions arbitrales qui en principe leur sont interdites ». Dans le cadre andin, la fonction de juger classique est pourtant explicitement complétée par une fonction arbitrale subsidiaire ; cette dualité est prévue par le Traité constitutif du TJCA lui-même.

Le MERCOSUR a aussi prévu une procédure arbitrale qui se caractérise par un caractère hybride.

B. Le système de règlement des différends du MERCOSUR

Le système de règlement des différends du MERCOSUR repose aujourd'hui principalement sur les dispositions du Protocole

---

[1334] BALDEON (G.), *Propuesta de instrumentación del arbitraje en la Comunidad andina*, Lima, Secretaría general de la Comunidad andina, 2001, p. 1.

[1335] CASTELLANOS PEÑAFIEL (L. del C.), *Los límites de la actividad jurisdiccional del Tribunal de justicia de la Comunidad Andina*, Mémoire en droit international économique, Université andine Simón Bolívar, 2007, p. 73.

[1336] VIGIL TOLEDO (R.), *El Tribunal andino en perspectiva*, *op. cit.*, p. 116.

d'Olivos[1337] dont l'article 1er stipule qu'il a pour objet de résoudre tout différend entre les États membres du MERCOSUR concernant l'interprétation, l'application ou un manquement relatif au Traité fondateur du MERCOSUR[1338], au Protocole d'Ouro Preto, aux protocoles et accords conclus dans le cadre du Traité d'Asunción, aux décisions du Conseil du marché commun, aux résolutions du Groupe du marché commun et aux directives de la Commission du commerce du MERCOSUR[1339].

D'après Alejandro Perotti, « la spécificité de ce système de règlement des différends se trouve dans le fait que le Protocole d'Olivos n'est pas le seul instrument régulateur »[1340] ; d'autres normes viennent en effet renforcer le droit du MERCOSUR dans ce domaine[1341]. Aussi le dispositif arbitral actuel est-il considéré comme un « système hybride » : le Traité d'Asunción[1342] le conçoit, selon une approche diplomatique classique intergouvernementale, comme un outil de résolution des conflits entre États contractants à caractère provisoire[1343] ; cependant, les articles 7 à 24 du Protocole de Brasilia[1344]

1337 Signé le 18 février 2002, en vigueur depuis le 1er janvier 2004.

1338 Le Traité d'Asunción du 26 mars 1991.

1339 Article 1er: « *Las controversias que surjan entre los Estados Partes sobre la interpretación, aplicación o incumplimiento del Tratado de Asunción, del Protocolo de Ouro Preto, de los protocolos y acuerdos celebrados en el marco del Tratado de Asunción, de las Decisiones del Consejo del Mercado Común, de las Resoluciones del Grupo Mercado Común y de las Directivas de la Comisión de Comercio del Mercosur, serán sometidas a los procedimientos establecidos en el presente Protocolo* ».

1340 PEROTTI (A. D.), « Elementos básicos para la constitución de un tribunal de justicia del Mercosur », *La Ley*, n° 251, 2008, p. 1, disponible sur: http://www.stf.jus.br/arquivo/cms/sobreStfCooperacaoInternacional/anexo/Noticias_do_Mercosul/Elementos_Basicos.pdf.

1341 Voir : Règlement du Protocole d'Olivos, Décision du Conseil du marché commun n° 37/03, Décision du Conseil du marché commun n° 23/04 relative à la procédure des affaires exceptionnelles d'urgence, Décision n° 30/05 relative aux règles de procédure du Tribunal permanent de révision, Décision n° 02/07 relative au règlement de la procédure de demande d'opinions consultatives du Tribunal permanent de révision par les tribunaux suprêmes de Justice, Annexe au Protocole d'Ouro Preto relative à la procédure générale de réclamations auprès de la commission de commerce du Mercosur ; Décision n° 18/02 relative au règlement de la procédure générale de réclamations auprès de la commission de commerce du Mercosur, Décision n° 17/04 relative au Fonds spécial pour lesdifférends, Décisions n° 26/04, 18/06, 38/07, 41/07, 42/07 relatives à la désignation des arbitres du Tribunal permanent de révision du Mercosur, Décision n° 30/04 relative aux règles du modèle de procédure pour les tribunaux arbitraux ad hoc du Mercosur, Décision n° 26/05 relative à la procédure spéciale du Protocole d'Olivos pour la résolution des différends initiés dans les accords de réunions des ministres du Mercosur et Directive n° 17/99 de la commission de commerce du Mercosur relative au mécanisme de consultation de la commission de commerce du Mercosur.

1342 Traité de création du MERCOSUR signé le 26 mars 1991.

1343 « Le Traité d'Asunción de 1991 prévoyait déjà un système de règlement des différends notamment politique. Ce traité ne prévoyait pas la création d'une juridiction régionale pour le Mercosur. Les différends devaient être réglés tout d'abord par le biais de négociations directes entre les États concernés, l'absence d'un accord donnant lieu à une recommandation émise sur la base du consensus par le Groupe marché commun. Les États membres étant incapables de

prévoit la possibilité de solliciter le Secrétariat du MERCOSUR pour la formation d'un tribunal arbitral *ad hoc* composé de trois arbitres en vue d'édicter des sentences arbitrales contraignantes entre les parties sans la possibilité d'un recours ultérieur.

Par la suite et dans un objectif de perfectionnement du système arbitral existant, le Protocole d'Olivos de 2002[1345] a introduit la possibilité pour l'État demandeur de choisir un mécanisme de résolution des différends autre que celui établi dans le cadre du MERCOSUR. Ce peut être celui prévu par l'OMC, mais aussi tout autre dispositif arbitral établi dans des accords commerciaux qui lient les États en conflit[1346].

Mais le Protocole d'Olivos instaure encore une autre possibilité pour les États demandeurs qui reste dans le cadre régional avec la création d'un Tribunal permanent de révision (TPR)[1347] composé de cinq arbitres[1348], qui doivent être disponibles de manière permanente pendant deux ans pour siéger s'ils sont convoqués[1349]. Ce Tribunal est devenu la juridiction de dernier ressort du système de résolution des différends du MERCOSUR, capable de confirmer, modifier ou révoquer les sentences du tribunal arbitral *ad hoc* qui sont en principe contraignantes pour les États membres.

---

trouver une solution commune au sein de cet organe, la procédure se poursuivait avec l'avis du Conseil du marché commun, également par consensus. Cette première procédure, qui a perduré jusqu'en 1993, n'a jamais été utilisée par les États membres du Mercosur » (WOJCIKIEWICZ ALMEIDA (P.), *La difficile incorporation et mise en œuvre des normes du Mercosur: aspects généraux et exemple du Brésil*, Thèse en droit, Université de la Sorbonne, Paris, 2012, p. 432). Cette « particularité instaurée au Mercosur a mené à sa caractérisation de « processus « power-oriented » où les relations de pouvoir prédominent sur les règles juridiques » (FELDSTEIN de C. S. (L.), SCOTTI (L.), RODRIGUEZ (M. S.), MEDINA (F. A.), CARDENAS Y. (C.), *Del Protocolo de Brasilia al Protocolo de Olivos: Los desafíos pendientes*, CAEI, 2006, p. 3).

1344 Signé le 17 décembre 1991, abrogé par le Protocole d'Olivos du 18 février 2002.

1345 Signé le 18 février 2002, en vigueur depuis le 1er janvier 2004.

1346"Article 1er, §2: « *Las controversias comprendidas en el ámbito de aplicación del presente Protocolo que puedan también ser sometidas al sistema de solución de controversias de la Organización Mundial del Comercio o de otros esquemas preferenciales de comercio de que sean parte individualmente los Estados Partes del MERCOSUR, podrán someterse a uno u otro foro a elección de la parte demandante. Sin perjuicio de ello, las partes en la controversia podrán, de común acuerdo, convenir el foro* ».

1347 En fonctionnement depuis le 18 août 2004, siège à Asunción au Paraguay.

1348 Avec l'incorporation du Venezuela et de la Bolivie en tant que membres de plein droit du MERCOSUR, la composition du Tribunal permanent de révision évoluera vers neuf arbitres, un pour chaque État membre et un juge arbitre élu à l'unanimité par tous les États membres du MERCOSUR à partir de la liste de référence présentée les États membres. Voir articles 18 et suivants du Protocole d'Olivos.

1349 Articles 25 à 29 du Protocole d'Olivos.

Le TPR est ainsi considéré comme un « organe hybride à mi-chemin entre un tribunal permanent et une instance arbitrale »[1350]. Il est, en effet, à la fois un tribunal avec un siège permanent comme le prévoit le Protocole d'Olivos, mais aussi une instance composée d'arbitres nommés par les États membres du MERCOSUR ; ce Tribunal « ne peut être considéré comme une Cour de justice »[1351]. Plus précisément, le Protocole d'Olivos distingue quatre fonctions du TPR : l'émission d'avis consultatifs, compétence qui lui permet d'interpréter le droit du MERCOSUR ; la révision des sentences des tribunaux *ad hoc* (organes de seconde et dernière instance) ; la résolution des conflits en tant que tribunal de première et unique instance quand il est saisi directement par un État membre ou un particulier ; l'édiction de mesures exceptionnelles d'urgence (instance unique) lorsqu'il est sollicité à cette fin.

Notons cependant que les personnes physiques ou morales recourent finalement de manière assez limitée au dispositif de résolution des différends du MERCOSUR sachant qu'ils ont le droit de présenter leurs demandes devant la section nationale du Groupe du marché commun[1352] de l'État membre concerné à propos de l'adoption ou de l'application, par tout État membre, d'actes de nature légale ou réglementaire ayant un effet restrictif, discriminatoire ou créant une situation de concurrence déloyale, en violation des dispositions du droit du MERCOSUR[1353].

Le mécanisme ainsi adopté par le MERCOSUR peut être considéré comme « un dépassement de l'orthodoxie juridictionnelle communautaire »[1354], car il ne repose que sur un système arbitral tandis que les systèmes communautaires, à l'instar de la Communauté andine ou de l'Union européenne, ont instauré des cours de justice propres et permanentes. Néanmoins, le caractère uniquement arbitral de son action et la constitution de différents tribunaux *ad hoc*, qui ont compétence pour rendre des sentences, affaiblissent de fait le TPR du MERCOSUR. L'adjectif « permanent » qui lui est accolé assure tout de même à ses décisions une

---

1350 DAILLIER (P.), BENLOLO-CARABOT (M.), SUSANI (N.), VAURS-CHAUMETTE (A.-L.), « La jurisprudence des tribunaux des organisations d'intégration latino-américaines (Chronique n° 2) », *op. cit.*, p. 566.

1351 GIL MASCOLO (T.), *La place des droits de l'homme dans le Mercosur à la lumière de l'expérience européenne. Les enjeux au regard du système interaméricain de protection des droits de l'homme*, Thèse en droit, Université de Strasbourg, 2013, p. 415.

1352 Le Groupe du marché commun est l'organe exécutif du MERCOSUR. Sa structure est définie par la Décision n° 12/12 relative à la structure du marché commun de la Commission du marché commun. Il se prononce par résolutions obligatoires pour les États membres du MERCOSUR.

1353 Article 39 du Protocole d'Olivos.

1354 DAILLIER (P.), BENLOLO-CARABOT (M.), SUSANI (N.), VAURS-CHAUMETTE (A.-L.), « La jurisprudence des tribunaux des organisations d'intégration latino-américaines (Chronique n° 2) », *op. cit.*, p. 581.

valeur de précédents qui permettent de combler les éventuels vides du droit du MERCOSUR. Elles constituent des « connaissances accumulées »[1355], en particulier sur certains sujets comme l'adoption de barrières non tarifaires et de mesures de sauvegarde s'agissant du commerce qui se réalise à l'intérieur des frontières du MERCOSUR[1356].

La doctrine[1357] a pu mettre en évidence les limites de son système arbitral qui se rapproche du mécanisme de résolution de différends de l'OMC[1358], mais aucune des réformes qui se sont succédé avant le Protocole d'Olivos ni ses modifications ultérieures n'ont été suffisantes pour dépasser le stade arbitral et implanter un véritable système juridictionnel propre au MERCOSUR[1359].

Tenant compte de ces différentes remarques, certains auteurs[1360] expliquent l'avantage que constituerait un rapprochement des dispositifs de résolution des différends du MERCOSUR et de la CAN. Selon l'ancien magistrat du TJCA Ricardo Vigil Toledo, la coopération entre ces deux

---

1355 VENTURA (D.), *Les asymétries entre le Mercosur et l'Union européenne. Les enjeux d'une association interrégionale*, Paris, L'Harmattan, 2003, p. 207.

1356 Une compilation des sentences arbitrales et opinions consultatives des tribunaux du MERCOSUR a été élaborée par le Secrétariat du MERCOSUR: « Laudos, aclaraciones y opiniones consultativas de los tribunales del Mercosur », Secretaría del Mercosur, 2007, p. 396.

1357 Voir not. : FELDSTEIN de CÁRDENAS (S. L.), SCOTTI (L.), RODRÍGUEZ (M. S.), MEDINA F. (A.), CÁRDENAS Y. (C.), *Del Protocolo de Brasilia al Protocolo de Olivos: Los desafíos pendientes*, *op. cit.*, p. 13; VENTURA (D.), *Les asymétries entre le Mercosur et l'Union européenne. Les enjeux d'une association interrégionale*, *op. cit.*, pp. 228-236; PEROTTI A. (D.), « Elementos básicos para la constitución de un tribunal de justicia del Mercosur », *op. cit.*, pp. 1-5 ; YOUGONE F. (N.), *Arbitrage commercial international et développement, Étude du cas des États de l'OHADA et du Mercosur*, Thèse en droit, Université Montesquieu Bordeaux IV, 2013, p. 531.

1358 FUDERS (F.), « La solución de controversias en el Mercosur: una evaluación del sistema y de la jurisprudencia », *Prima Facie*, vol. 11, n° 21, 2012, pp. 75-108.

1359 Voir notamment : COSTA L. (M.), ZIVY (I.), « Un tribunal supranational dans le Mercosul », *RIDC*, vol. 50, n° 3, 1998, p. 923-925 ; WOJCIKIEWICZ ALMEIDA (P.), « L'influence de la Cour de justice de l'Union européenne dans le projet constitutif d'une Cour de justice pour le Mercosud », *Revista de l'Universidad de relaciones internacionales de Brasilia*, vol. 9, n° 1, 2011, pp. 131-158 ; PENA-PINON (M.), « Une Cour de justice pour le Mercosur ? Vraies-fausses avancées vers une institutionnalisation renforcée », *Revue québécoise de droit international*, n° 25, 2012, pp. 119-154 ; AMZEL-GINZBURG (C.), « Mercosur, sistema de solución de controversias, su institucionalidad », *Revista Aportes para la integración latinoamericana*, n° 31, 2014, pp. 36-59.

1360 Il s'agit d'une initiative initiée par l'ancien magistrat du TJCA Ricardo Vigil Toledo qui a élaboré des réflexions sur l'importance du recours en interprétation préjudicielle (VIGIL TOLEDO (R.), « La consulta prejudicial en el Tribunal de Justicia de la Comunidad andina », *op.cit.*, pp. 939-948) et une coopération entre ces deux instances juridictionnelles régionales (VIGIL TOLEDO (R.), « La coopération entre el Tribunal de Justicia de la Comunidad andina y el Tribunal permanente de révision del MERCOSUR, *Anuario de derecho constitucional latinoamericano*, vol. I, n° 11, 2005, pp. 779-808).

instances devrait aboutir à la création d'un « Comité judiciaire mixte Can-Mercosur »[1361] qui représenterait pour l'auteur « un grand pas pour l'approfondissement de l'intégration, en vue de la future constitution d'un Tribunal permanent de Justice de la Communauté sud-américaine des Nations »[1362].

Cette évolution juridictionnelle n'est pas le seul défi, loin de là, que doit relever la Communauté andine qui se préoccupe d'un renouvellement du processus intégrateur sur tout le continent sud-américain.

SECTION 2 : LES DÉFIS COMMUNAUTAIRES ANDINS DANS LE CADRE CONTINENTAL

La Communauté andine a entamé une phase de réflexion quant à l'évolution des politiques mises en place par ses États membres (§1) en vue d'initier un processus d'intégration de dimension continentale (§2) mettant en valeur les institutions andines qui se retrouveraient alors dans une nouvelle configuration juridique régionale (§3).

§ 1 Vers de nouveaux horizons pour la construction communautaire andine

La Communauté andine existe depuis près de quarante-cinq ans sur le continent sud-américain et a élargi son champ d'action cantonné originellement à des politiques communes purement économiques, à des questions concernant des problématiques sociales et le développement d'infrastructures (A). Depuis presque cinq ans, ce processus est en voie de renouvellement, comme cela avait déjà été le cas à la fin de la décennie 1990 qui avait été marquée par le début d'une réingénierie de ses fonctions (B).

A. La nouvelle configuration des politiques d'intégration communautaire andine

Durant le Sommet de Tarija qui s'est tenu en 2007, les présidents des États membres de la Communauté andine ont donné l'impulsion à une « intégration intégrale » en prônant un rapprochement plus équilibré entre les domaines social, culturel, économique, environnemental, et politique.

1361 VIGIL TOLEDO (R.), « El Tribunal de Justicia Permanente de la Comunidad andina y el Mercosur », *Anuario de derecho constitucional latinoamericano*, vol. II, n° 12, 2006, p. 653.
1362 *Ibidem*, p. 659.

Témoin de cette volonté commune, l'Agenda stratégique approuvé en 2010[1363] accompagné de son Plan d'application[1364] posent des principes phares guidant les politiques actuelles de la CAN. Ces deux instruments ont été adoptés par le Conseil andin des ministres des Affaires étrangères conjointement avec la Commission de la Communauté andine afin de prendre en considération la réalité de la diversité et d'avancer « vers une intégration moins technique et moins exigeante dans sa dimension commerciale, mais plus riche avec l'incorporation de nouvelles thématiques »[1365].

En matière commerciale, d'après son ancien Secrétaire général Adalid Contreras, « la Communauté andine est considérée comme le marché élargi le plus perfectionné des pays en développement », dès lors qu'il « comporte non seulement de grandes entreprises, mais aussi des petites et moyennes entreprises se servant du marché interne andin comme d'un tremplin pour accéderaux marchés plus sophistiqués »[1366].

Mais à l'intégration classique commerciale s'ajoutent des politiques d'intégration énergétique, comme nous l'avons déjà relevé. Cette prise en compte de ce domaine a conduit à la réalisation de l'Agenda stratégique andin portant sur les défis de l'interconnexion des systèmes d'électricité dans les États membres de la CAN ; une question qui fait désormais figure de priorité en raison du potentiel énergétique abondant du territoire de la Communauté andine[1367].

Le cadre juridique commun en matière d'intégration énergétique a été déterminé par la Décision n° 536 qui pose des règles relatives à l'interconnexion régionale des systèmes électriques et aux échanges

---

[1363] L'Agenda stratégique andin comprend douze thématiques : l'intégration commerciale et la complémentation économique ; la promotion de la production, du commerce et de la consommation durables ; l'intégration physique et le développement des frontières ; le développement social et la participation des ressortissants andins à l'intégration : la politique extérieure commune: l'environnement ; le tourisme ; la sécurité ; la culture ; la coopération ; l'intégration énergétique ; le développement institutionnel de la Communauté andine.

[1364] Sg/dt 445, « *Plan d'implémentation de l'agenda stratégique andine* », 2011, p. 47. Ce Plan « novateur et complexe susceptible de recueillir un plus large *consensus,* provoque des réactions d'optimisme chez certains acteurs et de scepticisme chez d'autres compte tenu du non-respect de la réglementation andine et de la dispersion de ses institutions et programmes ». PRADO ESPINOZA M. (M.), *La Communauté andine des Nations : quelle intégration économique régionale ?*, Thèse en économie, Université de Grenoble, 2014, p. 58.

[1365] PAREJA CUCALÓN (F.), « La dimensión social de la integración andina », *Revista de la integración*, n° 4, dossier: « 40 años de integración andina, avances y perspectivas », Lima, Secretaria General de la Comunidad Andina, 2009, p. 152.

[1366] CONTRERAS (A.), « La Comunidad andina está en un proceso de reingeniería», *Revista Lideres*, entretien du 28 janvier 2013, disponible sur:
http://www.revistalideres.ec/lideres/adalid-contreras-comunidad-andina-proceso.html.

[1367] Voir: Sg/di 458, « *El potencial energético de la subregión andina como factor estratégico para la seguridad energético regional et hemisférico* », 2002, p. 66.

intracommunautaires d'électricité[1368]. Cette décision a comme principal objectif le développement commun de ressources énergétiques et de la sécurité, ainsi que la fiabilité des fournisseurs d'électricité dans chaque État membre en tenant compte des singularités et potentiels de chaque configuration nationale.

Relevons en outre qu'a été créé en 2003 un Conseil des ministres de l'Énergie, de l'électricité, des hydrocarbures et de l'industrie minière de la Communauté andine[1369], tandis que la Décision n° 757 a prévu l'adoption d'un régime transitoire pour les échanges électriques entre l'Équateur et le Pérou et un régime bilatéral transitoire pour la Colombie et l'Équateur. L'alliance énergétique andine créée à l'occasion de la première réunion du Conseil des ministres de l'Énergie, de l'électricité, des hydrocarbures et de l'industrie minière[1370] avait comme missions fondamentales de procéder à une interconnexion régionale en matière d'électricité et de gaz, de former des *clusters* énergétiques et de développer les énergies renouvelables. Mais cette instance s'est réunie pour la dernière fois en 2005[1371]. Actuellement, un autre projet communautaire andin est en préparation, mais un projet différent se développe à plus vive allure, l'Initiative pour l'intégration de l'infrastructure régionale sud- américaine (IIRSA)[1372]. On constate un rapprochement des États membres de la CAN vers cette initiative, ce qui montre une volonté d'élargir les perspectives d'intégration régionale. Toutes ces nouvelles politiques et actions semblent pour l'instant très larges et difficiles à réaliser dans le cadre andin du fait de la crise structurelle que la Communauté andine traverse en ce moment. Mais le processus de réformes initié devrait permettre de délimiter les possibilités réelles d'action de la CAN.

1368 Décision n° 536 portant cadre général d'interconnections des systèmes électriques et d'échange électrique intracommunautaire du 19 décembre 2002.

1369 Décision n° 557 portant création du conseil des ministres d'énergie, électricité, énergies fossiles et mines du 25 juin 2003.

1370 Organisée à Quito le 30 janvier 2004 ; d'autres deux réunions ont été organisées le 16 novembre 2004 et le 14 juillet 2005.

1371 Une raison du manque de réactivation de la politique énergétique andine est le retrait du Venezuela le 22 avril 2006, considéré comme la puissance énergétique du continent sud-américain.

1372 L'Initiative pour l'intégration de l'infrastructure régionale sud-américaine est un mécanisme institutionnel de coopération d'actions intergouvernementales orientées vers une planification de « l'intégration physique régionale » regroupant l'ensemble des pays du continent sud-américain. Elle a été créée à l'initiative de la Banque interaméricaine de développement (BID) et de la Corporation andine dedéveloppement (CAF) en 2000 afin de construire un agenda commun pour impulser des projets d'intégration d'infrastructures de transports, d'énergie et de télécommunications. Depuis 2011, l'IIRSA est incorporée au travail du Conseil sud-américain d'infrastructure et de planification (COSIPLAN) de l'UNASUR.

Ainsi, de nouveaux défis se présentent pour la Communauté andine. Une nouvelle configuration du cadre régional se prépare, surtout depuis l'entrée de l'État plurinational de la Bolivie dans le MERCOSUR qui passe ainsi du statut de pays associé à celui d'État membre de l'organisation[1373]. Ces avancées du processus d'intégration à l'échelle continentale requièrent de la Communauté andine une réadaptation du processus communautaire andin.

B. Une réingénierie nécessaire de la CAN

Le terme « réingénierie »[1374] est ici employé comme synonyme de réforme ou de rénovation. Pour certains auteurs, la Communauté andine traverse depuis 2009 une « crise profonde »[1375] caractérisée par une incertitude politique[1376]. En ce sens, l'ancien président du Parlement andin Hector Rojas Jiménez considère que « la seule voix pour préserver la CAN après près de quarante ans de consolidation d'un marché commun interne est de préserver précisément ce marché commun, le cadre institutionnel et l'ordre juridique commun et de donner un nouvel élan à l'intégration andine ».[1377]D'autres auteurs insistent, en revanche, sur la nécessité de changements conformément à la « logique des nouveaux défis que doit surmonter la CAN en conséquence du contexte international caractérisé par l'existence d'un nouveau régionalisme latino-américain basé sur la construction de stades supérieurs d'intégration au niveau régional et continental »[1378].

Répondant à ces attentes, la réunion du Conseil présidentiel andin à Lima en 2011[1379] a donné l'occasion aux États membres de la Communauté andine d'exprimer leur volonté de renouvellement du dynamisme du processus communautaire andin. À cette fin, ils ont décidé d'une réforme de la

---

1373 Cette adhésion a été confirmée par le Protocole d'adhésion au MERCOSUR signé le 17 juillet 2015. La Bolivie dispose d'un délai de quatre ans pour adopter la nomenclature commune, le tarif externe commun et le régime d'origine du MERCOSUR.

1374 D'après Luis Tello les termes de « réforme » ou de « rénovation » sont volontairement écartés par les membres du Conseil des ministres des Affaires étrangères de la Communauté andine qui préfèrent utiliser celui de « réingénierie» (TELLO VIDAL (L.), « Reingeniería o extinción de la Comunidad Andina?», *Revista interculturalidad*, n° 8, 2014, p. 16, disponible sur www.interculturalidad.org). En termes généraux, « réingénierie » provienne du terme anglais *reengineering* plus utilisé dans le domaine de la gestion des entreprises et signifiant « la remise en cause radicale d'un processus de travail ».

1375 *Ibidem*, p. 20.

1376 « La Colombie et le Pérou sont porteurs de politiques et de régimes plus libéraux que l'Équateur et la Bolivie avec des gouvernements ayant une position plus populiste ». *Ibid.*, p. 15.

1377 ROJAS JIMÉNEZ H. (H.), «La crisis de la Comunidad Andina», *Boletín del Instituto de Estudios Constitucionales*, Universidad Sergio Arboleda, 2011, pp. 7-18.

1378 CONTRERAS (A.), « La Comunidad andina está en un proceso de reingeniería», *op. cit.*

1379 Lors de la réunion extraordinaire du Conseil des présidents andins du 8 novembre 2011.

structure institutionnelle et du fonctionnement du Système andin d'intégration. Le Conseil présidentiel andin a aussi profité d'une réunion extraordinaire à Bogotá pour acter une nouvelle fois le besoin « de renforcer et de renouveler le processus andin d'intégration ».

La réingénierie du Système andin d'intégration sera également prévue dans la Décision n° 773 du Conseil andin des ministres des Affaires étrangères et de la Commission de la Communauté andine[1380], qui prévoit une délégation par le Conseil des ministres des Affaires étrangères d'un travail d'évaluation et de détermination des aspects thématiques qui méritent d'être privilégiés à deux instances externes à la Communauté andine : la Commission économique pour l'Amérique latine et la Caraïbe (CEPAL)[1381] concernant l'évaluation des aspects techniques et thématiques et la Fondation Getulio Vargas (FGV)[1382] pour évaluer et déterminer les contours de la restructuration institutionnelle et du fonctionnement du Système andin d'intégration. La Décision n° 773 prévoit un budget spécifique pour la réalisation de ces études mises à la charge des États membres de la CAN[1383]. De plus, cette décision instaure une Commission de coordination du processus de réingénierie composé d'un représentant de chaque État membre pour six mois en vue de contrôler les travaux préparatoires des instances extérieures chargées de l'évaluation des dysfonctionnements de la CAN.

D'après Michel Levi, deux aspects sont actuellement privilégiés dans les réflexions portant sur la réingénierie de la Communauté andine : une analyse de « la logique de l'État en opposition à la logique du processus

---

1380 Du 3 mai 2012 et du 30 juillet 2012.

1381 La Commission économique pour l'Amérique latine (CEPAL) est l'une des commissions économiques créée par les Nations Unies. Instituée par la résolution n° 106 (VI) du 25 février 1948 du Conseil économique et social de l'ONU, sa mission est de contribuer au développement de l'Amérique latine et des Caraïbes. Son siège est au Mexique. La CEPAL encourage trois thématiques prioritaires : 1. l'intégration commerciale et la complémentation économique : 2. l'environnement, les ressources naturelles et l'énergie ; 3. Le développement social et territorial.

1382 La Fondation Getulio Vargas (FGV) a été fondée en 1944 avec l'objectif de préparer un personnel qualifié pour l'administration publique et privée du Brésil. Actuellement elle compte avec quatre unités d'enseignement et sept écoles en droit, sciences politiques, économie, histoire, sciences sociales, mathématiques appliquées et administration. La FGV détermine que les trois principales valeurs de la CAN consistent en la création d'un droit supranational, l'exécution de projets pour le développement des États membres et la prestation de services à la population dans la région. La Fondation demande de préserver les compétences acquises par les institutions andines, la supranationalité, l'adoption d'une flexibilité pour les États quant à leur participation dans la structure du système andin d'intégration et une meilleure participation de la CAN à d'autres organismes internationaux et régionaux.

1383 Le budget final pour la réalisation des études et de l'évaluation de la réingénierie de la CAN est estimé à 323 000 dollars.

d'intégration » d'une part ; « la détermination d'un besoin de changement des objectifs et des mécanismes actuels »[1384] d'autre part.

Le 15 juin 2013, le Conseil andin des ministres des Affaires étrangères s'est de nouveau réuni pour adopter la Décision n° 791 qui a créé un groupe de travail spécialement dédié à la réingénierie du Système andin d'intégration. À la fin l'année 2013, le Conseil des ministres et la Commission de la Communauté andine ont précisé l'application de ces mesures de réforme dans la Décision n° 792[1385]. Cette dernière décisiona repris les travaux préparatoires du groupe de travail établi par la Décision n° 791 sous la forme d'un document contenant les éléments à améliorer de manière prioritaire s'agissant de la structure et du fonctionnement de la Communauté andine. Un groupe de haut niveau a aussi été chargé de l'application de cette réforme du cadre institutionnel, de l'ordre juridique communautaire et du système de résolution des différends andin. Il est composé des vice-ministres des Affaires étrangères et des vice-ministres du commerce des États membres, ainsi que du Secrétaire général de la Communauté andine[1386].

L'article 2 de la Décision n° 792 a défini les fonctions et les principales activités du groupe d'application de la réingénierie en charge de la mise en œuvre des actions prioritaires déterminées dans la proposition du groupe de travail établi par la Décision n° 791[1387], de la prise en compte de l'analyse des apports présentés par le ministre des Affaires étrangères de l'Équateur[1388], de la coordination de la participation des conseils et groupes

[1384] LEVI CORAL (M.), « El caso de la Comunidad andina», Colloque: La integración regional en América latina y el Caribe y la cooperación al desarrollo. La experiencia de la Unión europea, la AECID y el BI, Madrid, 30 janvier 2014, p. 2.

[1385] Décision n° 792 portant application de la réingénierie du système d'intégration andin du 19 septembre 2013.

[1386] Article 1er de la Décision n° 792.

[1387] Le Document final annexé à la Décision n° 792 présente des propositions pour une nouvelle vision de l'intégration et des lignes directrices stratégiques de priorisation des actions de la Communauté andine. Ce document a été présenté par le Groupe de travail établi par la Décision n° 791 le 12 juillet de 2013. La nouvelle approche du processus intégrateur andin est présentée sur la base d'un cadre pragmatique de priorisation des compétences de la Communauté andine. Le document préconise ainsi de recentrer ses champs d'action, un renforcement de son cadre institutionnel, l'exportation du Parlement andin dans le cadre institutionnel de l'UNASUR, la rationalisation des ressources existantes, une garantie de transparence et la priorisation de la coopération internationale. Parmi les lignes stratégiques pour l'implantation de cette nouvelle vision, le groupe de travail considère comme prioritaires : la restructuration de la CAN, la prise en compte des aspects sociaux, l'approfondissement de l'intégration commerciale, l'interconnexion électrique et l'éventuelle et graduelle articulation, complémentation et convergence des actions de la CAN, du MERCOSUR et de l'UNASUR.

[1388] Les propositions du ministère des Affaires étrangères de l'Équateur sont les seules propositions présentées à titre gouvernemental de manière individuelle par un État membre de

de travail du Système andin d'intégration, de l'élaboration d'un Protocole relatif à la sortie du Parlement andin du Système andin d'intégration[1389], et enfin de l'analyse précise du rapport entre la Communauté andine, la Corporation andine de développement, le Fonds latino-américain de réserves et l'Organisme andin de santé. De plus, cette décision autorise la coordination des rapprochements entre la Communauté andine, le MERCOSUR et la récente UNASUR afin de permettre l'articulation, la complémentarité et la convergence des actions de tous les acteurs du processus d'intégration régionale[1390].

Entre 2013 et 2014, le Groupe de haut niveau a effectivement procédé à l'évaluation des propositions des États membres pour l'application de la réforme et a retenu la proposition du Secrétariat général de la Communauté andine en réduisant les groupes *ad hoc* et comités de travail de cent quatre à vingt-cinq, tout en respectant les lignes et actions prioritaires établies par la Décision n° 792.

Puis, poursuivant la dynamique de réforme, le Conseil de ministres des Affaires étrangères s'est réuni avec la Commission de la Communauté

---

la CAN. Elles contiennent trois volets visant une réingénierie viable de la Communauté andine :

1. La convergence et complémentarité de l'intégration sud-américaine, notamment à travers une harmonisation normative pour la construction d'une citoyenneté sud-américaine, le développement d'instruments normatifs régionaux, la transposition du domaine de la migration à l'UNASUR, la suppression de certains outils comme la tarif extérieur commun andine, une défense commerciale face aux États tiers, une négociation conjointe avec les États tiers, une politique anticorruption et le développement des collectivités locales.

2. La complémentarité productive subrégionale, grâce à l'application de standards de qualité et sanitaire, mais aussi une régulation commerciale, la recherche du développement de la régionalisation et de l'internationalisation des entreprises, la coopération du développement rural et de l'agriculture familiale, la productivité agroalimentaire, la promotion des produits et services stratégiques et emblématiques de la région andine sur les marchés internationaux.

3. La rationalisation institutionnelle à travers la rationalisation des conseils et comités consultatifs, l'absorption du Parlement andin par le parlement sud-américain, le renforcement du Secrétariat général et du Tribunal de justice avec un processus de révision de son traité constitutif pour l'adapter aux nouvelles réalités du processus d'intégration.

[1389] Dans l'objectif de le fusionner avec le Parlement de l'UNASUR. Le Parlement andin s'est prononcé à ce sujet dans une déclaration le 25 septembre 2013 dans laquelle il a rejeté la décision du Conseil andin des ministres des Affaires étrangères en demandant le respect de l'institutionnalisation démocratique et des principes fondateurs de la Communauté andine soutenus non seulement par les gouvernements des États membres, mais aussi par les peuples andins, puis déclarant sa volonté de fusionner avec le Parlement du MERCOSUR pour la formation d'un Parlement sud-américain quand il sera prévu par le traité constitutif de l'UNASUR du 23 mai 2008.

[1390] Article 6 de la Décision n° 792. Le rapprochement de la Communauté andine avec le MERCOSUR et l'UNASUR a été acté en 2011 durant la XVIII° Réunion du Conseil présidentiel andin du 28 juillet 2011 et confirmé par la Réunion extraordinaire des Présidents andins du 8 novembre 2011 à Bogotá.

andine le 14 octobre 2014 en vue d'édicter la Décision n° 797[1391] qui prévoit l'instauration de comités et de groupes *ad hoc* chargés de limiter les cadres de la réflexion sur la réingénierie de la CAN aux lignes directrices établies par la Décision n° 792.

Les attentes concernant les réformes portées par ce mouvement réformateur toujours en cours sont importantes. Comme nous avons pu le relever, la principale attente porte sur le rapprochement de la Communauté andine avec d'autres systèmes d'intégration du continent sud-américain, comme le MERCOSUR avec qui les convergences, surtout au niveau économique grâce aux accords de complémentarité, sont réelles. Répondant à cette dynamique, la création de l'UNASUR mérite attention bien que ce nouveau système se trouve encore à un stade de consolidation politique et de coopération basique.

§ 2 Une nouvelle intégration régionale en Amérique du Sud

La Communauté andine préconise depuis 2011[1392] des actions pour le développement de l'intégration régionale qui répond à une logique de complémentarité entre les organisations existantes. Une gestion multilatérale des dossiers et une coopération renforcée sont privilégiées tendant à une convergence politique sud-américaine.

Les États membres andin appuient ce processus en exprimant une volonté souveraine de former un système d'intégration à l'échelle continentale (A) actuellement encore embryonnaire (B).

[1391] L'annexe de cette décision signale la formation de vingt-sept comités et groupes *ad hoc* : comité andin agroalimentaire, comité andin des autorités de promotion des exportations, comité andin des micro, petites et moyennes entreprises, comité andin des affaires douanières, comité andin de statistiques, comité technique andin phytosanitaire, groupe d'experts ad hoc gouvernemental pour la défense commerciale, comité andin ad hoc de défense de la libre concurrence, autorités gouvernementales ad hoc en matière de dénominations d'origine, comité andin de normalisation , accréditation, essais et certifications de métrologie, groupe d'experts gouvernementaux pour l'harmonisation de la législation sanitaire, comité pour la convention des automoteurs, comité andin des organismes normatifs et des organismes régulateurs des services d'électricité, comité andin d'infrastructures viables, comité andin des autorités de transport routier, comité andin des autorités aéronautiques, comité andin des autorités de télécommunications, comité andin ad hoc de la propriété intellectuelle, comité andin des services d'investissements, comité andin des industries culturelles, comité andin du patrimoine culturel , matériel et immatériel, comité andin des autorités de migration, comité andin des autorités de sécurité sociale et de santé au travail, comité andin des titulaires des organismes de coopération internationale de la Communauté andine, comité andin ad hoc de l'activité minière illégale, comité andin ad hoc de prévention des désastres.

[1392] Réunion du 8 novembre 2011 du Conseil des Présidents de la Communauté andine.

A. La naissance de l'Union des Nations du Sud

En Amérique du Sud gravitent actuellement deux principaux systèmes d'intégration : la CAN et le MERCOSUR. À leurs côtés existent une myriade d'autres entités à vocation régionale telles que l'Alliance pour le Pacifique[1393], l'ALBA[1394], le CELAC[1395], ou encore l'UNASUR. Cette dernière nous intéresse tout particulièrement dans la mesure où en comparaison des autres organisations, elle est engagée dans un processus intégrateur plus avancé qui tend vers une institutionnalisation et qui recherche un rapprochement avec la Communauté andine et le MERCOSUR.

Ces nouvelles organisations participent d'un mouvement de renforcement de l'intégration sur tout le continent sud-américain qui a pris un réel tournant il y a une quinzaine d'années. En 2000, à l'occasion des cinq cents ans de la découverte de l'Amérique du Sud, les présidents du continent se sont réunis à Brasilia[1396] pour exprimer pour la première fois tous ensemble une nouvelle vision de l'intégration mettant l'accent sur « le rôle moteur de l'énergie, du réseau de transports et des télécommunications »[1397].

[1393] L'Alliance du Pacifique créée le 28 avril 2011 avec la Déclaration de Lima est considérée une initiative d'intégration. Elle est constituée par le Chili, la Colombie, le Mexique et le Pérou avec l'objectif principal de construire, de manière participative et consensuelle, une zone d'intégration économique approfondie pour aboutir graduellement à la libre circulation des biens, des services, des capitaux et des personnes.

[1394] L'Alliance bolivarienne pour les peuples de notre Amérique (ALBA) est une organisation politique, culturelle, sociale et économique visant à promouvoir l'intégration des pays de l'Amérique latine et des Caraïbes. Ce forum d'intégration a comme objectif la transformation des sociétés latino-américaines pour les rendre plus justes, participatives et solidaires. Elle a établi un traité de commerce des peuples (ALBA-TCP) le 14 décembre 2014. Ses États membres sont : l'Antigua-et-Barbuda, la Bolivie, Cuba, la République dominicaine, l'Équateur, Grenade, le Nicaragua, Sainte-Lucie, Saint-Christophe-et-Niévès, Saint-Vincent-et-les-Grenadines, le Venezuela.

[1395] La Communauté des États latino-américains et des Caraïbes (CELAC) est considérée comme un mécanisme intergouvernemental de dialogue et de concertation politiques. Elle a été créée par le III° sommet de l'Amérique latine et des Caraïbes sur l'intégration et le développement et le XXII° sommet du Groupe de Rio. Son acte fondateur est la Déclaration de Caracas signée le 3 décembre 2011. Actuellement trente-trois États font partie du CELAC.

[1396] Réunion des Présidents d'Amérique du Sud du 1er septembre 2000 organisée à l'initiative du Président du Brésil Fernando Henrique Cardoso. Les intérêts portés par le Brésil relèvent d'une approche « historico-structurelle, l'idée d'une communauté sud-américaine existante depuis les processus d'indépendance des pays de la région, et de deux raisons de contexte pour le Brésil qui a intérêt à développer une communauté en vue du processus de démocratisation de la région et de contrer la crise économique internationale ». PESSOA (J.), *El proceso de integración suramericano: elementos para una estrategia sindical*, Fabracor, 2010, p. 17.

[1397] Cette initiative pour l'intégration régionale sud-américaine (IIRSA) porte principalement des projets dans le domaine du transport, des télécommunications, des ouvrages publics et de l'énergie. Le 27 juillet 2002, cette initiative a été réaffirmée par le « Consensus de Guayaquil

Le 8 décembre 2004 est une date importante à cet égard. Lors de la réunion des présidents à Cuzco, douze représentants des douze pays d'Amérique du Sud ont fondé la Communauté sud-américaine de nations (CSN)[1398], ancêtre de l'actuelle UNASUR. Ses objectifs sont établis dans la Déclaration de Cuzco : le renforcement des capacités de négociation et une projection internationale ; une identité sud-américaine partagée et des valeurs communes privilégiées telles que la démocratie, la solidarité, les droits de l'Homme, la liberté, la justice sociale, le respect de l'intégrité territoriale, la diversité, la non-discrimination et l'affirmation de l'autonomie ; le respect de la légalité souveraine des États ; une résolution pacifique des différends ; la convergence des intérêts politiques, économiques, sociaux, culturels et de sécurité ; l'application de politiques environnementales responsables pour l'améliorationduniveau de vie des peuples et la promotion du développement économique ; le développement des régions du continent sud-américain ; la lutte contre la pauvreté ; l'adoption des principes de paix et de sécurité internationale ; l'application du droit international et d'un multilatéralisme démocratique ; ainsi que l'intégration des peuples[1399].

Le lendemain de la signature de la Déclaration de Cuzco, les États membres de la toute nouvelle Communauté sud-américaine des nations se sont rassemblés à Ayacucho au Pérou pour signer la déclaration d'Ayacucho qui a précisé les actions concrètes qui seront réalisées par la CSN : l'appui à l'Initiative d'intégration de l'infrastructure régionale sud-américaine (IIRSA) ; le renforcement de la sécurité citoyenne indissociable du respect du droit au développement économique et social des peuples ; l'établissement d'un plan d'action pour le travail ; l'articulation des politiques relatives à la migration[1400].

Ayant adopté des principes très larges dans ces deux actes fondateurs, la Communauté sud-américaine des nations a cependant défini un agenda prioritaire plus précis le 30 septembre 2005 qui détermine son organisation et un programme d'action, indiquant quelques questions à privilégier : le

---

sur l'intégration, la sécurité et la construction d'infrastructures pour le développement », avec cinq principes: une perspective géoéconomique, une soutenabilité sociale, une efficacité économique, une soutenabilité environnementale et un développement institutionnel. Pour en savoir plus: SANTA GADEA (R.), « La iniciativa IIRSA: El reto de integrar el espacio físico de América del Sur », Nota Secretaria General de la Comunidad Andina, 2005, p. 3; IIRSA, *10 años después: sus logros y desafíos*, New York, BID-INTAL, 2011, p. 167.

[1398] Les États signataires de cette déclaration sont l'Argentine, la Bolivie, le Brésil, le Chili, la Colombie, l'Équateur, la Guyana, le Paraguay, le Pérou, le Surinam, l'Uruguay et le Venezuela.

[1399] Déclaration de Cuzco du 8 décembre 2004.

[1400] Déclaration d'Ayacucho du 9 décembre 2004.

dialogue politique[1401], l'intégration par la construction d'infrastructures physiques[1402], l'environnement[1403], l'intégration énergétique[1404], les mécanismes financiers[1405], les asymétries[1406], la promotion de la cohésion sociale[1407], l'inclusion sociale, la justice sociale et les télécommunications[1408].

Par ailleurs, la CSN a adopté en 2006 une Stratégie de réflexion sociale fondée sur des principes généraux tels que la solidarité et la coopération, la souveraineté, la paix pour l'Amérique du Sud, la démocratie, le pluralisme, la reconnaissance des mouvements sociaux, le respect des droits de l'Homme, l'harmonie avec la nature et le développement durable[1409]. Cette considération du respect des droits de l'Homme et de l'environnement a été fortement influencée par le Sommet des peuples[1410] organisé la même année grâce à l'initiative gouvernementale de la Bolivie sous l'impulsion de son président, Evo Morales.

1401 Voir: Organización de cooperación y desarrollo económicos, *Hacia un mecanismo para el dialogo de políticas de innovación: oportunidades y desafíos para América latina y el Caribe*, México, OCDE, 2011, p. 34.

1402 Voir: Comisión Económica para América Latina y el Caribe « La contribución de la CEPAL a la integración física de los sistemas de transporte en Sudamérica: una reseña histórica », *Boletín FAL*, n° 172, 2000, p. 6; Comisión Económica para América Latina y el Caribe, *UNASUR: Infraestructura para la integración regional*, Buenos Aires, CEPAL, 2011, p. 68.

1403 Voir: Comisión Económica para América Latina y el Caribe, *Medio ambiente y desarrollo. Acceso a la información, participación y justicia en temas ambientales en américa latina y el caribe, situación actual, perspectivas y ejemplos de buenas prácticas*, Buenos Aires, CEPAL 2013, p. 74.

1404 Voir: RUIZ-CARO (A.), *Recursos naturales e infraestructura, puntos de conflicto de la cooperación e integración energética en América Latina y el Caribe*, Buenos Aires, CEPAL, 2010, p. 84.

1405 Voir: Corporación andina de fomento, *Servicios financieros para el desarrollo: promoviendo el acceso En América latina*, Lima, CAF, 2011, p. 349.

1406 Voir: Comisión Económica para América Latina y el Caribe, *Diagnostico de las asimetrías en los procesos de integración en América del Sur*, Buenos Aires, CEPAL, 2007, p. 41.

1407 Voir: Comisión Económica para América Latina y el Caribe, *Cohesión social inclusión y sentido de pertenencia en América Latina y el Caribe*, Buenos Aires, CEPAL, 2007, p. 78.

1408Voir: Comisión Económica para América Latina y el Caribe, *Convergencia tecnológica y agenda regulatoria de las telecomunicaciones en América Latina*, Buenos Aires, CEPAL, 2008, p. 51.

1409 Voir : Comisión Económica para América Latina y el Caribe, *El desarrollo sostenible en américa latina y el caribe, tendencias, avances y desafíos en materia de consumo y producción sostenibles, minería, transporte, productos químicos y gestión de residuos*, Buenos Aires, CEPAL, 2010, p. 133.

1410 Le Sommet des peuples est une réunion des représentants des organisations et mouvements sociaux qui existent depuis 2005, focalisé sur la création d'un débat au sujet des relations entre les États Unis et l'Amérique latine. La dernière rencontre a eu lieu en 2012 et portait sur la justice sociale et l'environnement.

Ce n'est qu'en 2008 que la Communauté sud-américaine des nations est devenue l'Union des Nations du Sud (UNASUR). Le traité constitutif signé à Brasilia le 23 mai 2008 et entré en vigueur le 3 mai 2011 a permis un processus de convergence entre les deux grands blocs économiques que sont la CAN et le MERCOSUR ; le Chili, le Surinam et la Guyane rejoignant les États membres des deux organisations dans ce système multilatéral. D'aucuns ont pu y voir une extension de la politique extérieure du Brésil[1411] soucieux de maintenir une stabilité régionale afin d'accroître son développement, économique etde se constituer en acteur important sur la scène internationale.

À l'heure actuelle, l'UNASUR se trouve encore dans une phase d'ancrage sur le continent et consolide petit à petit les fonctions de ses organes pour accomplir les mandats et recommandations établis dans son traité constitutif.

B. La constellation institutionnelle pour la mise en œuvre despolitiques de l'UNASUR

L'UNASUR est actuellement considérée comme une structure nouvelle, mais à caractère permanent créée dans l'objectif de promouvoir un dialogue politique entre les États participants. Dotée d'une personnalité juridique propre, elle a compétence pour adopter des normes contraignantes et constitue un espace multilatéral de coordination et de coopération politique interétatique.Il ne s'agit toutefois pas d'un système d'intégration économique et commerciale supranational.

Son action privilégie cinq domaines prioritaires : la santé[1412], les infrastructures et la connectivité[1413], le problème des drogues[1414],

---

[1411] Voir: GIACALONE (R.), « La integración sudamericana, entre el modelo europeo y la política exterior brasileña in Repensando la integración y las integraciones », in TREMOLADA ÁLVAREZ (E.) (dir.), *Repensando la integración y las integraciones*, Bogotá, Universidad Externado de Colombia, coll. « Ius Cogens », 2013, pp. 151-178.

[1412] Actuellement, les actions dans le domaine de la santé sont prioritairement concentrées sur l'élaboration d'études et d'inventaires quant à la capacité régionale de production de médicaments dans le but de consolider une stratégie pour les politiques publiques régionales et de créer une banque de prix des médicaments gérée par l'UNASUR qui constituerait un outil numérique unique d'information sur les prix.

[1413] Cette action est basée sur le développement du système d'information géographique et le COSIPLAN consistant en l'élaboration et l'évaluation de la coopération en vue de l'articulation des programmes d'infrastructures régionaux. À compter de l'année 2011, l'initiative IIRSA a été incorporée au travail du Conseil sud-américain des infrastructures et de la planification de l'UNASUR en tant qu'instance technique mettant en œuvre depuis 2012 le Plan d'action stratégique 2012-2022.

[1414] L'UNASUR porte le projet d'un Observatoire des drogues des États membres de l'Union des nations sud-américaines depuis le 22 juillet 2014 et prépare un document sur la situation

les questions politiques[1415], et la défense[1416]. Afin de réaliser ces actions, l'UNASUR est structurée autour de quatre instances principales de prise de décisions présidées par un président *pro tempore* tournant[1417], un Conseil des chefs d'État et de gouvernement, un Conseil des ministres des Affaires étrangères[1418], un Conseil des délégués[1419] un Secrétariat général[1420]. Il est en outre possible de mettre en place d'autres institutions, ou bien des conseils temporaires ou permanents en vertu de l'article 5 du traité constitutif de l'UNASUR.

L'organisation compte aussi avec douze Conseils :

1. Le Conseil sud-américain de défense (CDS) créé le 16 décembre 2008 pour mettre en œuvre sur le continent sud-américain des politiques en matière de coopération militaire, d'actions humanitaires, d'opérations de la paix, d'industrie et de technologie de défense ;
2. Le Conseil sud-américain de santé (CSS) créé le 16 décembre 2008 qui a adopté un plan pour un réseau sud-américain de contrôle de santé et encourage le développement d'un système de santé prévoyant un accès universel aux médicaments, la promotion de la santé, une action sur les facteurs de santé et une augmentation des ressources humaines dans le domaine sanitaire ;

de la consommation de drogues et les nouvelles offres illicites au sein de l'UNASUR, document qui sera présenté à l'occasion de la session spéciale sur les drogues des Nations Unies prévue en 2016.

1415 Parmi ces actions politiques, l'UNASUR compte principalement construire une « citoyenneté sud-américaine » en favorisant la mobilité dans la région. Les objectifs politiques de l'UNASUR ont officiellement été adoptés par la Déclaration de Brasilia du 21 octobre 2011.

1416 L'UNASUR a initié la formation d'une école sud-américaine de défense (ESUDE) créée durant la IVe réunion des ministres de la Défense organisée le 15 août 2014. Il s'agit de permettre des échanges entre les experts et professionnels de la région dans le domaine de la défense. Les premiers cours sont prévus de manière virtuelle pour 2016.

1417 Article 6 du Traité constitutif de l'UNASUR du 28 mai 2008, en relation avec l'article 7 concernant la présidence *pro tempore* de l'UNASUR établie pour une période annuelle, organe principal de l'UNASUR.

1418 Article 8 du Traité constitutif de l'UNASUR du 28 mai 2008. Cet organe adopte des résolutions pour l'application des décisions du Conseil des États membres, organe de coordination et de proposition des projets des décisions.

1419 Article 9 du Traité constitutif de l'UNASUR du 28 mai 2008. Cet organe est composé d'un représentant pour chaque État membre de l'UNASUR. Sa fonction est de mettre en œuvre les décisions du Conseil des États membres et les résolutions du Conseil des ministres des Affaires étrangères.

1420 Article 10 du Traité constitutif de l'UNASUR du 28 mai 2008. Il s'agit de l'organe exécutif de l'UNASUR. Son siège se trouve à Quito en Équateur.

3. Le Conseil électoral de l'UNASUR (CEU) créé le 30 novembre 2012 s'est donné pour objectifs la création d'un espace pour le développement d'une intégration des échanges, de la recherche et de la participation des citoyens ; il promeut en ce sens l'échange et le transfert des connaissances techniques électorales et l'application d'une technologie innovante. Ses actions sont appuyées par l'Unité technique électorale de l'UNASUR consacrée lors de la deuxième réunion extraordinaire des présidents de l'UNASUR le 28 janvier 2014, une institution chargée de rechercher les moyens de renforcer la démocratie au niveau régional ;
4. Le Conseil énergétique sud-américain (CES) créé durant le premier sommet énergétique sud-américain en 2007 avec pour objectifs principaux de promouvoir l'utilisation des ressources naturelles et leur administration, le respect et une régulation des États membres ainsi que les moyens pour que chaque État membre bénéficie du développement des ressources énergétiques sur la base des principes de solidarité et de réciprocité, de souveraineté et d'intégrité territoriale ;
5. Le Conseil sud-américain de la science, de la technologie et de l'innovation (COSUCTI) créé le 30 novembre 2012 qui promeut et renforce la coopération et l'intégration dans ces domaines ;
6. Le Conseil sud-américain de la culture (CSC) créé le 30 novembre 2012 en vue de relancer la coopération culturelle dans la région, de reconnaître et de promouvoir la valeur centrale de la culture en tant que fondement indispensable au développement pour dépasser la pauvreté et l'inégalité ;
7. Le Conseil sud-américain du développement social (CSDS) créé le 10 août 2009 qui est dédié à la consolidation du développement social dans la région, secondé par l'Observatoire social sud-américain constitué d'un réseau d'universitaires et de représentants de la société civile ;
8. Le Conseil sud-américain de l'économie et des finances (CSEF) créé le 26 novembre 2010 pour le développement social et humain dans le cadre d'un système économique prenant en compte l'équité et la justice sociale dans le respect de l'environnement et du développement durable ;
9. Le Conseil sud-américain des infrastructures et de la planification (COSIPLAN) créé le 10 août 2009 avec comme objectif un renforcement des infrastructures régionales et la construction d'un réseau de transports et télécommunications régionales ; les actions du COSIPLAN sont les plus développées dans le cadre intégrateur de l'UNASUR depuis l'incorporation en 2010 en son sein de l'Initiative d'intégration de l'infrastructure régionale sud-

américaine (IIRSA) déjà mentionnée visant une meilleure interconnexion à l'échelle régionale ;

10. Le Conseil sud-américain sur le problème mondial des drogues (CSPMD) créé également le 10 août 2009 dans le but d'instaurer un réseau pour l'observation de l'usage et des trafics de drogues dans les États membres ; un projet dans ce sens a été approuvé le 22 juillet 2014 par le CSPMD qui travaille en étroite collaboration avec l'ONU où il présentera cette année, devant son assemblée générale, une contribution sur le sujet de la lutte contre la drogue[1421] ;
11. Le Conseil sud-américain en matière de sécurité citoyenne, de justice et de coordination des actions contre la délinquance organisée et transnationale (DOT) créé le 30 novembre 2012 et caractérisé par sa permanence ; il s'agit d'une instance de consultation, de dialogue entre les États membres de l'UNASUR permettant de coordonner leurs actions et d'inciter des propositions de stratégies, de plans d'action et d'assistance technique dans ces domaines ;
12. L'action de l'UNASUR à travers ces douze conseils se concentre aujourd'hui sur la promotion de certaines politiques et les objectifs tracés par ses États membres vers une accélération du processus d'intégration qui passe notamment par un dialogue pragmatique avec les États membres de la CAN et du MERCOSUR, sans pour autant établir un système institutionnel spécifique et permanent.

§ 3 Les perspectives de la CAN au sein de l'UNASUR

Nous avons pu constater que le droit communautaire andin s'est développé dans divers domaines économiques et sociaux et qu'il connaît actuellement un processus de réformes qui tend à aboutir à une redéfinition de sa place et son rôle dans le cadre régional et au niveau international.

Cette construction communautaire continue instaurée dans la région des Andes n'aurait pas pu exister jusqu'à aujourd'hui sans l'impulsion et le travail d'un de ses organes : le TJCA. Celui-ci a en effet depuis 1984 donné un sens au contentieux communautaire andin (A) et a su bâtir une jurisprudence commune aux États membres de la CAN malgré les crises politiques et économiques que le processus d'intégration a connu depuis sa création il y a quarante-six ans. Ce faisant, il a fait la démonstration

[1421] L'Assemblée générale de l'ONU est prévue du 19 au 21 avril 2016 à New York.

de sa capacité à s'ériger en tant que Tribunal de justice à l'échelle continentale (B).

A. L'importance du cadre institutionnel de la Communauté andine

La Communauté andine est considérée comme « le seul système d'intégration latino-américain de caractère supranational et contraignant de l'Amérique latine »[1422]. Elle a en effet institué un cadre institutionnel qui permet des actions effectives dans les domaines commerciaux et sociaux. Ainsi, « la valeur historique de la CAN est évidente, reposant sur un édifice institutionnel qui représente la plus significative contribution de la CAN à l'intégration sud-américaine »[1423].

En matière commerciale, la CAN a fait preuve de réelles avancées s'agissant de la formation d'une zone de libre-échange de biens reposant sur le principe de leur libre circulation assurée par des régulations spécifiques, une harmonisation des politiques économiques et des programmes de coopération entre États membres. En 2012, le commerce intracommunautaire a ainsi représenté un total de 10 349 milliards de dollars, en croissance de 11,7 % par rapport à l'année précédente. La part des biens manufacturés représentait 73 % du commerce selon le Secrétariat général de la CAN. Il s'agit d'une croissance lente, mais constante depuis la création de la Communauté andine.

Dans le domaine social, il a été instauré depuis 2004 un Plan général de développement social (PDS) avec en priorité la lutte contre la pauvreté et l'exclusion sociale. Sur la base de ce Plan a aussi été établi un mécanisme institutionnel qui privilégie trois lignes d'action : le développement de projets socio communautaires, la convergence des objectifs sociaux et une coopération technique horizontale par le biais d'échanges de techniques et d'information ; des actions coordonnées par le Conseil andin des ministres du Développement social.

Par ailleurs, le Conseil présidentiel andin joue un rôle central, car il est chargé d'émettre les lignes directrices de la politique commune envisagée par les États membres de la CAN en vertu de l'article 12 de l'Accord de Carthagène. Ces décisions de nature programmatique sont le reflet d'un mandat politique spécifique et constituent la première étape d'un processus décisionnel propre à la Communauté andine. Les politiques décidées par le

---

1422 Comisión Económica para América Latina y el Caribe, « Ejes temáticos prioritarios para la reingeniería del Sistema Andino de Integración, propuestas preliminares », *Documento de trabajo*, CELAC, mars 2013, p. 7.

1423 PAREJA CUCALÓN (F.), « Integración andina y convergencia suramericana», *Análisis Económico*, n° 25, 2013, p. 357.

Conseil des présidents andins devront ensuite être adoptées par le Conseil des ministres des Affaires étrangères.

Parallèlement, la Commission de la Communauté andine représente les États membres et agit en coordination avec le Conseil de ministres des Affaires étrangères ; tandis que le Secrétaire général de la Communauté andine, qui est aussi un organe exécutif, exerce cependant des compétences moins politiques que techniques et administratives pour la mise en œuvre des actions et politiques andines.

Enfin, comme nous avons pu y insister tout au long de la recherche, le Tribunal andin est un acteur majeur du Système d'intégration andin. Instance juridictionnelle respectée, il est chargé de dire le droit communautaire andin en l'interprétant et en assurant son respect par les États membres, en constante relation avec les tribunaux nationaux. Il est le protecteur de l'ordre juridique communautaire andin.

Dans le cadre du mouvement politique actuel qui se développe sur le continent sud-américain, il est crucial de revenir sur le rôle essentiel du TJCA qui, comme nous l'avons signalé, a été le premier à impulser la construction de l'ordre juridique andin, son organisation et son fonctionnement. Son rôle est si important qu'il constituerait un bon modèle pour créer un Tribunal compétent pour tout le continent sud-américain.

B. La perspective andine de création d'un Tribunal continental

Le savoir-faire jurisprudentiel du TJCA a déjà été démontré dans les chapitres précédents. Les juges andins ont en effet su imposer le respect des principes du droit communautaire andin, comme l'applicabilité directe et sa primauté, en vue d'assurer le développement de la Communauté andine tiraillée entredes volontés d'intégration et la manifestation d'une souveraineté nationale forte des États membres, encore parfois réticents à accepter de dépasser le cadre intergouvernemental du droit international classique.

Le Tribunal andin a défini les contours d'une jurisprudence qui a permis de consolider un droit communautaire andin propre et adapté aux besoins des acteurs économiques de la région. Depuis quelques années, cette jurisprudence a évolué à la recherche d'une vision plus sociale et respectueuse des droits humains et sociaux.

Le respect du droit communautaire andin est assuré grâce à l'application des mécanismes juridictionnels spécifiques : l'interprétation préjudicielle, le recours en manquement, le recours en annulation ou carence, le recours en omission, le recours relatif au travail des fonctionnaires et agents andins, mais aussi un recours de type arbitral.

Ainsi, le Tribunal constitue une garantie de la consolidation de l'intégration andine et représente le plus ancien Tribunal communautaire du continent sud-américain détenteur d'un véritable pouvoir juridictionnel.

Ce faisant, il se distingue des autres entités juridictionnelles du continent qui sont plutôt, comme nous l'avons déjà signalé, des instances arbitrales souvent sous influence politique des États membres.

Bien que la Communauté andine soit elle-même sujet de réformes pour guérir les crises institutionnelles, politiques, économiques et sociales qu'elle connaît, elle sert néanmoins de modèle, en particulier le TJCA. La création d'un « Tribunal permanent de la Communauté sud-américaine des nations »[1424] pourrait donc s'inspirer du Tribunal andin. Cette aspiration n'est cependant pas encore un sujet primordial des discussions qui ont lieu au sein de la CAN, ni de l'UNASUR, ni même dans les projets de convergence CAN-MERCOSUR qui recherchent une intégration continentale sud-américaine, mais qui ont oublié de créer un organe de contrôle juridictionnel.

1424 VIGIL TOLEDO (R.), *Reflexiones en torno a la construcción de la Comunidad sudamericana de naciones*, *op. cit.*, p. 157.

CONCLUSION DE LA DEUXIÈME PARTIE

Malgré les crises économiques, sociales et politiques qui ont touché les États membres ainsi que les asymétries qui existent entre eux et au-delà d'une intégration purement économique marquée par l'impossibilité de constituer un véritable marché commun, la Communauté andine a décidé de réorienter le processus d'intégration. Les politiques communes andines mises en œuvre depuis les années 2000 révèlent en effet une volonté d'impliquer davantage le citoyen andin, de mettre l'accent sur la cohésion sociale, d'assurer le respect de la démocratie et de tenir compte des réalités propres au continent sud-américain, comme le multiculturalisme et des différences sociales marquées.

Plus précisément, les principaux objectifs de la Communauté andine sont désormais la recherche de l'amélioration du niveau de vie de la population et le respect d'une communauté de droit qui requiert une solide protection des droits de l'Homme permise grâce à la signature d'une Charte andine de promotion et de protection des droits de l'Homme, actuellement dépourvue de force contraignante, mais déjà effectivement prise en compte dans les raisonnements du Tribunal andin et des autres organes communautaires.

Durant l'élaboration de cette Charte, la flexibilité qui caractérise la construction juridique andine s'est manifestée avec succès : elle a permis d'adapter plusieurs règles régionales et internationales relatives aux droits de l'Homme aux besoins propres des États membres de la Communauté andine dans la perspective de renforcer effectivement leur engagement démocratique et la recherche de la paix dans la région.

Cette nouvelle facette de la construction andine, plus orientée vers l'humain, a permis de faire du citoyen andin un acteur du processus et non pas simplement un consommateur protégé par la politique économique communautaire. En effet, il est pris en compte en tant que « consommateur andin » avec une reconnaissance de ses droits et d'une protection de la part de la Communauté andine, mais aussi en tant « travailleur migrant andin », statut corrélé au principe de libre circulation des biens, des personnes, des services et des capitaux participant d'une démarche de constitution d'un marché commun andin. Ces deux figures du citoyen andin sont actuellement reconnues et protégées grâce à une évolution des règles andines et à l'impulsion du Tribunal. Le seul, mais non négligeable, bémol à ce caractère plus humain du processus d'intégration andine est que l'esprit communautaire ne fasse pas encore partie du quotidien des ressortissants andins. La plupart d'entre eux ne sont, en effet, pas suffisamment informés des droits que leur attribue la Communauté andine ni des mécanismes juridictionnels à leur disposition pour les faire respecter.

Par ailleurs, l'adoption d'une dimension sociale de la Communauté andine ne se substitue pas, mais s'ajoute à son caractère économique qui reste le cœur du processus communautaire. Le commerce intracommunautaire est encouragé par les politiques andines visant à accentuer la libre circulation des biens, des services et des capitaux dans la région.

Dans cette deuxième partie, nous avons pu constater cette continuation et même un renforcement des politiques économiques andines. Cette évolution a notamment encouragé un essor juridique et jurisprudentiel dans le domaine de la propriété intellectuelle, en particulier en matière de droit des marques dont le TJCA a précisé les contours à l'occasion de nombreux arrêts rendus sur des recours en interprétation préjudicielle. Cette action est le mécanisme juridictionnel qui a été le plus utilisé en près de trente ans de fonctionnement du Tribunal andin, qui traite non seulement des demandes d'interprétation des juges nationaux, mais aussi des agences nationales compétentes en matière de propriété intellectuelle s'agissant des questions plus spécifiques relevant du droit des marques.

C'est précisément grâce à ce recours en interprétation de la norme communautaire que le Tribunal andin a pu établir une jurisprudence qui protège non seulement les acteurs économiques installés dans la région etles intérêts économiques de la Communauté andine, mais également le consommateuret le travailleur andins. Notons par ailleurs que depuis peu, plusieurs arrêts rendus sur saisine d'un recours en interprétation insistent sur la reconnaissance et la protection des savoirs traditionnels spécifiques aux populations andines et le respect des droits à la vie et à la santé publique.

D'autre part, nous avons pu relever tout au long de cette étude que le rôle du Tribunal n'est pas simplement concentré sur la protection de l'ordre juridique communautaire andin ; il participe aussi à la promotion de l'image de la CAN au-delà de ses frontières. Le Tribunal constitue le meilleur porte-parole du processus d'intégration andin du fait de son activisme en faveur d'un dialogue entre juges nationaux et juges communautaires.

Enfin, le Tribunal andin comme l'ensemble des organes de la Communauté andine sont désormais conscients de la pertinence d'un rapprochement entre les systèmes d'intégration existants sur le continent sud-américain. En ce sens, le TJCA a pris l'initiative d'une démarche de rapprochement juridictionnel avec le MERCOSUR afin d'établir un dialogue commun durable en vue d'une future association politique et institutionnelle de la CAN et du MERCOSUR.

Un tel rapprochement constituerait pour la Communauté andine une remise en question de ses propres politiques et actions, mais aussi de son organisation institutionnelle dans un contexte qui est déjà délicat. Les crises politiques et économiques qui se succèdent dans la région ont en effet ralenti l'essor attendu de la CAN qui a adopté des politiques difficiles à appliquer et a dû entamer une deuxième grande « réingénierie » destinée à perfectionner le processus d'intégration andin. Il s'agit, comme le dit lui-même le Conseil andin des ministres des Affaires étrangères, de préparer son cadre normatif et institutionnel « aux défis du contexte international d'aujourd'hui »[1425].

[1425] Décision n° 773 portant réingénierie du Système andin d'intégration du Conseil andin des ministres des Affaires étrangères du 3 mai 2012.

CONCLUSION GÉNÉRALE

> « *Es una grandiosa idea pretender formar de todo el Nuevo Mundo una sola nación con un solovínculo que ligue a sus partes entre sí y con el todo. Ya que tiene un origen, una lengua, unas costumbres y una religión, debería, por consiguiente, tener un solo gobierno que confederase a los diferentes Estados que hayan de formarse*»[1426].

L'Union européenne représente la première expérience et la plus aboutie de formation d'une « volonté politique et législative commune au sein d'un groupe d'États solidement structuré »[1427]. La Communauté andine est sans doute la deuxième expérience la plus avancée et la plus structurée après l'Union européenne, et la première sur le continent latino-américain.

La construction de l'Union a permis un développement économique, mais aussi un développement allant au-delà d'échanges simplement commerciaux. Ceci ne signifie toutefois pas que l'avancée d'un processus intégrateur européen a toujours été facile et dénuée de « résistances »[1428] ; de la même manière que la Communauté andine a dû surmonter des obstacles propres à son contexte et à sa structure.

À travers les différents points abordés, nous avons pu constater un degré élevé d'institutionnalisation de la Communauté andine, ainsi qu'un développement normatif important en comparaison des autres systèmes d'intégration dans la région. Cette situation est en grande partie le résultat de la jurisprudence du TJCA.

[1426] Extrait de la Lettre de Jamaïque (*Carta de Jamaica*) écrite par Simón Bolívar le 6 septembre 1815 durant la guerre d'indépendance du Venezuela: « *C'est une grandiose idée que de prétendre former de tout le Nouveau Monde une seule nation avec un unique lien qui ligue les parties entre elles et avec le tout. Étant donné qu'elles possèdent déjà une origine, des coutumes, une religion, elle devrait par conséquent également disposer d'un seul gouvernement qui confédérerait les différents États qui se formeront* » (Traduction libre)

[1427] PESCATORE (P.), *L'ordre juridique des Communautés européennes*, Liège, Presses Universitaires de Liège, 1975, p. 164.

[1428] BURGORGUE-LARSEN (L.), « Les résistances des États de droit », in RIDEAU (J.) (dir.), *De la Communauté de droit vers l'Union de droit*, Colloque de Nice d'avril 1999, Paris, LGDJ, 2000, pp. 423-458.

L'essor institutionnel du Système d'intégration andin (SIA)[1429] a permis l'approfondissement de politiques non seulement commerciales, mais aussi sociales ; des politiques cherchant à répondre aux difficultés économiques de ses États membres. Notre intention a été de faire ressortir la valeur du travail silencieux du Tribunal andin qui s'est efforcé, depuis sa création, de préserver l'ordre communautaire andin en assurant son application, dans le respect du principe de primauté, par des États membres pas toujours enclins à respecter leurs engagements et obligations. Le TJCA doit, en effet, parfois se confronter à des réticences nationales ; un aspect qui constitue encore aujourd'hui l'une des faiblesses du système communautaire andin.

Ainsi, de notre point de vue, le TJCA constitue sans conteste l'un des principaux piliers de la construction communautaire andine. Ce Tribunal peut être considéré comme la deuxième juridiction communautaire dans le monde après la CJUE bien qu'il soit encore largement méconnu par la doctrine communautaire.

Le Tribunal andin se trouve actuellement dans une position favorable du fait de son expérience juridictionnelle et de sa maturité en matière d'interprétation de la norme communautaire andine pour se constituer en tant que possible futur Tribunal continental. Cette option pourrait se réaliser si une fusion entre le TJCA et le TPR du Mercosur était décidée à l'issue des discussions qui ont lieu dans le cadre du rapprochement CAN-MERCOSUR. Ainsi, le Tribunal envisagé ne deviendrait pas seulement un tribunal spécialisé en propriété intellectuelle ; mais une véritable juridiction commune à tous les États du continent sud-américain.

Le présent travail nous a permis de constater l'existence d'un ordre juridique communautaire andin propre protégé par des principes comme la primauté, l'effet direct et l'applicabilité directe. Ces principes rappellent aux États membres, mais aussi aux acteurs économiques et aux citoyens de la Communauté andine, l'existence d'un ordre juridique qui dépasse et coexiste avec les normes nationales et l'ordre juridique international et s'applique sur tout le territoire andin.

Or, cet ordre juridique andin, qui avance non seulement dans les domaines purement économiques, mais aussi désormais de plus en plus en matière sociale, peut se voir affaibli par un manque d'implication des États membres andins, les crises économiques et politiques, l'absence d'action de certains organes du système communautaire andin et le manque

---

1429 Le Conseil présidentiel andin, le Conseil andin de ministres des Affaires étrangères, la Commission de la Communauté andine, le Secrétariat général, le Tribunal de Justice de la Communauté andine, le Parlement andin, les Conseils consultatifs sociales : l'organisme andin de santé (Hipolito Unanue), l'organisme de débat et participation social et du travail (Simon Rodriguez), la Corporation andine du développement (CAF), le fond latino-américain des réserves (FLR) le Conseil andin consultatif du travail , le Conseil andin consultatif des entreprises et l'Université andine Simon Bolívar.

d'information de la population andine sur les activités de la Communauté andine.

La tentative de réanimation du processus andin a engendré un approfondissement de la dimension humaine de l'intégration envisagée comme devant être plus sociale et participative en permettant une plus grande implication des citoyens andins. La prise en considération de l'importance de la politique sociale implique le respect et la recherche à tout moment de la démocratie à l'intérieur de la CAN. Ce faisant, la Communauté andine revivifie l'un des objectifs inscrits dans l'Accord de Carthagène, celui de la « recherche de l'amélioration du niveau de vie de la population andine »[1430].

Au fur et à mesure des modifications apportées à l'Accord de Carthagène et de l'édiction de normes dérivées andines, les objectifs du processus d'intégration andin ont évolué et se sont renforcés pour encourager une nouvelle forme d'intégration. Des conditions d'égalité et de coopération économique et sociale ont été introduites à l'Accord permettant aujourd'hui d'envisager un développement plus équilibré et harmonieux des États membres à la recherche de l'établissement d'un « futur marché commun latino-américain »[1431].

Aujourd'hui, la Communauté andine montre sa volonté de continuer le processus et renoue avec ses intentions communautaires dans un contexte de remise en question ouvrant une phase de réformes, non seulement du point de vue politique, mais aussi législatif et structurel.

En effet, la CAN prépare une deuxième réingénierie, de nouvelles réformes, ayant pour objectif de fonder une nouvelle stratégie communautaire andine visant un élargissement de l'expérience régionale d'intégration au niveau continental. Ce projet est d'une très grande complexité et est loin d'être aisé compte tenu de la volonté de certains organes communautaires andins ou du MERCOSUR de ne pas s'engager par peur de perdre leur identité. Il nous semble que la convergence CAN–MERCOSUR est une réalité envisagée par les États sud-américains entamée avec la création d'un nouveau système d'intégration continentale : l'UNASUR. Cette nouvelle entité internationale, dotée d'une personnalité juridique propre, a été conçue avec l'engagement de presque tous les pays de l'Amérique du Sud. Sa finalité, comme nous l'avons envisagé, est la construction d'une Union des États sud-américains fondée sur la coopération.

Enfin, il nous semble que l'avenir du premier et plus ancien processus communautaire installé en Amérique latine depuis près de quarante-cinq ans,

[1430] Article 1 de l'Accord de Carthagène.

[1431] PICO MANTILLA (G.), *Temas jurídicos de la Comunidad andina*, *op. cit.*, p. 43.

la Communauté andine, reste encore incertain du fait de la nouvelle réalité du continent sud-américain qui connaît des transformations politiques importantes et de la volonté réelle des États membres andins de renouveler leur engagement envers le processus d'intégration.

Nous restons dans l'expectative de plus grandes avancées concernant les réformes internes de la Communauté andine et l'émergence de nouvelles initiatives d'intégration pour tout le continent sud-américain. À cet égard, nous voudrions attirer l'attention de la communauté académique française spécialisée dans le domaine du droit de l'Union sur l'intérêt de suivre l'évolution des processus d'intégration en Amérique du Sud, et surtout de la Communauté andine qui peut constituer un sujet d'étude et d'inspiration pour la doctrine communautaire en général. Afin de ne pas restreindre l'étude qu'à un unique objet - l'Union européenne -, mais aussi de produire des études comparatives prenant pour objet des systèmes juridiques qui s'inspirent de l'Union européenne ; ses institutions, sa jurisprudence, mais aussi, de manière indirecte, sa doctrine.

Le défi de transformations politiques et institutionnelles d'envergure dans la région sud-américaine est important ; cependant,n'oublions pas qu'une avancée vers une union communautaire plus approfondie naîtra de volontés politiques fermes et que toute grande construction communautaire évolue à « petit pas »[1432], impliquant un engagement non seulement des États, mais aussi des citoyens.

[1432] Expression utilisée pour la première fois par Jean Monnet au sujet de la création d'un processus d'union de pays européens fondée à l'origine sur la collaboration franco-allemande. La construction de l'Europe par « le bas » est une expression postérieurement prononcée par Robert Schuman le 9 mai 1950.

BIBLIOGRAPHIE

Les ouvrages, les manuels, les mélanges, les contributions, les articles, les travaux académiques ainsi que les documents divers et les documents en ligne apparaissent dans la présente bibliographie selon un ordre alphabétique et sont divisés en textes français et espagnol (un article en anglais et un autre en italien). Les documents officiels apparaissent dans ordre chronologique, du plus ancien au plus récent.

DOCTRINE

DICTIONNAIRES, GLOSSAIRES ET MÉTHODES

ALLAND (Denis), RIALS (Stéphane) (dir.), *Dictionnaire de la culture juridique*, Paris, PUF, 2003, p. 1680.

ARNAUD (André-Jean), *Dictionnaire de la globalisation*, Paris, Lextenso-LGDJ, 2010, p. 530.

BARAV (Ami), PHILIP (Christian), BOUTAYEB (Chahira), *Dictionnaire juridique des Communautés européennes*, Paris, PUF, 1993, p. 1180.

BASDEVANT (Jules) (dir.), *Dictionnaire de la terminologie du droit international*, Union Académique internationale, Paris, Sirey, 1960, p. 756.

BISSARDON (Sébastien), *Guide du langage juridique : vocabulaire, pièges et difficultés*, Paris, LexisNexis, 2013, p. 611.

BROS (Sarah), GRIGNON-DERENNE (François-Xavier), *Méthodes d'exercices juridiques*, Paris, Francis Lefebvre, 2007, p. 220.

CORNU (Gérard), *Vocabulaire juridique*, Paris, PUF, 9e éd., 2011, p. 986.

DUHAMEL (Olivier) (dir.), *Dictionnaire constitutionnel*, Paris, PUF, 1992, p. 1120.

GUINCHARD (Serge), DEBARD (Thierry), *Lexique des termes juridiques*, Paris, Dalloz, 21e éd., 2014, p. 993.

HENRI (Roland), BOYER (Laurent), *Locutions latines du droit français*, Paris, Litec, 3e éd., 1993, p. 514.

LAROUSSE, *Dictionnaire Le Petit Larousse illustré 2015*, vol. 1, Paris, Larousse, 2014, p. 2016.

MONJAL (Pierre-Yves), *Glossaire de termes juridiques européens*, Paris, Gualino, 2005, p. 183.

SALMON (Jean) (dir.), *Dictionnaire de droit international public*, Bruxelles, Bruylant, 2001, p. 1198.

MÉLANGES

Français

BADINTER (Robert), SAUVE (Jean-Marc) (dir.), *Mélanges en l'honneur du président Bruno Genevois. Le dialogue des juges*, Paris, Dalloz, 1998, p. 1166.

BENLOLO-CARABOT (Myriam), CANDAS (Ulas), CUJO (Églantine) (dir.), *Union européenne et droit international en l'honneur de Patrick Daillier*, Paris, Pedone, coll. « CEDIN », 2012, p. 912.

BERROD (Frédérique), GERKRATH (Jörk), KOVAR (Robert), MESTRE (Christian), MICHEL (Valérie) (dir.), *Liber amicorum en l'honneur du professeur Vlad Constantinesco, Europe(s), droit(s), européen (s)*, Bruxelles, Bruylant, 2015, p. 934.

BOUTAYEB (Chahira) (dir.), *Mélanges en l'honneur de Jean-Claude Masclet. La Constitution, l'Europe et le droit*, Paris, Université de Paris-Sorbonne PUPS, 2013, p. 1087.

BERTRAND (Brunessen) (dir.), *Mélanges en l'honneur de Claude Blumann. L'identité du droit de l'Union européenne*, Bruxelles, Bruylant, 2015, p. 830.

COHEN-JONATHAN (Gérard), CONSTANTINESCO (Vlad), VALÉRIE (Michel) (dir.), *Mélanges Jean Paul Jacqué, Chemins d'Europe,* Paris, Dalloz, 2010, p. 787.

COPOTORTI (Francesco), EHLERMANN (Claus-Dieter), *Du droit international au droit de l'intégration, Liber Amicorum Pierre Pescatore*, Baden-Baden, NomosVerlagsellschaft, 1987, p. 869.

GAUDUSSON (de) (Jean du Bois), CLARET (Philippe), SADRAN (Pierre), VINCENT (Brigitte) (dir.), *Démocratie et liberté : tension, dialogue, confrontation, Mélanges en l'honneur de Slobodan Milacic*, Bruxelles, Bruylant, 2008, p. 1145.

GERHARD (Luke) (dir.), *Mélanges Léontin Jean Constantinesco*, Berlin, C. Heymanns, 1983, p. 984.

MASCLET (Jean-Claude), RUIZ FABRE (Hélène), BOUTAYEB (Chahira), et RODRIGUES (Stéphane) (dir.), *L'Union européenne : Union de droit, union des droits, Mélanges en l'honneur de Philippe Manin,* Paris, Pedone, 2010, p. 958.

TEITGEN (Pierre Henri) (dir.) *Mélanges Fernand Dehousse. La construction européenne*, Paris, Nathan, vol. 2. 1979, p. 340.

TIZZANO (Antonio), KOKOTT (Juliane), PRECHAL (Sacha) (dir.), *50e anniversaire de l'arrêt van Gend en Loos : 1963-2013*, Actes du colloque du 13 mai 2013 à Luxembourg, Office des publications de l'Union européenne, 2013, p. 316.
WALINE (Jean) (dir.), *Gouverner, administrer, juger. Liber amicorum, Mélanges en l'honneur de Jean Waline*, Paris, Dalloz, 2002, p. 802.

Espagnol

GONZALES PÉREZ (Luis Raúl) (dir.), *El nuevo constitucionalismo contemporáneo. Homenaje a Jorge Carpizo*, México, UNAM, 2013, p. 357.

INSTITUTO DE INVESTIGACIONES JURÍDICAS, *Estudios en honor a Jorge Barrera Graf*, D.F. Mexique, Graf. UNAL, vol. I, 1989, p. 1490.

MANUELS, OUVRAGES GÉNÉRAUX ET SPÉCIALISÉS

Français

ALLARD (Julie), GARAPON (Antoine), *Les juges dans la mondialisation. La nouvelle révolution du droit*, Paris, Seuil-La République des idées, 2005, p. 95.

BLUMANN (Claude), DUBOUIS (Louis), *Droit institutionnel de l'Union européenne*, Paris, LexisNexis, coll. « Manuel », 5e éd., 2013, p. 641.

BOULOUIS (Jean), CHEVALLIER (Roger-Michel), FASQUELLE (Daniel), BLANQUET (Marc), *Les grands arrêts de la jurisprudence communautaire, Droit communautaire des affaires Marché intérieur, Politiques communautaires*, vol. 2, Paris, Dalloz, 5e éd., 2002, p. 748.

BOUTAYEB (Chahira) (dir.), *Les grands arrêts du droit de l'Union européenne. Droit institutionnel et matériel de l'Union européenne*, Paris, LGDJ, coll. « Les grandes décisions », 2014, p. 1110.

BOUTAYEB (Chahira), *Droit institutionnel de l'Union européenne. Institutions, ordre juridique, contentieux*, Paris, LGDJ-Lextenso, coll. « Systèmes. Droit », 3e éd., 2014, p. 565.

BROSSET (Estelle), CHEVALIER-GOVERS (Constance), EDJAHARIAN (Vérane), SCHEIDER (Catherine), *Le Traité de Lisbonne reconfiguration ou déconstitutionnalisation de l'Union européenne*, Bruxelles, Bruylant, 2009, p. 352.

CHAUNU (Pierre), *Histoire de l'Amérique latine*, Paris, PUF, coll. « Que sais-je ? », 2009, p. 128.

CHOPIN (Thierry), FOUCHER (Michel), « *L'état de l'Union 2013. Rapport Schuman sur l'Europe* », Paris, Lignes de repères, Fondation Robert Schuman, 2013. p. 278.

CHRISTIANOS (Vassili), « Le rôle du droit comparé dans l'avènement du droit européen », in *Actes du Colloque*, Lausanne 14-15 avril 2000, Zürich, Publications de l'Institut suisse de droit comparé, 2003, p. 206.

CLERGERIE (Jean-Louis), GRUBER (Annie), RAMBAUD (Patrick), *L'Union européenne*, Paris, Dalloz, 9e éd., 2012, p. 950.

CONSTANTINESCO (Léontin-Jean), *L'application directe dans le droit de la C.E.E.*, Bruxelles, Bruylant, coll. « Droit de l'Union européenne. Grands écrits », 2006, p. 145.

CONSTANTINESCO (Léontin-Jean), *Traité de Droit comparé*, t. II, Paris, LGDJ, 1974, p. 511.

CONSTANTINHO (Pierre), DONY (Marianne), *Le droit communautaire*, Paris, Armand Colin, coll. « Cursus. Droit », 1997, p. 233.

DABENE (Olivier), *L'Amérique latine à l'époque contemporaine*, Paris, A. Colin, 7e éd., 2011, p. 298.

DESSE (René-Paul), DUPUY (Hector), *Mercosur : vers la « grande Amérique latine » ?*, Paris, Ellipses, 2008, p. 205.

DEVRET (Jean-François), *L'élargissement de l'Union européenne, jusqu'où ?*, Paris, L'Harmattan, 2001, p. 386.

DONY (Marianne), *Droit de l'Union européenne*, Bruxelles, Université de Bruxelles, 5e éd., 2014, p. 830.

DRUESNE (Gérard), *Droit et politiques de la communauté et de l'Union européenne*, Paris, PUF, coll. « Droit fondamental », 5e éd., 1986, p. 563.

DU REAUX (Élisabeth) (dir.), *L'élargissement de l'Union européenne : quels enjeux ? Quels défis ?*, Paris, Presse de la Sorbonne Nouvelle, 2001, p. 232.

DUBOUIS (Louis), GUEYDAN (Claude), *Les grands textes du droit de l'Union européenne, Traités-Droit dérivé-Jurisprudence*, coll. « Grands textes », Paris, Dalloz, 8e éd., 2010, p. 1148.

DUCOULOMBIER (Peggy), *Les conflits de droits fondamentaux devant la Cour européenne des droits de l'homme*, Bruxelles, Bruylant, Publications de l'Institut international des droits de l'homme René Cassin de Strasbourg, 2011, p. 745.

DUPUY (Pierre-Marie), *Droit international public*, Paris, Dalloz, coll. « Précis », 2008, p. 879.

DUPUY (René-Jean) (dir.), *Manuel sur les organisations internationales*, Leiden, Martinus Nijhoff, 1998, p. 967.

FAVREAU (Bertrand), *La Charte des droits fondamentaux de l'Union européenne après le traité de Lisbonne*, Bruxelles, Bruylant, coll. « Institut des droits de l'homme des avocats européens », 2010, p. 382.

FLAESCH-MOUGIN (Catherine), LEBULLENGER (Joël) (dir.), *Regards croisés sur les intégrations régionales : Europe, Amérique, Afrique*, Bruxelles, Bruylant, 2010, p. 514.

GAUDIN (Hélène) (dir.), *Droit constitutionnel, droit communautaire, vers un respect constitutionnel réciproque ?*, Aix-Marseille, Economica, PUAM, coll. « droit public positif », 2001, p. 400.

GAUDU (François), *Droit du travail*, Paris, Dalloz, coll. « Cours », 5e éd., 2013, p. 472.

GAUTRON (Jean-Claude), *Droit européen,* Paris, Dalloz, coll. « Mémentos », 1999, p. 314.

HERRERA (Carlos-Miguel), *Le constitutionnalisme latino-américain aujourd'hui, entre renouveau juridique et essor démocratique*, Paris, Kimé, 2015, p. 134.

ISAAC (Guy), BLANQUET (Marc), *Droit communautaire général*, Paris, Armand Colin, coll. « U », 8e éd., 2001, p. 396.

ISSAC (Guy), BLANQUET (Marc), *Droit communautaire général de l'Union européenne,* Paris, Sirey, 10e éd., 2012, p. 591.

JACQUÉ (Jean-Paul), *Droit institutionnel de l'Union européenne*, Paris, Dalloz, coll. « Cours Dalloz », 4e éd., 2006, p. 526.

KARPENSCHIFF (Michaël), NOURISSAT (Cyril) (dir.), *Les grands arrêts de la jurisprudence de l'Union européenne*, Paris, PUF, Coll. « Thémis », 2e éd., 2014, p. 515.

LECLERC (Stéphane), AKANDJI-KOMBE (Jean-François), REDOR (Marie-Joëlle) (dir.), *L'Union européenne et les droits fondamentaux*, Bruxelles, Bruylant, 1999, p. 235.

LECOURT (Robert), *L'Europe des juges,* Bruxelles, Bruylant,Coll. « Droit de l'Union européenne. Grands écrits », 2008, p. 334.

LOUIS (Jean-Victor), *L'ordre juridique communautaire*, Bruxelles, Office des Publications officielles des Communautés européennes, 1986, p. 149.

MANIN (Philippe), *L'Union européenne. Institutions, ordre juridique,* contentieux, Paris, Pedone, coll. *« Études internationales »*, 2005, p. 472.

MAZEAUD (Antoine), *Droit du travail*, Paris, LGDJ, coll. « Précis Domat », 9e éd., 2014, p. 688.

MERLAND (Guillaume), *L'intérêt général dans la jurisprudence du Conseil constitutionnel*, Paris, LGDJ, 2004, p. 408.

MILLET (François-Xavier), *L'Union européenne et l'identité constitutionnelle des États membres*, Paris, LGDJ Lextenso, coll. « Thèses », 2013, p. 365.

MORVAN (Patrick), *Droit de la protection sociale*, Paris, LexisNexis, coll. « Manuel », 7e éd., 2015, p. 1075.

MOUTON (Jean-Denis), SOULARD (Christophe), *La Cour de justice des Communautés européennes*, Paris, PUF, coll. « Que sais-je ? », 2004, p. 127.

PAPADOPOULOU (Rebecca-Emmanuela), *Principes généraux du droit et droit communautaire, origines et concrétisation*, Bruxelles, Bruylant, 1996, p. 319.

PECES-BARBA MARTINEZ (Gregorio), *Théorie générale des droits fondamentaux*, Paris, LGDJ, coll. « Droit et société », 2004, p. 502.

PERTEK (Jacques), *Coopération entre juges nationaux et Cour de justice de l'UE. Le renvoi préjudiciel*, Bruxelles, Bruylant, coll. « Droit de l'Union européenne », 2013, p. 368.

PESCATORE (Pierre), *L'ordre juridique des Communautés européennes*, Liège, Presses Universitaires de Liège, 1975, p. 315.

PESCATORE (Pierre), *Le droit de l'intégration. Émergence d'un phénomène nouveau dans les relations internationales selon l'expérience des Communautés européennes*, Bruxelles, Bruyant, coll. « Droit de l'Union européenne - Grands écrits », 2005, p. 100.

PESCATORE (Pierre), *Études de droit communautaire européen 1962-2007*, Bruxelles, Bruylant, coll. « Droit de l'Union européenne - Grands écrits », 2008, p. 1006.

PICHERAL (Caroline), COUTRON (Laurent) (dir.), *Charte des droits fondamentaux de l'Union européenne et Convention européenne des droits de l'homme*, Bruxelles, Bruylant, coll. « Droit de la Convention européenne des droits de l'homme. Colloques », 2012, p. 172.

PISSOORT (William), SAERENS (Patrick), *Initiation au droit commercial international*, Louvain-la-Neuve, De Boeck Université, 2004, p. 357.
RAMBAUD (Patrick), *Les grandes décisions de la jurisprudence communautaire*, Paris, Hachette, 3e éd., 2007, p. 159.

RENUCCI (Jean-François), *Droit européen des droits de l'homme*, Paris, LGDJ, 2e éd., 2001, p. 1312.

REUTER (Paul), *Introduction au droit des traités*, Paris, PUF, 3e éd., 1995, p. 251.

SIMON (Denys), *Le système juridique communautaire*, Paris, PUF, coll. « Droit fondamental. Droit international », 3e éd., 2001, p. 779.

SIROEN (Jean-Marc), *La régionalisation de l'économie mondiale*, Paris, La Découverte, coll. « Repères », 2004, p. 123.

SUR (Serge), L'interprétation en droit international public, Paris, LGDJ, vol. 75, 1974, p. 449.

TAVERNIER (Paul) (dir.), *Quelle Europe pour les droits de l'Homme ?La Cour de Strasbourg et la réalisation d'une « Union plus étroite » (35 années de jurisprudence : 1956-1994),* Bruxelles, Bruylant, 1996, p. 513.

VANDERSANDEN (Georges), DONY (Marianne), *La responsabilité des États membres en cas de violation du droit communautaire*, Bruxelles, Bruylant, 1997, p. 420.

VENTURA (Deisy), *Les asymétries entre le Mercosur et l'Union européenne les enjeux d'une association interrégionale*, Paris, L'Harmattan, coll. « Logiques juridiques », 2003, p. 501.

VON BARDELEBEN (Éléonore), DONNAT (Francis), SIRITZKY David, *La Cour de justice de l'Union européenne et le droit du contentieux européen*, Paris, La documentation française, coll. Réflexe-Europe », 2012, p. 328.

Espagnol

ÁVILA SANTAMARÍA (Ramiro), *La Constitución del 2008 en el contexto andino. Análisis desde la doctrina y el derecho comparado*, Quito, Ministerio de Justicia y Derechos Humanos, 2008, p. 362.

ÁVILA SANTAMARÍA (Ramiro), GRIJALVA JIMÉNEZ (Agustín), MARTÍNEZ DALMAU (Rubén) (dir.),*Desafíos constitucionales*, Quito, V&M Graficas, 2008, p. 89.

BALDEON (Genaro), *Propuesta de instrumentación del arbitraje en la Comunidad andina*, Lima, Secretaría general de la Comunidad andina, 2001, p. 55.

BANDEIRA GALINDO (George Rodrigo), URENA (René), TORRES PÉREZ (Aida), *Manual de protección multinivel de derechos humanos*, Barcelona, Universitat Pompeu Fabra, 2013, p. 469.

BREWER CARIAS (Allan-Randolph) (dir.), *Derecho comunitario andino*, Perú, Universidad Católica del Perú, 2003, p. 484.

CAILLAUX (Jorge), RUIZ (Manuel), BRENDAN (Tobin), *El régimen andino de acceso a los recursos genéticos: Lecciones y experiencias,* Lima, World Ressources Institute y Sociedad Peruana de derecho ambiental, 1999, p. 66.

CARRASCO CONTRERAS (Gabriela Patricia), *Los aspectos políticos en las negociaciones entre Comunidad Andina y el Mercosur: la experiencia venezolana*, Quito, BDA, Universidad Andina Simón Bolívar, 2004, p. 40.

DIRK (Jaspers-Faijer) (dir.), *Los pueblos indígenas en América latina, avances en el último decenio y retos pendientes para la garantía de sus derechos*, Buenos Aires, CEPAL, 2014, p. 129.

GARZA (de la) TOLEDO (Enrique) (dir.), *Sindicatos y nuevos movimientos sociales en América latina*, México, CLACSO, 2005, p. 213.

MOSQUERA PARDO (Mauricio), HOFFMANN (Odile), *Afrodescendientes en las Américas, trajectoires sociales e identitaires*, Colombia, Universidad Nacional de Colombia, 2002, p. 609.

OCAMPO (José Antonio), STALLONGS (Barbara), BUSTILLO (Inés), VELLOSO (Helvia), FRENKEL (Roberto), *La crisis latinoamericana de la deuda desde la perspectiva histórica*, Santiago du Chili, CEPAL, 2014, p. 176.

PESSOA (Joao), *El proceso de integración suramericano: elementos para una estrategia sindical*, Sao Paolo, Fabracor, 2010, p. 138.

PICO MANTILLA (Gallo), *Jurisprudencia andina*, Málaga, EUMED.NET, Universidad de Málaga, 2ème éd., 2008, p. 290.

PICO MANTILLA (Galo), *Código de la Comunidad Andina,* Málaga, EUMED.NET, Universidad de Málaga, 2e éd., 2008, p. 341.

PICO MANTILLA (Galo), *Temas jurídicos de la Comunidad andina*, Quito, Publicación especial del Tribunal de Justicia de la Comunidad andina, 2009, p. 431.

PLAZAS VEGA (Mauricio Alfredo), *Derecho Tributario Comunitario: La armonización tributaria en el sistema andino de integración*, Bogotá, Legis, 2001, p. 395.

QUINDIMIL LOPEZ (Jorge Antonio), *Instituciones y derecho de la Comunidad Andina*, Valencia, Tirant Lo Blanch, 2006, p. 470.
RANGEL ORTIZ (Horacio), *La observancia de los derechos de propiedad intelectual - Jurisprudencia*, Genève, OMPI, 2011, p. 414.

RENGIFO GARCÍA (Ernesto), *Propiedad intelectual: El moderno derecho de autor*, Bogotá Universidad Externado de Colombia, 1996, p. 431.

RUIZ-CARO (Ariela), *Recursos naturales e infraestructura, puntos de conflicto de la cooperación e integración energética en América Latina y el Caribe*, Buenos Aires, CEPAL, 2010, p. 84.

TANGARIFE TORREZ (Marcel), *Derecho de la Integración en la Comunidad Andina*, Madrid, Mckenzie, 1re éd., 2002, p. 791.

TIRADO MEJÍA (Álvaro), *Integración y democracia en América Latina y el Caribe*, New York, INTAL Divulgación, 1997, p. 92.

TREMOLADA ÁLVAREZ (Eric), *El derecho andino en Colombia*, Bogotá, Universidad Externado de Colombia, Coll. « Pre-Textos», n° 13, 2006, p. 65.

TREMOLADA ÁLVAREZ (Eric) (dir.), *Repensando la integración y las integraciones*, Bogotá, Universidad Externado de Colombia, coll. « Ius Cogens», 2013, p. 516.

VACCHINO (Juan Mario), *Integración económica regional*, Caracas, Universidad Central de Venezuela, 1981, p. 602.

VIGIL TOLEDO (Ricardo), *Reflexiones en torno a la construcción de la Comunidad sudamericana de naciones*, Quito, Artes Gráficas Señal, 2006, p. 177.

ARTICLES ET CONTRIBUTIONS

Français

ALBERTON (Ghislaine), « L'applicabilité des normes communautaires en droit interne », *Revue française de droit administratif*, n° 1, janvier-février 2002, pp. 1-32.

ARNAUD (André-Jean), « De la régulation par le droit à l'heure de la globalisation. Quelques observations critiques », *Droit et société*, n° 35, 1997, pp. 11-35.

AUDEOUD (Olivier), « L'acquis communautaire, du « mythe » à la pratique », *Revue d'études comparatives Est-Ouest*, vol 33, n° 3, 2002, pp. 67-77.

BANSART (Andrés), « Les intégrations latino-américaines », *in* HANNEQUART Isabelle (dir.), *Union Européenne-Mercosul entre concurrence et solidarité*, Paris, L'Harmattan, 2008, pp. 31-41.

BARAV (Ami), « Responsabilité et irresponsabilité de l'État en cas de méconnaissance du droit communautaire », *in* WALINE Jean (dir.), *Gouverner, administrer, juger. Liber amicorum, Mélanges en l'honneur de Jean Waline*, Paris, Dalloz, 2002, pp. 431-470.

BARBOU DES PLACES (Ségolène), PERALDI-LENEUF (Fabienne), « Le Brexit, un retrait vraiment ordonné ? Premier bilan des négociations et réflexions prospectives », *Revue Europe*, n° 2, février 2018.

BARRAMDANE (Abdelkhaleq), « Commentaire de l'arrêt Plaumann et autres », *in* BOUTAYEB (Chahira) (dir.), *Les grands arrêts du droit de l'Union européenne. Droit institutionnel et matériel de l'Union européenne*, Paris, LGDJ, coll. « Les grandes décisions », 2014, pp. 53-74.

BARTHÉLEMY (Mercadal), « La légitimité du juge », *Revue international de droit comparé*, vol. 54, n° 2, avril-juin 2002, pp. 277-291.

BASIRE (Yann), « La réforme du droit des marques en Europe : quid novi ? », *Revue Europe*, n° 5, 2016, pp. 5-10.

BERGEL (Jean-Louis), « Introduction générale », *Actes du Colloque « L'office du juge » au Palais du Luxembourg le 29 et 30 septembre 2006*, Sénat, coll. *« Les Colloques du Sénat »,* Paris, pp. 12-25.

BERTRAND (Brunessen), « La nouvelle approche du droit de l'intégration », in BERTRAND Brunessen (dir.), *Mélanges en l'honneur de Claude Blumann. L'identité du droit de l'Union européenne*, Bruxelles, Bruylant, 2015, pp. 553-571.

BLANC (Didier), « La gouvernance, cheval de Troie de l'Union européenne ? », in RIOS RODRIGUEZ (Jacobo), OANTA (Gabriela Alexandra), *Le droit public à l'épreuve de la gouvernance : journée franco-espagnole- El Derecho Público ante la gobernanza : jornada franco-española,* Perpignan, Presse Universitaire Perpignan, coll. « Études », 2012, pp. 133-147.

BLANC (Didier), « Commentaire de l'arrêt Commission c/République française, aff. 167/73 » *in* BOUTAYEB (Chahira) (dir.), *Les grands arrêts du droit de l'Union européenne, Droit institutionnel et matériel de l'Union européenne*, Paris, LGDJ, coll. « Les grandes décisions », 2014, pp. 245-250.

BOERGER-DE SMEDT (Anne), « La Cour de Justice dans les négociations du Traité de Paris instituant la CECA », *Revue d'Histoire de l'Intégration européenne* (Groupe de liaison des professeurs d'histoire contemporaine auprès de la Commission européenne), vol. 18, n° 2, 2008, pp. 7-33.

BONICHOT (Jean-Claude), « La Cour de justice des Communautés européennes, la Cour européenne des droits de l'homme et l'intégration de l'Europe », in TAVERNIER (Paul) (dir.), *Quelle Europe pour les droits de l'Homme ? La Cour de Strasbourg et la réalisation d'une « Union plus étroite » (35 années de jurisprudence : 1956-1994)*, Bruxelles, Bruylant, 1996, pp. 93-101.

BOURDIEU (Pierre), « Le double sens de la "globalisation" », *Contre-feux 2*, Paris, Raison d'Agir, 2001, pp. 95-114.

BOUTAYEB (Chahira), « De la notion de légitimité en droit de l'Union européenne », *in* BOUTAYEB (Chahira) (dir.), *Mélanges en l'honneur de Jean-Claude Masclet. La Constitution, l'Europe et le droit*, Paris, Université de Paris-Sorbonne PUPS, 2013, pp. 463-490.

BOUTROS-BOUTROS (Ghali), « Le droit international à la recherche de ses valeurs : paix, développement, démocratisation », *Recueil des cours de l'Académie de droit international*, vol. 286, 2000, pp. 9-38.

BRAY (Robert), RODRIGUES (Stéphane), « L'impact du Brexit sur le fonctionnement des institutions de l'UE. Aspects relatifs à la fonction publique européenne », *Revue Europe*, n° 2, février 2018.

BURGORGUE-LARSEN (Laurence), « De l'internationalisation du dialogue des juges, missive doctrinale à l'attention de Bruno Genevois », in BADINTER (Robert), SAUVE (Jean-Marc) (dir.), *Mélanges en l'honneur du président Bruno Genevois. Le dialogue des juges*, Paris, Dalloz, 1998, pp. 95-130.

BURGORGUE-LARSEN (Laurence), « Les résistances des États de droit », in RIDEAU (Joël) (dir.), *De la Communauté de droit vers l'Union de droit*, Colloque de Nice d'avril 1999, Paris, LGDJ, 2000, pp. 423-458.

BURGORGUE-LARSEN (Laurence), « Le fait régional dans la juridictionnalisation du droit international. La juridictionnalisation du droit international », *in Société française pour le droit international, La juridictionnalisation du droit international* - Colloque de Lille, Paris, Pedone, 2003, pp. 203-264.

BURGORGUE-LARSEN (Laurence), « Les nouvelles tendances dans la jurisprudence de la Cour interaméricaine des droits de l'homme », in *Cours de droit international et relations internationales de Vitoria-Gasteiz 2008*, Bilbao, Université du Pays Vasco, 2009, pp. 149-180.

CANIVET (Guy), « Le droit communautaire et l'office du juge national », *Droit et société*, n° 20-21, 1992, pp. 133-141.

CANIVET (Guy), « Les réseaux de juges au sein de l'Union européenne : raisons, nécessités et réalisations », *Les Petites affiches*, n° 199, 2004, pp. 45-52.

CANIVET (Guy), « Activisme judiciaire et prudence interprétative » *in* FOYER Jacques (dir.), *La création du droit par le juge*, ouvrage collectif, t. 50, Paris, Dalloz, coll. « Archives de Philosophie du droit », 2007, pp. 7-29.

CARBONNIER (Jean), « Le silence et la gloire », *D. Chron. XXVIII*, Recueil Dalloz, n° 32, Chronique, 1951, pp. 119-122.

CASSIA (Paul), « L'invocabilité des directives communautaires devant le juge administratif : la guerre des juges n'a pas eu lieu», *Revue française de droit administratif*, n° 1, janvier-février 2002, pp. 20-32.

CHARTOUNI-DUBARRY (Al Rachid), « Droit et mondialisation », *Politique étrangère*, n° 4, 1999, pp. 941-946.

CHRISTIANOS (Vassili), « L'acquis jurisprudentiel », *Revue des affaires européens*, n° 8, 2001-2002, pp. 986-990.

CONSTANTINESCO (Vlad), *« La confrontation entre identité constitutionnelle européenne et identités constitutionnelles nationales : convergence ou contradiction ? Contrepoint ou hiérarchie ?* », *in* MASCLET (Jean-Claude), RUIZ FABRE (Hélène), BOUTAYEB (Chahira), et RODRIGUES (Stéphane) (dir.), *L'Union européenne : Union de droit, union des droits, Mélanges en l'honneur de Philippe Manin*, Paris, Pedone, 2010, pp. 79-94.

CONSTANTINESCO (Vlad), « La souveraineté est-elle soluble dans l'Union européenne ? », *L'Europe en Formation*, vol. 2, n° 368, 2013, pp. 119-135.

COSTA (Ligia M.), ZIVY (Isabel), « Un tribunal supranational dans le Mercosul », *Revue international de droit comparé*, vol. 50, n° 3, 1998, pp. 923-925.

DAGNINO PASTORE (José Maria), « Les antécédents et les perspectives de l'Association latino-américaine de libre commerce. Industrialisation et intégration en Amérique latine, le cas de l'Argentine, *Tiers-Monde*, t. 7, n° 2, 1966, pp. 35-47.

DAILLIER (Patrick), BENLOLO-CARABOT (Myriam), SUSANI (Nadine), VAURS-CHAUMETTE (Anne-Laure), « La jurisprudence des tribunaux des organisations d'intégration latino-américaines (Chronique n° 2) » : Les voies de recours, *Annuaire français des relations internationales*, vol. 52, n° 1, 2006, pp. 532-598.

DAZA (Enrique), « Amérique du Sud. La Communauté andine des nations et l'intégration sud-américaine », *RevueAmérica Latina en movimiento* (ALEM), 2007, pp. 414-415.

DECAUX (Emmanuel), « La réciprocité en droit international », *Politique étrangère*, vol. 45, n° 2, 1980, pp. 536-537.

DOLLAT (Patrick), « La citoyenneté de l'Union : un statut fondamental ? Heurts et incertitudes d'une vocation ou l'art du contrepoint… », *in* BOUTAYEB (Chahira) (dir.), *Mélanges en l'honneur de Jean-Claude Masclet. La Constitution, l'Europe et le droit*, Paris, Université de Paris-Sorbonne PUPS, 2013, pp. 499-542.

DUBOS (Olivier), « Démocratie représentative et Union européenne : l'art de la fugue », in GAUDUSSON (de) (Jean du Bois), CLARET (Philippe), SADRAN (Pierre), VINCENT (Brigitte) (dir.), *Démocratie et liberté : tension, dialogue, confrontation, Mélanges en l'honneur de Slobodan Milacic*, Bruxelles, Bruylant, 2008, pp. 429-441.

DUBOS (Olivier), « Babel mise en abyme : l'Union européenne et les langues minoritaires », in BERROD (Frédérique), GERKRATH (Jörk), KOVAR (Robert), MESTRE (Christian), MICHEL (Valérie) (dir.), *Liber amicorum en l'honneur du professeur Vlad Constantinesco, Europe(s), droit(s), européen (s)*, Bruxelles, Bruylant, 2015, pp. 145-161.

DUMON (Frédéric), « La Cour de justice des Communautés européennes et les juridictions des États membres », *Revue internationale de droit comparé*, vol. 14, n° 2, avril-juin 1962, pp. 369-398.

DUPONT-LASSALLE (Julie), « Commentaire de l'arrêt Francovich et Bonifaci », *in* BOUTAYEB (Chahira) (dir.), *Les grands arrêts du droit de l'Union européenne, Droit institutionnel et matériel de l'Union européenne*, Paris, LGDJ, coll. « Les grandes décisions », 2014, pp. 546-553.

DUPUY (Pierre-Marie), « Le fait générateur de la responsabilité internationale des États », *Recueil des cours de l'Académie de droit international*, vol. 188, 1984, pp. 9-134.

DUPUY (Pierre-Marie), « Droits des traités, codification et responsabilité internationale », *Annuaire français des relations internationales,* vol. 43, 1997, pp. 7-30.

DUPUY (Pierre-Marie), « L'unité de l'ordre juridique international », *Recueil des cours de l'Académie de droit international*, vol. 297, 2002, pp. 9-489.

EPINEY (Astrid), « L'arrêt Van Gend en Loos et la citoyenneté de l'Union », *in* TIZZANO (Antonio), KOKOTT (Juliane), PRECHAL (Sacha) (dir.), *50e anniversaire de l'arrêt van Gend en Loos : 1963-2013*, Actes du colloque du 13 mai 2013 à Luxembourg, Office des publications de l'Union européenne, 2013, pp. 135-154.

GARRON (Robert), « Réflexions sur la primauté du droit communautaire », *Revue trimestrielle de droit européen*, n° 1, 1969, pp. 28-49.

GAUDIN (Hélène), « La Cour de justice, juridiction constitutionnelle ? », *Revue des affaires européennes*, n° 3, 2000, pp. 209-222.

GAUDIN (Hélène), « Primauté « Absolue » ou primauté « relative ? » », *in*GAUDIN (Hélène) (dir.), *Droit constitutionnel, droit communautaire, vers un respect constitutionnel réciproque ?,* Aix-Marseille, Economica, PUAM, coll. « droit public positif », 2001, pp. 92-121.
GAUTIER (Marie), « O Temora, o mores… Le Conseil d'État et les directives communautaires », *Revue française de droit administratif,* n° 12, décembre 2009, pp. 7-13.

GORI (Paolo), « Souvenirs d'un survivant », *in* TIZZANO Antonio, KOKOTT Juliane, PRECHAL Sacha (dir.), *50e anniversaire de l'arrêt van Gend en Loos : 1963-2013*, Actes du colloque du 13 mai 2013 à Luxembourg, Office des publications de l'Union européenne, 2013, pp. 20-30.

GUIGOU (Élisabeth), « La légitimité des institutions européennes : l'impact de l'élargissement sur le déficit démocratique de l'Union européenne », *Reflets et perspectives de la vie économique*, t. XLII, 2003, pp. 103-108.

HANNEQUART (Isabelle), « Union européenne-Mercosul deux intégrations dans la mondialisation », *in* HANNEQUART (Isabelle), *Union européenne-Mercosul entre concurrence et solidarité*, Paris, L'Harmattan, 2008, pp. 7-22.

HAUSER (Jean), « Le juge et la loi », *Pouvoirs*, n° 114, 2005, pp. 139-153.

JACQUÉ (Jean-Paul), « Le rôle du droit dans l'intégration européenne », *Revue internationale de philosophie politique*, n° 1, 1991, pp. 119-134.

JACQUÉ (Jean-Paul), « Editorial, CJUE-CEDH : 2-0 », *Revue trimestrielle de droit européen*, n° 4, 2014, pp. 823-831.

JEDLICKI (Claudio), « Le Mercosur dans la politique extérieure brésilienne de ces dernières décennies », *Tiers-Monde*, t. 42, n° 168, 2001, pp. 817-840.

JOURDAIN (Laurence), « Les nouveaux processus d'intégration régionale : vers la restauration d'un "ordre" dans les relations internationales », *Désordre (es)*, Paris, PUF, 1997,pp. 364-373.

KAPRIELIAN (Julie), « Le renvoi préjudiciel en droit de l'Union : un mécanisme assurant la protection juridictionnelle effective des individus ? », *Jurisdoctoria*, n° 6, 2011, pp. 75-98.

KASMI (Jamel), « Le système de règlement des différends du Mercosur. Le rôle du « Juge Mercosurien » dans le processus d'intégration régionale », in FLAESCH-MOUGIN (Catherine), LEBULLENGER (Joël) (dir.), *Regards croisés sur les intégrations régionales : Europe, Amérique, Afrique*, Bruxelles, Bruylant, 2010, pp. 89-130.

KELSEN (Hans), « Qu'est-ce que la théorie pure du droit ? », *Droit et société*, vol. 22, n° 1, 1992, pp. 551-568.

KOFFLER (Sandy) (dir), « L'Amérique latine 150 ans d'indépendance », Numéro spécial, *Le Courrier de l'Unesco*, n° 6, 1961, pp. 6- 43.

KOVAR (Robert), « Observations sur l'intensité normative des directives », in COPOTORTI (Francesco), EHLERMANN (Claus-Dieter), *Du droit international au droit de l'intégration, Liber Amicorum Pierre Pescatore*, Baden-Baden, NomosVerlagsellschaft, 1987, pp. 359-372.

KUCZYNSKI (Pedro Pablo), « L'Amérique latine et la crise de la dette », *Revue d'économie financière*, vol. 15, n° 3, 1990, pp. 171-178.

LAGRANGE (Maurice), « La Cour de justice des Communautés Européennes », *Études et documents du Conseil d'État*, fasc. 17, 1964, pp. 55-79.

LAGRANGE (Maurice), « La Cour de Justice des Communautés européennes du Plan Schuman à l'Union européenne », *in* TEITGEN (Pierre Henri) (dir.) *Mélanges Fernand Dehousse. La construction européenne*, Paris, Nathan, vol. 2, 1979, pp. 127-135.

LECOURT (Robert), « Quel eût été le droit des Communautés sans les arrêts de 1963 et 1964 ? », *in Mélanges en l'honneur de Jean Boulouis*, Paris, Dalloz, 1991, pp. 349-361.

LEVESQUE (Jean-François), « Traités de verre : Réflexions sur l'interprétation », *Revue québécoise de droit international*, n° 19, 2006, pp. 53-78.

LOUIS (Jean-Victor), « La primauté du droit de l'Union, un concept dépassé ? », in COHEN-JONATHAN (Gérard), CONSTANTINESCO (Vlad), VALÉRIE (Michel) (dir.), *Mélanges Jean Paul Jacqué, Chemins d'Europe,* Paris, Dalloz, 2010, pp. 443-461.

LAVERGNE (Réal), « Champ d'action pour l'intégration et la coopération régionales en Afrique de l'Ouest », in LAVERGNE (Réal), *Intégration et coopération régionales en Afrique de l'Ouest*, Paris, Karthala-CRDI, 1996, pp. 12-38.

LUBY (Monique), « La notion de consommateur en droit communautaire : une commode inconstance… », *Contrats Concurrence Consommation*, Chron. 1, n° 1, Hors-série, 2000, pp. 58-62.

MARTIN (Sébastien), « L'identité de l'État dans l'Union européenne : entre « identité nationale » et « identité constitutionnelle » », *Revue française de droit constitutionnel*, n° 91, juillet 2012, pp. 13-44.

MASCLET (Jean-Claude), « Vers la fin d'une controverse ? La Cour de justice tempère l'obligation de renvoi préjudiciel en interprétation faite aux juridictions suprêmes (art. 177, alinéa 3, CEE) », *Revue du marché commun*, n° 26, 1983, pp. 363-372.

MATARASSO (Leo), « Droits de l'homme et droits des peuples », *L'homme et la société*, n° 85-86, 1987, pp. 125-129.

MATTELART (Armand), « Vers une globalisation ? », *Réseaux*, série thématique : « Communiquer à l'ère des réseaux », vol. 18, n° 100, 2000, pp. 831-105.

MAZET (Guy), « La République Bolivarienne du Venezuela et le droit », *Cahiers des Amériques latines*, n° 53, 2008, pp. 49-65.

MEGRET (Jacques), « La spécificité du droit communautaire », *Revue internationale de droit comparé*, vol. 19, n° 3, juillet-septembre 1967, pp. 565-577.

MEUNIER (Patrick), LEPERS (Jacques), « La primauté du droit de l'Union européenne : intégration et valorisation du principe 50 ans après l'arrêt de la CJCE *Costa c/Enel*. Colloque du 31 mars 2014 à l'Université Lille 2, *Revue Europe*, suppl. n° 7, Actes du colloque, juillet 2014, p. 35.

MEYER-HEINE (Anne), « L'applicabilité directe horizontale des directives communautaires quelques interrogations suscitées par l'arrêt Faccini Dori », *Les Petites affiches*, n° 76, 26 juin 1995, pp. 4-8.

MEYER-HEINE (Anne), « La participation des parlements au fonctionnement de l'Union européenne : quand la subsidiarité renforce la démocratisation de l'Union », *Droit et société*, n° 80, 2012, pp. 31-46.

MODERNE (Franck), « Les avatars du présidentialisme dans les États latino-américains », *Pouvoirs* : « L'Amérique latine », n° 98, 2001, pp. 63-87.

MORA-BURBANO (Caroline), « L'intégration régionale au sein du MERCOSUR » in GRARD (Loïc), *Les intégrations régionales, L'Union européenne – et après ?*, Coll. « Droits européens », 2015, pp. 59-67.

MORRIS (Gillian), FREDMAN (Sandra), HAYES (Jon), « La libre circulation et le secteur public », *Industrial Law Journal*, 1990, pp. 20-28 (Traduction HEED-LE ROUX Danielle).

PEERBUX-BEAUGENDRE (Zoobiah), « Autorité de la chose jugée et primauté du droit communautaire », *Revue française de droit administratif*, n° 3, mai-juin 2005, pp. 473-482.

PENA-PINON (Mariana), « Une Cour de justice pour le Mercosur ? Vraies-fausses avancées vers une institutionnalisation renforcée », *Revue québécoise de droit international*, n° 25, 2012, pp. 119-154.

PERTEK (Jacques), « Commentaire d'arrêt », in KARPENSCHIFF (Michaël), NOURISSAT (Cyril) (dir.), *Les grands arrêts de la jurisprudence de l'Union européenne* », Paris, PUF, Coll. « Thémis », 2e éd., 2014, pp. 115-121.

PESCATORE (Pierre), « La Cour en tant que juridiction fédérale et constitutionnelle », *inDix ans de jurisprudence de la Cour de Justice des Communautés européennes*, Institut de l'Université de Cologne, Berlin, C. Heymanns Verlag KG, 1965, pp. 519-566.
PESCATORE (Pierre), « Droit communautaire et droit national », *Recueil Dalloz*, Chroniques XXXIII, 1969, pp. 179-184.

PESCATORE (Pierre), « L'effet des directives communautaires : une tentative de démythification », *Recueil Dalloz*, Chron., 1980, pp. 171-175.

PESCATORE (Pierre), « Le recours, dans la jurisprudence de la Cour de justice des Communautés européennes, à des normes déduites de la comparaison des droits des États membres », *Revue internationale de droit comparé*, vol. 32, n° 2, 1980, pp. 337-359.

PESCATORE (Pierre), « La carence du législateur communautaire et le devoir du juge », in GERHARD (Luke) (dir.), *Mélanges Léontin Jean Constantinesco*, Berlin, C. Heymanns, 1983, pp. 559-580.

PESCATORE (Pierre), « Monisme et dualisme et « effet utile » dans la jurisprudence de la Cour de justice de la Communauté européenne », *in* FESTSCHRIF FUR (Gil) Carlos Rodriguez Iglesias, COLNERIC (Ninon), PUISSOCHET (Jean-Pierre), RUIZ-JARABO (Damaso y Colmer), EDWARDS (David) V., (dir.), *Une communauté de droit*, Berlin, BWV Berliner Wissenshafts, 2003, pp. 329-342.

PETIT (Yves), « Commentaire de l'arrêt Simmenthal», *in* BOUTAYEB (Chahira) (dir.), *Les grands arrêts du droit de l'Union européenne, Droit institutionnel et matériel de l'Union européenne*, Paris, LGDJ, coll. « Les grandes décisions », 2014, pp. 354-359.

PFERSMANN (Otto), « Le sophisme onomastique : changer au lieu de connaître. L'interprétation de la Constitution » in MELIN-SOUCRAMANIEN (Ferdinand) (dir.), *L'interprétation constitutionnelle*, Paris, Dalloz, 2005, pp. 33-60.

PICOD (Fabrice), « La coopération juridictionnelle », in AUVRET-FINCK (Josiane) (dir.), *L'Union européenne, carrefour de coopérations*, Paris, LGDJ, 2002, pp. 109-232.

PLIAKOS (Asteris), « La nature juridique de l'Union européenne », *Revue trimestrielle du droit européen*, n° 29, 1993, pp. 187-224.

POTVIN-SOLIS (Laurence), « Commentaire de l'arrêt Van Gend en Loos », *in* BOUTAYEB (Chahira) (dir.), *Les grands arrêts du droit de l'Union européenne. Droit institutionnel et matériel de l'Union européenne*, Paris, LGDJ, coll. « Les grandes décisions », 2014, pp. 42-52.

QUENAN (Carlos), « La Communauté andine des nations : entre tentatives de relance et crises récurrentes », *Cahiers des Amériques Latines*, n° 50, 2005, pp. 83-103.

RABAULT (Hugues), « Le problème d'interprétation de la loi : la spécificité de l'herméneutique juridique », *Le Portique. Revue en Philosophie et Sciences humaines*, n° 15, 2005, pp. 43-56.
REGNAULT (Henri), « Libre-échange nord-sud et typologie des formes d'internationalisation des économies », *Région et développement*, n° 22, 2015, pp. 22-26.

RIDEAU (Joël), « La Cour suprême de la Colombie et l'intégration économique latino-américaine dans le groupe andin », *Revue internationale de droit comparé*, vol. 25, n° 2, 1973, pp. 331-373.

RIVERO (Jean), « Le problème de l'influence des droits internes sur la Cour de Justice de la Communauté Européenne du Charbon et de l'Acier », *Annuaire français des relations internationales*, vol. 4, n° 1, 1958, pp. 295-308.

SBERRO (Stephan), « L'intégration régionale en Amérique latine : le mythe de Sisyphe », *Pouvoirs*, section : « L'Amérique latine », n° 98, 2001, pp. 49-61.

SIERRA CADENA (Grenfieth de Jésus), « Une approche comparée des principes de proportionnalité et de subsidiarité dans la jurisprudence de la CJUE et du TJCA : la coordination-harmonisation des pluralismes juridiques régionaux à l'épreuve de l'internationalisation du droit communautaire », *Revista Estudios Socio-Jurídicos*, n° 15, 2013, pp. 127-158.

SIMON (Denys), « Droit communautaire et responsabilité de la puissance publique Glissements progressifs ou révolution tranquille ? », *Actualité juridique en droit administratif*, n° 20, 1993, pp. 235-243.

SIMON (Denys), « La responsabilité des États membres en cas de violation du droit communautaire par une juridiction suprême », *Revue Europe*, n° 11, chron. n° 12, 2003, pp. 3-6.

SIMON (Denys), « Effet vertical démembré », *Revue Europe*, n° 4, 2004, pp. 93-94.

SIMON (Denys), « Cour de justice et Tribunal de première instance des Communautés européennes », *Annuaire français de droit international*, vol. 50, 2004, pp. 510-533.

SIMON (Denys), « La légitimité du juge communautaire », *in Actes du Colloque « L'office du juge » au Palais du Luxembourg le 29 et 30 septembre 2006*, Sénat, coll. *« Les Colloques du Sénat »*, Paris, 2006, pp. 447-467.

SIMON (Denys), « Mini-traité, traité simplifié ou traité mutilé : l'Europe entre le possible et le souhaitable », *RevueEurope*, n° 7, 2007, pp. 1-2.

SIMON (Denys), « L'invocabilité des directives dans les litiges horizontaux : confirmation ou infléchissement ? », *RevueEurope*, n° 3, 2010, pp. 4-7.

SIMON (Denys), « Obligation du juge national », *Revue Europe*, n° 3, 2012, pp. 115-116.

SIMON (Denys), « Les mois maudits, Repère », *RevueEurope*, n° 3, mars 2016.

SIMON (Denys), « Brexit : en marche pur une longue marche», *Revue Europe*, n° 6, juin 2017.

SIROEN (Jean-Marc), « Globalisation et taille optimale des nations», *Revue française d'économie*, vol. 17, n° 2, 2002, pp. 69-100.

SOLA (de) (Marie), JEUNIAUX (Nicolas), « La politique communautaire en faveur des consommateurs », *Revue du marché unique européen*, n° 1, 1992, pp. 65-109.

TAVERNIER (Paul), « Coexistence des systèmes de protection des droits de l'homme en Europe », in CAO-HUY (Thuan), FENET (Alain) (dir.), *La coexistence, enjeu européen*, Paris, PUF, 1998, pp. 93-109.

TROPER (Michel), « La liberté de l'interprète » in *Actes du Colloque « L'office du juge » au Palais du Luxembourg le 29 et 30 septembre 2006*, Sénat, coll. *« Les Colloques du Sénat »,* Paris, pp. 28-36.

VAN DE KERCHOVE (Gilles), MARQUARD (Stéphane), « Les accords internationaux conclus par l'Union européenne », *Annuaire français des relations internationales*, vol. 50, n° 1, 2004, pp. 803-825.

VASAK (Karel), « La Déclaration universelle des droits de l'homme 30 ans après », *Le Courrier de l'Unesco*, n° 30, 1977, pp. 28-29.

VERHOEVEN (Joe), « La notion d'« applicabilité directe » du droit international », *Revue belge de droit international*, n° 2, 1982, pp. 243-264.

WOJCIKIEWICZ ALMEIDA (Paula), « L'influence de la Cour de justice de l'Union européenne dans le projet constitutif d'une Cour de justice pour le Mercosud », *Revista de l'Universidad de relaciones internacionales de Brasilia*, vol. 9, n° 1, 2011, pp. 131-158.

YASSEEN (Mustafa Kamil), « L'interprétation des traités d'après la convention de Vienne sur le droit des traités », *Recueil des cours de l'Académie de droit international*, vol. 151, 1976, pp. 96-111.

YEPES (Jésus Maria), « La contribution de l'Amérique latine au développement du droit international public et prive », *Recueil des cours de l'Académie de droit international*, vol. II, 1930, pp. 695-801.

YVARS (Bernard), « L'Union européenne et le Mercosur : deux voies spécifiques d'intégration et d'insertion dans la mondialisation des activités », in KAUFFMANN (Pascal), YVARS (Bernard) (dir.) *Intégration de l'Union européenne et expériences de régionalisme dans les pays en développement. Actes des Ières Journées internationales d'Études Jean Monnet*, Paris, L'Harmattan, 2004, pp. 201-230.

ZAMPINI (Florence), « La Cour de justice des Communautés européennes, gardienne des droits fondamentaux dans le cadre du droit communautaire », *Revue trimestrielle de droit européen*, n° 4, 1999, pp. 659-707.

ZILLER (Jacques), « Relire van Gend en Loos », *in* BOUTAYEB (Chahira) (dir.), *Mélanges en l'honneur de Jean-Claude Masclet. La Constitution, l'Europe et le droit*, Paris, Université de Paris-Sorbonne PUPS, 2013, pp. 1071-1073.

Espagnol

AMZEL-GINZBURG (Clara), « Mercosur, sistema de solución de controversias, su institucionalidad », *Revista Aportes para la integración latinoamericana*, n° 31, 2014, pp. 36-59.

ANDARE (Raiza), INÉS DE JESÚS (María), MÉNDEZ (Raizabel), « Ejercicio Jurisprudencial del Tribunal de Justicia de la Comunidad andina en las interpretaciones prejudiciales referidas a signos distintivos », *Revista Propiedad intelectual*, n° 10, 2007, pp. 85-117.

ANDUEZA (José Guillermo), « La aplicación directa del ordenamiento jurídico del Acuerdo de Cartagena », *Revista de derecho público*, n° 19, 1984, pp. 5- 22.

ARANGO OLAYA (Mónica), « El bloque de constitucionalidad en la jurisprudencia de la Corte constitucional colombiana », *Precedente*, 2004, pp. 79-102.

BALDEON HERRERA (Genaro), « La organización mundial del comercio y la Comunidad andina: la posición de los acuerdos de la OMC en el ordenamiento jurídico andino », *Agenda internacional*, n° 28, año XVII, 2010, pp. 59-74.

BLANCO ALVARADO (Carolina), « Aproximación a la perspectiva jurídica de las decisiones del Parlamento andino en los ordenamientos jurídicos de los Estados andinos », *Revista Relaciones internacionales, Estrategia y seguridad*, vol. 6, n° 2, 2011, pp. 35-62.

BRUSCO (Andrea), « Resultados de la Conferencia de Rio+20 y perspectivas para el desarrollo ambiental », in IV° Encuentro de magistrados de la Comunidad andina y del MERCOSUR, *Serie Memorias y debates*, n° 4, t. II, 2012, pp. 261-286.

BUENO MARTÍNEZ (Patricio), PEROTTI (Alejandro Daniel), « La teoría del acto aclarado resulta necesaria su aplicación en el marco de la interpretación prejudicial andina? », *Dikaion: lo justo*, n° 14, 2005, pp. 133-152.

BUSTAMANTE (Ana Marleny), « Desarrollo Institucional de la Comunidad Andina », *Revista Aldea Mundo,* n° 16, 2004, pp. 18-28.

CAICEDO TAPIA (Danilo Alberto), « El bloque de constitucionalidad en el Ecuador. Derechos Humanos más allá de la Constitución », *Revista de Derecho Foro,* n° 12, 2009, pp. 5-29.

CAPRILES (Gonzalo), « Ajustes en los países de la Comunidad andina para participar en los procesos de integración regional», *CEPAL,* Buenos Aires, CEPAL, 2005, p. 17.

CARMONA ESTANGA (Pedro), « El Protocolo Modificatorio del Acuerdo de Cartagena: negociación y características », *Revista Integración latinoamericana,* n° 134, año 13, 1988, pp. 3-13.

CASAL HERNANDEZ(Jesús Maria), « Los derechos humanos en los procesos de integración », *Revista Semestral del Centro de Estudios Constitucionales de la Universidad de Talca,* n° 2, año 3, 2005, pp. 249-275.

CASTRO BERNIERI (Jorge), « Reflexiones acerca del tema de las fuentes del ordenamiento jurídico de la Comunidad Andina », *Agenda internacional,* n° 16, 2002, pp. 83-95.

CERDA SILVA (Alberto), « Armonización de los derechos de autor en la Comunidad andina: hacia un nuevo régimen común », *Revista Ius Praxis,* n° 2, 2011, pp. 231-282.
CHACÓN DE ALBURQUERQUE (Roberto), « El Mercosur y la adhesión de Venezuela », *Revista de derecho público,* n° 111, 2007, pp. 43-60.

CHAHIN LIZCANO (Guillermo), « Acceso directo de los particulares al Tribunal de Justicia de la Comunidad Andina de naciones », *Themis,* n° 42, 2001, pp. 145-153.

CHAMI (Diego Esteban), « Transporte multimodal: una teoría y una paradoja », in *Cuadernos de los II Encuentros de magistrados de la Comunidad andina y del Mercosur, 2010,* pp. 131-151.

CHÁVEZ PICASSO (Jorge), « El régimen común de derecho marcario y su interpretación por el tribunal de justicia de la comunidad andina », *Revista de la Competencia y la Propiedad intelectual,* n° 7, 2008, pp. 6-174.

CIENFUEGOS (Mateo Manuel), « Cuestiones prejudiciales en la Unión Europea y consultas prejudiciales en la Comunidad andina: similitudes, diferencias e influencias », *Revista de la Facultad,* Universidad Nacional de Córdoba, vol. IV, n° 1, Nueva Serie II, 2013, pp. 37-77

CISNEROS SALTOS (Vanessa), « Análisis de la jurisprudencia del Tribunal de Justicia de la Comunidad andina referente a marcas notorias en materia de propiedad industrial », *Foro*, n° 3, 2004, pp. 207-217.

COLOMER VIADEL (Antonio), « Soberanía e integración en Iberoamérica: una perspectiva histórica y jurídica »,*Cuadernos de la Cátedra Fabrique Furio Ceriol*, n° 7, 1994, pp. 94-104.

CORDABA TRIVIÑO (Jaime), « Aplicación de la jurisprudencia de la Corte Interamericana de derechos humanos al derecho constitucional colombiano», *Anuario de Derecho Constitucional latinoamericano*, vol. II, n° 13, 2007, pp. 667-684.

DERMIZAKY (Pablo), « Derecho constitucional, derecho internacional y derecho comunitario », *Anuario de derecho constitucional latinoamericano*, vol. II, n° 10, 2004, pp. 831-843.

DUEÑAS MUÑOZ (Juan Carlos), « Constitución y relaciones internacionales. El control constitucional previo en la Comunidad andina, el Mercosur, y su tratamiento en la Constitución Política del Estado de la República de Bolivia», *Anuario de derecho constitucional latinoamericano*, vol. II, n° 12, 2006, pp. 405-442.

DUEÑAS MUÑOZ (Juan Carlos), « La interpretación prejudicial, Piedra angular de la integración andina? », *Anuario de derecho constitucional latinoamericano*, n° 17, 2011, pp. 29-58.

ESPÍNDOLA ESCARPETTA (Carlos Alberto), HERRERA RODRÍGUEZ (Diana Lorena), « El sistema jurídico andino utopía o realidad jurídica? »,*Criterio Jurídico*, n° 1, vol. 8, 2008, pp. 35-64.

FELDSTEIN de CARDENAS (Sara Lidia), SCOTTI (Luciana), RODRÍGUEZ (Mónica Sofía), MEDINA (Flavia A.), CÁRDENAS (Yamila C.), *Del Protocolo de Brasilia al Protocolo de Olivos: Los desafíos pendientes*, CAEI, 2006, p. 13.

FIX-ZAMUDIO (Héctor), *Reflexiones sobre la organización y funcionamiento de la Corte interamericana de derechos humanos, in* Instituto de investigaciones jurídicas, *Estudios en honor a Jorge Barrera Graf*, D.F. Mexique, Graf. UNAL, vol. I, 1989, pp. 495-530.

FUDERS Félix, « La solución de controversias en el Mercosur: una evaluación del sistema y de la jurisprudencia », *Prima Facie*, vol. 11, n° 21, 2012, pp. 75-108.

GARCIA (de) CARVAJALINO (Yolanda), « La Comunidad Andina », *Revista de Derecho de la Universidad del Norte*, n° 12, 1999, pp. 69-87.

GARCIA BRITO (Gustavo), « Analisis de la Interpretacion Prejudicial emitida por el Tribunal de justicia de la Comunidad Andina dentro del Proceso 242-IP-2015

(Marca: Textura superficie "Old Parr") », *Revista de Derecho Foro*, n° 22, 2014, pp. 144-162.

GARCÍA (Alonso Ricardo), « La experiencia judicial europea en los sistemas suramericanos de integración regional, y las posibilidades de una inspiración inversa », in *Cuadernos de los II Encuentros de magistrados de la Comunidad andina y del Mercosur*, Quito, 2010, pp. 31-45.

GIACALONE (Rita), « La integración sudamericana, entre el modelo europeo y la política exterior brasileña», *in* TREMOLADA ÁLVAREZ (Eric) (dir.), *Repensando la integración y las integraciones*, Bogotá, Universidad Externado de Colombia, 2013, coll. « Ius Cogens », pp. 151-178.

GÓMEZ DIEZ (Oscar), « La migración laboral en la región andina: Los desafíos de una política ausente », *Revista diálogos migrantes*, Observatorio de Migraciones Fundación Esperanza, n° 7, 2011, pp. 110-119.

GÓMEZ JUTINICO (Ángela), « Institucionalidad y problemáticas de la Comunidad Andina de Naciones », *Poliantea*, vol. 10, 2010, pp. 31-50.

HUMMER (Waldemar), FRISCHHUT (Markus), « Diferentes concepciones de la protección de los derechos humanos en la integración europea y latinoamericana. La Carta Andina para la Promoción y Protección de los Derechos Humanos», *Anuario argentino de derecho internacional*, n° 13, 2004, pp. 47-123.

IBÁÑEZ MARSILLA (Santiago), « La codificación del Derecho aduanero en la Unión Europea y sus relaciones con el derecho aduanero internacional », *in* IV° Encuentro de magistrados de la Comunidad andina y del MERCOSUR, *Serie Memorias y debates*, n° 4, t. I, 2012, pp. 95-104.

JARA VÁSQUEZ (María Elena), « El control de legalidad en el derecho comunitario a través del recurso de anulación (UE) y de la acción de nulidad (CAN) », *Foro*, n° 4, 2006, pp. 245-263.

JIMÉNEZ (Guillermo William), « Papel de la jurisprudencia del Tribunal de Justicia de la Comunidad Andina en decisiones judiciales de los países miembros », *Revista colombiana de Derecho internacional*, n° 23, 2013, pp. 87-117.

LOZANO CUTANDA (Blanca), « La protección del medio ambiente en los sistemas supranacionales de integración: el ejemplo de la Unión Europea », in *Cuadernos de los II Encuentros de magistrados de la Comunidad andina y del Mercosur*, 2010, pp. 153-168.

LUGO SILVA (Carlos), « Propiedad industrial e integración económica en la Comunidad andina de Naciones », *ArtefaCToS*, vol. 5, n° 1, 2012, pp. 123-149.

MARTÍNEZ CASTILLO (Alberto), « De la Comunidad andina de naciones al Mercado Común del Sur: nueva estrategia de integración de Venezuela », *Colombia internacional*, n° 83, 2015, pp. 203-223.

MARTÍNEZ RANGEL (Rubí), SOTO REYES GARMENDIA (Ernesto), « El Consenso de Washington: la instauración de las políticas neoliberales en América Latina », *Revista Política y Cultura*, n° 37, 2012, pp. 35-64

MENDOZA FANTINATO (Guido), « Comunidad Andina: derecho al libre establecimiento con fines laborales para los ciudadanos comunitarios », *Revista Migraciones*, n° 7, 2011, pp. 13-19.

MENDOZA FANTINATO (Guido), «Indicadores convergentes y fortalezas del mercado laboral de la Comunidad andina», Lima, *Secretaria General de la Comunidad andina*, 2011, p. 9.

MENDOZA FANTINATO (Guido), «La "ciudadanía laboral andina": derechos laborales fundamentales reconocidos por la comunidad andina», Lima, *Secretaría general de la Comunidad andina*, 2011, p. 13.

MESA VÉLEZ (Willman), « El Parlamento andino y los trabajadores migrantes andinos », *Revista Diálogos Migrantes*, n° 7, 2011, pp. 11-12

MONTANO GALARZA (Cesar), « Comentarios y reflexiones sobre el derecho comunitario », *Foro*, n° 1, 2003, pp. 203-238.

MONTANO GALARZA (César), « Constitución ecuatoriana e integración andina: la situación del poder tributario del Estado », *Anuario de derecho constitucional latinoamericano*, vol. II, n° 10, 2004, pp. 949-993.

MONTANO GALARZA (César), « La jurisprudencia del Tribunal de Justicia de la Comunidad Andina en materia de armonización legislativa: el caso del impuesto al valor agregado », in IV° Encuentro de magistrados de la Comunidad andina y del MERCOSUR, *Serie Memorias y debates*, n° 4, t. I, 2012, pp. 25-40.

MORALES ANTONIAZZI (Mariela), « El nuevo paradigma de la apertura de los órdenes constitucionales: una perspectiva sudamericana », *in* von BOGDANDY (Armin), SERNA DE LA GARZA (José María) (dir.), *Soberanía y Estado abierto en América latina y Europa*, México, Instituto de Investigaciones jurídicas de la UNAM, 2014, pp. 233-282.

MORALES HERNÁNDEZ (Alfredo), « El retiro de Venezuela de la Comunidad andina de naciones y sus efectos en la legislación mercantil », *Revista de la Facultad de Ciencias Jurídicas y Políticas de Caracas*, n° 127, 2007, pp. 279-304.

MOURE (Juan Guillermo), « La reforma de la decisión 344 y su puesta en conformidad con las normas ADPIC », *Revista Con-texto*, Universidad Externado, n° 9, 2001, pp. 36-45.

NAVARRETE BARRERO (Olga Inés), « El papel del juez comunitario andino en la tutela de los derechos de los ciudadanos », *Foro*, n° 6, 2006, pp. 28-38.

ORREGO VICUÑA (Francisco), « La incorporación del ordenamiento jurídico subregional al derecho interno, análisis de la práctica y jurisprudencia de Colombia », in *Derecho de la integración*, New York, BID-INTAL, vol. 11, 1983, pp. 39-59.

OYARTE MARTÍNEZ (Rafael), « El control de constitucionalidad de los tratados internacionales », *Revista del Colegio de Jurisprudencia de la Universidad San Francisco de Quito*, n° 7, año III, 2003, pp. 34-44.

PAMPILLO BALINO (Juan Pablo), « Derecho comunitario y *Ius commune* americano: dos asignaturas pendientes para las ciencias jurídicas de nuestro continente », *Revista de derecho Foro*, n° 18, 2012, pp. 5-29.

PAREJA CUCALÓN (Francisco), « La dimensión social de la integración andina », *Revista de la integración*, n° 4, dossier: « 40 años de integración andina, avances y perspectivas », Lima, Secretaria General de la Comunidad andina, 2009, pp. 147-159.

PAREJA CUCALÓN (Francisco), « Integración andina y convergencia suramericana », *Análisis Económico*, n° 25, 2013, pp. 349-370.

PÉREZ APONTE (María Cecilia), « Análisis de la jurisprudencia del Tribunal de Justicia de la Comunidad Andina en relación a la conexión entre derecho de la integración y derecho internacional público », *Foro*, n° 2, 2003, pp. 225-241.

PEROTTI (Alejandro Daniel), « Los tribunales comunitarios en los procesos de integración, El caso del Tribunal de Justicia de la Comunidad andina», *DIKAION*, n° 8, 1999, pp. 186-241.

PEROTTI (Alejandro Daniel), « Algunas consideraciones sobre la interpretación prejudicial obligatoria en el derecho andino », *Gaceta Jurídica de la Comunidad Europea*, Serie D, n° 213, mai-juin 2001, pp. 90-106.

PICO MANTILLA (Galo), « La acción judicial de los particulares y la interpretación prejudicial en el Pacto andino », in PICO MANTILLA (Galo) (dir.), *Temas jurídicos de la Comunidad andina*, Quito, Publicación especial del Tribunal de Justicia de la Comunidad andina, 2009, pp. 202-215.

PLATA LOPEZ (Luis Carlos), YEPES CEBALLOS Donna, « Naturaleza jurídica de las normas comunitarias andinas », Universidad del Norte, *Revista de derecho*, n° 31, 2009, pp. 206-207.

PONCE VILLACIS (Alejandro), « El Ecuador y el sistema interamericano de protección a los derechos humanos: una mirada crítica a la conducta estatal », *Revista Iuris Dictio*, año V, n° 9, 2005, pp. 15-24.

PRECIADO PINEDA (Edgar), « Anteproyecto de Código aduanero comunitario andino, in IV Encuentro de magistrados de la Comunidad andina y del MERCOSUR », *Serie Memorias y debates*, n° 4, t. I, 2012, pp. 151-260.

QUINDIMIL LOPEZ (Jorge Antonio), « El fenómeno del mimetismo entre organizaciones internacionales », *Anuario da Facultade de Dereito*, Universidade da Coruña, n° 6, 2002, pp. 585-602.

RAMÍREZ DÍAZ (Karina), « El acceso de los particulares al Foro Comunitario Andino. Referencia a la acción de Nulidad, Universidad de los Andes », *Anuario de derecho*, n° 24, 2002, pp. 117-140.

REJANOVINSCHI TALLEDO (Moisés), « El "juez andino" en temas de propiedad intelectual: aplicación en el ámbito peruano », *Revista de la Facultad de derecho*, PUCP, n° 74, 2015, pp. 127-152.

RINCÓN EIZAGA (Lorena), « Derechos humanos e integración en América Latina: El caso de la comunidad andina », *Revista del Instituto de Filosofía Jurídica, Social y Política*, vol. 20, n° 3, 2013, pp. 411-433.

ROJAS JIMÉNEZ (Héctor Heli), « La crisis de la Comunidad Andina », *Boletín del Instituto de Estudios Constitucionales*, Universidad Sergio Arboleda, 2011, pp. 7-18.
SACHICA (Luis Carlos), « El ordenamiento jurídico andino » *in* SACHICA (Luis Carlos), ANDUEZA (José Guillermo) HURTADO LARREA (Estuardo), GABALDON MARQUEZ (Iván), ZELADA CASTEDO (Alberto) (dir.), *El Tribunal andino de justicia*, Instituto para la Integración de América Latina (INTAL), Montevideo, Talleres gráficos ALADI, 1985, pp. 19-21.

SAINZ BORGO (Juan Carlos), « La salida de Venezuela de la Comunidad Andina », *Politeia*, Instituto de Estudios políticos, vol. 30, n° 38, 2007, pp. 127-150.

SALAZAR UGARTE (Pedro), « El nuevo constitucionalismo latinoamericano (una perspectiva crítica) », *in* GONZALES PÉREZ (Luis Raúl) (dir.), *El nuevo constitucionalismo contemporáneo. Homenaje a Jorge Carpizo*, México, UNAM, 2013, pp. 357-387.

SALMON GARATE (Elizabeth), « Evolución institucional de la Comunidad andina: Perspectivas y problemas », *in* BREWER CARIAS (Allan-Randolph) (dir.), *Derecho comunitario andino*, Lima, PUCP, 2003, pp. 24-26.

SANCHEZ MIRALLES (Samantha), « Interpretación del derecho comunitario: la interpretación prejudicial por el TJCA », *Revista de la Fundación Procuraduría General de la República de Venezuela*, n° 22, 1999, pp. 37-89.

SANTA GADEA (Rosario), « La iniciativa IIRSA: El reto de integrar el espacio físico de América del Sur », Nota Secretaria General de la Comunidad Andina, 2005, p. 3.

SARMIENTO GARCÍA (Manuel Guillermo), « La política de transporte aéreo en la Comunidad andina de Naciones », *Revista de derecho privado*, n° 6, 2000, pp. 35-58.

SASAKI OTANI (María Ángela), « La retirada de Venezuela de la Comunidad andina y su eventual adhesión al MERCOSUR. En un "limbo integracionista" ? » ,*Revista digital EJIL, - EAFIT Journal of International Law*, vol. 3, n° 1, 2012, pp. 56-67.

SASAKI OTANI (María Ángela), « El sistema de sanciones por incumplimiento en el ámbito de la Comunidad andina », *Anuario mexicano de derecho internacional*, vol. XII, 2012, pp. 301-337.

SCHVARZER (Jorge), «El Mercosur: un bloque económico con objetivos a precisar », México, *CLACSO*, 2001, p. 25.

STORNI (Claudia), « Efectos de la jurisprudencia de la Corte interamericana de Derechos Humanos en los países miembros de la OEA », *Foro*, n° 11, 2009, pp. 55-69.

SUAREZ MEJÍAS (Jorge Luis), « La comunidad andina: un proceso de integración en constante evolución », *Revista de la Facultad de Ciencias Jurídicas y Políticas*, Universidad Central de Venezuela, Caracas, n° 111, 1999, pp. 109-144.

TASSANO VELAOCHAGA (Hebert), « Retos y desafíos en la aplicación de las políticas de competencia en el Perú », *Revista de la Competencia y la Propiedad intelectual*, n° 12, 2011, pp. 5-17.

TOBAR SUBIETA CONTENTO (María Isabel), « Ordenamiento jurídico andino: Apreciación general a la evolución del derecho en la Comunidad andina », *Axioma*, n° 7, 2011, pp. 24-28.

TOBON FRANCO (Natalia), « La doctrina del acto claro y la interpretación prejudicial en la Comunidad Andina », *Universitas*, n° 109, 2005, pp. 461-482.

TOMASO (Carlos Alberto), « La interpretación prejudicial del Tribunal de Justicia de la Comunidad Andina, TJCA »,*Revista jurídica de la Facultad de Jurisprudencia y Ciencias Sociales y Políticas*, Universidad Católica de Santiago de Guayaquil, n° 41, 2006, pp. 419-442.

TREMOLADA ÁLVAREZ (Eric), « Aplicación del derecho andino en Bolivia, Ecuador, Perú y Venezuela frente a la experiencia europea. Enfoques regionales », *OASIS*, Centro de investigaciones y proyectos especiales, CIPE, Facultad de Finanzas, Gobierno y Relaciones Internacionales, Universidad Externado de Colombia, n° 11, 2005-2006, pp. 151-166.

TREMOLADA ÁLVAREZ (Eric), « El derecho andino: una sistematización jurídica para la supervivencia de la Comunidad Andina de Naciones », *Cuadernos constitucionales de la Catedra Fadrique Furio Ceriol*, Universitat de Valencia, Departamento de Derecho constitucional y Ciencia política y de la Administración, n° 57, 2006, pp. 35-75.

TREMOLADA ÁLVAREZ (Eric), MARTÍNEZ DALMAU (Rubén), « Jerarquía constitucional y aplicación preferente del derecho de la integración. Elementos para la solución del posible conflicto entre derechos e integración », *Universitas*, n° 128, 2014, pp. 383-409.

URQUIDI (Edwin), « Propiedad intelectual y conocimientos tradicionales en Bolivia », *Revista boliviana de derecho*, n° 13, 2012, pp. 154-168.

VARGAS GAMBOA (Nataly Viviana), GAMBOA (Alba Shirley), « El derecho de los « pueblos y naciones indígena originario campesinos » en la Constitución política del Estado plurinacional de Bolivia », in BELTRAO (Jane Felipe), MONTEIRO de Brito FILHO (José Claudio) (dir.), *Derechos humanos de los grupos vulnerables*, Universitat Pompeu Fabra, 2014, pp. 405-430.

VARGAS MENDOZA (Marcelo), « La marca renombrada en el actual régimen comunitario andino de propiedad intelectual », *Foro*, n° 6, 2006, pp. 301-310.

VELÁZQUEZ VELÁZQUEZ (Santiago), « Los derechos humanos y los tratados de integración », *Revista jurídica Faculta de Derecho de la Universidad de Guayaquil*, 2008, pp. 217-245.

VIGIL TOLEDO (Ricardo), « La consulta prejudicial en el Tribunal de Justicia de la Comunidad Andina », *Anuario de derecho constitucional latinoamericano*, vol. II, n° 10, 2004, pp. 939-948.

VIGIL TOLEDO (Ricardo), « La cooperación entre el Tribunal de Justicia de la Comunidad andina y el Tribunal permanente de revisión del MERCOSUR, *Anuario de derecho constitucional latinoamericano*, vol. I, n° 11, 2005, pp. 779-808.

VIGIL TOLEDO (Ricardo), « El Tribunal de Justicia Permanente de la Comunidad andina y el Mercosur », *Anuario de derecho constitucional latinoamericano*, vol. II, n° 12, 2006, pp. 653-666.

ZENTENO BRUN (Hugo), « Acercamiento a la visión cósmica del mundo andino », *Punto cero*, n° 18, 2009, pp. 83-89.

ZÚÑIGA SCHRODER (Humberto), « Interpretación prejudicial en procedimientos de arbitraje en los regímenes andino y europeo», *Revista de Economía y Derecho*, vol. 9, n° 35, 2012, pp. 103-123.

ZÚÑIGA SCHRODER (Humberto), « Jerarquía e interacción de fuentes en el marco del derecho comunitario andino », *Revista de Economía y Derecho*, vol. 11, n° 41, 2014, pp. 27-27.

Anglais

HELFER (Laurence R.), ALTER (Karen J.), GUERZOVICH (Florencia), «Islands of effective International Adjudication: constructing an Intellectual Property Rule of Law in the Andean community», *American Journal of International Law*, vol. 103, 2009, pp. 1- 47.

Italien

NAPOLETANO (Nicola), « L'incidenza della giurisprudenza della corte di giuistizia dell'Unione europea sul Tribunal de Justicia de la Comunidad Andina », in PENNETTA (Piero) (dir.), *L'evoluzione dei sistema giurisdizionali regionali e influenze comunitarie*, Bari, CACUCCI Editore, 2010, pp. 247-282.

TRAVAUX ACADÉMIQUES

Français

AHIN (Marie-Angèle), *Communauté économique de l'Afrique de l'ouest-Groupe andin : analyse juridique et réflexions pour une revitalisation institutionnelle du processus d'intégration régionale*, Thèse en droit, Université Paris 11, 1997, vol. 2, p. 637.

BORDES (Régine), *Le groupe andin et... le social*, Mémoire en relations internationales, Université Strasbourg 3, 1983, p. 154.

CARRAUD (Michel), *Les tentatives d'intégration sous régionale sur le continent latino-américain : l'exemple du Groupe Andin*, Thèse en droit, Université de Reims, 1978.

CAZET (Safia), *Le recours en carence en droit de l'Union européenne*, Thèse en droit, Université Paris 1 Panthéon-Sorbonne, publié dans la collection de Thèses : Droit de l'Union européenne dirigée par Fabrice Picod, Bruxelles, Bruylant, 2012, p. 702.

CÉSPEDES ARTEAGA (Jackeline Patricia), *La Communauté Andine : un processus d'intégration communautaire en Amérique du Sud*, Mémoire en droit, Université Montesquieu Bordeaux IV, 2009, p. 104.

COLINEAU-VILLEGAS (Mariette), *La marque dans la Communauté andine*, Mémoire en droit, Université Panthéon-Assas, 2003, p. 53.

CÓRDOVA ROMERO (Carlos A.), Intégration et commerce extérieur : le cas du Groupe Andin et la Communauté économique européenne, Thèse en économie rurale, Université Montpellier 1, 1985, p. 391.

DELAS-MEDINA (Aura), *Le Groupe andin et le CAEM : analyse comparative de deux processus d'intégration économique*, Thèse en économie, Université Paris 1, 1977, p. 389.

GIL MASCOLO (Tenile), *La place des droits de l'homme dans le Mercosur à la lumière de l'expérience européenne. Les enjeux au regard du système interaméricain de protection des droits de l'homme*, Thèse en droit, Université de Strasbourg, 2013, p. 516.

HIGUERA-O'CAMPO (Jorge), *Les Conditions du développement économique des pays du groupe andin : l'exemple de la Colombie*, Thèse en économie du développement, Université Paris 1, 1974, p. 392.

IBARGUEN RUIZ (Pablo Federico), *Le régionalisme en Amérique andine : la Communauté andine des nations et l'importation d'un modèle d'intégration*, Mémoire en relations internationales, Institut d'études politiques de Paris, 2003, p. 80.

JARA DELGADO (Sigifredo), *Évaluation du groupe andin et ses résultats pour la Colombie*, Thèse en économie, EHESS, 1980, p. 278.

KINNON (Colette), *L'intégration à l'épreuve du développement économique : l'Équateur et les contre-performances du Groupe andin*, Thèse en sciences sociales, Université Paris 3, p. 418.

LOPEZ DAWSON (Carlos), *Les problèmes politiques du Pacte andin : pour une sociologie politique de l'intégration économique*, Thèse en sciences politiques, Institut d'études politiques Paris, 1980, p. 515.

MARTINEZ (Teresa), *Étude de la primauté et de l'applicabilité directe du droit communautaire dans le système CEE et le système du Pacte andin*, Thèse en droit, Université Paris 2, 1977, p. 143.

MEDE (Lisa), *La Cour de Justice de l'Union européenne, cour constitutionnelle ?*, Mémoire en droit, Université de Toulouse, 2014, p. 84.

MEDEIROS (Marcelo), QUERMONNE (Jean-Louis), *La genèse du MERCOSUR : un dynamisme interne, influence de l'Union européenne et insertion internationale*, Thèse en sciences politiques, Université Grenoble 2, 1997, p. 885.

MOLINA RIVERO (Gonzalo), *Le Groupe andin : l'intégration et le développement dans les pays en voie de développement*, Thèse en sciences économiques, Université Paris 1, 1975, p. 317.

PRADO ESPINOZA (Maria Mercedes), *La Communauté andine des Nations : quelle intégration économique régionale ?*, Thèse en économie, Université de Grenoble, 2014, p. 354.

PRIALE UGAS (Miguel), *Réforme de l'État, intégration économique et relations économiques entre la Communauté andine et l'Union européenne*, Mémoire en sciences politiques, Institut d'études politiques de Paris, 2001, p. 92.

RICON-SALCEDO (Javier Gustavo), *L'influence de la globalisation sur les activités économiques des collectivités publiques : l'exemple de la Communauté andine des Nations*, Thèse en droit, Université de Poitiers, 2007, p. 329.

SIERRA CADENA (Grenfieth de Jésus),*Internationalisation pluraliste du droit public de l'intégration régionale, une comparaison d'après la jurisprudence de la CJUE et du TJCA*, Thèse en droit, Université Paris 1 Panthéon-Sorbonne ; publiée dans la collection des Thèses, Paris, Institut Universitaire Varenne-LGDJ, 2015, p. 528.

SOTOMONTES SOTOMONTES (Saul), *Les problèmes de l'harmonisation de la législation des sociétés anonymes dans les pays du groupe andin*, Thèse en droit, Université Paris 1, 1970, p. 259.

STEINITZ (Anita), *La stratégie du groupe andin en matière de technologie : une solution à la dépendance*, Thèse en science politique, Université Paris 11, 1982.

SUKUP (Victor), *L'intégration « volontariste » comme accélérateur du développement : le Pacte andin, une expérience-limite qui contredit les théories libérales*, Thèse en études sur l'Amérique latine, Université Paris 3, 1987, p. 618.

VANDAELE (Arne), CLAES (Erik), « L'effet direct des traités internationaux. Une analyse en droit positif et en théorie du droit axée sur les droits de l'homme », Working paper n° 15, *Institut de droit international de la K. U. Leuven*, 2001, p. 59.

WINOCUR-MAHIEU (Paula), Les négociations du cycle d'Uruguay l'Amérique latine- contribution à l'étude juridique des relations entre le régionalisme et le mondialisme, Thèse en droit, Université Panthéon-Sorbonne, 2001, p. 503.

WOJCIKIEWICZ ALMEIDA (Paula), *La difficile incorporation et mise en œuvre des normes du Mercosur : aspects généraux et exemple du Brésil*, Thèse en droit, Université de la Sorbonne, Paris, 2012, p. 432.

YOUGONE (Franck Nicéphore), *Arbitrage commercial international et développement, Étude du cas des États de l'OHADA et du Mercosur*, Thèse en droit, Université Montesquieu Bordeaux IV, 2013, p. 531.

Espagnol

ACHÁ LEMAITRE (Daniel), *Los principios de subsidiariedad y proporcionalidad de la Unión Europea y su posible proyección en el ámbito de atribución de competencias de la Comunidad Andina*, Mémoire en droit, Universidad Andina Simón Bolívar, 2008, p. 101.

ALEMÁN BADEL (Marco Matías), *Las marcas y las patentes en el marco del proceso de integración de la Comunidad andina*, Thèse en droit, Universidad de Alcalá, 2011, p. 440.

BERNAL FANDINO (Mariana), GARNICA DE LA ESPRIELLA (Lorena), *El Tribunal Andino de Justicia*, Mémoire en droit, Universidad Javeriana de Bogotá, 2001, p. 72.

BREWER-CARIAS (Allan-Randolph), *Implicaciones constitucionales de la Integración de la Comunidad andina*, Estudio para el Proyecto del Instituto de Estudios internacionales (IDEI) de la Pontificia Universidad Católica del Perú, 2002, p. 23.

CASTELLANOS PEÑAFIEL (Lorena del Carmen), *Los límites de la actividad jurisdiccional del Tribunal de justicia de la Comunidad Andina*, Mémoire en droit international économique, Université Andina Simón Bolívar, 2007, p. 73.

CHÁVEZ HUINAPE (Shirley Alejandra), *La viabilidad de la aplicación de la teoría del acto aclarado en la interpretación prejudicial de la comunidad andina*, Thèse en droit, Universidad Pontificia católica del Perú, 2014, p. 77.

DUEÑAS MUÑOZ (Juan Carlos), *Un análisis crítico y comparado de la Interpretación prejudicial. El caso andino*, Thèse en droit, Universidad Andina Simón Bolívar, 2014, p. 172.

FERRANDO (Alonso P.), « Perspectivas del proceso de adhesión de Venezuela al Mercosur», Documento preliminar para su discusión », Instituto de estrategia internacional, 2013, p. 48.

GARCIA MÜLLER (Rafael), *Consecuencias jurídicas de la Denuncia del Acuerdo de Cartagena*, Mémoire en droit, Universidad metropolitana de Caracas, 2008, p. 58.

GUEVARA PAREDES (Melisa), *La interpretación prejudicial como instrumento para la interpretación uniforme del derecho comunitario andino*, Thèse en droit, Universidad Pontificia Católica del Perú, 2015, p. 194.

JATIVA SILVA (Juan Felipe), *La acción de incumplimiento y el amparo constitucional como medio para alcanzar la aplicabilidad de la Decisión 608 y 616 de la Comunidad Andina*, Mémoire en droit, Universidad San Francisco de Quito, 2008, p. 56.

KOSOVIC KAUNE (Luis Antonio), *Jueces nacionales como jueces del derecho comunitario*, Mémoire en droit international économique, Universidad Andina Simón Bolívar, 2007, p. 105.

MARTÍNEZ MOLINA (Dunia), *La protección jurídica al consumidor y su alternativa : el arbitraje de consumo*, Mémoire en droit, Universidad Andina Simón Bolívar, 2005, p. 131.

MONTES SARMIENTO (María Alejandra), *Efectos reglamentarios y jurisdiccionales del derecho comunitario andino sobre el derecho administrativo colombiano*, Mémoire en droit, Universidad del Rosario de Bogotá, 2012, p. 82.

MORENO SALAZAR (Lucas), *Una nueva visión del Tribunal de Justicia de la Comunidad andina*, Mémoire en droit, Universidad Javeriana, 2004, p. 35.

ROCHA FUENTES (Carlos Alberto), *La necesidad de implementar principios de protección al consumidor en la Comunidad andina*, Mémoire en droit, Universidad Andina Simón Bolívar, 2005, p. 132.

VIGIL TOLEDO (Ricardo), *El Tribunal andino en perspectiva*, Thèse en droit, Universidad autónoma de Madrid, 2010, p. 226.

YAGUAL VIZUETA (Gina Lorena), *La prueba eficaz en el proceso de defensa de la marca notoria*, Mémoire en droit, Universidad Andina Simón Bolívar, 2011, p. 119.
ZUMÁRRAGA RUALES (Diego Javier), *Efectos jurídicos de la interpretación prejudicial frente a los ordenamientos jurídicos nacionales, casos de la Unión europea y la Comunidad andina*, Mémoire en droit, Universidad Andina Simón Bolívar, 2009, p. 83.

COLLOQUES, SÉMINAIRES, CONFÉRENCES

Français

BERR (Éric), COMBARNUS (François), « L'impact du consensus de Washington sur les pays en développement : une évaluation empirique », *Communication durant la 1re journée sur le développement du GRES*, Université Montesquieu-Bordeaux IV, Bordeaux 17 septembre 2004, p. 32.

GAUTRON (Jean-Claude), « Le renvoi préjudiciel : changement et continuité », *Actes du colloque de Sofia*, 2010, p. 16.

PICO MANTILLA (Galo), « Prévalence et application directe du droit communautaire dans les pays de la Communauté andine », *Conférence internationale judiciaire à Antalya,* Turquie, du 20-22 mai 2015, p. 8.

TOUSSAINT (Éric), « Les crises de la dette extérieure de l'Amérique latine au XIX° siècle et dans la première moitié du XX ° siècle », *Contribution au Séminaire international CADTM-CNCD Amérique latine et Caraïbe : Sortir de l'impasse de la dette et de l'ajustement*, Comité para la anulación de la Deuda del Tercer mundo,

Centro nacional de la cooperación al desarrollo, Actes du Colloque, Bruxelles, du 23 au 25 mai 2003, p. 11.

Espagnol

CAPRILES (Gonzalo), *La regulación del mercado laboral en la Comunidad andina in Integración regional: Intercambio de experiencias entre la Comunidad andina, el MERCOSUR y la Unión europea*, 2005, p. 17.

DÁVALOS GARCÍA (Gualberto), « Transformación jurídica de las instituciones del Acuerdo de Cartagena a la Comunidad Andina », *Colloque "Dimensión jurídica de la integración"*, Montevideo 2-3 décembre 1991, p. 10.

LEVI CORAL (Michel), « El caso de la Comunidad andina», Colloque: La integración regional en América latina y el Caribe y la cooperación al desarrollo, La experiencia de la Unión europea, la AECID y el BI, Madrid, 30 janvier 2014, p. 6.
PEJOVES MACEDO (José Antonio), *El sistema de solución de controversias en la Comunidad Andina. VIII° Seminario Internacional sobre la Dimensión Jurídica de integración*, Montevideo, Publicación de l'ALADI, 2003, p. 47.

PICO MANTILLA (Galo), « Decisión 344 de la Comisión del Acuerdo de Cartagena », *Seminario sobre propiedad industrial y competitividad empresarial, organizado por la Organización mundial de la propiedad intelectual (OMPI), avril 1994*, pp. 211-244.

RUIZ MÜLLER (Manuel), « Análisis de la decisión 486 de la CAN: su legalidad y aplicabilidad en cuanto a sus exigencias sobre el origen legal de los recursos genéticos y conocimientos indígenas», *Programa de asuntos internacionales y biodiversidad de la Sociedad peruana de derecho ambiental,* Conférence du 31 août 2002, Lima, p. 44.

SANCHEZ-PALACIOS PAIVA (Manuel), « La interpretación prejudicial en los países andinos. El caso peruano », in *Seminario Internacional « Integración, Derecho y Tribunales comunitarios»*, La Paz (19-20 août 1996), Sucre (22-23 août 1996), Corte Suprema de Justicia de Bolivia y Tribunal de Justicia del Acuerdo de Cartagena, 1997, p. 204.

Secretaria general de la Comunidad Andina, « La renovación del compromiso comunitario », *Document de la XIV° Réunion du Conseil présidentiel andin,* Quirama -Colombie, 27-28 juin 2003, 2003, p. 244.

Séminaire régional andin, « La Gobernabilidad democrática y el problema del empleo en la subregión andina », 14 et 15 avril 2005, Secrétariat général, 2005, p. 132.

Séminaire regional andin, 14 et 15 avril 2005 : « La Gobernabilidad democrática y el problema del empleo en la subregión andina », Lima, Secretaria general de la Comunidad andina, 2005, p. 132.

VACCHINO (Juan Mario), « Son democráticos los procesos de integración en América latina? », *Notas para la exposición del XII° Congreso nacional de la Asociación latinoamericana de Estudiantes y graduados de ciencias políticas y carreras afines*, Universidad Central de Venezuela, 2002, p. 18.

VIGIL TOLEDO (Ricardo), « El reflejo de la jurisprudencia europea en los fallos del Tribunal de Justicia de la Comunidad Andina: Aspectos teóricos y pragmáticos », Actes de la Conférence à l'Universitat Pompeu Fabra, 10 février 2011, p. 3.

JURISCLASSEUR

HUGLO (Jean-Guy), « Recours en Indemnité, conditions de fond. Décision des juridictions de l'Union européenne », *JurisClasseur Europe*, fasc. 371, à jour le 15 octobre 2010.

LUBY (Monique), « Droit communautaire de la consommation », *JurisClasseur Europe*, fasc. 790, à jour le 15 septembre 2002.

LUBY (Monique), « Marque communautaire », *JurisClasseur Europe*, fasc. 1750, à jour au 18 mars 2003.

MOLINIER (Joël), « Recours en carence », *JurisClasseur Europe*, fasc. 340, à jour 31 mai 2011.

PERTEK (Jacques), « Citoyenneté de l'Union », *JurisClasseur Europe*, fasc. 185, à jour le 6 février 2013.

PERTEK (Jacques), « Renvoi préjudiciel en interprétation et en appréciation de validité », *JurisClasseur Europe*, fasc. 360, à jour le 8 octobre 2015.

RIDEAU (Joël), « Recours en annulation. Conditions de recevabilité », *JurisClasseur Europe*, fasc. 330, à jour le 1er août 2015.

TEYSSIE Bernard, « Union européenne - Libre circulation des travailleurs », *JurisClasseur Europe*, fasc. 92-20, à jour le 17 juillet 2014.

DOCUMENTS OFFICIELS ET PUBLICATIONS OFFICIELLES

COMMUNAUTÉ ANDINE

Accords, protocoles modificatifs et déclarations

Accord de Carthagène du 26 mai 1969 (Traité fondateur de la Communauté andine).

Protocole Additionnel de Lima du 5 octobre de 1976.

Traité constitutif du Tribunal de justice de la Communauté andine du 28 mai 1976 modifié par le Protocole de Cochabamba du 28 mai 1996.

Protocole de Quito du 12 mai 1987 (codifié par la Décision n° 236 sur la Codification de l'Accord de Carthagène de 1988).

Protocole de Trujillo du 10 mars 1996 (codifié par la Décision n° 406 sur la Codification de l'Accord d'intégration Subrégional andin [Accord de Carthagène] de 1997).

Protocole modificatif du Traité constitutif du Tribunal de justice de la Communauté andine du 25 août 1999.

Statut du Tribunal de justice de la Communauté andine du 22 juin 2001.

Déclaration ministérielle relative à l'institutionnalisation du dialogue politique Communauté andine -MERCOSUR-Chili du 17 juillet 2001.

Protocole de Sucre du 25 juin 1997 (codifié par la Décision n° 563 sur la Codification de l'Accord d'intégration subrégional andin (Accord de Carthagène) de 2003.

Déclaration d'Ayacucho du 9 décembre 2004.

Déclaration de Cuzco du 8 décembre 2004.

Déclaration de Lima du 28 juillet 2011

Déclaration de la Rencontre andine de travail sur la promotion et la protection des droits du consommateur, « Déclaration de Quito » du 6 mars 2013.

Décisions

Décision n° 1 de la Commission de la Communauté andine.

Décision n° 24 du 31 décembre de 1970 substituée par la Décision n° 220 du 20 du 18 mai 1987.

Décision n° 85 portant règlement pour l'application des normes sur lapropriété industrielle du 5 juin 1974.
Décision n° 285 portant normes pour prévenir ou corriger les distorsions de concurrence générées par des pratiques restrictives à la libre concurrence du 21 mars 1991.

Décision n° 288 relative à l'élimination des réserves de marchandises du 21 mars 1991.

Décision n° 290 relative à la police andine de sécurité de responsabilité civile pour les transporteurs internationaux et l'annexe concernant les accidents corporels des assistants des conducteurs routiers du 21 mars 1991.

Décision n° 291 portant régime commun de traitement des capitaux étrangers, marques, brevets, licences et redevances du 21 mars 1991.

Décision n° 314 relative aux politiques de développement maritime des États membres du 2 juillet 1996.

Décision n° 322 portant relations commerciales avec les pays de l'ALADI, l'Amérique centrale et les Caraïbes du 25 août 1992.

Décision n° 324 portant tarif externe commun, programme de libéralisation et incitation aux exportations intra-régionales du 25 août 1992.

Décision n° 330 relative à l'élimination des subventions et l'harmonisation des incitations aux exportations intra régionales du 22 octobre 1992.

Décision n° 331 portant transport multimodal du 4 mars 1993 modifiée par la Décision n° 393 du 9 juillet 1996.

Décision n° 339 portant sur la coordination des négociations du Cycle d'Uruguay du 19 août 1993.

Décision n° 388 relative à l'harmonisation des taxes directes comme incitations aux exportations de marchandises du 2 juillet 1996.

Décision n° 398 relative au transport international de passagers sur les autoroutes du 17 janvier 1997.

Décision n° 397 portant charte andine de migration (TAM) du 16 septembre 1996.

Décision n° 416 portant règles spéciales pour la qualification et la certification d'origine des marchandises du 30 juillet 1997.

Décision n° 417 portant critères et fixation des conditions spécifiques d'origine du 30 juillet 1997.

Décision n° 425 portant règlement des procédures administratives du Secrétariat général de la Communauté andine du 14 décembre 1997.
Décision n° 436 sur l'enregistrement et le contrôle des insecticides chimiques d'usage agricole du 11 juin 1998.

Décision n° 439 portant cadre général des principes et normes pour la libéralisation du commerce des services dans la Communauté andine du 11 juin 1998.

Décision n° 456 portant règles visant à prévenir ou corriger les distorsions de la concurrence causées par le dumping sur les importations de produits originaires des États membres de la Communauté andine du 4 mai 1999.

Décision n° 458 portant orientation de la politique étrangère commune du Conseil des ministres des affaires étrangères du 25 mai de 1999.

Décision n° 467 relative aux infractions et au régime de sanctions des transporteurs autorisés du 12 août 1999.

Décision n° 470 portant Règlement du Conseil andin des ministres des affaires étrangères du 12 août 1999.

Décision n° 471 portant Règlement de la Commission de la Communauté andine du 12 août 1999.

Décision n° 472 portant codification du Traité constitutif du Tribunal de Justice de la Communauté andine du 17 septembre 1999.

Décision n° 475 portant politique extérieure commune du 3 février 2000.

Décision n° 483 portant enregistrement, le contrôle, la commercialisation et l'usage des produits vétérinaires du 8 juin 2000.

Décision n° 486 relative au régime commun sur la propriété industrielle du 14 septembre 2000.

Décision n° 487 relative aux garanties maritimes et à l'embargo préventif des navires du 7 décembre 2000.

Décision n° 500, Statut du Tribunal de justice de la communauté andine du 22 juin 2001.

Décision n° 504 portant création du passeport andin du 22 juin 2001.

Décision n° 505 portant Plan andin pour la lutte contre les drogues illicites et les délits connexes du 1er juillet 2001.

Décision n° 510 portant adoption de l'inventaire des mesures restrictives au commerce de services du 30 octobre 2001.

Décision n° 516 portant harmonisation des législations en matière de produits cosmétiques du 8 mars 2002.

Décision n° 524 relative aux travaux sur les droits des peuples indigènes du 7 juillet 2002.

Décision n° 526 relative à l'installation de guichets spéciaux pour les citoyens de la Communauté andine du 7 juillet 2002.

Décision n° 536 portant cadre général d'interconnexion des systèmes électriques et d'échange électrique intracommunautaire du 19 décembre 2002.

Décision n° 539 relative à la participation de la société civile pour la défense des droits du consommateur du 11 mars 2003.

Décision n° 545 portant instrument andin de migration du 25 juin 2003, substitue à la décision n° 116 de février 1977 relative à la migration de travail dans la région andine.

Décision n° 548 portant mécanisme andin de coopération en matière d'assistance, de protection consulaire et d'affaires migratoires du Conseil andin des ministres des affaires étrangères du 25 juin 2003.

Décision n° 549 portant création du Comité andin pour le développement alternatif, instrument ayant comme objectif d'appuyer la stratégie andine de lutte contre le narcotrafic et les délits connexes du 25 juin 2003.

Décision n° 552 portant Plan andin pour la prévention, la lutte et l'éradication du trafic illicite des armes légères du 25 juin 2003

Décision n° 557 portant création du conseil des ministres d'énergie, électricité, énergies fossiles et mines du 25 juin 2003.

Décision n° 562 portant lignes directrices pour l'élaboration, l'adoption et l'application des règlements techniques dans les États membres de la Communauté andine du 25 juin 2003.

Décision n° 563 portant codification de l'Accord de Carthagène du 25 juin 2003.

Décision n° 571 portant valeur des marchandises d'importation en douane du 12 décembre 2003.

Décision n° 573 portant programme commun de formation douanière andine du 12 décembre 2003.

Décision n° 574 portant régime andin de control douanière du 12 décembre 2003.

Décision n° 582 portant prestation des services du transport aérien dans la Communauté andine du 4 mai 2004.
Décision n° 586 portant Programme de travail pour la diffusion et l'application de la Charte andine pour la promotion et la protection des droits de l'homme du 7 mai de 2004.

Décision n° 587 portant lignes directrices sur la politique de sécurité extérieure commune andine du 10 juillet 2004.

Décision n° 598 portant relations commerciales avec des tiers du 11 juillet 2004.

Décision n° 599 relative à l'harmonisation de certains aspects et procédures importantes concernant les taxes sur la valeur ajoutée du 12 juillet 2004.

Décision n° 601 relative au Plan intégré de développement social (PLADES) pour la Communauté andine du 21 septembre 2004.

Décision n° 602 portant norme andine pour le contrôle des substances chimiques utilisées dans la fabrique illicite de stupéfiants et substances psychotoxiques du 6 décembre 2004.

Décision n° 614 portant stratégie andine de développement alternatif intégral et durable du 15 juillet 2005.

Décision n° 617 relative au trafic douanier andin du 15 juillet 2005.

Décision n° 623 portant règlement de la phase préjudicielle du recours en manquement du Conseil andin des ministres des affaires étrangères du 25 juillet 2005.

Décision n° 633 portant sur la composition du Tribunal de Justice de la Communauté andine du 12 juin 2006.

Décision n° 635 relative à l'amendement des Décisions n° 599 et n° 600 du 19 juillet 2006.

Décision n° 638 portant lignes directrices pour la protection des utilisateurs des télécommunications du 19 juillet 2006.

Décision n° 639 portant transport des marchandises qui traversent deux frontières ou plus des États membres du 19 juillet 2006.

Décision n° 645 portant sur la condition d'État membre associé de la Communauté andine au Chili du 20 septembre 2006.

Décision n° 653 relative à l'actualisation de la nomenclature andine NANDINA du 15 novembre 2006.

Décision n° 657 portant l'actualisation du tarif intégré andin ARIAN du 29 novembre 2006.

Décision n° 666 portant sur la participation de la République du Chili dans les organes, mécanismes et mesures de la Communauté andine du Conseil andin des ministres des affaires étrangères du 8 juin 2007.

Décision n° 669 portant politique tarifaire de la Communauté andine en vigueur depuis le 1er août 2007.

Décision n° 670 relative à l'adoption du Document unique douanier du 13 juillet 2007

Décision n° 671 portant harmonisation des régimes douaniers du 13 juillet 2007.

Décision n° 674 du Conseil des ministres des affaires étrangères du 26 septembre 2007.

Décision n° 706 portant harmonisation des législations en matière de produits d'hygiène domestique et de produits d'absorption d'hygiène personnelle du 10 décembre 2008.

Décision n° 711 portant création du conseil andin consultatif des hautes autorités de la femme et l'égalité des opportunités du 19 août 2009.

Décision n° 716 portant modification du délai d'entrée en vigueur des décisions n° 670 et n° 671 du 8 septembre 2009.

Décision n° 728 portant actualisation de la décision relative à l'assistance et coopération entre les administrations douanières des états membres de la CAN du 27 novembre 2009.

Décision n° 729 portant programme régional de biodiversité dans les régions andino-amazoniennes des États membres de la CAN du 5 février 2010.

Décision n° 732 portant participation de l'Argentine, du Brésil, du Paraguay et de l'Uruguay aux organes et mécanismes de la Communauté andine en qualité d'États membres associés du 5 février 2010.

Décision n° 758 portant rencontre des peuples « afrodescendentes » de la Communauté andine du Conseil andin des ministres des affaires étrangères du 22 août 2011

Décision n° 760 portant création du Conseil andin des ministres de culture et des cultures du 22 août 2011.

Décision n° 761 portant qualité d'observateur de la CAN au Royaume de l'Espagne du 22 août 2011.

Décision n° 770 portant la facilitation des échanges en matière douanière du 7 décembre 2011.

Décision n° 771 portant politique tarifaire de la Communauté andine du 7 décembre 2011.

Décision n° 773 portant réingénierie du Système andin d'intégration du Conseil andin des ministres des affaires étrangères du 3 mai 2012.

Décision n° 791 du groupe de travail de réingénierie du système andin 'intégration du 12 juillet de 2013.

Décision n° 792 portant application de la réingénierie du système d'intégration andin du 19 septembre 2013.

Décision n° 797 portant comités et groupes *Ad Hoc* de la Communauté andine dans le cadre de la réingénierie du Système andin d'intégration du 14 octobre 2014.

Résolutions

Résolution n° 422 relative au règlement pour l'application du principe de réciprocité en transport maritime andin du 5 août 1996.

Résolution n° 425 relative à l'enregistrement des opérateurs de transport multimodal dans la région andine du 4 septembre 2000.

Résolution n° 719 relative au règlement de la Décision n° 398 du 26 avril 2003.

Résolution n° 771 relative à la politique tarifaire andine du 23 septembre 2003.

Résolution n° 833 relative aux conditions techniques du transport international de passagers du 18 juin 2004.

Résolution n° 1234 portant règlement de gestion de la nomenclature commune NANDINA du 8 mai 2009.

Résolution n° 1239 portant actualisation de la résolution n° 1126 adoption de la déclaration andine de la valeur du 29 mai 2009.

Résolution n° 1242 portant sur les conditions d'application de cette nomenclature tarifaire du 19 juin 2009.

Résolution n° 1271 relative aux dispositifs techniques de transmission des statistiques aériens du 31 août 2009.

Résolutions n° 1281 portant modification et digitalisation des procédures d'enregistrement du 30 septembre 2009.

Résolution n° 1381 relative à la qualité et la satisfaction du service dans le respect des droits et garanties des passagers andins du 12 novembre 2010.

Résolution n° 1456 relative à l'évaluation des critères spéciaux de certains produits du 28 février 2012.

Résolution n° 1467 relative au Plan stratégique de la Communauté andine sur la facilitation du commerce en matière douanière du 3 mai 2012.

Résolution n° 1546 portant règlement de la décision n° 548 portant mécanisme andin de coopération en matière d'assistance et protection consulaire et migration du 20 février 2013.

Documents divers

Secrétariat général de la Communauté andine

Corporación andina de fomento, *Elementos para la protección sui generis de los conocimientos tradicionales colectivos e intégrales desde la perspectiva indígena*, Venezuela, Comunidad Andina, CAF, 2005, p. 44.

Feuille informative du Secrétariat général de la CAN, « Afrodescendientes en la Comunidad Andina », 2012, p. 4.

Secretaria General de la Comunidad andina, *Dimensión económica comercial de la Comunidad andina*, Lima, Secrétariat général, 2015, p. 30.

Secretaria General de la Comunidad andina, *Informe de labores - septiembre 2013-septiembre 2014,* Lima, Secretaria General de la CAN, 2014, p. 118.

Secretaria General de la Comunidad andina, *Los pueblos indígenas y la integración andina, Primer Foro de Intelectuales e investigadores indígenas Lima. 5 et 6 juillet 2007*, Lima, Secretaria General de la CAN, 2008, p. 99.

Sg/di 458, « *El potencial energético de la subregión andina como factor estratégico para la seguridad energético regional et hemisférico* », 2002, p. 66.

Sg/di 676, « *45 años de integración comercial de bienes en la Comunidad Andina 1969-2014* », 2015, p. 30.

Sg/di 679, « *Tráfico aéreo en la Comunidad andina* », 2014, p. 26.

Sg/di 849, « *Dictamen del Tribunal de justicia de la comunidad andina, con referencia al « proyecto de reformas al estatuto del tribunal de justicia de la Comunidad andina* », 2007, p. 22.

Sg/dt 341, « *Consideraciones jurídicas de la denuncia del Acuerdo de Cartagena por parte de Venezuela y sobre la protección del acervo histórico de las relaciones entre los países miembros de la Comunidad Andina* », 2006, p. 42.

Sg/dt 347, « *Acervo histórico y perspectivas de las relaciones entre los países miembros de la Comunidad Andina y Venezuela* », 2006, p. 34.

Sg/dt 349, « *Tratamiento de las asimetrías en la Comunidad andina* », 2006, p. 11.

Sg/dt 356, *« Resumen aspectos jurídicos derivados de la denuncia del Acuerdo de Cartagena por parte de Venezuela* », 2006, p. 11.

Sg/dt 377, « *Proyecto de reformas al Estatuto del Tribunal de justicia de la Comunidad andina* », 11 janvier 2007, p. 5.

Sg/dt 445, *« Plan d'implémentation de l'agenda stratégique andine* », 2011, p. 47.

Tribunal de justice de la Communauté andine

Note du Tribunal n° 147 -P-TJCA-2006 adressée au Secrétariat général de la Communauté andine, p. 2.

TJCA, « Note informative sur la présentation de l'interprétation préjudicielle par les organes judiciaires nationaux », publiée au GOAC n° 694 du 3 août 2001, année XVIII, p. 4.

TJCA, « Propuestas del Tribunal de justicia de la Comunidad andina de una agenda positiva normativa para la integración », 2014, p. 10.

TJCA, *Informe Unificado final 1984-2014*, Tribunal de Justice de la Communauté andine, Quito, 2014, p. 38.

UNION EUROPÉENNE

Traités, déclarations, actes

Déclaration de Robert Schuman du 9 mai 1950.
Traité de Paris du 18 avril 1951.

Traité de Rome du 25 mars 1957.

Traité de Bruxelles du 8 avril 1965.

Acte unique européen du 17 février 1986.

Traité de Maastricht du 7 février 1992.

Traité d'Amsterdam du 2 octobre 1997.

Traité de Nice du 26 février 2001.
Traité de Lisbonne du 13 décembre 2007.

Décisions

Décision du Conseil, du 25 juin 2013, portant augmentation du nombre d'avocats généraux à la Cour de justice de l'Union européenne (2013/336/UE).

Directives

Directive n ° 76/768/UE relative au rapprochement des législations des États membres concernant les produits cosmétiques.

Directive n° 85/374/UE relative au rapprochement des dispositions législatives, réglementaires et administratives des États membres en matière de responsabilité du fait des produits défectueux.

Directive n° 85/577/UE relative à la protection des consommateurs dans le cas de contrats négociés en dehors des établissements commerciaux.

Directive n ° 87/102/UE relative au rapprochement des dispositions législatives, réglementaires et administratives des États membres en matière de crédit à la consommation.

Directive n ° 88/378/UE relative au rapprochement des législations des États membres concernant la sécurité des jouets.

Directive n ° 89/104/CEE du Conseil du 21 décembre 1988 rapprochant les législations des États membres sur les marques.

Directive n° 89/398/UE relative au rapprochement des législations des États membres concernant les denrées alimentaires destinées à une alimentation particulière.

Directive n° 89/654 du Conseil du 30 novembre 1989.

Directive-cadre n° 89/391 du Conseil du 12 juin 1989 concernant la mise en œuvre de mesures visant à promouvoir l'amélioration de la sécurité et de la santé des travailleurs au travail.

Directive n ° 90/314/UE relative aux voyages, vacances et circuits à forfait.

Directive n ° 91/383 du Conseil du 25 juin 1991.

Directive n° 92/59/UE relative à la sécurité générale des produits.

Directive n° 92/85 du Conseil du 19 octobre 1992.

Directive n° 93/13 du 5 avril 1993 qui définit le consommateur comme étant « toute personne physique » qui remplit les conditions énoncées par cette disposition.

Directive n° 93/13/UE relative aux clauses abusives dans les contrats conclus avec les consommateurs.

Directive n° 93/83/CEE du Conseil du 27 septembre 1993 relative à la coordination de certaines règles du droit d'auteur et des droits voisins du droit d'auteur applicables à la radiodiffusion par satellite et à la retransmission par câble.

Directive n° 94/33 du Conseil du 22 juin 1994 relative à la protection des jeunes au travail.

Directive n° 94/47/UE relative aux actions en cessation en matière de protection des intérêts des consommateurs.

Directive n° 97/7/UE relative à la protection des consommateurs en matière de contrats à distance.

Directive n° 98/44/CE du Parlement européen et du Conseil sur la protection légale des inventions biotechnologiques du 6 juillet 1998.

Directive n° 98/6/UE du 16 février 1998 relative à la protection des consommateurs en matière d'indication des prix des produits offerts aux consommateurs.

Directive n° 99/44/CE du Parlement européen et du Conseil du 25 mai 1999 relative à certains aspects de la vente et des garanties des biens de consommation.

Directive n° 2000/3/UE relative à certains aspects juridiques des services de la société de l'information, et notamment du commerce électronique, dans le marché intérieur.

Directive n° 2001/95/CErelative à la sécurité générale des produits.

Directive n° 2001/82/CE du Parlement européen et du Conseil du 6 novembre 2001 instituant un code communautaire relatif aux médicaments vétérinaires.

Directive n° 2002/65/UE relative à la commercialisation à distance de services financiers auprès des consommateurs.

Directive n° 2003/88 du Parlement européen et du Conseil du 4 novembre 2003.

Directive n° 2004/38/CE du 29 avril 2004 relative à la limitation du droit d'entrée et de séjour pour des raisons d'ordre public, de sécurité publique ou de santé publique.

Directive n° 2005/29/UE relative aux pratiques commerciales déloyales des entreprises vis-à-vis des consommateurs.

Directive n° 2008/95/CE du Parlement européen et du Conseil du 22 octobre 2008 rapprochant les législations des États membres sur les marques.

Directive n° 2008/122/UE relative à la protection des consommateurs en ce qui concerne certains aspects des contrats d'utilisations de biens à temps partagé, des contrats de produits de vacances à long terme et des contrats de revente et d'échange.

Directive n° 2008/48/UE relative aux contrats de crédits aux consommateurs.

Directive n° 2008/95/CE rapprochant les législations des États membres sur les marques du 22 octobre 2008.

Directive n° 2009/22/CE relative aux actions en cessation en matière de protection des intérêts des consommateurs.

Décision n° 2011/167/UE du conseil du 10 mars 2011 autorisant une coopération renforcée dans le domaine de la création d'une protection par brevet unitaire.

Directive n° 2011/83 du Parlement européen et du Conseil du 25 octobre 2011 relative aux droits des consommateurs modifiant la directive 93/13/CEE du Conseil et la directive 1999/44/CE du Parlement européen et du Conseil et abrogeant la directive 85/577/CEE du Conseil et la directive 97/7/CE du Parlement européen et du Conseil.

Directive n° 2014/26/UE du Parlement européen et du Conseil du 26 février 2014 concernant la gestion collective du droit d'auteur et des droits voisins et l'octroi de licences multi territoriales de droits sur des œuvres musicales en vue de leur utilisation en ligne dans le marché intérieur.

Règlements et résolutions

Règlement n° 1/58 (CEE) du 15 avril 1958 du Conseil portant fixation du régime linguistique de l'Union européenne.

Règlement (CE) n° 2100/94 du 27 juillet 1994 institue un régime de protection communautaire des obtentions végétales modifié par le Règlement (CE) n° 15/2008 du 20 décembre 2007.

Règlement (CE) n ° 207/2009 du Conseil du 26 février 2009 sur la marque communautaire (version codifiée) (Texte présentant de l'intérêt pour l'EEE).

Règlement (UE) 492/2011 du Parlement européen et du Conseil du 5 avril 2011 relatif à la libre circulation des travailleurs à l'intérieur de l'Union.

Règlement (UE) n° 1260/2012 du Conseil du 17 décembre 2012 mettant en œuvre la coopération renforcée dans le domaine de la création d'une protection unitaire conférée par un brevet, en ce qui concerne les modalités applicables en matière de traduction.

Règlement portant modalités d'application du Règlement sur la marque communautaire (CE) n° 2868/95 du 13 décembre 1995 portant modalités d'application du règlement (CE) n° 40/94.

Règlement relatif aux taxes à payer concernant les marques communautaires (CE) n° 2869/95 du 13 décembre 1995.

Règlement (UE) n° 1257/2012 du Parlement européen et du Conseil du 17 décembre 2012 mettant en œuvre la coopération renforcée dans le domaine d'une protection unitaire conférée par un brevet.

Règlement (UE) n° 608/2013 du Parlement européen et du Conseil du 12 juin 2013 concernant le contrôle, par les autorités douanières, du respect des droits de propriété intellectuelle et abrogeant le Règlement (CE) n° 1383/2003.

Règlement (UE) n° 254/2014 du Parlement européen et du Conseil relatif à un programme Consommateurs pluriannuel pour la période 2014-2020.

Règlement (UE) n° 20 115/2424 portant règlement modificatif de la directive 2008/95/CE du Parlement européen et du Conseil.

Résolution du Conseil du 14 mai 1992 visant le renforcement de la protection du droit d'auteur et des droits voisins.

Résolution législative du Parlement européen du 14 janvier 2014 sur la proposition de règlement du Parlement européen et du Conseil relatif à un programme « Consommateurs pour la période 2014-2020 », (COM (2011)0707 – C7-0397/2011 – 2011/0340 (COD).

Documents divers

Avis de la Cour du 15 novembre 1994, n° 1/94, compétence de la communauté pour conclure des accords internationaux en matière de services et de protection de la propriété intellectuelle, Rec. I, p. 5267.

Commission européenne, « *Agenda du consommateur européen pour renforcer la confiance et la croissance en plaçant le consommateur au cœur du marché unique* », Communiqué de presse, 22 mai 2012.

Commission européenne, « *Libre circulation des travailleurs dans le secteur public* », Document de travail des services de la Commission, Document de travail, Bruxelles, 14 décembre 2010, p. 30.

Commission européenne, « *Recommandations à l'attention des juridictions nationales relatives à l'introduction de procédures préjudicielles* », 2012/C 338/01, Journal officiel de l'Union européenne du 6/11/2012.

Commission européenne, Document de stratégie régionale 2007-2013, (E/2007/678), 2007.

Livre blanc sur la gouvernance (COM[2001] 428 final).
Cour de justice de l'Union européenne, « *La réforme du système judiciaire de l'Union européenne* », Communiqué de presse, 28 avril 2015.

Rapport annuel 2014 de la Cour de Justice de l'Union européenne, Luxembourg, 2015, p. 186.

Rapport annuel 2013 de la Cour de Justice de l'Union européenne, Luxembourg, 2014, p. 228.

Règlement de procédure de la Cour de justice du 25 septembre 2012 (version consolidée).

MERCOSUR

Traités, protocoles, décisions, directives

Traité d'Asunción du 26 mars 1991.

Protocole d'Ouro Preto du 16 décembre 1994.

Protocole d'Olivos du 18 février 2002.

Protocole d'adhésion de la République de Venezuela au MERCOSUR du 4 juillet 2006.
Protocole d'adhésion del État Plurinational de Bolivie au MERCOSUR du 7 décembre 2012.

Décision n ° 15/94 du 30 novembre 1994 (pas encore en vigueur).

Décision n ° 8/95 relative au Protocole d'harmonisation des normes sur la propriété intellectuelle du Mercosur en matière de marques, indications, provenance et dénominations d'origine.

Décision n ° 16/98 relative au Protocole d'harmonisation en matière de déchets industriels.

Décision n ° 1/99 relative aux accords de coopération et de facilitation sur la protection des variétés végétales.

Directive n ° 17/99 de la commission de commerce du Mercosur relative au mécanisme de consultation de la commission de commerce du Mercosur.

Décision n° 18/02 relative au règlement de la procédure générale de réclamations auprès de la commission de commerce du Mercosur.

Décision n° 37/03 relative au règlement du Protocole d'Olivos.

Décision n° 17/04 relative au Fonds spécial pour les différends.

Décision n° 23/04 du Conseil du marché commun relative à la procédure des affaires exceptionnelles d'urgence.

Décisions n° 26/04, 18/06, 38/07, 41/07, 42/07 relatives à la désignation des arbitres du Tribunal permanent de révision du Mercosur.

Décision n° 30/04 relative aux règles du modèle de procédure pour les Tribunaux arbitraux ad hoc du Mercosur.

Décision n° 26/05 relative à la procédure spéciale du Protocole d'Olivos pour la résolution des différends initiés dans les accords de réunions des ministres du Mercosur.

Décision n° 30/05 relative aux règles de procédure du Tribunal permanent de révision.

Décision n° 02/07 relative au règlement de la procédure de demande d'opinions consultatives du Tribunal permanent de révision par les Tribunaux suprêmes de Justice.

Décision n ° 12/12 relative à la structure du marché commun de la Commission du marché commun.

Documents divers

Secrétariat du MERCOSUR: « Laudos, aclaraciones y opiniones consultativas de los tribunales del Mercosur », Montevideo, Secretaria del Mercosur, 2007, p. 396.

UNASUR

Traité constitutif de l'UNASUR du 23 mai 2008.

Déclaration de Brasilia du 21 octobre 2011 relative à la citoyenneté sud-américaine.

Plan d'action stratégique de l'UNASUR 2012-2022 (approuvé en novembre 2012).

DROIT INTERNATIONAL

Accords, conventions, conférence, déclarations protocoles, résolutions

Résolution 217 A (III) de l'Assemblée générale des Nations Unies du 10 décembre 1948.

Convention européenne des droits de l'Homme du 4 novembre 1950.

Convention de sauvegarde des droits de l'Homme et des libertés fondamentales du 4 novembre 1950 en vigueur depuis le 3 septembre de 1953.

Convention de Vienne sur les relations diplomatiques du 18 avril 1961.

Convention de Vienne sur le droit des traités du 23 mai 1969.

Convention américaine relative aux droits de l'homme du 22 novembre 1969.

Convention sur la fin de la relation de travail de l'OIT du 2 juin 1982.
Convention sur la diversité biologique du 5 juin 1992.

Déclaration et programme d'action de Vienne sur les droits de l'homme adoptés par la Conférence mondiale sur les droits de l'homme du 25 juin 1993.

Déclaration de Marrakech le 15 avril 1994 (cycle d'Uruguay).

Déclaration sur les droits des peuples indigènes du 13 septembre 2007.

Convention des Nations Unies sur le contrat de transport international de marchandises effectué entièrement ou partiellement par mer (Règles de Rotterdam) du 23 septembre 2009.

Protocole de Nagoya relatif à l'accès aux ressources génétique et au partage juste et équitable des avantages découlant de leur utilisation du 29 octobre 2010.

Résolution A/RES/66/144, Nations Unies du 19 décembre 2011.

Résolution A/66/288 de l'Assemblée générale des Nations Unies du 27 juillet 2012.
Déclaration de Rio+20 Conférence des Nations Unies sur le développement durable du 20 du 22 juin 2012.

Documents divers

IIRSA, *10 años después: sus logros y desafíos*, New York, BID-INTAL, 2011, p. 167.

Instituto por la Integración de América Latina, *El papel del derecho en un proceso de integración económica*, New, York, INTAL, 1966, p. 41.

OMPI, « *Manual para el examen de solicitudes de patentes de invención en las oficinas de propiedad industrial de los países de la Comunidad andina* », Documento preparado por la Oficina Internacional de la OMPI, 2004, p. 127.

ONU, « Analyse sur l'État plurinational de Bolivie réalisé par le Bureau du Haut-commissaire des Nations Unies pour les droits de l'homme », 2010, p. 124.

Organización de cooperación y desarrollo económicos, *Hacia un mecanismo para el dialogo de políticas de innovación: oportunidades y desafíos para América latina y el Caribe*, México, OCDE, 2011, p. 34.

Rapport spécial, « Droits des peuples indigènes » du 13 août 2012.

Traité de commerce des peuples (ALBA-TCP) du 14 décembre 2014.

VI° Rapport de la Conférence internationale du travail, « Principes et droits fondamentaux au travail : Traduire l'engagement en action », 2012, p. 131.

DROITS NATIONAUX (États membres de la CAN)

État plurinational de la Bolivie

Constitution politique de l'État plurinational de la Bolivie du 25 janvier 2009.

Décret suprême n° 29272 du 12 septembre 2007.
Décret suprême n° 29851 du 10 décembre 2008.

Décret suprême n° 4100 du 2 novembre 2011.

Loi n° 1322 relative aux droits d'auteur et droits connexes du 13 avril 1992.

Loi n° 1818 du Défenseur du peuple du 22 décembre 1997.

Plan de politique plurinationale des droits de l'homme (PPDH) 2015-2020.
Plan national de développement, *Bolivia digna, soberana, productiva y democrática para vivir bien, líneas estratégicas. 2006-2011*, 2007, p. 202.

Rapport de l'Institut National des statistiques (INE) :*Proceso de construcción de indicadores de derechos humanos en Bolivia*, 2013, p. 104.

SENAPI, *Reporte de actividades 2014*, 2014, p. 20.

SENAPI, *Guía de denominaciones de origen*, SENAPI, p. 18.

SENAPI, *Manual para el usuario de patentes de invención, modelos de utilidad, diseños industriales, esquemas de trazado de circuito integrado*, SENAPI, p. 61.

Colombie

Constitution politique de Colombie du 6 juillet 1991

Programa presidencial de derechos humanos y derecho internacional humanitario, 1990.

Programa presidencial de derechos humanos y derecho internacional humanitario, 2013.

Programme présidentiel des droits humains et du droit international humanitaire, « El goce efectivo de los derechos humanos y del derecho internacional humanitario: un camino hacia la prosperidad y la paz en Colombia », 2010-2014, p. 90.

Équateur

Constitution de la République de l'Équateur du 28 septembre 2008.

Dix-huitième rapport annuel du Défenseur du peuple, janvier-décembre 2014, p. 372.

MOREIRA María Elena, « Evolución histórica del Plan Nacional de derechos humanos en el Ecuador y Retos Futuros. El papel del Servicio Exterior ecuatoriano », *Publicación institucional AFESE*, n° 47, 2007, p. 206.

Rapport sur les droits de l'homme, Équateur, 2014, p. 35.

Pérou

Constitution politique du Pérou du 1 janvier 1994.

Ley orgánica de la defensoría del pueblo declarada jerárquica y con calidad de orgánica por el Congreso nacional mediante, Res. R-22-058 (R.O. 280, 8-III-2001).

Ley sobre la organización y las funciones del MTPE n° 29381 du 16 juin 2009.
Décret suprême n° 004-2010 -TR, règlement sur l'organisation et les fonctions du GMTPE pour la création de la direction de la migration de travail du 1er avril 2010.

Décret suprême n° 005-2014 -JUS, plan national des droits de l'homme du 5 juillet 2014.

AUTRES PUBLICATIONS

Livres

ARISTOTE, *LaRhétorique*, Chapitre 1, VII, (trad. en français par Norbert Bonafous), Paris, A Durand Librairie, 1856, p. 463.

BOBBIO (Norberto), *Essais de théorie du droit*, Paris, LGDJ, coll. « La pensée juridique », 1998, p. 286.

KELSEN (Hans), *Théorie pure du droit*, Paris, LGDJ, 1999, p. 367.

MONNET (Jean), *Mémoires*, Paris, Fayard, 1976, p. 642.

MONTESQUIEU de Secondat (Charles Louis), *Del'esprit des lois*, 1758.

STAHL (Friedrich Julius), *Histoire de laphilosophie du droit*, Paris, Thorin, 2eéd, 1880, p. 540.

Rapports, publications

Français

Assemblée nationale, *Rapport d'information n° 2009 sur la protection des marques* (COM 2 013 161 final et COM (2013 n° 162 final), France, 10 juin 2014, p. 58.

DELMAS-GOYON (Pierre), « Le juge du 21e siècle », *Rapport à Mme la Garde des sceaux*, ministre de la Justice, France, décembre 2013, p. 128.

Sénat, *Avis n° 792 sur le projet de loi relatif à la consommation*, France, 23 juillet 2013, p. 174.

Espagnol

Comisión Económica para América Latina y el Caribe « La contribución de la CEPAL a la integración física de los sistemas de transporte en Sudamérica: una reseña histórica », *Boletín FAL*, n° 172, 2000, p. 6.
Comisión Económica para América Latina y el Caribe, « Cuadernos del Seminario sobre transporte multimodal en América central: Síntesis y conclusiones », *CEPAL*, du 5 au 7 septembre 1995, p. 24.

Comisión Económica para América Latina y el Caribe, « Ejes temáticos prioritarios para la reingeniería del Sistema Andino de Integración, propuestas preliminares », *Documento de trabajo*, CELAC, mars 2013, p. 7.

Comisión Económica para América Latina y el Caribe, *Cohesión social inclusión y sentido de pertenencia en América Latina y el Caribe*, Buenos Aires, CEPAL, 2007, p. 78.

Comisión Económica para América Latina y el Caribe, *Convergencia tecnológica y agenda regulatoria de las telecomunicaciones en América Latina*, Buenos Aires, CEPAL, 2008, p. 51.

Comisión Económica para América Latina y el Caribe, *Diagnostico de las asimetrías en los procesos de integración en América del Sur*, Buenos Aires, CEPAL, 2007, p. 41.

Comisión Económica para América Latina y el Caribe, *El desarrollo sostenible en américa latina y el caribe, tendencias, avances y desafíos en materia de consumo y producción sostenibles, minería, transporte, productos químicos y gestión de residuos*, Buenos Aires, CEPAL, 2010, p. 133.

Comisión Económica para América Latina y el Caribe, *Medio ambiente y desarrollo. Acceso a la información, participación y justicia en temas ambientales en américa latina y el caribe, situación actual, perspectivas y ejemplos de buenas prácticas*, 2013, Buenos Aires, CEPAL, p. 74.

Comisión Económica para América Latina y el Caribe, *UNASUR: Infraestructura para la integración regional*, Buenos Aires, CEPAL, 2011, p. 68.

Consejería presidencial de derechos humanos, *Atlas del impacto regional del conflicto armado en Colombia, dinámicas locales y regionales en el periodo 1990-2013*, Colombia, Imprenta nacional de Colombia, vol. 1, 2014, p. 905.

Consejo consultativo laboral andino, « Derecho a la salud laboral en la Comunidad andina », *Cuadernos*, vol. 2, 2003, p. 85.

Corporación andina de fomento, *Servicios financieros para el desarrollo: promoviendo el acceso En América latina*, Lima, CAF, 2011, p. 349.

ESPINOSA (Julio Prado), « *Carta Andina para la promoción y protección de los derechos humanos* », Publications du Ministre des affaires étrangères de l'Équateur, 2004, p. 3.

Rapport de la réunion de la Commission des juristes andins du 18 mars 2002, p. 23.
REINOSO (Alan Fairlie), « Integración y convergencia en UNASUR », *Working Paper*, Red Latinoamericana de Política Comercial, n° 148, 2013, p. 17.

Sénat, Actualités européennes, Commission des affaires européennes du Sénat, n° 36, 2013, p 6.

YÁÑEZ CORTES (Arturo), « El acceso a la justicia en el sistema interamericano de derechos humanos: el caso de Bolivia », *VI° curso regional andino de derechos humanos para profesores de derecho*, 2006, p. 106.

PUBLICATIONS SUR INTERNET

Articles, entretiens, colloques, articles de journaux, articles de doctrine, revues électroniques, notes organisations internationales

Français

« Équateur : "Yasuni ITT" ou l'échec de la non-exploitation du pétrole », Journal *Le Monde*, 17 août 2013, par Thomas Diego Badia et Pierre Le Hir, disponible sur :http://www.lemonde.fr/ameriques/article/2013/08/16/equateur-yasuni-itt-ou-l-echec-de-la-non-exploitation-du-petrole_3462373_3222.html.

« Les défis à relever par le Président Morales », article du journal *La Razón*, 18 octobre 2014 repris par Amnesty International, disponible sur : http://www.amnesty.be/je-veux-m-informer/actualites/article/des-defis-a-relever-pour-le.

CALERO (Jean-Paul), « Les accords commerciaux entre les pays andins et les États-Unis : de la guerre contre la drogue à la libéralisation des marchés », *La chronique des Amériques*, Observatoire des Amériques, Université du Québec, Montréal, n° 17, 2005, p. 8, disponible sur :
http://www.ieim.uqam.ca/IMG/pdf/Chro_calero_05_17.pdf.

CHALTIEL (Florence), « La citoyenneté européenne », Cahiers du Conseil constitutionnel, n° 23, 2008, disponible sur :http://www.conseil-constitutionnel.fr/conseil-constitutionnel/francais/nouveaux-cahiers-du-conseil/cahier-n-23/la-citoyennete-europeenne.51807.html.

Commission européenne, « *Prévisions économiques de l'automne 2015 : reprise modérée malgré les défis à relever* », 5 novembre 2015, disponible sur :http://ec.europa.eu/france/news/2015/20151105_prvisions_economques_automne_moscovici_fr.htm.

DECAUX (Emmanuel), « Déclarations et conventions en droit international », *Cahiers du Conseil constitutionnel*, n° 21, janvier 2007, disponible sur : http://www.conseil-constitutionnel.fr/conseil-constitutionnel/francais/nouveaux-cahiers-du-conseil/cahier-n-21/declarations-et-conventions-en-droit-international.50561.html.

GONZALES (Fernan), ZAMBRANO (Fabio), *L'État inachevé, les racines de la violence : le cas de la Colombie*, Charles-Léopold Mayer, Série : « Dossiers pour un débat », n° 42, 1995, p. 136, disponible sur : http://www.institut-gouvernance.org/fr/document/fiche-document-144.html.

KISS (Alexandre), « Environnement, droit international, droits fondamentaux », *Cahiers du Conseil constitutionnel*, n° 15, 2004, disponible sur : http://www.conseil-constitutionnel.fr/conseil-constitutionnel/francais/nouveaux-cahiers-du-conseil/cahier-n-15/environnement-droit-international-droits-fondamentaux.52001.html.

LEGAL (Hubert), « Le rôle de la Cour de justice de l'Union européenne », *Colloque : La Cour de Justice de l'Union européenne, Fondation Res Publica*, Paris, 11 février 2013, disponible sur :http://www.fondation-res-publica.org/Le-role-de-la-Cour-de-justice-de-l-Union-europeenne_a715.html.

MOLANO CRUZ (Giovanni), « La Communauté andine : trajectoire d'un processus latino-américain d'intégration régionale, Le régionalisme international dans les Amériques : dynamique interne et projection internationale », *Fédéralisme Régionalisme*, vol. 11, n° 1, 2011, disponible sur : http://popups.ulg.ac.be/1374-3864/index.php?id=977.

Note du Conseil d'État du 23 septembre 2015 : « Le juge administratif et le droit de l'Union européenne », disponible sur :http://www.conseil-État.fr/Decisions-Avis-Publications/Etudes-Publications/Dossiers-thematiques/Le-juge-administratif-et-le-droit-de-l-Union-europeenne.

TAVERNIER (Paul), « La Cour européenne des droits de l'homme et la mise en œuvre du droit international de l'environnement », in Implementation and enforcement of international environment law, Actes du Colloque à l'Université Charles de Prague le 25 et 26 janvier 2002, Facultas Juridica Universitatis Carolinae Pragensis, Prague, Pavel Sturma, 2002, pp. 47-57, disponible sur *Revue Actualité et Droit international*, juin 2003 : http://www.ridiorg/adi.

ZIBECHI (Raul), « Amérique du sud : l'intégration régionale à la croisée des chemins », RISAL info, 2005, disponible sur : http://www.risal.collectifs.net/spip.php?article1500.

Espagnol

« El rol de los altos mandos en falsos positivos, evidencias de responsabilidad de generales y coroneles del Ejército colombiano por ejecuciones de civiles », 2015, p. 105, disponible sur: https://www.hrw.org/es/report/2015/06/23/el-rol-de-los-altos-mandos-en-falsos-positivos/evidencias-de-responsabilidad-de.

« Más de US$ 16 millones pagó el Estado peruano por indemnizaciones dictadas por la Corte de San José », disponible sur :*Journal Agencia peruana de noticias del Perú para el mundo*, article publié le 19 avril 2009, disponible sur :http://www.andina.com.pe/agencia/noticia-mas-16-millones-pago-estado-peruano-indemnizaciones-dictadas-por-corte-san-jose-228722.aspx.

« El retiro de Venezuela desata una crisis en la Comunidad andina », *Journal La Nación*, espace La Nación, 21 avril 2006, disponible sur :http://www.lanacion.com.ar/799146-el-retiro-de-venezuela-desata-una-crisis-en-la-comunidad-andina.

« Presidentes acuerdan reingeniería de la CAN », publication du 8 novembre 2011, disponible sur :http://eju.tv/2011/11/presidentes-acuerdan-reingeniera-de-la-can/.

CONTRERAS (Adalid), « La Comunidad andina está en un proceso de reingeniería », *Revista Lideres*, entretien du 28 janvier 2013, disponible sur :http://www.revistalideres.ec/lideres/adalid-contreras-comunidad-andina-proceso.html.

Entretien d'Adalid Contreras, ancien Secrétaire général de la Communauté andine, « La ciudadania andina se desconoce de manera preocupante », *Portal Web journalistique PLAN V*, 14 avril 2014, disponible sur :http://www.planv.com.ec/historias/entrevistas/la-ciudadania-andina-se-desconoce-manera-preocupante.

Entretien réalisé par Teresita Celis A. pour le Journal La República : « De los casos que llegan al Tribunal, 90% son de propiedad intelectual », publié le 7 mars 2015, disponible sur :http://www.larepublica.co/%E2%80%9Cde-los-casos-que-llegan-al-tribunal-90-son-de-propiedad-intelectual%E2%80%9D_228496.

HERNÁNDEZ (Alfredo Fuentes), Justicia e inclusión social en la Comunidad andina, *Discurso de cierre del Seminario Regional* : « Democracia, Inclusión social y justicia en los Andes », Lima, 31 mars 2005, disponible sur :http://www.comunidadandina.org/Prensa.aspx?id=2199&accion=detalle&cat=DI&title=justicia-e-inclusion-social-en-la-comunidad-andina.

MEJÍA HERRERA (Orlando), « El dialogo entre tribunales: la jurisprudencia del Tribunal de justicia de la Unión Europea como fuente de inspiración para los tribunales de los sistemas de integración latinoamericanos », *Revista del Centro interuniversitario para estudios de integración*, UNAN-León, vol. 1, 2008, pp. 14-34, disponible sur:
http://www.boletincipei.unanleon.edu.ni/documentos/boletin2/4_Orlando_Mejia.pdf.

MENDOZA FANTINATO (Guido), «El Convenio Simón Rodríguez: importancia del foro socio laboral de la Comunidad andina», *Secretaria General de la Comunidad andina*, p. 6, disponible sur:
http://www.comunidadandina.org/bda/FichaObra.aspx?cm=1861.
Note UNHCR, « Colombia, construyendo soluciones sostenibles », disponible sur:
http://www.acnur.org.

PALOMARES GARCÍA (Jorge Ricardo), « Comunidad andina: Es vinculante el derecho comunitario? Estudio para el proyecto de investigación sobre la fuerza vinculante de los actos jurídicos de instituciones regionales», *Via Inveniti et Iudicandi*, Université Santo Tomas, 2007, p. 16, disponible sur:
http://numanterioresviei.usta.edu.co/articulos/edi5/jorgepalomares.pdf

PEJOVES MACEDO (José Antonio), *El sistema de solución de controversias en la Comunidad Andina*, VIII Seminario Internacional sobre la Dimensión Jurídica de la Integración, Montevideo, ALADI, 2003, p. 11, disponible sur:
http://ctrc.sice.oas.org/geograph/andina/Macedo.asp.

PEROTTI (Alejandro Daniel), « Elementos básicos para la constitución de un tribunal de justicia del Mercosur », *La Ley*, n° 251, 2008, p. 1, disponible sur: http://www.stf.jus.br/arquivo/cms/sobreStfCooperacaoInternacional/anexo/Noticias_do_Mercosul/Elementos_Basicos.pdf.

SIERRALTA R. (Aníbal), « Los mecanismos de solución de controversias en la comunidad andina de naciones: desarrollo, tendencias y los desafíos del comercio internacional », *Academia Diplomática del Perú*, 16 février 2013, p. 12, disponible sur:http://www.eclac.cl/brasil/noticias/paginas/2/22962/SIERRALTA-MECANISMOS%20SOLUCI%C3%93N%20CONTROVERSIAS%20COMUNIDAD.pdf.

Superintendance d'industrie et commerce de Colombie, « Simposio Sobre el Régimen de Propiedad industrial Comunidad andina - 15 años de la Decisión andina 486 de 2000 », du 26 au 28 août 2015, l'intégralité des interventions est disponible sur : http://www.sic.gov.co/drupal/noticias/superindustria-conmemora-los-15-anos-de-la-decision-486-que-establece-el-regimen-de-la-propiedad-industrial.
TELLO VIDAL (Luis), « ¿"Reingeniería" o extinción de la Comunidad Andina? », *Revista Construyendo nuestra interculturalidad*, n° 8/9, 2014, p. 20, disponible sur: www.interculturalidad.org.

SITES INTERNET OFFICIELS

Communauté andine
- Site officiel de la Communauté andine :
http://www.comunidadandina.org/Seccion.aspx?id=26&tipo=SA
- Site officiel du Tribunal de justice de la Communauté andine :
http://www.tribunalandino.org.ec/sitetjca1/index.php

Union européenne
- Site officiel de l'Union européenne :http://europa.eu/index_fr.htm
- Site officiel du la Commission de l'Union européenne :
http://ec.europa.eu/index_fr.htm
- Site officiel de la Cour de Justice de l'Union européenne :
http://curia.europa.eu/jcms/jcms/Jo2_6999/

MERCOSUR
- Site officiel du MERCOSUR :http://www.mercosur.int/
- Site officiel du Tribunal permanent de révision du MERCOSUR : http://www.tprmercosur.org/

UNASUR
- Site officiel de l'UNASUR : http://www.unasursg.org/

RECUEIL DE JURISPRUDENCE

TRIBUNAUX INTERNATIONAUX

COUR DE JUSTICE DE L'UNION EUROPÉENNE (CJUE)

- CJUE, 29 novembre 1956, « *Fédération Charbonnière de Belgique c/Haute Autorité de la Communauté européenne du charbon et de l'acier* », aff. C-8/55, Rec. p. 291.

- CJUE, 4 février 1959,« *Friedrich Stork & Cie c/Haute Autorité de la Communauté européenne du charbon et de l'acier* », aff. 1/58, Rec. p. 43.

- CJUE, 15 juin 1960, « *Italie c/Haute autorité de la CECA* », aff. 20/59, Rec. p. 663.

- CJUE, 1er juin 1961, « *Gabriel Simon c/Cour de justice des communautés européennes* », aff. C 15/60, Rec. p. 225.

- CJUE, 5 février 1963, « *NV algemene Transport - en Expetitie Onderneming van Gend en Loos c/Administration fiscale néerlandaise* », aff. 26/62, Rec. p. 3.

- CJUE, 15 juillet 1963, « *Entreprise Plaumann & Go c/Commission économique européenne* », aff. 25/62, Rec. p. 203.

- CJUE, 15 juillet 1964, « *Flamino Costa c/E.N.E.L.* », aff. 6/64, Rec. p. 1141.

- CJUE, 1er décembre 1965, « *Firma G. Schwarze c/Einfuhr- und Vorratsstelle für Getreide und Futtermittel* », aff. 16/65, Rec. p. 1081.

- CJUE, 16 juin 1966, *« Firma Alfons Lütticke GmbH c/Hauptzollamt de Sarrelouis* », aff. 57/65, *Rec.* p. 293.

- CJUE, 13 juillet 1966, « *Établissements Consten S.A.R.L. et Grundig-Verkaufs-GmbH c/Commission de la communauté économique européenne* », aff. jtes C-56 et C-58/64, Rec. p. 429.

- CJUE, 5 décembre 1967, « *Bestuur der Sociale Verzekeringsbank c/J. H. van der Vecht* », aff. C 16/67, Rec. p. 445.

- CJUE, 29 février 1968, « *Parke, Davis and Co. c/ Probel, Reese, Beintema-Interpharm et Centrafarm* », aff. C-24/67, Rec. p. 81.

- CJUE, 3 avril 1968, « *Molkerei-Zentrale Westfalen/Lippe GmbH c/ Hauptzollamt Paderborn*», aff. 28/67, Rec. p. 211.

- CJUE 4 avril 1968, *«Firma Gebrüder Lück c/Hauptzollamt Köln-Rheinau »*, aff. C-34/67, Rec. p. 359.

- CJUE, 19 décembre 1968, « *Giovanni de Cicco c/ Landesversicherungsanstalt Schwaben* », aff. C-19/68 Rec. p. 689.

- CJUE, 7 mai 1969, « *Caisse régionale de sécurité sociale du nord de la France c/Achille TorrekensFrance* », aff. C-28/68, Rec. p. 125.

- CJUE, 9 juillet 1969, « *Portelange c/Smith Corona Marchant international* », aff. 10/69, Rec. p. 309.

- CJUE, 12 novembre 1969, « *Erich Stauder c/Ville d'Ulm - Sozialamt* », aff. C-29/69, Rec. p. 419.

- CJUE, 6 octobre 1970, « *Franz Grad c/ Finanzamt Traunstein* », aff. C-9/70, Rec. p. 825.

- CJUE, 17 décembre 1970, « *Internationale Handelsgesellschaft MBH c/ Einfuhr und Vorratsstelle für Getreide und Futtermitte*l », aff. 11/70, Rec. p. 1125.

- CJUE, 18 février 1971, « *Sirena S.r. l. c/Eda S.r. l. et autres* », aff. C-40/70, Rec. p. 69.

- CJUE, 8 juin 1971, « *Deutsche Grammophon Gesellschaft mbH c/Metro-SB-Großmärkte GmbH & Co. KG* », aff. C-78/80, Rec. p. 487.

- CJUE, 14 décembre 1971, « *Politi s.a.s. c/ministère des Finances de la République italienne* », aff. 43/71, Rec. p. 1039.

- CJUE, 1er février 1972, « *Hagen OHG c/ Einfuhr- und Vorratsstelle für Getreide und Futtermittel*», aff. C 49/71, Rec. p. 23.

- CJUE, 13 juillet 1972, « *Commission des Communautés européennes c/République italienne* », aff. 48/71, Rec. p. 529.

- CJUE, 12 décembre 1972, « International Fruit Company NV et autres c/Produktschap voor Groenten en Fruit », aff. jte 21 à 24/72, Rec. p. 1219.

- CJUE, 7 février 1973, « *Commission des Communautés européennes c/République italienne* », aff. 39/72, Rec. p. 101.

- CJUE, 10 octobre 1973, « *Fratelli Variola S.p.A. c/Administration des finances italienne* », aff. 34/73, Rec. p. 981.
- CJUE, 4 avril 1974, «*Commission des Communautés européennes c/République française* », aff. 167/73, *Rec.* p. 360.
- CJUE, 14 mai 1974, «*J. Nold, Kohlen- und Baustoffgroßhandlung c/Commission des Communautés européennes* », aff. C-4/73, Rec. p 491.

- CJUE, 31 octobre 1974, « *Centrafarm BV et Adriaan de Peijper c/Sterling Drug Inc.* », Aff. C-15/74, Rec. p. 1147.

- CJUE, 21 novembre 1974, « *Johannes Coenrad Moulijn c/Commission des Communautés européennes* », aff. C 6/74, Rec. p. 1287.

- CJUE, 4 décembre 1974, « *Yvonne van Duyn c/Home Office* », aff. 41/74, Rec. p. 1337.

- CJUE, 12 décembre 1974, « *B. N. O. Walrave, L. J. N. Koch* c/*Association Union cycliste internationale, Koninklijke Nederlandsche Wielren Unieet Federacion Espanol Ciclismo* », aff. 36/74, Rec., p. 1405.

- CJUE, 12 décembre 1974, « *Walrave et Koch c/Association Union cycliste internationale* », aff. C 36/4, Rec. p. 1405.

- CJUE, 28 octobre 1975, « *Roland Rutili c/Ministre de l'Intérieur* », aff. C-36/75, Rec. p. 1219.

- CJUE, 17 décembre 1975, « *Jacov Adlerblum c/Caisse nationale d'assurance vieillesse des travailleurs salariés* », aff. C-93/75, Rec. p. 2147.

- CJUE, 3 février 1976, « *Pubblico Ministero c/Flavia Manghera et autres* », aff. C- 59/75, Rec. p. 91.

- CJUE, 8 avril 1976, « *Gabrielle Defrenne c/Société anonyme belge de navigation aérienne Sabena* », aff. 43/75, Rec. p. 456.

- CJUE, 22 juin 1976, « *Société Terrapin (Overseas) Ltd. c/Société Terranova Industrie CA Kapferer & Co.* », aff. C-119-75, Rec. p. 1039.

- CJUE, 15 décembre 1976, « *Simmenthal SpA c/ministère des finances italien* », aff. 35/76, Rec. p. 1871.

- CJUE, 27 octobre 1977, « *Regina c/Pierre Bouchereau* », aff. C 30/77, Rec. p. 1999.

- CJUE, 9 mars 1978, « *Administration des finances de l'État c/Société anonyme Simmenthal* », aff. 106/77, Rec. p. 629.

- CJUE, 23 mai 1978, « *Hoffmann-La Roche & Co. AG c/ Centrafarm Vertriebsgesellschaft Pharmazeutischer Erzeugnisse mbH* », aff. C-102/77, Rec. p. 1139.
- CJUE, 28 juin 1978, « *Patrick Christopher Kenny c/Insurance Officer*», aff. C-1/78, Rec. p. 1489.

- CJUE, 10 octobre 1978, « *Centrafarm BV c/ American Home Products Corporation*», aff. C-3/78,Rec. p. 1823.

- CJUE, 20 février 1979, *ReweZentral AG c/Bundesmonopolverwaltungfür Branntwein*, aff. 120/78, Rec. p. 649.

- CJUE, 20 février 1979, « *SA Buitoni c/Fonds d'orientation et de régularisation des marchés agricoles*», aff. 122/78, Rec. p. 677.

- CJUE, 5 avril 1979, « *Ministère public c/Tullio Ratti* », aff. 148/78, Rec. p. 1629.

- CJUE, 19 juin 1980, « *Procédure pénale c/Gérard Roudolff* », aff. C-803/79, Rec. p. 2015.

- CJUE, 17 décembre 1980, «*Commission des Communautés européennes c/Royaume de Belgique* », aff. C-149/79, Rec. p. 3881.

- CJUE, 20 janvier 1981, « *Musik-Vertrieb membran GmbH et K-tel International c/GEMA - Gesellschaft für musikalische Aufführungs- und mechanische Vervielfältigungsrechte* », aff. jtes. C-55/80 et C-57/80, Rec. p. 147.

- CJUE, 26 mai 1982, «*Commission des Communautés européennes c/Royaume de Belgique* », aff. C-149/79, Rec. p. 1845.

- CJUE, 8 juin 1982, « *L.C. Nungesser KG et Kurt Eisele c/Commission des Communautés européennes*», aff. C-258/78, Rec. p. 2015.

- CJUE, 6 octobre 1982, « *Coditel c/ Ciné Vog Films* », aff. C-261/81, Rec. p. 3381.

- CJUE, 6 octobre 1982, « *Srl CILFIT* et *Lanificio di Gavardo SpA c/ministère de la santé* », aff. C-283/81, Rec. p. 03415.

- CJUE, 10 février 1983, « *Grand-Duché de Luxembourg c/Parlement européen* », aff. 230/81, Rec. p. 255.

- CJUE, 17 novembre 1983, «*Firma E. Merck c/Hauptzollamt Hamburg-Jonas*», aff. C 292/82, Rec. p. 03781.

- CJUE, 10 avril 1984, « *Von Colson et Kamman c/Land Nordrhein-Westfalen* », aff. 14/83, Rec. p. 1981.

- CJUE, 6 juin 1985, «*Maria Frascogna c/Caisse des dépôts et consignations* », aff. 157/84, Rec. p. 1739.

- CJUE, 23 avril 1986, « *Parti écologiste « Les Verts » c/Parlement européen* », aff. 294/83, Rec. p. 1339.

- CJUE, 3 juin 1986, « *Commission des Communautés européennes c/République française*», aff. 307/84, Rec. p. 1725.

- CJUE, 3 juillet 1986, « *Deborah Lawrie-Blum c/Land Baden-Württemberg* », aff. 66/85, Rec. p. 2121.

- CJUE, 25 novembre 1986, « *Marthe Klensch et autres c/Secrétaire d'État à l'Agriculture et à la Viticulture* », aff. jtes C-201 et 202/85, Rec. p. 03477.

- CJCE, 16 juin 1987, «*Commission des Communautés européennes c/République italienne* », aff. 225/85, Rec. p. 2625.

- CJUE, 22 octobre 1987, « *Foto-Frost c/Hauptzollamt Lübeck-Ost* », aff. 314/85, Rec. p. 04199.

- CJUE, 21 avril 1988, « *Fratelli Pardini SpA c/Ministero del comercio con l'estero e Banca toscana* », aff. 338/85, Rec. p. 02041.

- CJUE, 21 juin 1988, «*Steven Malcolm Brown c/The Secretary of State for Scotland*», aff. 197/86, Rec. p. 3205.

- CJUE, 27 septembre 1988, « *Parlement européen c/Conseil des communautés européennes* », aff. 302/87, Rec. p. 05615.

- CJUE, 5 octobre 1988, « *Consorzio Italiano della Componentistica di Ricambio per Autoveicoli (C.I.C.R.A.) et S.p.A. Maxicar c/Régie Nationale des Usines Renault*», aff. C-53/87, Rec. p. 6039.

- CJUE, 30 mai 1989, «*Pilar Allué et Carmel Mary Coonan c/Università degli studi di Venezia* », aff. 33/88, Rec. p. 1591.

- CJUE, 22 février 1990, « *Bronzino c/Kindergeldkasse*», aff. C-228/88, Rec. p. I-531.

- CJUE, 19 juillet 1990, « *Foster et autres c/British Gas plc* », aff. 188/89, Rec. I-3313.
- CJUE, 27 juin 1991, « *Mecanarte - Metalúrgica da Lagoa Ld*[a] *c/ Chefe do Serviço da Conferência Final da Alfândega do Porto* », aff. C-348/89, Rec. p. I-03277.

- CJUE, 19 novembre 1991, « *Andrea Francovich et Danila Bonifaci et autres c/République italienne* », aff. jtes C-6/90 et C-9/90, Rec. p. I-5357.

- CJUE, 26 février 1992, « *M. J. E. Bernini c/Minister van Onderwijs en Wetenschappen* », aff. C-3/90, Rec. p. I -1071

- CJUE, 16 juillet 1992, « *Manuel José Lourenço Dias c/Director da Alfândega do Porto* », aff. C-343/90, Rec. p. I-04673.

- CJUE, 10 novembre 1992, « *Hansa Fleisch Ernst Mundt GmbH & Co. KG c/Landrat des Kreises Schleswig-Flensburg*», aff. C-156/91, Rec. p. I-5567.

- CJUE, 25 décembre 1992, « *José Miguel Díaz García c/Parlement européen* », T-43/90, Rec. p. II-02619.

- CJUE, 18 décembre 1992, « *Lilian R. Khouri c/Commission des Communautés européennes* », aff. T-85/91, Rec. p. II-02637.

- CJUE, 14 juillet 1994, « *Paola Faccini Dori* c/Recreb Srl», aff. C-91/92, Rec. p. I-3349.

- CJUE, 5 mars 1996, « *Brasserie du pêcheur c/BundesrepbulikDeutschland* » et « *The Queen c/ Secretary of State for Transport* », ex parte : Factortame Ltd et autres, aff. jtes C-46/93 et C - 48/93, Rec. p. I-1150.

- CJUE, 2 juillet 1996, «*Commission des Communautés européennes c/Grand-Duché de Luxembourg* », aff. C-473/93, Rec. p. I-3207.

- CJUE, 2 juillet 1996, « *Commission des Communautés européennes c/République hellénique* »,aff. C-290/94, Rec. p. I-3285.

- CJUE, 17 juillet 1997, « *Krüger GmbH & Co. KG c/ Hauptzollamt Hamburg-Jonas* », aff. C-334/95, Rec. p. I-04517.

- CJUE, 4 novembre 1997, « *Kelvin Albert Snares c/Adjudication Officer*», aff. C-20/96, Rec. p. I-6057.

- CJUE, 15 janvier 1998, « *Kalliope Schöning-Kougebetopoulou c/Freie und Hansestadt Hamburg*», aff. C-15/96, Rec. p. I- 47.

- CJUE, 13 avril 2000, « *W.N. c/Staatssecretaris van Financiën* », aff. C 420/98, Rec. p. 02847.

- CJUE, 19 septembre 2000, « *Luxembourg c/ cts B. Linster* », aff. C-287/98, Rec. p. I-6917.

- CJUE, 20 septembre 2001, « *Rudy Grzelczyk c/Centre public d'aide sociale d'Ottignies-Louvain-la-Neuve* » aff. C-184/99, Rec. p. I-6193.

- CJUE, arrêt du 4 octobre 2001, « *République italienne c/Commission des Communautés européennes* », aff. C-403/99, Rec. p. I-6883.

- CJUE, 25 juillet 2002, « *Unión de Pequeños Agricultores c/Conseil de l'Union européenne*», aff. C-50/00, Rec. p. I-6677.

- CJUE, 10 juillet 2003, « *Commission c/Jégo-Quéré et Cie SA* », aff. C-263/02, Rec. p. I-3425.

- CJUE, 9 septembre 2003, «*Isabel Burbaud c/ministère de l'Emploi et de la Solidarité* », aff. C-285/01, Rec. p. I-8219.

- CJUE, 30 septembre 2003, « *Gerhard Köbler c/ Republik Österreich* », aff. C-224/01, Rec. p. I-10239.

- CJUE, 30 septembre 2003, «*Albert Anker, Klaas Ras et Albertus Snoek c/Bundesrepublik Deutschland* », aff. C-47/02, Rec. p. I-10447.

- CJUE, 6 novembre 2003, « Franca Ninni-Orasche c/Bundesminister für Wissenschaft, Verkehr und Kunst», aff. C-413/01, Rec. p. I -13187.

- CJUE, 14 décembre 2006, « *Daniel André c/Commission des Communautés européennes* », aff. F-10/06, Réc. p. FP-I-A-1-00183 ; FP-II-A-1-00755.

- CJUE (Gde. ch.), 11 décembre 2007, « *International Transport Workers' Federation & Finnish Seamen's Union c/Viking Line ABP et OÜ Viking Line Eesti* », aff. C-438/05, Rec. p. I-10779.

- CJUE (Gde Ch.), 18 décembre 2007, « *Laval un Partneri Ltd c/Svenska* », aff. C-341/05, Rec. p. I-11767.

- CJUE, 3 avril 2008, « *Procédure pénale c/Dirk Endendijk* », aff. C-187/07, Rec. p. I-2115.

- CJUE, 4 juin 2009, « *Mölling c/Europol* », aff. C F-11/08, Rec. FP p. II-A - 1-899.

- CJUE, 5 octobre 2009, « *Commission des Communautés européennes c/Anton Pieter Roodhuijzen* », aff. T-58/08P, Rec. p. II-03797, FP-I-B-1-00101 et FP II-B -1-00633.

- CJUE,7 octobre 2009,« *Spyridon Pappas c/Commission des Communautés européennes* », aff. C-F101/08, Rec. FP p. I-A-1-00399 ; II-A -1 -02133.

- CJUE du 10 mars 2011, « *Tanja Borger c/ Tiroler Gebietskrankenkasse* », aff. C-516/09, Rec. p. I-1493.

- CJUE, (Gde ch.) 3 octobre 2013, « *Inuit Tapiriit Kanatami et autres c/Parlement et Conseil* », aff. C -583/11 P.

- CJUE, 19 décembre 2013, « *Telefónica SA c/Commission européenne* », aff. 274/12P.

TRIBUNAL DE JUSTICE DE LA COMMUNAUTÉ ANDINE (TJCA)

Recours en manquement (AI)

- TJCA, arrêt n° 1 -AI-96, « *Acción de incumplimiento interpuesta por la Junta del Acuerdo de Cartagena contra la República del Ecuador* », publié au GOAC n° 234 du 21 novembre 1996, année XIII, p. 1.

- TJCA, arrêt n° 2 -AI-96, «*Acción de incumplimiento interpuesta por la República de Venezuela contra la República del Ecuador* », publié au GOAC n° 289 du 27 août 1997, année XIV, p. 1.

- TJCA, arrêt n° 03 -AI-96, « *Acción de incumplimiento interpuesta por la Junta del Acuerdo de Cartagena contra la República de Venezuela* », publié au GOAC n° 261 du 29 avril 1997, année XIII, p. 1.

- TJCA, arrêt n° 01 -AI-97, *« Acción de incumplimiento interpuesta por la Junta del Acuerdo de Cartagena (hoy Secretaria General) contra la República de Venezuela »,* publié au GOAC n° 329 du 9 mars 1998, année XIV, p. 1.

- TJCA, arrêt n° 2 -AI-97, « *Acción de incumplimiento interpuesta pour la Secretaria General de la comunidad andina contra la República del Ecuador* », publié au GOAC n° 391 du 11 décembre 1998, année XV, p. 1.

- TJCA, arrêt n° 03 -AI-97, *« Acción de Incumplimiento interpuesta por la Secretaría General de la Comunidad Andina contra la República de Colombia, en la cual se alega tratamiento discriminatorio por parte de los Departamentos de dicho país contra los alcoholes y licores originarios de los Países Miembros de la Comunidad Andina, incumpliendo la obligación de trato nacional establecida en el artículo 74 del Acuerdo de Cartagena»,* publié au GOAC n° 410 du 24 février 1999, année XV, p. 17.

- TJCA, arrêt n° 01 -AI-98, «*Acción de incumplimiento interpuesta por la Secretaría General de la Comunidad Andina contra la República del Perú* », publié au GOAC n° 377 du 19 octobre 1998, année XV, p. 12.

- TJCA, arrêt n° 3 -AI-98, «*Acción de incumplimiento interpuesta por la Secretaría General de la Comunidad Andina contra la República de Venezuela*», publié au GOAC n° 423 du 31 mars 1999, année XV, p. 3.

- TJCA, arrêt n° 4 -AI-98, «*Acción de Incumplimiento interpuesta por la Secretaría General de la Comunidad Andina en contra de la República del Perú*», publié au GOAC n° 520 du 20 décembre 1999, année XVI, p. 17.

- TJCA, arrêt n° 5 -AI-98, «*Acción de Incumplimiento interpuesta por la Secretaría General de la Comunidad Andina contra el Gobierno de la República del Ecuador*», publié au GOAC n° 508 du 16 août 1999, année XVI, p. 2.

- TJCA, arrêt n° 6 -AI-98, «*Acción de Incumplimiento interpuesta por la Secretaría General de la Comunidad Andina contra la República de Venezuela*», publié au GOAC n° 468 du 12 août 1999, année XVI, p. 10.

- TJCA, arrêt n° 07 -AI-98, «*Acción de Incumplimiento interpuesta por la Secretaría General contra la República del Ecuador, al aplicar mediante el Decreto No. 1207 del 17 de marzo de 1998 aranceles nacionales distintos al Arancel Externo Común, contraviniendo los artículos 90 y 98 del Acuerdo de Cartagena, 5o. del Tratado de Creación de este Tribunal, así como la Decisión 370 de la Comisión y las Resoluciones 089 y 094 de la Secretaría General de la Comunidad Andina*», publié au GOAC n° 490 du 4 octobre de 1999, année XVI, p. 25.

- TJCA, arrêt n° 8 -AI-98, «*Sumario por incumplimiento de sentencia*», publié au GOAC n° 838 du 23 septembre 2002, année XIX, p. 3.

- TJCA, arrêt n° 9 -AI-98, «*Acción de Incumplimiento interpuesta por la Secretaría General de la Comunidad contra el Gobierno de la República del Perú, por la falta de aplicación de las Decisiones 378 y 379, contraviniendo el artículo 5° (actual 4°) del Tratado de Creación del Tribunal de Justicia del Acuerdo de Cartagena, las Decisiones antes referidas y la Resolución 122 de la Secretaría General*», publié au GOAC n° 565 du 12 mai 2000, année XVI, p. 10.

- TJCA, arrêt n° 10 -AI-98, «*Acción de Incumplimiento interpuesta por la Secretaría General de la Comunidad Andina contra la República del Ecuador*», publié au GOAC n° 512 du 26 novembre 1999, année XVI, p.1.

- TJCA, arrêt n° 07 -AI-99, «*Acción de Incumplimiento interpuesta por la Secretaría General de la Comunidad Andina contra la República del Perú por incumplimiento de obligaciones emanadas de los artículos 5o. del Tratado de Creación del Tribunal de Justicia del Acuerdo de Cartagena, 38 de la Decisión 344 de la Comisión, y de las Resoluciones 79 y 106 de la Secretaría General*», publié au GOAC n° 520 du 20 décembre 1999, année XVI, p. 39.

- TJCA, arrêt n° 16 -AI-99, «*Acción de Incumplimiento interpuesta por la Secretaría General contra la República de Venezuela al aplicar ésta, mediante Decreto No. 2484 del 15 de abril de 1998, aranceles nacionales distintos al Arancel Externo Común, en contravención a los artículos 90 y 98 del Acuerdo de Cartagena, 5° del Tratado de Creación de este Tribunal, así como la Decisión 370 de la Comisión de la Comunidad Andina y de la Resolución 095 de laSecretaría General*», publié au GOAC n° 581 du 12 juillet 2000, année XVI, p. 2.

- TJCA, arrêt n° 19 -AI-99, «*Acción de Incumplimiento interpuesta por la Secretaría General de la Comunidad Andina contra la República de Ecuador, por aplicar una medida calificada como "gravamen" a las importaciones de la Subregión*», publié au GOAC n° 588 du 2 août 2000, année XVII, p. 17.

- TJCA, arrêt n° 25 -AI-99, «*Acción de Incumplimiento interpuesta por la Secretaría General de la Comunidad Andina contra la República de Venezuela, al aplicar una tasa por servicios aduaneros del dos por ciento (2%) sobre el valor de las importaciones subregionales, establecida mediante Decreto N° 2483, de 1998*», publié au GOAC n° 553 du 7 avril 2000, année XVI, p. 1.

- TJCA, arrêt n° 35 -AI-99, «*Acción de Incumplimiento interpuesta por la Secretaría General de la Comunidad Andina, en contra de la República del Perú, por incumplimiento de los artículos 5° (actualmente 4°) del Tratado de Creación del Tribunal, 2 de la Decisión 414 de la Comisión del Acuerdo de Cartagena y de las Resoluciones 161 y 196 de la Secretaría General*», publié au GOAC n° 588 du 2 août 2000, année XVII, p. 29.

- TJCA, arrêt n° 43 -AI-99, « *Sumario por incumplimiento de sentencia*», publié au GOAC n° 792 du 14 mai 2002, année XVIII, p. 20.

- TJCA, arrêt n° 46 -AI-99, «*Acción de Incumplimiento interpuesta por la Secretaría General de la Comunidad Andina contra la República de Venezuela, al adoptar ésta una serie de medidas aplicables al Transporte Internacional de Mercancías por Carretera*», publié au GOAC n° 592 du 17 août 2000, année XVII, p. 1.

- TJCA, arrêt n° 53 -AI-99, «*Sumario por incumplimiento de sentencia*», publié au GOAC n° 778 du 2 avril 2002, année XVIII, p. 1.

- TJCA, arrêt n° 15 -AI-2000, «*Sumario por Incumplimiento, por parte de la República de Ecuador, de la sentencia proferida el 24 de noviembre del año 2000 dentro del Proceso*
- *15-AI-2000*», publié au GOAC n° 767 du 4 mars 2002, année XVIII, p. 1.

- TJCA, arrêt n° 16 -AI-2000, «*Sumario por Incumplimiento, por parte de la República de Colombia, de la sentencia proferida el 24 de noviembre del año 2000 dentro del Proceso*
- *16-AI-2000* », publié au GOAC n° 767 du 4 mars 2002, année XVIII, p. 2.

- TJCA, arrêt n° 17 -AI-2000, «*Procedimiento por incumplimiento de sentencias* », publié au GOAC n° 750 du 15 janvier 2002, année XVIII, p. 32.

- TJCA, arrêt n° 27 -AI-2000, «*Acción de Incumplimiento interpuesta por la Secretaría General de la Comunidad Andina contra la República del Ecuador, por no eliminar un arancel variable y otro específico a las importaciones de derivados de combustibles provenientes de los demás Países Miembros de la Comunidad Andina, adoptados mediante el Decreto Ejecutivo 3303 del 30 de noviembre de 1995* », publié au GOAC n° 644 du 20 février 2001, année XVII, p. 1.

- TJCA, arrêt n° 43 -AI-2000, « *Acción de Incumplimiento ejercida por la Secretaría General de la Comunidad Andina contra la República del Ecuador, a causa del supuesto incumplimiento de obligaciones emanadas del artículo 4 del Tratado de Creación del Tribunal de Justicia, de la Decisión 283 de la Comisión, de la Resolución 473 de la Junta del Acuerdo de Cartagena, y de las Resoluciones 231, 242 y 301, dictadas por la Secretaría General de la Comunidad Andina, y sus modificatorias*», publié au GOAC n° 1079 du 7 juin 2004, année XXI, p. 1.

- TJCA, arrêt n° 51 -AI-2000, « *Acción de Incumplimiento interpuesta por la Secretaría General de la Comunidad Andina contra la República de Venezuela, por la no expedición oportuna de permisos fitosanitarios para la importación de papa proveniente de Colombia*», publié au GOAC n° 750 du 15 janvier 2002, année XVIII, p. 1.

- TJCA, arrêt n° 53 -AI-2000, «*Acción ejercida por la Secretaría General de la Comunidad Andina contra la República de Colombia, mediante la cual denuncia el incumplimiento de los artículos 4 del Tratado de Creación del Tribunal de Justicia y 72 del Acuerdo de Cartagena, así como de las Resoluciones 311, 362 y 387 emanadas de la Secretaría General de la Comunidad* », publié au GOAC n° 798 du 28 mai 2002, année XVIII, p.1.

- TJCA, arrêt n° 72 -AI-2000, «*Procedimiento Sumario por desacato en el Proceso 72-AI-2000* », publié au GOAC n° 832 du 10 septembre 2002, année XIX, p. 1.

- TJCA, arrêt n° 73-AI-2000, «*Acciones de Incumplimiento interpuestas por los Ingenios RIOPAILA S.A., Central Castilla S.A., Manuelita S.A., INCAUCA S.A., San Carlos S.A., Pichiche S.A., Providencia S.A., Risaralda S.A., La Cabaña S.A. y Mayagüez S.A., (PROCESO 73-AI-2000);*

y por la República de Colombia (PROCESO 80-AI-2000), en contra de la República Bolivariana de Venezuela, alegando incumplimiento de las obligaciones derivadas del Ordenamiento Jurídico de la Comunidad Andina, al haber expedido la Resolución 365, de 23 de marzo del 2000 », publié au GOAC n° 833 du 13 septembre 2002, année XIX, p. 1.

- TJCA, arrêt n° 80-AI-2000, «*Acciones de Incumplimiento interpuestas por los Ingenios RIOPAILA S.A., Central Castilla S.A., Manuelita S.A., INCAUCA S.A., San Carlos S.A., Pichiche S.A., Providencia S.A., Risaralda S.A., La Cabaña S.A. y Mayagüez S.A., (PROCESO 73-AI-2000); y por la República de Colombia (PROCESO 80-AI-2000), en contra de la República Bolivariana de Venezuela, alegando incumplimiento de las obligaciones derivadas del Ordenamiento Jurídico de la Comunidad Andina, al haber expedido la Resolución 365, de 23 de marzo del 2000* », publié au GOAC n° 990 du 1 octobre 2003, année XIX, p. 1.

- TJCA, arrêt n° 89-AI-2000, « *Acción de Incumplimiento interpuesta por la Secretaría General de la Comunidad Andina contra la República del Perú, alegando incumplimiento de los artículos 4 del Tratado de Creación del Tribunal y 16 de la Decisión 344 de la Comisión; así como de la Resolución 406 de la Secretaría General*», publié au GOAC n° 722 du 12 octobre 2001, année XVIII, p. 1.

- TJCA, arrêt n° 91 -AI-2000, «*Sumario por incumplimiento de sentencia 91-AI-2000* », publié au GOAC n° 823 du 8 août 2002, année XIX, p. 1.

- TJCA, arrêt n° 93-AI-2000, «*Acción de Incumplimiento interpuesta por la Secretaría General de la Comunidad Andina en contra de la República del Perú, alegando incumplimiento del artículo 4 del Tratado de Creación del Tribunal; del artículo 93 de la Decisión 344 de la Comisión; así como de las Resoluciones 393 y 437 de la Secretaría General* », publié au GOAC n° 764 du 26 février 2002, année XVIII, p. 1.

- TJCA, arrêt n° 01-AI-2001, « *Acción de Incumplimiento interpuesta por la Secretaría General de la Comunidad Andina contra la República Bolivariana de Venezuela, alegando incumplimiento de los artículos 4 del Tratado de Creación del Tribunal y 16 de la Decisión 344 de la Comisión; así como de las Resoluciones 424 y 457 de la Secretaría General*», publié au GOAC n° 818 du 23 juillet 2002, année XVIII, p. 1.
- TJCA, arrêt n° 26-AI-2001, «*Acción de incumplimiento interpuesta por la Secretaría General de la Comunidad Andina, en contra de la República de Colombia, alegando incumplimiento de los artículos 90 del Acuerdo de Cartagena y 4 del Tratado de Creación del Tribunal Andino de Justicia; de las Decisiones 370 y 466 de la Comisión, así como de la Resolución 396 de la Secretaría General* », publié au GOAC n° 736 du 27 novembre 2001, année XVIII, p. 1.

- TJCA, arrêt n° 28-AI-2001, « *Acción de Incumplimiento interpuesta por la Secretaría General de la Comunidad Andina contra la República del Ecuador, alegando incumplimiento del artículo 4 del Tratado de Creación del Tribunal y del Capítulo V del Acuerdo de Cartagena; así como de las Resoluciones Nos. 371 y 414 de la Secretaría General*», publié au GOAC n° 798 du 28 mai 2002, année XVIII, p. 15.

- TJCA, arrêt n° 32 -AI-2001, «*Acción de incumplimiento interpuesta por la Secretaría General de la Comunidad Andina contra la República de Colombia, alegando incumplimiento del artículo 4 del Tratado de Creación del Tribunal de Justicia de la Comunidad Andina, del artículo 155 del Acuerdo de Cartagena y de la Resolución 400 de la Secretaría General* », publié au GOAC n° 760 du 8 février 2002, année XVIII, p. 1.

- TJCA, arrêt n° 34 -AI-2001, «*Acción de Incumplimiento interpuesta por la Secretaría General de la Comunidad Andina contra la República del Ecuador, alegando incumplimiento de los artículos 4 del Tratado de Creación del Tribunal y 16 de la Decisión 344 de la Comisión del Acuerdo de Cartagena* », publié au GOAC n° 839 du 25 septembre 2002, année XIX, p. 1.

- TJCA, arrêt n° 49 -AI-2002, « *Acción de Incumplimiento interpuesta por la Secretaría General de la Comunidad Andina contra la República Bolivariana de Venezuela por supuesto incumplimiento del artículo 90 del Acuerdo de Cartagena, de las Decisiones 370 y 466 de la Comisión de la Comunidad Andina y del artículo 4 del Tratado de Creación del Tribunal*», publié au GOAC n° 1047 du 31 mars 2004, année XXI, p. 1.

- TJCA, arrêt n° 52 -AI-2002, «*Auto mediante el cual se determina la imposición de sanciones a la República Bolivariana de Venezuela por el incumplimiento de la sentencia 52-AI-2002* », publié au GOAC n° 1108 du 25 août 2004, année XXI, p. 1.

- TJCA, arrêt n° 117 -AI-2003, « *Acción de Incumplimiento interpuesta por la Secretaría General de la Comunidad Andina contra la República del Ecuador por supuesto incumplimiento de los artículos 72, 73 y 77 del Acuerdo de Cartagena, el artículo 4 del Tratado de Creación del Tribunal de Justicia de la Comunidad Andina y la Resolución 604 de la Secretaría General*», publié au GOAC n° 1156 du 10 janvier 2005, année XXII, p. 17.
- TJCA, arrêt n° 118 -AI-2003, «*Segundo Procedimiento Sumario dentro del Proceso 118-AI-2003 (Acción de Incumplimiento interpuesta por la Secretaría General de la Comunidad Andina contra la República de Colombia)* », publié au GOAC n° 2308 du 26 février 2014, année, XXXI, p. 1.

- TJCA, arrêt n° 134 -AI-2003, « *Acción de Incumplimiento interpuesta por la Secretaria General de la Comunidad Andina contra la República*

Bolivariana de Venezuela », publié au GOAC n° 1446 du 15 décembre 2006, année XXIII, p. 1.

- TJCA, arrêt n° 114 -AI-2004, «Acción de Incumplimiento interpuesta por la Asociación de Industrias Farmacéuticas Colombianas, ASINFAR, contra la República de Colombia, por haber expedido el Decreto 2085 de 19 de septiembre de 2002 en supuesta violación de los artículos 4 del Tratado de Creación del Tribunal de Justicia de la Comunidad Andina, 260 a 266, 276 y 279 de la Decisión 486 de la Comisión de la Comunidad Andina », publié au GOAC n° 1295 du 9 février 2006, année XXIII, p. 1.

- TJCA, arrêt n° 117 -AI-04, «*Acción de Incumplimiento interpuesta por la Secretaria General de la Comunidad Andina contra la República de Colombia, alegando incumplimiento de los artículos 72, 73,77 y 97 del Acuerdo de Cartagena, el artículo 4 del Tratado de Creación del Tribunal, así como las Resoluciones 671, 724 y 773 de la Secretaria General de la Comunidad Andina*», publié au GOAC n° 1347 du 25 mai 2006, année XXIII, p. 6.

- TJCA, arrêt n° 125-AI-2004, «*Acción de Incumplimiento interpuesta por la Secretaría General de la Comunidad Andina, en contra de la República Bolivariana de Venezuela, por incumplimiento de normas que conforman el ordenamiento jurídico andino, en particular del artículo 77 del Acuerdo de Cartagena, codificado; del artículo 4 del Tratado de Creación de Tribunal de Justicia; y, de la Resolución 759 de la Secretaría General, de la misma Comunidad* », publié au GOAC n° 1244 du 14 septembre 2005, année XXII, p. 1.

- TJCA, arrêt n° 131 -AI-2004, «*Acción de Incumplimiento incoada por la Secretaría General de la Comunidad Andina contra la República de Bolivia, por supuesto incumplimiento de normas que conforman el ordenamiento jurídico de la Comunidad Andina, específicamente, del artículo 4 del Tratado de Creación del Tribunal de Justicia de la Comunidad Andina y de las Resoluciones 419 y 431 de la Junta del Acuerdo de Cartagena* », publié au GOAC n° 1247 du 30 septembre 2005, année XXII, p. 1.

- TJCA, arrêt n° 145 -AI-2005, « *Acción de Incumplimiento interpuesta por la Secretaria General de la Comunidad andina contra la República Bolivariana de Venezuela*», publié au GOAC n° 1368 du 11 juillet 2006, année XXIII, p. 1.

- TJCA, arrêt n° 05 -AI-2008, «*Acción de Incumplimiento interpuesta por la Secretaría General de la Comunidad Andina contra el Gobierno de la República del Ecuador* », publié au GOAC n° 508 du 16 août 1999, année XVI, p. 2.

- TJCA, arrêt n° 3 -AI-2010, « *Acción de incumplimiento interpuesta por la Empresa de Telecomunicaciones de Bogotá S.A. ESP, (ETB S.A. E.S.P.) contra la República de Colombia, Sección Tercera del Consejo de Estado, por supuesto incumplimiento de la obligación objetiva de solicitar interpretación prejudicial obligatoria prevista en los artículos 4, 33, 35 y 36 del Tratado de Creación del Tribunal de Justicia de la Comunidad Andina y en los artículos 122, 123, 124, 127 y 128 de la Decisión 500, Estatuto del Tribunal de Justicia de la Comunidad Andina*», publié au GOAC n° 1985 du 11 octobre 2011, année XXVIII, p. 1.

- TJCA, arrêt n° 1 -AI-2011, «*Acción de incumplimiento interpuesta por las sociedades FARMEX S.A., ARIS INDUSTRIAL S.A., TECNOLOGÍA QUÍMICA Y COMERCIO S.A., SERVICIOS Y FORMULACIONES INDUSTRIALES S.A. y SILVESTRE PERÚ S.A.C., contra la República del Perú, por el supuesto incumplimiento de los artículos 4 del Tratado de Creación del Tribunal de Justicia de la Comunidad Andina, y 4, 8, 10, 11, 15, 16, 17, 18, 19, 21, 22, 25, 49, 50, 51, 52 y 54 de la Decisión 436 de la Comisión de la Comunidad Andina, y de la Resolución 630 de la Secretaría General de la Comunidad Andina* », publié au GOAC n° 2086 du 27 août 2012, année XXIX, p. 1.

- TJCA, arrêt n° 1 -AI-2012, «*Proceso Sumario 01-AI-2012 (Acción de Incumplimiento interpuesta por las empresas FARMEX S.A., ARIS INDUSTRIAL S.A., TECNOLOGÍA QUÍMICA Y COMERCIO S.A., SERVICIOS Y FORMULACIONES INDUSTRIALES S.A., SILVESTR E PERÚ S.A.C., FARMAGRO S.A. Y HORTUS S.A contra la República del Perú)* », publié au GOAC n° 2312 du 28 février 2014, année XXXI, p. 1.

Recours en carence ou omission (RO)

- TJCA, arrêt n° 70 -RO-2003, «*Recurso por Omisión interpuesto por la República del Perú contra la Secretaría General de la Comunidad Andina por no haber emitido pronunciamiento sobre el recurso de reconsideración de la Resolución 576 solicitado por el Gobierno peruano* », publié au GOAC n° 1033 du 10 février 2004, année XXI, p. 1.

- TJCA, arrêt n° 76 -RO-2003, « *Recurso por Omisión interpuesto por la República del Perú contra la Secretaría General de la Comunidad Andina por no haber emitido pronunciamiento sobre la Resolución N° 145 del Consejo de Comercio Exterior e Inversiones de la República del Ecuador*», publié au GOAC n° 1013 du 14 novembre 2003, année XX, p. 1.

- TJCA, arrêt n° 01 -RO-2006, «*Recurso por omisión interpuesto por la sociedad GRAVETAL BOLIVIA S.A. contra la Secretaría General de la Comunidad Andina, en relación a la solicitud de eliminación de los Requisitos Específicos de Origen para la exportación de productos oleaginosos al mercado de los Países Miembros* », publié au GOAC n° 1458 du 24 janvier 2007, année XXIV, p. 15.

- TJCA, arrêt n° 02 -RO-2006, *« La sociedad MASISA COLOMBIA S.A., en ejercicio del Recurso por Omisión, demanda a la Secretaria General de la Comunidad Andina al no declarar la terminación inmediata y anticipada de la investigación iniciada contra TERRANOVA Venezuela S. A. por supuestas prácticas de dumping»*, publié au GOAC n° 1956 du 22 juin 2011, année XXVIII, p. 2.

- TJCA, arrêt n° 01 -RO-2007, « *Recurso por Omisión interpuesto por la República del Perú a través del Ministerio de comercio Exterior y Turismo contra la Secretaria General de la Comunidad Andina, en relación a la solicitud de pronunciamiento que establece el artículo 91 del Acuerdo de Cartagena*», publié au GOAC n° 1534 du 24 août 2007, année XXIV, p. 14.

- TJCA, arrêt n° 02 -RO-2007, «*Recurso por Omisión o Inactividad interpuesto por JULIO CESAR PENA-HERRERA ASTUDILLO contra la SECRETARIA GENERAL DE LA COMUNIDAD ANDINA por supuesta omisión de acatar los artículos 14 y 15 de la Decisión 623 del Consejo Andino de Ministros de Relaciones Exteriores* », publié au GOAC n° 1566 du 29 novembre 2007, année XXIV, p. 45.

Recours en annulation (N ou AN)

- TJCA, arrêt n° 1 -N-85, « *República de Colombia c/Resolución 237 de la Junta*», publié au GOAC n° 15 du 24 mars 1986.

- TJCA, arrêt n° 1 -N-86, «*República de Colombia c/Resolución 252 de la Junta del Acuerdo de Cartagena* », publié au GOAC n° 21 du 15 juillet 1987.

- TJCA, arrêt n° 2 -N-86, « *República de Colombia c/Resolución 253 de la Junta del Acuerdo de Cartagena*», publié au GOAC n° 21 du 15 juillet 1987.

- TJCA, arrêt n° 4 -AN-92, «*REPUBLICA DE COLOMBIA/RESOLUCIÓN 313 DE LA JUNTA DEL ACUERDO DE CARTAGENA*», publié GOAC n° 127 du 19 février 1993.
- TJCA, arrêt n° 1 -AN-96, «*Acción de Nulidad interpuesta por la Junta del Acuerdo de Cartagena contra el artículo 2 de la Decisión 387 de la Comisión del Acuerdo de Cartagena*», publié au GOAC n° 520 du 20 décembre 1999, année XVI, p. 25.

- TJCA, arrêt n° 1 -AN-97, «*Acción de Nulidad interpuesta por la República de Venezuela contra las Resoluciones 397, 398 y 438 así como contra el Dictamen de Incumplimiento N° 11-96, expedidos por la Junta del Acuerdo de Cartagena* », publié au GOAC n° 340 du 13 mai 1998, année XIV, p. 10.

- TJCA, arrêt n° 04-AN-97, « *Acción de Nulidad interpuesta por las Sociedades Contrachapados de Esmeraldas S.A., CODESA; Bosques Tropicales S.A., BOTROSA; Enchapes Decorativos S.A., ENDESA ; y Plywood Ecuatoriana S.A., contra la Resolución 435 de la Junta del Acuerdo de Cartagena*», publié au GOAC n° 373 du 21 septembre 1998, année XV, p. 1.

- TJCA, arrêt n° 5 -AN-97, « *Acción de Nulidad interpuesta por la República de Venezuela contra la Resolución 430 de la Junta del Acuerdo de Cartagena y el Dictamen Motivado N° 15-96*», publié au GOAC n° 361 du 7 août 1998, année XV, p. 1.

- TJCA, arrêt n° 1 -AN-98, «*Acción de Nulidad interpuesta por la República de Colombia contra las Resoluciones 476 del 14 de mayo de 1997 y 505 del 23 de julio de 1997 emanadas de la Junta del Acuerdo de Cartagena* », publié au GOAC n° 631 du 10 janvier 2001, année XVII, p. 1.

- TJCA, arrêt n° 12 -AN-99, « *Acción de Nulidad interpuesta por la Corporación de Promoción de Exportaciones e Inversiones (CORPEI) contra las Resoluciones Nos. 139 del 14 de octubre de 1998 y 179 del 14 de enero de 1999, expedidas por la Secretaría General de la Comunidad Andina*», publié au GOAC n° 520 du 20 décembre 1999, année XVI, p. 1.

- TJCA arrêt n° 24 -AN-99, « *Acción de Nulidad interpuesta por la Compañía New Yorker S.A. en contra de las Resoluciones Nos. 171 y 210, del 17 de diciembre de 1998 y del 31 de marzo de 1999, expedidas por la Secretaría General de la Comunidad Andina*», publié au GOAC n° 542 du 8 mars 2000, année XVI, p. 1.

- TJCA, arrêt n° 79 -AN-00 (suspension provisionnelle).

- TJCA, arrêt n° 14 -AN-2001, «*Acción de Nulidad ejercida por César Moyano Bonilla contra los artículos 1, 2 y 279 de la Decisión 486 de la Comisión de la Comunidad Andina, providencia complementaria sobre la solicitud de enmienda y aclaración de sentencia* », publié au GOAC n° 991 du 2 octobre 2003, année XX, p. 16.
- TJCA, arrêt n° 35 -AN-2001, «*Acción de Nulidad ejercida por la República de Colombia contra el artículo 3 de la Resolución 487 de la Secretaría General de la Comunidad Andina, dictada el 2 de marzo del año 2001 y publicada en la Gaceta Oficial del Acuerdo de Cartagena N° 649, del 6 de marzo del mismo año* », publié au GOAC n° 1040 du 3 mars 2004, année XXI, p. 1.

- TJCA, arrêt n° 10 -AN-2002, « *Acción de Nulidad ejercida por la República del Perú, contra la Resolución 446 expedida por la Secretaría General de la Comunidad Andina, publicada en la Gaceta Oficial del Acuerdo de Cartagena N° 614 del 30 de octubre de 2000*», publié au GOAC n° 1079 du 7 juin 2004, année XXI, p. 26.

- TJCA, arrêt n° 23 -AN-2002, «*Acción de Nulidad interpuesta por la República del Perú, en contra de las Resoluciones Nº 559 y su confirmatoria Nº 585 expedidas por la Secretaría General de la Comunidad Andina*», publié au GOAC n° 991 du 2 octobre 2003, année XX, p. 1.

- TJCA, arrêt n° 35 -AN-2003, «*Acción de Nulidad ejercida por la República del Perú contra las Resoluciones 596, 618 y 672 de la Secretaría General de la Comunidad Andina* », publié au GOAC n° 1121 du 28 septembre 2004, année XXI, p. 1.

- TJCA, arrêt n° 39 -AN-2004, «*Acción de nulidad interpuesta por la Empresa Sistema Satelital Andino Simón Bolívar ANDESAT S.A. E.M.A., contra las Decisiones 559 y 560 de la Comisión de la Comunidad Andina*», publié au GOAC n° 1212 du 28 juin 2005, année XXII, p. 1.

- TJCA, arrêt n° 214 -AN-2005, « *Acción de Nulidad interpuesta por la Compañía EGAR S.A. contra las Resoluciones 800 y 837 de la Secretaria General de la Comunidad Andina*», publié au GOAC n° 1498 du 16 mai 2007, année XXIV, p. 1.

Recours relatif aux fonctionnaires (DL ou DR)

- TJCA, arrêt n° 97 -DR-2000, «*Demanda de revisión interpuesta por la República Bolivariana de Venezuela contra la sentencia proferida por el Tribunal de Justicia de la Comunidad Andina dentro del proceso 46-AI-99* », publié au GOAC n° 729 du 15 novembre 2001, année XVIII, p.1.

- TJCA, arrêt n° 56 -DL-2001 (introuvable).

- TJCA, arrêt n° 73 -DL-2003, « *Acción laboral ejercida por Jorge Quevedo Gonzáles contra la Secretaría General de la Comunidad Andina*», publié au GOAC n° 1156 du 10 janvier de 2005, année XXII, p. 1.

- TJCA, arrêt n° 13 -DL-2005, « *Auto de la demanda laboral del señor Tomas Uribe Mosquera contra la Secretaría General de la Comunidad Andina*», publié au GOAC n° 1458 du 24 janvier 2007, année XXIV, p. 1.

- TJCA, arrêt n° 81 -DL-2005, « *Acción laboral ejercida por Jesús Alberto Villarroel Montes contra la Secretaría General de la Comunidad Andina*», publié au GOAC n° 1459 du 25 janvier 2007, année XXIV, p. 1.

- TJCA, arrêt n° 1 -DL-2008 (introuvable).

- TJCA, arrêt n° 1 -DL-2009, « *Acción Laboral interpuesta por el señor German Oswaldo Rodríguez Rodríguez contra el Organismo andino de Salud-convenio Hipólito Unanue*», publié au GOAC n° 2064 du 18 juin 2012, année XXIX, p. 1.

- TJCA, arrêt n° 2 -DL-2009 (introuvable).

- TJCA, arrêt n° 3 -DL-2009 (introuvable).

- TJCA, arrêt n° 1 -DL-2012, « *Acción Laboral ejercida por Galo Augusto Suarez Valdiviezo en contra de la Oficina de Representación Parlamentaria Nacional del Parlamento Andino-Oficina Nacional del Parlamento Andino: Secretaria Nacional, Quito-Ecuador* », publié au GOAC n° 2235 du 11 septembre 2013, année XXX, p. 1.

- TJCA, arrêt n° 01 -DL-2014 (en procès).

Recours en interprétation préjudicielle (IP)

- TJCA, arrêt n° 01 -IP-1987, « *Interpretación prejudicial de los artículos 58, 62 y 64 de la Decisión 85 de la Comisión del Acuerdo de Cartagena, solicitada por el Consejo de Estado de la República de Colombia* », publié au GOAC n° 28 du 15 février 1988.

- TJCA, arrêt n° 1 -IP-88, «*Interpretación prejudicial de los artículos 5, literal c) y 85, inciso tercero, de la Decisión 85 de la Comisión del Acuerdo de Cartagena, solicitada por el Consejo de Estado de la República de Colombia* », publié au GOAC n° 33 du 26 juillet 1988.

- TJCA, arrêt n° 02 -IP-88, «*Interpretación prejudicial de los artículos 56, 58, 76, 77 y 84 de la Decisión 85 de la Comisión del Acuerdo de Cartagena, solicitada por la Corte Suprema de Justicia de la República de Colombia* », publié au GOAC n° 33 du 26 juillet 1988.

- TJCA, arrêt n° 3 -IP-88, «*Interpretación prejudicial del artículo 58, literales a) y 9) de la Decisión 85 de la Comisión del Acuerdo de Cartagena, solicitada por el Consejo de Estado de la República de Colombia* », publié au GOAC n° 35 du 28 octobre 1988.

- TJCA, arrêt n° 4 -IP-88, « *Interpretación prejudicial de los artículos 58, literales a), f) y g), 62 y 64 de la Decisión 85 de la Comisión del Acuerdo de Cartagena, a solicitud del Consejo de Estado de la República de Colombia* », publié au GOAC n° 35 du 24 janvier 1989.

- TJCA, arrêt n° 05 -IP-89, « *Interpretación prejudicial del artículo 5 del Tratado que crea el Tribunal de Justicia del Acuerdo de Cartagena y de los artículos 1, 3 y 17 de la Decisión 220 de la Comisión del Acuerdo de Cartagena* », publié au GOAC n° 50 du 17 novembre 1989.

- TJCA, arrêt n° 7 -IP-89, « *Interpretación prejudicial de los artículos 5 literal c) y 22 de la Decisión 85 de la Comisión del Acuerdo de Cartagena* », publié au GOAC n° 53 du 18 décembre 1989.

- TJCA, arrêt n° 2 -IP-90, « *Solicitud de interpretación prejudicial del Artículo 27 del Acuerdo de Cartagena y de normas comunitarias que lo desarrollen, en cuanto al contrato de licencia de marca con pago de regalías*», publié GOAC n° 69 du 11 octobre 1990.

- TJCA, arrêt n° 6 -IP-90, « *Interpretación por vía prejudicial del artículo 70 de la Decisión 85 de la Comisión del Acuerdo de Cartagena, a solicitud del Consejo de Estado de la República de Colombia*», publié au GOAC n° 93 du 11 novembre 1991.

- TJCA, arrêt n° 2 -IP-91, « *Interpretación prejudicial de los artículos 66, 67 y 84 de la Decisión 85 de la Comisión del Acuerdo de Cartagena solicitada por el Consejo de Estado de la República de Colombia*», publié au GOAC n° 78 du 18 mars 1991.

- TJCA, arrêt n° 6 -IP-93, «*Sentencia en la Solicitud de interpretación por la vía prejudicial de los artículos: a) 5 y 27 del Tratado de Creación del Tribunal, b) 80 del Estatuto del Tribunal de Justicia del Acuerdo de Cartagena y c) los artículos 56, 58 literales a), h), i) y g) y 76 de la Decisión 85 de la Comisión del Acuerdo de Cartagena* », publié au GOAC n° 150 du 25 mars 1994, année X, p. 1

- TJCA, arrêt n° 01 -IP-94, «*Solicitud de interpretación prejudicial formulada por el Consejo de Estado de la República de Colombia, Sala de lo Contencioso Administrativo, Sección Primera, respecto de los artículos 56, 58, 69, 70 y 71 de la Decisión 85 de la Comisión del Acuerdo de Cartagena, y de los artículos 87, 98 y 102 de la Decisión 313 de la misma Comisión* », publié au GOAC n° 164 du 2 novembre 1994, année XI, p. 1.

- TJCA, arrêt n° 02-IP-94, «*Solicitud de interpretación prejudicial de los artículos 82, 83 y 84 de la Decisión 313 de la Comisión del Acuerdo de Cartagena, con relación al artículo 19 de la codificación de la Ley de Marcas de Fábrica; de los artículos 56 y 58, literales a), f) y g) y los artículos 65 y 66 de la Decisión 85 y el artículo 82 y demás disposiciones de la Decisión 344 del Régimen Común sobre Propiedad Industrial que guardan relación con el caso que se juzga* », publié au GOAC n° 160 21 juillet 1994, année X, p. 1.

- TJCA, arrêt n° 4 -IP-94, « *Solicitud de interpretación prejudicial de los artículos 58, literal f), 66, 67 y 72 de la Decisión 85 de la Comisión del Acuerdo de Cartagena, formulada por el Consejo de Estado de la República de Colombia*», publié au GOAC n° 189 du 15 septembre 1995, année XII, p. 1.

- TJCA, arrêt n° 5 -IP-94, « *Solicitud de interpretación prejudicial de los artículos 56, 58 literal g), 72 y 73 de la Decisión 85 y artículos 73 y 93 de la Decisión 313 de la Comisión del Acuerdo de Cartagena, solicitada por el Consejo de Estado de la República de Colombia, Sala de lo Contencioso*

Administrativo, Sección Primera», publié au GOAC n° 177 du 20 avril 1995, année XI, p. 1.

- TJCA, arrêt n° 6 -IP-94, «*Solicitud de Interpretación Prejudicial, formulada por el Tribunal Distrital No. 1 de lo Contencioso Administrativo, Sala Segunda de la República del Ecuador, relativa a los artículos 1º, 2º, 6º y 7º de la Decisión 344 de la Comisión del Acuerdo de Cartagena* », publié au GOAC n° 170 du 23 janvier 1995.

- TJCA, arrêt n° 09-IP-94, «*Solicitud de interpretación prejudicial formulada por el Consejo de Estado de la República de Colombia, Sala de lo Contencioso Administrativo, Sección Primera, respecto a los artículos 56, 58, literal f), y 84 de la Decisión 85 de la Comisión del Acuerdo de Cartagena. Interpretación de los artículos 69 y 73 de la Decisión 85; 88 y 103 de la Decisión 313 y artículos 99 y 114 de la Decisión 344* », publié au GOAC n° 180 du 10 mai 1995, année XI, p. 1.

- TJCA, arrêt n° 10-IP-94, « *Solicitud de Interpretación Prejudicial, formulada por la Corte Constitucional de la República de Colombia, relativa al Artículo 27 del Acuerdo de Cartagena, y los artículos 81, 83 literal g), 101, 102, 104 literal a) y Disposición Única de la Decisión 344 de la Comisión del Acuerdo de Cartagena. Interpretación de los artículos 5, 29, 30 y 31 del Tratado de Creación del Tribunal y de los artículos 143 y 144 de la Decisión 344 de la Comisión del Acuerdo de Cartagena*», publié au GOAC n° 177 du 20 avril 1995, année XI p. 12.

- TJCA, arrêt n° 1 -IP-1995, «*Solicitud de Interpretación Prejudicial de los artículos 1, 2 y 5 literales c) y d) de la Decisión 85 de la Comisión del Acuerdo de Cartagena, solicitada por el Consejo de Estado de la República de Colombia, Sala de lo Contencioso Administrativo, Sección Primera* », publié au GOAC n° 177 du 20 avril 1995, année XI, p. 27.

- TJCA, arrêt n° 2-IP-95, «*Solicitud de Interpretación Prejudicial de los artículos 56, 58 literal f, 62 y 64 de la Decisión 85 de la Comisión del Acuerdo de Cartagena, requerida por el Consejo de Estado de la República de Colombia, Sala de lo Contencioso Administrativo, Sección Primera, así como del literal h) del artículo 58, y 59 de la Decisión 85. Marcas : "Laura" vs "Laura Ashley"* », publié au GOAC n° 199 du 26 janvier 1996, année XII, p. 1.

- TJCA, arrêt n° 3-IP-95, « *Solicitud de interpretación prejudicial del artículo 58, literal c) de la Decisión 85 de la Comisión del Acuerdo de Cartagena. Pedida por el Consejo de Estado de la República de Colombia, Sala de lo Contencioso Administrativo, Sección Primera. Consejero Ponente doctor Ernesto Rafael Ariza Muñoz. Ingresado el 13 de febrero de 1995. Expediente Nº 2598, caso "concentrados y jugos de frutas Tutti-Frutti S.A."*», publié au GOAC n° 189 du 15 septembre 1995, année XII, p. 15.

- TJCA, arrêt n° 04-IP-95, «*Interpretación Prejudicial del artículo 58, párrafos c) y d) de la Decisión 85 de la Comisión del Acuerdo de Cartagena, solicitada por el Consejo de Estado de la República de Colombia, Sala de lo Contencioso Administrativo, Sección Primera, en el proceso interno Nº 2267 caso "GRANOLAJET" (recurso de anulación). Se interpretan también de oficio, los artículos: 76 de la misma Decisión y 61, incisos b) y c), del Estatuto del Tribunal de Justicia del Acuerdo de Cartagena (Decisión 184)* », publié au GOAC n° 253 du 7 mars 1997, année XIII, p. 1.

- TJCA, arrêt n° 7-IP-95, «*Solicitud de interpretación prejudicial del inciso 1º del artículo 65 de la Decisión 85, hoy artículo 81 de la Decisión 313; de los literales a) y c) del artículo 58 de la Decisión 85 y h) del artículo 72 de la Decisión 313; y de los artículos 64 y 65 de la Decisión 85, hoy artículo 85 de la Decisión 313 del Acuerdo de Cartagena. Formulada por el Consejo de Estado de la República de Colombia, Sala de lo Contencioso Administrativo, Sección Primera. Consejero Ponente: doctor Yesid Rojas Serrano. Expediente Nacional Nº 2606; caso de Sociedad Espumas Plásticas S.A* », publié au GOAC n° 189 du 15 septembre 1995, année XII, p. 23.

- TJCA, arrêt n° 17-IP-95, « *Interpretación Prejudicial de los artículos 56, 58 literales a) y g), 62 y 64 de la Decisión 85 de la Comisión del Acuerdo de Cartagena, requerida por el Consejo de Estado de la República de Colombia, Sala de lo Contencioso Administrativo, Sección Primera, Consejero Ponente, Dr. Manuel Santiago Urueta Ayola. Caso : Nulidad de Registro de la Marca EDWIN, actora : Sociedad KABUSHIKI KAISHA EDWIN, EDWIN CO. LTDA. Expediente interno Nº 2745*», publié au GOAC n° 253 du 7 mars 1997, année XIII, p. 10.

- TJCA, arrêt n° 27-IP-95, «*Solicitud de Interpretación Prejudicial de los artículos 81, 96, 146 y 147 de la Decisión 344 de la Comisión del Acuerdo de Cartagena, requerida por el Consejo de Estado de la República de Colombia, Sala de lo Contencioso Administrativo, Sección Primera, así como de los literales a), d) y e) del artículo 82 de la misma Decisión. Consejero Ponente: Dr. Ernesto Rafael Ariza Muñoz. Caso: registro de la marca "EXCLUSIVA" presentada por la Sociedad Grasas Vegetales S.A.- Expediente interno 3230* », publié au GOAC n° 257 du 14 avril 1997, année XIII, p. 2.

- TJCA, arrêt n° 29-IP-95, « *Interpretación Prejudicial del artículo 3 del Tratado de Creación del Tribunal; de los artículos 99, inciso segundo, y Disposición Transitoria Primera de la Decisión 344 del Acuerdo de Cartagena; del artículo 63 de la Decisión 85 de la Comisión del Acuerdo de Cartagena. Presentada por el doctor Libardo Rodríguez Rodríguez, Consejero de Estado de la República de Colombia, Sala de lo Contencioso Administrativo – Sección Primera. Caso: Mercedes Alzate de Reina - ROPATEX. Expediente Nacional N° 3244. Interpretación prejudicial de los artículos 70 de la Decisión 85, 114, 143 y 144 de la Decisión 344 de la Comisión del Acuerdo de Cartagena*», publié au GOAC n° 242 du 22 janvier 1997, année XIII, p. 1.

- TJCA, arrêt n° 30-IP-95, «*Interpretación Prejudicial del artículo 3 del Tratado de Creación del Tribunal; de los artículos 99, inciso segundo, y Disposición Transitoria Primera de la Decisión 344 de la Comisión del Acuerdo de Cartagena; del artículo 63 de la Decisión 85 de la Comisión del Acuerdo de Cartagena. Presentada por el doctor Libardo Rodríguez Rodríguez, Consejero de Estado de la República de Colombia, Sala de lo Contencioso Administrativo - Sección Primera. Caso: Productos Concentrados Argom. Aliños el Cheff Ltda. Marca Scheik. Expediente Nacional N° 3246*», publié au GOAC n° 241 du 20 janvier 1997, année XIII, p. 22.

- TJCA, arrêt n° 1-IP-96, « *Solicitud de Interpretación Prejudicial de los artículos 1, 2, 4, 6 y 7 de la Decisión 344 y 2 y 3 de la Decisión 345 de la Comisión del Acuerdo de Cartagena, en relación con el artículo 1°, numeral 3°, del Convenio de París para la Protección de la Propiedad Industrial. Presentada por la Corte Constitucional de la República de Colombia. Expediente Nacional No. L.A.T. 044, ingresado al Tribunal el 16 de enero de 1996. Interpretación del artículo 33 del Tratado de Creación del Tribunal de Justicia del Acuerdo de Cartagena*», publié au GOAC n° 257 du 14 avril 1997, année XIII, p. 25.

- TJCA, arrêt n° 2-IP-96, «*Interpretación Prejudicial del artículo 3 del Tratado de Creación del Tribunal; de los artículos 99, inciso segundo, y Disposición Transitoria Primera de la Decisión 344 del Acuerdo de Cartagena; del artículo 63 de la Decisión 85 de la Comisión del Acuerdo de Cartagena. Presentada por el doctor Rodrigo Ramírez González, Consejero de Estado de la República de Colombia, Sala de lo Contencioso Administrativo - Sección Primera. Caso: Productos Marta de Julio Jiménez S. Enriqueta de Jiménez e Hijos Limitada Jiménez Ltda., marca Marta. Expediente Nacional N° 3247. Interpretación Prejudicial de los artículos 70 de la Decisión 85, 114, 143 y 144 de la Decisión 344 de la Comisión del Acuerdo de Cartagena* », publié au GOAC n° 257 du 14 avril 1997, année XIII, p. 38.

- TJCA, arrêt n° 11-IP-96, «*Solicitud de Interpretación Prejudicial de los artículos 107 y 110 y de la Disposición Final de la Decisión 344 de la Comisión del Acuerdo de Cartagena, presentada por el doctor Eloy Torres Guzmán, Presidente del Tribunal Distrital N° 1 de lo Contencioso Administrativo, inscrito en Quito, República del Ecuador. Proceso Interno N° 1430-681-94. Caso Marca "BELMONT" e Interpretación Prejudicial de oficio del artículo 108 de la Decisión 344 de la Comisión del Acuerdo de Cartagena* », publié au GOAC n° 299 du 17 octobre 1997, année XIV, p. 16.

- TJCA, arrêt n° 12-IP-96, «*Interpretación Prejudicial de los artículos 81 y 96 en concordancia con los literales d) y h) del artículo 82, 146 y 147 de la Decisión 344 del Acuerdo de Cartagena y del artículo 5° del Tratado que crea el Tribunal de Justicia del Acuerdo de Cartagena. Ponente: doctor Juan Alberto Polo Figueroa, Consejero de Estado de la República de Colombia, Sala de lo Contencioso Administrativo, Sección Primera. Caso: inscripción de la marca mixta MARGARINA EXCLUSIVA. Expediente Interno N° 3422. Actora: Sociedad de Grasas Vegetales S.A* », publié au GOAC n° 265 du 16 mai 1997, année XIII, p. 27.

- TJCA, arrêt n° 23-IP-96, *« Interpretación prejudicial de los artículos 81; 83, literales a), b), d) y e); 93, 95, 102, 146 y 147 de la Decisión 344 de la Comisión del Acuerdo de Cartagena, en concordancia con el artículo 5º del Tratado que creó el Tribunal de Justicia del Acuerdo de Cartagena, requerida por el Consejo de Estado de la República de Colombia, Sala de lo Contencioso Administrativo, Sección Primera, expediente nacional Nº 3555, Marca VODKA BALALAIKA*», publié au GOAC n° 354 du 13 juillet 1998, année XIV, p. 22.

- TJCA, arrêt n° 1-IP-97, «*Interpretación Prejudicial de los literales b), d) y g) del artículo 83 así como del artículo 96 y literal c) del artículo 113 de la Decisión 344 de la Comisión del Acuerdo de Cartagena, solicitada por el Consejo de Estado de la República de Colombia, Sección Primera de la Sala de lo Contencioso Administrativo, Consejero Ponente Dr. Ernesto Rafael Ariza Muñoz, Expediente Nacional Nº 3633. Marca "LA NACIÓN, LA NOTICIA INDEPENDIENTE".E interpretación de oficio del artículo 128 de la Decisión 344* », publié au GOAC n° 344 du 28 mai 1998, année XIV, p. 8.

- TJCA, arrêt n° 07-IP-97, *« Interpretación Prejudicial de los artículos 71 de la Decisión 313 de la Comisión del Acuerdo de Cartagena, hoy 81 de la Decisión 344 de la Comisión del Acuerdo de Cartagena, y 84 de esta última, solicitada por el Consejo de Estado de la República de Colombia, Sección Primera, Sala de lo Contencioso Administrativo, con motivo de la acción de nulidad interpuesta por la sociedad EBEL INTERNATIONAL LIMITED contra los actos administrativos contenidos en las resoluciones números 35971 y 507, denegatorios del registro de la marca de productos "EBEL SPA", comprendida ésta dentro de la Clase Internacional Nº 03, en el proceso interno correspondiente al expediente Nº 3449; e interpretación de oficio del artículo 73, letra e), de la Decisión 313*», publié au GOAC n° 412 26 février 1999, année XV, p. 10.

- TJCA, arrêt n° 32 -IP-97, «*Interpretación Prejudicial de los artículos 81, 83 literal g) de la Decisión 344 y 1, 3 y 7 de la Decisión 351 de la Comisión del Acuerdo de Cartagena, solicitada por el Consejo de Estado de la República de Colombia, Sección Primera, Sala de lo Contencioso Administrativo, con motivo de la acción de nulidad interpuesta por la sociedad VICAR DE COLOMBIA S.A., contra los actos contenidos en las*

Resoluciones números 49049 y 1677, denegatorias del registro de la marca "TERMINATOR", solicitada para proteger productos comprendidos en la Clase Internacional No. 05, proceso interno correspondiente al expediente N° 4212 », publié au GOAC n° 416 du 15 mars 1999, année XV, p. 1.

- TJCA, arrêt n° 12-IP-1998, « *Solicitud de Interpretación Prejudicial de los Artículos 1, 2, 4 y 29 de la Decisión 344 de la Comisión del Acuerdo de Cartagena, formulada por el Consejo de Estado de la República de Colombia, Sala de lo Contencioso Administrativo, Sección Primera, Consejero Ponente Doctor Ernesto Rafael Ariza Muñoz; e interpretación de oficio de los artículos 5, 13 literales c), d) y e), 27 y 28 de la Decisión 344. Expediente Interno Nº 3913. ACTORA: The Procter & Gamble Company. PATENTE DE INVENCION: "COMPOSICIONES DETERGENTES COMPACTAS CON ALTA ACTIVIDAD CELULASA"*», publié au GOAC n° 428 du 16 avril 1999, année XV, p. 1.

- TJCA, arrêt n° 17-IP-98, «*Interpretación prejudicial de los artículos 81, 82 literal d), 104 y 105, en concordancia con los artículos 83, 93, 146 y 147 de la Decisión 344 de la Comisión del Acuerdo de Cartagena, solicitada por el doctor Manuel S. Urueta Ayola, Consejero de Estado de la República de Colombia, Sala de lo Contencioso Administrativo, Sección Primera. Actor: SOCIEDAD CERVECERÍA BACKUS Y JOHNSTON S.A., Marca: "LA RUBIA". Expediente interno Nº 3923* », publié au GOAC n° 354 du 13 juillet 1998, année XIV, p. 32.

- TJCA, arrêt n° 22-IP-98, « *Interpretación Prejudicial de los artículos 9, 45 literales a), k), l) y 30, 43 y 44 de la Decisión 351 de la Comisión del Acuerdo de Cartagena, solicitada por el Consejo de Estado de la República de Colombia, Sala de lo Contencioso Administrativo, Sección Primera. Consejero doctor Ernesto Rafael Ariza Muñoz. Autor: Sociedad de Autores y Compositores de Colombia. Interpretación de oficio de los artículos 9 y 51 de la misma Decisión. Expedientes internos Nº 3272 y 3274, Caso: SAYCO Y OTROS»*, publié au GOAC n° 419 du 17 mars 1999, année XV, p. 1.

- TJCA, arrêt n° 23-IP-1998, «*Interpretación Prejudicial de los artículos 81, 82 literales a), b) y c) de la Decisión 344 de la Comisión del Acuerdo de Cartagena; solicitada por el Consejo de Estado de la República de Colombia, Sala de lo Contencioso Administrativo, Sección Primera, a través del Consejero Ponente Doctor Ernesto Rafael Ariza Muñoz, e interpretación de oficio del literal f) del artículo 82 ibídem. Actora: Sociedad Herramientas Agrícolas S.A. MARCA TRIDIMENSIONAL "UNA CACHA DE MACHETE Y UNA DENOMINACIÓN Y COLORES". Expediente Interno N° 3841* », publié au GOAC n° 379 du 27 octobre 1998, année XV, p. 14.

- TJCA, arrêt n° 26-IP-98, «*Interpretación Prejudicial de los artículos 81 y 82 literal d) de la Decisión 344 de la Comisión del Acuerdo de Cartagena, solicitada por el Dr. Juan AlbertoPolo Figueroa, Consejero de Estado de la República de Colombia, Sala de lo Contencioso Administrativo, Sección Primera. Actor: Compañía de Construcciones Asociados S.A. Marca "C.A.S.A" (MIXTA). Expediente interno 4460* », publié au GOAC n° 410 du 24 février 1999, année XV, p. 11.

- TJCA, arrêt n° 30-IP-98, « *Interpretación Prejudicial de los artículos: 2, 3, 4, 5 del Tratado de Creación del Tribunal de Justicia del Acuerdo de Cartagena; 1 y 2 de la Decisión 371 de la Comisión del Acuerdo de Cartagena ; y, 3 de la Resolución 360 de la Junta del Acuerdo de Cartagena ; solicitada por el Tribunal Administrativo del Atlántico, con sede en la ciudad de Barranquilla, República de Colombia. Proceso interno No. 11075, correspondiente a la demanda intentada por la Sociedad ACEITES Y GRASAS VEGETALES S.A., ACEGRASAS contra la Administración de Impuestos y Aduanas de Barranquilla-Colombia (DIAN)*», publié au GOAC n° 475 du 1er septembre 1999, année XVI, p. 1.

- TJCA, arrêt n° 35-IP-98, « *Interpretación Prejudicial de los artículos 81, 82 literal h); 83 literal a) y 95 de la Decisión 344 de la Comisión del Acuerdo de Cartagena ; solicitada por el Consejo de Estado de la República de Colombia, Sala de lo Contencioso Administrativo, Sección Primera, con motivo de la acción de nulidad interpuesta por el Sr. Alfredo Cybulkiewicz Oviedo, contra el acto denegatorio del registro del signo "GLEN SIMON", para distinguir productos comprendidos en la Clase Internacional No. 33; e interpretación de oficio de los artículos 82 literal i), 93 y 113, de la Decisión 344 de la Comisión del Acuerdo de Cartagena. (Proceso Interno No. 4467)*», publié au GOAC n° 422 du 30 mars 1999, année XV, p. 1.

- TJCA, arrêt n° 38-IP-98, «*Interpretación Prejudicial de los artículos 102, 104, 143, 146 y 147 de la Decisión 344 de la Comisión del Acuerdo de Cartagena, solicitada por el H. Consejo de Estado de la República de Colombia, Sala de lo Contencioso Administrativo, Sección Primera, a través del Consejero Ponente Dr. Ernesto Rafael Ariza Muñoz. Nulidad del literal h) del artículo 24 del Decreto número 677 de 26 de abril de 1995. Expediente Interno No. 4743* », publié au GOAC n° 419 du 17 mars 1999, année XV, p. 27.

- TJCA, arrêt n° 41-IP-98, « *Solicitud de Interpretación Prejudicial de los artículos 73 literales d), e) y g) de la Decisión 313 de la Comisión del Acuerdo de Cartagena. Solicitado por el Dr. Manuel Urueta Ayola, Consejero de Estado de la República de Colombia, Sala de lo Contencioso Administrativo, Sección Primera. Actor: Sociedad D.C. Comics. Marca "SUPERMANI". Expediente Interno : 219 099*», publié au GOAC n° 450 du 21 juin 1999, année XV, p. 24.

- TJCA, arrêt n° 6-IP-99, « *Interpretación Prejudicial de los artículos 56 y 58 literales a), f) y g) de la Decisión 85 e interpretación de oficio de los artículos 28, 29, 30 y 31 del Tratado de Creación del Tribunal de Justicia del Acuerdo de Cartagena, solicitada por la Quinta Sala de la Corte Superior de Justicia de Quito, Ecuador. Actor: Phillips Morris Products Inc. Marca "HOLLYWOOD LIGHTS etiqueta". Expediente interno 13-95*», publié au GOAC n° 468 du 12 août 1999, année XVI, p. 17.

- TJCA, arrêt n° 30-IP-99, « *Interpretación Prejudicial de los artículos 81, 82 literal e), 95 y 96 de la Decisión 344 de la Comisión del Acuerdo de Cartagena, solicitada por la Segunda Sala del Tribunal Distrital No. 1 de lo Contencioso Administrativo de Ecuador. Actor: La Internacional S.A. Marca: "DENIM". Expediente interno 4146-97-LYM*», publié au GOAC n° 497 du 18 octobre 1999, année XVI, p. 17.

- TJCA, arrêt n° 33-IP-99, « *Interpretación Prejudicial de los artículos 81, 82 párrafo h), 83 párrafos a) y e), y 95 de la Decisión 344 de la Comisión del Acuerdo de Cartagena, solicitada por el Tribunal Distrital de lo Contencioso Administrativo de Quito, con motivo de la acción de nulidad (proceso judicial interno N° 3259-851-96), interpuesta por la sociedad PACIFIC Cía. Ltda., contra el acto administrativo denegatorio del registro de la marca "PACIFIC", contenido en la resolución N° 44689 emitida por el Director Nacional de Propiedad Industrial el 26 de junio de 1995. E interpretación de oficio del artículo 93, de la Disposición Final Única y de la Disposición Transitoria Primera de la misma Decisión*», publié au GOAC n° 565 du 12 mai 2000, année XVI, p. 1.

- TJCA, arrêt n° 36-IP-99, «*Interpretación Prejudicial de los artículos 81, 83 literales a), b), d) y e), 96, 102, 146 y 147 de la Decisión 344 de la Comisión del Acuerdo de Cartagena, solicitada por el Consejo de Estado de la República de Colombia, Sala de lo Contencioso Administrativo, Sección Primera.- Marca "FRISKIES". Expediente Interno No. 5198* », publié au GOAC n° 504 du 9 novembre 1999, année XVI, p. 1.

- TJCA, arrêt n° 38-IP-99, « *Interpretación Prejudicial de los artículos 81, 82 literales a) y h), y 83 literal a) de la Decisión 344 de la Comisión del Acuerdo de Cartagena, solicitada por el Consejo de Estado de la República de Colombia, Sala de lo Contencioso Administrativo, Sección Primera.- Expediente Interno No. 5082.- Actora THE H.D. LEE COMPANY, INC. (MARCA LEO)*», publié au GOAC n° 539 du 28 février 2000, année XVI, p. 2.

- TJCA, arrêt n° 40 -IP-99, «*Solicitud de interpretación prejudicial de los artículos 83, párrafo a), de la Decisión 344 de la Comisión del Acuerdo de Cartagena y 5° del Tratado de Creación del Tribunal de Justicia del Acuerdo de Cartagena, formulada por el Consejo de Estado de la República de Colombia, Sala de lo Contencioso Administrativo, Sección Primera, con motivo de la acción de nulidad interpuesta por la sociedad ESCADA A.G., contra los actos administrativos de denegación del registro de la marca "LAUREL" (Proceso interno N° 5325)* », publié au GOAC n° 528 du 26 janvier 2000, année XVI, p. 20.

- TJCA, arrêt n° 21-IP-2000, « *Interpretación prejudicial de los artículos 1, 6 párrafo b) y 7 párrafos c) y d) de la Decisión 344 de la Comisión del Acuerdo de Cartagena, solicitada por el Consejo de Estado de la República de Colombia, Sección Primera, Sala de lo Contencioso Administrativo. E interpretación de oficio de los artículos 17 y 29 ibídem. Actor: sociedad AKTIEBOLAGET ASTRA. Solicitud de patente: "PROCEDIMIENTO PARA LA PREPARACIÓN DE DERIVADOS DE SAL DE BILIS HUMANA ESTIMULADA POR LIPASA Y PARA LA PREPARACIÓN DE COMPOSICIONES FARMACÉUTICAS QUE LOS CONTIENEN". Proceso interno correspondiente al expediente N° 4879*», publié au GOAC n° 631 du 10 janvier 2001, année XVII, p. 24.

- TJCA, arrêt n° 36-IP-2000, «*Interpretación Prejudicial de los artículos 81, 83 párrafo a), 93, 95 y 102 de la Decisión 344 de la Comisión del Acuerdo de Cartagena, solicitada por el Consejo de Estado de la República de Colombia, Sección Primera, Sala de lo Contencioso Administrativo. Actor: INDUSTRIA AMERICANA DE COLCHONES INDUAMERCOL & CIA. LTDA. Marca: "AMERICAN STAR QUALITY". Proceso interno correspondiente al expediente N° 4874* », publié au GOAC n° 583 du 17 juillet 2000, année XVI, p. 6.

- TJCA, arrêt n° 50-IP-00, «*Interpretación Prejudicial de los artículos 81, 82, 83, literales a), d) y e) de la Decisión 344 de la Comisión del Acuerdo de Cartagena, solicitada por el Tribunal Contencioso Administrativo, Distrito de Quito, Ecuador. Proceso Interno No. 2196-794-95. Actor: WARNER-LAMBERT COMPANY. Marca : ORODINA* », publié au GOAC n° 594 du 21 août 2000, année XVII, p. 18.

- TJCA, arrêt n° 62-IP-2000, « *Solicitud de interpretación prejudicial de los artículos 81 y 95 de la Decisión 344 de la Comisión del Acuerdo de Cartagena, formulada por el Tribunal de lo Contencioso Administrativo de Quito; e interpretación de oficio del artículo 83, párrafos a) y d) Ibidem. Caso: marca "DOUGLETS". (Proceso interno No. 4394-887-97-ED)*», publié au GOAC n° 663 du 30 avril 2001, année XVII, p. 1.

- TJCA, arrêt n° 64-IP-2000, « *Solicitud de interpretación prejudicial del artículo 52 de la Decisión 351 de la Comisión del Acuerdo de Cartagena, efectuada por el Consejo de Estado de la República de Colombia e interpretación de oficio del artículo 53 de la misma Decisión y de los artículos 1, 2, 3 y 4 del Tratado de Creación del Tribunal de Justicia de la Comunidad Andina. Actor: Germán Cavelier Gaviria y otro*», publié au GOAC n° 602 du 21 septembre 2000, année XVII, p. 29.

- TJCA, arrêt n° 17-IP-2001, «*Solicitud de Interpretación Prejudicial de los artículos 81; 82, literal h); 83, literales a) y d); 84 y 102 de la Decisión 344 de la Comisión del Acuerdo de Cartagena, formulada por la Segunda Sala del Tribunal Distrital N° 1 de lo Contencioso Administrativo, con sede en Quito, República del Ecuador, e interpretación de oficio del literal e) del artículo 82 de la Decisión citada. Expediente interno N° 6737-00-LYM. Marca: "HARINA GALLO DE ORO"* », publié au GOAC n° 674 du 31 mai 2001, année XVII, p. 18.

- TJCA, arrêt n° 50-IP-2001, «*Solicitud de Interpretación Prejudicial de los artículos 81, 83 literal a) y 89 de la Decisión 344 de la Comisión del Acuerdo de Cartagena, formulada por el Consejo de Estado de la República de Colombia; e interpretación de oficio del literal b) del artículo 83 y del 107 Ibidem. Caso: Marca "ALLEGRA". (Proceso interno No. 6207)* », publié au GOAC n° 739 du 3 décembre 2001, année XVIII, p. 10.

- TJCA, arrêt n° 74-IP-2001, « *Solicitud de Interpretación Prejudicial de los artículos 118 y 122 de la Decisión 344 de la Comisión del Acuerdo de Cartagena, formulada por la Sala Civil Transitoria de la Corte Suprema de Justicia de la República del Perú. Caso: Lema Comercial: "NADIE VENDE MAS BARATO QUE ELEKTRA" (Proceso interno No. 288-2000)»*, publié au GOAC n° 765 du 27 février 2002, année XVIII, p. 13.

- TJCA, arrêt n° 44-IP-02, «*Solicitud de interpretación prejudicial de los artículos 94, 96 y Quinta Norma Transitoria de la Decisión 313 de la Comisión del Acuerdo de Cartagena; 81, 82 literales d) y e), 83 literal e), 102, 108 y Segunda Norma Transitoria de la Decisión 344 de la Comisión del Acuerdo de Cartagena; artículos 135 literales e) y c), 136 literal a) y 154 de la Decisión 486 de la Comisión de la Comunidad Andina, formulada por el Presidente de la Segunda Sala del Tribunal N° 1 de lo Contencioso Administrativo del Distrito de Quito. Proceso Interno Nº 4250-C.S.A. Actor: INVERSIONES PLURIMARCAS C.A. y BRITISH-AMERICAN TOBACCO COMPANY LIMITED. Marca: "BELMONT EXTRA SUAVE"* », publié au GOAC n° 945 du 14 juillet 2003, année XIX, p. 23.

- TJCA, arrêt n° 55-IP-2002, « *Interpretación Prejudicial del artículo 69 de la Decisión 344 de la Comisión del Acuerdo de Cartagena, solicitada por la Segunda Sala del Tribunal de lo Contencioso Administrativo, Distrito Nº 1, República del Ecuador. Actor: GALO HUMBERTO JACOME MOYA. Diseño Industrial: "BURBUJA VIDEO 2000". Proceso interno n° 7082-C.S.A.*», publié au GOAC n° 821 du 1er août 2002, année XIX, p. 11.

- TJCA, arrêt n° 68-IP-2002, «*Interpretación Prejudicial de las disposiciones previstas en los artículos 81, 93 y 95, en concordancia con el artículo 83, literal a, de la Decisión 344 de la Comisión del Acuerdo de Cartagena, solicitada por el Consejo de Estado de la República de Colombia, Sala de lo Contencioso Administrativo, Sección Primera. Parte actora: TORRECAFE AGUILA ROJA & CIA. LTDA. Denominación: "AGUILA*

DORADA". Expediente interno N° 5327. », publié au GOAC n° 876 du 18 décembre 2002, année XIX, p. 16.

- TJCA, arrêt n° 15-IP-2003, «*Interpretación prejudicial de los artículos 81, 82 literal h), y 83, literales a), d) y e) y de oficio del artículo 84 de la Decisión 344 de la Comisión del Acuerdo de Cartagena, solicitada por la Primera Sala del Tribunal de lo Contencioso Administrativo, de la República del Ecuador. Distrito Nº 1 Actor: MOBIL OIL CORPORATION. Marca : T MOBIL (DEUTSCHE TELEKOM AG)* », publié au GOAC n° 916 du 2 avril 2003, année XIX, p. 1.

- TJCA, arrêt n° 32-IP-2003, « *Interpretación Prejudicial de los artículos 119 de la Decisión 313 de la Comisión del Acuerdo de Cartagena y 96 de la Decisión 344 de la Comisión del Acuerdo de Cartagena solicitada por la Segunda Sala del Tribunal de lo Contencioso Administrativo, Distrito de Quito, República del Ecuador, e interpretación de oficio de los artículos 93, 94 literal a), 95 y Disposición Transitoria Primera de la misma Decisión 344. Nombre Comercial: MAC PABLO. Proceso interno Nº 2113-93MP*», publié au GOAC n° 965 du 8 août 2003, année XX, p. 1.

- TJCA, arrêt n° 33-IP-2003, «*Interpretación prejudicial de las disposiciones previstas en los artículos 81, 82, literales d) y h), 83, literales a), b), d) y e), 95, inciso segundo, y 118, inciso segundo, de la Decisión 344 de la Comisión del Acuerdo de Cartagena, solicitada por el Consejo de Estado de la República de Colombia, Sala de lo Contencioso Administrativo, Sección Primera, e interpretación de oficio del artículo 84 eiusdem. Parte actora: Raúl Valbuena Sarmiento. Marca: "ONE STEP UP (mixta)". Expediente interno N° 5511* », publié au GOAC n° 949 du 18 juillet 2003, année XIX, p. 1.

- TJCA, arrêt n° 98-IP-03, « *Interpretación Prejudicial de los artículos 81, 82 literales a) y h) y 83 literal a) de la Decisión 344, solicitada por el Consejo de Estado de la República de Colombia, Sala de lo Contencioso Administrativo, Sección Primera. Marca: TINOX. Actor: SYNTHELABO. Proceso interno Nº 6863*», publié au GOAC n° 1017 du 4 décembre 2003, année XX, p. 24.

- TJCA, arrêt n° 104-IP-2003, « *Solicitud de Interpretación Prejudicial de los artículos 134, 136 y 143 de la Decisión 486 de la Comisión de la Comunidad Andina e interpretación de oficio de los artículos 81, 83 literal a), 89 de la Decisión 344, y disposición transitoria primera de la Decisión 486, con fundamento en la solicitud proveniente del Consejo de Estado de la República de Colombia, Sala de lo Contencioso Administrativo. Sección Primera. Expediente Interno No. 7319. Actor: "SANTANDER INVESTMENT BANK LIMITED". Marca: "BSCH" (mixta)*», publié au GOAC n° 1015 du 27 novembre 2003, année XX, p. 22.

- TJCA, arrêt n° 113-IP-2003, «*Solicitud sobre Interpretación Prejudicial de los artículos 81 y 82 literales b) y d) de la Decisión 344, y 134 y 135 literales c) y e) de la Decisión 486 de la Comisión del Acuerdo de Cartagena y de la Comunidad Andina, respectivamente, formulada por el Consejo de Estado de la República de Colombia, Sala de lo Contencioso Administrativo, Sección Primera. Interpretación, de oficio, de la Disposición Transitoria Primera de la Decisión 486. Actor: GASEOSAS POSADA TOBON S.A. Marca: "FIGURA DE ENVASE EN FORMA DE BOTELLA". Proceso interno N° 7620*», publié au GOAC n° 1028 du 14 janvier 2004, année XXI, p. 1.

- TJCA, arrêt n° 131-IP-2003, « *Interpretación Prejudicial de los artículos 81, 82 literales a) y e), 83 literal a) de la Decisión 344, solicitada por el Tribunal de lo Contencioso Administrativo, Distrito Quito, República del Ecuador e interpretación de oficio del artículo 82 literal d). Marca: COLIBRÍ y logotipo. Actor: COLIBRÍ LIGHTERS LIMITED. Proceso Interno Nº 2800-96-L.Y.M.*», publié au GOAC n° 1041 du 4 mars 2004, année XXI, p. 1.

- TJCA, arrêt n° 137-IP-2003, «*Interpretación Prejudicial de las disposiciones previstas en el inciso final del artículo 1 del Acuerdo de Cartagena, y en los artículos 1, 3, 5, 19 y 54 de la Decisión 436 de la Comisión de la Comunidad Andina, solicitada por la Corte Constitucional de la República de Colombia, e interpretación de oficio de los artículos 4 y 53 eiusdem. Parte actora: Marcel Tangarife Torres. Caso: "Demanda de inconstitucionalidad parcial del artículo 4 de la Ley 822 del 10 de julio de 2003". Expediente Interno N° D-4884* », publié au GOAC n° 1054 du 15 avril 2003, année XXI, p. 20.

- TJCA, arrêt n° 13-IP-2004, « *Interpretación Prejudicial de las disposiciones previstas en los artículos 1 y 4 de la Decisión 344 de la Comisión del Acuerdo de Cartagena, solicitada por el Consejo de Estado de la República de Colombia, Sala de lo Contencioso Administrativo, Sección Primera. Parte actora: sociedad RHONEPOULENC RORER S.A. Caso: solicitud de patente "TRIHIDRATO DE (2R. 3S)-3-TERT-BUTOXICARBONILAMINO-2-HIDROXI-3-FENIL-PROPIONATO DE 4-ACETOXI-2-BEZOILOXI-5B, 20-EPOXI-1, 7B, 10B-TRIHIDROXI-9-OXOTAX- 11-EN-13 – ILO". Expediente Interno N° (7025) 2001-0150*», publié au GOAC n° 1061 du 29 avril 2004, année XXI, p. 24.

- TJCA, arrêt n° 63-IP-2004, «*Interpretación Prejudicial de los artículos 81, 82 literales a) y h), 83 literales a), d) y e), y 84 de la Decisión 344 de la Comisión del Acuerdo de Cartagena, solicitada por la Primera Sala del Tribunal de lo Contencioso Administrativo, Distrito de Quito de la República de Ecuador; e interpretación de oficio del artículo 93 de la misma Decisión. Proceso Interno N° 6401-ML. Actor: CERVECERIA AGUILA S.A. Marca: GRÁFICA BOTELLA CON LOGOTIPO AGUILA*

DENTRO DE UN ESCUDO », publié au GOAC n° 1112 du 6 septembre 2004, année XXI, p. 16.

- TJCA, arrêt n° 92-IP-2004, « *Interpretación Prejudicial de la disposición prevista en el artículo 135, literal e), de la Decisión 486 de la Comisión de la Comunidad Andina, solicitada por el Consejo de Estado de la República de Colombia, Sala de lo Contencioso Administrativo, Sección Primera, e interpretación de oficio de los artículos 134 y 135, literales a) y b) eiusdem. Parte actora: INSTITUTO TECNOLOGICO Y DE ESTUDIOS SUPERIORES DE MONTERREY. Caso: denominación "UNIVERSIDAD VIRTUAL". Expediente N° 2002-00422 (8520)*», publié au GOAC n° 1121 du 28 septembre 2004, année XXI, p. 36.

- TJCA, arrêt n° 129-IP-2004, «*Interpretación Prejudicial del artículo 83 literal a) de la Decisión 344 de la Comisión del Acuerdo de Cartagena, con base en la solicitud formulada por el Consejo de Estado de la República de Colombia, Sala de lo Contencioso Administrativo, Sección Primera, e interpretación de oficio del artículo 81 de la misma Decisión. Marca: GALLO (mixta). Actor: PRODUCTOS ALIMENTICIOS GALLO S.A. Proceso Interno Nº 2003-00330* », publié au GOAC n° 1158 du 17 janvier 2005, année XXI, p. 10.

- TJCA, arrêt n° 165-IP-2004, «*Interpretación Prejudicial de las disposiciones previstas en los artículos 4, 31 y 35 del Tratado de Creación del Tribunal de Justicia de la Comunidad Andina, y en los artículos 4, literales l) y ll), 8, 10, 13, 14, 21, 23, 25, 28, 52, 54, 55, 56, literales a) y c), 57 y 58 de la Decisión 351 de la Comisión del Acuerdo de Cartagena, solicitada por el Tribunal Distrital de lo Contencioso Administrativo N° 3, con sede en la ciudad de Cuenca, República del Ecuador. Parte actora: Dr. Julio Peñaherrera Astudillo. Caso: Programa de ordenador y base de datos elaborados en ejercicio del cargo de Registrador de la Propiedad. Expediente Interno N° 022-2003* », publié au GOAC n° 1195 du 11 mai 2005, année XXII, p. 1.

- TJCA, arrêt n° 32-IP-05, « *Interpretación Prejudicial del artículo 3 del Tratado de Creación del Tribunal; de los artículos 99, inciso segundo, y Disposición Transitoria Primera de la Decisión 344 de la Comisión del Acuerdo de Cartagena; del artículo 63 de la Decisión 85 de la Comisión del Acuerdo de Cartagena. Presentada por el doctor Libardo Rodríguez Rodríguez, Consejero de Estado de la República de Colombia, Sala de lo Contencioso Administrativo- Sección Primera. Caso: Productos Concentrados Argom. Aliños el Cheff Ltda. Marca Cheff. Expediente Nacional N° 3245*», publiés au GOAC n° 241 du 20 janvier 1997, année XIII, p. 31.

- TJCA, arrêt n° 75-IP-2005, «*Interpretación Prejudicial del artículo 4 de la Decisión 388 de la Comisión del Acuerdo de Cartagena, solicitada por el Tribunal Distrital de lo Fiscal Nº 3, Cuenca, República del Ecuador. Actor:*

COMPAÑÍA CURTIEMBRE RENACIENTE S.A. Asunto: "DEVOLUCION DEL IMPUESTO AL VALOR AGREGADO, IVA". Proceso interno N° 35-04 », publié au GOAC n° 1233 du 18 août 2005, année XXII, p. 24.

- TJCA, arrêt n° 77-IP-2005, «*Interpretación Prejudicial de los artículos 3, 4, 5, 6 de la Decisión 388 de la Comisión del Acuerdo de Cartagena, solicitada por el Tribunal Distrital de lo Fiscal N° 3, de la ciudad de Cuenca, República del Ecuador. Actor: FLORES DEL VALLE FLODELVA CIA. LTDA. Asunto: "DEVOLUCIÓN DEL IMPUESTO AL VALOR AGREGADO, IVA". Proceso Interno N° 272-03* », publié au GOAC n° 1235 du 23 août 2005, année XXII, p. 11.

- TJCA, arrêt n° 75-IP-2005, «*Interpretación Prejudicial del artículo 4 de la Decisión 388 de la Comisión del Acuerdo de Cartagena, solicitada por el Tribunal Distrital de lo Fiscal N° 3, Cuenca, República del Ecuador. Actor: COMPAÑÍA CURTIEMBRE RENACIENTE S.A. Asunto: "DEVOLUCION DEL IMPUESTO AL VALOR AGREGADO, IVA". Proceso interno N° 35-04*», publié au GOAC n° 1233 du 18 août 2005, année XXII, p. 24.

- TJCA, arrêt n° 85-IP-2005, « *Interpretación Prejudicial del artículo 83 literal a) de la Decisión 344 de la Comisión del Acuerdo de Cartagena, y de oficio el artículo 81 de la Decisión 344, en base a la solicitud formulada por el Tribunal Distrital N° 1 de lo Contencioso Administrativo de Quito, República del Ecuador. Proceso Interno N° 3015-96-LR. Actor : WESTRADE GUATEMALA S.A. Marca: HERBAX*», publié au GOAC n° 1238 du 6 septembre 2005, année XXII, p. 24.

- TJCA, arrêt n° 89-IP-2005, « *Interpretación Prejudicial de las disposiciones previstas en los artículos 136, literales a) y f), y 150 de la Decisión 486 de la Comisión de la Comunidad Andina, solicitada por el Consejo de Estado de la República de Colombia, Sala de lo Contencioso Administrativo, Sección Primera, e interpretación de oficio de los artículos 134, 135, literal b), y 159 eiusdem. Parte actora: BBVA BANCOMER, S.A. INSTITUCIÓN DE BANCA MÚLTIPLE, GRUPO FINANCIERO BBVA BANCOMER. Caso: "ENVIOS DE DINERO BBVA BANCOMER + GRÁFICA A COLOR". Expediente : n° 2003-00226-01*», publié au GOAC n° 1240 du 7 septembre 2005, année XXII, p. 1.

- TJCA, arrêt n° 112-IP-2005, «*Interpretación Prejudicial de las disposiciones previstas en los artículos 3, 4 y 5 de la Decisión 388 de la Comisión del Acuerdo de Cartagena, así como del artículo 13 de la Decisión 330 de la citada Comisión, con fundamento en la solicitud presentada por la Segunda Sala del Tribunal Distrital de lo Fiscal Nro. 1, República del Ecuador. Parte actora: sociedad ENACA SEAFOOD S.A. Caso: "Impugnación de la Resolución No. 917012004RREV000349, dictada por la Dirección General del Servicio de Rentas Internas".Expediente Interno : n° 22630* », publié au GOAC n° 1301 du 28 février 2006, année XXIII, p. 2.

- TJCA, arrêt n° 124-IP-2005, « *Interpretación Prejudicial de las disposiciones previstas en los artículos 134, 135, literal b), 136, literal a), 150 y 154 de la Decisión 486 de la Comisión de la Comunidad Andina, con fundamento en la solicitud presentada por el Consejo de Estado de la República de Colombia, Sala de lo Contencioso Administrativo, Sección Primera. Parte actora: sociedad NATURE'S BLEND DE COLOMBIA LTDA. C.I. Caso: marca "HERBAMIELITO (mixta)". Expediente : N° 2002-00347 (8338)»*, publié au GOAC n° 1307 du 14 mars 2006, année XXIII, p. 24.

- TJCA, arrêt n° 153-IP-2005, « *Interpretación Prejudicial de oficio de los artículos 56 y 58 literales f) y g) de la Decisión 85 de la Comisión del Acuerdo de Cartagena y de la Disposición Transitoria Primera de la Decisión 344, con base en la solicitud presentada por el Consejo de Estado de la República de Colombia, Sala de lo Contencioso Administrativo, Sección Primera. Marca: HALITOS. Actor: PARKE, DAVIS & CO. LIMITED. Proceso interno Nº 1998-05215*», publié au GOAC n° 1284 du 13 janvier 2006, année XXIII, p. 1.

- TJCA, arrêt n° 182-IP-2005, « *Interpretación Prejudicial de los artículos 1, 2, 4 y 17 de la Decisión 344 de la Comisión del Acuerdo de Cartagena, con fundamento en la consulta formulada por el Consejo de Estado de la República de Colombia, Sala de lo Contencioso Administrativo, Sección Primera. Expediente Interno Nº 2001-0127 (7001). Actor: RHODIA CONSUMER SPECIALTIES LIMITED. Patente : "COMPOSICIONES SURFACTANTES CONCENTRADAS BASADAS EN AGUA"»*, publié au GOAC n° 1278 du 15 décembre 2005, année XXII, p. 25.

- TJCA, arrêt n° 194-IP-2005, «*Interpretación Prejudicial de oficio de los artículos 81, 82, literal b), 83, literales a), d) y e) y 84 de la Decisión 344 de la Comisión del Acuerdo deCartagena y de la Disposición Transitoria Primera de la Decisión 486 de la Comisión de la Comunidad Andina, con fundamento en la consulta formulada por el Consejo de Estado de la República de Colombia, Sala de lo Contencioso Administrativo, Sección Primera. Expediente Interno Nº 2003- 00039. Actor: IMPORTADORA Y PRODUCTORA DE LICORES S.A. Marca: "TRIDIMENSIONAL EN FORMA DE BOTELLA"* », publié au GOAC n° 1297 du 16 février 2006, année XXIII, p. 9.

- TJCA, arrêt n° 231-IP-2005, «*Interpretación prejudicial de las disposiciones previstas en los artículos 134, 135, literales a) y b), y 136, literal a, de la Decisión 486 de la Comisión de la Comunidad Andina, solicitada por el Consejo de Estado de la República de Colombia, Sala de lo Contencioso Administrativo, Sección Primera, e interpretación de oficio del artículo 150 eiusdem. Parte actora: sociedad POWER TOOLS S.A. C.I.F. Caso: signo "PT POWER TOOLS (mixto)". Expediente Interno No. 2003-00172* », publié au GOAC n° 1330 du 21 avril 2006, année XXIII, p. 29.

- TJCA, arrêt n° 50-IP-2006, « *Interpretación prejudicial de las disposiciones previstas en los artículos 1 y 4 de la Decisión 388 de la Comisión del Acuerdo de Cartagena, y de oficio de los artículos 3, 5 y 6 de la mencionada Decisión 388, así como del artículo 13 de la Decisión 330 de la citada Comisión, con fundamento en la solicitud presentada por Tribunal Distrital de lo Fiscal No. 3, de la ciudad de Cuenca, República del Ecuador. Parte actora: sociedad CURTIEMBRE RENACIENTE S.A. Caso: "Impugnación de las Resoluciones Nos. 101012004RDVEV001985 y 101012004RDEV002010 dictadas por el Director Regional de Rentas Internas del Austro". Expediente Interno : Nº 63-04*», publié au GOAC n° 1399 du 15 septembre 2006, année XXIII, p. 2.
- TJCA, arrêt n° 52-IP-2006, «*Interpretación prejudicial de los artículos 1 y 4 de la Decisión 388 de la Comisión del Acuerdo de Cartagena, y de oficio los artículos 3, 5 de la mencionada Decisión y el artículo 13 de la Decisión 330 de la Comisión del Acuerdo de Cartagena, con fundamento en la consulta formulada por el Tribunal Distrital de lo Fiscal N° 3 de Cuenca, República del Ecuador. Expediente interno N° 120-04. Actor: CURTIEMBRE RENACIENTE S.A. Caso: Devolución del impuesto al valor agregado, I.V.A.* », publié au GOAC n° 1362 du 22 juin 2006, année XXIII, p. 10.

- TJCA, arrêt n° 53-IP-2006, « *Interpretación prejudicial de los artículos 1 y 4 de la Decisión 388 de la Comisión del Acuerdo de Cartagena, solicitada por el Tribunal Distrital de lo Fiscal Nº 3, con sede en la ciudad de Cuenca, República del Ecuador. Interpretación, de oficio, de los artículos 3 y 5 de la Decisión 388; y, del artículo 13 de la Decisión 330 de la Comisión del Acuerdo de Cartagena. Actor: CURTIEMBRE RENACIENTE S.A. Asunto: "DEVOLUCIÓN DEL IMPUESTO AL VALOR AGREGADO, IVA". Proceso interno N° 134-04*», publié au GOAC n° 1362 du 22 juin 2006, année XXIII, p. 1.

- TJCA, arrêt n° 54-IP-2006, «*Interpretación prejudicial de las disposiciones previstas en los artículos 1 y 4 de la Decisión 388 de la Comisión del Acuerdo de Cartagena, y de oficio los artículos 5 y 6, de la citada Decisión 388, así como el artículo 13 de la Decisión 330 de la citada Comisión, con fundamento en la solicitud presentada por el Tribunal Distrital de lo Fiscal No. 3, de la ciudad de Cuenca, República del Ecuador. Parte actora: Sociedad CURTIEMBRE RENACIENTE S.A. Caso: "Impugnación de la Resolución No. 101012004RDEV004570 dictada por el Director Regional de Rentas Internas del Austro". Expediente Interno : Nº 167-04* », publié au GOAC n° 1399 du 15 septembre 2006, année XXIII, p. 11.

- TJCA, arrêt n° 58-IP-2006, *« Interpretación prejudicial de los artículos 81; 82, literal a); 83, literales a), d) y e); 84 y 95 de la Decisión 344 de la Comisión del Acuerdo de Cartagena, con fundamento en la consulta formulada por el Tribunal de lo Contencioso Administrativo, Distrito de Quito, Primera Sala, República del Ecuador. Expediente interno N° 4792-ML. Actor: SOCIEDAD PEPSICO INC. Marca: GUDUPOP (denominativa)»*, publié au GOAC n° 1370 du 14 juillet 2006, année XXIII, p. 1.

- TJCA, arrêt n° 62-IP-2006, «*Interpretación prejudicial de los artículos 81; 82, literal a); 83, literales a), d) y e); y 84 de la Decisión 344 de la Comisión del Acuerdo de Cartagena, así como la Disposición Transitoria Primera de la Decisión 486 de la Comisión de la Comunidad Andina, con fundamento en la consulta formulada por el Consejo de Estado de la República de Colombia, Sala de lo Contencioso Administrativo, Sección Primera. Expediente interno N° 2003-00313. Actor: SOCIEDAD EXEDY CORPORATION Marca : DK (mixta)*», publié au GOAC n° 1370 du 14 juillet 2006, année XXIII, p. 22.

- TJCA, arrêt n° 148-IP-2006, «*Interpretación prejudicial de los artículos 81 y 83 literal a) de la Decisión 344 de la Comisión del Acuerdo de Cartagena, solicitada por la Sala de Derecho Constitucional y Social Permanente de la Corte Suprema de Justicia de la República del Perú; e interpretación de oficio de los artículos 93, 94, 95 y 96 de la misma Decisión. Marca: COSTA DEL PACIFICO. Actor: CERVECERÍA DEL PACÍFICO S.A. Proceso interno N° 63-2005* », publié au GOAC n° 1468 du 22 février 2007, année XXIV, p. 31.

- TJCA, arrêt n° 198-IP-2006, « *Interpretación prejudicial, de oficio de los artículos 1, 2, 4, 5 y 6, literal f), de la Decisión 344 de la Comisión del Acuerdo de Cartagena, y la Disposición Transitoria Primera de la Decisión 486 de la Comisión de la Comunidad Andina con fundamento en la consulta formulada por el Consejo de Estado de la República de Colombia, Sala de lo Contencioso Administrativo, Sección Primera. Expediente Interno N° 2004-0401. Actor: ATHENA NEUROSCIENCES, INC. Patente : "UNA COMPOSICIÓN FARMACÉUTICA UTILIZADA EN UN MÉTODO PARA LA PREVENCIÓN Y TRATAMIENTO DE LA ENFERMEDAD AMILOIDOGÉNICA"»*, publié au GOAC n° 1491 du 25 avril 2007, année XXIV, p. 29.

- TJCA, arrêt n° 10-IP-2007, «*Interpretación prejudicial de los artículos 134 y 136 literal a) de la Decisión 486 de la Comisión de la Comunidad Andina solicitada por el Consejo de Estado de la República de Colombia, Sala de lo Contencioso Administrativo, Sección Primera. Actor: PARMALAT BRASIL S/A INDUSTRIA DE ALIMENTOS. Marca: "KIDLAT". Expediente Interno N° 2003-0101* », publié au GOAC n° 1497 du 15 mai 2007, année XXIV, p. 11.

- TJCA, arrêt n° 12-IP-2007, «*Interpretación prejudicial de los artículos 134 y 135 literales a) y b) de la Decisión 486 de la Comisión de la Comunidad Andina solicitada por el Consejo de Estado de la República de Colombia, Sala de lo Contencioso Administrativo, Sección Primera. Actor: PRODUCTOS FAMILIA S.A. Marca: figurativa. Expediente Interno N°*

2003-0385 », publié au GOAC n° 1497 du 15 mai 2007, année XXIV, p. 23.

- TJCA, arrêt n° 26-IP-2007, «*Interpretación prejudicial de los artículos 81, 82, literal a), 83, literal a), 84 y 95 de la Decisión 344 de la Comisión del Acuerdo de Cartagena, y de oficio, de los artículos 83 literales d) y e) y 93 de la mencionada Decisión; con fundamento en la consulta formulada por el Tribunal de lo Contencioso Administrativo, Distrito Quito, Segunda Sala, República del Ecuador. Expediente interno N° 7000-MP. Actor: Sociedad REED ELSEVIER PROPERTIES, INC. Marca denominativa : LEXIS* », publié au GOCA n° 1529 du 9 août 2007, année XXIV, p. 17.

- TJCA, arrêt n° 29-IP-2007, « *Interpretación prejudicial de los artículos 82, 83, 84, 85, y 119 de la Decisión 313 de la Comisión del Acuerdo de Cartagena; e interpretación, de oficio, de los artículos 2 y 3 del Tratado de Creación del Tribunal de Justicia de la Comunidad Andina; así como de la Disposición Transitoria Primera de la Decisión 486 de la Comisión de la Comunidad Andina, con fundamento en la consulta formulada por la Segunda Sala del Tribunal de lo Contencioso Administrativo, Distrito de Quito, República del Ecuador. Actor: PROVEEDORA ECUATORIANA S.A., PROESA. Marca: "EMBASSY". Expediente Interno N° 6157-M.P.*», publié au GOAC n° 1514 du 2 juillet 2007, année XXIV, p. 22.

- TJCA, arrêt n° 36-IP-2007, « *Interpretación prejudicial de los artículos 134 y 136 literal a) de la Decisión 486 de la Comisión de la Comunidad Andina solicitada por la Primera Sala del Tribunal Distrital Nº 1 de lo Contencioso Administrativo de Quito, República del Ecuador. Signo: GENPHARM. Actor: sociedad GENPHARM INTERNATIONAL INC. Proceso interno Nº 10 617 M.L.*», publié au GOAC n° 1515 du 5 juillet 2007, année XXIV, p. 1.

- TJCA, arrêt n° 71-IP-2007, « *Interpretación prejudicial de los artículos 134 y 136, literal a) de la Decisión 486 de la Comisión de la Comunidad Andina y, de oficio, el artículo 159 de la misma Decisión, con fundamento en la consulta formulada por el Consejo de Estado de la República de Colombia, Sala de lo Contencioso Administrativo, Sección Primera. Expediente Interno Nº 2004-00068. Actor: Sociedad THE AMERICAN NATIONAL RED CROSS. Marca denominativa: "MONARC-M"*», publié au GOAC n° 1553 du 15 octobre 2007, année XXIV, p. 33.

- TJCA, arrêt n° 76-IP-2007, *« Interpretación prejudicial de los artículos 134, 135 literal j), 136 literal a), 201, 203 y 212 de la Decisión 486 de la Comisión de la Comunidad Andina, conforme a la solicitud presentada por la Segunda Sala del Tribunal Distrital Nº 1 de lo Contencioso Administrativo de Quito de la República del Ecuador, e interpretación de oficio de los 135 literal k) y l), 146, 148, 150, 214, 218 y 219 de la misma Decisión. Signo: TEQUILA. Actor: TEQUILA CUERVO S.A. DE C.V.*

Proceso interno Nº 10 516 LYM», publié au GOAC n° 1557 du 5 novembre 2007, année XXIV, p. 1.

- TJCA, arrêt n° 190-IP-2007, «*Interpretación prejudicial del artículos 74 del Acuerdo de Cartagena y, de oficio, de los artículos 72, 73, 75, 76 77 y 82 de la misma normativa; así como, los artículos 2, 7, 8, 12, 14 y 15 de la Decisión 416 de la Comisión de la Comunidad Andina, con fundamento en la consulta solicitada por el Juez Segundo Administrativo del Circuito de Barranquilla, Departamento del Atlántico de la República de Colombia. Expediente Interno Nº 2004-00169-00. Actor: Sociedad DISWAFER LTDA. Caso: "Pago Arancel"*», publié au GOAC n° 1614 du 30 avril 2008, année XXV, p. 22.

- TJCA, arrêt n° 130-IP-2007, « *Interpretación prejudicial de los artículos 221, 222, 223, 258, 259 literal c) y 267 de la Decisión 486 de la Comisión de la Comunidad Andina formulada por la Superintendencia de Industria y Comercio de la República de Colombia. Grupo de Trabajo de Competencia Desleal. Interpretación, de oficio, de los artículos 33 del Tratado de Creación del Tribunal de Justicia de la Comunidad Andina, 238, 241, 243, 268 y 269 de la Decisión 486 de la Comisión de la Comunidad Andina. Actor: YANBAL DE COLOMBIA S.A. Caso: "COMPETENCIA DESLEAL" Expediente Interno N° 04-102822.*», publié au GOAC n° 1584 du 11 février 2008, année XXV, p. 2.

- TJCA, arrêt n° 17-IP-2008, « *Interpretación prejudicial de los artículos 1, 2, 4, 5, la Disposición Transitoria Única, la Sección XVI (Notas 3 y 4), el Capítulo 84 (Nota 5.E) y la Partida 8472, subpartida 8472.9020 (distribuidores automáticos de billetes de banco) de la Decisión 570 de la Comisión de la Comunidad Andina (Actualización de la Nomenclatura Común NANDINA), con fundamento en la consulta solicitada por el Juzgado 44 Administrativo del Circuito de Bogotá, de la República de Colombia. Procesos Internos: Nº 2006-00022, 2006-00028, 2006-00043, 2006-00044, 2006-00055, 2006-01262, 2006-01265, 2006-01267, 2006-01274, 2006-01313. Actor: ADUANAS AVIA LTDA. S.I.A. Caso: "Clasificación de subpartidas arancelarias"*», publié au GOAC n° 1638 du 22 juillet 2008, année XXV, p. 16.

- TJCA, arrêt n° 38-IP-2008, « *Interpretación prejudicial del artículo 136 literal a) de la Decisión 486 de la Comisión de la Comunidad Andina formulada por el Consejo de Estado de la República de Colombia, Sala de lo Contencioso Administrativo, Sección Primera. Interpretación prejudicial, de oficio, de los artículos 134 y 135 literales e) y f) de la misma Decisión. Actor: PANAMCO INDUSTRIAL DE GASEOSAS S.A. PANAMCO INDEGA S.A. o INDEGA S.A. (hoy PANAMCO COLOMBIA S.A.) Marca: "AGUA SANTA". Expediente Interno N° 2003-0020*», publié au GOAC n° 1625 du 5 juin 2008, année XXV, p. 36.

- TJCA, arrêt n° 67-IP-2008, « *Interpretación prejudicial del artículo 4 de la Decisión 388 de la Comisión del Acuerdo de Cartagena, solicitada por la Segunda Sala del Tribunal Distrital de lo Fiscal Nº 1 de la República del Ecuador; e interpretación, de oficio, de los artículos 1, 3, 5 y Anexo 1 de la citada Decisión 388 y del artículo 13 de la Decisión 330. Actora: FLORYCAMPO. Caso: Impugnación de la Resolución Nº 917012007RREV000884 dictada por el Director General del Servicio de Rentas del Ecuador. Proceso interno Nº 25368-NP*», publié au GOAC n° 1655 du 15 septembre 2008, année XXV, p. 15.
- TJCA, arrêt n° 90-IP-2008, « *Interpretación prejudicial del artículo 2.2., numerales 2.2.1, 2.2.2, 2.2.3, 2.2.4, y 2.2.5, del Anexo de la Decisión 197 de la Comisión del Acuerdo de Cartagena, con fundamento en la consulta formulada por la Sala de Derecho Constitucional y Social Permanente de la Corte Suprema de Justicia de la República del Perú. Expediente Interno Nº 910-2008. Actor: PROCURADOR DEL MINISTERIO DE AGRICULTURA. Tema: Ubicación de mataderos*», publié au GOAC n° 1662 du 9 octobre 2008, année XXV, p. 10.

- TJCA, arrêt n° 93-IP-2008, «*Interpretación prejudicial de oficio de los artículos 1, 3, 4, 5, 6, anexo 1 de la Decisión 388 de la Comisión del Acuerdo de Cartagena, así como, del artículo 13 de la Decisión 330 de la Comisión del Acuerdo de Cartagena, con fundamento en la consulta formulada por el Tribunal Distrital de lo Fiscal N° 1, Tercera Sala, del Distrito de Quito, República del Ecuador. Expediente interno N° 25652-C. Actor: I.A.E. INDUSTRIA AGRÍCOLA EXPORTADORA INAEXPO C.A. Caso: Devolución del impuesto al valor agregado, I.V.A.* », publié au GOAC n° 1674 du 27 novembre 2008, année XXV, p. 2.

- TJCA, arrêt n° 104-IP-2008, «*Interpretación prejudicial, de oficio, de los artículos 73, 78, 79 y 80 de la Decisión 344 de la Comisión del Acuerdo de Cartagena, así como la Disposición Transitoria Primera de la Decisión 486 de la Comisión de la Comunidad Andina, con fundamento en la consulta formulada por la Sala Civil Permanente de la Corte Suprema de Justicia de la República del Perú. Expediente Interno Nº 3931-2007. Actor: Sociedad ELI LILY AND COMPANY Caso: "COMPETENCIA DESLEAL, DATOS DE PRUEBA"*», publié au GOAC n° 1689 du 20 janvier 2009, année XXVI, p. 2.

- TJCA, arrêt n° 108-IP-2008, « *Interpretación prejudicial de los artículos 81 y 83 literales a), d) y e) de la Decisión 344 de la Comisión del Acuerdo de Cartagena solicitada por el Tribunal Distrital Nº 2 de lo Contencioso Administrativo de Guayaquil, República del Ecuador; e interpretación de oficio de los artículos 84 y 107 de la misma Decisión. Marca: WINNER. Actor : KIMBERLY CLARK ECUADOR S.A. Proceso interno nº 177-00 - MC.*», publié au GOAC n° 1692 du 27 janvier 2009, année XXVI, p. 1.

- TJCA, arrêt n° 110-IP-2008, «*Interpretación prejudicial de oficio de los artículos 81, 82 literal h), 83 literal b) y 128 de la Decisión 344 de la*

Comisión del Acuerdo de Cartagena, así como la Disposición Transitoria Primera y el párrafo cuarto del artículo 172 de la Decisión 486 de la Comisión de la Comunidad Andina, con fundamento en la consulta formulada por el Tribunal de lo Contencioso Administrativo No. 2, Distrito de Guayaquil, Ecuador. Expediente Interno Nº 391-02-2. Actor: Sociedad LAN ECUADOR S.A. Marca denominativa "LAN ECUADOR"», publié au GOAC n° 1676 du 5 décembre 2008, année XXV, p. 14.

- TJCA, arrêt n° 7-IP-2009, « *Interpretación prejudicial de los artículos 26 literal k) y 39 de la Decisión 486 de la Comisión de la Comunidad Andina y, de oficio, del artículo 32 del mismo cuerpo legal y de los artículos 122 y 123 del Estatuto del Tribunal de Justicia de la Comunidad Andina; con fundamento en la consulta formulada por la Sala de Derecho Constitucional y Social Permanente de la Corte Suprema de Justicia de la República del Perú. Proceso Interno: Nº 2822-2008. Patente de Invención: "Nuevos Pirazolopirimidinas como Inhibidores de Quinasa Dependientes de Ciclinas". Actor: SCHERING CORPORATION y PHARMACOPEIA, INC.*», publié au GOAC n° 1729 du 3 juillet 2009, année XXVI, p. 2.

- TJCA, arrêt n° 14-IP-2009, « *Interpretación prejudicial de los artículos 134 y 135 literales b) y e) de la Decisión 486 de la Comisión de la Comunidad Andina formulada por el Consejo de Estado de la República de Colombia, Sala de lo Contencioso Administrativo, Sección Primera. Interpretación prejudicial de oficio del artículo 150 de la misma Decisión. Actor: LATINAMERICAN TELEVISION LATV LLC. Marca: "TV COLOMBIA + GRÁFICO". Expediente Interno N° 2004-00269-01*», publié au GOAC n° 1729 du 3 juillet 2009, année XXVI, p. 33.

- TJCA, arrêt n° 49-IP-2009, « *Interpretación prejudicial, a solicitud de la Consultante, de los artículos 238, 245, 248, 259, 260, 261, 262, 266 y 267 de la Decisión 486 de 14 de septiembre de 2000, expedida por la Comisión de la Comunidad Andina y, de oficio, de los artículos 258 y 268 de la misma normativa, y de los artículo 1, 2, 3 y 4 de la Decisión 632 de 6 de abril de 2006, expedida por la Comisión de la Comunidad Andina, con fundamento en la consulta solicitada por la Segunda Sala del Tribunal Distrital No. 1 de lo Contencioso Administrativo, Quito, Ecuador. Expediente Interno Nº 9911-MH. Actor: Sociedad PHARMABRAND S.A. Competencia Desleal. Datos de prueba y otra información no divulgada*», publié au GOAC n° 1779 du 23 novembre 2009, année XXVI, p. 17.

- TJCA, arrêt n° 85-IP-2009, «*Interpretación prejudicial de los artículos 14, 15 literal e), 16, 18, 21, 28, 30 y 34 de la Decisión 486 de la Comisión de la Comunidad Andina solicitada por el Consejo de Estado de la República de Colombia, Sección Primera. Patente de invención: MÉTODO Y DISPOSITIVO DE DIAGNOSIS DE FALLO DE FUNCIONAMIENTO DE UN SENSOR. Actor: sociedad HONDA Giken Kogyo Kabushiki Kaisha. Proceso interno N° 2007-0238* », publié au GOAC n° 1807 du 15 mars 2010, année XXVII, p. 17.

- TJCA, arrêt n° 106-IP-2009, « *Interpretación prejudicial, de oficio, de los artículos 32 y 33 del Tratado de Creación del Tribunal de Justicia de la Comunidad Andina y de los artículos 122 y 123 del Estatuto del Tribunal de Justicia de la Comunidad Andina; con base a lo solicitado por la Sala de Derecho Constitucional y Social Permanente de la Corte Suprema de Justicia de la República del Perú. Actor: PFIZER INC. Marca: "Diseño tridimensional de una tableta en forma diamantada con extremos redondeados en color azul pantone 284U, en sus vistas superior, inferior, lateral y en perspectiva". Expediente Interno : N° 1129-2009*», publié au GOAC n° 1853 du 13 juillet 2010, année XXVII, p. 2.

- TJCA, arrêt n° 114-IP-2009, « *Interpretación prejudicial de oficio de los artículos 2 y 3 del Tratado de Creación del Tribunal de Justicia de la Comunidad Andina; 2 y 3 del Estatuto del Tribunal; 1, 2, 3, 4, 5, 8, 10, 11, 12, 13, 14, 15, 16, 17, 18, 19, 20, 21, 22, 23, 24, 25, 49, 50, 52, 51, 54 y 70 de la Decisión 436 de la Comisión de la Comunidad Andina ; y, la Resolución 630 de la Secretaría General de la Comunidad Andina con fundamento en la consulta formulada por el Consejo de Estado de la República de Colombia, Sala de lo Contencioso Administrativo, Sección Primera. Caso: REGISTRO Y CONTROL DE PLAGUICIDAS. Actor: señor MARCEL TANGARIFE TORRES. Proceso interno N° 2003-0532*», publié au GOAC n° 1860 du 4 août 2010, année XXVII, p. 2.

- TJCA, arrêt n° 137-IP-2009, «*Interpretación prejudicial del artículo 154 de la Decisión 486 de la Comisión de la Comunidad Andina solicitada por la Sala Civil Permanente de la Corte Suprema de Justicia de la República del Perú. Interpretación prejudicial, de oficio, de los artículos 155, 156, 258, 259, 267, 268 y 269 de la misma Decisión. Actor: CORPORA TRESMONTES PERÚ S.A. Caso: "COMPETENCIA DESLEAL E INFRACCIONES A LAS NORMAS DE LA PUBLICIDAD EN DEFENSA DEL CONSUMIDOR". Expediente Interno N° 1923-2009*», publié au GOAC n° 1831 du 7 mai 2010, année XXVII, p. 12.

- TJCA, arrêt n° 87-IP-2010, « *Interpretación prejudicial, a solicitud de parte, de los artículos 134, 135, literales a) y b), y 136, literal f), de la Decisión 486 de la Comisión de la Comunidad Andina y, de oficio, de los artículos 113, 128, 129 y 150 de la misma normativa, con fundamento en la consulta solicitada por la Sección Primera del Consejo de Estado de la República de Colombia. Expediente Interno N° 2007-0287. Actor: A.C.I. COLOMBINA S.A. Marca: EXHIBIDOR DE CHUPETAS (TRIDIMENSIONAL)*», publié au GOAC n° 1920 du 27 janvier 2011, année XXVIII, p. 17.

- TJCA, arrêt n° 119-IP-2010, « *Interpretación prejudicial, de oficio, de los artículos 43, 48, 49 y 54, de la Decisión 351 de 17 de diciembre de 1993, expedida por la Comisión del Acuerdo de Cartagena, con fundamento en la consulta formulada por el Juzgado Segundo Civil Municipal del Espinal Tolima, República de Colombia. Expediente Interno N° 2009-00176. Actor:*

ORGANIZACIÓN SAYCO ACINPRO. Entidades de Gestión Colectiva», publié au GOAC n° 1949 du 3 juin 2011, année XXVIII, p. 18.

- TJCA, arrêt n° 11-IP-2011, «*Interpretación prejudicial, a solicitud de parte, de los artículos 81 y 83, literal a) de la Decisión 344 de 21 de octubre de 1993, expedida por la Comisión del Acuerdo de Cartagena y, de oficio, de los artículos 82, literal a), 83, literales d) y e) y 84, de la misma normativa; con fundamento en la consulta formulada por la Primera Sala del Tribunal Distrital de lo Contencioso Administrativo No. 1, Quito, de la República del Ecuador. Expediente Interno Nº 7266-LR. Actor: BIOCHEMIE GESELLSCHAFT M.B.H. Marca: BIOXIL (denominativa)* », publié au GOAC n° 1964 du 13 juillet 2011, année XXVIII, p. 1.

- TJCA, arrêt n° 40-IP-2011, «*Interpretación prejudicial, de oficio, de los artículos 154, 155, 156, 157, 224, 226 y 228 de la Decisión 486 de la Comisión de la Comunidad Andina; con fundamento en lo solicitado por la Sección Primera del Consejo de Estado, Sala de lo Contencioso Administrativo, de la República de Colombia. Actor: PFIZER INC. Caso : Registro Sanitario (INVIMA) sobre la frase "EROXIM es bioequivalente a VIAGRA". Expediente Interno Nº 2003-00533* », publié au GOAC n° 2039 du 9 avril 2012, année XXXI, p. 42.

- TJCA, arrêt n° 90-IP-2011, « *Interpretación prejudicial del artículo 2 de la Decisión 414 de la Comisión de la Comunidad Andina, con fundamento en la consulta formulada por la Sala Constitucional y Social Permanente de la Corte Suprema de la República del Perú; y de oficio, interpretación prejudicial de los artículos 2, 12, 14, 15 y 16 de la Decisión 416 de la Comisión de la Comunidad Andina. Asunto : "Devolución de tributos pagados en exceso". Actor: Superintendencia Nacional de Administración Tributaria de la República del Perú – SUNAT. Proceso Interno Nº 2379-2010*», publié au GOAC n° 2108 du 22 octobre 2012, année XXIX, p. 28.

- TJCA, arrêt n° 149-IP-2011, « *Interpretación prejudicial, a petición de la corte consultante, de los artículos 134 literal a) y 136 literal a), de la Decisión 486 de 14 de septiembre de 2000, expedida por la Comisión de la Comunidad Andina y, de oficio, de los artículos 150 de la misma normativa, 32 y 33 del Tratado de Creación del Tribunal de Justicia de la Comunidad Andina, y 122 y 123 del Estatuto del Tribunal de Justicia de la Comunidad Andina, con fundamento en la consulta solicitada por la Sala de Derecho Constitucional y Social Permanente de la Corte Suprema de Justicia de la República de Perú. Expediente Interno Nº 3929-2010. Actor: BOEHRINGER INGELHEIM PHARMA GMBH & CO.KG. Marca: PRADAXA (denominativa)*», publié au GOAC n° 2069 du 5 juillet 2012, année XXIX, p. 25.

- TJCA, arrêt n° 166-IP-2011, «*Interpretación prejudicial, de oficio, de los artículos 32 y 33 del Tratado de Creación del Tribunal de Justicia de la Comunidad Andina, 122 y 123 de su Estatuto; y, 1, 4, 7, 8, 10, 11, 12, 13,*

14, 17, 23, 24, 29 y la Disposición Transitoria Segunda de la Decisión 345 de la Comisión del Acuerdo de Cartagena, con fundamento en la solicitud formulada por la Corte Suprema de Justicia -Sala de Casación Civil-, de la República de Colombia, con sede en Bogotá D.C. Actores: HILLS DE COLOMBIA LTDA. y E.G. HILL COMPANY INC. Asunto: "Régimen común de protección de derechos de los obtentores de variedades vegetales". Expediente Interno N° 2005-00327 », publié au GOAC n° 2084 du 20 août 2012, année XXIX, p. 23.

- TJCA, arrêt n° 177-IP-2011, « *Interpretación prejudicial del artículo 136 literal a) de la Decisión 486 de la Comisión de la Comunidad Andina, con fundamento en la solicitud formulada por la Sala de Derecho Constitucional y Social Permanente de la Corte Suprema de Justicia de la República del Perú. Interpretación prejudicial de oficio de los artículos 134 literales a) y b) y 168 de la misma Decisión. Actor: Sociedad KELLOGG COMPANY.Marca: "TONY" (mixta). Expediente Interno N° 3487-2010*», publié au GOAC n° 2054 du 24 mai 2012, année XXIX, p. 21.

- TJCA, arrêt n° 179-IP-2011, «*Interpretación prejudicial de oficio de los artículos 32, 33 y 40 del Tratado de Creación del Tribunal de Justicia de la Comunidad Andina y 122, 123, 136 y 137 del Estatuto del Tribunal de Justicia de la Comunidad Andina, con fundamento en lo solicitado por el Tribunal Departamental de Justicia de Chuquisaca, Corte Superior del Distrito de Chuquisaca, República Plurinacional de Bolivia. Actora: señora MARÍA TERESA LEMA GARRETT. Asunto: Materia laboral*», publié au GOAC n° 2138 du 18 janvier de 2013, année XXX, p. 27.

- TJCA, arrêt n° 180-IP-2011, «*Interpretación prejudicial de oficio de los artículos 32, 33 y 40 del Tratado de Creación del Tribunal de Justicia de la Comunidad Andina y 122, 123, 136 y 137 de su Estatuto. Actora: Señora María del Rosario Sotomayor Caballero. Asunto: "COMPETENCIA EN MATERIA LABORAL". Expediente Interno: No se indica* », publié au GOAC n° 2138 du 18 janvier 2013, année XXX, p. 42.

- TJCA, arrêt n° 184-IP-2011, « *Interpretación prejudicial del artículo 45 literal h) de la Decisión 351 de la Comisión del Acuerdo de Cartagena con fundamento en la consulta formulada por la Sala de Derecho Constitucional y Social Permanente de la Corte Suprema de Justicia de la República del Perú. Interpretación de oficio de los artículos 13, 15, 43 y 57 de la misma Decisión. Actor: Sociedad CABLE PLUS SOCIEDAD ANÓNIMA CERRADA. Caso: "Supuesta violación a la región comunitaria sobre Derechos de Autor – Gestión Colectiva – Autorizaciones". Proceso interno Nº 197-2011*», publié au GOAC n° 2063 du 15 juin 2012, année XXIX, p. 9.

- TJCA, arrêt n° 34-IP-2012, *« Interpretación prejudicial, a solicitud de la corte consultante, del artículo 136 literal a) de la Decisión 486 de 14 de septiembre de 2000, expedida por la Comisión de la Comunidad Andina y, de oficio, de los artículos 134 literal a), 136 literal h), 224, 225, 228 y 229, de la misma normativa, con fundamento en la consulta solicitada por la Sección Primera del Consejo de Estado de la República de Colombia. Expediente Interno Nº 2008-00053. Actor: RENEWAL & CIA LTDA. Marca: PRIME RENEWAL (denominativa)*», publié au GOAC n° 2100 du 3 octobre 2012, année XXIX, p. 12.

- TJCA, arrêt n° 38-IP-2012, «*Interpretación prejudicial de los artículos 14, 15 literal e), 21, 30 y 34 de la Decisión 486 de la Comisión de la Comunidad Andina, con fundamento en la consulta formulada por el Consejo de Estado de la República de Colombia, Sala de lo Contencioso Administrativo, Sección Primera. Interpretación prejudicial de oficio de los artículos 44 y 45 de la misma Decisión. Actor: HONDA GIKEN KOGYO KABUSHIKI KAISHA. Patente: "UNIDAD DE CONTROL DE SALIDA PARA GENERADOR SINCRONO". Expediente Interno Nº 2008-00076* », publié au GOAC n° 2092 du 14 septembre 2012, année XXIX, p. 2.

- TJCA, arrêt n° 50-IP-2012, « *Interpretación prejudicial, de oficio, de los artículos 81 y 82 literales d), e) y h), de la Decisión 344 de 21 de octubre de 1993, expedida por la Comisión del Acuerdo de Cartagena, y de la Disposición Transitoria de la Decisión 486 de la Comisión de la Comunidad Andina, con fundamento en la consulta solicitada por la Sala de Derecho Constitucional y Social Permanente de la Corte Suprema de la República de Perú. Expediente Interno Nº 1358-2011. Actor: COMPAÑÍA DE TEXTILES CREDISA TRUTEX S.A. Marca: PYMA (mixta)*», publié au GOAC n° 2114 du 7 novembre 2012, année XXIX, p. 2.

- TJCA, arrêt n° 57-IP-2012, « *Interpretación prejudicial, de oficio, de los artículos 32 y 33 del Tratado de Creación del Tribunal de Justicia de la Comunidad Andina, y 122 y 123 de la Decisión 500 de 22 de junio de 2001 (Estatuto del Tribunal de Justicia de la Comunidad Andina), con fundamento en la consulta solicitada por la Sección Tercera del Consejo de Estado de la República de Colombia. Expediente Interno Nº 2010-00056. Actor: COMUNICACIÓN CELULAR COMCEL S.A. Interpretación Prejudicial en el proceso arbitral*», publié au GOAC n° 2118 du 14 novembre 2012, année XXIX, p. 2.

- TJCA, arrêt n° 60-IP-2012, «*Interpretación prejudicial de los artículos 135 literales e) y f), 136 literal g) y 137 de la Decisión 486 de la Comisión de la Comunidad Andina, con fundamento en la consulta solicitada por la Corte Constitucional de la República de Colombia; y, de oficio, de los artículos 122 y 123 del Estatuto del Tribunal de Justicia de la Comunidad Andina, de los artículos 3, 134 literales a) y b) y 135 literal i) de la Decisión 486, así como del artículo 7 de la Decisión 391. Marcas: "COCA INDÍGENA" (mixta) y "COCA ZAGRADHA" (mixta). Expediente Interno : Nº T.3.363.570* », publié au GOAC n° 2157 du 27 février 2013, année XXX, p. 10.

- TJCA, arrêt n° 72-IP-2012, « *Interpretación prejudicial de los artículos 134 literal a) y 135 literales b) y e) de la Decisión 486 de la Comisión de la Comunidad Andina con fundamento en la consulta solicitada por el Consejo de Estado, Sala de lo Contencioso Administrativo, Sección Primera, de la República de Colombia. Marca: "SOFT DERM" (denominativa). Actor: JAFER LIMITED. Expediente Interno Nº 2008-00379*», publié au GOAC n° 2147 du 4 février 2013, année XXX, p. 40.

- TJCA, arrêt n° 73-IP-2012, « *Interpretación prejudicial de los artículos 26 literal k), 32, 38 y 39 de la Decisión 486 de la Comisión de la Comunidad Andina; con fundamento en la consulta formulada por el Consejo de Estado de la República de Colombia, Sala de lo Contencioso Administrativo, Sección Primera. Actor: ESCO CORPORATION. Patente : "MONTAJE DE DESGASTE". Expediente Interno Nº 2008-00445*», publié au GOAC n° 2148 du 7 février 2013, année XXX, p. 2.

- TJCA, arrêt n° 90-IP-2012, «*Interpretación prejudicial de oficio de los artículos 81, 83 literales a), d) y e), 84 y 113 literal a) de la Decisión 344 de la Comisión del Acuerdo de Cartagena y del artículo 172 y de la Disposición Transitoria Primera de la Decisión 486 de la Comisión de la Comunidad Andina con fundamento en lo solicitado por la Primera Sala del Tribunal Distrital No. 1 de lo Contencioso Administrativo, Quito, Ecuador. Marca: FAMILIA BOLSILLO MENTOL (denominativa). Actor: sociedad KIMBERLY CLARK WORLDWIDE INC. Proceso interno Nº 12418-GF* », publié au GOAC n° 2152 du 21 février 2013, année XXX, p. 43.

- TJCA, arrêt n° 112-IP-2012, « *Interpretación prejudicial, a solicitud de la corte consultante, del artículo 136 literal a) de la Decisión 486 de 14 de septiembre de 2000, expedida por la Comisión de la Comunidad Andina y, de oficio, del artículo 134 literal a), con fundamento en la consulta solicitada por la Sección Primera del Consejo de Estado de la República de Colombia. Expediente Interno Nº 2008-00018. Actor: SB PHARMCO PUERTO RICO INC. Marca: AVANTRA (denominativa)*», publié au GOAC n° 2161 du 8 mars 2013, année XXX, p. 2.

- TJCA, arrêt n° 116-IP-2012, «*Interpretación prejudicial, de oficio, de los artículos 64 del Acuerdo de Cartagena, 1 del Tratado de Creación del Tribunal de Justicia de la Comunidad Andina, y 1, 2 y 6 del Convenio de Complementación en el Sector Automotor, publicado en la G.O.A.C No. 483 de 17 de septiembre de 1999, con fundamento en la consulta solicitada por la Sección Primera del Consejo de Estado de la República de Colombia. Expediente Interno Nº 2005-00287. Actor: MINISTERIO DE COMERCIO, INDUSTRIA Y TURISMO. Importación de motores y cajas usadas para vehículos* », publié au GOAC n° 2161 du 8 mars 2013, année XXX, p. 13.

- TJCA, arrêt n° 129-IP-2012, « *Interpretación prejudicial de oficio de los artículos 134 literales a) y b) y 136 literal a) de la Decisión 486 de la Comisión de la Comunidad Andina; con fundamento en la consulta solicitada por el Consejo de Estado, Sala de lo Contencioso Administrativo, Sección Primera, de la República de Colombia. Marca: "USA STAR" (mixta). Expediente Interno : Nº 2009-00018*», publié au GOAC n° 2233 du 5 septembre 2013, année XXX, p. 13.

- TJCA, arrêt n° 152-IP-2012, « *Interpretación prejudicial, a solicitud de la corte consultante, del artículo 136 literal a) de la Decisión 486 de 14 de septiembre de 2000, expedida por la Comisión de la Comunidad Andina y, de oficio, de los artículos 134 literal a) y 147 de la misma normativa, con fundamento en la consulta solicitada por la Sección Primera del Consejo de Estado de la República de Colombia. Expediente Interno Nº 2007-00277. Actor: CORPORACIÓN REY S.A. Marca: IDEAL (denominativa)*», publié au GOAC n° 2189 du 7 mai 2013, année XXX, p. 25.

- TJCA, arrêt n° 69-IP-2013, « *Interpretación prejudicial del artículo 15 de la Decisión 416 de la Comisión de la Comunidad Andina, con fundamento en la consulta formulada por la Sala de Derecho Constitucional y Social Permanente de la Corte Suprema de Justicia de la República del Perú. Interpretación prejudicial de oficio de los artículos 32 y 33 del Tratado de Creación del Tribunal de Justicia de la Comunidad Andina, 122 y 123 del Estatuto del Tribunal de Justicia de la Comunidad Andina; y, 2 y 12 de la Decisión 416. Actor: Sociedad REFINERÍA LA PAMPILLA SOCIEDAD ANÓNIMA. Asunto: "CERTIFICACIÓN DE ORIGEN DE MERCANCÍAS". Expediente Interno N° 3055-2011*», publié au GOAC n° 2219 du 22 juillet 2013, année XXX, p. 38.

- TJCA, arrêt n° 87-IP-2013, « *Interpretación prejudicial, a petición de la corte consultante, del artículo 136 literal h) de la Decisión 486 de 14 de septiembre de 2000, expedida por la Comisión de la Comunidad Andina y, de oficio, de los artículos 134 literales a), b) y g), 136 literales a) y b), 137, 150, 172, 190, 191, 192, 193, 224, 225, 226, 228 y 229 de la misma normativa, con fundamento en la consulta solicitada por la Sección Primera del Consejo de Estado de la República de Colombia. Expediente Interno Nº 2010-00448. Actor: MUNICH S.L. Marca mixta MUNICH*», publié au GOAC n° 2261 du 29 novembre 2013, année XXX, p. 62.

- TJCA, arrêt n° 207-IP-2013, «*Interpretación prejudicial, a solicitud de la corte consultante, del artículo 31 del Tratado de Creación del Tribunal de Justicia de la Comunidad Andina y de oficio, de los artículos 122 y 123 del Estatuto del Tribunal de Justicia de la Comunidad Andina, Decisión 500 de 22 de junio de 2001, expedida por el Consejo Andino de Ministros de Relaciones Exteriores, con fundamento en la consulta formulada por el Trigésimo Cuarto Juzgado Civil de Lima, de la Corte Superior de Lima, República del Perú. Expediente Interno Nº 19639-2011-0-1801-JR-CI-34. Actor: TELLUS PERÚ S.A.C. Caso: ARTÍCULO 31 DEL TRATADO DE*

CREACIÓN DEL TRIBUNAL DE JUSTICIA DE LA COMUNIDAD ANDINA», publié au GOAC n° 2321 du 7 avril 2014, année XXXI, p. 2.

- TJCA, arrêt n° 240-IP-2013, «*Interpretación prejudicial del artículo 136 literal a) de la Decisión 486 de la Comisión de la Comunidad Andina; y, de oficio, de los artículos 134 literales a), b), f) y g) y 150 de la misma normativa; con fundamento en la solicitud formulada por la Octava Sala Especializada de lo Contencioso Administrativo de la Corte Superior de Justicia de Lima, República del Perú. Marca: TRIDIMENSIONAL. Expediente Interno : 05815 -2010-0-1801 -JR-CA-07*», publié au GOAC n° 2323 du 8 avril 2014, année XXXI, p. 2.

- TJCA, arrêt n° 257-IP-2013, « *Interpretación prejudicial, a solicitud de la consultante, de los artículos de los artículos 14, 18 y 46 primer párrafo de la Decisión 486 de 14 de septiembre de 2000, expedida por la Comisión de la Comunidad Andina y, de oficio, de los artículos 16 y 19 de la misma normativa, con fundamento en la consulta formulada por la Sección Primera del Consejo de Estado de la República de Colombia. Expediente Interno Nº 2011-00335. Actor: BAYER SCHERING PHARMA AKTIENGESELLSCHAFT Patente: "COMPOSICIONES QUE COMPRENDEN DROSPERINONA MICRONIZADA EN COMBINACIÓN CON UN ESTRÓGENO PARA TERAPIA DE REEMPLAZO HORMONAL"*», publié au GOAC n° 2354 du 26 juin 2014, année XXXI, p. 62.

- TJCA, arrêt n° 43-IP-2014, « *Interpretación prejudicial, a solicitud de la consultante, de los artículos 30, 34, 45 y 46 de la Decisión 486 de 14 de septiembre de 2000, expedida por la Comisión de la Comunidad Andina y, de oficio, de los artículos 14, 16, 18 y 19 de la misma normativa, con fundamento en la consulta formulada por la Octava Sala Especializada en lo Contencioso Administrativo, Subespecialidad en Temas de Mercado, Lima, República del Perú. Expediente Interno Nº 02838-2010-0-1801-JR-CA-07. Actor: MERCK FROSST CANADA LTD. Y MERCK & CO. INC. Patente : "COMPOSICIÓN FARMACÉUTICA COMPUESTA POR ÁCIDO NICOTÍNICO U OTRA AGONISTA DEL RECEPTOR DP"*», publié au GOAC n° 2373 du 11 août 2014, année XXXI, p. 2.

- TJCA, arrêt n° 121-IP-2014, « *Interpretación prejudicial del artículo 237 de la Decisión 486 de la Comisión de la Comunidad Andina y, de oficio, de los artículos 273 de la Decisión 486 y 122 del Estatuto del Tribunal de Justicia de la Comunidad Andina. Consultante: Dirección de Signos Distintivos (DSD), del Instituto Nacional de Defensa de la Competencia y de la Propiedad Intelectual (Indecopi), República del Perú. Asunto: Acción de nulidad presentada por MARFOR PRODUCCIONES S.R.L. contra el registro de la marca "EXPONÁUTICA PERÚ" (denominativa). Procedimiento administrativo : 541955-2013*», publié au GOAC n° 2427 du 11 décembre 2014, année XXXI, p. 1.

COUR INTERAMÉRICAINE DES DROITS DE L'HOMME (Corte IDH)

- Corte IDH, arrêt du 12 novembre 1997, « *Caso Suárez Rosero vs. Ecuador,Fondo*», Serie C, n° 35.

- Corte IDH, arrêt du 8 de mars 1998, « *Caso "Panel Blanca", Caso Paniagua Morales y otros*», Serie C, n° 37 Corte IDH, arrêt du 25 mai 2001, « *Caso de la "Panel Blanca" Paniagua Morales y otros vs. Guatemala, Reparaciones y Costas*», Serie C, n° 76.
- Corte IDH, arrêt du 26 de mai 2001, « *Caso de los "Niños de la Calle", Villagrán Morales y otros vs. Guatemala, Reparaciones y costas*», Serie C, n° 77.

COUR INTERNATIONALE DE JUSTICE (CIJ)

- CIJ, du 5 février 1970, «*Barcelona Traction, Light and Power Company, Limited*» (Belgique c/Espagne), Rec. 1970, p. 32.

JURIDICTIONS NATIONALES

COUR CONSTITUTIONNELLE COLOMBIENNE (CCC)

- Cour constitutionnelle colombienne, décision n° C-2434/88 du 1er septembre 1988.
- Cour constitutionnelle colombienne, décision n° C-228/95 du 25 mai 1995.
- Cour constitutionnelle colombienne, décision n° C-137/96 du 9 avril 1996.
- Cour constitutionnelle colombienne, décision n° C-231/97 du 15 mai de 1997.
- Cour constitutionnelle colombienne, décision n° C-235/97 du 15 mai 1997.
- Cour constitutionnelle colombienne, décision n° C-155/09 du 28 avril de 1998.
- Cour constitutionnelle colombienne, décision n° C-010/00 du 23 février 2000.
- Cour constitutionnelle colombienne, décision n° C-1490/2000 du 2 novembre 2000.

COUR CONSTITUTIONNELLE ALLEMANDE

- Cour constitutionnelle Allemande, 29 mai 1974, « *Solange-I* », BverfGE 37, p. 271.
- Cour constitutionnelle Allemande, 22 octobre 1986, « *Solange-II* », BverfGE 73, p. 339.
- Cour constitutionnelle Allemande, 12 octobre 1993, « *Maastricht* », BVerfGE 89, p. 155.
- Cour constitutionnelle Allemande, 7 juin 2000, « *Marché des bananes* », EuGRZ 2000, p. 328.

COUR CONSTITUTIONNELLE ITALIENNE

- Cour constitutionnelle Italienne, 27 décembre 1973, « *Frontini e Pozzani* », aff. n° 183, in *Foro italiano*, 1974, I, p. 314.

COUR SUPRÊME DE JUSTICE DE COLOMBIE

- Cour Suprême de Justice de Colombie, arrêt du 26 juillet 1971.
- Cour Suprême de Justice de Colombie, arrêt du 20 janvier 1972.

COUR SUPRÊME DE JUSTICE DE L'ÉQUATEUR

- Cour Suprême de Justice de l'Équateur, Troisième chambre civile, arrêt du 5 octobre 1999.

COUR DE CASSATION FRANÇAISE

- Cass., 1re civ., 19 décembre 1995, « *Banque africaine de développement* », n° 93- 20 424.

CONSEIL D'ÉTAT DE COLOMBIE

- Conseil d'État colombien, affaire n° 2008-00018, « SB PHARMCO PUERTO RICO INC. Marca : AVANTRA ».

- Conseil d'État colombien, Chambre du contentieux administratif, Section première, arrêt du 28 avril 2011, dossier n° 11001-03-000-2003-00532-01.

CONSEIL D'ÉTAT FRANÇAIS

- CE, 19 juin 1964, « *Sté des pétroles Shell Berre et autres* », Rec. p. 344.
- CE, Ass., 22 décembre 1978, « *Ministre de l'Intérieur c/Cohn-Bendit* », n° 11604, Rec. Lebon p. 524.

RÉSOLUTIONS DE L'INSTITUT NATIONAL POUR LA DÉFENSE DE LA CONCURRENCE ET LA PROTECTION DE LA PROPRIÉTÉ INTELLECTUELLE

- Résolution n° 4665-2014/TPI-INDECOPI.
- Résolution n° 305-97-TRI/SPI-INDECOPI.
- Résolution n ° 286-1998/TPI-INDECOPI.
- Résolution n ° 387-1998/TPI-INDECOPI.
- Résolution n ° 422-1998/TPI-INDECOPI.
- Résolution n ° 1127-1998/TPI-INDECOPI.
- Résolution n ° 1183-2005/TPI-INDECOPI.
- Résolution n° 2951-2009/TPI-INDECOPI.

INDEX ALPHABÉTIQUE

(Les chiffres renvoient aux numéros de pages)

D

E

R

S

ANNEXES

Annexe n° 1 :
CHRONOLOGIE DE LA CONSTRUCTION DE LA COMMUNAUTÉ ANDINE[1433]

1969	
26 mai	Signature de l'accord de Carthagène (pacte andin).
1973	
13 février	Entrée du Venezuela dans l'accord de Carthagène.
1976	
30 octobre	Retrait du Chili de l'accord de Carthagène.
1979	
12 novembre	Création du conseil andin des ministres des Affaires étrangères.
25 octobre	Création du parlement andin.
28 mai	Signature du traité constitutif du tribunal de justice.
1983	
19 mai	Entrée en vigueur du traité constitutif du tribunal de justice.
1987	
12 mai	Signature du protocole de Quito (introduction du volet relatif à la coopération économique et sociale dans l'accord de Carthagène).
1989	
17 décembre	Adoption du plan stratégique de Galápagos.
1990	
22 mai	Création du conseil présidentiel andin.
1991	
17 mai	Adoption de la politique des espaces aériens ouverts et de l'approfondissement de l'intégration andine.

[1433] Arrêtée au 23 mai 2013.

1992

27 août	Suspension temporaire, de la part du Pérou, des programmes relatifs à la libéralisation commerciale.

1993

31 janvier	Mise en fonctionnement de la zone de libre-échange entre la Bolivie, la Colombie, l'Équateur et le Venezuela.

1995

5 octobre	Adoption du nouveau plan stratégique de Quito.

1996

3 août	Adoption du cadre normatif relatif à la mise en place et à l'exploitation du système de satellite « Simon Bolivar ».
10 mars	Adoption du protocole de Trujillo (communauté andine).

1997

1er août	Entrée en fonctionnement du secrétariat général de la communauté andine.
30 juillet	Incorporation graduelle du Pérou à la Zone de libre-échange (décision n° 414)
25 juin	Adoption du Protocole de Sucre (incorporation du chapitre relatif aux relations extérieures, le commerce des services et les membres associés à la CAN).
25 juin	Élection du premier président du Secrétariat général de la CAN 1997- 2002.

1998

26 août	Signature de l'accord de paix entre le Pérou et l'Équateur.
15 janvier	Première réunion des représentants des organes et institutions du Système d'intégration andin (SIA).

1999

25 mai	Adoption de la politique communautaire andine d'intégration et de développement des frontières.
31 juin	Signature de l'accord de coopération dans les domaines commerciaux et de l'investissement entre la CAN et le gouvernement du Canada à Ottawa.
25 mai	Adoption des lignes directrices de la politique extérieure commune andine.

2000

14 septembre	Adoption du nouveau régime commun de la propriété industrielle.
10 juin	Signature du Protocole additionnel à l'Accord de Carthagène « compromis de la Communauté andine pour la démocratie ».

2001

22 juin — Adoption du Plan andin de coopération de lutte contre la drogue et les délits connexes, et adoption des normes andines de libre circulation des personnes.

2002

22 juillet — Adoption de la charte andine de promotion et de protection des droits de l'Homme.

7 juillet — Adoption des rencontres sur les droits des peuples indigènes et de la stratégie régionale de la biodiversité.

17 juin — Adoption de la Charte andine pour la paix et la sécurité.

2003

16 décembre — Signature de l'accord de complémentarité économique n° 50 (ACE59) entre la Colombie, l'Équateur, le Venezuela (CAN) et l'Argentine, le Brésil, le Paraguay et l'Uruguay (MERCOSUR), et la mise en vigueur de la zone de libre-échange.

15 décembre — Souscription de l'Accord de dialogue politique et coopération entre la CAN et l'Union européenne.

1er mars — Mise en place de l'interconnexion de l'électricité entre l'Équateur et la Colombie.

2004

6 décembre — Approbation de la Norme andine pour le contrôle des substances chimiques utilisées dans la fabrication illicite de stupéfiants et de substances psychotropes (décision n° 602).

21 août — Approbation du Plan intégré de développement social (PIDS) pour promouvoir le développement social et lutter contre la pauvreté, l'exclusion et les inégalités sociales dans la région andine.

11 juillet — Approbation des lignes directrices pour la politique étrangère et de sécurité commune, qui permettent de prévenir et traiter d'une manière coopérative et coordonnée les menaces à la sécurité et en même temps, de développer et de consolider la zone de paix andine comme une zone exempte d'armes nucléaires, chimiques et biologiques.

11 juillet — Adoption de la stratégie andine de prévention et d'attention aux désastres naturels.

11 juillet — Création du conseil andin des ministres de l'Éducation et de la politique culturelle, le conseil andin des ministres du Développement social, le conseil des ministres de l'Environnement et du développement durable de la communauté andine et le conseil consultatif andin des autorités.

2005	
16 juillet	Approbation de la nouvelle stratégie de développement alternatif des Andes, renforcé par le principe de la responsabilité partagée et l'adoption d'une approche globale et durable.
7 juillet	Approbation du statut de membre associé à la Communauté andine à l'Argentine, le Brésil, le Paraguay et l'Uruguay.
2006	
14 décembre	Libéralisation des services dans l'espace andin.
20 septembre	Approbation du statut de membre associé du Chili.
28 août	Adoption de l'Agenda environnemental andine 2006-2010.
22 avril	Le Venezuela informe officiellement de son retrait de l'accord de Carthagène.
1er janvier	Mise en place de la zone de libre-échange andine perfectionnée (ZLCA) avec l'incorporation du Pérou.
2007	
15 -18 octobre	Rencontre internationale sur le changement climatique « Clima latino ».
26 septembre	Création du Conseil consultatif des peuples indigènes (SIA).
2008	
8 décembre	Approbation du fonds pour le développement rural et la productivité agricole andine.
	Mise en place du projet « action avec la société civile pour l'intégration régionale andine » (SOCICAN).
25-26 mai	Première réunion des représentants « afro-descendants » de la communauté andine.
2009	
19 août	Création du Conseil andin des consultants des hautes autorités relatif aux femmes et à l'égalité d'opportunités.
2010	
14 décembre	Déclaration de l'année 2011 comme l'année andin de l'intégration sociale.
9 décembre	Approbation de la politique andine de prévention du handicap et de l'attention et la réhabilitation intégrale des personnes handicapées.
11 août	Activation du réseau du satellite andin « Simon Bolivar II ».
22 juillet	Approbation du programme régional de sécurité et de souveraineté alimentaire et nutritionnelle.
22 juillet	Lancement officiel des services de communication pour la diffusion de l'intégration andine (Web, TVCAN, RAdioCAN, Culturande, BDA).

22 juillet	Adoption du statut de « pays observateur » octroyé aux États tiers de la communauté andine.
15 juillet	Mise en place du passeport andin commun dans les quatre États membres andins.
5 février	Adoption de l'agenda stratégique andin.

2011

8 novembre	Lancement de la réingénierie du système andin d'intégration.
23 août	Création du conseil andin des ministres de la Culture et des cultures, Création de la encontre des peuples « afro-descendants »,
23 août	Adoption de la stratégie andine pour la gestion intégrale des ressources hydriques.
22 août	L'Espagne adopte le statut de pays observateur de la CAN.
14 juillet	Approbation du Plan de mise en place de l'agenda stratégique andin.
6 juillet	Approbation des objectifs andins de développement social et la stratégie andine de cohésion économique et sociale.
14 juin	Adoption du Programme régional andin d'égalité de genre et d'égalité d'opportunités hommes-femmes.

2012

22 novembre	Lancement officiel de la rencontre des peuples « afro-descendants » de la CAN.
14-16 novembre	Représentation des produits andins à la foire alimentaire FHC en Chine.
6 novembre	Adoption des certificats digitaux d'origine pour le commerce international.
28 octobre	Mise en place de la campagne « notre Amazonie » dans le cadre de la stratégie andine de protection de l'Amazonie.
4 juillet	Lancement de l'observatoire andin des micros, petites et moyennes entreprises (MIPYMES) et de l'adoption du Plan 2012-2017.
21 juin	Installation du comité andin de l'industrie culturelle.
20 juin	L'organisation internationale pour les migrations demande le statut d'observateur de la CAN.
12 juin	Lancement commun UE-CAN du programme « familles fortes » de prévention de la consommation des drogues dans la région.
11 mars	Adoption de l'Agenda environnemental andin 2010-2016.
28-29 mars	Première rencontre des entreprises andines.
19 mars	Mise en place du Plan andin de développement des industries culturelles 2012-2015.
1er février	Mise en place en Équateur de l'accès à la sécurité sociale pour les travailleurs andins.
23 janvier	Mise en place de l'accord de dialogue politique et de coopération CAN-UE.

2013

23 mai	Mise en place de dix-sept projets de développement en zones rurales sensibles affectées par la pauvreté.
24-25 avril	Deuxième rencontre des entreprises andines.
24 avril	Adoption de la norme communautaire relative à la prévention des vols de téléphones portables dans la région andine.
18 avril	Lancement du concours des projets documentaires « Ventana andina ».
21 février	Approbation du règlement relatif à l'assistance consulaire des citoyens andins dans des États tiers.
26 janvier	Réflexions concernant la convergence de la CAN, MERCOSUR et l'UNASUR.

Annexe n° 2:
ACUERDO DE INTEGRACIÓN SUBREGIONAL ANDINO
(Accord de Cartaghène)[1434]

LOS GOBIERNOS de Bolivia, Colombia, el Ecuador, el Perú y Venezuela,

INSPIRADOS en la Declaración de Bogotá y en la Declaración de los Presidentes de América;

RESUELTOS a fortalecer la unión de sus pueblos y sentar las bases para avanzar hacia la formación de una comunidad subregional andina;

CONSCIENTES que la integración constituye un mandato histórico, político, económico, social y cultural de sus países a fin de preservar su soberanía e independencia;

FUNDADOS en los principios de igualdad, justicia, paz, solidaridad y democracia;

DECIDIDOS a alcanzar tales fines mediante la conformación de un sistema de integración y cooperación que propenda al desarrollo económico, equilibrado, armónico y compartido de sus países;

CONVIENEN, por medio de sus representantes plenipotenciarios debidamente autorizados, celebrar el siguiente ACUERDO DE INTEGRACIÓN SUBREGIONAL:

CAPÍTULO I
OBJETIVOS Y MECANISMOS

Artículo 1.- El presente Acuerdo tiene por objetivos promover el desarrollo equilibrado y armónico de los Países Miembros en condiciones de equidad, mediante la integración y la cooperación económica y social; acelerar su crecimiento y la generación de ocupación; facilitar su participación en el proceso de integración regional, con miras a la formación gradual de un mercado común latinoamericano.

Asimismo, son objetivos de este Acuerdo propender a disminuir la vulnerabilidad externa y mejorar la posición de los Países Miembros en el contexto económico internacional; fortalecer la solidaridad subregional y reducir las diferencias de desarrollo existentes entre los Países Miembros.

Estos objetivos tienen la finalidad de procurar un mejoramiento persistente en el nivel de vida de los habitantes de la Subregión.

[1434] Version officielle en espagnol (traduction officielle en français inexistante).

Artículo 2.- El desarrollo equilibrado y armónico debe conducir a una distribución equitativa de los beneficios derivados de la integración entre los Países Miembros de modo de reducir las diferencias existentes entre ellos. Los resultados de dicho proceso deberán evaluarse periódicamente tomando en cuenta, entre otros factores, sus efectos sobre la expansión de las exportaciones globales de cada país, el comportamiento de su balanza comercial con la Subregión, la evolución de su producto interno bruto, la generación de nuevos empleos y la formación de capital.

Artículo 3.-Para alcanzar los objetivos del presente Acuerdo se emplearán, entre otros, los mecanismos y medidas siguientes:

a) Profundización de la integración con los demás bloques económicos regionales y de relacionamiento con esquemas extrarregionales en los ámbitos político, social y económico-comercial;

b) La armonización gradual de políticas económicas y sociales y la aproximación de las legislaciones nacionales en las materias pertinentes;
c) La programación conjunta, la intensificación del proceso de industrialización subregional y la ejecución de programas industriales y de otras modalidades de integración industrial;

d) Un Programa de Liberación del intercambio comercial más avanzado que los compromisos derivados del Tratado de Montevideo 1980;

e) Un Arancel Externo Común;

f) Programas para acelerar el desarrollo de los sectores agropecuario y agroindustrial;

g) La canalización de recursos internos y externos a la Subregión para proveer el financiamiento de las inversiones que sean necesarias en el proceso de integración;

h) Programas en el campo de los servicios y la liberación del comercio intrasubregional de servicios;

i) La integración física; y

j) Tratamientos preferenciales a favor de Bolivia y el Ecuador.

Complementariamente a los mecanismos antes enunciados, se adelantarán, en forma concertada, los siguientes programas y acciones de cooperación económica y social:

a) Programas orientados a impulsar el desarrollo científico y tecnológico;

b) Acciones en el campo de la integración fronteriza;

c) Programas en el área del turismo;

d) Acciones para el aprovechamiento y conservación de los recursos naturales y del medio ambiente;

e) Programas de desarrollo social; y,

f) Acciones en el campo de la comunicación social.

Artículo 4.- Para la mejor ejecución del presente Acuerdo, los Países Miembros realizarán los esfuerzos necesarios para procurar soluciones adecuadas que permitan resolver los problemas derivados del enclaustramiento geográfico de Bolivia.

CAPÍTULO II
DE LA COMUNIDAD ANDINA Y EL SISTEMA ANDINO DE INTEGRACIÓN

Artículo 5.- Se crea la "Comunidad Andina", integrada por los Estados soberanos de Bolivia, Colombia, Ecuador, Perú y Venezuela, y por los órganos e instituciones del Sistema Andino de Integración, que se establece por el presente Acuerdo.

Artículo 6.- El Sistema Andino de Integración está conformado por los siguientes órganos e instituciones:

- El Consejo Presidencial Andino;

- El Consejo Andino de Ministros de Relaciones Exteriores;

- La Comisión de la Comunidad Andina ;

- La Secretaría General de la Comunidad Andina ;
- El Tribunal de Justicia de la Comunidad Andina ;

- El Parlamento Andino;

- El Consejo Consultivo Empresarial;

- El Consejo Consultivo Laboral;

- La Corporación Andina de Fomento;

- El Fondo Latinoamericano de Reservas;

- El Convenio Simón Rodríguez, los Convenios Sociales que se adscriban al Sistema Andino de Integración y los demás que se creen en el marco del mismo;

- La Universidad Andina Simón Bolívar;

- Los Consejos Consultivos que establezca la Comisión; y,

- Los demás órganos e instituciones que se creen en el marco de la integración subregional andina.

Artículo 7.- El Sistema tiene como finalidad permitir una coordinación efectiva de los órganos e instituciones que lo conforman, para profundizar la integración subregional andina, promover su proyección externa y consolidar y robustecer las acciones relacionadas con el proceso de integración.

Artículo 8.- Los órganos e instituciones del Sistema Andino de Integración se rigen por el presente Acuerdo, sus respectivos tratados constitutivos y sus protocolos modificatorios.

Artículo 9.- Con el fin de lograr la mejor coordinación del Sistema Andino de Integración, el Presidente del Consejo Andino de Ministros de Relaciones Exteriores convocará y presidirá la Reunión de Representantes de las instituciones que conforman el Sistema.

La Reunión tendrá como principales cometidos :

a) Intercambiar información sobre las acciones desarrolladas por las respectivas instituciones para dar cumplimiento a las Directrices emitidas por el Consejo Presidencial Andino;

b) Examinar la posibilidad y conveniencia de acordar, entre todas las instituciones o entre algunas de ellas, la realización de acciones coordinadas, con el propósito de coadyuvar al logro de los objetivos del Sistema Andino de Integración; y,

c) Elevar al Consejo Andino de Ministros de Relaciones Exteriores en reunión ampliada, informes sobre las acciones desarrolladas en cumplimiento de las Directrices recibidas.

Artículo 10.- Las Reuniones de Representantes de las instituciones que conforman el Sistema Andino de Integración se celebrarán de manera ordinaria al menos una vez al año y, en forma extraordinaria, cada vez que lo solicite cualquiera de sus instituciones integrantes, en el lugar que se acuerde antes de su convocatoria.

La Secretaría General de la Comunidad Andina actuará como Secretaría de la Reunión.

Sección A - Del Consejo Presidencial Andino

Artículo 11.- El Consejo Presidencial Andino es el máximo órgano del Sistema Andino de Integración y está conformado por los Jefes de Estado de los Países Miembros del Acuerdo de Cartagena. Emite Directrices sobre los distintos ámbitos de la integración subregional andina, las cuales son instrumentadas por los órganos e instituciones del Sistema que éste determine, conforme a las competencias y mecanismos establecidos en sus respectivos Tratados o Instrumentos Constitutivos.

Los órganos e instituciones del Sistema ejecutarán las orientaciones políticas contenidas en las Directrices emanadas del Consejo Presidencial Andino.

Artículo 12.- Corresponde al Consejo Presidencial Andino:

a) Definir la política de integración subregional andina;

b) Orientar e impulsar las acciones en asuntos de interés de la Subregión en su conjunto, así como las relativas a la coordinación entre los órganos e instituciones del Sistema Andino de Integración;

c) Evaluar el desarrollo y los resultados del proceso de la integración subregional andina;

d) Considerar y emitir pronunciamientos sobre los informes, iniciativas y recomendaciones presentados por los órganos e instituciones del Sistema Andino de Integración; y,

e) Examinar todas las cuestiones y asuntos relativos al desarrollo del proceso de la integración subregional andina y su proyección externa.

Artículo 13.- El Consejo Presidencial Andino se reunirá en forma ordinaria una vez al año, de preferencia en el país que ejerce la Presidencia del mismo. En dicha reunión tomará conocimiento de las acciones realizadas por los órganos e instituciones del Sistema Andino de Integración, así como de sus planes, programas y sugerencias. Los integrantes del Consejo Andino de Ministros de Relaciones Exteriores, de la Comisión y los representantes de los órganos e instituciones del Sistema podrán asistir, en calidad de observadores, a las reuniones del Consejo Presidencial Andino.

El Consejo Presidencial Andino podrá reunirse de manera extraordinaria, cada vez que lo estime conveniente, en el lugar que se acuerde antes de su convocatoria.

Artículo 14.- El Consejo Presidencial Andino tendrá un Presidente que ejercerá la máxima representación política de la Comunidad Andina y permanecerá un año calendario en su función, la que será ejercida sucesivamente y en orden alfabético por cada uno de los Países Miembros.

Corresponde al Presidente del Consejo Presidencial Andino:

a) Convocar y presidir las reuniones ordinarias y extraordinarias del Consejo;

b) Ejercer la representación del Consejo y de la Comunidad Andina;

c) Supervisar el cumplimiento por parte de los otros órganos e instituciones del Sistema Andino de Integración de las Directrices emanadas del Consejo; y,

d) Llevar a cabo las gestiones que le sean solicitadas por el Consejo.

Sección B - Del Consejo Andino de Ministros de Relaciones Exteriores

Artículo 15.- El Consejo Andino de Ministros de Relaciones Exteriores está conformado por los Ministros de Relaciones Exteriores de los Países Miembros del Acuerdo de Cartagena.

Artículo 16.- Corresponde al Consejo Andino de Ministros de Relaciones Exteriores:
a) Formular la política exterior de los Países Miembros en los asuntos que sean de interés subregional, así como orientar y coordinar la acción externa de los diversos órganos e instituciones del Sistema Andino de Integración;

b) Formular, ejecutar y evaluar, en coordinación con la Comisión, la política general del proceso de la integración subregional andina;

c) Dar cumplimiento a las Directrices que le imparte el Consejo Presidencial Andino y velar por la ejecución de aquellas que estén dirigidas a los otros órganos e instituciones del Sistema Andino de Integración;

d) Suscribir Convenios y Acuerdos con terceros países o grupos de países o con organismos internacionales sobre temas globales de política exterior y de cooperación;

e) Coordinar la posición conjunta de los Países Miembros en foros y negociaciones internacionales, en los ámbitos de su competencia;

f) Representar a la Comunidad Andina en los asuntos y actos de interés común, dentro del marco de su competencia, de conformidad con las normas y objetivos del Acuerdo;

g) Recomendar o adoptar las medidas que aseguren la consecución de los fines y objetivos del Acuerdo de Cartagena, en el ámbito de su competencia;

h) Velar por el cumplimiento armónico de las obligaciones derivadas del presente Acuerdo y del Tratado de Montevideo de 1980;

i) Aprobar y modificar su propio reglamento;

j) Aprobar el Reglamento de la Secretaría General y sus modificaciones, a propuesta de la Comisión; y,
k) Conocer y resolver todos los demás asuntos de interés común, en el ámbito de su competencia.

Artículo 17.- El Consejo Andino de Ministros de Relaciones Exteriores se expresará mediante Declaraciones y Decisiones, adoptadas por consenso. Estas últimas forman parte del ordenamiento jurídico de la Comunidad Andina.

Artículo 18.- El Consejo Andino de Ministros de Relaciones Exteriores se reunirá en forma ordinaria dos veces al año, de preferencia, en el país que ejerce la presidencia del mismo. Igualmente podrá reunirse de manera extraordinaria, cada vez que lo estime conveniente, a petición de cualquiera de sus miembros, en el lugar que se acuerde antes de su convocatoria.

Artículo 19.- El Consejo Andino de Ministros de Relaciones Exteriores estará presidido por el Ministro de Relaciones Exteriores del país que está a cargo de la presidencia del Consejo Presidencial Andino, quien permanecerá un año calendario en su función.

La labor de coordinación que corresponda al Presidente de este Consejo será desempeñada por el Ministerio de Relaciones Exteriores del país cuyo Jefe de Estado ocupe la presidencia del Consejo Presidencial Andino, en calidad de Secretaría Pro Témpore de ambos órganos y con el apoyo técnico de la Secretaría General de la Comunidad Andina.

Artículo 20.- El Consejo Andino de Ministros de Relaciones Exteriores se reunirá en forma ampliada con los representantes titulares ante la Comisión, por lo menos una vez al año y, a nivel de alternos, cada vez que lo considere necesario, a fin de tratar asuntos relativos al Acuerdo de Cartagena que sean de interés de ambos órganos, tales como:

a) Preparar las reuniones del Consejo Presidencial Andino;

b) Elegir y, cuando corresponda, remover al Secretario General de la Comunidad Andina;

c) Proponer al Consejo Presidencial Andino las modificaciones al presente Acuerdo;

d) Evaluar la gestión de la Secretaría General ;

e) Considerar las iniciativas y propuestas que los Países Miembros o la Secretaría General sometan a su consideración; y,

f) Los demás temas que ambos órganos consideren tratar de común acuerdo.

Sección C - De la Comisión de la Comunidad Andina

Artículo 21.- La Comisión de la Comunidad Andina está constituida por un representante plenipotenciario de cada uno de los Gobiernos de los Países Miembros. Cada Gobierno acreditará un representante titular y un alterno.

La Comisión expresará su voluntad mediante Decisiones.

Artículo 22.- Corresponde a la Comisión de la Comunidad Andina:

a) Formular, ejecutar y evaluar la política de integración subregional andina en materia de comercio e inversiones y, cuando corresponda, en coordinación con el Consejo Andino de Ministros de Relaciones Exteriores;
b) Adoptar las medidas que sean necesarias para el logro de los objetivos del Acuerdo de Cartagena, así como para el cumplimiento de las Directrices del Consejo Presidencial Andino;

c) Coordinar la posición conjunta de los Países Miembros en foros y negociaciones internacionales, en el ámbito de su competencia;

d) Velar por el cumplimiento armónico de las obligaciones derivadas del presente Acuerdo y del Tratado de Montevideo de 1980;

e) Aprobar y modificar su propio reglamento;

f) Aprobar, no aprobar o enmendar las propuestas que los Países Miembros, individual o colectivamente, o la Secretaría General sometan a su consideración;

g) Mantener una vinculación permanente con los órganos e instituciones que conforman el Sistema Andino de Integración, con miras a propiciar la coordinación de programas y acciones encaminadas al logro de sus objetivos comunes;

h) Representar a la Comunidad Andina en los asuntos y actos de interés común, dentro del marco de su competencia, de conformidad con las normas y objetivos del Acuerdo;

i) Aprobar los presupuestos anuales y evaluar la ejecución presupuestal de la Secretaría General y del Tribunal de Justicia de la Comunidad Andina, así como fijar la contribución de cada uno de los Países Miembros; y,

j) Someter a consideración del Consejo Andino de Ministros de Relaciones Exteriores la propuesta de Reglamento de la Secretaría General.

En el cumplimiento de sus funciones, la Comisión considerará de manera especial la situación de Bolivia y Ecuador en función de los objetivos de este Acuerdo, de los tratamientos preferenciales previstos en su favor y del enclaustramiento geográfico del primero.

Artículo 23.- La Comisión tendrá un Presidente que permanecerá un año calendario en su cargo. Dicha función será ejercida por el representante del país que ocupe la presidencia del Consejo Presidencial Andino.

Artículo 24.- La Comisión se reunirá ordinariamente tres veces al año y en forma extraordinaria cuando sea convocada por su Presidente a petición de cualquiera de los Países Miembros o de la Secretaría General.

Sus sesiones se celebrarán en la sede de la Secretaría General, pero podrán llevarse a cabo fuera de ésta. La Comisión deberá sesionar con la presencia de la mayoría absoluta de los Países Miembros.

La asistencia a las reuniones de la Comisión será obligatoria y la no asistencia se considerará abstención.

Artículo 25.- El Presidente de la Comisión, a solicitud de uno o más de los Países Miembros o de la Secretaría General, convocará a la Comisión para que se reúna como Comisión Ampliada, con el fin de tratar asuntos de carácter sectorial, considerar normas para hacer posible la coordinación de los planes de desarrollo y la armonización de las políticas económicas de los Países Miembros, así como para conocer y resolver todos los demás asuntos de interés común.

Dichas reuniones serán presididas por el Presidente de la Comisión y estarán conformadas conjuntamente por los representantes titulares ante ésta y los Ministros o Secretarios de Estado del área respectiva. Se ejercerá un voto por país para aprobar sus Decisiones, las que formarán parte del ordenamiento jurídico de la Comunidad Andina.

Artículo 26.- La Comisión adoptará sus Decisiones con el voto favorable de la mayoría absoluta de los Países Miembros. Se exceptúan de esta norma general:

a) Las materias incluidas en el Anexo I del presente Acuerdo, en las cuales la Comisión adoptará sus Decisiones con el voto favorable de la mayoría absoluta de los Países Miembros y sin que haya voto negativo.

La Comisión podrá incorporar nuevas materias en dicho Anexo con el voto favorable de la mayoría absoluta de los Países Miembros;

b) En los casos que se enumeran en el Anexo II las propuestas de la Secretaría General deberán ser aprobadas con el voto favorable de la mayoría absoluta de los Países Miembros y siempre que no haya voto negativo. Las propuestas que contaren con el voto favorable de la mayoría absoluta de los Países Miembros pero que fueren objeto de algún voto negativo deberán ser devueltas a la Secretaría General para la consideración de los antecedentes que hayan dado origen a dicho voto negativo. En un plazo no menor de dos meses ni mayor de seis, la Secretaría General elevará nuevamente la propuesta a la consideración de la Comisión con las modificaciones que estime oportunas y, en tal caso, la propuesta así modificada se estimará aprobada si cuenta con el voto favorable de la mayoría absoluta de los Países Miembros, sin que haya voto negativo, pero no se computará como tal el del país que hubiere votado negativamente en oportunidad anterior; y,

c) Los Programas y los Proyectos de Desarrollo Industrial deberán ser aprobados con el voto favorable de la mayoría absoluta de los Países Miembros y siempre que no haya voto negativo.

Artículo 27.- La Secretaría General o los Países Miembros deberán presentar sus propuestas con por lo menos quince días de antelación a la fecha de reunión del Consejo Andino de Ministros de Relaciones Exteriores o de la Comisión, según corresponda. Únicamente en casos excepcionales debidamente justificados y conforme al ordenamiento jurídico de la Comunidad Andina, podrá prescindirse de la antelación requerida, siempre que el proponente y los demás Países Miembros estuvieren de acuerdo.

Las propuestas que contaren con el voto favorable de la mayoría absoluta de los Países Miembros pero que fueren objeto de algún voto negativo deberán ser devueltas al proponente para la consideración de los antecedentes que hubieren dado origen a ese voto negativo.

En un plazo no menor de un mes ni mayor de tres, el proponente elevará nuevamente la propuesta a la consideración del órgano que corresponda con las modificaciones que estime oportunas y, en tal caso, la propuesta así modificada se entenderá aprobada si cuenta con el voto favorable de la mayoría absoluta de los Países Miembros.

Artículo 28.- El País Miembro que incurriere en un retraso mayor a cuatro trimestres en el pago de sus contribuciones corrientes a la Secretaría General o al Tribunal de Justicia de la Comunidad Andina, no podrá ejercer el derecho a voto en la Comisión hasta tanto regularice su situación.

En tal caso el quórum de asistencia y votación se computará conforme al número de países aportantes.

Sección D - De la Secretaría General de la Comunidad Andina

Artículo 29.- La Secretaría General es el órgano ejecutivo de la Comunidad Andina y en tal carácter actúa únicamente en función de los intereses de la Subregión. La Secretaría General otorgará apoyo técnico, cuando corresponda, a los demás órganos e instituciones del Sistema Andino de Integración.

La Secretaría General estará dirigida por el Secretario General. Para el desempeño de sus funciones se apoyará en los Directores Generales, según el reglamento respectivo. Dispondrá además del personal técnico y administrativo necesario para el cumplimiento de sus funciones. La Secretaría General se expresará mediante Resoluciones.

Artículo 30.- Son funciones de la Secretaría General de la Comunidad Andina:

a) Velar por la aplicación de este Acuerdo y por el cumplimiento de las normas que conforman el ordenamiento jurídico de la Comunidad Andina;
b) Atender los encargos del Consejo Andino de Ministros de Relaciones Exteriores y de la Comisión;

c) Formular al Consejo Andino de Ministros de Relaciones Exteriores y a la Comisión propuestas de Decisión, de conformidad con sus respectivas competencias, así como iniciativas y sugerencias a la reunión ampliada del Consejo Andino de Ministros de Relaciones Exteriores, destinadas a facilitar o acelerar el cumplimiento de este Acuerdo, con la finalidad de alcanzar sus objetivos en el término más breve posible;

d) Efectuar los estudios y proponer las medidas necesarias para la aplicación de los tratamientos especiales en favor de Bolivia y Ecuador y, en general, las concernientes a la participación de los dos países en este Acuerdo;

e) Evaluar e informar anualmente al Consejo Andino de Ministros de Relaciones Exteriores y a la Comisión sobre los resultados de la aplicación de este Acuerdo y el logro de sus objetivos, prestando especial atención al cumplimiento del principio de distribución equitativa de los beneficios de la integración, y proponer las medidas correctivas pertinentes;

f) Efectuar los estudios técnicos y las coordinaciones que le encomienden los otros órganos del Sistema Andino de Integración y otros que a su juicio sean necesarios;

g) Mantener vínculos permanentes de trabajo con los Países Miembros, coordinando con el organismo nacional de integración que cada país señale para tal efecto;

h) Elaborar su programa anual de labores, en el cual incluirá preferentemente los trabajos que le encomienden los otros órganos del Sistema;

i) Promover reuniones periódicas de los organismos nacionales encargados de la formulación o ejecución de la política económica y, especialmente, de los que tengan a su cargo la planificación;

j) Mantener vínculos de trabajo con los órganos ejecutivos de las demás organizaciones regionales de integración y cooperación con la finalidad de intensificar sus relaciones y cooperación recíproca;

k) Llevar las actas de las reuniones ampliadas del Consejo Andino de Ministros de Relaciones Exteriores y las de la Comisión, y elaborar la agenda tentativa de sus reuniones, en coordinación con los presidentes de dichos órganos;

l) Ser depositaria de las actas de las reuniones y demás documentos de los órganos del Sistema Andino de Integración y dar fe de la autenticidad de los mismos;

m) Editar la Gaceta Oficial del Acuerdo de Cartagena;

n) Ejercer la Secretaría de la Reunión de Representantes de las instituciones que conforman el Sistema Andino de Integración; y,

ñ) Ejercer las demás atribuciones que expresamente le confiere el ordenamiento jurídico de la Comunidad Andina.

Artículo 31.- La Secretaría General funcionará en forma permanente y su sede será la ciudad de Lima, Perú.

Artículo 32.- La Secretaría General estará a cargo de un Secretario General que será elegido por consenso por el Consejo Andino de Ministros de Relaciones Exteriores en reunión ampliada, por un período de cinco años, pudiendo ser reelegido por una sola vez.

El Secretario General deberá ser una personalidad de alta representatividad, reconocido prestigio y nacional de uno de los Países Miembros. Actuará únicamente en función de los intereses de la Subregión en su conjunto.

Durante su período, el Secretario General no podrá desempeñar ninguna otra actividad; ni solicitará o aceptará instrucciones de ningún gobierno, entidad nacional o internacional.

En caso de vacancia, el Consejo Andino de Ministros de Relaciones Exteriores en reunión ampliada procederá de inmediato a designar por consenso al nuevo titular. Hasta tanto se proceda a tal designación, asumirá interinamente la Secretaría General el Director General de mayor antigüedad en el cargo.

Artículo 33.- El Secretario General podrá ser removido, por consenso, a requerimiento de un País Miembro, únicamente cuando en el ejercicio de sus funciones hubiere incurrido en falta grave prevista en el Reglamento de la Secretaría General.

Artículo 34.- Son atribuciones del Secretario General de la Comunidad Andina:

a) Ejercer la representación jurídica de la Secretaría General;

b) Proponer a la Comisión o al Consejo Andino de Ministros de Relaciones Exteriores iniciativas relativas al Reglamento de la Secretaría General;

c) Contratar y remover, conforme al Reglamento de la Secretaría General, al personal técnico y administrativo;

d) Participar con derecho a voz en las sesiones del Consejo Andino de Ministros de Relaciones Exteriores, de la Comisión y de sus respectivas reuniones ampliadas y, cuando sea invitado, en las de los demás órganos del Sistema;

e) Presentar a la Comisión el proyecto de presupuesto anual, para su aprobación; y,

f) Presentar un informe anual de las actividades de la Secretaría General al Consejo Andino de Ministros de Relaciones Exteriores en reunión ampliada.

Artículo 35.- El Secretario General designará los Directores Generales, en consulta con los Países Miembros y de conformidad con la estructura orgánico-funcional de la Secretaría General. Los Directores Generales serán profesionales de alto nivel, designados estrictamente en función de su formación académica, idoneidad, honorabilidad y experiencia, siendo responsables de un área técnica determinada.

Los Directores Generales deberán ser nacionales de alguno de los Países Miembros y en su designación el Secretario General procurará que exista una distribución geográfica subregional equilibrada. El nombramiento y remoción de los Directores Generales se regirá por lo que disponga el Reglamento de la Secretaría General.

Artículo 36.- En la ejecución de los procedimientos en los que se controviertan los intereses de dos o más Países Miembros, el Secretario General contará con el concurso técnico de expertos especiales, cuya designación y forma de participación se hará conforme al Reglamento de la Secretaría General.

Artículo 37.- El Secretario General, en la contratación del personal técnico y administrativo, que podrá ser de cualquier nacionalidad, tendrá en cuenta estrictamente la idoneidad, competencia y honorabilidad de los candidatos y procurará, en cuanto ello no sea incompatible con los criterios anteriores, que haya una distribución geográfica subregional equilibrada.

El nombramiento y remoción del personal se ejercerá de conformidad con los criterios y causales que se establezcan en el Reglamento de la Secretaría General, sin perjuicio de lo que disponga a tal efecto el Tratado de Creación del Tribunal de Justicia y sus protocolos modificatorios.

Artículo 38.- El personal de la Secretaría General se abstendrá de cualquier acción incompatible con el carácter de sus funciones y no solicitará ni aceptará instrucciones de Gobierno, entidad nacional o internacional alguno.

Artículo 39.- En el caso de procedimientos que deban culminar en la adopción de una Resolución o Dictamen, las personas naturales o jurídicas, públicas o privadas de los Países Miembros, deberán colaborar con las investigaciones que realice la Secretaría General en el desarrollo de sus funciones y en tal sentido deberán suministrar la información que al efecto ésta les solicite.

La Secretaría General guardará la confidencialidad de los documentos e informaciones que le sean suministrados, de conformidad con las normas que al respecto se establezcan.

Sección E - Del Tribunal de Justicia de la Comunidad Andina

Artículo 40.- El Tribunal de Justicia es el órgano jurisdiccional de la Comunidad Andina.

Artículo 41.- El Tribunal de Justicia de la Comunidad Andina se rige por el Tratado de su creación, sus protocolos modificatorios y el presente Acuerdo.

El Tribunal tiene su sede en la ciudad de Quito, Ecuador.

Sección F - Del Parlamento Andino

Artículo 42.- El Parlamento Andino es el órgano deliberante del Sistema, su naturaleza es comunitaria, representa a los pueblos de la Comunidad Andina y estará constituido por representantes elegidos por sufragio universal y directo, según procedimiento que se adoptará mediante Protocolo Adicional que incluirá los adecuados criterios de representación nacional.

En tanto se suscriba el Protocolo Adicional que instituya la elección directa, el Parlamento Andino estará conformado por representantes de los Congresos Nacionales, de conformidad a sus reglamentaciones internas y al Reglamento General del Parlamento Andino.

La sede permanente del Parlamento Andino estará en la ciudad de Santafé de Bogotá, Colombia.

Artículo 43.- Son atribuciones del Parlamento Andino:

a) Participar en la promoción y orientación del proceso de la integración subregional andina, con miras a la consolidación de la integración latinoamericana;

b) Examinar la marcha del proceso de la integración subregional andina y el cumplimiento de sus objetivos, requiriendo para ello información periódica a los órganos e instituciones del Sistema;

c) Formular recomendaciones sobre los proyectos de presupuesto anual de los órganos e instituciones del Sistema que se constituyen con las contribuciones directas de los Países Miembros;

d) Sugerir a los órganos e instituciones del Sistema las acciones o decisiones que tengan por objeto o efecto la adopción de modificaciones, ajustes o nuevos lineamientos generales con relación a los objetivos programáticos y a la estructura institucional del Sistema;

e) Participar en la generación normativa del proceso mediante sugerencias a los órganos del Sistema de proyectos de normas sobre temas de interés común, para su incorporación en el ordenamiento jurídico de la Comunidad Andina;

f) Promover la armonización de las legislaciones de los Países Miembros; y,

g) Promover relaciones de cooperación y coordinación con los Parlamentos de los Países Miembros, los órganos e instituciones del Sistema, así como con los órganos parlamentarios de integración o cooperación de terceros países.

Sección G - De las Instituciones Consultivas

Artículo 44.- El Consejo Consultivo Empresarial y el Consejo Consultivo Laboral son instituciones consultivas del Sistema Andino de Integración. Están conformados por delegados del más alto nivel, los cuales serán elegidos directamente por las organizaciones representativas de los sectores empresarial y laboral de cada uno de los Países Miembros, de conformidad con sus respectivos reglamentos, y acreditados oficialmente por aquellos.

Corresponderá a estos Consejos Consultivos emitir opinión ante el Consejo Andino de Ministros de Relaciones Exteriores, la Comisión o la Secretaría General, a solicitud de éstos o por propia iniciativa, sobre los programas o actividades del proceso de la integración subregional andina que fueran de interés para sus respectivos sectores. También podrán ser convocados a las reuniones de los grupos de trabajo y de expertos gubernamentales, vinculados a la elaboración de proyectos de Decisión, y podrán participar con derecho a voz en las reuniones de la Comisión.

Sección H - De las Instituciones Financieras

Artículo 45.- La Corporación Andina de Fomento y el Fondo Latinoamericano de Reservas son instituciones financieras del Sistema que tienen por objeto impulsar el proceso de la integración subregional andina.

Artículo 46.- La Secretaría General y los órganos ejecutivos de la Corporación Andina de Fomento y del Fondo Latinoamericano de Reservas deberán mantener vínculos de trabajo, con el fin de establecer una adecuada coordinación de actividades y facilitar, de esa manera, el logro de los objetivos del presente Acuerdo.

Sección I - De la Solución de Controversias

Artículo 47.- La solución de controversias que surjan con motivo de la aplicación del ordenamiento jurídico de la Comunidad Andina se sujetará a las normas del Tratado que crea el Tribunal de Justicia.

Sección J - De la Personería Jurídica Internacional y de los Privilegios e Inmunidades

Artículo 48.- La Comunidad Andina es una organización subregional con personería o personalidad jurídica internacional.

Artículo 49.- La Secretaría General, el Tribunal de Justicia, el Parlamento Andino, la Corporación Andina de Fomento, el Fondo Latinoamericano de Reservas y los Convenios Sociales que son parte del Sistema gozarán, en el territorio de cada uno de los Países Miembros, de los privilegios e inmunidades necesarios para la realización de sus propósitos. Sus representantes y funcionarios internacionales gozarán, asimismo, de los privilegios e inmunidades necesarios para desempeñar con independencia sus funciones, en relación con este Acuerdo. Sus locales son inviolables y sus bienes y haberes gozan de inmunidad contra todo procedimiento judicial, salvo que renuncie expresamente a ésta. No obstante, tal renuncia no se aplicará a ninguna medida judicial ejecutoria.

CAPÍTULO III
RELACIONES EXTERNAS

Artículo 50.- El Consejo Andino de Ministros de Relaciones Exteriores formulará la Política Exterior Común, para los asuntos que sean de interés subregional. A tal efecto, concertará posiciones políticas conjuntas que permitan una participación comunitaria efectiva en foros y organizaciones políticas internacionales.

Artículo 51.- El Consejo Andino de Ministros de Relaciones Exteriores y la Comisión de la Comunidad Andina definirán y emprenderán una estrategia comunitaria orientada a la profundización de la integración con los demás bloques económicos regionales y de relacionamiento con esquemas extrarregionales, en los ámbitos político, social y económico-comercial.

Artículo 52.- Para el logro del objetivo enunciado en el presente Capítulo, el Consejo Andino de Ministros de Relaciones Exteriores y la Comisión de la Comunidad Andina emplearán, entre otras, las medidas siguientes:
a) Fortalecer la participación comunitaria en foros económicos y comerciales, internacionales, multilaterales, hemisféricos y regionales;

b) Coordinar negociaciones conjuntas de la Comunidad Andina con otros procesos de integración o con terceros países o grupos de países; y,

c) Encomendar investigaciones, estudios y acciones a la Secretaría General que permitan alcanzar el objetivo y las medidas previstos en el presente Capítulo.

CAPÍTULO IV
ARMONIZACIÓN DE LAS POLÍTICAS ECONÓMICAS YCOORDINACIÓN DE LOS PLANES DE DESARROLLO

Artículo 53.- Los Países Miembros adoptarán progresivamente una estrategia para el logro de los objetivos del desarrollo de la Subregión previstos en el presente Acuerdo.

Artículo 54.- Los Países Miembros coordinarán sus planes de desarrollo en sectores específicos y armonizarán gradualmente sus políticas económicas y sociales, con la mira de llegar al desarrollo integrado del área, mediante acciones planificadas.

Este proceso se cumplirá paralela y coordinadamente con el de formación del mercado subregional mediante los siguientes mecanismos, entre otros:

a) Programas de Desarrollo Industrial;
b) Programas de Desarrollo Agropecuario y Agroindustrial;

c) Programas de Desarrollo de la Infraestructura Física;

d) Programas de Liberación Intrasubregional de los Servicios;

e) La armonización de las políticas cambiaria, monetaria, financiera y fiscal, incluyendo el tratamiento a los capitales de la Subregión o de fuera de ella;

f) Una política comercial común frente a terceros países; y

g) La armonización de métodos y técnicas de planificación.

Artículo 55.-La Comunidad Andina contará con un régimen común sobre tratamiento a los capitales extranjeros y, entre otros, sobre marcas, patentes, licencias y regalías.

Artículo 56.-La Comunidad Andina contará con un régimen uniforme al que deberán sujetarse las empresas multinacionales andinas.

Artículo 57.- La Comisión, a propuesta de la Secretaría General, establecerá los procedimientos y mecanismos de carácter permanente que sean necesarios para lograr la coordinación y armonización de que trata el Artículo 54.

Artículo 58.- La Comisión, a propuesta de la Secretaría General y tomando en cuenta los avances y requerimientos del proceso de integración subregional, así como el cumplimiento equilibrado de los mecanismos del Acuerdo, aprobará normas y definirá plazos para la armonización gradual de las legislaciones económicas y los instrumentos y mecanismos de regulación y fomento del comercio exterior de los Países Miembros que incidan sobre los mecanismos previstos en el presente Acuerdo para la formación del mercado subregional.

Artículo 59.- En sus planes nacionales de desarrollo y en la formulación de sus políticas económicas, los Países Miembros incluirán las medidas necesarias para asegurar el cumplimiento de los artículos precedentes.

CAPÍTULO V
PROGRAMAS DE DESARROLLO INDUSTRIAL

Artículo 60.- Los Países Miembros se obligan a promover un proceso de desarrollo industrial conjunto, para alcanzar, entre otros, los siguientes objetivos:

a) La expansión, especialización, diversificación y promoción de la actividad industrial;

b) El aprovechamiento de las economías de escala;

c) La óptima utilización de los recursos disponibles en el área, especialmente a través de la industrialización de los recursos naturales;

d) El mejoramiento de la productividad;

e) Un mayor grado de relación, vinculación y complementación entre las empresas industriales de la Subregión;
f) La distribución equitativa de beneficios ; y
g) Una mejor participación de la industria subregional en el contexto internacional.

Artículo 61.- Para los efectos indicados en el artículo anterior, constituyen modalidades de integración industrial las siguientes:
a) Programas de Integración Industrial;
b) Convenios de Complementación Industrial; y
c) Proyectos de Integración Industrial.

Sección A - De los Programas de Integración Industrial

Artículo 62.- La Comisión, a propuesta de la Secretaría General, adoptará Programas de Integración Industrial, preferentemente para promover nuevas producciones industriales en ámbitos sectoriales o intersectoriales, que contarán con la participación de, por lo menos, cuatro Países Miembros.

Los programas deberán contener cláusulas sobre:

a) Objetivos específicos;

b) Determinación de los productos objeto del Programa;

c) Localización de plantas en los países de la Subregión cuando las características del sector o sectores materia de los mismos así lo requieran, en cuyo caso deberán incluir normas sobre el compromiso de no alentar producciones en los países no favorecidos con la asignación;

d) Programa de Liberación que podrá contener ritmos diferentes por país y por producto;

e) Arancel Externo Común;

f) Coordinación de las nuevas inversiones a escala subregional y medidas para asegurar su financiación;

g) Armonización de políticas en los aspectos que incidan directamente en el Programa;

h) Medidas complementarias que propicien mayores vinculaciones industriales y faciliten el cumplimiento de los objetivos del Programa; e

i) Los plazos durante los cuales deberán mantenerse los derechos y obligaciones que emanen del Programa en el caso de denuncia del Acuerdo.

Artículo 63.- El país no participante en un Programa de Integración Industrial podrá plantear su incorporación en cualquier momento, para cuyo efecto la Comisión aprobará las condiciones de dicha incorporación, mediante el sistema de votación previsto en el literal b) del Artículo 26. En las propuestas respectivas se deberán considerar los resultados de las negociaciones que hubieren celebrado al efecto los países participantes con el no participante.

Sección B - De los Convenios de Complementación Industrial

Artículo 64.-Los Convenios de Complementación Industrial tendrán por objeto promover la especialización industrial entre los Países Miembros y podrán ser celebrados y ejecutados por dos o más de ellos. Dichos Convenios deberán ser aprobados por la Comisión.

Para los efectos indicados en el inciso anterior, los Convenios podrán comprender medidas tales como distribución de producciones, coproducción, subcontratación de capacidades de producción, acuerdos de mercado y operaciones conjuntas de comercio exterior, y otras que faciliten una mayor articulación de los procesos productivos y de la actividad empresarial.

Los Convenios de Complementación Industrial tendrán carácter temporal y a más de la determinación de los productos objeto de los mismos y del plazo de vigencia de los derechos y obligaciones de los Países Miembros participantes, podrán contener medidas especiales en materia de tratamientos arancelarios, de regulación del comercio y de establecimiento de márgenes de preferencia, no extensivas a los países no participantes y siempre que dichas medidas representen iguales o mejores condiciones que las existentes para el intercambio recíproco. En este caso, se determinarán los gravámenes aplicables a terceros países.

Artículo 65.- Los países no participantes en los Convenios de Complementación podrán plantear su incorporación en cualquier momento, para cuyo efecto los países participantes aprobarán las condiciones de dicha incorporación, las cuales deberán ser puestas en conocimiento de la Comisión.

Sección C - De los Proyectos de Integración Industrial

Artículo 66.- La Comisión, a propuesta de la Secretaría General, aprobará Proyectos de Integración Industrial, los cuales se ejecutarán respecto de productos específicos o familias de productos, preferentemente nuevos, mediante acciones de cooperación colectiva y con la participación de todos los Países Miembros.

Para la ejecución de estos Proyectos se adelantarán, entre otras, las siguientes acciones:

a) Realización de estudios de factibilidad y diseño;

b) Suministro de equipos, asistencia técnica, tecnología y demás bienes y servicios, preferentemente de origen subregional;

c) Apoyo de la Corporación Andina de Fomento mediante el financiamiento o la participación accionaria; y

d) Gestiones y negociaciones conjuntas con empresarios y agencias gubernamentales internacionales para la captación de recursos externos o transferencia de tecnologías.

Los Proyectos de Integración Industrial incluirán cláusulas sobre localización de plantas en los Países Miembros cuando las características del sector o sectores correspondientes así lo requieran y podrán comprender cláusulas que faciliten el acceso de las producciones al mercado subregional.

En el caso de proyectos específicos que se localicen en Bolivia o el Ecuador, la Comisión establecerá tratamientos arancelarios temporales y no extensivos, que mejoren las condiciones de acceso de dichos productos al mercado subregional. Respecto de productos no producidos, si éstos se incluyeren en esta modalidad, contemplarán excepciones al principio de irrevocabilidad del inciso primero del Artículo 76.

Sección D - Otras Disposiciones

Artículo 67.- En la aplicación de las modalidades de integración industrial, la Comisión y la Secretaría General tendrán en cuenta la situación y requerimientos de la pequeña y mediana industria, particularmente aquellos referidos a los siguientes aspectos:

a) Las capacidades instaladas de las empresas existentes;

b) Las necesidades de asistencia financiera y técnica para la instalación, ampliación, modernización o conversión de plantas;

c) Las perspectivas de establecer sistemas conjuntos de comercialización, de investigación tecnológica y de otras formas de cooperación entre empresas afines; y

d) Los requerimientos de capacitación de mano de obra.

Artículo 68.- Las modalidades de integración industrial podrán prever acciones de racionalización industrial con miras a lograr un óptimo aprovechamiento de los factores productivos y a alcanzar mayores niveles de productividad y eficiencia.

Artículo 69.- La Secretaría General podrá realizar o promover acciones de cooperación, incluyendo las de racionalización y modernización industrial, en favor de cualquier actividad del sector y, en especial, de la pequeña y mediana industria de la Subregión, con el fin de coadyuvar al desarrollo industrial de los Países Miembros. Estas acciones se llevarán a cabo prioritariamente en Bolivia y el Ecuador.

Artículo 70.- Cuando se estime conveniente y, en todo caso, en oportunidad de las evaluaciones periódicas de la Secretaría General, ésta propondrá a la Comisión las medidas que considere indispensables para asegurar la participación equitativa de los Países Miembros en las modalidades de integración industrial de que trata el presente Capítulo, en su ejecución y en el cumplimiento de sus objetivos.

Artículo 71.- Corresponderá a la Comisión y a la Secretaría General mantener una adecuada coordinación con la Corporación Andina de Fomento y gestionar la colaboración de cualesquiera otras instituciones nacionales e internacionales cuya contribución técnica y financiera estimen conveniente para:

a) Facilitar la coordinación de políticas y la programación conjunta de las inversiones;

b) Encauzar un volumen creciente de recursos financieros hacia la solución de los problemas que el proceso de integración industrial plantee a los Países Miembros;

c) Promover la financiación de los proyectos de inversión que se generen de la ejecución de las modalidades de integración industrial; y

d) Ampliar, modernizar o convertir plantas industriales que pudieran resultar afectadas por la liberación del intercambio.

CAPÍTULO VI
PROGRAMA DE LIBERACIÓN

Artículo 72.-El Programa de Liberación de bienes tiene por objeto eliminar los gravámenes y las restricciones de todo orden que incidan sobre la importación de productos originarios del territorio de cualquier País Miembro.

Artículo 73.- Se entenderá por "gravámenes" los derechos aduaneros y cualesquier otros recargos de efectos equivalentes, sean de carácter fiscal, monetario o cambiario, que incidan sobre las importaciones. No quedarán comprendidos en este concepto las tasas y recargos análogos cuando correspondan al costo aproximado de los servicios prestados.

Se entenderá por "restricciones de todo orden" cualquier medida de carácter administrativo, financiero o cambiario, mediante la cual un País Miembro impida o dificulte las importaciones, por decisión unilateral. No quedarán comprendidas en este concepto la adopción y el cumplimiento de medidas destinadas a la:

a) Protección de la moralidad pública;

b) Aplicación de leyes y reglamentos de seguridad;

c) Regulación de las importaciones o exportaciones de armas, municiones y otros materiales de guerra y, en circunstancias excepcionales, de todos los demás artículos militares, siempre que no interfieran con lo dispuesto en tratados sobre libre tránsito irrestricto vigentes entre los Países Miembros;

d) Protección de la vida y salud de las personas, los animales y los vegetales;

e) Importación y exportación de oro y plata metálicos;

f) Protección del patrimonio nacional de valor artístico, histórico o arqueológico; y

g) Exportación, utilización y consumo de materiales nucleares, productos radiactivos o cualquier otro material utilizable en el desarrollo o aprovechamiento de la energía nuclear.

Artículo 74.- Para los efectos de los artículos anteriores, la Secretaría General, de oficio o a petición de parte, determinará, en los casos en que sea necesario, si una medida adoptada unilateralmente por un País Miembro constituye "gravamen" o "restricción".

Artículo 75.- En materia de impuestos, tasas y otros gravámenes internos, los productos originarios de un País Miembro gozarán en el territorio de otro País Miembro de tratamiento no menos favorable que el que se aplica a productos similares nacionales.

Artículo 76.- El Programa de Liberación será automático e irrevocable y comprenderá la universalidad de los productos, salvo las disposiciones de excepción establecidas en el presente Acuerdo, para llegar a su liberación total en los plazos y modalidades que señala este Acuerdo.

Este Programa se aplicará, en sus diferentes modalidades:

a) A los productos que sean objeto de Programas de Integración Industrial;
b) A los productos incluidos en la Lista Común señalada en el Artículo 4 del Tratado de Montevideo de 1960;

c) A los productos que no se producen en ningún país de la Subregión, incluidos en la nómina correspondiente; y

d) A los productos no comprendidos en los literales anteriores.

Artículo 77.-Los Países Miembros se abstendrán de aplicar gravámenes y de introducir restricciones de todo orden a las importaciones de bienes originarios de la Subregión.

Artículo 78.- Los Países Miembros procurarán concertar conjuntamente acuerdos de alcance parcial comerciales, de complementación económica, agropecuarios y de promoción del comercio con los demás países de América Latina en los sectores de producción que sean susceptibles de ello, de conformidad con lo dispuesto en el Artículo 86 de este Acuerdo y en el Tratado de Montevideo de 1980.

CAPÍTULO VII
COMERCIO INTRASUBREGIONAL DE SERVICIOS

Artículo 79.- La Comisión de la Comunidad Andina, a propuesta de la Secretaría General, aprobará un marco general de principios y normas para lograr la liberación del comercio intrasubregional de los servicios.

Artículo 80.- El marco general previsto en el artículo anterior se aplicará al comercio de servicios suministrado a través de los siguientes modos de prestación:

a) Desde el territorio de un País Miembro al territorio de otro País Miembro;

b) En el territorio de un País Miembro a un consumidor de otro País Miembro;

c) Por conducto de la presencia comercial de empresas prestadoras de servicios de un País Miembro en el territorio de otro País Miembro; y,
d) Por personas naturales de un País Miembro en el territorio de otro País Miembro.

CAPÍTULO VIII
ARANCEL EXTERNO COMÚN

Artículo 81.- Los Países Miembros se comprometen a poner en aplicación un Arancel Externo Común en los plazos y modalidades que establezca la Comisión.

Artículo 82.- La Comisión, a propuesta de la Secretaría General, aprobará el Arancel Externo Común que deberá contemplar niveles adecuados de protección en favor de la producción subregional, teniendo en cuenta el objetivo del Acuerdo de armonizar gradualmente las diversas políticas económicas de los Países Miembros.

En la fecha que señale la Comisión, Colombia, Perú y Venezuela comenzarán el proceso de aproximación al Arancel Externo Común de los gravámenes aplicables en sus aranceles nacionales a las importaciones de productos no originarios de la Subregión, en forma anual, automática y lineal.

Artículo 83.- No obstante lo dispuesto en el Artículo 82 se aplicarán las siguientes reglas:

a) Respecto de los productos que sean objeto de Programas de Integración Industrial regirán las normas que sobre el Arancel Externo Común establezcan dichos Programas; y respecto a los productos que sean objeto de Proyectos de Integración Industrial, la Comisión, cuando fuere el caso, podrá determinar, al aprobar la Decisión respectiva, los niveles de gravámenes aplicables a terceros países y las condiciones correspondientes; y

b) En cualquier momento en que, en cumplimiento del Programa de Liberación, un producto quede liberado de gravámenes y otras restricciones, le serán plena y simultáneamente aplicados los gravámenes establecidos en el Arancel Externo Mínimo Común o en el Arancel Externo Común, según el caso.

Si se tratare de productos que no se producen en la Subregión, cada país podrá diferir la aplicación de los gravámenes comunes hasta el momento en que la Secretaría General verifique que se ha iniciado su producción en la Subregión. Con todo, si a juicio de la Secretaría General la nueva producción es insuficiente para satisfacer normalmente el abastecimiento de la Subregión, propondrá a la Comisión las medidas necesarias para conciliar la necesidad de proteger la producción subregional con la de asegurar un abastecimiento normal.

Artículo 84.- La Comisión, a propuesta de la Secretaría General, podrá modificar los niveles arancelarios comunes en la medida y en la oportunidad que considere conveniente para:

a) Adecuarlos a las necesidades de la Subregión; y

b) Contemplar la situación especial de Bolivia y el Ecuador.

Artículo 85.- La Secretaría General podrá proponer a la Comisión las medidas que considere indispensables para procurar condiciones normales de abastecimiento subregional.

Para atender insuficiencias transitorias de la oferta que afecten a cualquier País Miembro, éste podrá plantear el problema a la Secretaría General, la cual verificará la situación en un plazo compatible con la urgencia del caso. Una vez que la Secretaría General compruebe que existe el problema planteado y lo comunique al país afectado, éste podrá tomar medidas tales como la reducción o suspensión transitoria de los gravámenes del Arancel Externo dentro de los límites indispensables para corregir la perturbación.

En los casos a que se refiere el inciso anterior, la Secretaría General solicitará una reunión extraordinaria de la Comisión, si fuere el caso, o le informará sobre lo actuado en su próxima reunión ordinaria.

Artículo 86.-Los Países Miembros se comprometen a no alterar unilateralmente los gravámenes del Arancel ExternoComún. Igualmente, se comprometen a celebrar las consultas necesarias en el seno de la Comisión antes de adquirir compromisos de carácter arancelario con países ajenos a la Subregión. La Comisión, previa propuesta de la Secretaría General y mediante Decisión, se pronunciará sobre dichas consultas y fijará los términos a los que deberán sujetarse los compromisos de carácter arancelario.

CAPÍTULO IX
PROGRAMAS DE DESARROLLO AGROPECUARIO

Artículo 87.- Con el propósito de impulsar el desarrollo agropecuario y agroindustrial conjunto y alcanzar un mayor grado de seguridad alimentaria subregional, los Países Miembros ejecutarán un Programa de Desarrollo Agropecuario y Agroindustrial, armonizarán sus políticas y coordinarán sus planes nacionales del sector, tomando en cuenta, entre otros, los siguientes objetivos:

a) El mejoramiento del nivel de vida de la población rural;

b) La atención de los requerimientos alimentarios y nutricionales de la población en términos satisfactorios en procura de la menor dependencia posible de los abastecimientos procedentes de fuera de la Subregión;

c) El abastecimiento oportuno y adecuado del mercado subregional y la protección contra los riesgos del desabastecimiento de alimentos;

d) El incremento de la producción de los alimentos básicos y de los niveles de productividad;

e) La complementación y la especialización subregional de la producción con miras al mejor uso de sus factores y al incremento del intercambio de productos agropecuarios y agroindustriales; y
f) La sustitución subregional de las importaciones y la diversificación y aumento de las exportaciones.

Artículo 88.- Para el logro de los objetivos enunciados en el artículo anterior, la Comisión, a propuesta de la Secretaría General, tomará, entre otras, las medidas siguientes:

a) Formación de un Sistema Andino y de Sistemas Nacionales de Seguridad Alimentaria;

b) Programas conjuntos de desarrollo agropecuario y agroindustrial por productos o grupos de productos;

c) Programas conjuntos de desarrollo tecnológico agropecuario y agroindustrial, comprendiendo acciones de investigación, capacitación y transferencia de tecnología;

d) Promoción del comercio agropecuario y agroindustrial intrasubregional y celebración de convenios de abastecimiento de productos agropecuarios;

e) Programas y acciones conjuntas en relación al comercio agropecuario y agroindustrial con terceros países;

f) Normas y programas comunes sobre sanidad vegetal y animal;

g) Creación de mecanismos subregionales de financiamiento para el sector agropecuario y agroindustrial;

h) Programas conjuntos para el aprovechamiento y conservación de los recursos naturales del sector; e

i) Programas conjuntos de cooperación en el campo de la investigación y transferencia de tecnología en áreas de interés común para los Países Miembros tales como genética, floricultura, pesca, silvicultura y aquellos que la Comisión determine en el futuro.

Artículo 89.- La Comisión y la Secretaría General adoptarán las medidas necesarias para acelerar el desarrollo agropecuario y agroindustrial de Bolivia y el Ecuador y su participación en el mercado ampliado.

Artículo 90.- Cualquier País Miembro podrá aplicar, en forma no discriminatoria, al comercio de productos incorporados a la lista a que se refiere el Artículo 92, medidas destinadas a:

a) Limitar las importaciones a lo necesario para cubrir los déficit de producción interna; y

b) Nivelar los precios del producto importado a los del producto nacional.

Para la aplicación de dichas medidas, cuando sea del caso, los Países Miembros ejecutarán acciones por intermedio de agencias nacionales existentes, destinadas al suministro de productos alimenticios agropecuarios y agroindustriales.

Artículo 91.- El país que imponga las medidas de que trata el artículo anterior dará cuenta inmediata a la Secretaría General, acompañando un informe sobre las razones en que se ha fundado para aplicarlas.

A Bolivia y Ecuador sólo podrá aplicarlas en casos debidamente calificados y previa comprobación por la Secretaría General de que los perjuicios provienen sustancialmente de sus importaciones. La Secretaría General deberá pronunciarse obligatoriamente dentro de los quince días siguientes a la fecha de recepción del informe y podrá autorizar su aplicación.

Cualquier País Miembro que se considere perjudicado por dichas medidas podrá presentar sus observaciones a la Secretaría General.

La Secretaría General analizará el caso y propondrá a la Comisión las medidas de carácter positivo que juzgue convenientes a la luz de los objetivos señalados en el Artículo 87.

La Comisión decidirá sobre las restricciones aplicadas y sobre las medidas propuestas por la Secretaría General.

Artículo 92.- Antes del 31 de diciembre de 1970, la Comisión, a propuesta de la Secretaría General, determinará la lista de productos agropecuarios para los efectos de la aplicación de los Artículos 90 y 91. Dicha lista podrá ser modificada por la Comisión, a propuesta de la Secretaría General.

CAPÍTULO X
COMPETENCIA COMERCIAL

Artículo 93.- Antes del 31 de diciembre de 1971 la Comisión adoptará, a propuesta de la Secretaría General, las normas indispensables para prevenir o corregir las prácticas que puedan distorsionar la competencia dentro de la Subregión, tales como "dumping", manipulaciones indebidas de los precios, maniobras destinadas a perturbar el abastecimiento normal de materias primas y otras de efecto equivalente. En este orden de ideas, la Comisión contemplará los problemas que puedan derivarse de la aplicación de los gravámenes y otras restricciones a las exportaciones.

Corresponderá a la Secretaría General velar por la aplicación de dichas normas en los casos particulares que se denuncien.

Artículo 94.- Los Países Miembros no podrán adoptar medidas correctivas sin ser autorizados previamente por la Secretaría General. La Comisión reglamentará los procedimientos para la aplicación de las normas del presente Capítulo.

CAPÍTULO XI
CLAUSULAS DE SALVAGUARDIA

Artículo 95.- Un País Miembro que haya adoptado medidas para corregir el desequilibrio de su balanza de pagos global, podrá extender dichas medidas, previa autorización de la Secretaría General, con carácter transitorio y en forma no discriminatoria, al comercio intrasubregional de productos incorporados al Programa de Liberación.

Los Países Miembros procurarán que la imposición de restricciones en virtud de la situación del balance de pagos no afecte, dentro de la Subregión, al comercio de los productos incorporados al Programa de Liberación.

Cuando la situación contemplada en el presente artículo exigiere providencias inmediatas, el País Miembro interesado podrá, con carácter de emergencia, aplicar las medidas previstas, debiendo en este sentido comunicarlas de inmediato a la Secretaría General, la que se pronunciará dentro de los treinta días siguientes, ya sea para autorizarlas, modificarlas o suspenderlas.

Si la aplicación de las medidas contempladas en este artículo se prolongase por más de un año, la Secretaría General propondrá a la Comisión, por iniciativa propia o a pedido de cualquier País Miembro, la iniciación inmediata de negociaciones a fin de procurar la eliminación de las restricciones adoptadas.

Artículo 96.- Si el cumplimiento del Programa de Liberación del Acuerdo causa o amenaza causar perjuicios graves a la economía de un País Miembro o a un sector significativo de su actividad económica, dicho país podrá, previa autorización de la Secretaría General, aplicar medidas correctivas de carácter transitorio y en forma no discriminatoria. Cuando fuere necesario, la Secretaría General deberá proponer a la Comisión medidas de cooperación colectiva destinadas a superar los inconvenientes surgidos.

La Secretaría General deberá analizar periódicamente la evolución de la situación con el objeto de evitar que las medidas restrictivas se prolonguen más allá de lo estrictamente necesario o considerar nuevas fórmulas de cooperación si fuere procedente.

Cuando los perjuicios de que trata este artículo sean tan graves que exijan providencias inmediatas, el País Miembro afectado podrá aplicar medidas correctivas provisionalmente y con carácter de emergencia, sujetas al posterior pronunciamiento de la Secretaría General.

Dichas medidas deberán causar el menor perjuicio posible al Programa de Liberación y, mientras se apliquen en forma unilateral, no podrán significar una disminución de las importaciones del producto o productos de que se trate, con respecto al promedio de los doce meses anteriores.

El País Miembro que adopte las medidas deberá comunicarlas inmediatamente a la Secretaría General y ésta se pronunciará sobre ellas dentro de los treinta días siguientes, ya sea para autorizarlas, modificarlas o suspenderlas.

Artículo 97.- Cuando ocurran importaciones de productos originarios de la Subregión, en cantidades o en condiciones tales que causen perturbaciones en la producción nacional de productos específicos de un País Miembro, éste podrá aplicar medidas correctivas, no discriminatorias, de carácter provisional, sujetas al posterior pronunciamiento de la Secretaría General.

El País Miembro que aplique las medidas correctivas, en un plazo no mayor de sesenta días, deberá comunicarlas a la Secretaría General y presentar un informe sobre los motivos en que fundamenta su aplicación. La Secretaría General, dentro de un plazo de sesenta días siguientes a la fecha de recepción del mencionado informe, verificará la perturbación y el origen de las importaciones causantes de la misma y emitirá su pronunciamiento, ya sea para suspender, modificar o autorizar dichas medidas, las que solamente podrán aplicarse a los productos del País Miembro donde se hubiere originado la perturbación. Las medidas correctivas que se apliquen deberán garantizar el acceso de un volumen de comercio no inferior al promedio de los tres últimos años.

Artículo 98.- Si una devaluación monetaria efectuada por uno de los Países Miembros altera las condiciones normales de competencia, el país que se considere perjudicado podrá plantear el caso a la Secretaría General, la que deberá pronunciarse breve y sumariamente. Verificada la perturbación por la Secretaría General, el país perjudicado podrá adoptar medidas correctivas de carácter transitorio y mientras subsista la alteración, dentro de las recomendaciones de la Secretaría General. En todo caso, dichas medidas no podrán significar una disminución de los niveles de importación existentes antes de la devaluación.

Sin perjuicio de la aplicación de las medidas transitorias aludidas, cualquiera de los Países Miembros podrá pedir a la Comisión una decisión definitiva del asunto.

El País Miembro que devaluó podrá pedir a la Secretaría General, en cualquier tiempo, que revise la situación, a fin de atenuar o suprimir las mencionadas medidas correctivas. El dictamen de la Secretaría General podrá ser enmendado por la Comisión.

En las situaciones de que trata este artículo, el país que se considere perjudicado, al presentar el caso a la Secretaría General podrá proponer las medidas de protección adecuadas a la magnitud de la alteración planteada, acompañando los elementos técnicos que fundamenten su planteamiento. La Secretaría General podrá solicitar la información complementaria que estime conveniente.

El pronunciamiento breve y sumario de la Secretaría General deberá producirse dentro del plazo de un mes, contado a partir de la fecha de recepción de la solicitud. Si la Secretaría General no se pronunciare en dicho plazo y el país solicitante considera que la demora en el pronunciamiento puede acarrearle perjuicios, podrá adoptar las medidas iniciales por él propuestas, comunicando de inmediato este hecho a la Secretaría General, la cual, en su pronunciamiento posterior, deberá decidir sobre el mantenimiento, modificación o suspensión de las medidas aplicadas.

En su pronunciamiento la Secretaría General tendrá en cuenta, entre otros elementos de juicio, los indicadores económicos relativos a las condiciones de competencia comercial en la Subregión que la Comisión haya adoptado con carácter general, a propuesta de la Secretaría General, las características propias de los sistemas cambiarios de los Países Miembros y los estudios que al respecto realice el Consejo Monetario y Cambiario.

Mientras no se haya adoptado el sistema de indicadores económicos por la Comisión, la Secretaría General procederá con sus propios elementos de juicio.

No obstante lo dispuesto en los incisos anteriores, si durante el lapso que media entre la presentación referida y el pronunciamiento de la Secretaría General, a juicio del País Miembro solicitante existen antecedentes que hagan temer fundadamente que, como consecuencia de la devaluación, se producirán perjuicios inmediatos que revistan señalada gravedad para su economía, que requieran con carácter de emergencia la adopción de medidas de protección, podrá plantear la situación a la Secretaría General, la cual, si considera fundada la petición, podrá autorizar la aplicación de medidas adecuadas, para lo cual dispondrá de un plazo de siete días continuos. El pronunciamiento definitivo de la Secretaría General sobre la alteración de las condiciones normales de competencia determinará, en todo caso, el mantenimiento, modificación o suspensión de las medidas de emergencia autorizadas.

Las medidas que se adopten de conformidad con este artículo no podrán significar una disminución de las corrientes de comercio existentes antes de la devaluación.

Con relación a todas estas medidas serán plenamente aplicables los incisos segundo y tercero de este artículo.

Artículo 99.- No se aplicarán cláusulas de salvaguardia de ningún tipo a las importaciones de productos originarios de la Subregión incluidos en Programas y Proyectos de Integración Industrial.

CAPÍTULO XII
ORIGEN

Artículo 100.- La Comisión, a propuesta de la Secretaría General, adoptará las normas especiales que sean necesarias para la calificación del origen de las mercaderías. Dichas normas deberán constituir un instrumento dinámico para el desarrollo de la Subregión y ser adecuadas para facilitar la consecución de los objetivos del Acuerdo.

Artículo 101.- Corresponderá a la Secretaría General fijar requisitos específicos de origen para los productos que así lo requieran. Cuando en un Programa de Integración Industrial sea necesaria la fijación de requisitos específicos, la Secretaría General deberá establecerlos simultáneamente con la aprobación del programa correspondiente.

Dentro del año siguiente a la fijación de un requisito específico, los Países Miembros podrán solicitar su revisión a la Secretaría General, que deberá pronunciarse sumariamente.

Si un País Miembro lo solicita, la Comisión deberá examinar dichos requisitos y adoptar una decisión definitiva, dentro de un plazo comprendido entre los seis y los doce meses, contados desde la fecha de su fijación por la Secretaría General.

Sin perjuicio de lo señalado en el inciso primero del presente artículo, la Secretaría General podrá, en cualquier momento, de oficio o a petición de parte, fijar y modificar dichos requisitos a fin de adaptarlos al avance económico y tecnológico de la Subregión.

Artículo 102.- La Comisión y la Secretaría General, al adoptar y fijar las normas especiales o los requisitos específicos de origen, según sea el caso, procurarán que no constituyan obstáculos para que Bolivia y el Ecuador aprovechen las ventajas derivadas de la aplicación del Acuerdo.

Artículo 103.- La Secretaría General velará por el cumplimiento de las normas y requisitos de origen dentro del comercio subregional. Asimismo deberá proponer las medidas que sean necesarias para solucionar los problemas de origen que perturben la consecución de los objetivos de este Acuerdo.

CAPÍTULO XIII
INTEGRACIÓN FÍSICA

Artículo 104.- Los Países Miembros desarrollarán una acción conjunta para lograr un mejor aprovechamiento del espacio físico, fortalecer la infraestructura y los servicios necesarios para el avance del proceso de integración económica de la Subregión. Esta acción se ejercerá principalmente en los campos de la energía, los transportes y las comunicaciones, y comprenderá las medidas necesarias a fin de facilitar el tráfico fronterizo entre los Países Miembros.

Para tal efecto, los Países Miembros propenderán al establecimiento de entidades o empresas de carácter multinacional, cuando ello sea posible y conveniente para facilitar la ejecución y administración de dichos proyectos.

Artículo 105.- La Comisión, a propuesta de la Secretaría General, adoptará programas en los campos señalados en el artículo anterior con el fin de impulsar un proceso continuo destinado a ampliar y modernizar la infraestructura física y los servicios de transportes y comunicaciones de la Subregión. Estos programas comprenderán, en lo posible:

a) La identificación de proyectos específicos para su incorporación en los planes nacionales de desarrollo y el orden de prioridad en que deben ejecutarse;
b) Las medidas indispensables para financiar los estudios de preinversión que sean necesarios;

c) Las necesidades de asistencia técnica y financiera para asegurar la ejecución de los proyectos; y

d) Las modalidades de acción conjunta ante la Corporación Andina de Fomento y los organismos internacionales de crédito para asegurar la provisión de los recursos financieros que se requieran.

Artículo 106.- Los programas de que trata el artículo anterior, así como los Programas y Proyectos de Integración Industrial, deberán comprender medidas de cooperación colectiva para satisfacer adecuadamente los requerimientos de infraestructura indispensables para su ejecución y contemplarán de manera especial la situación del Ecuador y las características territoriales y el enclaustramiento geográfico de Bolivia.

CAPÍTULO XIV
ASUNTOS FINANCIEROS

Artículo 107.- Los Países Miembros ejecutarán acciones y coordinarán sus políticas en materias financieras y de pagos, en la medida necesaria para facilitar la consecución de los objetivos del Acuerdo.

Para tales efectos, la Comisión, a propuesta de la Secretaría General, adoptará las siguientes acciones:

a) Recomendaciones para la canalización de recursos financieros a través de los organismos pertinentes, para los requerimientos del desarrollo de la Subregión;
b) Promoción de inversiones para los programas de la integración andina;

c) Financiación del comercio entre los Países Miembros y con los de fuera de la Subregión;

d) Medidas que faciliten la circulación de capitales dentro de la Subregión y en especial la promoción de empresas multinacionales andinas;

e) Coordinación de posiciones para el fortalecimiento de los mecanismos de pagos y créditos recíprocos en el marco de la ALADI;

f) Establecimiento de un sistema andino de financiamiento y pagos que comprenda el Fondo Latinoamericano de Reservas, una unidad de cuenta común, líneas del financiamiento del comercio, una cámara subregional de compensación y un sistema de créditos recíprocos;

g) Cooperación y coordinación de posiciones frente a los problemas de financiamiento externo de los Países Miembros; y

h) Coordinación con la Corporación Andina de Fomento y el Fondo Latinoamericano de Reservas para los propósitos previstos en los literales anteriores.

Artículo 108.- Si como consecuencia del cumplimiento del Programa de Liberación del Acuerdo un País Miembro sufre dificultades relacionadas con sus ingresos fiscales, la Secretaría General podrá proponer a la Comisión, a petición del país afectado, medidas para resolver tales problemas. En sus propuestas, la Secretaría General tendrá en cuenta los grados de desarrollo económico relativo de los Países Miembros.

CAPÍTULO XV
RÉGIMEN ESPECIAL PARA BOLIVIA Y EL ECUADOR

Artículo 109.- Con el fin de disminuir gradualmente las diferencias de desarrollo actualmente existentes en la Subregión, Bolivia y el Ecuador gozarán de un régimen especial que les permita alcanzar un ritmo más acelerado de desarrollo económico, mediante su participación efectiva e inmediata en los beneficios de la industrialización del área y de la liberación del comercio.

Para lograr el propósito enunciado en este artículo, los órganos del Acuerdo propondrán y adoptarán las medidas necesarias, de conformidad con las reglas del mismo.

Sección A - De la Armonización de Políticas Económicas y de la Coordinación de Planes de Desarrollo

Artículo 110.- En la armonización de políticas económicas y sociales y en la coordinación de los planes de que trata el Capítulo IV, deberán establecerse tratamientos diferenciales e incentivos suficientes que compensen las deficiencias estructurales de Bolivia y el Ecuador y aseguren la movilización y asignación de los recursos indispensables para el cumplimiento de los objetivos que a su favor contempla el Acuerdo.

Sección B - De la Política Industrial

Artículo 111.- La ejecución de los Programas de Desarrollo Industrial considerará de manera especial la situación de Bolivia y el Ecuador para la asignación prioritaria de producciones a su favor y la localización consiguiente de plantas en sus territorios, especialmente a través de su participación en las modalidades de integración industrial previstas en el Artículo 61. Asimismo, contemplará el desarrollo de un programa para la industrialización integral de los recursos naturales de Bolivia y el Ecuador.

Artículo 112.- Los Programas y Proyectos de Integración Industrial contemplarán ventajas exclusivas y tratamientos preferenciales eficaces en favor de Bolivia y el Ecuador, de manera de facilitarles el efectivo aprovechamiento del mercado subregional.

Artículo 113.- La Secretaría General, al proponer a la Comisión las medidas complementarias previstas en el Artículo 70, deberá contemplar ventajas exclusivas y tratamientos preferenciales en favor de Bolivia y el Ecuador, en los casos en que ello sea necesario.

La Comisión, a propuesta de la Secretaría General, deberá adoptar las medidas que sean necesarias para asegurar la eficacia y el aprovechamiento de las asignaciones que fueren otorgadas a Bolivia y el Ecuador, en especial las destinadas al reforzamiento de los compromisos relativos al respeto de las asignaciones otorgadas a esos países, a la extensión de los plazos para el mantenimiento de las asignaciones y a la ejecución de los proyectos que les fueren asignados dentro de los Programas de Desarrollo Industrial.

Sección C - De la Política Comercial

Artículo 114.- Las medidas correctivas a que se refieren los Artículos 90 y 96 se extenderán a las importaciones procedentes de Bolivia y el Ecuador sólo en casos debidamente calificados y previa comprobación, por la Secretaría General, de que los perjuicios graves provienen sustancialmente de dichas importaciones. La Secretaría General observará, en esta materia, los procedimientos de los Artículos 91 y 96 y los reglamentos que adopte la Comisión, a propuesta de la Secretaría General, respecto a las normas de salvaguardia correspondientes.

Artículo 115.- En las acciones de cooperación a que se refiere el Artículo 69, la Secretaría General dará atención especial y prioritaria a las industrias de Bolivia y el Ecuador cuyos productos sean exceptuados por dichos países del Programa de Liberación, con el fin de contribuir a habilitarlas lo más pronto posible para participar en el mercado subregional.

Sección D - Del Arancel Externo Común

Artículo 116.- Bolivia y el Ecuador iniciarán el proceso de adopción del Arancel Externo Común en forma anual, automática y lineal, en la fecha que establezca la Comisión.

Bolivia y el Ecuador estarán obligados a adoptar el Arancel Externo Mínimo Común respecto de los productos que no se producen en la Subregión, de que trata el

Artículo 80[1435]. Con relación a dichos productos adoptarán los gravámenes mínimos mediante un proceso lineal y automático que se cumplirá en tres años contados a partir de la fecha en que se inicie su producción en la Subregión.

Sin perjuicio de lo dispuesto en el inciso primero de este artículo, la Comisión, a propuesta de la Secretaría General, podrá determinar que Bolivia y el Ecuador adopten los niveles arancelarios mínimos con respecto a productos que sean de interés para los restantes Países Miembros y siempre que la aplicación de dichos niveles no cause perturbaciones a Bolivia o el Ecuador.

La Comisión, con base en las evaluaciones de que trata el Artículo 131[1436], determinará el procedimiento y plazo para la adopción del Arancel Externo Mínimo Común por parte de Bolivia y el Ecuador. En todo caso, la Comisión tendrá en cuenta los problemas derivados del enclaustramiento geográfico de Bolivia de que trata el Artículo 4 del Acuerdo.

También podrá la Comisión, a propuesta de la Secretaría General, determinar la adopción de los niveles arancelarios mínimos por parte de Bolivia y el Ecuador con respecto a productos cuya importación desde fuera de la Subregión pueda causar perturbaciones graves a ésta.

En la elaboración de sus propuestas sobre Arancel Externo Común, la Secretaría General tendrá en cuenta lo dispuesto en el Artículo 4 en favor de Bolivia.

Artículo 117.- Bolivia y el Ecuador podrán establecer las excepciones que les sean autorizadas por la Comisión, a propuesta de la Secretaría General, al proceso de aproximación de sus aranceles nacionales al Arancel Externo Común que les permitan aplicar sus leyes vigentes de fomento industrial, principalmente en lo relacionado con la importación de bienes de capital, productos intermedios y materias primas necesarias para su desarrollo.

Dichas excepciones no podrán aplicarse en ningún caso más allá de dos años antes de la plena aplicación del Arancel Externo Común.

Sección E - De la Cooperación Financiera y la Asistencia Técnica

Artículo 118.- Los Países Miembros se comprometen a actuar conjuntamente ante la Corporación Andina de Fomento y cualesquiera otros organismos subregionales, nacionales o internacionales, con el fin de conseguir asistencia técnica y financiación para los requerimientos del desarrollo de Bolivia y el Ecuador y en especial para proyectos vinculados con el proceso de integración.

La asignación de los recursos destinados a tales proyectos deberá hacerse en función del objetivo básico de reducir las diferencias de desarrollo existentes entre los países, procurando favorecer acentuadamente a Bolivia y el Ecuador.

[1435] Corresponde al texto anterior del Acuerdo. Ha sido eliminado.

[1436] Corresponde al texto anterior del Acuerdo. Ha sido eliminado.

Además, los Países Miembros actuarán conjuntamente ante la Corporación Andina de Fomento para que asigne sus recursos ordinarios y extraordinarios en forma tal que Bolivia y el Ecuador reciban una proporción sustancialmente superior a la que resultaría de una distribución de dichos recursos proporcional a sus aportes al capital de la Corporación.

Sección F - Disposiciones Generales

Artículo 119.- En sus evaluaciones periódicas e informes, la Secretaría General considerará, de manera especial y separadamente, la situación de Bolivia y el Ecuador dentro del proceso de integración subregional y propondrá a la Comisión las medidas que juzgue adecuadas para mejorar sustancialmente sus posibilidades de desarrollo y activar cada vez más su participación en la industrialización del área.

Artículo 120.- La Comisión podrá establecer, en favor de cualquiera de los países de menor desarrollo económico relativo, condiciones y modalidades más favorables que las contempladas en el presente Capítulo, teniendo en cuenta el grado de desarrollo alcanzado y las condiciones de aprovechamiento de los beneficios de la integración.

CAPÍTULO XVI
COOPERACIÓN ECONOMICA Y SOCIAL

Artículo 121.- Los Países Miembros podrán emprender programas y acciones en el área de cooperación económica y social, que deberán ser concertados en el seno de la Comisión y se circunscribirán a las competencias que establece el presente Acuerdo.

Artículo 122.- Los Países Miembros emprenderán acciones en el ámbito externo, en materias de interés común, con el propósito de mejorar su participación en la economía internacional.

Artículo 123.-A efectos de lo previsto en el artículo anterior, el Consejo Andino de Ministros de Relaciones Exteriores y la Comisión, según sus respectivas competencias, adoptarán programas para orientar las acciones externas conjuntas de los Países Miembros, especialmente en lo relativo a las negociaciones con terceros países y grupos de países, en los ámbitos políticos, social y económico-comercial, así como para la participación en foros y organismos especializados en materias vinculadas a la economía internacional.

Artículo 124.- Los Países Miembros promoverán un proceso de desarrollo científico y tecnológico conjunto para alcanzar los siguientes objetivos:

a) La creación de capacidades de respuesta subregional a los desafíos de la revolución científico-tecnológica en curso;

b) La contribución de la ciencia y la tecnología a la concepción y ejecución de estrategias y programas de desarrollo andino; y

c) El aprovechamiento de los mecanismos de la integración económica para incentivar la innovación tecnológica y la modernización productiva.

Artículo 125.- Para los efectos indicados en el artículo anterior, los Países Miembros adoptarán en los campos de interés comunitario:

a) Programas de cooperación y concertación de esfuerzos de desarrollo en ciencia y tecnología en los que la escala subregional sea más eficaz para capacitar recursos humanos y obtener resultados de la investigación;
b) Programas de desarrollo tecnológico que contribuyan a obtener soluciones a problemas comunes de los sectores productivos, en particular aquellas conducentes a mejorar la competitividad de los diferentes sectores productivos; y

c) Programas de aprovechamiento del mercado ampliado y de las capacidades conjuntas, físicas, humanas y financieras, para inducir el desarrollo tecnológico en sectores de interés comunitario.

Artículo 126.- Los Países Miembros emprenderán acciones para impulsar el desarrollo integral de las regiones de frontera e incorporarlas efectivamente a las economías nacionales y subregionales andinas.
Artículo 127.- En el campo del turismo, los Países Miembros desarrollarán programas conjuntos tendientes a lograr un mejor conocimiento de la Subregión y a estimular las actividades económicas vinculadas con este sector.

Artículo 128.- Los Países Miembros emprenderán acciones conjuntas que permitan un mayor aprovechamiento de sus recursos naturales renovables y no renovables y la conservación y mejoramiento del medio ambiente.

Artículo 129.- Los Países Miembros emprenderán acciones de cooperación conjunta destinadas a contribuir al logro de los siguientes objetivos de desarrollo social de la población andina:
a) Eliminación de la pobreza de las clases marginadas, para lograr la justicia social;

b) Afirmación de la identidad cultural y de formación de valores ciudadanos para la integracióndel área andina;

c) Participación plena del habitante de la Subregión en el proceso de integración; y

d) Atención de las necesidades de las áreas deprimidas predominantemente rurales.

Para la consecución de tales objetivos se desarrollarán programas y proyectos en los campos de la salud, la seguridad social, la vivienda de interés social y la educación y cultura.

La realización de las acciones que se desarrollen en el marco del presente artículo serán coordinadas con los distintos organismos del sistema andino.

Artículo 130.-Para los efectos indicados en el artículo anterior, los Ministros respectivos del área social, bajo la modalidad de Comisión Ampliada, adoptarán en los campos de interés comunitario:

a) Programas educativos dirigidos a renovar y mejorar la calidad de la educación básica;

b) Programas que persigan diversificar y elevar el nivel técnico y la cobertura de los sistemas de formación profesional y capacitación para el trabajo;

c) Programas para el reconocimiento de títulos de educación superior a nivel andino, con el fin de facilitar la prestación de servicios profesionales en la Subregión;

d) Programas de participación popular, orientados a la incorporación plena de las áreas rurales y semirrurales en el proceso de desarrollo;

e) Programas para el fomento de sistemas y proyectos de apoyo social, orientados a promover la participación de las pequeñas empresas y de circuitos de microempresas y empresas asociativas, asociadas en el espacio económico ampliado;

f) Programas de promoción de iniciativas dirigidas a la protección y el bienestar de la población trabajadora; y

g) Programas de armonización de políticas en los campos de la participación de la mujer en la actividad económica; de apoyo y protección a la infancia y a la familia; y, de atención a las etnias y a las comunidades locales.

Artículo 131.- Los Países Miembros emprenderán acciones en el campo de la comunicación social y acciones orientadas a difundir un mayor conocimiento del patrimonio cultural, histórico y geográfico de la Subregión, de su realidad económica y social y del proceso de integración andino.

Artículo 132.- Los proyectos, acciones y programas a que se refiere el presente Capítulo se desarrollarán paralela y coordinadamente con el perfeccionamiento de los otros mecanismos del proceso de integración subregional.

CAPÍTULO XVII
ADHESIÓN, VIGENCIA Y DENUNCIA

Artículo 133.- El presente Acuerdo no podrá ser suscrito con reserva y quedará abierto a la adhesión de los demás países latinoamericanos. Los países de menor desarrollo económico relativo que se adhieran a él tendrán derecho a un tratamiento similar al que se conviene en el Capítulo XV para Bolivia y el Ecuador.

Las condiciones de la adhesión serán definidas por la Comisión, para lo cual tendrá en cuenta que la incorporación de nuevos miembros debe ajustarse a los objetivos del Acuerdo.

Artículo 134.-El presente Acuerdo entrará en vigencia cuando todos los Países Miembros que lo suscriben hayan depositado el respectivo instrumento de ratificación en la Secretaría General de la Comunidad Andina.

Este Acuerdo no podrá ser suscrito con reservas y permanecerá en vigencia por tiempo indefinido.

Artículo 135.- El País Miembro que desee denunciar este Acuerdo deberá comunicarlo a la Comisión. Desde ese momento cesarán para él los derechos y obligaciones derivados de su condición de Miembro, con excepción de las ventajas recibidas y otorgadas de conformidad con el Programa de Liberación de la Subregión, las cuales permanecerán en vigencia por un plazo de cinco años a partir de la denuncia.

El plazo indicado en el párrafo anterior podrá ser disminuido en casos debidamente fundados, por decisión de la Comisión y a petición del País Miembro interesado.

En relación con los Programas de Integración Industrial se aplicará lo dispuesto en el literal i) del Artículo 62.

CAPÍTULO XVIII
MIEMBROS ASOCIADOS

Artículo 136.- A propuesta de la Comisión de la Comunidad Andina, y previa manifestación de voluntad del país interesado, el Consejo Andino de Ministros de Relaciones Exteriores, en reunión ampliada, podrá otorgar la condición de Miembro Asociado en favor de un país que haya acordado con los Países Miembros de la Comunidad Andina un tratado de libre comercio.

Artículo 137.- Al momento de otorgar la condición de Miembro Asociado en favor de un país, el Consejo Andino de Ministros de Relaciones Exteriores y la Comisión de la Comunidad Andina, según sus respectivas competencias, definirán mediante Decisión y oída la opinión de la Secretaría General:

a) Los órganos e instituciones del Sistema Andino de Integración de los que el País Miembro Asociado formará parte, así como las condiciones de su participación;

b) Los mecanismos y medidas del Acuerdo de Cartagena en los que participará el País Miembro Asociado; y

c) La normativa que se aplicará en las relaciones entre el País Miembro Asociado y los demás Países Miembros, así como la forma en que se administrarán dichas relaciones.

Los aspectos previstos en el presente artículo podrán ser revisados en cualquier momento, conforme a los procedimientos y competencias aquí contenidos.

CAPÍTULO XIX
DISPOSICIONES FINALES

Artículo 138.- La Comisión, a propuesta de la Secretaría General, y sobre la base de los informes y evaluaciones periódicas de ésta, adoptará los mecanismos necesarios para asegurar la consecución de los objetivos del Acuerdo una vez que haya concluido el proceso de liberación del intercambio y de establecimiento del Arancel Externo Común. Dichos mecanismos deberán contemplar tratamientos especiales en favor de Bolivia y el Ecuador mientras subsistan las diferencias actualmente existentes en el grado de desarrollo.

Artículo 139.- Cualquier ventaja, favor, franquicia, inmunidad o privilegio que se aplique por un País Miembro en relación con un producto originario de o destinado a cualquier otro país, será inmediata e incondicionalmente extendido al producto similar originario de o destinado al territorio de los demás Países Miembros.

Quedan exceptuados del tratamiento a que se refiere el inciso precedente, las ventajas, favores, franquicias, inmunidades y privilegios ya concedidos o que se concedieran en virtud de convenios entre Países Miembros o entre Países Miembros y terceros países, a fin de facilitar el tráfico fronterizo.

CAPÍTULO XX
DISPOSICIONES TRANSITORIAS

Primera.- No obstante lo previsto en el Artículo 76 del Acuerdo de Cartagena, la Comisión de la Comunidad Andina definirá los términos del Programa de Liberación que será aplicado al comercio entre el Perú y los demás Países Miembros, a fin de lograr el pleno funcionamiento de la Zona Andina de Libre Comercio a más tardar el 31 de diciembre del año 2005. El Perú no estará obligado a aplicar el Arancel Externo Común, hasta tanto la Comisión no decida los plazos y modalidades para la incorporación del Perú a este mecanismo.

Segunda.- El Capítulo sobre Miembros Asociados y la Disposición Transitoria Primera serán aplicados en forma provisional por los Países Miembros, mientras se llevan a cabo los trámites de ratificación requeridos por los ordenamientos nacionales respectivos.

Tercera.- La Comisión de la Comunidad Andina podrá establecer un mecanismo arbitral para la solución de controversias entre los Países Miembros que persistan al pronunciamiento de la Secretaría General.

Cuarta.- Se exceptúan de lo previsto en el Artículo 77, las alteraciones de nivel que resulten de la conversión que haga el Ecuador en su Arancel Nacional de

Aduanas como consecuencia de la adopción de la Nomenclatura Arancelaria de Bruselas.

Quinta.- La Comisión podrá ubicar los productos de la Decisión 120, una vez que sea derogada, en cualesquiera de las modalidades del Programa de Liberación; asimismo, podrá incorporarlos a la nueva nómina de reserva a la que se refiere la Disposición Transitoria Segunda.

ANEXO I

1. Delegar en la Secretaría General aquellas atribuciones que estime conveniente.

2. Aprobar las propuestas de modificación al presente Acuerdo.

3. Enmendar las proposiciones de la Secretaría General.

4. Aprobar las normas que sean necesarias para hacer posible la coordinación de los planes de desarrollo y la armonización de las políticas económicas de los Países Miembros.

5. Aprobar las normas y definir los plazos para la armonización gradual de los instrumentos de regulación del comercio exterior de los Países Miembros.

6. Aprobar los programas de integración física.

7. Acelerar el Programa de Liberación, por productos o grupos de productos.

8. Aprobar los programas conjuntos de desarrollo agropecuario y agroindustrial por productos o grupos de productos.

9. Aprobar y modificar la lista de productos agropecuarios de que trata el Artículo 92.

10. Aprobar las medidas de cooperación conjunta establecidas en el Artículo 96.

11. Aprobar, no aprobar o enmendar las proposiciones de los Países Miembros.

12. Reducir el número de materias incluidas en el presente Anexo.

13. Establecer las condiciones de adhesión al presente Acuerdo.

14. Aprobar el Arancel Externo Común de acuerdo a las modalidades previstas en el Capítulo VIII, establecer las condiciones de su aplicación y modificar los niveles arancelarios comunes.

15. Aprobar las medidas a que se refiere el último inciso del Artículo 91.

ANEXO II

1. Aprobar las condiciones de incorporación de un País Miembro no participante en Programas de Integración Industrial.

2. Aprobar la nómina de productos que no se producen en ningún país de la Subregión. 3. Aprobar las normas especiales de origen
.

Annexe n° 3 :

HISTORIQUE DES RÉUNIONS DU CONSEIL PRÉSIDENTIEL ANDIN[1437]

1990 22-23 mai *I ° Conseil présidentiel andin* (Acte de Machu Picchu), lignes directrices relatives aux affaires sociales, affaires étrangères, recherche scientifique, développement des télécommunications et sécurité andine.

28 juillet *II ° Conseil présidentiel andin* (Accord andin pour les Amériques), et Adoption de la Déclaration andine relative à la lutte contre le narcotrafic.

7 août *III ° Conseil présidentiel andin* (Déclaration andine relative aux initiatives pour les Amériques), recherche de promotion des actions communes avec d'autres pays latino-américains.

29-30 novembre *IV ° Conseil présidentiel andin* (Acte de La Paz), lignes directrices de renforcement de la zone de libre-échange et de l'intensification de l'harmonisation des politiques économiques.

1991 17-18 mai *V ° Conseil présidentiel andin* (Acte de Caracas), détermination des délais pour la mise en place de la zone de libre-échange et la création du tarif extérieur commun ; examen du Traité instituant le Parlement andin.

3-5 décembre *VI° Conseil présidentiel andin* (Acte de Barahona), traitement sectoriel agricole, structure du tarif extérieur commun, mesures de transparence commerciale, élimination des subventions.

1995 5 septembre *VII ° Conseil présidentiel andin* (Acte de Quito), nouvel agenda d'intégration andine, prévision de la restructuration programmatique et institutionnelle du Pacte andin.

1996 10 mars *VIII° Conseil présidentiel andin* (Acte de Trujillo), Adoption du protocole modificatif de l'Accord de Carthagène, création de la Communauté andine et du Système d'intégration andin, la Junte de l'Accord de Carthagène devient le Secrétariat général, incorporation du Conseil présidentiel andin et du Conseil andin des ministres des Affaires étrangères au Système d'intégration andin (SIA).

[1437] Disponible sur: http://www.comunidadandina.org/ (en espagnol).

1997 22 avril *IX ° Conseil présidentiel andin* (Acte de Sucre), adoption du délai de 90 jours en vue de la libéralisation du commerce des services, création du Conseil consultatif des ministres des Finances et des banques centrales des États membres. Adoption du protocole modificatif du Traité constitutif du Parlement andin et du protocole additionnel des élections des parlementaires andins au suffrage universel et direct.

1998 4-5 avril *X ° Conseil présidentiel andin* (Acte de Guayaquil), lignes directrices relatives aux normes communautaires de libéralisation du commerce des services, politique extérieure andine, création du « Forum des entreprises andines » et consolidation du Système andin d'intégration.

1999 27 mai *XI ° Conseil présidentiel andin* (Acte de Carthagène), engagement d'établir un marché commun au plus tard en 2005, mise en place de la politique extérieure commune, recommandations aux ministères des États membres de développer des actions dans les domaines du travail, de l'éducation, de la culture, des sciences et technologies, de la santé et de l'environnement, déclaration du lancement des négociations commerciales entre la CAN et le MERCOSUR.

2000 9-10 juin *XII ° Conseil présidentiel andin* (Acte de Lima), adoption d'un programme d'action 2000-2001 pour l'établissement du marché commun, demande d'identification des mesures pour la lutte contre le narcotrafic et la corruption, renforcement de la sécurité, consolidation de la promotion des droits de l'Homme et de la démocratie, vote de la « clause démocratique ».

2001 24 juin *XIII° Conseil présidentiel andin* (Acte de Carabobo), recommandation de l'élaboration du plan intégral de développement social, approbation de la libre circulation des personnes, promotion de la création d'un centre binational d'attention aux frontières et zones d'intégration, création du plan andin de coopération pour la lutte contre les drogues illicites et les délits connexes.

28-29 juillet *Déclaration de Machu Picchu* sur la démocratie, les droits des peuples indigènes et la lutte contre la pauvreté.

2002 30 janvier *Réunion extraordinaire du Conseil présidentiel andin* (Déclaration de Santa Cruz de la Sierra), réaffirmation de l'engagement d'établissement d'un marché commun, perfectionnement de l'union douanière, développement d'harmonisation des politiques macroéconomiques et application de la politique extérieure commune.

2003 28 juin *XIV° Conseil présidentiel andin* (Acte de Quirama), nouvelle orientation de l'intégration andine avec adoption d'un agenda multidimensionnel, priorisation de l'agenda social, de la cohésion sociale et de la gouvernabilité démocratique.

2004 12 juillet *XV° Conseil présidentiel andin* (Acte de San Francisco de Quito), prévalence de la législation communautaire dans les relations entre les États membres, respect de l'engagement communautaire andin, adoption des lignes directrices relatives à la politique de sécurité extérieure commune, création de la zone de paix andine, développement d'un plan stratégique d'inclusion sociale des micros, petites et moyennes entreprises, développement agricole et de la compétitivité.

7 décembre *Réunion extraordinaire du Conseil présidentiel andin*, confirmation de la nouvelle vision de développement, compétitivité, inclusion sociale et revalorisation de l'emploi comme éléments clés du processus d'intégration, réaffirmation de la volonté de construction d'une Communauté sud-américaine de nations (CSN).

2005 18 juillet *XVI ° Conseil présidentiel andin* (Acte de Lima), engagement d'approfondir l'intégration commerciale à travers la mise en place d'une nouvelle politique tarifaire commune, renforcement de la convergence entre les États membres, engagement de réaliser une alliance énergétique andine, création d'un fonds social visant à répondre aux besoins des plus défavorisés, participation pour la première fois des États membres du MERCOSUR en tant qu'États associés.

2006 13 juin *Réunion extraordinaire du Conseil présidentiel andin* (Déclaration de Quito), les présidents andins ont réitéré leur décision d'entamer des négociations pour la signature d'un accord d'association avec l'UE et soulignent la nécessité de l'entrée en vigueur de l'accord sur le dialogue politique et la coopération entre la CAN et l'UE. Ils ont également souligné la conviction de lutter contre la migration, la pauvreté, l'exclusion sociale et la préservation de l'environnement.

2007 14 juin *XVII° Conseil présidentiel andin* (Déclaration de Tarija), les présidents expriment leur volonté de développer le processus d'intégration andin en tenant compte des approches des États membres afin d'aboutir à l'unité dans la diversité, le bien-être de la population andine et l'harmonie de l'environnement.

2008 14 octobre Réunion extraordinaire du Conseil présidentiel andin (« Une Communauté andine pour les citoyens »), appui à la proposition de l'Équateur de construire une Communauté andine pour les citoyens comme « nouvelle clé de voûte du processus d'intégration ».

2011 28 juillet *XVIII ° Conseil présidentiel andin* (Déclaration présidentielle de Lima), confirmation de l'engagement de renforcer et de donner un nouvel élan au processus d'intégration andine, renforcement du processus d'intégration institutionnelle et du fonctionnement du Système andin afin d'engager un processus de convergence et de dialogue entre les différents systèmes d'intégration régionale : MERCOSUR, UNASUR et ALADI.

8 novembre 2011 *Réunion extraordinaire du Conseil présidentiel andin* (Déclaration de Bogot), les présidents ont réaffirmé leur engagement de renforcer la Communauté andine reconnaissant son acquis institutionnel historique et réaffirmé leur décision de procéder à une réingénierie du Système d'intégration andin, afin d'adapter la Communauté andine aux défis du contexte international actuel.

Annexe n° 4 :
ENTRETIENS MAGISTRATS DU TRIBUNAL DE JUSTICE DE LA COMMUNAUTÉ ANDINE[1438]

Entrevista n° 1: El Derecho comunitario andino

Magistrado Principal por la República del Perú: Luis José Diez Canseco Núñez

Investigación: "El estudio comparativo entre la experiencia jurisprudencial europea y andina"

1. Según el Acuerdo de Cartagena y la jurisprudencia comunitaria andina, existe un orden jurídico comunitario andino que engloba tanto normas primarias y derivadas que gozan de la supremacía y del efecto directo frente la ley nacional, ¿cuáles serían actualmente las dificultades para mantener ese orden jurídico común al interior de la CAN?

Actualmente, existen imponderables para sostener el ordenamiento jurídico común y supranacional en la Comunidad Andina (CAN). Ello se debe, en primer lugar, a las diferencias de políticas económicas de los países que integran dicha comunidad. En efecto, dos de ellos han apostado por la liberalización de sus economías, la apertura al comercio internacional y a la competitividad como modelo de desarrollo; mientras que otros dos sostienen políticas de índole proteccionista. Esta circunstancia no favorece la identificación de puntos comunes que apoyen el proceso de integración andino.

Como hechos relevantes que restan el foco de atención central en el proceso de integración andino podemos señalar:

- La posible convergencia de la CAN con el Mercado Común del Sur (Mercosur) y la Unión de Naciones Suramericanas (UNASUR).
- El problema de las "dobles pertenencias" de los Países Miembros de la CAN. En este caso de Bolivia y Ecuador a dos bloques regionales (CAN y Mercosur). Mientras que Colombia y Perú consolidan sus relaciones con Chile y México en el marco de la Alianza del Pacífico, nacida con la suscripción de un Acuerdo Marco el 6 de junio de 2012 y que tiene por objetivo, entre otros, el de "construir (...) un área de integración profunda para avanzar progresivamente hacia la libre circulación de bienes, servicios, capitales y personas".
- Esta bifurcación de la política comercial exterior de los socios de la CAN refleja cierto volcamiento hacia dos posiciones visiblemente antagónicas:

[1438] Entretiens réalisés par nos soins en septembre 2014 dans le cadre de la recherche d'information des sources directes institutionnelles. Seuls 2 magistrats sur 4 ont répondu aux entretiens.

unos hacia un Mercosur proteccionista, otros hacia un acuerdo aperturista y liberal, reflejo de las dos tendencias existentes hoy en Latinoamérica.

- Mediante la Decisión 792 se dispuso la "reingeniería institucional" de la CAN, así como la revisión de las competencias del Tribunal de Justicia de la Comunidad Andina (TJCA). Prueba de ello es el informe que se encargó a la Comisión Económica para América Latina y el Caribe (CEPAL) y a la Fundación Getulio Vargas (Brasil), bautizado "Proyecto de Reingeniería de la CAN". A pesar de más de tres años de labores hasta la fecha no se han logrado consensos.
- Mediante la revisión de las competencias del TJCA, algunos Países Miembros pretenden cierta "flexibilización" del sistema de solución de controversias incorporando, aparentemente, los mecanismos de conciliación o del arbitraje. El contenido del concepto de "flexibilización" no queda claro y podría ocultar un rompimiento con el concepto de supranacionalidad que, como es sabido, resulta esencial para el proceso de integración.

2. ¿Sería posible hablar de una "armonización" de la norma comunitaria en la región andina?

La armonización de la norma comunitaria es una realidad ineludible. Existen más de 700 Decisiones andinas. Empero, como es sabido la armonización no sólo es producto de la normativa común, sino el resultado de un paulatino y consistente proceso de "armonización" interprÉtativa. En este sentido, el TJCA cumple una labor importantísima en esta dirección. En efecto, de nada serviría contar con un conjunto de normas comunes, si cada una de las autoridades de los Países Miembros las interpretara de manera asimétrica o disímil. Por ello, al igual que el Tribunal de Justicia de la Unión Europea, la labor del TJCA a través de la interpretación prejudicial resulta gravitante.

La armonización está regulada en el Tratado de Creación del Tribunal de Justicia de la Comunidad Andina, cuyo artículo 3 expresa lo siguiente:

> "Las Decisiones del Consejo Andino de Ministros de Relaciones Exteriores o de la Comisión y las Resoluciones de la Secretaría General serán directamente aplicables en los Países Miembros a partir de la fecha de su publicación en la Gaceta Oficial del Acuerdo, a menos que las mismas señalen una fecha posterior.
>
> Cuando su texto así lo disponga, las Decisiones requerirán de incorporación al derecho interno, mediante acto expreso en el cual se indicará la fecha de su entrada en vigor en cada País Miembro" (lo subrayado es nuestro).

Cuando las Decisiones requieran de incorporación al derecho interno, mediante acto expreso, serán entonces equivalentes a las Directivas de la Unión Europea (UE), lo que determinaría una "armonización", a través de la norma comunitaria.

3. De acuerdo con la realidad (social, política, institucional y económica) de cada País Miembro de la CAN, ¿considera usted que el ciudadano andino se siente informado sobre la existencia de esa normativa y que el Derecho comunitario andino es aplicado por las instituciones nacionales?

Lamentablemente la respuesta es claramente negativa. El ciudadano andino no se encuentra debidamente informado sobre la existencia de la normativa comunitaria. Ello genera una falta absoluta de legitimidad del proceso de integración, puesto que en el último párrafo del artículo 1 del Acuerdo de Cartagena se establece, entre sus objetivos, "la finalidad de procurar un mejoramiento persistente en el nivel de vida de los habitantes de la Subregión".

Por ejemplo, nunca se han activado los mecanismos de los artículos 30 y 31 del Tratado de creación del tribunal, es decir, los particulares afectados en sus derechos subjetivos nunca han acudido al juez nacional, a fin de determinar la responsabilidad extracontractual de los Países Miembros de la CAN por infracción del Derecho comunitario. Asimismo, nunca se ha activado la función arbitral en la CAN, sea ante la Secretaría General o ante el TJCA.

Los Países Miembros que más participan en el sistema de solución de controversias son Colombia y Perú, en tercer lugar Ecuador y, en último lugar, Bolivia, donde los jueces nacionales no cumplen con su obligación de solicitar la interpretación prejudicial al TJCA. En los 30 años de funcionamiento del TJCA, Bolivia ha solicitado cuatro interpretaciones prejudiciales.

4. ¿Qué piensa usted de la construcción europea como factor de influencia para la construcción de la CAN en el ámbito normativo?

La CAN toma como referencia ineludible el modelo europeo, tanto en el aspecto institucional como en el aspecto de las competencias del TJCA. En definitiva, la construcción europea ha sido un factor de influencia para la CAN en el ámbito normativo, ya que ambos bloques de integración son de naturaleza supranacional. Es decir, se aplican los tres principios del Derecho comunitario: el efecto directo, la aplicación inmediata y la supremacía de la norma comunitaria.

Sin embargo, existen ciertas diferencias:

- En la CAN se ha dado una interpretación amplia al concepto de "juez nacional", otorgando legitimidad activa para solicitar la interpretación prejudicial a los árbitros y a los organismos administrativos, p.e. el Servicio Nacional de Propiedad Intelectual de Bolivia (SENAPI), el Instituto Nacional de Defensa de la Competencia y de la Protección de la Propiedad Intelectual del Perú (Indecopi), la Superintendencia de Industria y Comercio de Colombia (SIC).

- En la CAN existe un amplio acceso de los particulares a las acciones judiciales ante el TJCA, tales como en la acción de nulidad, en la acción de incumplimiento y en el recurso por omisión, entre otros.
- En la CAN no se aplican las teorías del acto claro, ni del acto aclarado. Por lo tanto, el juez nacional de única o última instancia ordinaria se encuentra siempre obligado a solicitar la interpretación prejudicial al TJCA.
- En la CAN no existen las multas coercitivas en contra de los Países Miembros, por lo que el sistema de sanciones de la CAN difiere del sistema de la UE.

Con atentos saludos,

Luis José Diez Canseco Núñez
Magistrado Principal por la República del Perú

Entrevista n° 2: "El juez comunitario"

Magistrado Principal por la República del Ecuador: José Vicente Troya Jaramillo

Investigación: "El estudio comparativo entre la experiencia jurisprudencial europea y andina"

1.- El juez comunitario es el factor clave y quizás el más importante en la dinámica del proceso comunitario desde el punto de vista europeo, es considerado como uno de los impulsores en los inicios de la construcción de la Unión Europea. ¿Al interior de la CAN, los Países Miembros han llevado a cabo transformaciones en sus sistemas jurisdiccionales internos debido a modificaciones constitucionales (Bolivia) o la reactualización de procedimientos (Colombia), consideraría usted que el juez nacional cumple el rol de juez comunitario y cuáles serían los avances en ese sentido de la CAN?

A través de las denominadas Interpretaciones Obligatorias, todo juez nacional que conozca un proceso, el cual no es susceptible de recurso posterior y dentro de las normas por conocer se encuentren disposiciones relacionadas a la legislación Andina, debe necesariamente solicitar al Tribunal de Justicia de la Comunidad Andina la interpretación de la o las normas que se van a ajustar dentro de la sentencia. Esta interpretación colaborará al juez que conoce el caso, para poder resolver el expediente interno y a su vez no incurrir en temas contradictorios respecto de la norma nacional.

Muchas de las ocasiones, cuando la norma Andina no contempla determinado aspecto, se aplica el denominado principio del Complemente Indispensable, es decir, todo aquello no regulado se lo regirá por la norma nacional, siempre y cuando no contradiga a la norma comunitaria.

El rol del juez nacional en sí toma el papel de un juez comunitario, al momento de dejar de aplicar su norma nacional en caso de que ésta sea opuesta a la norma comunitaria, acorde con lo que determina el Principio de Primacía.

En función de la primacía del Derecho comunitario, sus normas prevalecen sobre el Derecho interno, independientemente del rango que este último posea, sea reglamentario o legal:

"(...) Esto es así porque sólo de esta manera es concebible la eficacia de un ordenamiento jurídico de un proceso de integración. Si se permitiese que cada Estado fijase el valor de las normas de Derecho Comunitario con respecto al derecho nacional pondríamos en entredicho no sólo la efectividad, sino la esencia del Derecho Comunitario, de manera que, tal como lo ha planteado Nicola Catalano, toda la estructura correría el riesgo de convertirse en letra muerta. De allí que una de las premisas fundamentales del proceso de integración es que el Derecho Comunitario tenga un rango superior al derecho interno (...)"(Pérez 2000:36).

El principio de primacía está contenido en el artículo 4 del Tratado de Creación del Tribunal de Justicia de la Comunidad Andina, el cual estipula lo siguiente:

"(...) Los Países Miembros están obligados a adoptar las medidas que sean necesarias para asegurar el cumplimiento de las normas que conforman el ordenamiento jurídico de la Comunidad Andina.

Se comprometen, asimismo, a no adoptar ni emplear medida alguna que sea contraria a dichas normas o que de algún modo obstaculice su aplicación (...)"

De la lectura de la disposición transcrita se deriva que, el principio de primacía en el Derecho Comunitario Andino, implica para los Estados miembros, una obligación positiva y otra negativa. La primera en el tanto deben tomar las medidas que sean necesarias para asegurar el cumplimiento de la normativa comunitaria andina. En función de la segunda, deben abstenerse de tomar cualquier medida que obstaculice o impida el cumplimiento del ordenamiento comunitario andino (Rico. 2001 : 74). Lo anterior, fue precisado por el Tribunal de Justicia de la Comunidad Andina en la sentencia 7 - AI - 99.

2.- Cuál sería para usted la importancia del recurso de interpretación prejudicial y cuáles son los obstáculos que atraviesan los jueces para cumplir con la función encomendada por el ordenamiento jurídico comunitario andino?

La Interpretación Prejudicial es el mecanismo de cooperación entre el juez nacional y el comunitario, en la que este último, representado por el Tribunal de Justicia, interpreta en forma objetiva la norma comunitaria y al primero le corresponde aplicar el derecho al caso concreto que se ventila en el orden interno. Son de dos tipos, obligatoria y facultativa.

Obligatoria: Debe solicitar al Tribunal Andino de Justicia, previo a la emisión de su fallo, la interpretación de la norma comunitaria que es parte del proceso que se conoce. El requisito que debe reunir este tipo de interpretación es que la sentencia sea de única o última instancia, no siendo susceptible de recurso interno alguno.

Facultativa: Este tipo de interpretación es aplicable para aquellos procesos en que la sentencia que dicte el juez sea susceptible de recurso.

Su importancia radica en que, a través de su emisión, la norma andina se acopla al fallo interno y no crea contradicción con la norma nacional, creando armonía legal en el ordenamiento jurídico.

Quizá sus principales obstáculos son los relacionados a la carga de expedientes que existen dentro de los países internos, los cuales toman años hasta llegar a la fase de última instancia para el caso de la Interpretación Obligatoria.

El Tribunal de Justicia de la Comunidad Andina, ha dado la apertura para que la Interpretación Facultativa sea propuesta en etapa administrativa, para que las autoridades puedan a su vez en una instancia anterior, conocer lo que dispone la norma comunitaria y aplicar de manera adecuada, ya que muchas veces, los procesos no llegan a una etapa judicial, por lo que se vuelve importante que en todo el trámite la autoridad conozca y aplique la norma comunitaria.

3.- Qué piensa usted de la construcción europea como factor de influencia para la construcción de la Comunidad Andina en el ámbito jurisprudencial?

Tal como se puede visualizar en la página web del Tribunal de Justicia de la Comunidad Andina: "Hasta el 31 de diciembre del año 2013, el Tribunal ha conocido 2.444 interpretaciones prejudiciales solicitadas por los jueces nacionales, 119 acciones de incumplimiento en contra de los Países Miembros, 54 acciones de nulidad, 17 procesos laborales y 6 recursos por omisión o inactividad de los órganos comunitarios, ubicándose como la tercera corte internacional más activa del mundo luego de la Corte Europea de Derechos Humanos y el Tribunal de Justicia de la Unión Europea".

El Tribunal de Justicia de la Unión Europea emite sentencias sobre cinco tipos de procedimientos que son:

1. Cuestiones prejudiciales
2. Recursos por incumplimiento
3. Recursos de anulación
4. Recursos por omisión
5. Recursos directos

Por su parte, el Tribunal de Justicia de la Comunidad Andina:

1. Resuelve acciones de incumplimiento
2. Dicta sentencias en casos laborales de funcionarios de los Órganos Andinos
3. Emite interpretaciones prejudiciales facultativas y obligatorias
4. Resuelve acciones de nulidad
5. Resuelve Recursos de omisión o inactividad

Tanto en la Comunidad Europea como en el Comunidad Andina, poseen figuras legales similares, en particular me enfocaré en la interpretación prejudicial, a través de la cual se aplican principios generales del Derecho Comunitario utilizados por ambos Tribunales y que permiten la armonización del sistema interno en cada país, sin que exista contradicción de criterios.

Al aplicar el Tribunal de Justicia de la Comunidad Andina normas de derecho Comunitario Andino, las cuales son distintas a las normas europeas, su jurisprudencia se ajusta a la del Tribunal de Justicia de la Unión Europea en aquellos aspectos que pueden ser comunes, como los principios generales, guardando un altísimo criterio respecto de las interpretaciones emitidas por dicha Institución.

Con atentos saludos,

José Vicente Troya Jaramillo

Magistrado Principal por la República del Ecuador

Annexe n° 5 :
COMPOSITION DU SYSTÈME D'INTÉGRATION ANDIN (SIA)[1439]

ORGANES INTERGOUVERNEMENTAUX

- **Le Conseil présidentiel andin (réunion des chefs d'État)**
  Créé en 1990, il est l'organe suprême du Système andin d'intégration. Il est composé des chefs d'État des pays membres de l'Accord de Carthagène : État plurinational de la Bolivie, Colombie, Équateur et Pérou. Il édicte des politiques d'intégration qui doivent être appliquées par les autres institutions et organes. Il fonctionne comme un organisme intergouvernemental dont l'activité vise à coordonner les différentes volontés de chaque État membre. Il se réunit régulièrement, une fois par an. Il édicte aussi des lignes directrices et des mandats.

- **Le Conseil andin des ministres des Affaires étrangères (Organe de décision - législatif)**
  Créé en 1979, le Conseil andin des ministres des Affaires étrangères est composé des ministres des Affaires étrangères de chaque Étatmembre, de

[1439] Disponible sur le site de la Communauté andine : http://www.comunidadandina.org/Seccion.aspx?id=4&tipo=SA&title=sistema-andino-de-integracion-sai

sorte qu'il fonctionne comme un organe de coordination intergouvernementale. Il est chargé des affaires étrangères, formule la politique étrangère des États membres, signe des accords avec des États tiers sur les questions de politique étrangère de coopération et la coordination de la position commune lors de négociations dans les domaines relevant de sa compétence. Il édicte des décisions contraignantes et des déclarations.

- **La Commission de la Communauté andine (Organe de direction et de décision - législatif)**
  Créée en 1969, la Commission de la Communauté andine est l'organisme plus étroitement réglementé dans l'Accord de Carthagène. Elle est composée de représentants plénipotentiaires nommés par les gouvernements des États membres. Ses fonctions sont toutes liées à l'objectif de libre-échange dans la sous-région andine. Contrairement aux instances précédentes, les questions délibérées par la Commission sont décidées par une majorité absolue de ses membres, et non à l'unanimité. Ce mécanisme permet une plus grande flexibilité pour parvenir à des décisions importantes. Elle édicte des décisions contraignantes.

ORGANES COMMUNAUTAIRES

- **Tribunal de justice de la Communauté andine (Organe juridictionnel)**
  Créé en 1979, le Tribunal de Justice de la Communauté andine est l'organe juridictionnel de la Communauté andine. Après un long processus de ratification du Traité constitutif du Tribunal et des efforts conçus pour installer son siège à Quito, le Tribunal a initiéses activités le 2 janvier 1984. Ce Tribunal est permanent, supranational et communautaire, il a été instauré pour assurer le respect de la légalité du droit communautaire et son interprétation et application uniforme dans tous les États membres. Il édicte des arrêts et des avis.

- **Le Parlement andin (Organe délibérant)**
  Créé en 1979, le Parlement andin est l'organe délibérant du Système d'intégration andin.Il représente les citoyensde la Communauté andine , composé de 5 représentants élus par suffrage universel direct par État membre : la Colombie, l'Équateuret le Pérou ont élu leurs représentants par vote ;l'État plurinational de Bolivie avait prévu des élections en 2015, mais actuellement ses représentantsau Parlement andin sont nommés par l'Assemblée législative ;le Chili en tant que membre associé de la Communauté andine fait partie du Parlementandin à travers des représentants désignés par son Congrès. Le parlement andin édicte des décisions, déclarations et recommandations, mais ne dispose pas encore d'une capacité de co-législation, qui reste un souhait des membres du Parlement andin.

- **Le Secrétariat général (Organe exécutif)**
  Créé en 1996 (Protocole de Trujillo), il estdirigé par un Secrétaire général élu par le Conseil des ministres des Affaires étrangères. Il est chargé

d'administrer le processus d'intégration andin, de veiller au respect des engagements communautaires andins, de résoudre les questions relevant de sa compétence et de présenter des initiatives et des propositions. Il émet des résolutions contraignantes et des avis.

- **La Corporation andine de développement (Institution financière)**
  Créée en 1970, la Corporation andine de développement est chargée de favoriser le développement durable et l'intégration régionale en Amérique latine grâce à des opérations de crédit, des subventions et un soutien à la structuration technique et financière des projets dans les secteurs public et privé. Elle regroupe 18 États d'Amérique latine, de la Caraïbe et d'Europe : Argentine, Bolivie, Brésil, Colombie, Chili, Costa Rica, Équateur, Espagne, Jamaïque, Mexique, Panama, Paraguay, Pérou, Portugal, République dominicaine, Trinité-et-Tobago, Uruguay et Venezuela ; auxquels s'ajoutent 14 banques privées dans la région andine.

- **Le Fonds latino-américain de réserves (Institution financière)**
  Créé en 1978, le Fonds latino-américain de réserves travaille pour la stabilité des États membres de la CAN et pour améliorer leur position extérieure dans la région. Il soutient la balance des paiements des États membres, améliore leurs placements dans des réserves internationales et contribue à l'harmonisation des politiques de change, monétaires et financières des États membres.

- **L'Organisme andin de santé (Convenio Hipolito Unanaue)**
  Créé en 1971, l'Organisme andin de santé est une institution intergouvernementale établie par les ministres de laSanté des États membres dans le but de faire de la santé un espace d'intégration, de développement d'actions coordonnées pour résoudre les problèmes communs de santé et contribuer avec les gouvernements à la garantied'un droit à la santé. Il édicte des résolutions et des accords.

- **La Convention sociolaborale Simón Rodríguez (Convenio Simón Rodríguez)**
  Créée en 1973, la Convention sociolaborale Simón Rodríguezest un forum de discussion, de participation et de coordination traitant de sujets sociaux et professionnels. Cette instance communautaire fait partie du Système d'intégration andine (SIA) et est constituée par le Conseil consultatif des ministres du Travail, du Conseil consultatif du travail et du Conseil consultatif des entreprises. La Convention a été modifiée par un Protocole de substitution en date du 24 juin 2001 afin de redynamiser son rôle dans les travaux préparatoires de la politique sociale et de travail andine. Néanmoins, aucune action directe n'a malheureusement été menée depuis l'entrée en vigueur du Protocole le 12 juin 2015.
- **L'Université andine Simon Bolivar (Institution éducative)**
  Créée en 1992, l'Université andine Simon Bolivar est un établissement d'enseignement. Dédiée à la recherche, en particulier pour la transmission des connaissances scientifiques et technologiques au sein du Système andin

d'intégration. Elle promeut ainsi un esprit de coopération et coordination entre les universités des États membres, ainsi que le renforcement des principes de la Communauté andine (*via* notamment la création de la chaire d'intégration Germanico Salgado).

INSTANCES DE PARTICIPATION DE LA SOCIÉTÉ CIVILE

- **Le Conseil consultatif des entreprises**
  Créé en 1983, le Conseil consultatif des entreprises est une institution consultative qui vise à promouvoir une plus grande participation du secteur des entreprises dans le processus d'intégration andin. Il édicte principalement des avis adressés au Conseil andin des ministres des Affaires étrangères, à la Commission andine ou au Secrétariat général et participe avec droit de parole aux réunions de ces organes. Il élabore aussi des accords.

- **Le Conseil consultatif des ministres travail**
  Créé en 1983, le Conseil consultatif des ministres du Travail est une institution consultative dont la fonction est d'émettre des avis au Conseil andin des ministres des Affaires étrangères, à la Commission andine ou au Secrétariat général.Sa composition est mixte, car il compte aussi avec la participation des organisations syndicales et de représentants. Il édicte des avis et élabore des accords.

- **Le Conseil consultatif des peuples indigènes**
  Créé en 2007, le Conseil consultatif est une institution consultative qui vise à promouvoir la participation active des peuples autochtones aux questions liées à l'intégration andine. Il édicte des avis et élabore des accords, présentés auprès du Conseil andin des ministres des Affaires étrangères, du Secrétariat général et de la Commission andine.

- **Le Comité andin pour la protection du consommateur**
  Créé en 2003, le Comité andin pour la protection du consommateur est une instance technique et consultative chargée de promouvoir la participation active des institutions, publiques et privées, liées à la défense des droits des consommateurs dans les États membres de la Communauté andine. Il édicte des avis techniques et des recommandations.

Annexe n° 6 :

RECOURS AUPRÈS DU TRIBUNAL DE JUSTICE DE LA COMMUNAUTÉ ANDINE[1440]

- **LE RECOURS EN ANNULATION (N ou AN)**
  Le recours en annulation est le moyen par lequel le Tribunal de justice contrôle les décisions du Conseil andin des ministres des Affaires étrangères et de la commission de la Communauté andine, les résolutions du Secrétariat général et les Accords conclus entre les États membres andins dans le cadre du processus d'intégration andin. Il est prévu aux articles 17 au 22 du Traité constitutif du Tribunal de justice de la Communauté andine du 28 mai 1976, modifié par le Protocole de Cochabamba du 28 mai 1996, et aux articles 101 au 106 du Statut du Tribunal de justice de la Communauté andine du 22 juin 2001.

- **LE RECOURS EN MANQUEMENT (AI)**
  Le recours en manquement est le recours à travers lequel le Tribunal exerce un contrôle du respect des obligations imposées aux États membres andins aux normes de l'ordre juridique communautaire andin. Il est prévu aux articles 23 au 31 du Traité constitutif du Tribunal de justice de la Communauté andine du 28 mai 1976 et aux articles 107 au 120 du Statut du Tribunal de justice de la Communauté andine du 22 juin 2001.

- **LE RECOURS EN CARENCE OU OMISSION (RO)**
  Ce recours permet aux États membres andins, aux particuliers et aux organes du Système d'intégration andin de contrôler les autres organes andins qui sont obligés d'exercer une activité sur la base du droit communautaire andin.Il est prévu par le Traité constitutif du TJCA du 28 mai 1976 à l'article 37 et aux articles 129 au 134 du Statut du Tribunal de justice de la Communauté andine du 22 juin 2001.

- **LE RECOURS RELATIF AUX FONCTIONNAIRES (DL ou DR)**
  Ce recours a été crééafin de résoudre les conflits de travail qui se posent dans les organes et institutions du Système d'intégration andin. Il est prévu à l'article 40 du Traité constitutif du TJCA du 28 mai 1976 et aux articles 135 au 139 du Statut du Tribunal de justice de la Communauté andine du 22 juin 2001.

- **LE RECOURS EN INTERPRÉTATION PRÉJUDICIELLE (IP)**
  Ce recoursse fait sur demande des juridictions nationales des Étatsmembres, afin d'assurer l'application uniforme et l'interprétation du droit communautaire andin par les différentes instances juridictionnelles

[1440] Disponible sur: http://www.comunidadandina.org/ (en espagnol).

nationales. Il est prévu par le Traité constitutif du TJCA aux articles 32 à 36 et par le Statut du TJCA aux articles 121 à 128.

- **LA FONCTION ARBITRALE**
  La fonction arbitrale permet au Tribunal andin de régler par les moyens de l'arbitrage les différends qui découlent de l'application ou de l'interprétation des contrats, des Accords signés entre les organes et institutions du Système d'intégration andin et des tiers quand les parties du contrat le déterminent.Elle est prévue par le Traité constitutif du TJCA aux articles 38 et 39.

TABLE DES MATIÈRES

Structures éditoriales du groupe L'Harmattan

L'Harmattan Italie
Via degli Artisti, 15
10124 Torino
harmattan.italia@gmail.com

L'Harmattan Hongrie
Kossuth l. u. 14-16.
1053 Budapest
harmattan@harmattan.hu

L'Harmattan Sénégal
10 VDN en face Mermoz
BP 45034 Dakar-Fann
senharmattan@gmail.com

L'Harmattan Cameroun
TSINGA/FECAFOOT
BP 11486 Yaoundé
inkoukam@gmail.com

L'Harmattan Burkina Faso
Achille Somé – tengnule@hotmail.fr

L'Harmattan Guinée
Almamya, rue KA 028 OKB Agency
BP 3470 Conakry
harmattanguinee@yahoo.fr

L'Harmattan RDC
185, avenue Nyangwe
Commune de Lingwala – Kinshasa
matangilamusadila@yahoo.fr

L'Harmattan Congo
67, boulevard Denis-Sassou-N'Guesso
BP 2874 Brazzaville
harmattan.congo@yahoo.fr

L'Harmattan Mali
Sirakoro-Meguetana V31
Bamako
syllaka@yahoo.fr

L'Harmattan Togo
Djidjole – Lomé
Maison Amela
face EPP BATOME
ddamela@aol.com

L'Harmattan Côte d'Ivoire
Résidence Karl – Cité des Arts
Abidjan-Cocody
03 BP 1588 Abidjan
espace_harmattan.ci@hotmail.fr

L'Harmattan Algérie
22, rue Moulay-Mohamed
31000 Oran
info2@harmattan-algerie.com

L'Harmattan Maroc
5, rue Ferrane-Kouicha, Talaâ-Elkbira
Chrableyine, Fès-Médine
30000 Fès
harmattan.maroc@gmail.com

Nos librairies en France

Librairie internationale
16, rue des Écoles – 75005 Paris
librairie.internationale@harmattan.fr
01 40 46 79 11
www.librairieharmattan.com

Lib. sciences humaines & histoire
21, rue des Écoles – 75005 Paris
librairie.sh@harmattan.fr
01 46 34 13 71
www.librairieharmattansh.com

Librairie l'Espace Harmattan
21 bis, rue des Écoles – 75005 Paris
librairie.espace@harmattan.fr
01 43 29 49 42

Lib. Méditerranée & Moyen-Orient
7, rue des Carmes – 75005 Paris
librairie.mediterranee@harmattan.fr
01 43 29 71 15

Librairie Le Lucernaire
53, rue Notre-Dame-des-Champs – 75006 Paris
librairie@lucernaire.fr
01 42 22 67 13

www.ingramcontent.com/pod-product-compliance
Lightning Source LLC
LaVergne TN
LVHW011221061026
849535LV00001BA/118
* 9 7 8 2 3 4 3 1 0 8 6 2 9 *